KB160717

高麗時期 寺院經濟 硏究 Ⅱ

李 炳 熙

景仁文化社

서 문

이 책은 고려시기 사원경제를 연구한 필자의 세 번째 저서이다. 여러 해 전에 발간한 『高麗後期寺院經濟研究』(景仁文化社, 2008)와 『高麗時期寺院經濟研究』(景仁文化社, 2009)의 속편이라 할 수 있다. 이 책은 기왕에 발표한 14편의 논문과 새로 작성한 한 편의 글을 수록했는데, 사원경제를 주제로 하면서 다소 외연을 확대해 작성한 글까지 포함하고 있다.

발표한 글을 한 권의 책으로 묶으면서 각주와 본문을 포함해 전체 형식을 통일했으며, 전거를 좀 더 충실하게 제시하고자 했다. 문맥을 다듬고 표현을 조정했으며, 내용을 수정하고 보완하기도 했다. 논문 발표 이후에 새로운 연구 성과가 있을 경우 가급적 반영하려고 했다.

고려는 불교가 광범위하게 영향을 미친 사회였다. 불교는 사상과 종교의 측면에서는 물론 건축이나 미술의 영역에서, 또 공연 예술의 분야에서도 상당한 자취를 남겼다. 불교의 사회적 영향력 또한 곳곳에서 확인할 수 있다. 香徒라는 조직을 결성했으며, 각종 불교 행사를 설행함으로써 전체 사회를 유기적으로 연결시켰다. 각종 정보와 문물의 전국적인 소통도 불교계가 상당 부분 담당했다. 그리고 불교계는 국가 경영이나 지방 행정 운영과도 깊이 관련하고 있었다. 수준 높은 불교 문화의 바탕에, 또 광범위한 불교 영향력의 배후에 사원경제가 자리했다.

사원경제의 확대는 국가재정을 축소시키고, 세속 지배층의 경제력 위축을 가져오는 것이어서 국가 및 지배층과 일정한 긴장 관계를 보이게 마련이었다. 또한 경제 운영에서 생산을 담당하는 민인들과 갈등 관계에 놓일 수밖에 없었다. 민인의 재화가 사원에 흘러들어오기도 하고, 민인을 사역시켜 농업을 경영하기도 하며, 또 민인을 대상으로 息利 활동을 영위하기도 하기 때문이다. 사원경제는 이렇듯 세속의 여러 집단과 관련을 맺고 있었기에 전체 사회의 흐름과 유기적으로 관련되면서 운영되고 변동했다. 그러면서도 사원은 세속의 경제 주체와 달리 종교라는 외피를 쓰고 경제를 운영하는 모습을 보였다. 그것의 특징적인 점은 布施의 강조와 殺生의 금지일 것이다.

문명사적으로 보면 사원경제에는 外風과 土風이 결합되어 있다고 할 수 있다. 불교는 외래 문명으로 이 땅에 수용된 것이기 때문에 외풍이라 부를 수 있는 반면에, 경제 기반은 우리 사회를 전제로 하므로 토착적인 측면이 강하다. 결국 외래 사상인 불교가 이 땅에 들어와 토착의 기반사회 및 경제구조를 전제로 해서 사원경제를 구축했다고 할 수 있겠다. 다른 문명의 사원경제에서 보이지 않는 새로운 모습이 보이는데 대표적인 것이 '寶'와 '收租地 分給'이라고 생각한다. 공공성을 크게 발휘한 것도 고려시기 사원경제의 특징적인 모습이라고 여겨진다. 특히 사원의 借代行爲를 보라는 명목으로 하는 것은 불교가 이곳에 들어와 토착화한 것으로 해석된다. 수조지 분급이나 공공성 역시 고려시기 사원경제의 토착화한 면모를 잘 표현하고 있다.

그리고 승려들은 수행 과정에서, 또 승직을 담당하기 때문에 전국을 이동하고 있다. 그리하여 불교계는 전국적 연결망(network)을 형성하고 있다. 이 연결망은 불교 교설의 확산에 기여할 뿐만 아니라 온갖 문물의 전국적 소통에 이바지했다. 이 점 역시 고려시기 불교계의 주목할 사항이라고 하겠다. 연결망의 측면에서 불교계의 역할을 해명하는 것은 우리 불교, 나아가 사회 성격을 이해하는 데 큰 도움을 준다. 이상의 시각을 전제로 작업한 내용을 일부 발표했고 그것을 이 책에 수록했다.

이 책은 모두 5부로 구성되어 있다. '제1부 寺院經濟 理解의 基礎'에는 불교계의 법적 지위를 다룬 논문과 중국 사원경제를 소개한 글을 포함했다. 고려시기 불교계의 지위나 위상이 중국의 당·송보다 높았던 것을 세속의 법 규정을 검토함으로써 구명하고자 했다. 승려나 사원을 규제하는 내용이 많은 것은 고려사회에서 불교와 세속 권력이 밀착되어 있고 불교계의 위상이 높았기 때문인 것으로 보았다. 두 번째 글에서는 『중국사원경제사연구』라는 저서의 내용을 검토하고 그 내용이 고려의 사원경제에 시사하는 바를 찾아보았다. 사원경제는 동양 삼국의 역사에서 공통성과 개별성을 아울러 살필 수 있는 좋은 소재가 된다.

'제2부 國家財政과 寺院經濟'에서는 국가가 사원에 대해 재정 지원하는 내용을 구체적으로 파악하고자 했다. 사원 조영을 위해 노동력과 재물을 제공하는 여러 내용을 제시했고, 또 불교 행사에 대한 재정 지원, 승려 개인에 대한 재물의 사여, 사원에 대한 제물의 제공을 상세히 정리했다. 특정 시기를 천착하고자 공민왕대 불교계에 대한 지원 양상을 검토했다. 내외의 어려운 상황에서 특정 승려와 몇몇 사원을 중심으로, 또 文殊會와 飯僧을 중심으로 재정 지원한 사실을 구명했으며, 아울러 그 지출이 국가재정에 큰 부담이 되었음을 확인했다. 국가가 불교계에 대해 다방면으로 재정을 지원한 것은 불교의 위상과 역할을 이해하고 사회경제적 기능을 설명하는 데 핵심 단서가 된다.

'제3부 寺院과 술[酒], 金屬'에서는 여러 가지 새로운 사항을 제시했다. 고려시기 사원에서 술을 생산하는 일이 많았다는 것, 사원에서 술을 소비하는 일 또한 매우 일상적이었다는 것, 고려전기의 금주령은 주로 사원의 양조 및 음주를 대상으로 한 것이었다는 것 등을 구명했다. 불교 계율에서 음주를 금하고 있었지만 고려시기 불교계는 술 문화에 대해 비교적 관대했다고 판단했다. 사원은 국가와 더불어 金·銀·銅·鐵의 금속을 소비하는 중요 주체였으며, 그것을 둘러싸고 양자 사이에 拮抗 관계가 있었음을 세 편의 글에서 정리했다. 신라말 호족의 철제 무기는 통일 이후 수습하는 것이 큰 과제였는데, 불교를 활용해 이를 해결했다고 보았다. 즉 사원의 철당간이나 철솥·철불 제작에 몰수한 무기를 사용함으로써 지방호족의 불만을 무마한 것이다. 동은 梵鍾과 金鼓, 香爐 등 불교 공예품의 제작에 널리 사용했는데, 숙종대 동전을 대량으로 주조하면서 동이 부족해졌고 그 결과 불교 공예품의 제작이 축소되었음을 지적했다. 불교 공예품 제작에 꾸준히 동이 필요한 결과 다량의 동전을 지속적으로 주조할 수 없었다고 보았다. 금은의 경우 원 간섭기 국외로의 유출과 함께 불상이나 사경의 제작으로 인해 다량 소비됨으로써 국가의 보유량이 크게 축소되어 명의 歲貢 요구에 큰 어려움을 겪었음을 지적했다.

'제4부 高僧, 術僧 그리고 居士'에서는 불교 교설을 주도하는 세 부류의 인간 유형을 주제로 삼았다. 고승으로서 義天을 주목해 그의 鑄錢論을 검토했다. 그는 주조 화폐를 사용하면 여러 가지의 이로운 점이 있음을 주장했다. 그의 주전론이 숙종대 화폐정책에 큰 영향을 주었는데, 그가 주장한 화폐는 소액화폐로서의 동전이었지만 현실 사회에서 널리 통용되지 못했다고 보았다. 고려시기 의술, 풍수지리, 점복과 관상의 영역에서 소양을 가진 술승들이 많았으며, 이들은 고승이나 하급 승려 모두에서 찾을 수 있었다. 술승 가운데는 술수를 활용해 비합리적이거나 신비적·주술적 주장을 펼치면서 사회 체제를 동요시키는 이들이 적지 않았는데 이들은 '惑民僧'이라 부를 수 있다고 보았다. 고려시기 널리 존재한 거사는 철저하게 佛道를 추구하는 삶을 살았고, 蔬食을 했고 布衣를 입었으며, 그리고 생산과 축재에 무관심했고 보시행을 적극 실천했음을 밝혔다. 이러한 거사의 존재로 말미암아 고려사회에서 불교의 가치관과 삶의 방식이 널리 확산될 수 있었다고 보았다.

'제5부 불교계의 連結網과 世俗 社會'는 사원경제와 다소 거리 있는 주제인 연결망을 다룬 논문을 수록했다. 불교계의 연결망이 형성되는 계기를 살폈으며, 연결망을 통해 각종 정보가 이동했고, 각종 동원이 가능했으며, 무엇보다도 불교 교학이 확산되었음을 지적했다. 사원에서의 교학 활동은 기왕의 연결망을 전제로 했으며, 또 연결망의 확대에 기여했다고 보았다. 교학 활동을, 수학하고 修行하는 것, 학문을 전수하고 제자를 양성하는 것으로 구분해 살펴보았다. 마지막 글에서는 속인 관료가 불교계에 형성한 연결망을 검토했다. 가족 생활을 하면서 자연스럽게 불교계와 밀착되었으며, 현직 관료로서 직무를 수행하는 과정에서 연결되었다는 것, 그리고 사사로이 詩文을 교환하고 함께 음주함으로서 연결망이 형성되었다는 것을 지적했다. 관료들은 이 연결망을 매개로 불교계에 영향력을 행사했으며, 반면 불교계는 세속 사회와 밀착되었으며 그들로부터 경제적 후원을 이끌어 낼 수 있었다고 파악했다. 연결망은 우리 역사의 특징을 잘 드러내는 주제여서 연구의 외연이 크게 확대될 필요가 있다.

이상은 본서에 수록된 논문에 대해 개략적인 소개이다. 기존의 연구에서 주목하지 않은 주제라든지 언급하지 않은 내용을 여럿 포함하고 있다. 고려시기 사원경제를 심층적으로 이해하고 불교계 전반에 대해 폭넓게 인식하는 데 도움이 될 수 있었으면 한다.

사원경제에 관심을 가지고 작업을 해온 지 수십 년이 흘렀지만 아직도 구명해야 할 주제가 적지 않다. 사원의 수공업과 과학기술에 대해서는 아직 작업을 시작조차 하지 못했다. 사원은 수공업 영역에서 전체 사회를 선도하는 측면이 있고, 또 과학기술 영역에서도 다른 주체보다 앞선 부분이 있다. 사원 내부에서의 재정 살림도 제대로 들여다 보다 못했다. 고려사회에서 사원이 갖는 公共性은 매우 중요한 사항이다. 사원은 국가와 더불어 당시 전체 사회의 유지와 재생산을 위해 기여한 부분이 적지 않은데, 이것을 주목할 필요가 있다. 고려시기 사원경제의 성격이나 위상을 충실히 이행하기 위해서는 다음 시기의 그것에 대해서도 깊이 있는 연구가 필요한데, 겨우 몇 편의 글을 발표했을 뿐이다.

책을 출간함에 있어서 삶의 지혜를 주고 학문에 입문토록 이끌어주신 선생님들께 다시 한 번 감사의 말씀을 드린다. 선생님들께서 제시한 방향이 指南으로 구실하고 있고, 또 밟아 간 자취도 눈앞에 뚜렷하게 제시되어 있다. 능력이 부족해 더디 갈지라도, 또 마음이 올곧지 못해 흔들리며 갈지라도 갈 수 있는 데까지 가는 것이 공부에 뜻을 둔 後學의 道理라고 생각한다.

마지막으로 책의 출간 과정에서 도움을 준 분들에 대해서 감사를 표할 차례이다. 우선 교정 작업에서 여러 사람이 수고해 주었다. 한국교원대 대학원에서 인연을 맺은 황현정선생, 안선미선생, 박정민선생, 하정열선생이 번거로운 교정 작업을 도와 주었다. 그리고 학부생 조운우군, 김윤지양, 문채원양, 안정연양, 정은서양, 강현채군, 곽수빈양, 이기령양도 교정 작업에 동참했다. 교정에 수고한 모든 이들에게 고마움을 전한다. 출판을 맡아준 경인문화사 한정희 사장님께도 깊은 감사를 드리지 않을 수 없다. 일전에 출간한 두 책이 아직도 재고가 많이 남아 있는데 추가로 부탁을 드려 송구스러울 뿐이다. 그리고 아담한 모습으로 책을 만들어준 경인문화사 편집부 여러분께도 심심한 사의를 표한다.

2020년 6월 14일

李 炳 熙

차 례

본문 출처

제1부 제1장 『사회과학교육연구』 8(한국교원대), 2005. 2. 게재.

　　　제2장 『역사교육논집』 53, 2014. 8. 게재.

제2부 제1장 『역사학연구』 37, 2009. 10. 게재.

　　　제2장 『사회과학연구』 10(한국교원대), 2010. 3. 게재.

　　　제3장 2020. 2. 새 원고.

제3부 제1장 『역사와 세계』 44, 2013. 12. 게재.

　　　제2장 『청람사학』 25, 2016. 12. 게재.

　　　제3장 『역사와 담론』 75, 2015. 7. 게재.

　　　제4장 『청람사학』 28, 2018. 12. 게재.

제4부 제1장 『천태학연구』 4, 2003. 6. 게재.

　　　제2장 『석당논총』 62(동아대), 2015. 7. 게재.

　　　제3장 『사학연구』 116, 2014. 12. 게재.

제5부 제1장 『사회적 네트워크와 공간』(이태진교수 정년논총), 2009. 6. 게재.

　　　제2장　『한국사연구』 155, 2011. 12. 게재.

　　　제3장　『한국중세사연구』 39, 2014. 8. 게재.

제1부

寺院經濟 理解의 基礎

제1장 高麗時期 佛敎界의 法的 地位

1. 序言

고려사회나 당·송 사회 모두 불교가 중요한 종교로 자리하고 있었다. 불교는 각 사회에서 정신적·신앙적으로 중요한 기능을 담당했으며 아울러 사회경제적으로 상당한 의미를 지니고 있었다. 그렇기 때문에 세속국가에서는 불교계에 대해 일정한 법규정을 마련하여 대우하거나 통제를 가했다. 그러나 불교계의 위상이 다르기 때문에 법으로 규정한 내용에는 사회마다 차이가 있을 수밖에 없었다. 각 사회에서 차지하는 불교계의 위상을 파악하기 위해서는 일차적으로 불교에 대한 세속법 규정을 검토하는 것이 과제라 할 수 있다. 세속법에서 규정하고 있는 사원 내지 승려에 대한 내용을 검토함으로써 불교계의 위상을 파악할 수 있는 것이다.

고려시기 법제 일반에 대해서는 많은 연구가 이루어졌다. 일찍부터 日人학자들의 주목을 받아 연구된 바 있고,[1] 근래에 활발한 연구가 이루어져 괄목할 만한 성과가 축적되었다.[2] 지금까지의 연구에도 불구하고 고려의 전체적인 사회성격을 문제로 삼거나 같은 시기 중국의 그것에 대

---

1) 淺見倫太郞, 1922, 『朝鮮法制史稿』, 岩松堂 ; 花村美樹, 1937, 「高麗律」 『朝鮮社會法制史硏究』, 岩波書店 ; 仁井田陞, 1965, 「唐宋의 法과 高麗律」 『東方學』 30.
2) 辛虎雄, 1995, 『高麗法制史硏究』, 國學資料院 ; 韓容根, 1999, 『高麗律』, 書景文化社 ; 尹熙勉, 1985, 「高麗史 刑法志 小考」 『東亞硏究』 6 ; 延正悅, 1997, 「高麗 元宗 忠烈王時代 法令에 관한 硏究」 『竹堂李炫熙敎授華甲紀念 韓國史學論叢』 ; 李貞薰, 2002, 「고려시대 支配體制의 변화와 中國律의 수용」 『한국사론』 33, 국사편찬위원회 ; 金仁昊, 2002, 「고려의 元律 수용과 高麗律의 변화」 『한국사론』 33 ; 尹薰杓, 2002, 「고려시대 官人犯罪의 行刑 운영과 그 변화」 『한국사론』 33 ; 崔淑, 2002, 「고려 혼인법의 개정과 그 의미－近親婚 禁制를 중심으로－」 『한국사론』 33.

한 공통점과 차이점을 깊이 고려하면서 이루어진 연구성과는 미흡하다고 할 수 있다.

그 동안의 법제 연구에서 주로 형법지가 대상이 되었고, 그 가운데 특정 항목에 대한 심층적인 검토도 있었다. 본고에서 살펴보려는 승려 내지 불교에 관한 연구는 거의 이루어지고 있지 못한 실정이라고 할 수 있다. 최근에 고려국가가 불교 교단을 통제하는 규정을 마련하여 승려의 출가 및 활동을 규제했음을 검토한 글이 발표되었다.3) 또한 고려에서의 불교 관련 법규정을 당·송의 율령과 비교하는 소중한 성과도 있었다.4) 주지하듯이 고려사회에서 불교는 중요한 역할을 담당하고 있었고, 따라서 그에 관한 여러 가지 法條文을 갖추고 있었다. 불교 관계 법규정을 면밀히 비교하게 되면, 고려사회에서 점하는 불교의 위치를 새롭게 이해할 수 있을 것이다.

본고는 이러한 문제의식을 전제로 『高麗史』刑法志를 중심으로 검토하되,5) 당·송·원의 관련 조문, 그리고 조선초기의 『經濟六典』과 『經國大典』의 내용을 참조하기로 한다. 출가와 사원 창건, 사원의 경제 활동, 승려의 사회적 행위, 주지의 문제 등을 중심으로 검토하고자 한다.6)

---

3) 김영미, 2002, 「高麗時代 佛敎界 통제와 律令-승려행동 규제를 중심으로-」『史學硏究』 67.

4) 한기문, 2007, 「高麗前期 佛敎關聯 律令의 內容과 性格」『민족문화논총』 37, 영남대 민족문화연구소. 한기문씨는 佛敎儀禮, 寺院, 僧尼 등 세 부분으로 율령을 나눈 뒤, 고려와 당·송을 비교하는 연구를 진행하였다. 본고를 보완하고 수정하는 데 많은 시사를 받았음을 밝힌다.

5) 본고는 일차적으로 『高麗史』 형법지에 수록되어 있는 불교관련 내용을 전면적으로 검토하는 데 초점을 둔다. 『高麗史』 형법지에 관해서는 蔡雄錫, 2009, 『『高麗史』 刑法志 譯註』, 신서원 참조. 본고의 형법지 번역과 역주는 이 저서의 도움을 크게 받았다.

6) 중국측의 관련 내용은 『唐律疏議』, 『宋刑統』, 『元史』 형법지의 내용을 중심으로 살피고자 한다. 그밖에 당대의 『唐令拾遺』, 남송대의 『慶元條法事類』, 원대의 『元典章』 및 기타 사서까지를 포함해 분석해야 실상이 분명해질 수 있을 것이지만, 그러한 작업은 추후에 주제를 세분해서 진행할 필요가 있을 것이다. 여기서는 전

2. 『高麗史』刑法志의 불교 관련 조항

고려시기 불교에 대한 규정은『高麗史』의 형법지에 풍부하게 실려 있다.[7]『고려사』의 편찬은『元史』를 모범으로 했기에, 형법지도『원사』의 체제를 상당 부분 따르고 있다.『고려사』형법지의 13개 항목 중 公式·奴婢를 제외한 11개 항목은『원사』형법지 20항목 내에 설정되어 있다.[8] 그러나『원사』형법지에는 과조적 기사만 수록되어 있는데 반해,『고려사』형법지에는 과조적 기사와 아울러 편년기사가 함께 수록되어 있다.[9]

『고려사』형법지는 모두 2권으로 구성되어 있고, 승려 내지 사원에 관련된 내용은 44개조에 이르고 있다(<부록 1> 참조).[10] 항목별 조문 수를 표로 나타내면 다음과 같다(<표 1> 참조).

체의 모습을 素描하는 데 그치고자 한다. 비슷한 내용이 발견되는 경우, 繼受 관계나 영향 여부의 판단은 상당한 주의가 필요해 보인다.

7) 불교 관련한 내용은『高麗史』형법지 이외의 다른 志에도 보이고, 世家에서도 찾을 수 있으며,『高麗史節要』에서도 확인할 수 있다. 그러나 형법지에 중요한 내용을 집약해 수록하고 있어 이 글에서는 형법지를 중심으로 하면서 여타의 자료를 원용하기로 한다.

8) 辛虎雄, 1995, 앞의 책, 68쪽 ; 김난옥, 2011,「『高麗史』형법지 금령 편목의 내용과 성격」『한국사학보』44, 125~128쪽.

9)『高麗史』형법지에 보이는 대부분의 편년기사는『高麗史』세가나『高麗史節要』의 해당 왕대 부분에 동일하거나 유사한 내용으로 수록되어 있지만,『高麗史』의 세가나『高麗史節要』에 수록된 형법 관계 기록이 형법지에 수록되지 않은 사례가 많다(김난옥, 2011, 앞의 논문).

10)『高麗史』형법지를 포함해, 세가, 다른 志 그리고『高麗史節要』에서 高麗律과 高麗令을 찾아내 복원하는 소중한 성과가 있었는데, 僧尼令은 모두 60조로 정리했다(영남대 민족문화연구소, 2009,『고려시대 율령의 복원과 정리』, 景仁文化社, 370~397쪽).

<표 1>『高麗史』刑法志 항목별 불교 관계 조문 수

	項目	科條的 기사 수	編年기사 수	계
刑法志1	名例			
	公式			
	職制	2	2	4
	奸非	1	1	2
	戶婚			
	大惡	1		1
	殺傷			
刑法志2	禁令	2	29	31
	盜賊		1	1
	軍律			
	恤刑		1	1
	訴訟			
	奴婢		4	4
計		6	38	44

<표 1>에서와 같이 형법지의 13개 항목 가운데 불교와 관련된 내용
은 직제·간비·대악·금령·도적·휼형·노비 등 7개 항목에만 보이고 있다.
7개 항목 가운데 금령조에 31개 항목을 수록하고 있는 점이 주목을 끈
다. 금령의 기사는 총 127조에 달하는데,[11] 그 중 대략 1/4을 불교 관계
기사가 차지하고 있는 것이다. 이것은 고려사회가 불교에 관해 많은 관
심을 갖고 다양한 제한책을 시행하고 있음을 보이는 것이다.

『고려사』 형법지의 기사에는 年月이 표시되어 있는 것과 연월이 표시
되지 않고 내용만 서술한 과조적 기사가 있다.[12] 과조적 기사의 연원에

---

11) 채웅석씨는 禁令條의 과조적 기사를 28건으로, 편년기사를 99건으로 파악하였다
   (채웅석, 2009, 앞의 책, 381~508쪽). 한편 김난옥씨는 형법지 금령의 편년기사에
   는 내용을 2개 이상 담고 있는 경우가 있어 이를 중복으로 계산하면 145개의 조문
   으로 나눌 수 있다고 보았으며, 그 가운데 불교 및 신앙 관련한 것을 27건(승려 폐
   단 16건, 불교 폐단 9건, 산악 제사 2건)으로 파악하였다(김난옥, 2011, 앞의 논문).

대해서는 여러 가지 견해가 있다. 혹자는 원래는 연월일이 있었으나 발
포 연월일이 누락되어 각 항목의 앞부분에 수록한 것으로 보았다. 즉 제
정 공포된 연월이 후대에 탈락되었기 때문에 과조적 기사가 되었다는 것
이다.13) 혹자는 고려시대에 편찬 시행된 율령집이 존재하는데, 과조적
기사는 이 율령집에서 적취해 수록한 것으로 이해했다.14) 또 『古今詳定
禮』나 『式目編修錄』, 또는 중국사서에서 뽑은 禮式이나 법령으로 보기
도 한다.15) 성종 때 법전 제정 이후 개정되고 추가된 조문들이 12세기
전반기나 그 이후에 『식목편수록』이나 판안의 형태로 정리하였는데 그
것이 조선초까지 남아 있어 수록한 것으로 보기도 한다.16)

『고려사』 형법지의 과조적 기사는 전체 100여 조에 그치고 있어, 唐
律의 500개에 비하면 그 수가 크게 적다고 할 수 있다. 100여 조의 과조
적 기사와 당율을 대조해 보면, 당율에 준거한 조문은 60여 조에 달한다.
나머지 30여 조 기사는 당율과 상관 없는 고려 독자적인 것이라 할 수
있다. 불교 관계 기사는 대개 고려의 독자적인 30여 조 기사에 해당한다.
불교 관계 과조적 기사가 대부분 당율을 따르지 않은 것은 고려에서의
불교 위상이 당과 다르기 때문이다. 과조적 기사는 출가와 僧籍 관리,

---

12) <표> 형법지 불교관련 科條的 기사

項目	內　　容
職制	僧人盜寺院米穀 歸鄕充編戶(부록 1-1)
	三年一度 考閱僧籍(부록 1-2)
奸非	凡人奸尼女冠 和 徒一年半 强 徒二年 尼女冠與 和 徒二年半 强 不坐 (부록 1-5)
大惡	道士女冠僧尼 謀殺師主 同叔伯父母(부록 1-7)
禁令	禁鄕部曲津驛兩界州鎭 編戶人爲僧(부록 1-8)
	禁僧人寓宿閭閻(부록 1-9)

13) 北村秀人, 1976, 「高麗時代의 歸鄕刑·充常戶刑에 관해」 『朝鮮學報』 81.
14) 尹熙勉, 1985, 앞의 논문.
15) 邊太燮, 1982, 『『高麗史』의 硏究』, 三英社, 96~97쪽 ; 辛虎雄, 1995, 앞의 책, 66쪽.
16) 채웅석, 2009, 앞의 책, 36~54쪽.

그리고 승려의 개인적인 비행에 대한 처벌을 규정하고 있다.

그리고 불교 관련 내용은 과조적 기사가 전부 6개에 불과한 데 비해 편년기사는 38조에 달하고 있어 편년기사의 비중이 매우 컸음을 보여 준다. 편년기사는 判·敎 등의 형식으로 그때그때의 時宜에 따라 마련한 時法인데 고려사회의 실질적이고 구체적인 법규정을 알려 준다. 이 편년 기사는 고려사회의 실상을 이해하는 중요한 단서가 된다. 불교와 관련한 38개의 편년기사 내용은 고려사회에서 불교가 차지한 위상을 이해하는 데 귀중한 실마리를 제공한다.

편년기사는 각 왕대별로 골고루 분포되어 있지 않다. 기사의 내용이 승려 및 불교 세력을 억제하는 내용이므로, 각 왕대별의 분포 상황을 살펴 보면 불교에 대한 제한 조치가 어느 왕대에 집중적으로 이루어졌는가를 알 수 있다. <표 2>는 편년기사의 각 왕대별 분포 상황을 정리한 것이다.

<표 2> 편년기사의 왕대별 분포

왕대	成宗	顯宗	肅宗	睿宗	仁宗	明宗	元宗	忠烈王	忠宣王	忠肅王	恭愍王	禑王	昌王	恭讓王	計
기사수	1	7	2	1	3	1	1	5	2	3	5	1	1	5	38
	14					24									38

우선 주목되는 것은 전기보다 후기에 불교 관계 기사가 더 많이 보인 다는 사실이다. 불교계 내에서 고려의 독자적인 질서가 동요되어 가면서 여러 가지 문제가 야기되었고 이로 인해 다양한 제한 규정이 마련되었다 고 할 수 있다. 전기에서는 현종대에 불교 관계 기사가 많이 보이고 있 음이 주목을 끈다. 흔히 성종대에 불교계에 대해 억제하는 분위기를 보 였기 때문에 이때 기사가 많을 것으로 예상되지만, 형법지에서는 현종대 에 여러 가지 제한 조치를 가하고 있음을 알 수 있다.[17]

현종 이후 숙종 이전까지는 불교와 관련한 법조문이 형법지에 보이지

않고 있다. 이후 숙종부터 인종대까지는 국왕이 매번 조치를 내리고 있
다. 중앙정계에서 문벌귀족들이 발호하던 시기에 불교계 나름대로 세력
화의 경향을 강하게 보이고 있었기 때문일 것이다.

명종 이후에는 별로 보이지 않다가 몽골과 화평 관계가 이루어진 원
종대부터 불교에 대한 여러 조치들이 시행되고 있다. 고려적인 질서가
붕괴되어 가면서 야기되는 불교계의 말폐를 시정하기 위한 일환이었을
것이다. 주목되는 점은 공민왕대에 많은 조치가 취해진 사실이다. 공양
왕대에도 여러 규정이 마련되었는데 이것은 조선 건국 주도세력의 동향
과 관련해 이해해야 할 것이다.

편년기사의 내용을 분류해 표로 제시하면 <표 3>과 같다.

<표 3> 불교 관계 편년기사의 내용 분류

차례	내용	부록의 사료 번호
1	출가 제한	2, 4, 8, 13, 29, 31, 33, 41
2	사가위사, 사원 남설	3, 10, 13, 18
3	노비	11, 42, 43, 44
4	토지확대	3, 20, 24
5	상업 활동, 고리대, 연화 활동	17, 19, 20, 27, 28, 30, 34
6	승려의 참월 행위 (복식, 승마, 관역 유숙, 궐문 출입)	10, 12, 16, 17, 21, 25, 26, 32, 35
7	승려의 淫行, 上寺	5, 6, 9, 22, 30, 38, 40
8	승려의 釀酒, 飮酒	11, 14, 15, 23
9	주지의 문제	3, 30, 39
10	속인과의 집단 구성, 결사체, 놀이	18, 19
11	사경	37
12	다비법	36
13	기타	1

17) 현종대의 불교정책에 관해서는 다음의 글이 참고된다. 조경시, 2007, 「高麗 顯宗의
佛敎信仰과 정책」『韓國思想史學』29 ; 이병희, 2010, 「고려 현종대 사상과 문화
정책」『한국중세사연구』29.

형법지에 제시된 불교 관련 기사는 내용이 다양하다. 출가 제한, 사원 남설의 금지, 사원의 경제 활동 규제, 승려의 참월 행위 제한, 승려의 간행·음주의 문제, 주지의 활동 등과 관련한 내용이 많다. 이 내용은 주로 불교계에 대한 통제 내지 제한을 규정한 것이다.

3. 出家와 寺院 創建

1) 出家 制限

승려의 출가에 대해서는 국가는 일정한 통제책을 취하지 않을 수 없었다. 국가의 부담을 지는 民人이 줄어들고, 또 지배층의 수가 감소하는 문제가 있기 때문이었다. 특권을 보장하는 승려층의 증가이므로 규정이 있을 수밖에 없는 것이다. 고려후기부터 도첩제에 대해 상당한 통제책을 취하기 시작하다가 조선초에 오면 그 조치가 더욱 강화되기에 이른다.[18]

3년마다 한번씩 僧籍을 考閱하도록 했으며, 鄕·部曲·津·驛과 兩界 州鎭의 編戶人은 승려가 될 수 없다고 규정했다. 僧籍에 대해 고려에서 철저히 관리하고 있음을 반영하는 규정이다. 승정에 대한 국가의 관여가 철저함을 의미한다. 특수한 위치에 있는 민인은 출가를 할 수 없도록 규정한 것이다. 이 내용은 중국의 율에서 확인할 수 없는 것이다.[19]

---

18) 李承峻, 2000, 「朝鮮初期 度牒制의 運營과 그 推移」『湖西史學』29, 湖西史學會 ; 양혜원, 2013, 「고려후기~조선전기 면역승의 증가와 도첩제 시행의 성격」『한국사상사학』44 ; 양혜원, 2018, 「조선 초 도승제(度僧制) 강화의 역사적 의의」『역사비평』123, 역사문제연구소.

19) 다만 3년마다 한 번씩 僧籍을 고열한다는 것은 『唐六典』에 유사한 내용이 보인다. "凡道士 女道士 僧尼之簿籍 亦三年一造 其籍 一本送祠部 一本送鴻臚 一本留於州縣"(『唐六典』권4, 尙書禮部).

<표 4> 출가 관련 규정

· 3년에 1번씩 僧籍을 考閱한다.(부록 1-2)
· 鄕·部曲·津·驛·兩界 州鎭의 編戶人이 승려가 되는 것은 금지한다.(부록 1-8)
· (顯宗 8년 정월) 사람들이 집을 희사하여 사원으로 만들고 부녀자가 비구니가 되는 것을 다시 금지했다.(부록 1-13)
· (仁宗 13년) 奴婢를 代身僧으로 삼는 것을 금지했다.(부록 1-41)
· (忠肅王 12년 2월) 敎書에 이르기를, " … 州縣의 향리[吏]로서 세 명의 아들을 둔 자는 (아들의) 머리를 깎아 승려가 되게 할 수 없으며, 비록 아들이 많다고 하더라도 반드시 관에 신고하여 度牒을 얻은 뒤에 한 아들의 머리를 깎는 것을 허락한다. 위반하는 자는 아들과 부모를 모두 함께 죄를 다스릴 것이다."라고 했다.(부록 1-29)
· (恭愍王 5년 6월) 교서를 내리기를, "鄕吏와 驛吏 및 公私奴隸들이 賦役을 도피하기 위하여 마음대로 승려가 되니 戶口가 날로 줄어들고 있다. 지금부터 度牒을 받지 않는 자는 사사로이 머리를 깎지 못하도록 하라."라고 했다. (부록 1-31)
· (恭愍王 8년 12월) 사람들이 함부로 승려나 비구니가 되는 것을 금지했다.(부록 1-33)
· (恭愍王 20년 12월) 敎書에 이르기를, " … 모든 사람이 아직 度牒을 받지 못한 경우, 출가를 허락하지 않는다는 것은 이미 법령[令]으로 밝혀져 있는데, 主掌官이 奉行하는 데에 아직 이르지 못하고 있다. 丁口들이 身役 피하기를 꾀하고 있으며, 戒行을 닦지 않아 敎門이 훼손되는 데 이르렀다. 지금부터는 진정으로 승려가 되기를 바라는 자는 먼저 소재 관사로 가서 丁錢 50匹의 布를 바친 뒤에 비로소 머리를 깎는 것을 허락할 것이다. 위반한 자는 師長과 부모를 죄줄 것이다. 鄕吏에서 津驛에 이르기까지 公私의 役이 있는 사람들은 모두 금지하고 단속할 것이다. … "라고 했다.(부록 1-4)

　　현종 8년(1017)에 婦女가 尼가 되는 것을 금했다. 여성의 출가를 제한하는 규정이다. 그러나 이 이후에도 여성의 출가가 없었던 것은 아니다.[20] 인종대에 奴婢가 대신해 승려가 되는 것을 금지했다. 俗人을 대신해서 노비가 승려가 되는 일을 금지한 것이다. 사노비의 경우 主家를 위해, 혹은 주가의 지시를 받아 승려가 되는 일이 없지 않았던 것으로 보이는데, 그러한 일을 금지한 것이다.[21]

　　형법지에 속인의 출가와 관련해서는 후기의 기록이 수록되어 있다.

---

20) 김영미, 1999, 「高麗時代 여성의 出家」『梨花史學硏究』25·26합집.

21) 조선초에 특정인을 대신해서 승려가 된 경우가 찾아진다. 『世宗實錄』권23, 世宗 6년 2월 壬子(6일), 國史編纂委員會 影印本 2冊, 577쪽(이하 같음) ;『睿宗實錄』권4, 睿宗 1년 3월 壬寅(18일), 8冊, 353쪽.

충숙왕대에 처음으로 명기되어 있다. 州縣 鄕吏의 경우 아들이 셋 있어도 승려가 될 수 없도록 한 것이다. 아들이 많다고 하더라도 관에 고하고 度牒을 받은 후 한 명 아들의 출가가 허용되었다. 이러한 규정을 위반할 때에는 출가한 아들, 그의 부모 모두 처벌을 받았다. 처벌의 구체적인 내용은 명시되어 있지 않다.

공민왕 5년(1356)에는 향리와 驛吏 및 공사노비가 賦役을 회피하기 위해 함부로 승려가 되어 戶口가 날마다 줄어든다고 하고서, 지금부터 도첩을 받지 않은 자는 사사로이 머리깎지 못하도록 했다. 승려가 되기 위해서는 반드시 도첩을 받아야 한다고 했다. 충숙왕대의 규정이 지켜지지 않기에 재차 규정된 것이다.

공민왕 8년에도 사람들이 멋대로 승려가 되는 것을 금지했다. 도첩을 받아야 출가할 수 있다는 것을 재삼 강조하는 것으로 보인다.

공민왕 20년에 이르면, 도첩제가 丁錢을 납부하도록 강화되고 있다. 도첩을 받지 않고서는 출가할 수 없다는 것이 이미 명령이 내려진 바 있었으나, 담당 官司에서 힘써 받들어 행하고 있지 않다고 했다. 지금 이후로는 승려가 되고자 하는 이는 먼저 소재 관사에 가서 정전 50疋을 납부한 뒤에 비로소 머리깎는 것을 허용하라는 것이다. 이를 위반하는 자는 師長과[22] 부모를 죄주라고 했다. 그리고 향리와 津驛의 役을 지고 있는 이는 출가를 금하라고 했다. 정전 50필은 이전의 규정에 없는 것이다. 그만큼 도첩제를 강화해 감을 알 수 있다.

그런데 출가와 관련한 내용을 형법지 이외에서도 찾을 수 있다.[23] 靖宗 2년(1036) 5월에 4명의 아들이 있어야 1명 아들의 출가를 허용하는 制가 있었고,[24] 문종 13년(1059) 8월에는 兩京 및 東南州府郡縣에서 1

---

22) 채웅석씨는 師長을 師僧과 寺主로 보았다(채웅석, 2009, 앞의 책, 265쪽).
23) 영남대 민족문화연구소, 2009, 앞의 책, 370~376쪽.
24) 『高麗史』 권6, 世家6 靖宗 2년 5월, 亞細亞文化社 影印本 上冊, 125쪽(이하 같음).

家에 3명의 아들이 있어야 1명의 출가를 허용하는 制가 있었다.[25] 정종
대의 규정보다 완화된 내용으로 그만큼 출가할 수 있는 대상이 늘어날
소지가 커졌다. 그리고 공민왕 원년 宣宥한 내용 중에 '爲僧者 必須度牒
不許居家'가 있다.[26] 10년 5월, 향역을 부담한 향리, 公私의 노비로서 출
가한 자는 모두 本役으로 되돌리라고 조치했다.[27] 창왕이 즉위했을 때
조인옥 등이 상소해, 州縣의 향리와 驛吏 및 公私의 노비가 승려가 되는
것을 허용치 말 것을 주장했는데 국왕이 이를 수용했다.[28]

이러한 내용도 모두 형법지에 수록할 만한 것인데 누락되어 있다.[29]
충숙왕대 규정을 보면 3자가 있어야 1자의 출가를 허용한 문종대의 규
정은 충숙왕대까지 효력이 있었던 것 같다. 형법지에는 실려야 할 내용
이, 망라되어 수록된 것으로 보이지 않는 것이다.

출가 규정은 唐·宋·元에서도 확인된다. 당에서는 사사로이 출가하는
것에 대해서 상당히 무거운 처벌이 규정되어 있다. 사사로이 승려가 되
는 자는 장 100에 처하는데, 家長을 경유했다면, 가장 역시 처벌을 받아
야 했다. 아마 처벌받고 還俗되었을 것이다. 이미 寬籍에서 제외한 자는
徒 1년에 처한다고 했다. 本貫의 主司와 觀·寺의 三綱이 사정을 알았다
면 동일한 죄로 처벌한다고 했다. 만약 법을 어겨 觀·寺를 떠나야 하는
데, 관의 판결을 받고도 환속하지 않은 자는 私度法에 따른다고 했다.
만약 監臨官이 사사로이 함부로 다른 사람에게 도첩을 주었을 경우에는
1인이면 장 100에 처하고 2인마다 1등씩 가중하게 되어 있다.[30] 처벌규
정이 분명하고 또 엄하게 되어 있다.

---

25) 『高麗史』 권8, 世家8 文宗 13년 8월, 上冊, 168쪽.
26) 『高麗史』 권38, 世家38 恭愍王 원년 2월, 上冊, 756쪽.
27) 『高麗史節要』 권27, 恭愍王 10년 5월, 亞細亞文化社 影印本, 693쪽(이하 같음).
28) 『高麗史』 권111, 趙暾附 仁沃, 下冊, 438쪽.
29) 출가 및 환속에 관한 자세한 내용은 김영미, 2002, 앞의 논문이 참고된다.
30) 『唐律疏議』 권12(부록 2-3).

송에서는 당율을 그대로 따르고 있다. 송에서 추가된 것에 "禮部式 諸 五品以上女及孫女出家者 官齋行道 皆聽不預"가 있다.[31] 5품 이상의 고 위 관인의 딸 및 손녀의 출가는 모두 들어주자는 것으로 이해된다.

『元史』형법지에는 3개 조문이 보인다. 승려가 되고자 할 경우 本戶 의 丁이 많아 差役을 궐하지 않고 또 형제가 있어 족히 부모를 모실 수 있다면, 본적 유사에게 陳請하면 허용하도록 하되 위반하는 자는 죄를 내린 후 환속시키고 있다. 아내가 남편을 배반하고, 시부모를 버리고 출 가하면 장 67에 처하고 남편에게 되돌린다고 했다. 또 세속을 버리고 출 가할 때 有司의 體覆을 따르지 않고 승려가 되면, 그 師는 笞 57에 처하 고 도첩을 받은 자는 태 47에 처하며 元籍에 보낸다고 했다.[32] 출가의 조건, 부인의 출가에 대한 제한, 출가 시 官의 절차를 밟을 것을 명시하 고 있다. 출가에 대한 자세한 규정은 그만큼 불교에 대한 통제가 엄격했 음을 뜻하는 것으로 이해된다.

『經濟六典』에서는 도첩에 관해서 4가지의 내용이 전한다. 체발하고 자 하는 자는 반드시 도첩을 받아야 허용한다고 했다. 발급 절차는 辭因 을 갖추어 승록사에 고하고 예조에 轉報하고 啓聞取旨한 연후에 丁錢으 로 오승포 100필을 징수한 뒤에 출가를 허용한다고 했다. 유역인정 및 독자·처녀는 일체 금한다고 했다. 승려가 되는 것은 유역인정·독자·처 녀가 아니라면, 정전을 징수하고 허용한다는 것이다.[33] 대체로 정전을 납부하면 도첩을 지급한 것으로 보인다. 그리고 도첩이 없는 승려는 소 재 관사에서 율에 따라 죄를 논하고 還俗當差하라고 했다.

『經國大典』에서는 誦經을 시험보며, 정전을 납부해야 도첩을 주도록 규정되어 있다.[34] 상당한 정도의 불법에 대한 소양을 갖춘 것이 전제되

---

31) 『宋刑統』 권12(부록 3-3).
32) 『元史』 권103, 志51 刑法2(부록 4-9, 12) ; 『元史』 권105, 志53 刑法4(부록 4-24).
33) 『經濟六典輯錄』, 禮典 度牒(부록 5-3).
34) 『經國大典』, 禮典 度僧(부록 6-3).

지 않으면 승려가 될 수 없다는 것이다. 그리고 공사노비가 승려가 될 수 없도록 명시했다.[35]

고려에서는 규정이 간단하고, 처벌 내용도 가벼운 편이다. 후기에 와서 丁錢을 납부해야 하는 것으로 규정되었다. 용이하게 출가할 수 있으며, 처벌 규정도 가벼워 당·송·원보다는 쉽게 출가할 수 있었다. 양인의 출가를 허용하는 것은 고려나 당·송·원이 모두 일치하고 있다. 여성이나 특정 조건 하에 있는 민인의 출가에 대해서는 제한이 따르기도 했다. 고려의 경우, 말기에 이르러 특정 직역을 부담하고 있는 층, 특히 鄕吏에 대해 출가를 제한한 사실이 특기할 만하다.

허가를 받지 않고 출가한 자에게는 일정한 처벌이 가해졌다. 당·송의 경우는 杖 100, 원의 경우는 笞 47에 처해졌다. 고려의 경우는 그 처벌 내용이 명확하게 제시되어 있지 않다. 원래 그러했는지 자료의 인멸 때문인지 알 수 없다. 당·송과 원을 비교할 때, 원의 경우가 당·송에 비해 그 처벌이 매우 가벼웠다.

불법적 또는 私的으로 출가한 경우 본인에게만 처벌이 국한된 것이 아니었다. 당·송의 경우, 度牒을 준 자와 本貫의 主司 및 寺刹의 三綱까지도 사실을 알았으면 출가한 자와 동일하게 모두 처벌을 받았다. 원의 경우는 도첩을 준 師에게만 처벌이 내려졌는데 태 57로서 출가자보다 무거웠다. 고려의 경우에도 부모를 처벌하거나(충숙왕 12년), 師長과 부모가 처벌받았다(공민왕 20년).

이상과 같이 고려나 당·송·원에서 모두 양인의 출가를 허용하고 관의 허가를 받도록 규정한 점에서 일치했다. 또한 처벌하는 점에서도 동일했다. 다만 처벌의 구체적인 내용에서는 당·송이 원보다 무거웠고, 그 범위에 있어서는 고려와 당·송·원이 상이했다. 이 점은 당·송과 다른 고려의 독자적인 성격을 보이는 것이다.[36]

---

35) 『經國大典』, 刑典 公賤(부록 6-13).

2) 寺院 濫設

승려들은 기본적으로 사원에 거처했다. 사원의 건립에는 많은 인력, 재정이 소요되므로 국가로서는 일정한 제한의 필요성을 느끼고 있었다. 또 당시의 지리관념상으로도 사원의 남설은 문제가 되었다.

<표 5> 사원 남설 관련 규정

· (成宗 원년 6월) 正匡 崔承老가 上書해서 말하기를, " … 세상 풍속에 善을 심는다는 명분으로 각기 원하는 바에 따라 사원[佛宇]을 건립하는데, 그 수가 매우 많습니다. 또한 서울과 지방의 승려 무리들이 다투어 (사원의) 건립을 행하면서 널리 州·郡의 長吏들에게 권하여 민들을 징발하여 부리는데 公役보다 급하게 하니 민들이 이를 심히 고통스러워합니다. 원하옵건대 엄격하게 금지시키십시오. … "라고 했다.(부록 1-10)
· (忠烈王 24년 정월) 忠宣王이 즉위하여 敎書를 내려 이르기를, "太祖께서 창립한 禪敎의 寺社는 모두 地鉗이 서로 상응하는 곳에 설치한 것인데, 지금 兩班들은 사사로이 願堂을 세움으로써 地德을 훼손하고 있다. 또한 사사의 住持를 共議하는 데 대개 뇌물로써 외람되게 얻으니 모두 금단하도록 하라. … "라고 했다.(부록 1-3)

사원의 남설에 관해서는 과조적 기사는 보이지 않고 편년기사가 2건 찾아진다. 하나는 성종 원년(982) 6월 崔承老의 상서문인데, 그 내용은 세속에서 善을 심는다는 것을 명분으로 해서 각각 소원에 따라 佛宇를 짓는데, 그 수가 심히 많으며, 또 중외의 승도가 다투어 영조하면서 州郡의 향리를 권해 백성을 징발해 역사하기가 公役보다 급해 민이 심히 고통스러워하니 이를 금하라는 것이다.

충렬왕 24년(1298) 충선왕이 즉위해 하교한 내용 중에도 사원의 남설이 문제되고 있다. 태조가 세운 선종·교종 사원은 모두 지세를 살펴 세운 것이지만, 지금 양반이 사사로이 願堂을 세워 지덕을 훼손시키고 있

---

36) 한기문씨는 당·송대 율령에서 출가, 도승, 수계, 승니첩, 승적 고열, 승니 행유, 승니 규제 등 풍부한 내용을 추출해 고려와 비교했다(한기문, 2007, 앞의 논문).

어 이를 금지하라는 것이다. 양반이 원당이라는 명목으로 사사로이 사원을 세우고 있음을 금하라는 내용이다.

고려시기에 사원의 남설은 큰 문제였기에, 이밖에도 많은 조치가 있었다. 형법지에 수록할 만한 내용이 여럿 찾아진다. 우선 '훈요 10조' 가운데 제2조에서 사원은 道詵의 견해에 따라 산천의 형세를 살펴 개창했다고 하면서, 후세의 국왕이나 公侯·后妃·朝臣이 각각 원당이라 칭하고서 세울까 크게 걱정된다는 것이다.[37] 또 최승로와 비슷한 주장을 한 인물도 여럿 있다. 문종 9년(1055)에 국왕이 사원을 세우려 하자, 門下省에서 새로운 사원을 세우면 民人을 수고롭혀 원망이 일어나고 산천의 氣脈을 毁傷시켜 재해가 일어나 神人이 모두 노하니 太平의 도에 이를 수 없다고 주장했다.[38] 비슷한 시기에 崔惟善도 興王寺 창건에 대해 '훈요 10조'를 들어 반대하는 간쟁을 한 바 있었다.[39]

최충헌은 자신이 올린 봉사에서 함부로 사원을 세워 원당이라 칭하고 지맥을 손상시켜 재변이 자주 일어난다고 하면서, 裨補 이외에는 모두 삭거하라고 했다.[40] 공민왕 원년(1352) 2월에도 宣宥하면서 내린 내용 가운데,

> 태조의 유훈[信書]에 따라 여러 사람들이 함부로 사원을 짓는 행위를 금지한다.[41]

는 내용이 있다. 함부로 사원을 세우지 말라는 것이다. 이색도 상서한 글에서는 新創之寺를 모두 철거시키고, 철거하지 않으면 수령을 죄주라

---

37) 『高麗史』 권2, 世家2 太祖 26년 4월, 上册, 55쪽.
38) 『高麗史』 권7, 世家7 文宗 9년 10월, 上册, 158쪽.
39) 『高麗史』 권95, 列傳8 崔冲附 惟善, 下册, 119쪽.
40) 『高麗史』 권129, 列傳42 叛逆3 崔忠獻, 下册, 791쪽.
41) 『高麗史』 권38, 世家38 恭愍王 원년 2월, 上册, 756쪽.

고 했다.[42] 그밖에 고려 최말기가 되면 사원의 남설을 문제삼는 데 그치지 않고, 기존 사찰도 철거하라는 주장도 있었다. 成均博士 金貂와 成均生員 朴礎의 주장에서 그것을 볼 수 있다.[43]

'훈요 10조'나 최유선이 간한 내용, 그리고 최말기 사원 건립 금지 및 철거 상소 등은 형법지에 수록할 만한 것인데 누락되어 있다. 고려의 경우 사원의 건립이 있을 경우, 民人의 使役이 동반되기에 제한하는 조치가 취해지고 있는 것이다. 태조대 이래의 사원이 廢寺가 되었을 경우 복구해야 한다는 내용도[44] 형법지에 실려 있지 않다.

사원의 건립이나 남설과 관련한 규정은 당율·송율과『元史』형법지에 보이지 않는다.[45] 국가의 허락을 받아야 건립이 가능한지 받지 않고서도 조영이 가능한지 명시되어 있지 않다. 사원의 창건을 포함해 전체 사원을 관리하는 제도에 대한 비교 검토가 필요해 보인다.

다만『元史』형법지에 寺를 觀으로, 觀을 寺로 고치는 것을 금한다고 규정했다.[46] 불교사원을 도교사원으로 바꾸는 것, 또 반대의 경우 모두 금지하고 있다. 고려에서는 도교사원이 많지 않고, 또 도교사원이 주로 개경에 소재해 국가가 관리하고 있으므로 그런 일이 발생할 소지도 거의 없었으며, 그런 변경이 있더라고 국가에서 주도할 가능성이 크기 때문에 문제가 되지 않았을 것이다.

---

42)『高麗史』권115, 列傳28 李穡, 下冊, 525쪽.
43)『高麗史』권120, 列傳33 金子粹, 下冊, 637~638쪽.
44)『高麗史』권18, 世家18 毅宗 22년 3월, 上冊, 381쪽 ;『高麗史』권38, 世家38 恭愍王 원년 2월, 上冊, 756쪽 ;『高麗史』권38, 世家38 恭愍王 원년 5월, 上冊, 758쪽 ;『高麗史』권46, 世家46 恭讓王 3년 6월, 上冊, 894쪽 ;『高麗史』권107, 列傳20 韓康, 下冊, 353쪽.
45) 그렇지만 다른 기록에는 사원의 창건에 대한 규제가 보인다.『宋史』에 따르면 仁宗 연간에 無額寺觀을 훼철하거나 새로운 寺觀의 창건을 금하는 조치가 있었다.『慶元條法事類』에는 寺觀을 創造하면 처벌하는 규정이 보인다(한기문, 2007, 앞의 논문).
46)『元史』권105, 志53 刑法4(부록 4-21).

조선에 와서는 사원의 창건을 금지하도록 규정하고 있다. 사원을 새로이 세우는 것은 금지했으며, 다만 폐사의 古基에 중창하는 것은 허용되었지만, 이것도 告官해야 가능했다.[47] 사원의 창건이 불가능해진 것으로 고려시기에 비해 불교의 위상이 하락됨을 알려 준다.

3) 捨家爲寺

사원은 민가와 구별되는 별도의 공간에 새로이 세우는 것이 일반적이지만 개인이 살던 집을 사원으로 만들어버리는 일도 종종 있었다. 이 경우 사원의 수가 급증할 수 있고, 또 사원과 민가가 뒤섞이는 문제가 발생할 수 있었다. 이 때문에 고려에서는 자기 집을 희사해 사원으로 만드는 것에 대해 금지하고 있었다.

<표 6> '捨家爲寺' 관련 규정

· (顯宗 8년 정월) 사람들이 집을 희사하여 사원으로 만드는 것을 다시 금지했다.(부록 1-13)
· (肅宗 6년 6월) 남·녀·승니가 무리를 지어 萬佛會에 모이는 것과 집을 희사하여 사원으로 만드는 것을 금지했다.(부록 1-18)

사원의 신설에 대해서는 제한의 필요성을 절감하고 있었지만, 적극적으로 금지하지는 않았다. 대신에 개인 집을 사원으로 만드는 것은 금했다. 불교 수용 이후 신라에서는 속인이 출가하면서 자신이 살던 집을 사원으로 만들어 버리는 일이 흔했다.[48] 이것을 막고자 하는 것이다.

---

47) 『經濟六典輯錄』, 禮典 寺社(부록 5-6) ; 『經國大典』 권3, 禮典 寺社(부록 6-7). 조선 초 사찰의 창건에 관해서는 강윤경, 2013, 「朝鮮初期 寺刹 造營의 規制와 實際」 『청람사학』 21, 한국교원대 청람사학회 참조.

48) 『三國遺事』 권3, 塔像4 有德寺 ; 『三國遺事』 권3, 塔像4 敏藏寺 ; 『三國遺事』 권3, 塔像4 臺山月精寺 五類聖衆 ; 『三國遺事』 권4, 義解5 慈藏定律 ; 『三國遺事』 권4, 義解5 元曉不羈 ; 『三國遺事』 권5, 感通7 郁面婢念佛西昇 ; 『三國遺事』 권5, 孝善9

현종 8년(1017)에 '捨家爲寺'를 다시 금지했고, 숙종 6년(1101)에도 동일한 조치가 있었다. 이러한 금령에도 불구하고 개인이나 국왕이 집과 궁을 사원으로 만드는 일은 종종 있었다. 崔沆의 경우 私第에 經像을 만들어 두고 승려처럼 거처하다가 '竟捨爲寺'한 일이 있다.49) 고종대에 강화도에서 朴暄의 집을 淨業院으로 만들어 尼僧을 거처케 한 일이 있다.50) 충선왕이 壽寧宮을 희사해 旻天寺로 삼기도 했다.51) 그러나 전체적으로 보면 신라처럼 성행했다고는 생각되지 않는다.

그런데 성종 4년(985) 10월에 '禁捨家爲寺'한 내용이『高麗史』世家에서 확인된다.52) 이것이 형법지에 수록되지 않은 것은 착오로 이해된다. 아마 이 금령은 최승로의 상서에 대한 조치로 보인다. '사가위사'와 관련한 내용은 당·송·원에서 찾아볼 수 없다. 고려의 특수한 사정에서 나오는 조치인 것이다.

4. 寺院의 經濟 活動

1) 奴婢 施納 금지

고려시기 민인이나 승려, 귀족이 사원에 노비를 시납하는 일이 흔했다. 그리하여 사원은 다수의 노비를 보유하고서 使役시킬 수 있었다. 그렇게 성행한 노비의 시납에 대해 고려 최말기 공양왕대에 가서 금지하는 조치가 취해졌다.

孫順埋兒 興德王代 ;『三國遺事』권5, 孝善9 貧女養母.
49)『高麗史』권93, 列傳6 崔沆, 下冊, 93쪽.
50)『高麗史』권24, 世家24 高宗 38년 6월, 上冊, 479쪽.
51)『高麗史』권33, 世家33 忠宣王 원년 9월, 上冊, 684쪽.
52)『高麗史』권3, 世家3 成宗 4년 10월, 上冊, 70쪽.

<표 7> 노비 시납 관련 규정

· (顯宗 원년) 승려가 노비를 서로 다투는 것을 금지하고, 또 비구나 비구니가 술을 빚는 것을 금지했다.(부록 1-11)
· (禑王 14년(창왕 즉위년) 8월) 憲司가 상소하기를, "都官에 소속된 노비, 宮司와 倉庫의 노비 및 근래에 죽임을 당하거나 유배된 관원과 장수들의 祖業奴婢와 새로 얻은 노비[新得奴婢]는 辨正都監으로 하여금 또한 인원수[口]를 헤아려 장부[籍]를 만들게 하되, 빠지거나 누락됨이 없게 하십시오. 토목이나 건축[營繕]의 役이 있거나 손님[賓客] 접대나 佛神 공양 때마다 모두 이들을 부리도록 하고, 坊里의 雜役은 일체 모두 면제시켜 그들의 삶을 안정시키고 왕실을 지키게 하십시오."라고 했다.(부록 1-42)
· (恭讓王 3년) 郎舍에서 상소하기를, " … 세상 풍속이 어둡고 길을 잃어 스스로 재앙과 허물을 만들어 놓고 사원에 民을 바침으로써 복을 구하기를 꾀하니, 만약 부처가 올바르다면 어찌 뇌물을 받고 화를 면해주는 이치가 있을 수 있겠습니까? … 사고파는 사람과 사원에 헌납하는 폐단을 모두 금지하고 다스린다면 어찌 성스러운 다스림에 만분의 일이라도 도움이 되지 않겠습니까?"라고 하니, 이를 따랐다.(부록 1-43)
· (恭讓王 4년) 人物推辨都監이 奴婢決訟法을 정하였다. " … 자기의 노비를 가지고 권세가에게 증여하거나 사원이나 神祠에 시납하는 것은 엄격하게 금지한다. … "(부록 1-44)

공양왕 3년(1391) 郎舍에서 상소하여 복을 빌기 위해 노비를 사원에 시납하는 것을 금할 것을 요청하자, 국왕이 이를 따랐다. 공양왕 4년에 人物推辨都監에서 奴婢決訟法을 정했는데, 그 가운데에 사원에 노비를 시납하는 것을 명백히 금지하고 있다. 최말기에 성균생원 박초 등이 상소해서 사원의 소속 노비를 몰수해 도관에서 관장하게 하고 각사 각관에 나누어 주자고 주장한 바 있다.[53]

기타 사원의 노비와 관계된 조항을 몇 개 추가할 수 있다. 현종 원년 (1010) 승려가 노비를 가지고 서로 다투는 것을 금지한 것이 보인다. 다소 거리가 있는 것으로 창왕 즉위년(1388) 8월 都官所屬奴婢 등을 土木 營繕之役이나 賓客佛神之供이 있을 때 사역하라는 것이 있다.

사원의 노비 문제에 대해서 당률·송율과 『원사』 형법지에서 특별히 규정한 바가 없다. 중국 사원에서 노비는 그 수나 비중에서 고려처럼 중

---

53) 『高麗史』 권120, 列傳33 金子粹, 下冊, 638쪽.

요하지 않았던 것으로 보인다.

사원이 소유한 노비는 조선초에 들어와 모두 속공되었다.[54] 이것은 승려가 육체 노동에 종사하지 않을 수 없게 만드는 것이었다. 승려 나아가 불교계 지위의 현저한 하락을 가져오는 조치였다.

조선초에 승려는 부모를 버리고 출가했으므로 俗例처럼 조업노비를 가지려고 다툴 수 없으며, 부모가 傳得해 주는 외에 爭望함은 금지한다고 했다. 그리고 전해 받은 노비라 하더라도 그의 사후에는 타인에게 주지 못하고 4촌에 한해 분급해 주며, 4촌이 없으면 속공한다고 했다. 패망한 사사의 노비를 승려들이 私庄에 두고 役使하고 있거나, 또 혁거사사 노비인데 보고를 누락한 경우 진고함을 허용했다. 이때 속공하고 1/3을 상으로 지급하도록 했다.[55] 그리고 고려말의 노비시납 금지를 계승하여 『경국대전』에서도 私奴婢를 사원에 시납하면 죄를 논하며, 그 노비는 속공케 했다.[56] 사원노비의 철저한 속공의 의지를 읽을 수 있다.

고려 최말기를 제외하고는 사원에 노비를 시납하는 것을 금지하지 않았다. 사원이 다수의 노비를 소유하는 것이 가능했다. 그들이 있기에 승려는 허드렛일을 하지 않고 수행과 교화에 몰두할 수 있었다. 그러나 조선시기에 들어와 노비를 몰수당해, 사원은 노비를 소유하고 사역시키는 것이 어렵게 되었다.

2) 토지 확대 문제

고려시기 사원의 경제 기반으로서 가장 중요한 것은 토지였다. 사원의 토지는 여러 가지 계기를 통해 마련되었지만, 그 가운데 국가에 의한

---

54) 조선초 사원노비에 관해서는 林承禹, 2003, 「조선전기 사원노비의 혁거와 처지 변화」『靑藍史學』 7이 참고된다.
55) 『經濟六典輯錄』, 刑典 奴婢(부록 5-10).
56) 『經國大典』 권5, 刑典 禁制(부록 6-11).

수조지 분급이 가장 중요했다.[57]

<표 8> 사원토지 관련 규정

· (明宗 18년 3월) 制하기를, " … 道門의 승려들이 여러 곳의 農舍에서 貢戶良人을 자기들의 소유라고 속이면서 부리고 있으며, 또한 품질이 낮은 종이와 베를 강제로 貧民에게 주고 그 이자를 거두고 있으니 모두 금지하도록 하라. … "라고 했다.(부록 1-20) · (忠烈王 12년 3월) 旨를 내리기를, "요즈음 여러 院이나 寺社·코르치[忽只]·鷹坊·巡馬 및 兩班 등이 관직을 가진 人員이나 殿前·上守를 田莊에 나누어 보내, 일반 민[齊民]들을 불러 모으고 교활한 향리[吏]를 유인하여 守令에게 항거하며 심지어 파견된 사람들을 구타하는 데까지 이르는 등 온갖 방법으로 악행을 저지르고 있으나, 下界의 別銜이 징계하거나 금지하지 못하고 있다. … "라고 했다.(부록 1-24) · (忠烈王 24년 정월) 忠宣王이 즉위하여, 敎書를 내려 이르기를, " … 寺院 및 齋와 醮祭를 지내는 곳에서 양반의 田地를 據執하고 함부로 賜牌를 받아서 農場을 만들고 있다. 지금부터는 有司가 조사하여 다스리고 각각 그 주인에게 돌려주도록 하라."라고 했다.(부록 1-3)

刑法志에서는 불법적인 행위에 대해 금하는 조치가 확인될 뿐이다. 합법적인 토지의 확보와 운영은 문제로 삼지 않았다. 사원이 토지를 지배하는 행위 자체를 부정하지는 않았다.

명종 18년(1188)의 制는 道門僧人들이 여러 곳의 農舍에서 貢戶良人을 함부로 차지해 사역시키고 있어 이를 금지하고 있다.

충렬왕 12년(1286) 3월에는 사원 등이 有職人員과 殿前·上守를 田莊에 나누어 보내어 齊民을 招集하며 교활한 향리를 유인해 들이고 수령에 항거하면서 差人을 구타하고 나쁜 짓을 하고 폐단을 일으키지만 지방의 別銜이 금지시키지 못하니 그들을 잡아들이라는 것이다. 결국 사원의 전장 경영에서 발생한 문제점을 지적하고 그 시정을 조치한 것이다.

충렬왕 24년에 충선왕이 下敎한 내용 중에, 사원 등이 여러 곳에서

---

57) 李炳熙, 1988,「高麗前期 寺院田의 分給과 經營」『韓國史論』18, 서울대 국사학과 (同, 2009,『高麗時期寺院經濟研究』, 景仁文化社 재수록) 참조.

양반의 전지를 차지하고 사패를 함부로 받아 농장으로 삼고 있는데, 이 제부터는 유사가 다스려 본래의 주인에게 되돌리라는 것이다.

사원의 토지와 관련한 형법지 규정은, 불법적인 행위를 문제삼고 있는 수준이었다. 세속인이 동일한 행위를 한다고 해도 역시 문제되는 내용이었다. 사원이기에 특별히 문제삼은 내용은 아니었다. 최승로가 사원의 전장에 관해 언급한 내용이나,58) 고려말 사원 토지개혁의 주장은59) 형법지에 수록할 만한 것이나 그렇지 못하다.

토지 문제에 관해 당·송·원율에서 별도로 규정한 것은 보이지 않는다. 세속 세계와 동일하게 처리한다면 별도의 규정을 만들 필요는 없을 것이다. 다만『원사』형법지에 人戶를 함부로 거두어 거느리고 있을 때에는 藏匿에 의거해 논한다는 규정이 있다.60) 이 때에 寺·觀을 軍營이나 勢家와 동일한 위치에서 다루고 있음을 볼 수 있다.

조선초에는 사원의 토지가 36사에 한정해 분급되었다.61) 고려시기에 비보사사에는 토지가 분급되었는데, 조선초에 그 수가 크게 감소해 36사에 한정되고 있는 것이다.62) 36사 이외의 사원들이 전혀 토지를 갖지 못한 것은 아니다. 사사로이 매입하거나 개간하는 방식을 통해 토지를 소유할 수 있었다. 토지를 사원에 시납하는 것은 처벌받았으며, 그 토지는 속공되었다.63) 분급토지 면에서 볼 때, 조선초기 사원 나아가 불교계의 지위는 고려시기에 비해 현저히 떨어졌다고 할 수 있다. 고려시기에는 국가권력과 깊은 관계 속에서 토지를 지배하게 되었으므로 그 토지가 문제 있을 때 여러 규정이 마련될 수밖에 없는 것이다.

---

58)『高麗史』권93, 列傳6 崔承老, 下冊, 84쪽.
59)『高麗史』권78, 志32 食貨1 田制, 中冊, 714~725쪽.
60)『元史』권105, 志53 刑法4(부록 4-31).
61) 조선초기 사원 토지의 정리 과정에 대해서는 이병희, 1993,「朝鮮初期 寺社田의 整理와 運營」『全南史學』7 참조.
62)『經濟六典輯錄』, 禮典 寺社定數(부록 5-7).
63)『經國大典』권5, 刑典 禁制(부록 6-11).

3) 商行爲 금지

고려시기 사원은 교역 활동에 활발하게 참여했다. 상업 활동을 통해
사원이 필요로 하는 물품을 조달할 수 있었고, 또 잉여물품을 처분할 수
있었다. 이러한 교역 활동을 통해 막대한 이윤을 확보함으로써 사원의
재정을 두터이할 수 있기도 했다. 사원이 교역에 적극 참여한 것은 불교
의 교리에서 상업을 권장하고 있던 것도 중요한 요인이었다.

<표 9> 상행위 관련 규정

· (仁宗 9년 6월) 陰陽會議所에서 아뢰기를, "근래에 僧俗의 雜類들이 모여 무리를 이
  루어 萬佛香徒라 호칭하고 때로는 염불과 독경을 하면서 거짓되고 망령된 짓을 하
  며, 때로는 서울과 지방의 寺社 승도들이 술을 팔고 파를 팔기도 하며, 때로는 무기
  를 지니고 악한 짓을 하고 날뛰면서 유희를 벌여 법도를 어지럽히며 풍속을 망가뜨
  리고 있습니다. 청하건대 御史臺와 金吾衛로 하여금 순찰하고 단속해 금지시키도록
  하십시오."라고 하니, 조서를 내려 허락한다고 했다.(부록 1-19)
· (忠肅王 3년 3월) 관직이 있는 사람이나 僧人들이 상행위를 하는 것을 금지했다.(부
  록 1-28)
· (恭愍王 10년) 御史臺에서 승려들이 市街에 들어오는 것을 금지했다.(부록 1-34)

사원이나 승려의 상업 활동에 관한 형법지 법령은 3개 조가 있다. 인
종 9년(1131) 陰陽會議所에서 아뢰고 국왕이 그 내용에 詔를 내려 可하
다고 했다. 내외 사원의 승도가 술과 파를 판매하며 혹은 무기를 들고
나쁜 짓을 하고 유희를 해 亂常敗俗하니, 御史臺·金吾衛가 巡檢해서 금
지시키라는 것이다. '持兵作惡 踊躍遊戲 亂常敗俗'이 문제 되는 것이지
만, 승려들의 상행위도 역시 문제였다.

충숙왕 3년(1316) 3월에는 有職人 및 승려의 商販을 금지시켰다. 공
민왕대에는 승려들이 市街에 들어오지 못하도록 금했다. 저자거리에 들
어와 상업 활동을 하기 때문이 아닐까 한다.

승려의 상업 활동이 문제되기 이전인 문종대에 승려들의 상업 활동이

하나의 풍조가 되고 있음이 지적된 바 있다. 즉 역을 피하고자 하는 무리가 사문이라 칭탁하고서 '耕畜爲業 估販爲風'하고 있다는 것이다. 이에 대해 국왕이 제를 내려

> 마땅히 전국의 사원을 정리해서 정성스럽게 수행하고 계를 행하는 이들은 모두 안착하게 하고 위반한 자는 법으로 죄를 묻도록 할 것이다.[64]

라고 했다. 이 내용도 국왕의 제이기 때문에 형법지에 수록할 만한 것이지만, 실려있지 않다.

고려에서는 승려의 상행위와 관련한 내용이 수록되어 있으나, 당율·송율과 『원사』 형법지에서는 사원이나 승려의 상업 활동을 특별히 규정하고 있지 않다.

4) 高利貸 問題

고려시기 사원은 식리 활동에 적극적으로 참여했다. 민인에 대한 곡식의 대여는 救濟의 의미를 갖는 것이기도 했다. 사원으로서는 당시의 이자율이 1/3이었기 때문에 식리 활동이 짧은 기간에 다량의 수익을 확보할 수 있는 계기가 되었다.

<표 10> 고리대 관련 규정

· (明宗 18년 3월) 制하기를, " … 道門의 승려들이 여러 곳의 農舍에서 貢戶良人을 자기들의 소유라고 속이면서 부리고 있으며, 또한 품질이 낮은 종이와 베를 강제로 貧民에게 주고 그 이자를 거두고 있으니 모두 금지하도록 하라. … "라고 했다.(부록 1-20)

형법지에 사원의 식리 활동과 관련한 기사는 1건에 불과하다. 내용은

---

64) 『高麗史』 권7, 世家7 文宗 10년 9월, 上冊, 160쪽.

추악한 紙布를 강제로 빈민에게 대여하여 이익을 취하는 것을 금하라는
것이다. 추악하지 않은 지포로써 하고 또 강제성을 띠지 않는다면 문제
가 안 될 것이다. 그리고 미곡이나 화폐로 하는 고리대는 문제가 안 될
것이다. 고려시기 사원은 활발하게 식리 활동을 전개했으며, 많은 문제
를 일으키기도 했다.65) 고율·강제성을 동반한 고리대의 예들이 많이 찾
아지고 있다.

사원 수입의 상당한 비중을 차지하며 활발하게 운영되던 고리대를 생
각하면, 국가 차원의 법령이 많이 나올 법 하나 그렇지 않다. 사원의 고
리대는 국가적 차원에서 뒷받침해 주어야 했기 때문으로 보인다.

고려초 定宗 원년(946) 곡식 7만 석을 여러 사원에 제공해 佛名經寶·
廣學寶를 설치해 불법을 배우는 자들을 권면토록 한 것은66) 국가 차원
에서 사원의 고리대 활동을 뒷받침한 것이다. 최승로의 시무책 중 사원
의 식리 활동을 언급한 내용이 있다.67) 그리고 최충헌이 봉사한 내용 가
운데에도 식리 활동의 폐단이 지적되고 있다.68) 최이의 아들 만종과 만
전이 식리 활동했다는 내용도 보인다.69)

그리고 공민왕대에 궁중의 물건으로 포 15,293필을 사서 운암사에 제
공하고 州郡에게 '隨本多少 以取息'토록 했다.70) 우왕 9년 8월 이성계가
安邊之策으로 올린 내용에도 승려들이 反同이란 명목으로 고리대를 하
는 것이 보인다.71) 형법지에 식리 활동과 관련한 내용이 적음은 주목할

---

65) 고려시기 사원의 식리활동에 대해서는 아래의 글이 참고된다. 金三守, 1965, 「寶의
前期的 資本 機能에 관한 宗敎社會學的 硏究」『亞細亞學報』1 ; 韓基汶, 1990, 「高
麗時代 寺院寶의 設置와 運營」『歷史敎育論集』13·14합집(同, 1998, 『高麗寺院의
構造와 機能』, 民族社 재수록).
66) 『高麗史』 권2, 世家2 定宗 원년, 上冊, 60쪽.
67) 『高麗史』 권93, 列傳6 崔承老, 下冊, 84쪽.
68) 『高麗史』 권129, 列傳42 叛逆3 崔忠獻, 下冊, 791쪽.
69) 『高麗史』 권121, 列傳34 良吏 王諧, 下冊, 643쪽.
70) 『高麗史』 권89, 列傳2 后妃2 魯國大長公主, 下冊, 34쪽.
71) 『高麗史』 권135, 列傳48 辛禑3 辛禑 9년 8월, 下冊, 911쪽.

만한 사항이다.

당율·송율과 『원사』 형법지에 별도의 규정이 없는 것으로 보아 당·송·원에서는 세속 사회의 경우와 동일하게 처리했을 것이다. 세속 사회와 동일하게 처리하는 내용은 굳이 불교와 관련해서 별도로 규정할 필요가 없는 것이다.

5) 緣化 活動

사원에서는 각종 불사가 이루어지고 있었다. 거기에는 상당한 재원이 소요되었다. 사원이 보유한 자산으로 해결할 수도 있었지만, 그것이 어려운 경우 시주를 모아야 했다. 緣化란 사원에서 특정한 불사를 위한 재원이 부족할 때, 세속 세계에 나아가 재물의 시주를 권유하는 행위이다.[72) 연화를 통해서 사원은 필요한 재원을 확보해 소기의 불사를 완성하는 수가 많았다. 속인이 자발적으로 연화에 응해 재물을 시주하는 것이야 문제될 수 없는 일이었지만, 강제성을 띠고서 이루어지는 수가 많았고 이것은 문제될 수 있는 것이다.

<표 11> 연화 활동 관련 규정

· (顯宗 19년 2월) 敎書에 이르기를, "비구와 비구니들이 어리석은 민[愚民]들을 속이고 꾀어 재물을 거두어들여 驛馬로 수송하니 폐해가 막대하다. 官司로 하여금 엄격히 금지시키도록 하라."라고 했다.(부록 1-17) · (忠宣王 4년 9월) 僧人推考都監을 설치하여, 여러 사원의 勸化僧들이 서울[京師]에 모여들어 돈과 재물을 모아들이고 방자하게 더러운 행위를 하는 것을 금지했다.(부록 1-27) · (忠肅王 후8년 5월) 監察司에서 牓文에 禁令을 게시하기를, " … 승려들이 민간 마을[閭里]에 섞여 사는 것 및 願文을 가지고 와서 문란하게 勸化를 하는 행위를 불허한다. … "라고 했다.(부록 1-30)

---

72) 李炳熙, 2002, 「高麗時期 僧侶의 緣化活動」『李樹健敎授停年紀念 韓國中世史學論叢』(同, 2009, 앞의 책 재수록).

현종대 승려가 愚民을 속여 꾀어서 재물을 모으고 있다고 하는데 연화일 가능성이 크다. 충선왕 4년(1312)에 승인추고도감을 두고서 여러 사원의 勸化僧이 개경에 모여들어 재물을 모으며 더러운 일을 제멋대로 하는 것을 금지했다. 더러운 행위만 제한한 것은 아니고 개경 내에서의 연화 활동 그 자체도 금지한 것으로 보아야 할 것이다. 그리고 충숙왕 후8년(1339)에 승려들이 원문을 가지고 어지러이 연화하는 것을 금지했다.

형법지에는 보이지 않지만 문종 10년(1056) 9월, 사원 수리를 빙자하여 깃발과 북을 갖추어 노래하고 피리 불며, 마을에 출입하고 시장을 돌아다니며 사람들과 싸워 피투성이가 되기도 한다[73] 것도 강제성을 동반한 연화가 있었음을 뜻하는 것으로 보인다.

충선왕과 충숙왕대의 조치 이후에도 사원의 재정 수요를 해결하기 위한 연화는 지속된 것으로 보인다.

> 憲府에서 건의하기를, "승려들[僧徒] 중 많은 이들이 국왕의 총애를 받는 것을 기회로 국왕의 押印이 찍힌 願文을 받아 전국을 제멋대로 돌아다니고 있습니다. 원컨대 지금부터는 청탁하여 국왕의 압인을 받으려는 사람에게는 죄를 주십시오. … "라고 하니, 신우가 그것을 받아들였다.[74]

우왕대에 취해진 이 조치를 보면, 충숙왕 이후에도 연화가 성행한 것을 알 수 있다. 또 국왕이 手決한 원문을 가지고 다니는 일도 흔했던 것으로 보인다. 이 내용은 형법지에 수록해도 무방할 것이나 누락되어 있다.

조선초에도 승려들의 연화 활동이 이어지고 있었다.[75] 그리고 그 승려들이 공물의 대납에 참여하고 있음이 보인다. 연화 승도들이 각관의 陳省을 받아 사사로이 공물을 마련해 먼저 납부하고 이를 확인하는 文

---

73) 『高麗史』 권7, 世家7 文宗 10년 9월, 上冊, 160쪽.
74) 『高麗史』 권134, 列傳47 辛禑2 辛禑 7년 6월, 下冊, 900쪽.
75) 변양근, 2007, 「朝鮮 初期 僧侶의 緣化 活動」, 한국교원대 석사학위논문.

憑을 받아 군현에 내려가서는 그 값을 배로 받음으로써 小民을 침학하고 있어 이를 금한다는 것이다.76) 관과 결탁한 연화 승도가 공물 대납을 하고 있는 것이다. 관과 연결되지 못한 승려는 불가능한 것이다.

5. 社會的 行爲의 問題

1) 僧侶의 僭越 行爲

ㄱ. 服飾 제한

신분제 사회에서 복식의 문제는 대단히 중요하다. 의복의 형식과 색, 소재는 그 사람의 신분을 나타내기 때문이다. 모든 사람은 자신의 신분에 맞는 복식을 갖추어야지, 보다 상위 신분의 의복을 착용해서는 곤란했다. 세속 사회를 떠난 승려는 승려로서의 복식을 갖추어야 했다.

<표 12> 복식 관련 규정

· (顯宗 3년) 教書에 이르기를, "근래에 승려들의 의복을 보니 점차 화려해 사치스럽고 분수에 넘쳐 세속 사람들과 다를 바가 없다. 有司에 명령하여 의복 규정[服式]을 정하도록 하라."라고 했다.(부록 1-12) · (顯宗 18년 8월) 승려들이 흰 저고리[白衫], 말두 바지[韈頭袴], 비단 허리띠[綾羅勒], 비단으로 테를 두른 난삼[帛旋襴衫], 가죽 신[皮鞋], 채색 모자[彩冒], 갓[笠子], 갓끈[冠纓]의 복식을 하는 것을 금지했다.(부록 1-16) · (元宗 원년 2월) 御史臺에서 榜을 붙여 이르기를, "衆上의 관원으로서 衣冠이 격에 맞지 않은 자, 승려로서 갓[笠子]을 규정에 맞지 않게 쓴 자 및 賤隷로서 조정의 관원이 다니는 길에서 말을 탄 자는 한결같이 전에 내린 判에 의거하여 금지한다. 명령[令]을 따르지 않는 자는 잡아다가 담당 관청에 넘기겠다."라고 했다.(부록 1-21) · (忠烈王 33년) 승려들이 同雪笠을 쓰는 것을 금지하고, 大禪師와 大德 이상은 八面八頂笠과 圓頂笠을 쓰게 하였으며, 위반하는 자는 벌을 주게 했다.(부록 1-26)

---

76) 『經濟六典輯錄』, 戶典 貢物(부록 5-2).

현종 3년(1012)에는 근래에 승려의 의복이 점점 사치해지고 僭越해져 세속과 다름이 없다고 하면서 유사에서 복식을 정하도록 했다. 동왕 18년에는 승려의 복식에 구체적 제한이 가해지고 있다. 흰 저고리[白衫], 말두 바지[韈頭袴], 비단 허리띠[綾羅勒], 비단으로 테를 두른 난삼[帛旋襴衫], 가죽 신, 채색 모자, 갓, 갓끈을 금했다. 승려가 착용해서는 안 되는 구체적인 복식이 열거되어 있다.

원종 원년(1260)에는 어사대가 방을 내려 이르기를, '僧人笠子不中者'를 前判과 같이 금지하고 이 명령에 따르지 않는 자는 해당 기관에 넘긴다고 했다. 규정된 갓이 아닌 것을 쓸 때 문제가 되고, 규정된 갓을 쓰는 것은 큰 문제가 되지 않는다고 보아야 할 것이다. 현종대에 금지되었던 갓이 규정에 맞으면 쓸 수 있었던 것이다.

충렬왕대에도 역시 갓 문제가 부각되었다. 충렬왕 33년(1307)에 승려들이 同雪笠을 착용하는 것을 금했고, 대선사·대덕 이상은 八面八頂笠과 圓頂笠을 쓰게 했다.77) 계속해서 갓이 문제가 되고 있다. 승려들의 위치 즉 승계에 따라 쓸 수 있는 갓에 차이가 있었다.

승려의 복식은 주로 사치가 문제되어, 금지되는 복식이 규정되었고, 갓을 쓰더라도 지위에 따라 상이한 것을 써야 했다. 고려전기 문종대에 승려들의 행태를 비판하면서 승려들이 '冠俗之冠 服俗之服'했다고 지적한 바가 있다.78)

ㄴ. 말[馬]의 문제

복식과 비슷하게 사회적 지위를 나타내는 것이 말[馬]이다. 말은 신분을 나타내기 때문에 乘馬 여부는 중요한 문제였다. 고려시기 사원은 말

---

77) 이 구절은 내용을 고려하면 大禪師는 八面八頂笠을 착용하고 大德 이상은 圓頂笠을 착용하는 것을 허락한다는 것으로 이해된다.
78) 『高麗史』 권7, 世家7 文宗 10년 9월, 上冊, 160쪽.

을 보유하고 있었고, 승려들이 말을 타고 다니는 일은 빈번했다.[79] 만종
과 만전은 역마를 타고 다녔으며, 다른 승려들도 제자라 사칭하고서 살
찐 말을 타고 다녔다.[80]

<표 13> 승려의 말 관련 규정

· (忠烈王 14년 4월) 監察司에서 榜을 붙여 이르기를, " … 僧徒 및 奴僕·雜類들이 말을 타고 공공연하게 관료들이 다니는 길[朝路]을 다니며 두려워하거나 꺼리는 바가 없으며, 혹은 말을 달리다가 행인을 밟아 죽이기도 한다. 지금부터 攸司가 범인을 붙잡아 수감하여 죄를 논하고, 말은 典牧司에 보낸다. 만약 그 주인이 가르치지 못하여 노예가 금령을 어긴 경우 그 주인까지도 함께 죄를 논한다."라고 했다.(부록 1-25)   · (禑王 12년 8월) 승려들이 말을 타는 것을 금지하였는데, 王師와 國師만은 나귀[驢] 타는 것을 허용했다.(부록 1-35)

충렬왕 14년(1288) 승려와 奴僕·雜類들이 朝路에서 공공연히 말을 타
고 다니면서 두렵고 꺼리는 바가 없으며, 어떤 자는 말을 달려서 行人을
밟아 죽이는 일까지 있었다고 했다. 지금부터 유사는 그러한 범인을 잡
아 죄를 논하고 그 말을 典牧司에 보내도록 했다.

우왕 12년(1386)에는 아예 승려가 말타는 것을 금지하고, 왕사·국사만
이 나귀 타는 것을 허락받았다. 승려가 승마하는 일의 중지를 의미한다.
우왕 12년에 앞서 사원이나 승려가 보유한 말이 징발되어[81] 사원이나 승
려가 보유하는 말은 격감했다고 여겨진다. 고려말에 가면서 승려의 승마
행위가 제한당하고 있음을 알 수 있다. 『經國大典』에 따르면, 都城 내에
서 승려들은 말을 탈 수 없었으나 선종과 교종의 判事는 허용했다.[82]

---

79) 李炳熙, 1999, 「高麗時期 僧侶와 말[馬]」『韓國史論』 41·42합집, 서울대 국사학과
   (同, 2009, 앞의 책 재수록).
80) 『高麗史』 권129, 列傳42 崔忠獻附 怡, 下冊, 809쪽.
81) 『高麗史』 권82, 志36 兵2 馬政, 中冊, 807쪽.
82) 『經國大典』 권5, 刑典 禁制(부록 6-10).

ㄷ. 館驛 이용의 문제

승려들은 이동이 많고 재화를 수송하는 수가 많아 도중에서 숙박하지 않을 수 없었다. 대개의 경우 교통로상에 위치한 사원을 이용하겠지만,83) 국가의 공적인 館驛을 이용하는 수도 있었고 이것이 문제가 되기도 했다.

<표 14> 승려의 관역 이용 관련 규정

· (成宗 원년 6월) 正匡 崔承老가 글을 올려 말하기를, " … 승려들이 郡縣을 왕래하면서 館과 驛에 숙박하고 吏와 民을 매질하며 그들이 영접하고 접대하는 것이 느리다고 책망하니, 이와 민들은 승려들이 국왕의 명령을 받들고 온 것인지 의심하면서도 두려워하여 감히 말을 못하고 있으니, 폐해가 이보다 큰 것이 없습니다. 지금부터 승려의 무리들이 관이나 역에 숙박하는 것을 금지하여 그 폐해를 없애십시오. … "라고 했다.(부록 1-10)
· (顯宗 19년 2월) 敎書에 이르기를, "비구와 비구니들이 어리석은 민[愚民]들을 속이고 꾀어 재물을 거두어들여 驛馬로 수송하니 그 폐해가 막대하다. 官司로 하여금 엄격히 금지시키도록 하라."라고 했다.(부록 1-17)

성종 원년(982) 6월 최승로의 상서에서는 승려들이 군현에 왕래하면서 관역에 숙박하고 吏民을 구타하기까지 해서 해가 큼을 지적했다. 승려 개인의 관역 숙박이 문제가 되고 있는 것이다.

현종 19년(1028)의 교에서는 승려가 모아 놓은 재물을 驛馬로 수송하고 있는데 이를 엄격히 금지하고 있다. 토지 경영이나 상업 활동을 통해 모은 재물을 역을 통해 운송하는 수도 있겠지만, 연화를 통해 확보한 것이 중심이었을 것이다. 승려가 관역을 이용하는 것에 대해 당율·송율과 『원사』 형법지에서는 규정하고 있지 않다.

---

83) 李炳熙, 1998,「高麗時期 院의 造成과 機能」『靑藍史學』2(同, 2009, 앞의 책 재수록) ; 김병인, 1999,「高麗時代 寺院의 交通機能」『全南史學』13 ; 李炳熙, 2002「高麗時期 寺院의 新設과 可用空間의 擴大」『靑藍史學』6(同, 2009, 앞의 책 재수록) ; 최연식, 2016,「고려시대 院館 사찰의 출현과 변천과정」『梨花史學硏究』52.

고려시기에 승려는 관인에 준하는 대우를 받았으며,[84] 이동할 때 역
마를 이용하는 수가 많았다. 조선시기에 들어와서는 이것이 거의 불가능
해졌다. 승려에게 포마를 지급함은 文憑을 기다려야 하며 照驗하지 않고
함부로 길을 잘못 가는 자에게는 주지 말라고 했다.[85] 사실 조선에 들어
와 승려의 위상이 하락하면서 역마 이용은 어려워졌는데, 문빙이 있을
경우 지급하지만 그렇지 않으면 지급할 수 없다고 했다.

승려들이 이동 시에 원을 이용하는 수도 있었다. 고려시기에 원은 불
교계가 운영하는 수가 많았다. 조선초 院宇에 대해서는 국가가 관장하는
방식으로 변했다. 선심이 있는 승려를 택해 幹事로 삼아 항상 간수하게
하고, 원의 보수·유지에 태만한 이는 수령이 논죄하라고 했다. 그리고
院主인 승려는 잡역을 면제시켜 完恤토록 하고 능히 수즙함이 있으면
계문하여 승직을 제수하고, 원래 직이 있으면 加職하도록 했다.[86] 원을
국가가 관리하게 됨에 따라 원주가 된 승려에 대한 규정이다.

ㄹ. 승려의 闕門 출입 금지

고려시기 승려들이 궁궐에 출입하는 수가 많았다. 국왕을 위해 설법
하거나 특정한 佛事를 수행하기 위함이었다. 때로는 사사로운 일을 위해
서도 궐문에 출입했다.

---

84) 李貞薰, 2002, 앞의 논문.
85) 『經濟六典輯錄』, 刑典 驛馬(부록 5-9).
86) 『經濟六典輯錄』, 公典 院宇(부록 5-11). 조선초기 院에 대해서는 다음의 글이 참고
   된다. 崔在京, 1975, 「朝鮮時代 院에 대하여」『嶺南史學』4 ; 崔永俊, 1990, 『嶺南
   大路』, 高麗大 民族文化硏究所, 267~288쪽 ; 韓嬉淑, 1992, 「朝鮮初期의 院主」『西
   巖趙恒來敎授華甲紀念 韓國史學論叢』; 崔孝軾, 1997, 「朝鮮初期의 院 經營에 관
   한 考察」『竹堂李炫熙敎授華甲紀念 韓國史學論叢』; 이병희, 2012, 「조선전기 승
   려의 자선활동」『사회과학연구』13, 한국교원대 사회과학연구소.

<표 15> 승려의 궐문 출입 관련 규정

· (恭愍王 8년 4월) 重房에서 말하기를, "예로부터 승려[緇流]들은 대궐 문안에 들어올 수 없는데, 지금은 佛法을 숭상하고 믿어 출입하는 것을 막지 않으니, 이를 금지하기를 청합니다."라고 하니, 이를 따랐다. (부록 1-32)

공민왕 8년(1359)에 重房에서 승려들이 궁궐에 출입하는 것을 금지하기를 청하자 국왕이 따랐다. 승려가 궁궐 문에 들어올 수 없었으나, 공민왕대 佛法을 崇信해 멋대로 출입하는 일이 있었던 것으로 보인다. 명종대에 서자인 善思가 10세에 국왕의 명으로 승려가 되었는데, 衣服禮秩이 嫡子와 다름이 없었으며, '出入禁中 頗張威福'했다고 한다.[87]

2) 승려의 奸行, 淫行

승려는 세속을 버리고 출가한 자이기에, 戒行이 요구되었다. 특히 奸行은 큰 문제로 지적되었다. 출가하면 역 부담에서 벗어나기 때문에, 국가로서는 그러한 계행의 준수를 요구할 수 있었다.

<표 16> 승려의 간행·음행 관련 규정

· 무릇 여승[尼]이나 女冠을 간음한 사람은 和姦은 徒 1년 반에 처하고, 强姦은 徒 2년에 처한다. 여승이나 여관이 함께 화간한 경우는 도 2년 반에 처하고, 강간당했을 경우는 처벌하지 않는다.(부록 1-5)
· 승려들이 일반 민간[閭閻]에 머물러 묵는 것을 금지한다.(부록 1-9)
· (睿宗 원년 7월) 조서를 내리기를, " … 僧徒가 간통죄를 범한 경우에는 영원히 鄕戶에 충당시켜 사면령이 내려져도 풀려나지 못하게 한 것은 가혹한 법이라고 할 만하다. 마땅히 有司로 하여금 조사하고 살펴서 모두 軍役에 충당시키도록 하라. … "라고 했다.(부록 1-40)
· (仁宗 5년) 判하여, "사원의 승려가 女色을 간음하면 직이 없고 있고를 불문하고 律에 따라 처결하고 充常戶刑을 부가한다."고 했다.(부록 1-6)
· (忠肅王 後8년 5월) 監察司에서 牓文에 禁令을 게시하기를, " … 1. 근년에 禪宗과 敎宗 사원의 주지들이 토지에서 생산되는 것을 이롭게 여겨 오로지 다투고 빼앗는

---

87) 『高麗史』 권90, 列傳3 宗室1 小君善思, 下冊, 52쪽.

> 것을 일삼아 사원의 건물을 무너뜨리는 데까지 이르렀다. 심한 자는 간음을 범하고
> 추잡한 짓을 저지르면서도 일찍이 부끄러워하지 않으니, 지금부터는 금지하고 다스
> 려라. … 1. 승려들이 마을에 섞여 거처하는 것과 願文을 가지고 어지럽게 勸化하는
> 것을 허락하지 않는다. … "라고 했다. (부록 1-30)

우선 과조적 기사에서 비구니가 속인으로부터 奸 당했다면, 죄를 묻
지 않지만, 和奸이면 속인이 徒 1년 반인데 반해 2등을 가중해 徒 2년
반에 처했다. 그만큼 속인보다 철저한 것을 요구한 것이다. 승려가 閭閻
에 寓宿하는 것을 금했는데, 일차적으로는 간 행위를 예방하기 위함으로
보인다.

예종 원년(1106)의 詔에서는 승려가 간행을 범했을 경우에는 영원히
鄕戶에 충당하고 사면이 있어도 해당되지 않아 심히 가혹하다고 하고서
유사로 하여금 살펴서 군역에 충당토록 하라고 했다. 이미 승려의 간행
이 있을 경우 향호에 충당하는 것 곧 충상호형을 뜻했다. 충상호형은 사
면 조치가 내려도 본래의 신분·자격으로 복귀할 수 있는 기회가 영구히
박탈되는 것이다. 군역에 충당하는 것은 향호에 충당하는 것보다 나은
대우이고, 아마 사면이 있을 경우 그 혜택을 입을 수 있었던 것으로 이
해된다.[88]

인종 5년(1127)에는 다시 처벌이 강화되어 충상호형을 부가하였다.
이는 영구히 사면하지 않는다는 重刑的 형벌이었다.[89] 여색을 간하는
행위에 대해서는 철저히 처벌하고 있는 것이다. 환속시켜 충상호에 처하
는 것은 큰 처벌이었다.[90]

충숙왕 5년(1318)에는 주지승이 犯奸作穢하는 일을 금하고 있다. 아

---

88) 蔡雄錫, 2009, 앞의 책, 544~547쪽.
89) 蔡雄錫, 2009, 앞의 책, 316~317쪽.
90) 고려시기 歸鄕刑·充常戶刑에 관해서는 아래의 글이 참고된다. 北村秀人, 1976, 앞
    의 논문 ; 浜中昇, 1980, 「高麗에서 唐律의 繼受와 歸鄕刑·充常戶刑」 『歷史學硏究』
    483 ; 蔡雄錫, 1983, 「高麗時代의 歸鄕刑과 充常戶刑」 『韓國史論』 9, 서울대 국사
    학과.

울러 승려가 閭里에 雜居함을 불허했다.

형법지 이외에서도 승려의 범간 사례가 찾아진다. 崔怡의 아들 만종과 만전이 승려가 되어 고리대 활동을 전개할 때, 그 문도들이 세를 믿고 횡행하면서 관인이라 칭하고, '或强淫人妻'했다.[91] 그러나 이들에 대한 처벌이 있지는 않았다. 고종대 강화에 천도했을 때 아직 비구니 사원이 마련되지 않았는데, "先是 僧尼雜處閭閻 有醜聲"했다고[92] 한다. 그리고 고려후기에 全英甫의 동생인 승려 山冏이 "依兄勢驕恣 住大寺 畜數妻"했다는[93] 기록도 있다.

우왕 10년(1384)에 僧侶 覺然이 華藏寺에 있으면서 추한 소문을 일으켜 유배를 당하였다.

> 거짓으로 득도하였다고 사칭하고는 부녀자들을 불러 모으니, 자못 추한 소문이 났다. 그리하여 憲府에서 탄핵하여 (각연을) 장형에 처한 후 龍門山으로 유배 보냈다.[94]

추악한 소문은 아마 奸行일 것으로 보이는데, 각연은 용문산에 杖流되었다. 또 공양왕 2년(1390) 3월에 前判事 金貴의 妻와 승려가 간행을 하자 이들을 市街에 3일간 세우고 杖罪로 다스렸다고 한다.[95] 이러한 우왕·공양왕대 기사는 형법지에 수록해도 무방했을 것이다.

조인옥이 상소한 내용 중에 승려들이 과부의 집에 드나들며 풍속을 오염시키고 있다고 하면서 "凡僧留宿人家者 以姦論 充軍籍 其主家亦論

---

91) 『高麗史』 권129, 列傳42 叛逆3 崔忠獻附 怡, 下冊, 809쪽.

92) 『高麗史』 권24, 世家24 高宗 38년 6월, 上冊, 479쪽.

93) 『高麗史』 권105, 列傳18 趙仁規, 下冊, 329쪽.

94) 『高麗史』 권135, 列傳48 辛禑3 辛禑 10년 12월, 下冊, 921쪽. 다른 기록에는 "華藏寺僧覺然 自稱得道 雖達官 亦惑之 婦女坌集 醜聲流聞"(『高麗史』 권116, 列傳29 李琳, 下冊, 551쪽)이라고 표현되어 있다.

95) 『高麗史』 권45, 世家45 恭讓王 2년 3월, 上冊, 876쪽.

罪"하라는96) 주장이 있다. 승려로서 민가에 유숙하는 것은 간으로 논한다는 것이다.

승려의 奸行에 관해서는 唐律과 『송형통』에서 직접 언급하고 있지는 않으나, 道士와 女冠이 간행이 있으면 1등을 더한다는 규정이 보인다.97) 승려도 이들과 마찬가지였을 것이다. 『원사』형법지에도 규정이 있다.98) 승려의 간 행위에 대해서는 고려와 당·송·원 모두 처벌이 무겁다.

조선시기에 들어와 성리학적인 윤리관이 강조됨에 따라 奸·失節이 더욱 심각히 문제되었다. 이에 따라 승려와 관련해서도 처벌 규정이 마련되었다. 승려들이 과부의 집에 출입하는 것은 犯色으로 논한다고 규정했다. 그리고 승려가 취처함은 율에 정해진 죄가 있고, 『경제육전』이 금하는 바라 했다.99) 閭閻 내에서 승려가 留宿하는 것도 논죄했다.100)

3) 婦女子 上寺

신도가 사원을 찾는 것은 당연한 일이다. 그럼에도 이를 제한하는 것은 婦女子와 僧侶의 醜聞 때문이다. 남자가 사원에 가는 것은 문제되지 않겠지만 부녀자가 사원에 가는 것은 문제를 일으킬 소지가 컸다. 대개 사원을 찾을 때에는 하루에 왕복하기 어렵기에 사원에 유숙하는 일이 보통이었을 것이다. 그렇기에 추문이 날 소지가 더욱 컸던 것이다.

---

96) 『高麗史』 권111, 列傳24 趙暾附 仁沃, 下冊, 437~438쪽.
97) 『唐律疏議』 권26(부록 2-6)과 『宋刑統』 권26(부록 3-7). 道士와 女冠은 僧尼와 동일하게 규정하고 있으므로(부록 2-2, 부록 3-2), 승니도 동일하게 처벌받았을 것이다. 그런데 이 규정은 감림관의 간통보다(감림관은 1등이 더해짐) 1등이 더해진다는 의미여서 실은 2등을 더한 것으로 보아야 한다(김현라, 2015, 「高麗와 唐·宋의 奸非法 비교」 『역사와 경계』 97).
98) 『元史』 권102, 志50 刑法1(부록 4-4) ; 『元史』 권104, 志52 刑法3(부록 4-13).
99) 『經濟六典輯錄』, 禮典 佛敎(부록 5-5).
100) 『經國大典』 권5, 刑典 禁制(부록 6-12).

<표 17> 婦女子 上寺 관련 규정

· (忠烈王 원년 6월) 부모의 제삿날에 올리는 재[忌齋]가 아니면 寺社에 가는 것을 금지했다.(부록 1-22)
· (忠肅王 후8년 5월) 監察司에서 牓文에 禁令을 게시하기를, " … 성 안의 부녀자들이 귀하고 천하고 늙고 어리고를 가리지 않고 香徒를 결성하여 齋를 베풀고 등불을 밝히며 무리지어 산에 있는 사원에 가서 승려와 私通하는 자도 간혹 있다. 일반 백성[齊民]의 경우에는 그 아들에게 죄를 연좌하고, 양반집인 경우에는 그 남편에게 죄를 연좌한다. … "라고 했다.(부록 1-30)
· (恭讓王 3년 7월) 부녀자들이 사원에 왕래하는 것을 다시 금지했다.(부록 1-38)

충렬왕 원년(1275)에 부모의 忌齋가 아니면 寺社에 왕래하는 것을 금한 것이다. 물론 남성이 대상이 아니라 부녀자가 해당될 것이다. 그리고 기재인 경우에는 부녀자가 사원에 왕래하는 것이 허용되는 것이다.

충숙왕 후8년(1339) 5월에 監察司에서 牓示한 禁令 중에는 山寺에 왕래하는 행위에 대한 구체적인 처벌 내용이 있다. 개경 내의 婦女가 尊卑·老少할 것 없이 香徒를 맺어 設齋點燈하면서 무리지어 산사에 가는데, 승려에게 간통당하는 자가 간혹 있다고 하면서, 그에 대한 처벌을 강화하고 있다. 즉 일반 민은 본인을 처벌하는 데 그치지 않고 아들도 연좌해 처벌하며, 兩班家는 본인의 처벌과 아울러 남편도 연좌해 처벌하도록 하는 것이다. 부녀자가 산사에 갈 때 단순히 금지했던 것에서 나아가, 적극적인 처벌을 규정하고 있는 것이다. 매우 가혹한 금령이라 할 수 있다. 처벌의 구체적인 형량과 내용은 제시되어 있지 않다.

공양왕 3년(1391) 7월에는 부녀가 佛宇에 왕래하는 것에 대해 다시 금령을 내리고 있다. 부녀자가 사원에 왕래하는 것은 승려와의 간행이 동반되는 수가 많으므로 부녀자의 失節을 생각해, 또 승려의 간행 방지를 위해 적극적으로 금지하고 있는 것이다.

창왕이 즉위했을 때 趙仁沃이 올린 글에서는

　　　　貴賤을 불구하고 부녀자는 비록 부모의 喪이라도 사원에 가지 못하게 하

고, 위반한 자는 절개를 잃은 것으로 논죄하십시오.[101]

라는 내용이 있다. 이것에 대해 왕이 따랐다고 한다. 부녀의 경우 부모상이라고 하더라도 사원에 가지 못하도록 하라는 것이다. 조인옥의 상소문은 刑法志에 수록되지 않았다.

부녀 상사의 금지를 다룬 규정은 당율·송율과 『원사』 형법지에는 없다. 부녀의 상사는 失節을 가져오고 음행과 연결되기에 고려에서 자주 금지한 것인데 중국에는 그것을 다룬 법령이 없다. 고려에서는 사원에 민인이 유숙하는 일이 많기에 上寺의 경우 대개 유숙을 전제로 했을 것이다. 조선초에는 尼로서 上寺하는 자도 실절로써 논한다고 했다. 부녀가 상사하는 것도 역시 실절로써 논한다고 했다.[102] 이렇게 부녀자의 상사 문제에 대해서는 구체적이고 엄격하게 규정하고 있는 것이다.

4) 釀酒, 飮酒

승려는 戒行을 닦는 이로서 飮酒는 곤란한 일이었다. 그렇기에 釀酒나 음주 행위에 대한 금령이 내려지고 있다.

<표 18> 양주·음주 관련 규정

· (顯宗 원년) 비구나 비구니가 술을 빚는 것을 금지했다.(부록 1-11)
· (顯宗 12년 6월) 司憲臺에서 아뢰기를, "여러 사원의 승려들이 술을 마시고 음악을 연주하는 것을 금지하십시오."라고 했다.(부록 1-14)
· (顯宗 12년 7월) 사원에서 술을 빚는 것을 다시 금지했다.(부록 1-15)
· (忠烈王 4년 3월) 도병마사가 判에 의거해 出牒해 이르기를, "元에서 각 지방에 斷酒

---

101) 『高麗史』 권111, 列傳24 趙暾附 仁沃, 下冊, 438쪽.
102) 『經濟六典輯錄』, 禮典 佛敎(부록 5-5). 『經國大典』에서는 부녀가 상사하면 장 100에 처한다고 규정하였다(『經國大典』 권5, 刑典 禁制(부록 6-9)). 조선초기 부녀자의 上寺에 관해서는 방정미, 2000, 「朝鮮前期 婦女子의 上寺問題」, 한국교원대 석사학위논문 참조.

토록 했으니 고려에서도 마땅히 이를 행해야 한다. 聖節日이나 上朝의 사신을 영접하는 궁중 연회, 연등과 팔관에는 술이 없을 수 없으니 양온서로 하여금 공급하게 한다. 국가에서 행하는 祭享이나 醮酒는 양온서에서 별도로 造釀都祭庫를 세우고 燒錢色의 간접 요청[傳請]에 따라 제공해 베풀게 한다[供設]. 이밖의 公私에서 모두 금단한다. 위반하는 자는 유직자는 罷黜하고 무직자는 論罪한다. 민간 마을[閭里]에서 사사로이 양조해 마시는 일이 있을 경우, 그곳 관원이나 比長 등이 알고서 고하지 않으면 논죄한다. 이미 양조한 술은 금월(3월) 21일까지 모두 소비할 것이며 이미 만든 누룩은 이번 달까지 모두 右倉에 납부하고 우창에서 그 값을 줄 것이다. 외방의 경우에도 역시 안렴사, 안집사로 하여금 날짜를 한정해 금단토록 하고 누룩 역시 관에 납부하되 관청에서는 그 값을 주고 (누룩을) 우창으로 보낼 것이다."라고 했다.(부록 1-23)

현종 원년(1010)에 僧尼의 양주를 금했고, 동왕 12년에는 다시 사원의 양주를 금했다. 대상이 승니·사원으로 구분되어 있지만, 실은 동일할 것이다. 유독 현종대에만 이 규정이 보이고 있는 점이 이채롭다.

실제로 이 규정을 위반한 승려들이 처벌된 예가 있다. 현종 18년에 楊州의 사원에서 그런 일이 있었다.

楊州에서 奏文을 올리기를, "莊義寺·三川寺·靑淵寺 등의 승려가 법을 어기고 술을 빚었는데 합하여 쌀 360여 석입니다. 청컨대 법률에 의거하여 단죄하십시오."라고 하니 국왕이 따랐다.[103]

금령을 어기고 莊義寺·三川寺·靑淵寺의 승려가 미 360여 석으로 술을 빚어서 처벌을 받았다.

고려 일대에 걸쳐 사원에서 술을 빚는 일은 흔했고, 나아가 사원에서 술을 마시는 사례도 자주 볼 수 있다.[104] 나아가 作樂도 문제시했다. 즉 현종 12년 6월에 사원의 승려들이 음주 작악하는 일을 금하도록 사헌대에서 아뢰고 있는 것이다. 그렇지만 연등회와 팔관회에는 국가의 금주령

---

103) 『高麗史』 권5, 世家5 顯宗 18년 6월, 上冊, 109~110쪽.
104) 이병희, 2013, 「高麗時期 寺院의 술 生産과 消費」『역사와 세계』 44, 효원사학회 (본서 제3부 수록).

이 있었음에도 술의 사용이 허용되고 있음이 보인다.

사원에서의 양주에 관해서는 당율·송율과 『원사』 형법지에서 언급한 바가 없다. 사원 내부의 일이기에 국가에서 별도의 규정을 두지 않은 것으로 보인다. 술을 빚고 또 마시고 하는 것은 불교 내에서 자정할 사항이지 세속 세계의 법령으로 규제할 필요가 없기 때문일 것이다.

6. 住持의 任用과 行爲

고려시기는 국가에서 僧政을 관장하고 있었다. 僧科制를 시행하고, 그 합격자에게 僧階를 내렸으며, 승계를 가진 자를 각 사원의 주지로 임명했다.[105] 승려 가운데 모범이 될 고승을 王師나 國師로 삼고서 예우했다. 불교계는 국가의 제도적 뒷받침 속에 그 지위를 유지할 수 있었던 것이다.

<표 19> 주지 관련 규정

· (肅宗 7년) 判하기를, "서울과 지방에서 强盜나 竊盜를 알아내서 붙잡은 자는, 官職이 있으면 순서대로 관직을 올려주고 관직이 없는 자이면 初職을 허락하되 관직을 받기에 마땅하지 않는 자는 물품을 주고, 승려인 경우에는 寺職을 주며, 賤人은 良人이 되게 한다. … "라고 했다.(부록 1-39) · (忠烈王 24년 정월) 忠烈王이 즉위하여, 敎書를 내려 이르기를, " … 사사의 住持를 共議하는데 뇌물로써 외람되게 얻으니 모두 금단하게 하라. … "라고 했다.(부록 1-3) · (忠肅王 后8년 5월) 監察司에서 牓文에 禁令을 게시하기를, " … 근년에 禪宗과 敎宗 사원의 주지들이 토지에서 생산되는 것을 이롭게 여겨 오로지 다투고 빼앗는 것을 일삼아 사원의 건물을 무너뜨리는 데까지 이르렀다. 심한 자는 간음을 범하고 추잡한 짓을 저지르면서도 일찍이 부끄러워하지 않으니, 지금부터는 금지하고 다스려라. … "라고 했다.(부록 1-30)

---

105) 고려시기 주지제의 운영에 관해서는 다음의 글이 참고된다. 韓基汶, 1997, 「高麗時代 寺院 住持制度」 『佛敎史硏究』 1(同, 1998, 『高麗寺院의 構造와 機能』, 民族社 재수록) ; 이병희, 2008, 「高麗時期 住持制 運營과 寺院經濟」 『史學硏究』 90 (同, 2009, 앞의 책 재수록).

형법지에서도 주지 내지 僧職과 관련한 기사가 수록되는 것은 당연한 이치이다. 숙종 7년(1102)의 判에, 內外의 강도·절도를 알고서 잡는 자에게는 관직이 있는 이에게는 다음의 직을 주고 있는데, 그러한 일을 한 승려에게는 寺職을 주었다. 사직은 승계나 주지를 의미할 텐데, 아마 주지일 가능성이 크다고 여겨진다. 사직이라는 것이 승계보다는 사원과 관련하기 때문이다.

충렬왕 24년(1298) 충선왕이 즉위해 下敎한 내용에 寺社의 주지를 共議하는데 대개 貨賂로써 함부로 얻으니 이를 금지하라고 했다. 국가가 불교계를 관장하는 데에는 승계도 중요하겠지만, 사원을 대표하고 책임지는 주지의 문제가 더욱 중요했다. 주지의 임용이 뇌물로써 이루어지고 있어 이를 금하는 조치가 취해진 것이다.

충숙왕 후8년(1339) 監察司가 牓示한 금령에서도 주지가 문제되고 있다. 근년에 선교 사원의 주지가 토지의 생산물을 이롭게 여겨 쟁탈을 일삼고 있어 사원 건물을 퇴락시킴에 이르고 있으며, 심한 자는 奸行을 저지르고 있다고 하면서, 금후로는 금하라는 것이다. 주지가 자신의 개인적 부의 축적에 몰두하고 간행을 저지르는 것을 금지시킨 것이다.

고려시기 승직·주지와 관련한 문란상은 형법지 이외의 자료에서도 여러 차례 지적하고 있다. 의종 11년(1157) 8월에 懷正이라는 승려가 총애를 받자 職을 구하는 자가 그에게 다수 뇌물을 쓰고 있었다는 사실이 보인다.106) 또 의종 22년 3월 하교한 내용 중에 "近來僧徒 貪生謀利 比比皆是"하다는107) 지적이 있다. 명종 때 庶子들을 다수 출가시켰는데, 이때 그들이 유명 사원의 주지를 맡고 뇌물로써 일을 처리하므로 요행을 바라는 무리가 붙었다고 한다.108)

---

106) 『高麗史』 권18, 世家18 毅宗 11년 8월, 上冊, 368쪽.
107) 『高麗史』 권18, 世家18 毅宗 22년 3월, 上冊, 381쪽.
108) 『高麗史』 권91, 列傳3 小君善思, 下冊, 52쪽.

충렬왕 7년(1281) 6월에는 승직과 관련한 문란상을 다음과 같이 언급했다.

> 왕이 慶州에 행차해 僧批를 내렸는데 승려들이 비단으로 왕의 측근들에게 뇌물을 주고 직책을 얻었으므로 사람들이 이들을 羅禪師, 綾首座라고 불렀다. 이들 중에는 부인을 얻어 가정을 꾸린 자가 반이나 되었다.[109]

즉 국왕이 승비를 내렸는데 승려들이 綾羅로 좌우에 뇌물을 바쳐 職을 얻었기에 사람들이 羅禪師·綾首座라 했으며 태반이 娶妻居家者였다는 것이다.

공민왕 5년(1356) 5월에 普愚를 내전에 맞이해 108명의 승려에게 飯僧했는데, 승도로서 주지가 되고자 하는 이는 모두 보우에 붙어 간청했다.[110] 고려 최말기에 이르면, 주지 문제를 지적하고 조치를 취해야 한다는 적극적인 주장이 나오고 있다.[111] 주지와 관련한 내용이 형법지에 수록되지 않은 수가 많다. 주지에 대한 규정을 통해 볼 때 寺職이 있다는 것, 국가에서 僧職을 내린다는 것, 住持를 국가에서 임명한다는 것을 재차 확인할 수 있다.

승과·승계·주지 임명으로 표현되는 승직제가 당·송·원에서는 국가제도 속에서 운영되는 것이 아니기에, 고려처럼 문제될 것이 없었다. 승려의 寺職 임명과 이동, 주지 임명은 대부분 불교계가 스스로 처리해야 할 사항이었기에 국가로서는 관여할 필요가 없었고 따라서 그에 대한 법규정을 마련할 이유가 없었던 것이다. 그렇지만 당·송에서도 국가나 왕실과 관련된 사원의 승직은 국가에서 직접 관장했을 것이다. 조선초에는 축소되기는 했지만 국가에서 僧科制를 시행하고 住持를 임명했다.[112]

---

109) 『高麗史』 권29, 世家29 忠烈王 7년 6월, 上冊, 604쪽.
110) 『高麗史』 권39, 世家39 恭愍王 5년 5월, 上冊, 770쪽.
111) 『高麗史』 권111, 列傳24 趙暾附 仁沃, 下冊, 437~438쪽.

7. 結社體 構成, 寫經, 茶毘法, 其他

1) 속인과의 집단 구성, 결사체, 놀이

승려와 속인은 깊은 유대를 맺고 있었다. 함께 신앙 활동과 종교 활동을 하는 것은 당연했다. 문제는 장소였다. 사원 내에서 함께 집단적으로 활동하는 것이야 문제될 것이 없지만, 속인 사회 속에서 집단을 구성해 횡행하는 것은 문제될 수 있었다. 사회세력으로서 사회질서에 위협이 될 수 있기 때문이다. 물론 국가에서 공인한 불교 행사인 경우는 상황이 다를 것이다.

<표 20> 속인과의 집단 구성 관련 규정

· (肅宗 6년 6월) 남·녀·僧尼들이 무리를 지어 萬佛會에 모이는 것과 집을 회사하여 사원으로 만드는 것을 금지했다.(부록 1-18)
· (仁宗 9년 6월) 陰陽會議所에서 아뢰기를, "근래에 僧俗의 雜類들이 모여 무리를 이루어 萬佛香徒라 호칭하고 때로는 염불과 독경을 하면서 거짓되고 망령된 짓을 하며, 때로는 서울과 지방의 寺社 승도들이 술을 팔고 파를 팔기도 하며, 때로는 무기를 지니고 악한 짓을 하고 날뛰면서 유희를 벌여 법도를 어지럽히며 풍속을 망가뜨리고 있습니다. 청하건대 御史臺와 金吾衛로 하여금 순찰하고 단속해 금지시키도록 하십시오."라고 하니, 조서를 내려 허락한다고 했다.(부록 1-19)

숙종 6년(1101)과 인종 9년(1131)의 기사 내용은 거의 동일한 것으로 보인다. 만불회나 만불향도는 동일하며, 결성하는 주체도 승려와 속인이 어우러져 있다. 그들이 하는 일은 인종대 기사에 자세하게 전한다. 念佛讀經하는 것은 문제될 것이 없지만 聚集成群해서 詭誕한 행동을 하는 것은 문제되었다. 이에 대해 금령이 내려지고 있는 것이다.

만불회의 활동·행위와 유사한 것이 『송형통』에만 보인다. 740년의

---

112) 『經國大典』 권3, 禮典 度僧(부록 6-4, 5). 조선초기의 승과제에 관해서는 다음의 글이 참고된다. 柳基貞, 2002, 「朝鮮前期 僧政의 整備와 運營」 『靑藍史學』 5 ; 양혜원, 2019, 「15세기 승과(僧科) 연구」 『韓國思想史學』 62, 韓國思想史學會.

칙에서 지금 이후로는 불법을 託稱하고서 멋대로 妖言을 하면서 망녕되게 休咎를 말하고 오로지 현혹시키는 행동을 하고 있는데, 이러한 부류는 용납하기 어려우니 소재 장관이 엄히 다스려 잡아들이고, 어사대와 본도의 채방사에 맡겨 규찰토록 했다. 927년의 칙에서는 僧俗이 구분없이 남녀가 뒤섞여 거하여 당을 이루고 무리지어 밤에 모이고 날이 밝으면 흩어지며, 법회에서 선전한다고 칭탁하고서 몰래 음풍을 마음대로 하고 있으니 제거하지 않으면 폐악이 된다고 했다.[113] 원에서는 白衣善友를 명분으로 해 무리를 모아 결사하는 것을 금했다. 속인이 모여 징을 치면서 佛事를 하는 것도 금했다.[114] 행동에 다소 차이가 있지만 승속이 무리지어 다니면서 사회 불안을 조성하는 점에서는 동일했다.

2) 금은 寫經 금지

각종 佛事에는 金銀을 사용하는 수가 많았다. 불상을 장식하거나 경전을 필사할 때에 특히 그러했다.

<표 21> 금은 사경 관련 규정

· (恭讓王 3년 7월) 都堂에서 계를 올려 청하기를, "巨家世族이 금과 은을 사용하여 불교 경전을 필사하는 것[寫經]을 금지하십시오."라고 했다.(부록 1-37)

사경이 성행했고, 그 사경이 현재까지 남아 있는 것이 많다.[115] 사경은 功德을 쌓는 일이지만, 상당한 비용이 드는 것이었다. 때문에 巨家世族이나 할 수 있었다. 금은이 부족할 때는 더욱 문제가 되었다. 금은을 사용한 사경의 금지는 최말기 공양왕 3년(1391)에 보인다.

---

113) 『宋刑統』 권18(부록 3-5).
114) 『元史』 권105, 志53 刑法4 禁令(부록 4-25, 29).
115) 권희경, 2006, 『고려의 사경』, 글고운 참조.

고려초 성종대에 최승로는 '시무 28조'에서 그 폐단을 이미 지적했다. 寫經은 단지 오래 전하고자 하는 것으로 예전에 黃紙를 쓰고, 旃檀木으로 軸을 삼았는데, 신라말에 이르러 '經像皆用金銀 奢侈過度 終底滅亡'했으며, 근래에도 이러한 풍조가 남아 있어 엄히 금하라고 했다.[116] 고려시기에 사경은 널리 이루어졌다. 명종대 임민비는 '常寫佛經'했다고 한다.[117]

이 부분과 관련한 내용이 당율·송율과 『元史』 형법지에서 찾아지지 않는다. 『經濟六典』에는 언급된 내용이 있다. 즉 금은으로써 사경하는 것이 금지되었음을 명기하고 있다.[118] 이것은 성리학이 검소를 추구하는 것과 관련이 있을 것이다.

3) 茶毘(火葬)法

불교의 수용 이후 葬禮法에 변화가 생겨 茶毘法이 널리 시행되었다. 승려들은 통상 다비법을 쓰고 있었지만 속인들의 경우에도 장례를 다비식으로 거행하는 수가 있었다. 불교가 지배적인 종교 이념으로 구실하고 있던 때에는 이러한 장례법이 문제 되지 않았지만, 성리학이 도입되면서부터는 문제가 되지 않을 수 없었다.

<표 22> 다비법 관련 규정

· (恭讓王 원년) 憲司에서 상소하기를, "장사지낸다는 것은 감춘다[藏]는 것이니 해골을 감추어 드러내지 않는 것입니다. 근래에 불교[浮屠氏]의 茶毘法이 성행하여, 사람이 죽으면 (시신을) 들어서 뜨거운 화염 속에 장사지내어 머리털은 태우고 살은 태워 문드러지게 하여 단지 그 해골만 남깁니다. 심한 경우에는 뼈를 태워 재를 날려 뿌려 물고기와 새에게 먹이며, 그러면서 말하기를 '반드시 이와 같이 한 다음에야 하늘에서 태어날 수 있다. 가히 西方(극락정토)에 이를 수 있다.'라고 합니다. 이 논의가 한 번 일어나자 士大夫라는 고상하고 현명한 자들도 또한 모두 현혹되어, 죽어서 땅에

---

116) 『高麗史』 권93, 列傳6 崔承老, 下冊, 86쪽.
117) 『高麗史』 권99, 列傳12 林民庇, 下冊, 204쪽.
118) 『經濟六典輯錄』, 禮典 佛敎(부록 5-5).

장사지내지 않는 자가 많습니다. 아! 정말로 어질지 못함이 심합니다. 사람의 정신은 흘러 다니면서 화합하며 서로 통하는 것이니, 살아있는 것과 죽은 것, 사람과 귀신이 본래 동일한 하나의 氣입니다. 조상과 부모가 지하에서 편안하면 자손 또한 편안하게 되며, 그렇지 않으면 이와 반대가 됩니다. 또한 사람이 세상에서 살아가는 것은 나무가 뿌리를 땅에 의탁하는 것과 같아서 그 뿌리와 줄기를 태우면 가지와 잎도 시들게 되고, 그 가지와 잎을 태우면 뿌리와 줄기도 또한 병들게 되는 것이니, 어찌 (나무가) 꽃을 피우고 무성하게 자랄 수 있는 이치가 있겠습니까? 이는 어리석은 부녀자라도 능히 알 수 있는 것입니다. 聖人께서 4치[寸]의 棺과 3치의 槨을 제정하고서도 오히려 그것이 빨리 썩을까 두려워하였으며, 斂衣를 수십 겹을 입어도 오히려 그것이 혹시 얇을까를 두려워하였으며, 곡식을 관 속에 넣어두면서도 땅강아지와 개미가 혹시 침범할까봐 두려워했습니다. 죽은 이를 장사지내 보내는 의례가 이와 같은 것인데, 도리어 변방 오랑캐의 아버지를 몰라보는 가르침을 사용하니, 어찌 어질다고 일컬을 수 있겠습니까. 원컨대 지금부터 일체 엄하게 금지하고, 위반하는 자는 죄를 논하십시오."라고 했다.(부록 1-36)

공양왕 원년(1389)에 불교식의 장례법인 다비에 대해 금지하라는 상소가 있었다. 성리학이 소개된 이후 상당한 시간이 경과한 후였다. 다비법에 대해서는 당율·송율과 『원사』 형법지에서 규정하고 있지 않다. 조선초에는 다비법에 대해 규정했다. 다비법에 대해 성리학적 견지에서 이론적으로 비판하고서 불교식의 茶毗 葬法을 폐지하고 유교식의 家禮에 따라 장례 지낼 것을 규정하고 있다. 조상 薦望之時에도 다만 水陸齋를 거행할 뿐 法席은 행하지 말라고 했다.119)

4) 기타

ㄱ. 절도

승려들은 계율상 三衣一鉢을 제외하고 개인재산을 소유할 수 없었다. 따라서 타인의 물건에 대해 관심을 가질 까닭이 없었다. 그러나 현실 사회에서는 그렇지 않았다.

---

119) 『經濟六典輯錄』, 禮典 喪葬(부록 5-8).

<표 23> 절도 관련 규정

· 관리가 臨監하면서 자신이 관할하고 있는 재물을 도둑질하거나 임감하고 있는 중에
재물을 받고 법을 굽혀 적용한 경우, 徒刑·杖刑의 형량에 관계없이 職田을 거두어들
이고 歸鄕시킨다. 승려가 寺院의 米穀을 도둑질한 경우 귀향시켜 編戶에 충당한다.
(私物을) 官의 물건과 바꾼 경우, 귀향형은 부가하지 않고 律文에 의거하여 죄를 준
다.(부록 1-1)

승려의 竊盜 문제에 대해서는 고려나 당율·송율과『元史』형법지에
서 모두 언급하고 있다. 그러한 일이 속출하기 때문으로 보인다. 그런데
규정된 내용에 상이함이 있고, 처벌의 정도에서도 일정한 차이가 있다.

고려에서는 職制 편목에 과조적 기사 형식으로 관리와 더불어 승려의
절도 행위에 대한 처벌이 규정되어 있다. 그 내용은 승인이 사원의 미곡
을 훔친 경우 歸鄕시켜 編戶에 충당한다는 것이다. 승려가 미곡을 훔치
는 곳은 자신이 몸담고 있는 사원도 있고, 관련이 없는 사원도 있을 수
있을 것이다. 그러한 절도죄에 대해서는 귀향시킨다고 함은, 본관지로
보낸다는 의미이다. 편호에 충당한다고 함은 庶人戶로 편입하는 것을 의
미한다.[120]

당율에서는 佛像을 훔치는 것과 毁損하는 것이 문제되고 있다. 일반
인이 불상을 훔치거나 훼손하면 徒 3年이며, 僧尼가 불상을 훔치거나 훼
손하면 加役流에 처하고, 보살상의 경우에는 1등을 감한다고 했다. 훔쳐
서 공양하려 한 자는 杖 100에 처한다고 했다.[121] 불상을 일반인이 훔치
거나 훼손하면 도 3년이지만, 승려가 그러한 일을 저질렀을 때에는 그보
다 처벌이 무거워 가역류에 처하도록 했다.

송율에서는 이 규정이 그대로 繼受됨과 아울러 새로운 규정이 추가되
고 있다. 955년의 勅節文에 의하면, 승니가 盜竊罪를 범하면 법에 따라
형을 가하고 還俗시킨다고 했다. 절도죄를 승려가 범했다면 그에 따른

---

120) 蔡雄錫, 2009, 앞의 책, 166~169쪽.
121)『唐律疏議』권19(부록 2-5).

처벌과 함께 환속의 조치가 따르게 되는 것이다. 962년의 칙절문에 따르면 弟子가 師主의 물건을 훔치면 한결같이 율문을 따르고, 私用財物로써 논한다고 했다. 사물이 아닌, 사주 개인의 물건을 제자가 훔치는 경우 처벌을 규정하고 있는 것이다.122)

고려에서 불상을 훔치거나 師主의 재물을 훔치는 것에 대한 규정이 보이지 않는다. 반면에 寺院의 미곡을 훔치는 것에 대한 규정은 고려에서만 언급될 뿐 당율·송율에서는 언급되지 않았다.

원에서는 승려가 佛像腹中裝者를 절취한 경우 盜로써 논한다고 했다. 승려가 도적질한 경우 常盜와 마찬가지로 刺斷하며 배로써 징수하고 還俗해 跡人에 충당한다고 했다. 또 승려가 親師祖·師父·同師兄弟의 재물을 훔친 경우에는 免刺하고 倍贓하지 않고 斷罪還俗한다고 했다.123) 원 율에서는 승려의 절도 행위에 대해 이전에 볼 수 없었던 내용이 보이는 것이다. 즉 佛腹裝 물건을 훔친 경우가 새로이 보인다. 그리고 스승이나 法兄弟의 재물을 훔친 경우에 대한 처벌도 이채롭다.

고려와 달리 당·송·원에서는 절도에 대해 구체적인 처벌 규정이 마련되고 있었다. 이것은, 그러한 행위가 성행하고 불교계의 내율로써 처리하기 힘든 지경에 있음을 뜻하는 것으로 이해된다.124)

ㄴ. 고려율에 없는 내용(당·송·원율에만 보이는 것)

『고려사』 형법지에는 보이지 않고, 당율·송율과 『元史』 형법지에만 확인되는 내용도 많다.

---

122) 『宋刑統』 권6(부록 3-2) ; 『宋刑統』 권19(부록 3-6) ; 『宋刑統』 권26(부록 3-7).
123) 『元史』 권104, 志52 刑法3(부록 4-14, 15, 16).
124) 『高麗史』 형법지에 실리지 않았지만 불교 관련 규정으로 의미있는 것이 적지 않다. 승려의 差役, 승병의 차출, 승려 자식의 限品, 寺院名과 御名이 동일한 때 피휘하는 것 등은 주목할 사항이다(영남대 민족문화연구소, 2009, 앞의 책, 370~397쪽 참조).

<표 24> 당율·송율·『元史』형법지에만 보이는 규정

당율	·若誣告 道士女冠 應還俗者 比徒一年 其應苦使者 十日比笞十 官司出入者 罪亦如之(부록 2-1) ·諸稱道士女冠者 僧尼同 若於其師 與伯叔父母同 其於弟子 與兄弟之子同 觀寺部曲奴婢於三綱 與主之期親同 餘道士 與主之緦麻同 (犯姦盜者 同凡人)(부록 2-2) ·若女許嫁已定 歸其夫 入養入道及娉妻未成者 不追坐 (出養者 從所養坐) 道士及婦人 若部曲奴婢 犯反逆者 止坐其身(부록 2-4)
송율	· 若誣告 道士女冠 應還俗者 比徒一年 其應苦使者 十日比笞十 官司出入者 罪亦如之(부록 3-1, 부록 2-1과 동일) · 諸稱道士女冠者 僧尼同 若於其師 與伯叔父母同 其於弟子 與兄弟之子同 觀寺部曲奴婢於三綱 與主之期親同 餘道士 與主之緦麻同 (犯姦盜者 同凡人)(부록 2-2와 동일) (准) 建隆參年(962)參月拾二日 勅節文 今後 同財弟子盜師主物 壹准律文 以私用財物論(부록 3-2) ·若女許嫁已定 歸其夫 出養入道及娉妻未成者 不追坐 (出養者 從所養坐) 道士及婦人 若部曲奴婢 犯反逆者 止坐其身(부록 3-4, 부록 2-4와 동일)
『원사』 형법지	·諸宣政院文卷 除修佛事不在照刷外 其餘文卷及所隸內外司存 並照刷之(부록 4-2) ·諸僧道儒人有爭 有司勿問 止令三家所掌會問(부록 4-3) ·其自相爭告 從各寺院住持本管頭目歸問(부록 4-5) ·若僧俗相爭田土 與有司約會 約會不至 有司就便歸問(부록 4-6) ·諸各寺院稅糧 除前宋所有常住及世祖所賜田土免納稅糧外 已後諸人布施幷己力典買者 依例納糧(부록 4-7) ·諸僧道還俗 兄弟析居 奴婢爲良 未入于籍者 應諸王諸子公主駙馬毋拘藏之 民有敢隱藏者 罪之(부록 4-8) ·諸河西僧人有妻子者 當差發 稅糧 鋪馬 次舍與庶民同 其無妻子者 蠲除之(부록 4-10) ·諸僧道僞造諸王印信及令旨抄題者 處死(부록 4-17) ·諸妹爲尼與人私 兄聞而諫之 不從 反詬詈扯摔其兄 兄殺之 卽兄殺有罪之妹 不以凡人鬪殺論(부록 4-18) ·諸僧道殺人 燒埋銀於常住 追徵(부록 4-19) ·諸名山大川寺觀祀廟 並前代名人遺蹟 敢折毁者 禁之(부록 4-20) ·諸祠廟寺觀 模勒御寶王旨及諸王令旨者 禁之(부록 4-22) ·諸有司曉鐘未動 寺觀輒鳴鐘者 禁之(부록 4-23) ·諸色目僧尼女冠 輒入民家强行抄化者 禁之(부록 4-26) ·諸僧道僞造經文 犯上惑衆 位首者斬 爲從者 各以輕重論刑(부록 4-27) ·諸以非理迎賽祈禱 惑衆亂民者 禁之(부록 4-28) ·諸俗人集衆鳴鐃作佛事者 禁之(부록 4-29) ·諸陰陽家僞造圖讖 釋老家私撰經文 凡以邪說左道誣民惑衆者 禁之 違者重罪之 在寺觀者 罪及主守 居外者 所在有司 察之(부록 4-30)

당율에서는 도사·여관이 마땅히 환속해야 할 자라고 무고하는 자에게는 徒 1년에 처한다는 규정했다. 도사·여관에 대해 언급했지만 승려에게도 그대로 적용되는 규정이다. 승려가 환속해야 할 자라고 무고한 것은 도 1년으로 비정한다. 그런데 苦使해야[125] 할 자라고 무고했다면 고사 10일마다 笞刑 10으로 비정하며, 관인이 (승려에게 枉法으로 판결을 내려) 가감한 죄도 이와 같다고 했다(부록 2-1). 승려가 범죄 등의 이유로 환속해야 한다고 무고한 경우 그 무고한 이는 속인이든 승려이든 도형 1년으로 한다는 것이다. 고사해야 할 자라고 무고한 경우도 처벌하도록 되어 있다. 이 규정은 『송형통』에도 그대로 수록되어 있다(부록 3-1). 그러나 원율에는 보이지 않는다.

또한 당율에 道士와 婦人이 반역죄를 범한 경우 자신만을 처벌한다고 규정하고 있다(부록 2-4). 도사와 승려는 함께 취급되고 있기에 승려의 경우도 반역을 범하면 자신만이 처벌되고 세속의 가족에게 연좌되지는 않는다고 볼 수 있다. 송율에도 동일 규정이 있다(부록 3-4). 그리고 당율·송율 모두 승려와 스승의 관계는 숙·백부모와 같으며, 제자에 대한 관계는 형제의 아들(조카)에 대한 것과 같다고 했다(부록 2-2, 3-2).

당율이나 송율에 없는데 『원사』 형법지에만 규정된 법령도 여럿 찾아진다. 주목되는 내용을 살펴보면, 우선 유·불·도 사이에 분쟁이 있으면 유사가 처리하지 말고 3家의 담당자가 모여 처리하도록 했다는 것이 보인다(부록 4-3). 승려와 속인이 전토를 다툴 경우 조정에 이르지 못하면 유사가 처리하도록 했고(부록 4-6), 전왕조 宋代에 소유한 常住와 世祖가 사여한 전토의 경우 면세되지만 타인이 보시한 것이나 스스로 典買한 것은 納糧토록 했다(부록 4-7). 또한 승려가 왕의 印信·令旨·抄題를 위조한 경우 사형에 처한다는 규정이 있으며(부록 4-17), 승려가 사람을

---

125) 苦使란 방문을 닫고 규칙을 정하여 寫經하는 일을 말한다(김택민·임대희, 1994, 『譯註 唐律疏議－名例編－』, 한국법제연구원, 206쪽).

죽인 경우 常住處에게 은을 追徵한다고 했다(부록 4-19).

禁令條에는 많은 내용이 찾아진다. 名山大川의 寺觀·祠廟 및 前代의 名人 유적을 감히 부수는 것을 금한다는 것(부록 4-20), 또한 祠廟·寺觀이 御寶·王旨와 諸王의 令旨 등을 모방하는 것을 금지한다는 것이 보인다(부록 4-22). 유사가 새벽 종을 치지 못하게 되어 있는데, 사관에서 새벽에 종을 치는 것을 금했으며(부록 4-23), 승려가 민가에 들어가 강제로 시주를 받아가는 것을 금지하고 있다(부록 4-26). 그리고 승려가 經文을 위조해 위를 범하고 대중을 미혹시킬 경우, 우두머리는 참하고 아래에 있는 이는 각각 경중을 헤아려 처벌한다고 했다(부록 4-27). 또한 속인이 무리지어 종 치며 불사를 하는 것을 금했다(부록 4-29). 불사를 빙자해 다수가 모여 종 친다는 것은 사회 불안을 야기할 소지가 크기 때문에 금지하고 있는 것이다. 승려가 경문을 사사로이 지어서, 邪說左道하고 誣民惑衆하는 것을 금지했으며, 위반하는 자는 무겁게 죄주도록 규정했다. 사원에 있는 자라면, 죄가 본인만이 아니라 主守에게 이르고 밖에 있는 자라면 소재 관사가 살피라고 했다(부록 4-30).

원에서는 사회 불안의 소지가 있는 행위에 대한 금지 조치가 여럿 보인다. 경문 위조, 사찬 경문 모두 惑衆이 문제되는 것이고 사회 불안 나아가 체제 동요를 야기할 수 있기 때문이다. 속인이 모여 불사를 하는 것도 마찬가지이다. 외족으로서 중국을 지배하는 데서 나올 수 있는 금령으로 이해된다.

8. 結語

고려시기 불교계의 법적 지위를 『高麗史』 형법지의 내용을 중심으로 해서, 『당율소의』·『송형통』·『원사』 형법지·『경제육전』의 내용을 참조하면서 검토해 보았다. 세속 사회가 불교계에 대해 법적으로 규정한 내용을 비교 검토함으로써 고려시기 불교계의 위상을 가늠해 볼 수 있었다.

『高麗史』 형법지에는 불교 관련 법조문이 모두 44개 수록되어 있다. 과조적 기사가 6개 조항이고, 나머지 38개 조항은 편년기사이다. 형법지 중에서도 禁令條에 가장 많은 31개 조항이 실려 있다. 왕대별로는 현종대에 7개 항목이 수록되어 있지만, 전반적으로 후기에 집중된 양상을 보이고 있다.

불교계 관련한 내용은 『고려사』 형법지가 『당율소의』·『송형통』과 『원사』 형법지보다 풍부하게 담고 있다. 『고려사』 형법지 불교 관련 내용의 대부분은 불교에 대한 제한 내지 통제의 내용을 담고 있는데, 이는 조선 건국의 주도세력이 당면의 숙제로서 불교계를 정리해야 하는 문제를 안고 있었던 데에 기인하는 면이 없지 않다. 제한 내지 통제도 실은 우대를 전제로 한 경우가 많았다. 당·송에서는 불교에 대해 특별히 규정하는 내용이 많지 않다. 이는 불교계의 자율성·독자성이 상대적으로 큼을 의미한다고 할 수 있을 것이다.

고려율의 기본 토대인 과조적 기사 가운데, 불교 관련 조항은 모두 6개이다. 그 가운데 2개 조항에서는 당·송의 영향을 부분적으로 확인할 수 있었고, 나머지 4개 조항은 고려의 독자적인 것이었다. 이것은 불교 관련 조문에 관한 한, 고려율이 당·송의 것에서 벗어난 독자성을 일정하게 지니고 있음을 뜻하는 것이었다. 또한 그것은 고려사회에서의 불교의 위상이나 역할이 당·송·원과 상이했음을 의미한다고 하겠다.

불교에 관한 내용을 살펴 보면, 고려에서만 확인되는 것, 고려와 당·송·원이 함께 언급한 것, 고려에서는 보이지 않으나 당·송·원에서 확인되는 것으로 나누어 볼 수 있다. 고려율에만 있는 것은 사원 남설의 문제 지적, 사가위사를 금하는 것, 말기의 일이지만 노비 시납을 금한 것, 토지 확대 및 사원토지 내에서 불법적으로 민인을 사역하는 것에 대한 지적, 상행위 금지 조치, 강제 고리대 활동의 금지, 연화 행위를 금하는 것, 승려의 사치한 복식을 제한하는 것, 승려의 승마 제한, 관역 이용의 제한, 궁궐 출입의 금지, 婦女子 上寺의 금지, 釀酒와 飮酒의 금지, 주지 임명 시 뇌물의 문제와 주지의 모리 행위 문제, 금은을 사용한 사경의 문제, 茶毘의 금지 등이다. 고려에 없지만 중국의 율에 있는 것도 여러 조항이 있다. 중국에서는 불교의 승려와 도교의 道士를 늘 함께 동질적으로 규정하고 있으나, 고려에서는 도교나 도사에 대한 언급이 거의 찾아지지 않는다. 이것은 고려의 경우 도교에 비해 불교가 훨씬 우위에 있음을 뜻하는 것이라 할 수 있다.

  고려나 당·송·원에 공통으로 보이는 규정도 없지 않다. 출가에 대해서 그러하다. 출가에 대해서는 모두 규정하고 있다. 고려에서는 출가 규정이 3자 혹은 4자가 있을 경우 1자의 출가를 허용하도록 규정이 간단하고 처벌도 가벼운 편이었다. 후기에 가서야 丁錢을 납부해야 출가할 수 있도록 되어 있었다. 관의 허가를 받지 않고 출가한 자에 대한 처벌은 당·송이 杖 100, 원이 笞 47에 처해졌으나 고려에서는 그 처벌 내용이 분명치 않았다. 보다 가벼웠을 것으로 추측된다. 승려의 奸行爲에 대해서도 언급되고 있는데 고려에서는 환속시켰으며, 당과 송에서는 범간보다 2등 무겁게 처벌하였다. 원에서도 처벌하고 환속시키도록 했다. 대체로 환속시키는 데 일치하고 있다. 승려가 속인과 함께 결사체를 구성하여 무리지어 다니는 것은 고려와 송·원에서 금지했다. 승려의 절도 행위에 대해서 고려에서는 사원의 米穀을 절도했을 경우 처벌하는 조항이 있을 뿐인데, 당·송·원에서는 관련한 내용이 여럿 보인다. 佛像을 훔치는 것, 제자가 師主物을 훔치는 것, 佛像腹中裝을 훔치는 것, 親師祖·師父·同師兄弟의 재물을 훔치는 것 등 절도의 대상물이 다양하게 언급되어 있다.

  고려국가에서는 승과제를 실시해 합격한 승려에게 승계를 제수하고 주지 등의 승직을 임명함으로써, 제도적으로 정치와 종교가 밀착되어 있었다. 제도적으로 상당한 뒷받침을 해주고 있는 것이다. 또 국가에서 사원에 대해 수조지를 분급해줌으로써 사원경제의 안정적 기반을 어느 정도 뒷받침해 주고 있었다. 이렇게 불교가 정치와 밀착되고 제도적으로 지원받기 때문에, 그러한 조건 하에 있지 않았던 당·송·원보다 그 지위가 높은 것은 당연한 일이라 할 수 있을 것이다. 불교계가 국가적으로 대우받고 또 그 위치가 높았기 때문에 오히려 규제하는 내용이 많았다고 할 수 있다.

『고려사』 형법지나 당율·송율 그리고 『원사』 형법지 모두 불교계에 대해 여러 가지 사항을 언급하고 있다. 이는 세속 국가의 차원에서 규정하는 내용인 것이다. 불교계를 규율하는 것은 이러한 俗法뿐이 아니었다. 승려들 스스로가 마련한 內律이라 할 수 있는 것이 있었다. 승려의 상호 관계, 불법은 아니지만 계율을 어기는 문제, 수행의 과정과 절차, 사원 재산의 운용과 처리 등은 세속법이 규정할 필요도 없고 규정하지도 않았다. 그러한 내용은 승려 스스로가 따르는 내율에서 규제하는 것이다. 내율·僧律에 대한 검토는 향후 깊이 있게 이루어져야 할 것이다.

국가와 종교는 동서고금을 막론하고 미묘한 관계를 맺고 있었다. 양자의 관계는 역사적·사회적 조건에 따라 상이하게 설정될 수밖에 없을 것이다. 고려시기 법규정은 현대사회의 그것처럼 종교의 자유를 보장하고, 정치와 종교의 분리를 명시하고 있는 것은 아니었다. 고려국가는 불교계에 대해 제한과 통제 규정을 마련했으며, 반대로 우대하는 제도도 갖추고 있었다. 세속 국가와 불교계는 고려가 당·송·원보다 훨씬 밀착되어 있고, 그러한 사실은 불교계에 대한 법규정을 통해서 확인할 수 있는 것이다.126)

---

126) 본고는 『高麗史』 형법지에 수록되어 있는 불교 관련 기사를 전면적으로 검토하는 데 일차적인 의의를 두었으며 당·송·원과의 비교는 매우 제한적으로 진행했다. 중국 역대 왕조의 법규정과의 비교는 많은 법전과 史書를 참조해 항목별로 구분해서 이루어질 필요가 있다. 그런 작업이 진행되어야 동아시아 사회에서 갖는 고려 불교계의 공통성과 개별성이 명확히 파악될 수 있겠다.

〈부록 1〉『고려사』형법지의 불교 관련 조항

1-1. (官吏臨監自盜及臨監內受財枉法者 徒杖勿論 收職田歸鄕) 僧人盜寺
　　院米穀 歸鄕充編戶 (貿易官物者除歸鄕 依律科罪)(권84, 志38 刑法1
　　職制, 中冊, 840쪽)

1-2. 三年一度 考閱僧籍(권84, 志38 刑法1 職制, 中冊, 841쪽)

1-3. (忠烈王 24년) 是年正月 忠宣王卽位 下敎曰 一太祖創立禪敎寺社 皆
　　以地鉗相應 置之 今兩班私立願堂 虧損地德 又共議寺社住持 率以貨
　　賂濫得 並令禁斷 … 一寺院及齊醮諸處所 據執兩班田地 冒受賜牌 以
　　爲農場 今後有司窮治 各還其主(권84, 志38 刑法1 職制, 中冊, 843~
　　844쪽)

1-4. (恭愍王 20년) 十二月 敎曰 … 諸人未受度牒 不許出家 已嘗著令 主
　　掌官司 奉行未至 致使丁口規避身役 不修戒行 至敗敎門 今後情願爲
　　僧者 先赴所在官司 納訖丁錢五十匹布 方許祝髮 違者 罪師長父母 自
　　鄕吏及津驛公私有役人等 並行禁約 … (권84, 志38 刑法1 職制, 中冊,
　　847쪽)

1-5. 凡人奸尼女冠 和 徒一年半 强 徒二年 尼女冠與 和 徒二年半 强 不
　　坐(권84, 志38 刑法1 奸非, 中冊, 852쪽)

1-6. 仁宗五年 判 凡諸寺院僧 奸女色 有無職勿論 依律處決 充常戶(권84,
　　志38 刑法1 奸非, 中冊, 852쪽)

1-7. (謀殺周親尊長外祖父母夫婦之父母 雖未傷 斬) 道士女冠僧尼謀殺師
　　主 同叔伯父母(권84, 志38 刑法1 大惡, 中冊, 854쪽)

1-8. 禁 鄕部曲津驛兩界州鎭 編戶人爲僧(권85, 志39 刑法2 禁令, 中冊,
　　859쪽)

1-9. 禁僧人寓宿閭閻(권85, 志39 刑法2 禁令, 中冊, 859쪽)

1-10. (成宗 원년) 六月 正匡崔承老 上書曰 … 僧人往來郡縣 止宿館驛

鞭撻吏民 責其迎候供億之緩 吏民疑其銜命 畏不敢言 弊莫大焉 自今
禁僧徒止宿館驛 以除其弊 世俗 以種善爲名 各隨所願 營造佛宇 其數
甚多 又有中外僧徒 競行營造 普勸州郡長吏 徵民役使 急於公役 民甚
苦之 願嚴加禁斷令 … 新羅之季 經像皆用金銀 奢侈過度 終底滅亡
使商賈竊毁佛像 轉相賣買 以營生産 近代餘風未殄 願嚴加禁斷 以革
其弊(권85, 志39 刑法2 禁令, 中冊, 860쪽)

1-11. 顯宗 元年 禁僧人奴婢相爭 又禁僧尼釀酒(권85, 志39 刑法2 禁令,
中冊, 860쪽)

1-12. (顯宗 3년) 敎曰 比見 沙門衣服漸盛奢僭 與俗無異 令有司 定其服
式(권85, 志39 刑法2 禁令, 中冊, 860쪽)

1-13. (顯宗) 八年 正月 (令中外官吏 捕故燒人家竊取財物者) 復禁人捨家
爲寺 婦女爲尼(권85, 志39 刑法2 禁令, 中冊, 860~861쪽)

1-14. (顯宗) 十二年 六月 司憲臺奏 禁諸寺僧飮酒作樂(권85, 志39 刑法2
禁令, 中冊, 861쪽)

1-15. (顯宗 12년) 七月 復禁寺院釀酒(권85, 志39 刑法2 禁令, 中冊, 861쪽)

1-16. (顯宗) 十八年 八月 禁僧服白衫韈頭袴綾羅勒帛旋襴衫皮鞋彩冒笠
子冠纓(권85, 志39 刑法2 禁令, 中冊, 861쪽)

1-17. (顯宗) 十九年 二月 敎曰 僧尼誑誘愚民 鳩聚財物 輸以驛馬 害莫大
焉 令官司嚴加禁斷(권85, 志39 刑法2 禁令, 中冊, 861쪽)

1-18. (肅宗 6년 6월) 禁男女僧尼群聚萬佛會 及舍家爲寺(권85, 志39 刑
法2 禁令, 中冊, 861쪽)

1-19. (仁宗 9년) 六月 陰陽會議所奏 近來僧俗雜類 聚集成群 號萬佛香徒
或念佛讀經 作爲詭誕 或內外寺社僧徒 賣酒鬻葱 或持兵作惡 踴躍遊
戲 亂常敗俗 請令御史臺金吾衛巡撿禁止 詔可(권85, 志39 刑法2 禁
令, 中冊, 862쪽)

1-20. (明宗) 十八年 三月 制曰 … 道門僧人 諸處農舍 冒認貢戶良人 以

使之 又以麤惡紙布强與貧民 以取其利 悉皆禁止 … (권85, 志39 刑法
2 禁令, 中冊, 862쪽)

1-21. 元宗 元年 二月 御史臺榜曰 (衆上員衣冠不稱者) 僧人笠子不中者
及賤隷騎馬朝路者 一依前判 禁之 不從令者 收付所司(권85, 志39 刑
法2 禁令, 中冊, 863쪽)

1-22. (忠烈王 원년 6월) 非父母忌齋 禁往寺社(권85, 志39 刑法2 禁令,
中冊, 863쪽)

1-23. (忠烈王 4년) 三月 都兵馬使據判出牒云 大朝令諸路斷酒 國家亦宜
行之 聖節日上朝使臣迎接內宴燃燈八關 不可無酒 令良醞署供進 國行
祭享醮酒 良醞署 亦別建造釀都祭庫燒錢色傳請供設 此外公私一皆禁
斷 如有違者 有職者罷黜 無職者論罪 閭里有私釀飮之屬 部官比長等
知而不告者論罪 已釀之酒 限今月二十一日盡用 已造之麴 限今月皆納
右倉 倉給其値 外方亦令按廉安集使 限日禁斷 麴亦納官 官給其値 輸
于右倉(권85, 志39 刑法2 禁令, 中冊, 863쪽)

1-24. (忠烈王) 十二年 三月 下旨 今諸院寺社忽只鷹坊巡馬及兩班等 以有
職人員 殿前上守 分遣田莊 招集齊民 引誘猾吏 抗拒守令 以至敺攝差
人 作惡萬端 下界別銜 不能懲禁 … (권85, 志39 刑法2 禁令, 中冊,
863~864쪽)

1-25. (忠烈王) 十四年 四月 監察司榜曰 … 僧徒及奴僕雜類 騎馬公行朝
路 無所畏忌 或走馬踏殺行人 自今攸司捕捉監禁 犯人論罪 送馬于典
牧 若本主不能敎令奴隷犯禁者 並與其主論罪(권85, 志39 刑法2 禁令,
中冊, 864쪽)

1-26. (忠烈王) 三十三年 禁僧同雪笠 大禪師大德已上 着八面八頂笠圓頂
笠 違者罪之(권85, 志39 刑法2 禁令, 中冊, 864쪽)

1-27. (忠宣王 4년) 九月 置僧人推考都監 禁諸寺勸化僧來集京師 聚錢財
肆爲穢行者(권85, 志39 刑法2 禁令, 中冊, 864쪽)

1-28. (忠肅王) 三年 三月 禁有職人及僧人商販(권85, 志39 刑法2 禁令, 中冊, 864쪽)

1-29. (忠肅王) 十二年 二月 敎曰 … 州縣吏有三子者 毋得剃度爲僧 雖多子須告官得度牒 許剃一子 違者子及父母俱治其罪(권85, 志39 刑法2 禁令, 中冊, 865쪽)

1-30. (忠肅王) 後八年 五月 監察司牓示禁令 … 一近年 禪敎寺院住持 利其土生 專事爭奪 以致隳壞寺宇 甚者犯奸作穢 曾莫之恥 今後禁理 一城中婦女 無尊卑老少 結爲香徒 設齋點燈 群往山寺 私於僧人者 間或有之 其齊民 罪坐其子 兩班之家 罪坐其夫 … 一僧人不許雜居閭里及齋願文亂行勸化 … (권85, 志39 刑法2 禁令, 中冊, 865쪽)

1-31. 恭愍王 五年 六月 下敎 鄕驛吏及公私奴隷 規逃賦役 擅自爲僧 戶口日蹙 自今 非受度牒者 毋得私剃 … (권85, 志39 刑法2 禁令, 中冊, 866쪽)

1-32. (恭愍王) 八年 四月 重房言 自古緇流不得入闕門 今崇信佛法 出入無防 請禁之 從之(권85, 志39 刑法2 禁令, 中冊, 866쪽)

1-33. (恭愍王 8년) 十二月 禁人擅爲僧尼(권85, 志39 刑法2 禁令, 中冊, 866쪽)

1-34. (恭愍王) 十年 御史臺 禁僧入市街(권85, 志39 刑法2 禁令, 中冊, 866쪽)

1-35. (辛禑) 十二年 八月 禁僧乘馬 王國師乃許乘驢(권85, 志39 刑法2 禁令, 中冊, 867쪽)

1-36. 恭讓王 元年 憲司上疏曰 葬者藏也 所以藏其骸骨 不暴露也 近世浮屠氏荼毗之法盛行 人死則擧而葬之烈焰之中 焦毛髮爛肌膚 只存其骸骨 甚者焚骨揚灰 以施魚鳥 乃謂必如是然後 可得生天 可得至西方也 此論一起 士大夫高明者 亦皆惑之 死而不葬於地者 多矣 嗚呼 不仁甚矣 人之精神流行和通生死 人鬼本同一氣 祖父母安於地下 則子孫亦安

不爾則反是 且人之生世 猶木之托根於地 焚其根株 則枝葉凋悴 燒其
枝葉 則根株亦病矣 安有發榮滋長之理乎 此愚婦之所能知也 聖人制以
四寸之棺 三寸之槨 猶恐其速朽 斂衣數十襲 猶恐其或薄也 置殼棺中
猶恐其螻蟻之或侵也 送終之禮 如是 而反用裔戎無父之教 可謂仁乎
願自今 一切痛禁 違者論罪(권85, 志39 刑法2 禁令, 中冊, 867쪽)

1-37. (恭讓王 3년 7월) 都堂啓請 禁巨家世族用金銀寫經(권85, 志39 刑
法2 禁令, 中冊, 868쪽)

1-38. (恭讓王 3년 7월) 復禁婦女往來佛宇(권85, 志39 刑法2 禁令, 中冊,
868쪽)

1-39. 肅宗 七年 判 … 內外强竊盜知認捕捉者 有職次第職 無職許初職
不應受職人 賜物 僧人則寺職 賤人放良 不監擒者 內則五部員吏別監
里正 外則色員長吏將校衙前 決罪許接人 囚禁罪之(권85, 志39 刑法2
盜賊, 中冊, 870쪽)

1-40. 睿宗 元年 七月 詔曰 … 其僧徒犯奸永充鄉戶 經赦不原 幾乎苛法
宜令有司擒察 並充軍役(권85, 志39 刑法2 恤刑, 中冊, 872쪽)

1-41. (仁宗) 十三年 禁奴婢代身僧(권85, 志39 刑法2 奴婢, 中冊, 878쪽)

1-42. (辛禑) 十四年 六月 辛昌立 八月 憲司上疏 一都官所屬奴婢 宮司倉
庫奴婢 及近日誅流員將祖業奴婢 新得奴婢 令辨正都監 亦計口成籍 毋
使遺漏 每有土木營繕之役 賓客佛神之供 皆以役之 其於坊里雜役 一皆
除去 以安其生 以衛王室(권85, 志39 刑法2 奴婢, 中冊, 878~879쪽)

1-43. 恭讓王 三年 郎舍上疏曰 … 世俗昏迷 自作殃咎 納民於寺 以圖求
福 若以佛爲正 則安有納賂免禍之理乎 然則非惟未蒙其福 徒自勞苦
貽患子孫耳 伏惟殿下幷察焉 祖業人口不許孫外相傳 雖無後者 養其夫
婦中同宗者 相傳 其買賣之人 納寺之弊 幷行禁治 則豈無補於聖理之
萬一乎 從之(권85, 志39 刑法2 奴婢, 中冊, 879쪽)

1-44. (恭讓王) 四年 人物推辨都監定奴婢決訟法 … 一將自己奴婢 投贈

權勢 施納佛宇神祠者 痛行禁理 … (권85, 志39 刑法2 奴婢, 中冊, 879쪽)

〈부록 2〉『唐律疏議』의 불교 관련 내용

2-1. 若誣告 道士女冠 應還俗者 比徒一年 其應苦使者 十日比笞十 官司 出入者 罪亦如之(권3, 23조)

2-2. 諸稱道士女冠者 僧尼同 若於其師 與伯叔父母同 其於弟子 與兄弟之 子同 觀寺部曲奴婢於三綱 與主之期親同 餘道士 與主之總痲同 (犯姦 盜者 同凡人)(권6, 57조)

2-3. 諸私入道及度之者 杖一百 (若由家長 家長當罪) 已除貫者徒一年 本 貫主司及觀寺三綱 知情者與同罪 若犯法合出觀寺 經斷不還者 從私度 法 卽監臨之官 私輒度入者一人杖一百 二人加一等(권12, 154조)

2-4. 若女許嫁已定 歸其夫 出養入道及娉妻未成者 不追坐 (出養者 從所 養坐) 道士及婦人 若部曲奴婢 犯反逆者 止坐其身(권17, 249조)

2-5. 諸盜毁天尊像佛像者 徒三年 卽道士女冠盜毁天尊像 僧尼盜毁佛像者 加役流 眞人菩薩 各減一等 盜而供養者 杖一百 (盜毁不相須)(권19, 276조)

2-6. 卽居父母及夫喪 若道士女冠姦者 各又加一等(권26, 416조)

〈부록 3〉『宋刑統』의 불교 관련 내용

3-1. 若誣告 道士女冠 應還俗者 比徒一年 其應苦使者 十日比笞十 官司 出入者 罪亦如之(권3)(부록 2-1과 동일)

3-2. 諸稱道士女冠者 僧尼同 若於其師 與伯叔父母同 其於弟子 與兄弟之 子同 觀寺部曲奴婢於三綱 與主之期親同 餘道士 與主之緦麻同 (犯姦 盜者 同凡人)(부록 2-2와 동일)

(准) 建隆參年(962)參月拾二日 勅節文 今後 同財弟子盜師主物 壹准 律文 以私用財物論(권6)

3-3. 諸私入道及度之者 杖一百 (若由家長 家長當罪) 已除貫者徒一年 本 貫主司及觀寺三綱 知情者與同罪 若犯法合出觀寺 經斷不還者 從私度 法 卽監臨之官 私輒度入者一人杖一百 二人加一等(부록 2-3과 동일)

(准) 禮部式 諸五品以上女及孫女出家者 官齋行道 皆聽不預(권12)

3-4. 若女許嫁已定 歸其夫 出養入道及娉妻未成者 不追坐 (出養者 從所 養坐) 道士及婦人 若部曲奴婢 犯反逆者 止坐其身(권17)(부록 2-4와 동일)

3-5. (准) 唐開元貳拾捌年(740)參月貳拾壹日 勅 蠹政之深 左道爲甚 所以 先王設敎 犯者必誅 去其害群 皆非獲已 自今以後 輒有託稱佛法 因肆 妖言 妄談休咎 專行詃惑 諸如此類 法實難容 宜令所在長官 嚴加捉搦 仍委御史臺及本道 採訪使 糾察 如有此色 推勘得實 必無冤濫者 其頭 首 宜令集衆 先決 壹陌 自餘徒侶等 各決陸拾 然後 錄奏其所由 州縣 長官及專知官 不能覺察者 亦具名聞奏

(准) 唐天成貳年(927)陸月柒日 勅節文 或僧俗不辯 或男女混居 合黨 連群 夜聚明散 託宣傳於法會 潛恣縱於淫風 若不去除 實爲弊惡 此後 委所在州府縣鎭及地界所由巡司 節級嚴加壁刺 有此色之人 便仰收捉 勘尋據關連徒黨 幷決重杖處死(권18)

3-6. 諸盜毁天尊像佛像者 徒三年 卽道士女冠盜毁天尊像 僧尼盜毁佛像者 加役流 眞人菩薩 各減一等 盜而供養者 杖一百 (盜毁不相須)(권19) (부록 2-5와 동일)

3-7. … 卽居父母及夫喪 若道士女冠姦者 各又加一等

(准) 周顯德貳年(955)伍月柒日 勅節文 今後 僧尼中 有犯盜竊姦 私賭
錢物 醉及蠱害欺詐等罪 並依法科刑 仍勒還俗 罪至死者 准法處分 本
寺三綱知事僧尼 知而不糺擧者 等第科斷(권26)

〈부록 4〉『元史』형법지 불교 관련 조항

4-1. 然其弊也 南北異制 事類繁瑣 挾情之吏 舞弄文法 出入比附 用譎行
　　私 而兇頑不法之徒 又數以赦宥獲免 至於西僧歲作佛事 或恣意縱囚
　　以售其奸宄 俾善良者喑啞而飮恨 識者病之(권102, 志50 刑法1 서문)

4-2. 諸宣政院文卷 除修佛事不在照刷外 其餘文卷及所隷內外司存 並照刷
　　之(권102, 志50 刑法1 職制上)

4-3. 諸僧道儒人有爭 有司勿問 止令三家所掌會問(권102, 志50 刑法1 職
　　制上)

4-4. 諸僧人但犯姦盜詐僞 致傷人命及諸重罪 有司歸問(권102, 志50 刑法1
　　職制上)

4-5. 其自相爭告 從各寺院住持本管頭目歸問(권102, 志50 刑法1 職制上)

4-6. 若僧俗相爭田土 與有司約會 約會不至 有司就便歸問(권102, 志50 刑
　　法1 職制上)

4-7. 諸各寺院稅糧 除前宋所有常住及世祖所賜田土免納稅糧外 已後諸人
　　布施幷己力典買者 依例納糧(권102, 志50 刑法1 職制上)

4-8. 諸僧道還俗 兄弟析居 奴婢爲良 未入于籍者 應諸王諸子公主駙馬毋
　　拘藏之 民有敢隱藏者 罪之(권103, 志51 刑法2 戶婚)

4-9. 諸願棄俗出家爲僧道 若本戶丁多 差役不闕 及有兄弟足以侍養父母者
　　於本籍有司陳請 保勘申路 給據簮剃 違者斷罪歸俗(권103, 志51 刑法2
　　戶婚)

4-10. 諸河西僧人有妻子者 當差發 稅糧 鋪馬 次舍與庶民同 其無妻子者 蠲除之(권103, 志51 刑法2 戶婚)

4-11. 諸僧道悖敎娶妻者 杖六十七 離之 僧道還俗爲民 聘財沒官(권103, 志51 刑法2 戶婚)

4-12. 諸婦人背夫 棄舅姑出家爲尼者 杖六十七 還其夫(권103, 志51 刑法2 戶婚)

4-13. 諸僧尼道士女冠犯姦 斷後並勒還俗(권104, 志52 刑法3 姦非)

4-14. 諸爲僧竊取佛像腹中裝者 以盜論(권104, 志52 刑法3 盜賊)

4-15. 諸僧道爲盜 同常盜 刺斷 徵倍贓 還俗充跡人(권104, 志52 刑法3 盜賊)

4-16. 諸僧道盜其親師祖 師父 及同師兄弟財者 免刺 不追倍贓 斷罪還俗 (권104, 志52 刑法3 盜賊)

4-17. 諸僧道僞造諸王印信及令旨抄題者 處死(권105, 志53 刑法4 詐僞)

4-18. 諸妹爲尼與人私 兄聞而諫之 不從 反詬詈扯捽其兄 兄殺之 卽兄殺 有罪之妹 不以凡人鬪殺論(권105, 志53 刑法4 殺傷)

4-19. 諸僧道殺人 燒埋銀於常住 追徵(권105, 志53 刑法4 殺傷)

4-20. 諸名山大川寺觀祀廟 並前代名人遺蹟 敢折毀者 禁之(권105, 志53 刑法4 禁令)

4-21. 諸改寺爲觀 改觀爲寺者 禁之(권105, 志53 刑法4 禁令)

4-22. 諸祠廟寺觀 模勒御寶王旨及諸王令旨者 禁之(권105, 志53 刑法4 禁令)

4-23. 諸有司曉鐘未動 寺觀輒鳴鐘者 禁之(권105, 志53 刑法4 禁令)

4-24. 諸棄俗出家 不從有司體覆 輒度爲僧道者 其師答五十七 受度者 四十七 發元籍(권105, 志53 刑法4 禁令)

4-25. 諸以白衣善友爲名 聚衆結社者 禁之(권105, 志53 刑法4 禁令)

4-26. 諸色目僧尼女冠 輒入民家强行抄化者 禁之(권105, 志53 刑法4 禁令)

4-27. 諸僧道僞造經文 犯上惑衆 位首者斬 爲從者 各以輕重論刑(권105, 志53 刑法4 禁令)

4-28. 諸以非理迎賽祈禱 惑衆亂民者 禁之(권105, 志53 刑法4 禁令)

4-29. 諸俗人集衆鳴鐃作佛事者 禁之(권105, 志53 刑法4 禁令)

4-30. 諸陰陽家僞造圖讖 釋老家私撰經文 凡以邪說左道誣民惑衆者 禁之 違者重罪之 在寺觀者 罪及主守 居外者 所在有司 察之(권105, 志53 刑法4 禁令)

4-31. 寺觀 軍營 勢家影蔽 及投下冒收爲戶者 依藏匿論 自首者 免罪(권 105, 志53 刑法4 捕亡)

〈부록 5〉『經濟六典輯錄』(연세대 국학연구원편, 1993, 신서원) 불교 관련 내용

5-1. 世宗朝 經濟六典內 還俗人 自願從仕者 考其祖系才品 成衆愛馬 相當處差定 其有才幹可任者 僧職准計敍用(吏典 僧職, 32쪽)

5-2. 元續六典內 各年判旨 … 洪武七年 司憲府狀申一款 大小人員及緣化僧徒等 受各官陳省 私備貢物先納 卽受其司文憑 下歸 倍受其價 侵虐小民 願自今一皆禁斷(戶典 貢物, 87쪽)

5-3. ① (洪武 21년=辛禑 9 使司受判) 凡民有身則有役 故欲剃髮者 必受度牒方許 具錄辭因 告僧錄司 轉報禮曹 啓聞取旨 然後徵丁錢 五升布一百匹 給度牒 方許出家 其餘有役人丁及獨子處女一禁

② 度牒選試之法 自國初 載諸六典

③ 凡僧尼試才行 給度牒 許令削髮 六典所載

④ 續典云 無度牒僧徒 所在官司 依律論罪 還俗當差(禮典 度牒, 147~148쪽)

5-4. ① 續六典內 毋役僧徒條

② 國有大役 則役僧徒 載在六典(禮典 毋役僧徒, 150~151쪽)

5-5. ① 元禮典一款 凡僧出入寡婦之家者 以犯色論 凡尼上寺者 以失節論

② 婦女與尼僧上寺 以失節論 載在六典

③ 度僧 新創佛宇 金銀寫經 棟樑僧人 禁止之法 著在元續六典 及敎旨

④ 印經之禁 載在六典

⑤ 元典 禁僧徒出入條

⑥ 佛事之禁 載諸元典

⑦ 禁民事佛 載在六典

⑧ 六典亦有 用金造佛之禁令

⑨ 禁用眞彩 載在六典

⑩ (僧人) 許令京中往來 載在六典

⑪ 僧徒娶妻 律有定罪 而六典所禁(禮典 佛教, 151~153쪽)

5-6. ① 新創寺社之禁 雖在六典

② 元續六典 新創寺社及重修之禁

③ 寺社於古基重創者 依續六典 必告官重修 雖已創寺社 石有改構處
京中則告于漢城府 移關禮曹 外方則告于其官 轉報監司 方許改造
違者依律論罪 並令撤毁(禮典 寺社, 157쪽)

5-7. ① 謹按續大典 寺社定數條云 京外置三十六寺 分隷兩宗 仍給田地
酌定居僧之數 京外寺社奴婢及法孫奴婢 並皆屬公(禮典 寺社定
數, 158쪽)

5-8. ① 元續六典內 各年判旨 … 洪武二十一年(1388) 司憲府受判 葬者
藏也 所以藏其骸骨 不暴露也 近歲浮屠氏 茶毗之法盛行 人死則
擧而置之烈焰之中 焦毛髮爛肌膚 只存骸骨 甚者 焚骨揚灰 以施
魚鳥 乃謂必如是而後 可生天堂 可至西方 此論一起 士大夫高明
者 皆惑之 而不葬於地者 多矣 嗚呼 不仁甚矣 人之精神流行 和
通死生 人鬼本同一氣 祖父母安於地下 則子孫亦安 不爾則反是
且人之生於世 猶木之托根於地 焚其根株 則枝葉凋瘁 安有發榮

滋長之理乎 此愚夫愚婦之所共知也 聖人制 三寸之棺 五寸之槨 猶恐其速朽也 斂衣數十襲 猶恐其或薄也 置糓棺中 猶恐螻蟻之 或侵也 送終之禮如此 而反用裔戎無父之敎 可謂仁乎 願自今一 切禁之 犯者加罪 外方人民於父母葬日 聚隣里香徒 飮酒歌吹 殊 無哀慟之心 有累禮俗 亦皆痛禁

② 元續六典內 各年判旨 … 永樂十一年(1413) 司諫院啓 佛者去君 臣之義 父子之恩 以浮誕之辭 妄托報恩之說 惑世誣民 傷風敗俗 吾道之害 孰甚於此 在昔唐虞三代之時 歷年多而享壽長 此固非 佛氏之致然也 漢明帝時 始有佛法 明帝以後 亂亡相繼運祚不長 及梁陳元魏之際 事佛尤謹 年代尤促 遂使持戒之主 終有臺城之 禍 事佛求福 果安在也 佛不足信 不待辨說而自明矣 蠢蠢無知 固 不足責 世號高明者 亦惑而事之 何哉 大抵邪說乘間得誘 則易惑 而難悟 故人有喪父母失妻子而哀痛迫切之間 誘之 以福田利益之 說 駸駸然入於其中 至於蕩盡家産 邪說之害人 如此 今我殿下斷 然一革 誠千載之美事也 然爲死者 供佛齋僧之事 因循未革 人死 則皆欲薦後 旣設七七之齋 又設法席之會 無識之徒 專尙浮華 誇 人耳目 假如佛氏有靈 受人之饋 救人之罪 則是賣官鬻獄 汚吏之 所爲也 豈有此理乎 且死生有命 禍福在天 縱有祈禱之切 佛氏安 能施惠於其間哉 伏望殿下 命攸司 喪祭之儀 一依公文家禮 痛禁 佛事 以斷群疑

③ 六典謄錄 士大夫之葬 依家禮三虞

④ 六典 雖遭喪薦亡之時 只設水陸 毌得行法席(禮典 喪葬, 159~161쪽)

5-9. 依六典及各年受敎 僧人鋪馬 須待文憑乃給 其不照驗 擅自枉道者 勿 給(刑典 驛馬, 275쪽)

5-10. … 一 僧人辭親出家 不可以俗例 爭望祖業奴婢 父母傳得外爭望者 禁止 身後毌得與他 以上項例 限四寸分給 無四寸屬公 一 敗亡寺社奴

婢 多爲無識僧人 移置私庄役使者 及革去寺社奴婢漏落不報者 許人陳
告 推考屬公 賞給三分之一 … (刑典 奴婢, 294~297쪽)

5-11. ① 院館 … 依六典 擇有善心僧 爲幹事 恒令看守 其守令怠於修治
者論罪

② 依元典 其院主僧人 除雜役完恤 有能修葺者 啓聞授僧職 元有識者
加職(工典 院宇, 358~359쪽)

〈부록 6〉『經國大典』 불교 관련 내용

6-1. 官屯田馬田院田津夫田氷夫田守陵軍田 則自耕無稅 國行水陸田祭享
供上諸司菜田內需司田惠民署種藥田 並無稅 寺田衙祿田公須田渡田
崇義殿田水夫田長田副長田急走田 則各自收稅(권2, 戶典 諸田)

6-2. 寺田稅高重收納者 許佃夫告司憲府治罪 其濫收物還主 元田稅沒官
(권2, 戶典 雜令)

6-3. 爲僧者 三朔內告禪宗 或敎宗 試誦經 報本曹 啓聞 收丁錢 給度牒(권3,
禮典 度僧)

6-4. 禪敎兩宗 每三年選試 禪宗則傳燈拈頌 敎宗則華嚴經十地論 各取三
十人(권3, 禮典 度僧)

6-5. 諸寺住持 兩宗擬數人 薦望本曹 移文吏曹 磨勘差遣 三十朔而遞 如
有所犯 兩宗報本曹 覈實治罪 犯奸者 幷坐薦僧(권3, 禮典 度僧)

6-6. 住持遞代時 傳掌有破失物 徵納(권3, 禮典 度僧)

6-7. 凡寺社 勿新創 唯重修古基者 告兩宗 報本曹 啓聞(권3, 禮典 寺社)

6-8. 禮曹牒 / 學生某年某甲本某官 / 父某職某 / 外祖某職某本某官 / 本曹 /
啓過准禪宗 (敎宗同) 呈該某處住 某職某狀告內男某 願納丁錢出家
爲僧 名某伏乞出給度牒 據此照遵舊例 具本於某年月日 某承旨臣某

奉教依允敬此 移關該司收訖丁錢 合給度牒者 / 年月日 牒判書押 參
判押 參議押 正郎押 佐郎押(권3, 禮典 度牒式)

6-9. 私出入官府者 儒生婦女上寺者 (尼同) … 並杖一百(권5, 刑典 禁制)

6-10. … 喪人庶人僧人都城內騎馬者 (老病者及兩宗判事勿禁) … 並杖六
十(권5, 刑典 禁制)

6-11. 私奴婢田地施納寺社巫覡者 論罪後 其奴婢田地屬公(권5, 刑典 禁制)

6-12. 京城內巫覡居住者 閭閻內僧尼留宿者 (乞糧 見父母同生 輸齋物僧
尼勿禁) 論罪(권5, 刑典 禁制)

6-13. … (公賤)若避役爲僧尼者 決杖一百極邊殘邑官奴婢永屬 知情師僧
尼 以制書有違律論 還俗當差 (私賤論罪給主)(권5, 刑典 公賤)

제2장 中國 寺院經濟의 理解
-『中國寺院經濟史研究』를 중심으로-

1. 序言

　　지구상에 존재한 모든 종교는 경제와 연관되지 않는 것이 없다. 종교인들이 생활해 가는 데 상당한 재화가 필요하며, 종교 시설을 구비하는 데 엄청난 재정의 지출을 요구한다. 각종 종교 행사를 추진하고 신도 생활을 안내하는 데 역시 재화가 소요됨은 당연한 일이다. 종교가 번성하느냐 여부는 경제력의 확보와 깊은 관련을 맺는 것은 동서고금에 관통하는 사실이다. 그리고 인류 역사상 화려한 예술품은 대부분 종교와 관련된 것이다. 그러한 예술품의 조영은 상당한 비용의 지출을 전제로 한다. 자재의 확보, 인력의 활용 등에 상당한 재정이 필요하다. 이렇듯 종교와 경제는 분리할 수 없는 긴밀함을 보이는 것이다.

　　불교 역시 경제와 무관한 것이 아니다. 사원을 조영하고 건물을 보수하는 데 엄청난 재화가 소요되며, 승려들의 생활비에도 큰 비용이 든다. 그리고 각종 불교 행사를 설행하거나 사회구제 활동을 펼치는 데에도 상당한 재화가 필요하다. 그러한 경제 기반을 충실하게 확보한 사원은 번성해 갈 수 있지만, 그렇지 못한 사원은 궁극적으로 폐사에 이르는 수가 많다.

　　불교 교단이 초기부터 엄청난 재화를 필요로 했던 것은 아니다. 초기에는 승려들이 탁발에 의해 먹을 것을 해결했으며, 나무 아래나 바위 위에서 잠을 자는 생활을 했고, 입는 옷은 기워 만든 세 벌로 제한되었다. 이 경우 경제와 관련되지 않는 것은 아니지만 매우 느슨한 연관을 맺는

다고 할 수 있다. 그러나 교단이 팽창하고 安居의 생활을 하면서 정주의 공간이 필요해졌고, 걸식만으로 먹을 것을 해결할 수 없게 되었다. 이에 따라 안정적인 수행처로서 사원이 조영되고, 먹을 것의 조달을 위해 일정한 재화의 시주도 수용하지 않을 수 없었다. 심지어는 시주된 재화를 늘려서 승려들의 생활 자금이나 사원의 보수비에 충당하는 데까지 이르게 되었다. 이 과정에서 불교 교단 내에서 많은 논란이 있었고, 갈등이 있었으며, 결국에는 여러 분파로 분리되기도 했다.

기원 전후한 시기에 불교가 중국에 수용되었는데, 초기에는 경제 기반이 미약했지만 위진 남북조시기가 되면 사원은 상당한 경제력을 확보한 집단으로 자리잡게 되었다. 황제나 세속의 귀족, 그리고 일반 민인들의 지원을 받아 거대한 건물이 조영되었고, 화려한 불상이 만들어졌으며, 승려들의 생활이 윤택해졌다. 사원 자체를 유지해 가는 경제 기반도 넉넉하게 확보해 갔다.

사원경제 기반의 확대는 세속 사회의 지원을 받아 이루어지는 것이기는 했지만, 세속의 여러 집단과 갈등의 소지를 갖고 있었다. 국가의 경제력을 소모하고 국가재정 기반을 위축시키는 측면이 있으므로 국가권력과 긴장 관계에 놓이는 수가 많았다. 또한 세속 귀족과도 경제력을 둘러싸고 긴장 관계를 보였다. 무엇보다도 민인을 대상으로 경제 활동을 하는 것이기 때문에 민인과의 갈등 소지가 매우 컸다. 민인의 재화가 사원에 흘러들어오기도 하고, 민인을 사역시켜 농업을 경영하기도 하며, 또 민인을 대상으로 식리 활동을 영위하기도 하기 때문이다. 사원경제는 이렇듯 세속의 여러 집단과 관련을 맺고 있으므로 전체 사회의 변동과 유기적으로 관련되면서 운영되고 변동하게 마련이었다. 그러므로 사원경제는 전체 사회상을 이해하는 데 중요한 연구의 주제가 된다. 아래에서 언급할 『中國寺院經濟史硏究』에서도 그러한 관점을 강조하고 있다.

승려 세계는 세속 세계와 마찬가지로 전체 사회의 일면이며, 이 시대의 사회경제의 면모와 특성은 때로는 승려 세계에서의 표현이 세속 세계에 비하여 더욱 분명하다. 한 시대의 사원경제에 대한 연구와 인식은 우리들이 이 전체 시대의 사회를 연구하고 인식하는 것에 대단히 중요하다(12쪽 ; 본문에 제시한 페이지는 번역본에 의거한 것임, 이하 같음).

게다가 세속 권력의 경제 관련 자료가 빈약한 데 비해 상대적으로 사원의 경제 활동에 관련된 자료가 풍부하기 때문에 경제 운영 내용을 구체화하고 이해의 수준을 높이는 데에도 크게 기여할 수 있다.

중국을 비롯한 한국, 일본은 모두 중세사회에서 불교를 중요한 종교 기반으로 삼았으며, 사원은 상당한 경제력을 보유한 집단으로 존재했다. 불교를 공통 분모로 하고 있지만, 사원의 경제 기반은 각 나라 경제 운영의 토대나 성격의 차이로 인해 상당히 다른 면모를 보이고 있다. 물론 공통의 측면도 적지 않다. 그렇기 때문에 사원경제는 동양 삼국 역사의 공통성과 개별성을 아울러 살필 수 있는 좋은 소재가 된다.

2. 『中國寺院經濟史研究』의 내용

『中國寺院經濟史研究』(學古房, 2013)는 何玆全교수가 편집하고 국내에서 안순형·임대희선생이 번역한 저서이다. 이 책은 원 제목이 『50年來漢唐佛敎寺院經濟研究』(北京師範大學 出版社, 1986)인데, 何玆全교수가 陳琳國·謝重光·林立平의 도움을 받아 중국학자들이 1934년부터 1985년까지 발표한 중국 중고시기 사원경제에 관한 대표적인 논문 17편을 선정·편집하여 간행한 것이다. 본 책에 수록한 논문은 "불교 교단과 봉건국가, 세속 지주와의 관계, 교단 내부의 계급 구조와 경제 구조, 사원경제의 각 역사적 단계에서 성쇠 변화 등 일련의 문제들을 언급했다

(11쪽)."고 편자가 自評했다. 이 책 번역의 한 축을 담당한 임대희교수는 중국사 관련 저술의 번역 분야에서 탁월한 업적을 이룬 분이다.[1] 그러한 풍부한 경험을 바탕으로 이 책이 번역되었으므로 상당한 신뢰를 보낼 수 있다. 또한 이 책은 중요한 사항에 관해 번역자가 각주에서 설명을 추가하고 있어 단순한 번역에 그치지 않는 역저라고 할 수 있다.

편집을 주관한 何玆全교수는 자신들의 이 분야에 대한 연구는 "일본 학자들에 비해서도 많이 뒤떨어져 있다(12쪽)."고 자인하고 있다. 그러면서도 何교수는 "우리들과 일본학자들 사이에 생긴 격차는 이미 줄어들었으며, 우리들은 속도를 더해 쫓아가고 있다(13쪽)."고 평가하고 있다. 이 논문집의 출판은 50년간의 한·당 사원경제 연구의 중간 결산이며, 과거를 총괄하는 것은 장래를 독려하기 위함이라고 설명하고 있다. 그리고 약간 표현법과 논단에 틀린 것이나 세밀하지 못한 것이 있지만, "여기에 선택되고 사용된 문장은 당시 발표할 때의 형태를 유지했다(15쪽)."고 한다.

책에 수록된 논문의 제목을 제시하면 다음과 같다.

논문 명(저자 명, 발표 연도)
① 중고시대의 중국 불교사원(何玆全, 1934)
② 중고 불교사원의 자선사업(全漢昇, 1935)
③ 중고 대족·사원의 領戶 연구(何玆全, 1936)
④ 남조의 사원과 승려(金家瑞, 1953)
⑤ 「당 소성사 승랑곡 과원장지무당」이 표현하는 만당의 사원경제 상황(荊三林, 1980)
⑥ 돈황 사원문서 중에서 '양호'의 성질(姜伯勤, 1980)
⑦ 불교 경률에서 사원 재산에 관한 규정(何玆全, 1982)
⑧ 불교 경률에서 승니의 사유 재산에 관한 규정(何玆全, 1982)

---

1) 임대희교수가 번역한 저서가 상당수에 달한다. 그 가운데 임교수가 단독으로 번역한 것에는 『중국의 역사(수당오대)』(누노메 조후 외, 혜안, 2001), 『중국 역사상의 불교와 경제(당대편)』(黃敏枝, 서경, 2002), 『구품관인법의 연구』(미야자키 이치사다, 소나무, 2002), 『중국의 역사(위진남북조)』(가와카쓰 요시오, 혜안, 2004), 『비단같고 주옥같은 정치-의례와 상징으로 본 당대정치사-』(하워드 J. 웨슬러, 고즈원, 2005), 『육조 시대의 남경』(劉淑芬, 경인문화사, 2007) 등이 있다.

⑨ 돈황 사원의 '상주백성'에 대한 논고(姜伯勤, 1982)
⑩ 당 서주 사원 가인·노비의 放良(姜伯勤, 1982)
⑪ 돈황 사원에서 碾磑 경영의 두 가지 형식(姜伯勤, 1983)
⑫ 당대 사원·승니의 면세 특권의 점차적인 상실에 대한 略論(謝重光, 1983)
⑬ 당 전기의 사원경제에 대한 시론(白文固, 1983)
⑭ 남북조 수·당 승관제도의 탐구(白文固, 1984)
⑮ 남북조시기의 사원 지주경제의 초보적인 탐구(簡修煒·夏毅輝, 1984)
⑯ 남북조 수·당 寺觀戶 계층의 약술-賤口 의부제의 변천과 아울러 논함-
(張弓, 1984)
⑰ 晋-唐 승관제도를 고찰하여 약술(謝重光, 1985)

필자별 수록한 논문의 수를 보면, 何玆全 4편, 全漢昇 1편, 金家瑞 1
편, 荊三林 1편, 姜伯勤 4편, 謝重光 2편, 白文固 2편, 簡修煒·夏毅輝 1
편, 張弓 1편이다.[2] 何玆全과 姜伯勤이 4편으로 가장 많고, 謝重光과 白
文固가 2편으로 뒤를 잇는다. 그리고 발표한 시점을 살펴보면, 1930년대
3편, 1950년대 1편, 1980년대 13편으로서 1980년대의 것이 대부분이
다.[3] 아래에서는 각 논문별로 내용을 간단히 요약 제시하겠다.

① 중고시대의 중국 불교사원(何玆全, 1934, 95쪽 ; 쪽수는 논문의 분
량을 나타냄, 이하 같음) 이 글은 불교의 중국 유입에서 당대까지 사원의
역사를 개관한 장문의 글이다. 불교가 중국에 들어온 정확한 시기는 알
수 없지만, 기원후 1세기 동한대에 초왕 영이 불교를 믿고 승려를 공양
한 사실이 확인되며, 동한말기 착융이 불사를 크게 일으킨 것이 보인다.

---

2) 1980년대 논문을 발표한 필자들은 이후 상당한 연구 축적을 바탕으로 단행본을
간행하기도 했다. 謝重光, 1990,『漢唐佛敎社會史論』, 國際文化 ; 姜伯勤, 1992,『敦
煌社會文書導論』, 新文豊出版公司 ; 姜伯勤, 1996,『敦煌藝術宗敎與禮樂文明 : 敦
煌心史散論』, 中國社會科學出版社 ; 張弓, 1997,『漢唐佛寺文化史』上·下, 中國社
會科學出版社 ; 全漢昇, 2007,『中國行會制度史』, 百花文藝 ; 謝重光, 2009,『中古
佛敎僧官制度和社會生活』, 商務印書館 ; 姜伯勤, 2011,『唐五代敦煌寺戶制度』, 中
國人民大學 出版社 ; 全漢昇, 2012,『中國經濟史論叢』1·2, 中華書局.
3) 이 책에 수록된 논문은 1985년까지 발표된 것에 한정되어 있는데, 이후 사원경제
관련 연구 논저의 목록이 부록으로 제시되어 있어 최근의 동향을 알 수 있다.

위진시기 강승회는 남방 불교사원의 기초를 건립했고, 불도징과 쿠마라 지바는 북방 불교사원의 기초를 건립했다. 남북조시기 많은 이들이 승려가 되었는데, 이것은 승니들이 국가 요역을 면제받는 특권이 있었기 때문이다. 그리고 이 시기 불사의 수도 크게 증가했다. 사원은 국가의 사여, 사회인사들의 헌납, 점유와 약탈, 贖身錢 등을 통해 재산을 증대시켰다. 사람들이 재화를 헌납한 것은 불교의 윤회설과 지옥세계설이 큰 영향을 주었기 때문이다.

사원 재산 중에서 가장 중요한 것은 토지이다. 북조·수당의 사원은 대토지 소유자였으며, 국가·호족과 천하의 토지를 삼분했다. 또한 사원의 토지는 대부분 토질이 매우 비옥하고 좋은 땅이었으며, 세속인의 토지와 달리, 분할되지 않고 유지되었다.

사원이 늘어가고 승려가 증가하면서 승관제가 마련되었는데, 남북조시기에 이르러 그 조직이 상당히 완비되었다. 사원의 재산은 공유재산과 승려 사유재산의 2가지가 있었다. 사원의 계급구성을 보면, 가장 아래층 계급은 농노(승기호)와 노예(사호)이고, 중간계급은 승려대중으로 가장 많은 수를 점하며, 가장 상층의 계급은 사문귀족이다. 사문귀족은 사원 재산의 소유자로서 사호·사노와 승려들의 복역과 공양을 받으며 한가하고 영화로운 생활을 했으며, 속세의 귀족들과 결탁하여 사회 질서를 안정시키고 농민에 대한 착취 관계를 공고히 했다.

사원은 사람들에 대한 교화를 담당했다. 윤회와 인과를 믿도록 해서 사람들이 무반항적이고 길들여지도록 하는 데 기여했다. 사원은 또한 도망쳐 온 이들을 보호하고 어린이들을 교육하는 기능도 맡았다. 가난하고 불구인 자들을 구휼하고 머무르도록 하는 일도 담당했다. 술과 고기를 먹고, 여성을 가까이하는 승려가 많아지면서 사원 생활이 타락하는 모습을 보이기도 했다. 고리대를 통해 농민의 토지를 빼앗기도 했다. 승니들은 타락으로 교화·지도를 맡을 능력을 상실했으며, 때로는 소란을 피우고 국가 사회의 치안에 위협을 주기도 했다.

사원과 군주의 충돌은 세 차례 있었다. 북위의 태무제(446), 북주의 무제(574, 577), 당의 무종(845)에 의한 廢佛이 그것이었다. 승니들을 환속시키고, 사찰을 파괴하며, 경전을 불태우고, 불상을 몰수했다. 그러나 이러한 폐불 조치를 취한 황제가 죽고나서 뒤이어 즉위한 황제가 불교를 일으킴으로써 불교가 다시 일어설 수 있었다. 그러나 당 무종 이후 불교는 재기하지 못하고 쇠락의 길을 걸었다.

당중기 이후 장원제도가 파괴되고 상업자본이 발달함에 따라 사원의 경제 기반은 약화되었다. 초기에는 승려가 되도록 하는 권한 즉 도승권이 사원에 있었지만 국가가 그것을 거둬들임으로써 통제를 가했다. 도승권의 엄격한 국가 관리는 곧 사원 쇠락의 추세를 나타내는 것이다. 百丈懷海(748~814)에 의해 사원제도의 개혁운동이 전개되어, 사원은 등급제에서 평등제로 바뀌고, 승려들의 생활은 타락에서 청렴으로 변했다. 북송대에 가면 돈을 내서 부역을 돕도록 하는 助役錢을 부담시킴으로써 사원은 부역면제 특권을 완전히 상실했다. 그리하여 중고시기에 보여주었던 사원의 권세는 무너졌고, 정치적 성질도 잃었으며, 그 결과 단순한 종교조직이 되었다.

② 중고 불교사원의 자선사업(全漢昇, 1935, 20쪽) 중고시기 중국 불교사원이 수행한 자선사업의 내용을 총괄적으로 제시한 글이다. 불교사원이 가난을 구제한 사업은 이미 동한 때에 대단히 발달했다. 가난을 구휼하는 데 사용된 경비는 정부가 사여한 것, 불교도가 일을 하여 획득한 것, 僧祇粟에서 온 것으로 구성되었다. 승려는 높은 수준의 의술을 지니고 세속인의 질병 치료에도 큰 공을 세웠다. 승려가 치료에 돋보인 분야는 눈병, 脚疾, 症勢, 頭風, 傷寒[장티푸스], 난산 등이었다. 특히 불도징은 의술이 뛰어나서 심지어 죽은 자를 살리기도 했다. 치료해 준 뒤 치료비와 약값을 요구하는 일은 없었다. 唐代에 이르러 悲田과 悲坊을 설치해

가난하고 병든 사람을 구제하고 머무르게 했다. 불교는 잔인하게 살생하는 일을 방지하는 데에도 공헌했다. 자선사업을 하면, 현세에서 재앙이 사라지고 복을 획득하며, 내생에 좋은 곳으로 왕생한다고 선전했다.

③ 중고 대족·사원의 領戶 연구(何玆全, 1936, 60쪽) 중고시기 사원과 대족을 동일 범주로 보고 그 예하에 있던 領戶를 검토한 글이다. 삼국부터 중당까지의 중고시기 장원농노제 하에서 장원영주는 국가, 왕공·將卿·호족 등의 대족, 그리고 사원이었다. 장원농노제 하 사회관계는 영주와 농노의 대립이다. 대족과 사원이 호구를 영유하는 방식에는 백성들의 依附, 유혹과 침탈, 국가의 사여 등이 있었다. 승기호는 국가가 사여한 사례였다. 또한 사원은 도승을 통해 많은 인구를 확보할 수 있었다. 위진남북조시기 사원의 영호에는 승기호·寺戶가 있었으며, 淨人·侍人도 많았으며, 노예도 매우 큰 수치를 보였다.

대족·사원의 영호는 국가 호구에 대한 일종의 분할이었다. 당시 조세와 부역제도는 호구를 단위로 했는데, 분할되어 대족·사원에 속한 영민은 국가에 대해 세금과 부역이 없었다. 승려도 세금이 완전히 면제되었다. 사원의 승기호와 사호의 주요한 임무는 땅을 경작하며 곡식을 바치는 것이었다. 사원에서의 잡역은 주로 사호·사노·시인·정인이 부담했으며 승려도 담당해야 했다. 특히 사미승은 사원의 노복처럼 절 안의 청소, 문 닫기 및 늙은 승려들의 봉양 등을 맡아야 했다. 영호와 대족·사원의 예속관계는 후대의 지주전호 관계와 달리 인격상의 예속이었으며, 영호는 주인을 벗어나는 자유가 없었다.

대족·사원의 인구분할은 국가의 租役調 감소의 큰 원인이었다. 이렇기 때문에 대족·사원과 국가권력의 충돌은 불가피했다. 남조의 경우 대족이 절대적이고 국가의 힘이 약한 한편 국가 재력의 상당 부분을 商稅의 수입에서 확보했기 때문에 두 세력 사이에 큰 충돌이 없었다. 반면 북조의 경우 상업이 발달하지 않아 국가의 기초는 영민의 조역조에 의거하고 있었다. 국가는 강력한 힘으로써 대족·사원의 영민을 빼앗아오고, 또 영민들이 대족·사원에 의부하는 것을 제한했다. 국가와 사원은 호구의 분할로 서로 충돌하기만 했던 것이 아니라 사원이 인과응보를 선전하는 윤회설을 제공했기 때문에 필요로 하는 측면도 있었다.

중당 이후 강제노동에서 자유노동으로 바뀌고, 고인·고농·전호 등 자유노동계급이 점차 나타나 발전했다. 이것은 종전의 농노제와 다른 전호제이다. 결국 중당 이후 대족·사원이 갖는 장원영주로서의 의의는 사라지고 단지 하나의 지주가 되었다.

④ 남조의 사원과 승려(金家瑞, 1953, 14쪽) 불교가 동진·남조에서 급성장한 이유를 해명한 글이다. 중원지역이 적의 수중에 들어가자, 漢族의 대지주들은 단체로 강남으로 도망하여 동진정권을 수립했다. 이들은 강남에서 토지를 겸병하고 강남사람들에 대한 경제 착취를 가중시켰으며, 이로 인해 그들과 강남의 토착지주 및 민인 사이의 모순은 더욱 격렬했다. 이 때문에 승려를 통한 중재로 토착지주와의 관계를 조화롭게 하고자 했다. 동진·남조에서 황제들은 불교를 매우 존경했다. 불교사원이 우후죽순처럼 건립되었으며 이들은 대지주임과 동시에 고리대의 경영자였다. 승려들의 생활은 매우 부패했고 음탕했다. 불교는 기아와 빈곤에 대해 보시하지 않고 분수에 만족하지 않았기 때문이라고 말함으로써, 통치계급의 죄악을 덮고 백성들의 통치자에 대한 분개를 완화시켰다. 통치계급과 승려들이 서로 결탁했지만, 약간의 모순이 존재했다. 예컨대 사원에서 대량의 銅으로 불상을 주조했기 때문에 돈을 주조할 원료가 고갈된 일이 그것이다. 이보다 심각한 모순이 된 것은 황제·귀족과 관료 등 세속지주와 승려지주의 노동인구 쟁탈이었다.

⑤ 「당 소성사 승랑곡 과원장지무당」이 표현하는 만당의 사원경제 상황(荊三林, 1980, 21쪽) 昭成寺의 사례를 통해서 사원이 장원을 형성하는 과정을 해명했다. 「昭成寺 僧朗谷 果園莊地畝幢」은 전체 문장이 약

4천여 자에 달하며, 하남 滎陽縣 廣武區 桃花峪에 현존한다. 이 자료에 의하면 광덕 2년(764) 30무이던 것이 41년 뒤에 1,791무에 이르렀는데, 그 내용을 보면, 施地 811.5무, 買地 980무였다. 돈으로 구매한 토지는 대부분 시주된 토지와 寺田의 중간에 끼어 있어, 과원장 토지의 집중을 위해서 보시를 원치 않는 것을 구매한 것으로 보인다. 과원장의 토지에 3무 크기의 거주 주택이 있는데, 이것은 과원장을 관리하는 중심이 되며, 지사승과 고급 승려들이 여기에 머물렀다.

소성사는 昭成皇后의 복을 기원하는 임무를 맡았다. 소성황후는 무측천과 위후의 정치 투쟁 중에서 희생된 사람이다. 소성사는 왕궁의 지원 하에서 창건된 것으로, 널리 寺産을 설치할 수 있는 역량을 가지고 있었다. 소성사가 교통의 중추지역인 이곳에 과원장을 설치한 것은 대량의 과일과 양식을 생산해서 낙양으로 운송하고, 서경에까지 옮겨서 승려들에게 바치고 판매하고자 함이었다. 사원장전의 확대는 민간토지[民田]와 정부토지[官田]를 줄어들게 하고, 또한 사원인구의 증대는 반대로 정부인구의 감소를 초래했다. 이것은 사원경제와 국가경제의 타협할 수 없는 하나의 모순이다. 당 무종의 폐불 조치로 인해 승랑곡 과원장도 정부에 몰수당했다. 큰 규모의 토지와 많은 사람을 점령할 수 없도록 제한했기 때문에 송·원 이래로 사원에는 이런 큰 과원장이 존재할 수 없었다.

⑥ 돈황 사원문서 중에서 '양호'의 성질(姜伯勤, 1980, 28쪽) 브리튼 박물관에 소장된 돈황 자료 마이크로필름의 공개로 말미암아, 梁戶에 관계된 대량의 문서가 알려졌다. 이것을 적극 활용하여 논지를 전개했다. 양호는 귀의군 시기(848~1035)에 널리 출현했는데, 油梁(搾油坊)을 빌려서 경영한 사람이다. 양호는 사원에서 유량을 대여하여 사용한 후 사원에 梁課를 지불했다. 양과는 유량 직접생산자의 잉여노동 결과물이다. 양호는 상층과 하층으로 분화했다. 상층은 종종 세속지주로서 사원의 유방을 빌리고 머슴을 고용했으며, 반면 하층은 토지의 부족으로 유량을

빌리러 들어온 수공업자 혹은 농민이다. 상층의 양호는 유량의 包租者 (세를 얻어서 다시 세를 놓는 사람)로서 부농에 가까우며 고용 인부를 착취하는 小作坊主에 가까운 존재이다. 반면 하층 양호는 사원의 전호에 가까우며 개체 수공업자에 가깝다. 그러므로 양호는 결코 사호가 아니고 또 사원이 고용한 인부도 아니다. 종전에 사호가 看梁하던 데에서 귀의 군 시기 양호의 경영으로 변화한 것은 사주 봉건경제 발전 과정에서 하나의 진보를 반영하는 것이다.

⑦ 불교 경률에서 사원 재산에 관한 규정(何兹全, 1982, 29쪽) 唐 초기 釋 道宣(596~667)의 계율 관련 저서인 『四分律刪繁補闕行事抄』와 『量處輕重儀』를 중심으로 사원 재산에 대한 규정을 검토했다. 사원 재산을 불교 경률에서는 삼보물, 즉 불물·법물·승물이라고 일컫는다. 불물에는 불상·전당·향화·번개가 속하며, 법물에는 經卷·紙筆·箱函이 있고, 승물에는 전택·원림·의발·곡물이 있다. 이 가운데 사원 재산의 근간은 승물이다. 승물에는 常住승물과 現前승물이 있는데, 상주승물은 국한된 상주승물과 사방의 상주승물로 나뉘고, 현전승물은 사방의 현전승물과 當分의 현전승물로 나뉜다. 국한된 상주승물은 단지 한 사원에 한하여 장악된 상주물로서 전원, 莊宅, 가축, 노예를 가리키고, 사방의 상주승물은 본 사원의 승려는 물론 다른 사원의 모든 승려도 사용할 수 있다. 사방의 현전승물은 법규를 세워 분할을 막는 것을 말하며, 당분의 현전승물은 승니가 현재 입고 사용하는 3의 6물에 속하는 것이다.

불물, 법물, 승물을 훔치는 것은 유죄였다. 도둑질을 막기 위해 삼보 재물을 관리하는 사람은 신중을 기해 선발했다. 삼보의 재물은 각각 별도로 구분되어 있어 서로 이용하는 것이 허락되지 않았다. 나아가 1보 (불법승의 하나) 내의 다른 용도의 재물 사이에도 서로 이용하는 것이 또한 허락되지 않았다. 삼보의 재물을 대출하여 이자를 취하는 것은 불교 경률이 허락했다. 이것은 사원과 승려에게 고리대를 하기에 편리한

문을 열어 주었다. 사원 고리대의 이자는 아마도 세속의 고리대 이자보다 좀 높았을 것이다. 삼보 대출의 재물도 서로 섞을 수 없었으니, 곧 불물에서 나온 이익은 佛에 귀속하고, 법물에서 나온 이익은 法에 귀속하며, 승물에서 나온 이익은 僧에 귀속해야 했다. 그리고 사원의 토지·건물 등의 상주재산은 팔 수도 없고, 빌려줄 수도 없다.

불교 교의에 따르면 승니는 생산노동에 참가해서는 안 된다. 땅을 파면 살생할 수 있기 때문이다. 비구니의 경우 방직에 참여해서는 안 된다. 사원이 필요로 하는 내외의 노동은 사원에서 사역하는 정인과 노예들이 담당한다. 임금 지불은 정상적이고 정당한 지출이며 임금을 지불해 인부를 고용할 수 있다. 시주자는 보시물에 대해서 함부로 생각을 바꿀 수 없으며, 그리고 사원이 보시물을 사용하는 것은 시주자의 의견을 따라야 한다.

⑧ 불교 경률에서 승니의 사유재산에 관한 규정(何玆全, 1982, 41쪽) 도선의 두 저서를 기초로 승니의 사유재산에 관한 규정을 검토한 글이다. 내율에 따르면, 재물을 輕物·重物의 두 종류로 나누고, 승니는 경물을 개인적으로 축적할 수 있으나, 중물을 축적할 수 없다. 동시에 죽은 승려가 소유했던 중물은 마땅히 사원의 상주소유로 돌려야 한다.

초기 사회공양에 기대어 생활하던 승니들에게 점점 사유재산이 생겼고, 그들은 대토지 소유자, 재부 소유자가 되었다. 승니 사유재산제의 발전은 사원 내부의 계급분화를 촉진했다. 그 결과 사원의 내부에는 승려 귀족, 승려대중이 있었고, 고용 인부가 있었고, 노예가 있었다. 부처에 따르면, 축적을 허용하는 물건은 三衣, 鉢器, 坐具인데, 모두 수행에 꼭 필요한 것이다. 반면 축적을 허락하지 않는 규제의 물건은 전원, 가축, 기악과 여러 즐거워하는 도구[伎樂衆歡具], 무기, 돈·곡식·칠보 등이었다. 시간이 흐름에 따라 불교 내율은 승니가 사유재산을 축적하는 것에 대해서 부득이 각종의 이유와 조건을 핑계로 삼아 방편의 문을 열었다.

승니의 사유재산은 소유자가 사망한 이후에 마땅히 사원 소유로 귀속해야 하고, 다른 사람들이 부당하게 가져서는 안 된다. 사망한 승려의 재산을 자주 쟁탈하는 것은 세속의 국왕·정부 혹은 사망한 승려의 세속 친척이다. 내율의 규정은 사원의 승중에 의해 처리한다는 것이다. 사망한 승려의 채무관계는 사망한 승려가 남에게 지고 있는 것이나 남이 죽은 승려에게 지고 있는 것을 막론하고 모두 분명하게 처리해야 한다. 죽은 승려의 질병을 간호한 자에 대한 포상을 보면, 내율은 병든 사람이 죽은 후에 마땅히 죽은 사람의 재물 중에서 일부분을 떼어내서 간호한 사람에 대한 포상으로 주어야 한다고 규정한다. 죽은 승려의 재물의 처리는 입적 후 그의 의물이 있는 방을 봉쇄하고, 출상하고 난 뒤 지율상좌가 주관해서 처리한다.

⑨ 돈황 사원의 '상주백성'에 대한 논고(姜伯勤, 1982, 29쪽) '상주백성'은 9~10세기 돈황 사원의 依附인구이다. 상주백성 관련 내용은 파리에 소장된 돈황 문서에서 散見된다. 張議潮가 정치를 담당한 시기에 종전부터 있던 사호를 일부 방면했다. 당 무종(841~846) 때 회창 폐불의 폭풍 속에서 沙州에서 상주의 명의로써 寺産과 인호에 대한 점유를 많이 보존했다. 이런 배경 하에서 사호가 상주백성으로 개칭되었다. 상주백성은 향리에 편호되어 적을 두고 있는 일반백성과 달리 사원에 적이 있었다. 주·현 법정의 심리에 속하지 않고 사원의 심리를 받는 존재로서 사원에 대한 법률적 종속을 나타낸다. 이것은 상주백성이 사원토지에 속박되어 있다는 것을 의미한다.

돈황 여러 사원의 상주백성은 사원으로부터 受田했고 사원의 토지재산에 속박되어 있었다. 團으로 편제된 상주백성은 납초 등의 실물 과납을 제공할 뿐만 아니라 역역을 부담해야 했다. 이것은 그 경제 지위가 농노에 해당함을 증명한다. 비록 사원에 예속된 반자유인이었으나 일가 일호를 단위로 하는 개체 경제였다. 상주백성은 끊임없이 빈부의 두 계층으로 분화했다. 몇몇 상류 상주백성은 노비를 구매할 수 있는 지위까지 발전했다. 이는 사원에 대한 부속관계가 느슨해졌음을 의미한다.

상주백성은 唐代 율령 중의 백성이 아니다. 당대에 백성은 唐律 중에서 '庶人', '凡人'과 비슷하며, '양인'의 범위에 속한다. 반면 상주백성은 잡호와 부곡의 등급과 같다. 상주백성은 이처럼 당률 중의 賤口에 비슷하지만 노비는 아니다. 귀의군 시기에 이르러 사호가 상주백성으로 명칭이 바뀐 것은 사주 寺戶制의 쇠락을 의미한다.

⑩ 당 서주 사원 家人·奴婢의 放良(姜伯勤, 1982, 27쪽) 사원 家人·奴婢의 방량은 시대의 추세였지만, 8세기 말 토번의 돈황 점령으로 이 제도는 돈황에서 2세기 동안 연장되었다. 使人은 북조 때 사원 혹은 승단에 속한 종속 인구의 명칭이다. 당대에 들어선 이후 투르판 사원 문서 중에는 사인이 家人이란 용어로 대체되고 있다. 사원 가인은 농업경영에서 부역을 담당하고, 사원으로부터 토지를 나누어 경작하며, 관부에 대해 모종의 봉건의무를 부담했다. 한편 사원으로부터 봄옷을 받았다. 사원의 가인은 부곡에서 노비 등에 이르는 다양한 계층을 포함하는 賤口이다. 가인이라는 개념은 북위의 승기호, 당률 중의 사원부곡 혹은 9세기말 돈황 문서 중의 寺戶에 가깝다. 8세기 말 30년 기간에 서주 지구의 사원 예속 인호의 부속과 예속관계는 상당한 정도로 제거되었다. 사원지주는 경영에서 노동력을 잃게 됨으로써 상당한 타격을 입었다. 그러나 792년 이후 8세기 말 서주는 토번에 점령되었으며 이를 계기로 서주 寺戶가 출현했다. 이때 출현한 서주 사호는 이전에 취소된 사원 예속인구의 복구이며, 승기호제의 전통을 계승한 것이다. 돈황 사호는 8세기 말에서 10세기에 걸치는 문서에만 보이는데, 이는 토번의 점령으로 사호가 돈황에서 다시 2세기 동안 부지해 나가다가 소멸했음을 의미한다.

⑪ 돈황 사원에서 碾磑 경영의 두 가지 형식(姜伯勤, 1983, 29쪽) 종전 연구에서 사용하지 않았던 약간의 런던 소장의 두루마리를 이용해서 사원의 연애 경영을 밝혔다. 돈황의 여러 사원은 연애를 대단히 중시했

다. 연애 소유권은 일종의 특권으로서 관방의 특허를 얻어야만 했다. 수로 위에 수애를 설립하면 수력 자원은 자연히 제한을 받기 때문에 사원의 연애 소유권은 일종의 봉건특권이었다. 호족이 점유하고 있는 특권을 양도받거나, 겸병·구매에 의해 사원은 연애를 점유할 수 있었다.

사원의 연애와 관련된 磑博士가 보인다. 磑博士는 연애를 수리하거나 건조하는 기술공이 아니라 맷돌 가는 것을 조작하는, 즉 애작의 노동자였다. 사원이 애박사를 위해 술을 공급한 것에서, 그가 사원의 가인 혹은 상주백성이 아닌 것을 알 수 있다. 결국 애박사는 사원이 청하여 고용된 長期工 혹은 短期工이었다. 반면 돈황 여러 사원의 磑戶는 寺磑의 임차인이었다. 애호와 사원 磑主 사이의 관계는 일종의 계약 임대관계였다. 磑課는 사원측이 연애를 빌려준 임대가였다. 애호의 성질은 대체로 梁戶와 근접하고, 상층의 애호는 세속지주이며, 농업 중의 包佃主에 상당하고, 그들은 연애를 빌린 후에 다른 사람에게 노동을 시켰다. 반면 하층 애호는 개체 경영자에 속하며, 수공업호에 해당했다.

848년 사주의 각 민족 백성들은 토번 귀족통치를 뒤엎는 대궐기를 거행했으며, 이에 따라 사호의 노역제도는 진일보 쇠락했다. 사호가 애를 지키는 방식에서 벗어나 寺磑의 경영은 雇工에 의해 자영되는 것 및 애호에게 대여되는 2가지 방식으로 바뀌었다. 연애의 고공 경영과 대여 경영은 형식상 서로 다르나 농노식의 寺戶가 애를 지키는 것과 구별되는 새로운 발전단계에 속한다. 이것은 9~11세기 사주의 요역노동이 감소하고, 토지경영에서 대역제·고공제·계약소작관계 및 계약 임대관계가 발전했음을 반영하는 것이다.

⑫ 당대 사원·승니의 면세 특권의 점차적인 상실에 대한 略論(謝重光, 1983, 19쪽) 양세법 실시 전후로 사원·승니의 특권이 상실되어감을 지적한 글이다. 당대 建中(780~783) 초 양세법을 시행하기 이전에, 주요한 착취 방법은 조용조법이다. 국가는 조용조 외에 戶稅·地稅·資課를 징수

했다. 왕공·백관으로부터 아래로 백성에 이르기까지 모두 반드시 호세·
지세를 내야 했다. 사원 승니는 여전히 조용조의 정식 세와 역의 납부를
면하는 특권을 보유하고 있었다. 그러나 자과·호세·잡요 등의 부담이 있
었는데, 이것은 사원·승려의 강대한 경제 특권도 다소 제한받기 시작했
다는 것을 뜻한다.

安史의 난 이후, 국가재정은 날로 어려워졌으나 사원·승니는 여전히
면세와 면역의 특권을 보유하고 있었다. 사원의 경제 역량은 계속하여
팽창했다. 그러나 양세법을 시행한 후 천하의 莊産에 세를 징수하지 않
는 곳이 없었다. 양세법은 땅에 근거하여 세를 내고 戶를 따라서 雜役하
는 것이다. 사원도 자산에 따라서 양세를 납부했다. 사원 전답은 황제의
特恩이 있어야 면세가 가능했는데, 일반 사원의 田産은 통상적으로 면세
될 수 없었다. 양세법 아래에서 승려의 경제 특권은 역을 피할 수 있는
것뿐이었다.

당대는 사원 승려의 경제 특권이 홍성으로부터 쇠망으로의 전환시기
였다. 먼저 사원의 승니는 雜稅의 납부를 면제받던 권리를 잃어버렸고,
양세법의 실시 후에 또한 正稅의 납부를 면제받던 권리를 상실했다. 송
대 이후, 寺産의 납세는 고정되었고, 승니는 役錢을 부담했다. 심지어 승
려가 복역하는 일도 드물지 않았으니, 사원·승려의 경제 특권은 철저히
쇠락한 것이다.

⑬ 당 전기의 사원경제에 대한 시론(白文固, 1983, 25쪽) 사원경제는
동진에서 발생하고, 남북조에서 번성했다. 당 초기 약간의 억불정책이
있었지만 고종·무측천의 통치시기 억불의 국책을 포기했다. 당시 사원
이 토지를 획득하는 경로에는 국가 정권의 賜田, 貴戚·豪富의 獻納田,
소농민의 회사, 균전제 하 승려들의 受田 등이 있었다. 소농민은 지옥의
공포를 느끼고, 재앙을 물리치고 복을 얻기 위해 회사했다. 사원의 대토
지 지배를 크게 뒷받침한 것은 황실의 賞賜와 세속지주의 회사였다.

불교 계층은 공동소비를 했기 때문에 경제 공동체의 성격을 띠고 있었다. 사원 재산의 처분은 집단의 의지였으며 특정인이 가장식의 권리를 행사할 수 없었다. 각종 경비의 내역은 승려들에게 공개되었다. 사원의 재산은 신성시되었으며, 세속지주의 그것과 달리 분할되거나 양도되지 않았다. 동일한 종파 내에서는 배타적이지 않았지만, 동일 종파가 아닌 경우 배타성을 띠었다. 사원은 토지로써 地租를 획득하는 물질적 수단으로 삼았으며, 승려 내부는 점점 엄격한 계급대립으로 나아가 상층 승려는 토지 점유자가 되어 생산 영역 속에서 지휘하는 지위에 있었다. 사원의 토지에 대한 사용권, 수익권과 처분권은 왕왕 일종의 집체적 의지와 권력제로 나타나고, 개인의 권력은 부차적인 지위였다. 승려가 사적으로 재산을 둔 것은 희귀한 일이 아니었다.

⑭ 남북조 수·당 승관제도의 탐구(白文固, 1984, 20쪽) 남북조에 이르러 비교적 완비된 제도를 형성했으나, 수·당시기에는 다시 소홀해졌다는 시각에서 승관제도의 형성과 발전을 개관했다. 중앙의 승관제는 후진 때 처음 시작되었다. 동진·남조는 비록 승관을 설치했으나 제도로 이루어진 승관기구는 없었고, 관서를 설치하지 않았다. 북조는 승관제도가 비교적 완비된 시기이다. 그 가운데 북위에서 승관제도가 상대적으로 가장 발달하여, 사문통에서 州郡 僧曹의 승관까지 모두 국가가 선발했으며, 결원이 있으면 곧 보충했다.

당대에는 승관제도에 커다란 변화가 발생했다. 승무를 위해서 전문적으로 설치한 관서를 없애고, 승적 관리권을 중앙정부로 거둬들였다. 승무관리에서 俗官과 僧官이 섞여 존재하면서 공동으로 관리하는 상황이 출현했다. 지방의 諸州에는 僧正이 설치되어 있었다.

기층의 승관제도는 사원이 스스로 마련한 조직체계를 가리킨다. 남북조에는 비록 사주·상좌의 설립이 있었으나, 고정적인 직위제도를 형성한 것은 아니었다. 당대에 이르러 寺主·上座·維那는 寺廟의 '三綱'이 되었다. 사주는 한 사원의 주인인 사원 원장을 가리키며, 상좌는 오늘날의 사원 사무장과 같으며, 유나는 사원의 執事人이다. 당 중기 이후 선종이 흥성하면서 사원의 직위에는 많은 개혁이 있었다. 한 사원의 주인을 '住持'라고 불렀는데, 주지는 '方丈'이라고도 일컬었다. 큰 선종 사원은 주지 이외에, 西序六頭首(首座·書記·知藏·知客·知浴·知殿)와 東序六知事(都寺·監寺·維那·副寺·典座·直歲)를 두었다.

승관제도의 큰 흐름을 보면, 중앙과 지방의 승관기구는 점차 쇠약해지고 해이해지는 추세를 보인다. 북조시기는 비교적 완비된 승관제도가 형성되었으나 당대가 되어서는 오히려 전문적으로 설치된 승무기구를 없애고, 승무관리를 정부 부문에 거두어 들였다. 승관제도를 약화시키는 것은 통치자의 의지이며 역사 발전의 필요에서 온 것이다. 반면 기층 사원에서 보자면, 승관의 권력은 점차 강화되는 추세였다. 당대가 되면서 사원의 승직은 제도화되었고, 사주·상좌·유나는 '三綱'이라 합쳐서 불려졌다. 삼강은 승려 계층의 주요한 통치자로, 그 선임은 엄격했고, 그 직권은 대단히 컸다. 기층 승관 권력이 강화된 것은 종파가 즐비하면서 배타성이 두드러졌기 때문이었다. 각 대사원이 割據稱雄하는 독립적·반독립적인 위상을 가지게 되면서 스스로의 통치기구를 강화시키기 위해 승직체계를 엄밀하게 한 것이다.

⑮ 남북조시기의 사원 지주경제의 초보적인 탐구(簡修煒·夏毅輝, 1984, 33쪽) 위진 남북조시기 봉건 대토지소유제의 발전, 노동자의 엄격한 인신부속관계가 발달한 것과 짝하여 사원경제와 사원지주가 출현했다. 사원은 광대한 택지 이외에도 대규모의 토지재산, 즉 寺莊 및 園·林·山·池를 가지고 있었다. 사원경제의 중요기반인 寺莊은 사원이 장원의 형식으로 토지를 경영하고, 농업생산에 종사하는 장소였다. 사원 莊田은 봉건 통치계급의 '恩賜'와 士民의 보시, 사원의 겸병과 약탈, 하층민의 投靠를 계기로 형성되었다. 사원의 園·林·山·池은 생산성이 낮기는 하지만 일

정한 경제적 의의를 가졌다.

각 사원의 우두머리는 寺主였다. 사주의 아래에는 維那·典錄·典座·香火·門師 등의 성직자들이 있는데, 이들은 사원의 상층에 속하면서 사주와 함께 사원지주 계층을 구성했다.

사원 지주경제는 인신 부속 관계와 소작제를 특징으로 했다. 인신 부속 관계를 보면, 사원지주의 하층 승려들에 대한 참혹한 착취와 압박이 있었다. 대다수의 하층 승려들은 청소·경작을 포함하여 각종 노역에 종사했다. 사원지주는 하층 승려를 燒身하게 하고, 이를 통해서 돈과 재산을 취하기도 했다. 이외에 사원 중에는 火工·水工·轎夫 등 적잖은 僕役이 있었다. 佛圖戶 역시 봉건국가가 사원지주에게 나누어 준 복역이었다. 다음으로 소작제를 살펴보면, 소작농민에는 두 부류가 있어, 하나는 부자유한 소작농으로서 농노이고 다른 하나는 자유로운 소작농이었다. 사원에 속한 승기호는 사원소작제 하의 농노였다. 사원지주의 하층 승려나 복역 및 소작농민에 대한 참혹한 착취와 압박은 필연적으로 그들의 투쟁과 반항을 야기했다.

고리대 자본은 사원경제의 일부분을 이루고 있는데, 남북조에서 시작되었다. 불교 경률은 삼보물로 대부를 내어 이자를 취하는 것을 허락하고 있다. 사원은 寺庫, 長生庫 등을 세워 높은 이익을 도모했는데, 사원의 이자율은 세속보다 높았지만 지나치게 높지는 않은 것으로 보았다.

사원경제의 발전은 국가의 정치적·경제적 이익과 충돌하는 모순을 발생시켰다. 북위 태무제, 북주 무제, 당 무종의 3차례 대규모 폐불운동은 사원과 세속의 모순·충돌의 폭발이었으며, 사원 지주경제와 세속 봉건경제 사이의 조화롭지 못한 관계를 드러내는 것이었다. 폐불 이후 새로운 황제의 집정에 따라 또 한 차례의 새로운 대규모 興佛이 있었다. 결국 폐불조치가 불교를 부정하려는 것이 아니라, 사원세력의 발전이 통치자들의 허가 범위를 초과하고 통치자의 이익을 위협하기 때문에 취해졌음을 뜻한다.

⑯ 남북조 수·당 寺觀戶 계층의 약술-賤口 의부제의 변천과 아울러 논함-(張弓, 1984, 37쪽) 돈황·투르판에서 출토된 문서를 통해 사원 依附 관계의 발전 궤적을 살핀 글이다. 사관호는 일반적으로 자영의 개체 경제가 있었고, 그들의 사원을 위한 노동은 勞役 소작형태에 속했다. 그들은 통상적으로 백성들의 호적에 포함되지 않고, 賤口로써 사관에 依附되어 籍을 두었다. 사관호와 사관 사이의 관계는 당시 비교적 전형적인 人身 依附 관계였다

남북조의 여러 왕조는 불교가 홍기하고 사원경제가 충분히 발전하지 못한 상황 하에서 대표성이 있는 사관에 호를 하사했다. 불도호는 북위 사원이 의부인호를 얻는 중요한 방식이었다. 불도호는 일부분은 관노에서 왔고, 일부분은 중죄범에서 왔으므로 신분은 사원노비에 가까워서 관이 하사한 사관호보다 약간 더 낮았다. 승기호는 세금을 사원에 낼 뿐 여전히 국가의 천민에 속했다. 梁代에 白徒·養女가 출현한 것은 남조에서 정식으로 사관호 계층이 형성된 것을 알리는 것이다. 사관호 계층은 이처럼 북위가 널리 불도호를 두고, 양조의 승니가 광범위하게 백도와 양녀를 비축한 배경 아래에서 형성된 것이다. 당의 법률 규정을 보면, 당 전기의 사관호 계층은 천구 등급 중에서 지위가 사관노비보다 조금 높고, 세속 부곡과 거의 같았다.

세습 천구를 기본 성분으로 하는 사관호 계층은 상품경제와 소작관계의 발전으로 중당 이후 쇠락했다. 천구 사관호의 축소와 소멸에 따라 대량의 良口 의부인호가 사원에 범람했는데, 이것은 만당의 사원 의부 관계의 새로운 특징이었다. 당 후기의 사관 枝附 인호는 일정한 의부 관계가 있었지만, 향리를 떠나 역을 피한 것이지 결코 사관에 적을 기입하지 않았으며, 여전히 양구에 속했고 천구가 아니었다. 양구 의부를 주체로 하는 새로운 봉건 의부제는 중국 봉건 의부 관계가 새로운 단계에 진입

했음을 나타낸다. 10세기 말엽 사주 사원에 사호에서 유래한 상주백성이 여전히 존재한다 하더라도 그들의 천구 신분은 이미 변했다.

⑰ 晉 - 唐 승관제도를 고찰하여 약술(謝重光, 1985, 45쪽) 추가 자료를 발굴하여 기왕의 연구 내용을 보완하고 새로운 의견을 개진했다. 중국 불교의 승관제도는 먼저 기층승관이 있었고, 중앙과 지방의 승관이 뒤에 출현했다. 기층승관으로서는 寺主가 가장 빨리 출현했고, 동진시기에 상좌가 있었으며, 유나는 동진·16국의 승무활동에 관련된 기록에서 보인다. 수 초기에 삼강이 황제의 조서 가운데 정식으로 출현했으며, 『당율소의』에서는 명확하게 사주·상좌·유나를 사원의 삼강에 넣었다. 그러므로 사원 기층 승관제도로서의 삼강제는 수대에 이미 확립되었다고 단정할 수 있다.

동진 때에 중앙에서 지방에 이르는 하나의 완전한 승관제도가 존재하고 있었다. 동진대에는 이미 僧司를 설치했고, 송·제·양·진은 이를 답습하여 줄곧 승무를 관할하는 전문기구를 설치했다. 동진·남조에서는 경성의 최고급 승관이 있고, 주·군의 승관이 있으며, 현의 승관도 있었다. 또한 비구니들도 독립된 승관과 승서를 가지고 있었다. 중앙 승관은 대개 황제의 칙령으로 임명되고, 지방 승관은 일반적으로 번왕 혹은 주군의 장리가 임명했다. 반면에 기층 승관은 사원을 건립한 단월로부터 초빙되어 임명되거나 혹은 徒衆으로부터 추천되거나 혹은 상급 승관이 뽑아서 임명했다. 북조의 승관제도는 내외의 전적에 비교적 상세하게 기재되어 있다. 북주의 三藏은 일종의 승관으로 국삼장, 주삼장, 昭玄삼장을 가리킨다. 수 문제시기 佛學을 널리 선양하는 五重主를 창설했다. 중주는 일반 행정을 책임지는 승관과는 달리 관서를 설치하지 않았고, 속리를 두지 않았으며, 구체적인 행정사무에 참여하지 않았다.

당대에는 승관제도가 비교적 복잡했다. 정관 연간(627~649)에 승통·승정의 체계를 회복했다. 승정은 주·군의 主管 승관이며, 승통은 도 혹은 절도사가 관할하는 지역의 주관 승관이다. 중당 이후, 중앙은 祠部로 하여금 승려의 명적을 관리시켰으며, 또한 功德使를 신설하여 승니들의 부분적인 사무를 관리하도록 했다. 중·만당시기 사원의 삼강은 여전히 기층승관제의 기초였지만, 삼강의 아래에 필요에 따라 庫司·典座·直歲 등의 집사승을 설치했다. 그리고 큰 사원에는 이밖에 知莊·知墅·知客 등의 집사승이 있었다. 또한 이 시기 약간의 큰 사원에는 세속 관아와 비슷한 성격의 寺衙가 출현했다.

백문고는 남북조에서 수·당에 이르는 시기 중앙과 지방의 승관기구 는 점차 약화되고 문란해지는 추세였다고 보았다. 필자는 중앙의 승관제 도는 그렇게 볼 수 있지만, 지방 승관제도는 약화되는 것이 아니라 강화 되고 완비되는 것이 대세라고 본다. 중앙 승관기구가 약화되고 문란해진 원인은 승려 지주계급의 특권 약화라고 생각한다. 중·만당시기 지방과 기층의 승관기구가 갖추어져 갔던 것 역시 승려 지주 특권의 약화와 관 련된다. 이 시기 승려 지주의 특권은 이미 이전만큼 크지 않았으며 사원경 제를 대부분 사원 스스로 각종 경제 활동을 통해 해결해야 했다. 교단과 사원 안에서 경제 활동의 진행과 재산 분배의 질서를 보증하기 위해 교단 과 사원은 필연적으로 기구를 증설하고 집사 인원을 증가시켜야 했다.

지금까지 『中國寺院經濟史研究』의 내용을 요약 정리했다. 내용이 풍 부하고 다양해서 다소 장황한 정리에 그친 감이 없지 않다. 각 논문의 길이에 큰 차이가 있어 요약한 내용의 분량도 일정치 않다.

3. 『中國寺院經濟史研究』의 특징

이 저서는 사원경제를 중심에 두고서 다양한 관련 주제를 다루고 있 다. 토지·지주경제, 직접 생산자층, 자선사업, 재산에 대한 규정, 碾磑,

사원과 승려의 특권·면세, 승관제도 등을 언급하고 있다. 그 가운데 토
지가 가장 중요하고 풍부하게 다루어지고 있다. 『행사초』,『양처경중의』
를 통해 사원재산 및 승려 개인재산에 대한 규정을 상세하게 취급한 것
은 특히 주목을 끈다. 그리고 직접 노동을 담당하는 층에 대해 각별한
관심을 기울이고 있는 점이 돋보인다. 領戶·梁戶·常住百姓·家人·奴婢·
寺觀戶 등 직접 노동에 종사하는 층을 적극적으로 천착해서 그들의 노
동 내용, 부담의 정도, 지위의 변동 등을 상세히 정리했다.

　연구에 활용한 자료가 종전 연대기나 승려의 개인기록을 중심으로 하
던 것에서 크게 확대되었다. 이 책에 수록된 글 가운데 1980년대 이후
발표된 것은 자료의 활용 범위에서 종전의 연구와 크게 다르다. 투르판
과 돈황 지역에서 발견된 자료들을 쉽게 접근할 수 있게 되면서 그것을
사원경제 연구에 적극 활용했다. 油梁 경영과 양호, 碾磑 경영, 상주백
성, 서주 寺戶, 의부관계의 변천 등의 주제에서 새로운 사실을 제시하거
나 종전 연구의 내용을 보완·수정하는 성과를 거두었다.

　시대구분에서는 三國시기에서 中唐까지를 中古시기로 보고 있다. 중
고시기에는 농노제가 사회의 기초였다고 주장했다. 그 구체적인 내용을
보면, 당대 중반까지는 장원제도에 기초를 두고 있는 장원농노제였으며
(135쪽), 이 시기 조세와 부역제도는 호구를 단위로 했고, 국가의 영호는
국가에 대해 租役調를 부담했다고 보았다(176~177쪽). 사회의 인구는 대
족·사원에 의해서 분할되었고, 분할된 인구는 국가에 대해 조역조의 의
무가 없었으므로 사원·대족의 인구분할은 국가의 조역조 감소의 큰 원
인이었다는 것이다(182쪽). 중당 이후 생산관계는 점점 변화하여, 賤口
의부 관계에서 良口 의부 관계로 전환했는데(527쪽), 노동형태로 논하자
면 점차 강제노동에서 자유노동으로 바뀌었고, 雇人·雇農·전호 등 자유
노동계급이 나타나서 발전했다는 것이다. 대족·사원은 단지 하나의 지
주일 뿐이고, 그와 전호의 관계는 단지 主佃 관계이며 전호는 여전히 국

가의 영호였다고 규정했다(177쪽). 전호제와 농노제는 큰 차이가 있는 것으로, 전호는 지주에게 갖가지 의무가 있으며 이러한 의무는 토지에 기초를 둔 보상이며, 이와 달리 농노의 영주에 대한 의무는 인격에 기초한 예속으로 이해했다(192쪽). 이 책은 이처럼 농노제에서 전호제로의 전환이 중당 이후 전개되었다는 시대구분론을 전제로 하고 있다.

사원경제 및 불교사 전반에 대한 인식 내용도 주목을 끈다. 불교는 위진 남북조시기에 가장 번성하고 수당시기에 이어지며, 당말 이후 쇠퇴하는 것으로 이해하고 있다. 불교의 쇠퇴 과정은 곧 특권의 상실 과정으로 보고 있다. 승려가 누리던 면역의 특권도 송대가 되면 거의 사라지게 되고, 또 승려가 되는 데 대한 규제의 권한을 국가가 장악하게 되면서 국가의 통제 하에 불교계가 위치하게 된다는 것이다.

사원경제는 동진에서 발생했고, 그 번성의 중요시기는 남북조였다고 보았다. 북위 태무제와 북주 무제가 2차례 불교를 훼손한 것을 제외하고 그 나머지 제왕들은 모두 극진히 불교를 보호했으므로 사원경제는 신속히 발전했는데, 특히 북위 '僧祇戶', '佛圖戶'의 성립 이후, 사원은 농민들에 대한 착취를 더욱 가중시켰고, 사원경제 또한 크게 발전했다는 것이다(439쪽). 이러한 남북조 사원경제의 발달은 수·당 사원경제 발전의 토대가 되었다고 이해했다. 사원의 토지가 누리던 면세의 특권도 당중반 이후 사라지는 것으로 보았다.

寺觀戶로 상징되는 봉건 의부 관계는 당대 이후 점차 쇠퇴했다고 보았다(519~520쪽). 사원 賤口의 방량은 당대 중반 이후 하나의 추세였는데(377쪽), 천구 사관호의 축소와 소멸에 따라 대량의 양구 의부인호가 사원에 넘치게 되었으며, 이것은 만당시기 사원 의부 관계의 새로운 특징이라고 규정했다(539쪽). 만당시기에 사원 예속 인구의 방량은 전객·음호·부곡제의 쇠락과 같은 방향을 보이는 것으로 이해했다(385쪽). 당대 중반 이후 사원에 예속된 인구의 의부 관계가 크게 변화했다는 주장이다.

승관제도는 서진에서 시작되어, 남북조시기 크게 발달했으며, 수·당 시기에 중앙의 승관기구는 점차 쇠약해지고, 해이해지는 것이 하나의 추세였다고 보았다. 진·당 사이의 지방 승관제도는 약화 문란해지는 것으로 보기도 하고 반대로 강화 완비되는 것으로 보기도 한다. 하지만 기층 사원에서 승관의 권력은 점차 강화되어 가는 추세로 이해하고 있다(463 쪽). 중·만당 시기 황제의 하사와 왕공·귀족·관료·지주의 대량 布施에 의지하는 것이 불가능해지면서 사원은 경제 기반의 대부분을 스스로의 각종 경제 활동에 의지하여 해결해야 했으며, 교단과 사원 안에서 경제 활동의 진행과 재산 분배의 질서를 보증하기 위하여 교단과 사원은 필연적으로 기구를 증설하고, 집사 인원을 증가시켜야 했다는 것이다(598~599 쪽). 사원의 조직기구가 정비되고 확대되어 간 이유를 사원의 적극적 경제 활동 결과로 보았다.

불교의 이념성에 대해서는 매우 통렬하게 지적하고 있다. 불교사상에 대해서 곳곳에서 언급하고 있는데, 그 시각은 매우 비판적이라고 할 수 있다. 사원은 사람들의 지옥·윤회에 대한 신앙을 이용하여 재산을 흡수하는 수단으로 삼았다고 보았다. 사원에 재산을 헌납하면 바로 능히 속죄할 수 있고 저승에서의 행복을 살 수 있으며, 죽은 후의 영혼으로 하여금 쾌락을 얻을 수 있도록 한다고 선전했다는 것이다. 일반 왕족·관료·지주 등 사회 상층계급의 사람들은 죽은 후의 행복과 쾌락을 얻기 위해 혹은 생전의 죄를 면하기 위해서 재산을 사원에 헌납했다고 주장했다(44쪽).

불교사상은 현사회의 사람과 사람의 관계, 즉 주인과 노예, 부자와 가난한 사람의 모든 관계는 마땅하고 합리적인 것이며, 사람들이 전생에 좋은 일을 하고 나쁜 일을 한 업보라고 믿도록 했다고 보았다. 사람들로 하여금 현사회의 착취관계를 경시하게 하고, 그것으로 말미암아 현사회의 생활에서 해방되고자 하는 노력을 하지 않게 하며, 단지 내세의 행복을 추구하도록 했다는 것이다(63~64쪽). 또한 불교는 기아와 빈곤을 보시하지 않고 분수에 만족하지 않았기 때문이라고 말했다는 것이다(202쪽). 자선사업은 현세에서 재앙의 소실과 복의 획득에 도움이 되며, 또 내생에 좋은 곳으로 왕생하도록 한다고 선전했다는 것이다(130~131쪽).

이처럼 불교는 천당과 지옥의 설을 유포시켜 백성들로 하여금 두려워하게 하고, 또 불평등한 사회에 대한 비판의식을 가질 수 없게 한다고 보았다. 불교가 백성들의 의식을 마취시키고 기만하는 역할을 한다는 지적이다. 국내 학계에서는 이러한 표현을 찾기 힘든 데 전적으로 동의하지 않더라도 음미할 만한 가치가 있다고 생각된다. 불교 교화의 다양한 측면은 우리도 관심을 기울일 만한 주제라고 하겠다. 불교가 교설을 확산시킴으로써 불교사상에 대한 이해를 심화시키고, 전체 사회의 구성원으로 하여금 삶과 죽음에 대해 깊이 생각하도록 한 점, 삶의 자세를 진지하게 하고 삶의 질을 향상시킨 점 등은 세밀하게 들여다 볼 필요가 있다.

갈등의 시각에서 사원경제를 접근하고 있는 점도 두드러진 특징이다. 불교사원과 국가는 상호 보완하기도 하지만 국가경제나 정치세력과 갈등하는 측면도 없지 않아 여러 차례 충돌할 수밖에 없는 점을 명확히 하고 있다. 사원이 불교 교설을 전파, 확대시켜 민인을 교화하는 것은 국가로서 반기는 일이지만, 사회경제의 측면에서는 갈등의 소지가 컸다고 보았다. 사원장전의 확대는 민간토지와 정부토지를 줄어들게 하고, 사원인구의 증대는 정부인구의 감소를 초래하는데, 이것은 사원경제와 국가경제가 타협할 수 없는 하나의 모순 관계에 있음을 의미한다고 보았다(225쪽). 사원은 또 세속귀족과 토지·인호의 확대를 둘러싸고 갈등했다고 파악했다.

민인 대중과의 관계에서도 사원과 불교는 민인의 종교 생활에 기여하는 바가 크지만, 다른 한편으로 민인의 노동력 착취 위에 유지된다는 점을 지적하고 있다. 그러한 갈등을 배경으로 사원경제가 변동됨을 언급했다.

　　사원지주의 하층 승려나 복역 및 소작농민에 대한 참혹한 착취와 압박은
필연적으로 투쟁과 반항을 야기했다. 사원의 노동인민은 종교의 허울 아래서
전통시대의 통치에 반항하는 투쟁을 진행했고, 창끝을 지주정권에 향했을 뿐만
아니라, 동시에 창끝을 이 정권을 위해서 일하는 불교사원으로 향했다(501쪽).

　　이처럼 사원경제를 국가, 세속귀족, 농민과의 관계 속에서 설명하는
점은 매우 의미있다고 생각한다. 사원경제를 협소한 시각에서 다루고 있
지 않은 것이다. 이것은 사원경제를 어떠한 시각에서 접근 연구해야 하
는가를 보여주는 것이다.

　　특이하게 설명함으로써 주목을 끄는 내용도 보인다. 燒身 행위에 대
한 통렬한 비판이 그 예이다. 소신 행위는 신심에서 우러나오는 자발적
인 것으로 이해해 왔지만 그렇지 않다고 비판했다. 권세가 없거나 바보
취급당하는 하층 승려를 자원하여 소신하게 하고, 아울러 이 활동을 통
해서 많은 이들이 금과 보배를 바치도록 했다는 것이다. 하층 승려의 생
명을 이용해서 거액의 돈과 재산을 취하는 것은 사원지주가 종교를 이용
한 일종의 참혹한 착취 형식이라고 비판했다(198~199쪽, 496~497쪽).

　　이 저서에 간단히 취급하거나 거의 언급되지 않아서 아쉬움을 주는
분야도 없지 않다. 고려 사원경제 분야에서는 연구가 이루어졌지만 이
책에서 소홀히 취급된 분야를 언급하고자 한다. 이것은 이후 중국 사원
경제 연구의 과제가 될 것이다. 우선 사원의 고리대 활동을 언급하고 있
기는 하지만 좀더 풍부한 연구가 필요하다고 하겠다. 고리대 운영에서
이자율의 문제, 회수의 정도, 저당의 유무, 농민의 부담 등이 구체적이고
풍부하게 기술되지 못한 점이 아쉽다.

　　사원이 활발한 상업 활동에 종사했다는 언급이 있을 뿐 구체적이고
풍부한 내용이 제시되지 못하고 있다. 상업 활동의 내용, 상인과의 연결,
사원 수입에서 상업이 차지하는 비중 등이 상세히 언급되어야 할 것이
다. 술의 판매 문제도 작업이 필요하다.4)

사원의 수공업 기술에 관해서도 거의 언급이 없다. 사원은 고급의 건축물을 조영하고, 아름다운 불상을 제작하며, 화려한 장엄 시설을 갖추는데, 이러한 일을 위해서는 높은 수준의 기술자가 있어야 한다. 승려 기술자의 존재 여부, 사원 기술의 사회 기여 등에 대해서 관심을 기울일 필요가 있다.5)

4. 高麗 寺院經濟와의 비교

고려의 사원도 중국의 영향을 받아 비슷한 경제 활동을 하는 것이 확인되는데, 사회 기반의 차이 때문에 다른 점도 적지 않게 발견된다. 일반적으로 경제 영역은 土風의 요소가 짙으므로 불교가 외래 사상임에도 불구하고 사원경제에서는 토풍적 측면이 두드러질 수밖에 없다. 앞으로의 작업을 위해서 본 저서에 제시된 내용과 고려의 사원경제를 비교할 필요가 있다.6) 이러한 비교는 사원의 경제 활동에 보이는 두 나라 사이

---

4) 고려시기 사원의 상업활동에 대해서는 다음의 글이 참고된다. 李相瑄, 1991, 「高麗 寺院의 商行爲 考」『誠信史學』9 ; 정용범, 2006, 「고려시대 사원의 상업활동」『부대사학』30 ; 한기문, 2010, 「고려시대 사원의 정기 행사와 교역장」『대구사학』100 ; 李炳熙, 2013, 「高麗時期 寺院의 술 生産과 消費」『역사와 세계』44(본서 제3부 수록).

5) 고려시기 사원의 수공업에 관해서는 다음의 글이 참고된다. 林英正, 1992, 「高麗時代의 使役·工匠僧에 대하여」『한국불교문화사상사-가산이지관스님 화갑기념 논총』상 ; 김윤곤·송성안, 1997, 「고려시대 사원수공업에 관한 일검토」『경대사론』10 ; 宋聖安, 2001, 「高麗後期 寺院手工業의 工匠과 手工業場」『韓國中世社會의 諸問題-金潤坤敎授 停年紀念論叢-』; 崔永好, 2001, 「고려시대 사원수공업의 발전기반과 그 운영」『國史館論叢』95 ; 宋聖安, 2002, 「고려후기 사원 수공업의 성격」『경대사론』12·13합집 ; 송성안, 2016, 「고려시대 사원 제지수공업과 그 운영」『석당논총』65, 동아대 석당학술원.

6) 우리나라 사원경제 전반의 연구 동향에 대해서는 이병희, 2013, 「사원경제」『한국

의 공통점과 차이점을 이해하는 데 도움줄 수 있다.

우선 중국의 경우 사적인 토지소유를 전제로 토지제도가 운영되고 반면 우리 고려시기의 경우 사적인 소유와 아울러 수조권을 바탕으로 한 토지지배 관계가 작동하고 있음이 중요한 특징이다. 그렇기 때문에 가장 중요한 사원 토지의 성격이 매우 다르다. 중국 사원에는 소유토지만이 존재하는 것이지만 고려 사원에는 그러한 토지와 아울러 수조권을 바탕으로 운영하는 이른바 수조지도 상당히 많다.

사원의 토지에 대해서는 위진 남북조시기에는 대체로 면세의 혜택을 누린 것으로 파악하고 있다. 당대에 이르러서는 사원의 토지 모두가 면세된 것은 아닌 것으로 이해하고 있다. 국가와 관련된 특별한 사원만이 면세의 혜택을 누릴 뿐 대부분의 사원은 조세를 납부한 것으로 보고 있다. 최근 국내 연구에 따르면 당대 사원전은 기본적으로 면세되지 않고 일부 특혜를 받는 사원에 한해 그 혜택을 누리는 것으로 보고 있다.[7] 고려에서는 裨補寺院이 수조지를 분급받았으며, 그리고 비보사원에 한해 소유토지에 대한 면세의 혜택을 누릴 수 있던 것으로 보인다.[8] 면세의 혜택을 받는 사원의 수는 당보다 고려에서 많았던 것으로 판단된다.

고려시기 사원이나 사원의 토지를 언급할 때 자주 보이는 표현으로 '裨補地德'이란 용어가 있다. 사원의 건물이나 탑이 지덕을 비보한다는 의미이다.[9] 국토의 이용과 관련한 표현인데, 이 점은 중국 사원에서 거의 찾아지지 않는 개념이 아닌가 한다. 이것은 불교가 우리의 토착 지리 관념에 적응해 나온 논리로 보인다.

사원이나 승려가 중국에서 활발한 자선활동을 전개하고 있고, 또 고

불교사연구입문』하, 지식산업사 참조.

7) 정순모, 2013, 「唐代 寺院의 課稅와 免稅」『역사와 담론』 67.

8) 李炳熙, 2009, 『高麗時期寺院經濟研究』, 景仁文化社, 3~48쪽, 101~140쪽.

9) 韓基汶, 2006, 「高麗時代 裨補寺社의 成立과 運用」『한국중세사연구』 21 ; 李炳熙, 2009, 앞의 책, 101~140쪽.

려에서도 그러한 모습이 확인된다. 중국이나 고려 사원이 모두 자선활동
을 활발하게 전개하고 있는 점은 공통된 사항임을 알 수 있다. 굶주린
자에게 먹을 것을 제공하는 일, 환자를 치료하는 일이 대표적이다. 굶주
린 이에게 먹을 것을 제공한 사원으로 중국 오대산의 普通院이 보이는
데, 고려의 보통원에서도 그러한 일을 활발하게 전개했다. 중국 불교의
영향을 받아 보통원이라는 이름을 고려에서 사용한 것으로 이해된다. 그
리고 고려에서는 교통상의 중요한 지점, 즉 사람의 통행이 많으나 도적
과 맹수로 인해 큰 피해를 입는 지점, 또 쉬거나 잠 잘 곳이 없는 무인
지점에 사원이 세워져 여행자에게 편의를 제공하는 일이 매우 흔했다.10)
그에 비해 중국에서는 그러한 활동이 상대적으로 빈약해 보인다. 또한
고려에서는 생명체를 다시 자연으로 되돌려 보내는 放生 행위가 성행했
다. 중국의 경우 이런 방생 행위에 대해 언급이 없다. 그리고 고려에서는
속인으로서 居士의 삶을 살면서 자선사업을 적극적으로 행한 이들이 여
럿 확인된다.11) 불교를 매개로 한 사회구제활동은 고려에서 더욱 활발
했던 것으로 판단된다.

중국의 불교와 고려 불교의 가장 큰 차이점은 僧科의 유무일 것이다.
고려의 경우 승과를 실시하고 승과에 합격한 승려에게 僧階를 제수하며,
승계를 받은 승려를 중요 사원에 주지로 임명했다. 고려에서 전국의 중
요 사원을 대상으로 국가가 주지를 임명함으로써 그 사원을 직접 관리한
것이다.12) 중국에서 중앙과 지방의 승관기구를 운영하고 있지만 고려처

10) 李炳熙, 1998, 「高麗時期 院의 造成과 機能」『青藍史學』2(同, 2009, 앞의 책 재수
    록) ; 김병인, 1999, 「高麗時代 寺院의 交通機能」『全南史學』 13 ; 최연식, 2016,
    「고려시대 院館 사찰의 출현과 변천과정」『梨花史學研究』 52, 梨花史學研究所.
11) 李炳熙, 2008, 「高麗時期 佛教界의 布施活動」『禪文化研究』 4(同, 2009, 앞의 책
    재수록) ; 李炳熙, 2014, 「高麗時期 居士의 生活方式과 그 意味」『사학연구』116
    (본서 제4부 수록).
12) 韓基汶, 1997, 「高麗時代 寺院의 住持制度」『佛教史研究』1(同, 1998,『高麗寺院
    의 構造와 機能』, 民族社 재수록) ; 李炳熙, 2008, 「高麗時期 住持制 運營과 寺院經

럼 개별 사원을 우대하고 직접 관리하는 방식은 아니다. 이것은 고려에
서 불교를 중국보다 훨씬 우대하고 통제한다는 의미를 지닌다.

개별 사원의 직제 구성에 대한 설명 역시 매우 시사적이다. 중국에서
는 사원이 스스로 조직한 기구로 삼강이 확인된다. 수대에 이르러 삼강
제가 확립되고 당의 법전에서 명시적으로 사원의 삼강을 언급하고 있다
는 것이다. 삼강 이외에도 여러 직함이 찾아진다. 우리의 경우 개별 사원
의 조직기구에 대해선 파악이 매우 어렵다. 다만 신라말 고려초 선종 사
원의 경우에 풍부한 기록이 남아 있을 뿐이다.[13] 고려시기 일반 사원을
운영하는 구체적인 기구와 조직에 대해서는 정보가 매우 빈약하다. 승려
의 이름과 직함을 나타낼 때, 僧階를 중심으로 표시하고 맡은 소임은 제
대로 기재하지 않기 때문이다. 이 분야에 대한 천착은 향후 과제이다.

전체 사회에서 불교가 차지하는 비중에 대해서도 비교할 필요가 있
다. 고려의 경우 전체 사원이 3,000개 정도에 달하고, 승려가 최소한 10
만을 상회한다. 전체 인구를 250만에서 300만으로 추정하고 있으므로
승려는 전체 인구의 1/25 ~ 1/30에 달한다는 것이다. 수와 당의 경우 승
려의 수가 수십 만에 불과하기 때문에 고려보다 승려의 비중이 크게 낮
다고 판단된다. 그렇지만 북위나 북조의 경우 승려가 수백 만에 달해 고
려와 비슷한 수준이었다고 추측된다.[14] 이렇듯이 전체 수치를 살핌으로

濟」『史學硏究』 90(同, 2009, 앞의 책 재수록).
13) 蔡尙植, 1982,「淨土寺址 法鏡大師碑 陰記의 分析－高麗初 地方社會와 禪門의 構
造와 관련하여－」『韓國史硏究』 36.
14) 중국 역대 승려·비구니 수의 통계(30쪽)

시대	승니	시대	승니
동진	24,000	북위	2,000,000
송	36,000	북제	3,000,000
제	32,500	북주	2,000,000
양	82,700	수	500,000
진	32,000	당	260,500

써 동양 삼국에서의 불교의 위상을 검토할 필요가 있는 것이다.

폐불과 억불에 대한 비교 고찰도 작업을 기다린다. 중국 불교의 역사에서 흔히 三武一宗의 폐불을 지적하고 있다. 북위의 태무제, 북주의 무제, 당의 무종, 후주의 세종대에 강력한 폐불의 조치가 취해졌다. 승려를 환속시키고, 전각을 태우거나 압수하고, 토지와 노비를 몰수하고, 불교 경전을 불태우는 조치가 강력하게 취해진 것이다. 예컨대 당말의 무종 폐불 때에, 한 번에 불사 4,600여 곳을 철폐시키고, 승니 260,000여 명을 환속시켰다. 비옥한 토지 4,000여 경을 모두 정부 소유로 거두어들였고, 아울러 노비를 거두어 양세호 150,000명으로 삼았다. 이러한 조치는 일거에 전격적으로 실시된 것으로 짧은 기간에 불교계에 엄청난 타격을 가했다. 물론 이러한 폐불이 지속되는 것이 아니고 뒤이은 황제가 흥불을 표방하면서 불교가 다시 일어섰다.

중국에서의 이러한 폐불과 달리 조선초기의 억불은 점진적이고 지속적으로 전개되었다. 院을 국가가 관리하고, 상당한 규모의 토지를 몰수하고, 노비를 모두 속공하고 승려의 특권을 약화시키며, 승려가 함부로 될 수 없도록 규제함으로써 불교계를 억압했다.[15) 이러한 억압은 점진적으로 진행되었으며, 큰 후퇴가 없이 지속적으로 추진되어 불교계는 회복하지 못하고 점차 약화되지 않을 수 없었다.

승려와 사원이 부담한 내용에 대해서도 비교할 필요가 있다. 중국에서 승려의 면역 특권은 당 중반이후 약화되고 송대에 와서는 助役錢이나 免役錢을 부담하게 됨으로써 거의 사라지는 것으로 파악하고 있다. 이에 비해 고려에서는 승려는 면역의 특권을 계속 보유한 것으로 보인다. 특정한 사안이 발생할 때 역에 동원하거나, 군인에 차출하는 수가 없지 않았지만 평상시에는 승려를 역에 동원하는 일은 거의 없었던 듯하다. 조선시기에 들어가면 승려의 역 동원은 일상적인 것이 된다.[16) 승

---

15) 이병희, 2013, 앞의 논문 참조.

려의 특권이 약화·소멸되는 시점에 상당한 시간의 차이가 보인다.

양국의 사원경제를 비교하다 보면 연구과제가 부상하기도 한다. 우선 비슷한 내용이지만 용어가 다른 예가 보이는데, 그 배경이나 이유에 대한 관심이 필요하다. 예컨대 중국의 功德院과 우리의 願堂·願刹이[17] 그 것이다. 이들 사원은 특정인이 조영에 깊이 관여하고 특정인을 위한 불사를 거행하며, 특정인이 그 사원의 운영에 대해 강력한 권한을 행사하는 사원을 가리키는 것이지만 용어가 다르다. 그러한 차이가 어디에서 온 것인지 검토될 필요가 있다.

고리대 행위에 대한 용어에도 차이가 있어 궁금증을 일으킨다. 중국의 사원이나 고려 사원의 경우 모두 고리대에 적극 참여했다. 빈민 구제의 의미를 갖는 수도 없지 않았지만 높은 이자율 때문에 문제되는 수가 적지 않았다. 그러한 행위가 중국에서는 '無盡藏'으로 표현되는 데 비해 고려의 경우에는 '寶'로 표현되었다.[18] 보는 方言으로 이자를 받아 특정한 佛事에 지출한다는 의미인데, 구체적 운영은 고리대의 성격을 띠고 있다. 동일한 고리대 행위가 이처럼 다른 용어로 일컬어지는 이유가 무엇인지 검토해야 한다. 중국 무진장의 이자율은 세속인의 고리대보다 높았던 것으로 보고 있다. 고려 사원에서 운영하는 보도 규정된 이자율 33.3%를 상회하는 수가 많았다.

본서에서 제시된 내용이 고려시기 사원경제 연구에 시사점을 주는 예도 꽤 많다. 승려 개인의 사유재산에 관한 연구가 그러한 예이다. 당나라

---

16) 韓沾劤, 1993, 『儒敎政治와 佛敎』, 一潮閣 ; 李承峻, 2000, 「朝鮮初期 度牒制의 運營과 그 推移」『湖西史學』 29.

17) 韓基汶, 1990, 「高麗時代 官人의 願堂(上,下)」『大丘史學』 39,40(同, 1998, 앞의 책 재수록) ; 韓基汶, 1996, 「高麗時代 王室願堂과 그 機能」『國史館論叢』 71(同, 1998, 앞의 책 재수록).

18) 金三守, 1965, 「'寶'의 前期的 資本 機能에 관한 宗敎社會學的 硏究」『亞細亞學報』 1 ; 韓基汶, 1990, 「高麗時代 寺院寶의 設置와 運營」『歷史敎育論集』 13·14합집 (同, 1998, 앞의 책 재수록).

도선의 저서에 기초해 승려 개인재산을 불교 내율에서 어떻게 규정하고 있는지를 검토했다. 국내에서도 승려 개인 재산에 대한 연구가 있다. 고려시기 승려는 다양한 계기에 의해 사유재산을 보유했으며, 그것은 대체로 法孫에 의해 상속되었다.[19] 당에서는 승려의 재산은 그의 사후 사원의 상주재산으로 귀속하는 것으로 보고 있지만, 고려에서는 이와 달리 법손에 의해 상속되는 것이다. 그러한 차이가 어디에서 오는지 검토할 필요가 있다. 또한 고려시기 승려의 개인재산 운영에 대한 도선 저서의 영향 여부도 확인이 필요한 사항이다.

본서의 여러 논문에서 승려의 二元構成을 언급하고 있는 점도 시사적이다. 상층의 승려는 사문귀족·승려지주로 표현하고 이들이 농민 출신의 하급 승려를 지배한다는 언급이 있다. 한 사원 내에 승려가 이원구성을 보인다는 것인데, 고려의 경우 이러한 시각에서 승려를 파악하려는 시도가 거의 없다. 경청할 만한 주장이다.

고려시기 油梁(搾油機), 碾磑에 대한 국내의 연구는 전무하다. 이 책에 제시된 유량·연애의 경영방식, 거기에서의 생산자 처지, 사원의 수입에서 갖는 중요성 등은 매우 시사적이다. 고려의 사원도 상당한 기름을 필요로 하고, 또 사원에 방앗간이 존재한 것도 확인되지만, 그것이 활발하게 전개되는 실상에 대해서는 자료가 거의 보이지 않는다.

住持制가 당대 중반에 처음 보인다는 점도 고려의 주지제의 역사를 이해하는 데 시사적이다. 고려 사원의 대표는 대부분 주지로 일컫고 있는데, 그것의 유래가 당대에서 찾아진다는 것이다. 주지라는 용어가 국내에 도입되고 정착되어 사용되는 과정에 대해 관심이 필요하다.

중국에서 불상을 銅을 사용해 만들기 때문에 동의 부족을 초래한다는 설명은 음미할 만하다. 중국의 강남에서 대량으로 불상을 제조하는 데

---

19) 李炳熙, 2001,「高麗時期 僧侶의 個人財産」『典農史論』 7(松藍李存熙敎授 停年紀念號)(同, 2009, 앞의 책 재수록).

동을 소모함으로써 돈을 주조할 원료가 고갈되었다는 언급이 보인다
(203쪽). 또한 폐불 시에 철 불상으로 농기를 주조하고, 동상·종경으로
돈을 주조토록 했다는 내용도 지적했다(99쪽). 과다한 동의 소비로 인해
동전을 주조할 원료의 부족에 처한다는 것이다. 고려의 경우에도 동을
사용해 불상을 제작하는 일이 많기 때문에 동의 부족을 초래했을 가능성
이 크다.[20] 이 때문에 고려사회에서 동전의 유통이 부진한 것은 아닐까
하는 생각이 든다.

　중국 불교에서 자비행을 권장한 결과, 잔인한 살생을 금하게 되었다
는 지적이 보인다. 고려에서도 불교가 지배적인 사상이었기 때문에 형벌
에서 잔인함이 덜했을 것으로 보인다. 고려에서 불교의 영향으로 형벌이
비교적 관대했을 것으로 추측해 본다.

5. 結語

　이 글에서는 『中國寺院經濟史硏究』의 내용을 요약·정리하고 이어서
그 책의 서술에 보이는 몇 가지 특징을 지적했다. 그리고 저서에서 제시
된 내용을 토대로 고려의 사원경제와 비교 검토하기도 했다. 고려의 사
원경제에 비추어 볼 때 중국 사원경제에서 연구가 필요한 분야, 또 반대
로 중국 사원경제가 고려의 사원경제 연구에 던지는 시사점도 함께 언급
했다.

　지금까지의 역사 연구는 한 나라에 한정시켜 이루어져 온 것이 주류
였다고 할 수 있다. 그러한 연구에서는 불교 및 사원경제를 내부 사회의

---

20) 李炳熙, 2015,「高麗時期 寺院의 金屬 消費－銅 使用 佛敎 工藝品을 중심으로－」
　　『역사와 담론』75(본서 제3부 수록).

여러 현상과 관련시켜 이해했으며, 또 그것이 시간이 흐름에 따라 어떠한 변천을 겪었는지에 관심을 기울였다. 이렇게 내부 사회의 논리 속에서 불교와 사원경제를 보는 것은 나름대로 의미를 갖는 것이어서 이후에도 더욱 계승될 필요가 있을 것이다. 그러나 향후에는 일국에 초점을 둔 연구에 그치지 않고, 여러 나라의 역사 현상을 비교하는 것이 역사학이 나아갈 방향의 하나라고 생각한다.

사원경제를 중심 소재로 해서 중국이나 우리, 나아가 일본까지도 포함하여 공통성과 개별성을 천착하는 작업이 향후에 기대된다. 불교와 사원을 공통분모로 하고 있지만 사원경제의 운영에서는 상당한 차이점에 보이는데, 이는 불교가 각 사회에 적응한 결과일 것이다. 사원경제에 관해 여러 활동의 조합과 구성, 각 분야 활동의 내용, 경제 활동 종사자의 신분 및 처지, 전체 경제에서 사원경제가 차지하는 비중과 위상 등은 깊이 있는 작업이 요망된다. 경제에는 각 사회의 고유한 특징이 잘 드러나기 때문에 외래 사상인 불교를 수용하더라도 기반 사회의 속성을 강하게 유지하는 특징이 있다.

여기에서 소개한 『中國寺院經濟史研究』는 일차적으로 중국 사원경제에 대한 소상한 정보를 제공하지만 향후 동양 삼국 사원경제의 특징을 분명히 하는 데에 크게 기여할 수 있을 것이다. 사원경제에 그치지 않고 나아가 동양 삼국의 불교에 관해 보편성과 개별성을 파악하는 데에도 도움을 줄 수 있을 것이다. 이 저서가 출간된 이후 중국 사원경제에 관해서는 많은 연구가 이루어졌다. 중국측의 방대한 연구성과를 체계적으로 검토해서 고려의 사원경제와 비교하는 작업은 뒷날을 기약한다.

제2부
國家財政과 寺院經濟

제1장 高麗時期 國家의 寺院 造營 財政 支出

1. 序言

고려시기 국가는 불교계에 대해 적극적으로 재정을 지원했다.[1] 불교 행사의 비용을 지원했으며, 승려에게 재물을 사여했다. 사원 조영에 대한 지원도 그 가운데 하나였다. 사원의 조영은 상당한 노동력과 엄청난 물품을 필요로 했다. 부지를 선정해 터를 다지고, 많은 전각과 탑을 세우며, 불상이나 불화를 제작하고, 불교 경전도 비치해야 했다. 사원이 다수 조영되는 것은 곧 국가재정의 부담을 증대시키는 것이라고 할 수 있다.

국가가 사원의 조영을 지원하는 경우 비용을 전담하는 경우가 있는가 하면 일부만을 지원하는 경우도 있었다. 후자의 경우는 개인적 차원에서 조영이 이루어지는 것을 국가가 뒤이어서 재정 지원을 하는 것이 보통이었다. 지원하는 경우에도 노동력이 중심일 수도 있었고, 특정 물품이 중요한 경우도 있었다. 국가재정 지출에서 사원 조영은 중요한 항목을 구성했다.[2] 사원 조영에 대한 국가의 재정 지원은 불교가 국가와 긴밀한 연결을 갖게 하는 중요한 계기였다.

사원 조영에 대한 국가의 지원은 일차적으로 국가재정에 부담을 주는 것이며, 다른 한편으로 민인의 부담을 증대시키는 것이었다. 국가재정은

---

[1] 고려시기 불교와 관련한 국가재정 지출에 관해서는 다음의 저서가 참조된다. 金玉根, 1996, 『高麗財政史硏究』, 一潮閣, 292~297쪽, 333~337쪽 ; 安秉佑, 2002, 『高麗前期의 財政構造』, 서울대 출판부, 128~130쪽, 224~225쪽, 289쪽, 351~355쪽.

[2] 국가에서 징발한 요역노동이 사원 조영에 동원된 것에 관해서는 다음의 저서가 참조된다. 박종진, 2000, 『고려시기 재정운영과 조세제도』, 서울대 출판부, 150~157쪽 ; 이정희, 2000, 『고려시대 세제의 연구』, 國學資料院, 51~61쪽.

대부분 민인의 부담으로 충당하는 것이기 때문이다. 민인의 처지 변화나
의식의 성장, 그리고 국가의 불교정책 방향은 사원 조영에 대한 국가 지
원의 변화를 초래하는 중요한 요인이었다. 시대의 추이에 따라 사원 조
영에 대한 국가의 재정 지원 정도에는 상당한 차이가 있었다.

이 글은 국가재정에서 사원 조영에 제공한 노동력과 물품을 중심으로
서술하도록 하되, 사원의 조영과 동시에 지급한 토지와 息利穀은 기존
연구에서 상세히 정리한 바 있으므로 언급하지 않기로 한다.3) 구체적인
수치를 전하는 자료가 남아 있지 않아 전체의 추이를 종합적으로 제시하
는 수준에 머물 수밖에 없는 아쉬움이 있다.4)

2. 寺院 造營의 內容

하나의 사원을 조영한다는 것은 佛法僧 3寶를 갖추는 것을 의미한다.
곧 부처와 불법·승려를 갖추는 것이다. 승려가 있어야 하고, 부처의 법
을 담은 경전이 있어야 하며, 부처를 상징하는 불상을 모시고 있어야 했
다. 구체적으로는 불상을 모신 건물, 승려가 생활하는 공간, 경전을 안치
한 건물을 마련하고, 승려들이 필요로 하는 각종 집기와 佛具를 갖추어
야 했다. 그밖에 탑의 조영도 매우 중요했다.

고려시기 사원은 많은 전각으로 구성되었다. 천 칸을 넘는 대규모 사
원도 있지만, 불과 5칸 이내의 암자도 있었다. 사원의 규모에 따라 조영

---

3) 사원의 토지와 식리곡에 관해서는 기존 사원경제 연구에서 많이 언급되었다(李炳
熙, 2008, 『高麗後期寺院經濟硏究』, 景仁文化社, 5~8쪽 참조).
4) 개별 사원에 대한 구체적 검토가 여의치 않은 현재의 사정 하에서 이 글이 시도하
는 종합적이고 체계적인 이해는 이후의 작업을 진행하는 데 밑거름이 될 수 있을
것이다.

에 소요되는 비용은 엄청난 차이가 있었다. 국가에서 주도해 건립하는
사원은 대체로 규모가 매우 컸다.

佛과 관련한 전각에 대해서는 法堂·佛殿·佛堂이라고 지칭했다. 모든
사원이 불상을 모신 건물을 갖추고 있었으며, 봉안된 불상의 종류에 따
라 불전은 다양한 칭호로 불리었다. 能仁殿·無量壽殿·毗盧殿·地藏殿·
觀音殿·彌勒殿·羅漢殿·藥師殿 등 다양했다. 승려들이 생활하는 시설은
僧房·僧廡·僧堂·僧寮·僧寢·僧居라고 칭했다. 佛殿과 구별되는 공간을
마련해 그곳에서 승려들이 거처했다.

그리고 俗人들을 위한 시설도 갖추고 있었다. 사원을 자주 찾는 신도
도 있었고 일시적으로 들르는 行旅도 있었다. 고려시기 이동에 많은 시
간이 소요되어 사원에서 유숙하는 것은 일상생활화되어 있었다. 그 시설
은 賓館·客室·賓軒·賓位·客位·客館이라 했다.

승려들이나 속인들의 식사 문제를 해결하기 위한 부엌 시설을 갖추고
있었다. 사원의 운영에 필요한 물품을 보관하는 시설로서 창고도 마련했
다. 그리고 浴室을 별도로 갖추고 있는 사원도 있었다. 마구간 시설을
갖추고 있던 점도 주목을 끈다.5)

亡者의 영정을 모시는 시설도 보이는데, 이것은 사원이 종교적으로
중요한 기능을 수행하고 있음을 알려주는 것이다. 그 시설은 影堂·眞殿
이라 일컬어졌다. 영당은 속인이나 승려의 영정을 모신 곳이며, 진전은
국왕이나 妃의 영정을 모신 시설이었다.

사원에는 전각만이 있는 것이 아니었다. 석가여래를 상징하는 탑이
또한 조영되었다. 주지하듯이 탑은 석가의 사리탑에서 유래된 것으로 사
원의 모든 시설 가운데 가장 중시되는 조형물이었다. 사원의 조영과 동

---

5) 사원 전각에 관한 이상의 서술은 李炳熙, 1999, 「高麗時期 伽藍構成과 佛敎信仰」
『文化史學』 11·12·13합집(同, 2009, 『高麗時期寺院經濟硏究』, 景仁文化社 재수
록) 참조.

시에 탑을 세우는 수가 많았지만, 건축물의 조영을 마친 뒤 탑을 추가해
서 만드는 수도 있었다.

국가가 주도해 세우는 사원의 경우 규모가 크기 때문에 조영되는 탑
의 크기도 상당했다. 眞觀寺에 조영한 탑은 9층에 달하는 상당한 규모였
다.6) 문종대 국력을 기울여 조영한 興王寺에는 완공된 이후 金塔과 石塔
을 제작한 것이 확인된다.7) 國淸寺에도 숙종대에 금탑을 모신 것이 확인
된다.8) 智異山 水精社의 경우 僧統 翼乘이 석탑을 안치했고, 순금탑을
국왕이 사여했다.9) 소규모의 금탑은 외부에 둔 것이 아니라, 건물 내부
에 소중하게 봉안한 것으로 보아야 할 것이다.10)

이러한 탑의 조영에는 상당한 비용과 노력이 소요되었다. 安養寺 塔
은 새로이 조영한 것이 아니라 보수하기만 했는데, 役徒가 400여 명이었
고, 쌀이 595석, 콩이 200석, 포가 1,155필이 소요되었다.11) 圓證國師의
舍利石鍾碑를 세우는 데도 黍粟이 30섬, 棉布가 300필이 사용되었다.12)
석탑의 경우 양질의 석재를 확보하는 것, 이것을 다듬어 탑을 만드는 것
모두 어려운 작업이었다. 금탑이나 은탑의 경우는 어머어마한 비용이 드
는 것이었다.

사원에는 다양한 불상과 보살상을 모시고 있었다. 조영한 불상으로는
무량수불·석가여래·미타여래·비로자나불 등이 확인되며, 보살상으로서
는 관음보살·문수보살·보현보살이 흔히 제작되었다. 나무로 제작하기도

6)『高麗史』권3, 世家3 穆宗 10년 2월, 亞細亞文化社 影印本 上冊, 83쪽(이하 같음).
7)『高麗史』권9, 世家9 文宗 32년 7월, 上冊, 191쪽 ;『高麗史』권9, 世家9 文宗 34
   년 6월, 上冊, 194쪽.
8)『高麗史』권12, 世家12 肅宗 10년 3월 癸卯, 上冊, 244쪽.
9) 權適,「智異山水精社記」『東文選』권64(民族文化推進會 影印本 2冊, 403~405쪽).
10) 정영호, 1998,『한국의 석조미술』, 서울대 출판부, 9쪽.
11) 李崇仁,「衿州安養寺塔重新記」(『陶隱集』권4(『韓國文集叢刊』6冊, 589~591쪽).
12) 李智冠 譯註, 1997,『歷代高僧碑文(高麗篇4)』, 伽山佛敎文化硏究院,「舍那寺圓證
    國師舍利石鐘碑(1386년)」, 474~475쪽.

하고, 돌로 만들기도 하며, 청동으로 주조하기도 하고, 흙을 빚어 만드는
수도 있었다. 탱화의 형태로 그리기도 했다.

지리산 수정사의 경우 無量壽鑄像 一軀를 안치했으며,[13] 小林寺의 경
우 滿金觀音菩薩像 1軀가 확인되는데,[14] 아마도 관음보살상에 금을 도
금한 것으로 보여 제작에 상당한 비용이 소요되었을 것이다.

王輪寺에는 毗盧遮那丈六金像 1구가 모셔져 있음이 보인다.[15] 금상
으로 표현되는 데서 알 수 있듯이 금이 입혀져 있다고 생각한다. 충렬왕
3년(1277) 2월에 새로이 왕륜사에 丈六塑像을 조영했다는 기록이 보인
다.[16] 아마도 몽고의 침입으로 앞의 금상이 소실되어 새로운 장육상을
흙을 빚어 조영한 것으로 추측된다. 묘향산 普賢寺의 경우 거란의 침입
으로 불타자 새로이 毗盧遮那如來丈六像 및 文殊·普賢 두 보살상을 塑
成했다.[17]

禪源寺의 경우 비로전의 西東壁에 40神衆像을 그렸으며, 북벽에 55知
識의 상을 그렸다. 그림을 그리는 원료의 구입을 위해 포 1천 필을 사용
했고, 工役價로 銀 80鎰, 食米 110석을 소비했다.[18] 龍頭山 金藏寺에는
미륵삼존이 모셔져 있었는데 개금 비용으로 백은 16근이 들었다.[19] 靈
鳳山 龍巖寺의 경우 금당의 主佛 석가여래상을 금으로 꾸몄으며, 별전에
는 五彩로 채색한 관음보살과 正趣보살을 안치했다.[20]

---

13) 權適, 「智異山水精社記」 『東文選』 권64(民族文化推進會 影印本 2冊, 403~405쪽).

14) 林椿, 「小林寺重修記」 『東文選』 권65(民族文化推進會 影印本 2冊, 407~408쪽).

15) 李奎報, 「王輪寺丈六金像靈驗收拾記」 『東國李相國集全集』 권25(『韓國文集叢刊』
   1冊, 546~549쪽).

16) 『高麗史』 권28, 世家28 忠烈王 3년 2월 甲戌, 上冊, 574쪽.

17) 李奎報, 「妙香山普賢寺堂主毗盧遮那如來丈六塑像記」 『東國李相國集全集』 권24
   (『韓國文集叢刊』 1冊, 543~544쪽).

18) 釋息影庵, 「禪源寺毗盧殿丹靑記」 『東文選』 권65(民族文化推進會 影印本 2冊, 415~
   416쪽).

19) 李慥, 「龍頭山金藏寺金堂主彌勒三尊改金記」 『東文選』 권68(民族文化推進會 影印
   本 2冊, 440~441쪽).

금강산 長安寺에는 비로자나불, 좌우노사나불, 석가불, 만오천불, 53
불, 관음대사천수천안, 문수보살, 보현보살, 미륵보살, 지장보살, 미타53
불, 법기보살, 익노사나 등이 봉안되었다.21) 釋王寺에는 그림으로 만든
3천불, 석가삼존, 비로자나삼존, 지장보살, 시부명왕이 있었고, 또한 石
造 오백나한이 있었으며, 木造 문수·보현 두 보살상을 모시고 있었다.22)
규모가 큰 사원의 경우 다양한 불상과 보살상을 모시고 있었을 알 수
있다.

이처럼 사원에는 각종 불상과 보살상을 봉안하고 있었다. 나무, 돌,
흙, 금동, 철 등 다양한 소재로 제작했으며, 회화의 형태로 만든 것도 있
었다. 대개의 경우 이러한 불상과 보살상은 매우 화려하여 금은으로 도
색하는 경우가 많았으며, 그렇지 않다 하더라도 장엄을 위해 상당한 비
용을 지출했다.

사원의 조영 시에 불교 경전을 마련해 비치하고 있었다. 불교 경전은
승려들이 공부하는 서책이 되며, 또한 신앙의 대상이 되었다. 특히 사경
한 경전은 신앙의 대상으로서 중시되었다.23)

숙종대에 국청사 창건을 주도한 仁睿順德太后 李氏가 『瑜伽顯揚論』
을 銀書하고자 발원해 완성했다.24) 은으로 사경한 유가현양론은 신앙
대상의 의미를 갖는 것으로 보인다. 금강산 장안사의 경우 대장경 4부를
마련했는데, 銀書한 1부는 奇皇后가 사여한 것이며, 화엄 3본과 법화 8
권은 모두 金書한 것이다.25)

---

20) 朴全之, 「靈鳳山龍巖寺重創記」 『東文選』 권68(民族文化推進會 影印本 2冊, 443~
445쪽).
21) 李穀, 「金剛山長安寺重興碑」 『稼亭集』 권6(『韓國文集叢刊』 3冊, 137~138쪽).
22) 權近, 「釋王寺堂主毗盧遮那左右補處文殊普賢腹藏發願文」 『陽村集』 권33(『韓國文
集叢刊』 7冊, 290~291쪽).
23) 고려시기 寫經에 관해서는 權憙耕, 2006, 『고려의 사경』, 글고운 참조.
24) 『高麗史』 권88, 列傳1 后妃1 仁睿順德太后李氏, 下冊, 10쪽.
25) 李穀, 「金剛山長安寺重興碑」 『稼亭集』 권6(『韓國文集叢刊』 3冊, 137~138쪽).

지리산 수정사의 경우 禪師 永誠이 印本의 대장경을 안치했다.[26] 영
봉산 용암사의 경우 대장경 보완을 위해 鹽場別監이 왕명을 받아 종이
와 함을 만들어 도왔으며, 江華板堂에 가서 누락된 부분을 印出해 왔다.
新舊 합 600餘 函을 화려하게 장식해 안치했다.[27]

사원을 새로이 조영하는 경우 대장경을 마련해 비치하는 것은 필수적
인 일이었다고 생각된다. 이것에는 상당한 비용이 소요되었다. 종이의
마련, 먹의 준비, 제책과 장식 등에 상당한 재원이 필요했다.

사원은 그밖에도 梵鐘이나 飯子 등을 비치했으며, 여러 물품을 갖추
고 있었다. 규모가 큰 범종은 제작에 상당한 비용이 소요되었다. 大鍾은
수백 근의 동·철을 사용해 조영했다. 100근 이상 사용되어 제작한 범종
에는 河淸部曲北寺 鍾(1026년, 121근), 太平十年銘 鐘(1030년, 300근),
靑鳧大寺 鐘(1032년, 170근), 淸寧四年銘 金鐘(1058년, 150근), 戒持寺
金鍾(1065년, 150근), 靑林寺 鐘(1222년, 700근), 長興寺 鐘(1392년, 300
근) 등이 있었다.[28] 반자와 香垸을 제작하는 데에도 금속물이 소요되었
다. 그리고 사원을 조영할 때 향로와 정병,[29] 범패 도구,[30] 幢幡,[31] 일용
의 용품,[32] 그릇[33] 등을 갖추었다.

26) 權適, 「智異山水精社記」『東文選』권64(民族文化推進會 影印本 2冊, 403~405쪽).
27) 朴全之, 「靈鳳山龍巖寺重創記」『東文選』권68(民族文化推進會 影印本 2冊, 443~
　　445쪽).
28) 許興植 編著, 1984, 『韓國金石全文(中世上·下)』, 亞細亞文化社, 472쪽, 474쪽, 484
　　쪽, 498~499쪽, 900~901쪽, 1244~1245쪽 참조.
29) 權近, 「五臺山西臺水精庵重創記」『陽村集』권14(『韓國文集叢刊』7冊, 155~156쪽).
30) 李穡, 「勝蓮寺記」『牧隱文藁』권1(『韓國文集叢刊』5冊, 7쪽) ; 李穡, 「報法寺記」
　　『牧隱文藁』권6(『韓國文集叢刊』5冊, 46~47쪽) ; 李穡, 「廣通普濟禪寺碑銘幷序」『牧
　　隱文藁』권14(『韓國文集叢刊』5冊, 114~116쪽).
31) 林椿, 「小林寺重修記」『東文選』권65(民族文化推進會 影印本 2冊, 407~408쪽) ;
　　李奎報, 「爲晉康公重修順天寺慶讚華嚴章疏法席疏」『東國李相國集全集』권41(『韓
　　國文集叢刊』2冊, 124~125쪽).
32) 李穡, 「勝蓮寺記」『牧隱文藁』권1(『韓國文集叢刊』5冊, 7쪽).
33) 林椿, 「小林寺重修記」『東文選』권65(民族文化推進會 影印本 2冊, 407~408쪽) ;

사원의 규모에는 상당한 편차가 있었다. 국가에서 주도해 건립한 사원의 경우는 대체로 규모가 컸으며, 그렇지 않고 개인 차원에서 세운 사원은 소규모인 경우가 많았다. 사원의 규모 차이에 따라 조영 시 소요되는 비용에 상당한 차이가 있었음은 쉽게 추측할 수 있다.

사원 전체를 조영한 뒤에 추가로 건축물이나 조형물을 제작하는 수도 있었다. 문종 21년(1067)에 흥왕사가 완성되었는데, 3년 뒤 문종 24년 2월에 흥왕사에 慈氏殿을 조성해 낙성한 일이 보인다.34) 이후 흥왕사에 薦福院을 새로이 조영한 예도 확인된다.35) 사원의 기본 조형물이 완공된 후에도 새로이 건축물이 조영되는 경우는 허다했다.

선종 7년(1090)에 보제사에 수륙당을 세웠고,36) 숙종 7년(1102)에 興福寺의 十王堂이 완성되었으며,37) 숙종 10년에 국청사에는 仁睿太后가 발원해 만든 금탑을 안치했다.38) 수륙당·시왕당·금탑은 모두 추가로 조영한 것이다. 충렬왕 6년(1280) 현화사에 佛殿을 추가로 조영했으며,39) 보제사에 五百羅漢堂을 조영한 일이 전한다.40) 충선왕 5년(1313)에는 旻天寺에 새로이 불상을 주조한 일이 보인다.41)

기존의 사원에 추가적으로 시설을 조영하거나 물품을 갖추는 경우는 허다했다. 전각을 새로이 짓는 수도 있었고, 탑을 추가로 조영하기도 했으며, 대장경을 새로이 마련하기도 했다. 이 모든 경우 상당한 비용의 지출이 동반되는 것은 물론이었다.

李穀, 「重興大華嚴普光寺記」 『稼亭集』 권3(『韓國文集叢刊』 3冊, 116~117쪽).
34) 『高麗史』 권8, 世家8 文宗 24년 2월 庚寅, 上冊, 178쪽.
35) 李智冠 譯註, 1996, 『歷代高僧碑文(高麗篇3)』, 伽山佛敎文化硏究院, 「開城靈通寺大覺國師碑文(1125년)」, 125쪽.
36) 『高麗史』 권10, 世家10 宣宗 7년 정월 壬辰, 上冊, 210쪽.
37) 『高麗史』 권11, 世家11 肅宗 7년 9월 丁酉, 上冊, 237쪽.
38) 『高麗史』 권12, 世家12 肅宗 10년 3월 癸卯, 上冊, 244쪽.
39) 『高麗史』 권29, 世家29 忠烈王 6년 2월 戊戌, 上冊, 592쪽.
40) 『高麗史』 권104, 列傳17 金方慶, 下冊, 287쪽.
41) 『高麗史』 권34, 世家34 忠宣王 5년 정월 己未, 上冊, 692쪽.

기존에 있던 건물을 보수하는 경우도 흔했다. 건물이나 불상은 세월이 오래 가면 자연 퇴락하기 마련이었다. 이것의 보수에 대해 국가가 지원했다. 이미 태조대에 兩京의 塔廟와 肖像 가운데 廢缺한 것을 보수하게 했다.[42] 이 경우 그에 소요되는 노동력이나 비용은 국가에서 부담한 것이 분명하다. 현종 9년(1018)에는 태조대에 조영한 개국사의 탑을 보수하고 사리를 그 안에 안치했다.[43]

경주의 皇龍寺 塔은 여러 차례 보수했으며,[44] 문종 6년(1052)에 大安寺의 보수가 있었다.[45] 예종 2년(1107)에 松林縣의 佛頂寺를 중수하고 資薦寺로 개명했다.[46] 예종대에 安和寺를 중수했으며,[47] 인종 2년(1124) 영통사에 행차해 유사에게 명해 崇福院을 보수하게 했다.[48] 원종 3년(1262)에는 미륵사와 功臣堂을 중영한 일이 보인다.[49] 충렬왕 9년(1283)에는 廉承益과 孔愉에게 명해 玄化寺를 보수하고 또한 南溪院과 王輪寺 石塔을 보수토록 했다.[50] 이밖에도 사원을 보수하는 예는 여럿 찾을 수 있다.[51]

사원의 창건이나 중수는 고려 전 시기에 걸쳐 꾸준히 계속되었다. 개경 및 인근에 국가 차원에서 조영한 사원의 경우(<표> 참조), 국가의 재정 지원이 있었을 것으로 보인다.

---

42) 『高麗史』 권1, 世家1 太祖 2년 3월, 上冊, 41쪽.
43) 『高麗史』 권4, 世家4 顯宗 9년 윤4월, 上冊, 98쪽.
44) 『高麗史』 권93, 列傳6 崔沆, 下冊, 92~93쪽 ; 『高麗史』 권10, 世家10 獻宗 원년 8월 甲申, 上冊, 218쪽 ; 『高麗史』 권12, 世家12 睿宗 원년 3월 丙申, 上冊, 249쪽.
45) 『高麗史』 권7, 世家7 文宗 6년 4월, 上冊, 151쪽.
46) 『高麗史』 권12, 世家12 睿宗 2년 10월 癸亥, 上冊, 253쪽.
47) 『高麗史』 권14, 世家14 睿宗 12년 12월 庚午, 上冊, 289쪽 ; 『高麗史』 권14, 世家 14 睿宗 13년 4월 丁卯, 上冊, 289쪽.
48) 『高麗史』 권15, 世家15 仁宗 2년 6월 戊申, 上冊, 302쪽.
49) 『高麗史』 권25, 世家25 元宗 3년 10월 己未, 上冊, 514쪽.
50) 『高麗史』 권29, 世家29 忠烈王 9년 7월 戊午, 上冊, 610쪽.
51) 李炳熙, 2008, 앞의 책, 215~219쪽 참조.

<표> 국가가 조영한 개경 일대의 사원과 그 창건 연대[52]

國王	창건 사원명(창건 연대)
太 祖	法王寺(919), 王輪寺(919), 內帝釋院(919), 普濟寺(919), 新興寺(919), 舍那寺(919), 靈通寺(919), 地藏寺(919), 文殊寺(919), 慈雲寺(919), 大興寺(921), 日月寺(922), 廣明寺(922), 外帝釋院(924), 興國寺(924), 九曜堂(924), 神衆院(924), 妙智寺(927), 龜山寺(929), 安和寺(930), 開國寺(935), 賢聖寺(936), 彌勒寺(936), 廣興寺(936), 內天王寺(936), 開泰寺(940, 連山)
光 宗	奉恩寺(951), 佛日寺(951), 崇善寺(954), 歸法寺(963), 弘化寺(968) 遊巖寺(968), 三歸寺(968)
穆 宗	眞觀寺(999), 崇教寺(1000)
顯 宗	重光寺(1012), 玄化寺(1018), 奉先弘慶寺(稷山)
文 宗	大雲寺(1064), 大安寺(1048), 興王寺(1056)
肅 宗	國淸寺(1089), 弘護寺(1093)
睿 宗	天壽寺(1103)
仁 宗	惠陰寺
明 宗	海安寺, 宣孝寺, 佛住寺
熙 宗	孝信寺, 龍興寺
高 宗	禪源寺, 昌福寺
忠烈王	旻天寺(1277)
忠宣王	興天寺(1311), 敬天寺, 神孝寺, 妙蓮寺, 寶國寺, 廣濟寺
恭讓王	陽陵寺

3. 勞動力의 提供과 組織

사원을 조영하는 데는 많은 노동력이 필요했으며, 다량의 재물이 소요되었다. 우선 부지를 선정하고, 터를 닦아야 했으며, 건축물을 세워야 했다. 그리고 불상을 조영하는 일, 대장경을 마련하는 일, 필요한 비품을 갖추는 일이 있었다. 그리고 사원에 접근하는 도로를 확보하는 것도 중요했다. 다수의 사람들이 동원되지 않으면 이러한 작업은 불가능했다.

---

52) 許興植, 1986,『高麗佛敎史硏究』, 一潮閣, 307쪽 참조 ; 韓基汶, 1998,『高麗寺院의 構造와 機能』, 民族社, 47~48쪽 참조.

그리고 특정 기술을 가진 장인을 확보하는 일도 긴요했으며, 노동을 조
직하고 감독하는 일도 중요했다.

사원 조영에 필요한 노동력은 대부분 민인을 통해 조달되었다.53) 이
러한 조달은 국가권력이 뒷받침하지 않으면 안 되었다. 국가 차원의 요
역 중 가장 전형적인 것은 궁궐과 사원의 영조이며, 국가 차원의 役夫는
농한기에 동원하는 것이 원칙이었다.54)

목종 5년(1002)에 '役人戶而造佛寺'했다는 기록이 보이는데,55) 인호
는 곧 일반 민호를 뜻하므로 민인의 동원을 통해 사원을 조영했음을 알
수 있다. 사원의 조영은 일반의 민호를 사역시켜 하는 것이 보통이었을
것이다.

현종 18년(1027) 慧日重光寺를 창건하는 데에 '徵發人夫工匠'했다고
한다.56) 사원의 조영에 징발된 人夫은 민인일 것이다. 현종 21년에는 중
광사를 조영하는 데 僧俗의 工匠이 동원되었고, 赴役者도 보인다.57) 부
역자는 곧 동원된 민인으로 보아야 할 것이다. 현화사도 조영할 때 '工
役只徵於遊手'했다고58) 하는데, 遊手는 민인을 의미할 것이다.

최항이 황룡사 탑 중수를 감독했을 때, 農務를 심히 상하게 했다는
데서 알 수 있듯이59) 농민이 다수 동원되었다. 황룡사 탑의 중수에는 아
마도 경주 일원의 농민들이 동원되었을 것으로 보인다. 덕종 원년(1032)
3월, 가뭄 때문에 봉은사·중광사 役夫를 풀어준 일이 있다.60) 여기의 역

---

53) 국가에서 필요한 노동력이 대부분은 徭役제도를 통해 조달했다. 요역제 전반에 관
　　해서는 두 저서가 참조된다. 박종진, 2000, 앞의 책 ; 이정희, 2000, 앞의 책.
54) 박종진, 2000, 앞의 책, 133쪽.
55) 『高麗史』 권3, 世家3 穆宗 5년 5월, 上冊, 82쪽.
56) 『高麗史』 권5, 世家5 顯宗 18년 9월, 上冊, 110쪽.
57) 『高麗史』 권5, 世家5 顯宗 21년 6월, 上冊, 113쪽.
58) 許興植 編著, 1984, 『韓國金石全文(中世上)』, 亞細亞文化社, 「玄化寺碑(1021년)」,
　　445쪽 ; 金昌賢, 2012, 「고려 현화사비 분석」 『목간과 문자』 9, 한국목간학회.
59) 『高麗史』 권93, 列傳6 崔沆, 下冊, 92~93쪽.
60) 『高麗史』 권5, 世家5 德宗 원년 3월, 上冊, 117쪽 ; 『高麗史』 권54, 志8 五行2 德宗

부도 농민이 중심이었을 것으로 보인다. 대운사·대안사의 역에 동원된 丁匠이 보이는데, 두 사원의 조영 역을 농사틈을 기다려 하라는 데서[61] 알 수 있듯이, 동원된 丁의 중심은 농민으로 이해된다. 흥왕사의 조성에 많은 민인이 동원되었음은 "罄民財 竭民力"이라는 데서[62] 알 수 있다.

사원의 조영에 동원된 役夫의 수는 상당했다. 弘護寺 조영을 위해 동원된 役夫는 6,500인에 달했으며,[63] 국청사 조영에 동원된 역부는 1,900인이었다.[64] 역부의 중심은 농민일 것이다. 국가가 주도해 사원을 조영하는 경우, 역부는 통상 1천 명을 크게 상회했을 것으로 추측된다.

영봉산 용암사의 경우 提察使와 鹽場別監에게 重營을 시작하도록 명했다.[65] 이 때 동원된 역부는 아마도 용암사 인근의 민인들이었을 것이다. 金倫이 좌천되어 지방관으로 있을 때 국가에서 궁실과 사원을 크게 조영하기 위해 '驅民就役'했는데, 使者들이 인근에 왔지만 김윤을 꺼려 부득이한 일이 아니면 경내에 들어오지 않아 그곳 민인이 쉴 수 있었다.[66] 사원을 조영할 노동력을 확보하기 위해 지방에 사신을 보냈음을 알 수 있다.

왕륜사 인근에 노국공주의 영전을 조영하기 위해 동원된 역부도 민인으로 보인다. 6道의 丁夫를 징발했다는 기록에서 분명히 알 수 있다.[67] 고려말에 보수되는 演福寺 塔殿의 경우 경기·양광민이 동원되어 나무 5

원년 3월 庚子, 中冊, 223쪽.

61) 『高麗史』 권7, 世家7 文宗 2년 3월, 上冊, 145쪽.

62) 『高麗史』 권95, 列傳8 崔冲附 惟善, 下冊, 119~120쪽 ; 『高麗史節要』 권4, 文宗 10년 2월, 亞細亞文化社 影印本 132쪽(이하 같음).

63) 『高麗史』 권11, 世家11 肅宗 6년 5월 甲申, 上冊, 234쪽.

64) 『高麗史』 권11, 世家11 肅宗 6년 7월 辛酉, 上冊, 234쪽.

65) 朴全之, 「靈鳳山龍巖寺重創記」 『東文選』 권68(民族文化推進會 影印本 2冊, 443~445쪽).

66) 金龍善 編著, 2012, 『高麗墓誌銘集成』, 翰林大 出版部, 「金倫墓誌銘(1348년)」, 534쪽.

67) 『高麗史』 권41, 世家41 恭愍王 16년 4월 丙寅, 上冊, 819쪽.

천 그루를 운반했는데 소가 지쳐 죽어가고, 민이 심히 원망했다고 한다.[68] 연복사 탑을 중수하는 일에 엄청나게 많은 민인이 동원되었음을 엿볼 수 있다.

동원된 민인은 삽, 가래, 괭이 등을 지참했을 것이며, 때때로 소지하고 있던 소도 부담하는 수가 있었다.[69] 개경 및 인근 사원을 조영하는 경우 개경에 가까운 지역민이 동원되었으며, 외방 사원은 국가의 지시로 지방관이 소재지 인근의 민인을 동원했다. 국가의 지원 하에 사원이 조영될 때는 늘상 민인이 요역노동의 형태로 징발되어 사역되었다.

고려시기에 부분적으로 군인을 사원 조성에 동원하는 일이 있었다. 국초 개국사의 경우 卒伍를 모집해 工徒로 삼았는데,[70] 개국초의 특수한 사정 하에서 졸오, 즉 군인을 역도로 동원한 것이다.

홍왕사 조성역에 동원된 일부의 역부는 士卒로 표현되었다. 北朝 冊封使를 迎送하느라고 사졸이 이미 피곤한데다 또 홍왕사 역에 보내어 휴식을 할 수 없었다고 지적했다.[71] 여기의 사졸은 군인으로 보인다. 일반 농민 이외에도 사졸로 표현되는 군인이 홍왕사 조성 역에 동원된 것이다.

드문 경우로서 승려가 사원 조영 역에 동원되는 수도 있었다. 현종 20년(1029)에 "徵有妻 僧 充重光寺役徒"라고[72] 함이 그것이었다. 처가 있는 승려가 징발되어 중광사 역도에 충당된 것이다. 중광사의 조성 역

---

68) 『高麗史』 권119, 列傳32 鄭道傳, 下冊, 608쪽. 다른 기록에는 연복사 탑을 보수하느라고 민가 3,40호를 파괴했고, 지금 또 크게 부도를 일으켜 토목의 역을 일으키고 있으며, 바야흐로 농사가 바쁜데 交州 一道에서 나무를 잘라 수송하는 데 사람과 가축이 모두 지쳤다고 한다(『高麗史』 권120, 列傳33 金子粹, 下冊, 634~636쪽).

69) 이정희, 2000, 앞의 책, 110쪽.

70) 李齊賢, 「重修開國律寺記」 『益齋亂藁』 권6(『韓國文集叢刊』 2冊, 552~553쪽).

71) 『高麗史』 권95, 列傳8 金元鼎, 下冊, 131쪽 ; 『高麗史』 권81, 志35 兵1 文宗 11년 5월, 中冊, 778쪽.

72) 『高麗史』 권5, 世家5 顯宗 20년 6월, 上冊, 111쪽.

에는 세속인이 동원되어 사역되고 있었는데, 유처승이 추가로 징발된 것이다. 공민왕 16년(1367)에도 왕륜사 곁에 노국공주 영전을 조영할 때 승려들이 동원된 것이 확인된다.[73] 고려시기 국가에서 사원 조영에 강제적으로 승려를 동원하는 일은 흔치 않은 것으로 보인다.[74]

사원의 조영은 단순한 노동으로 성취할 수 있는 것이 아니었다. 건물을 짓거나 탑을 세우고, 기타 여러 조형물을 만들기 위해서는 다양한 기술을 가진 여러 부류의 匠人이 동원되지 않으면 안 되었다. 화려하고 종교적 신심을 불러 일으키는 사원의 조영에는 최고급의 기술자가 동원되었다. 이들 장인은 속인인 경우가 많았지만 승려인 경우도 드물지 않았다.

현종 18년(1027) 중광사를 창건할 때 人夫工匠이 징발된 것이 확인된다.[75] 여기의 공장은 기술자 집단을 의미하는 것으로 보인다. 공장에는 석수, 목공, 금속가공 기술자 등이 포함되었을 것으로 보인다. 현종 21년에도 중광사 공사에 동원된 工匠이 보인다.[76]

문종 2년(1048) 대운사와 대안사의 역이 있을 때 丁匠이 廢農한다는 지적이 있는데,[77] 장은 기술자 집단으로 보인다. 문종 5년에도 두 사원의 중흥과 관련해 '匠夫疲於日夜'하다고 했다.[78] 匠夫는 匠人과 役夫를 뜻하는 것으로 보인다. 곧 장인이 동원되었음을 확인할 수 있는 것이다. 예종 11년(1116) 천수사 조영에 동원된 공장에게 상을 내렸으며,[79] 예종 12년에 국왕이 안화사에 행차했을 때 "執役工匠 賜物有差"했다.[80] 천수

---

73) 『高麗史』 권41, 世家41 恭愍王 16년 4월 丙寅, 上冊, 819쪽.
74) 고려의 경우와 달리 조선초 국가 차원에서 사원을 조성하거나 보수하는 경우 대체로 승려들이 동원되었다. 이러한 승려 사역의 반대급부로 그들에게 度牒이 내려졌다(李承峻, 2000, 「朝鮮初期 度牒制의 運營과 그 推移」『湖西史學』 29 참조).
75) 『高麗史』 권5, 世家5 顯宗 18년 9월, 上冊, 110쪽.
76) 『高麗史』 권5, 世家5 顯宗 21년 6월, 上冊, 113쪽 ; 『高麗史』 권80, 志34 食貨3 恩免之制, 顯宗 21년 6월, 中冊, 763쪽.
77) 『高麗史』 권7, 世家7 文宗 2년 3월, 上冊, 145~146쪽.
78) 『高麗史』 권7, 世家7 文宗 5년 4월, 上冊, 150쪽.
79) 『高麗史』 권14, 世家14 睿宗 11년 정월, 上冊, 280쪽.

사와 안화사의 공사에 공장이 동원되었음을 알 수 있다.

삼각산 승가굴 중수는 龜山寺住持 禪師 領賢이 왕명을 받아 임시로
神穴寺에 머물면서 주관했는데, 영현은 유능한 工人을 뽑았다.[81] 중수의
책임을 맡은 영현이라는 승려가 기술자 집단을 선택하고 있음을 보이는
것이다. 의종대 沈香木으로 관음상을 만들 때 工에게 명을 했다.[82] 이
工은 木匠으로 보인다. 국가에서 石工을 보내어 부도를 만드는 예도 보
인다.[83]

해주 神光寺는 元帝의 원찰이었는데, 원에서 大監 宋骨兒에게 工匠
37인을 인솔케 해 보냈으며, 高麗 侍中 金石堅, 密直副使 李守山 등이
監督해 營建했다고 한다.[84] 원에서 보내온 공장 37인은 다양한 분야의
기술자로서 원나라 양식으로 사원을 조영하는 일을 담당했을 것이다. 그
리고 시중 김석견과 밀직부사 이수산은 이들에게 필요한 노동력이나 물
품을 제공하는 일을 맡았을 것이다. 아마 국가가 조영을 주도한 다른 사
원의 경우도 이 정도 규모의 장인이 동원되지 않았을까 한다.

匠人 가운데는 승려 장인이 동원되어 활약하는 경우도 적지 않았다.
혜음사 조영의 경우에 李少千이 妙香山寺에 이르러 대중에게 공사의 참
여를 권유했는데, 이때 寺主 比丘 惠觀이 기뻐했으며, 門徒로서 따르고
자 하는 자가 100人이었다. 惠觀이 늙어 갈 수 없다고 하면서, 부지런하
고 기능이 있는 승려 16명을 선택해 보냈다.[85] 승려 가운데 사원 조영과

80) 『高麗史』 권14, 世家14 睿宗 12년 12월 庚午, 上冊, 289쪽.
81) 李預, 「三角山重修僧伽崛記」 『東文選』 권64(民族文化推進會 影印本 2冊, 400~
    402쪽).
82) 『高麗史』 권17, 世家17 毅宗 5년 4월 己酉, 上冊, 359쪽.
83) 李智冠 譯註, 1995, 『歷代高僧碑文(高麗篇2)』, 伽山佛敎文化硏究院, 「驪州高達院
    元宗大師惠眞塔碑文(975년)」, 23쪽.
84) 『新增東國輿地勝覽』 권43, 海州 佛宇 神光寺.
85) 金富軾, 「惠陰寺新創記」 『東文選』 권64(民族文化推進會 影印本 2冊, 398~400쪽).
    혜음사의 창건 역에 관해서는 全暎俊, 2004, 「高麗 睿宗代의 사찰창건과 승도동원-
    惠陰寺 新創記를 중심으로-」 『震檀學報』 97 참조.

관련한 기술을 가지고 있는 승려가 특별히 선발되어 보내진 것이다.

玉龍寺에 道詵碑를 세우는 데도 화엄사 승려 출신의 石匠이 활용되었다.[86] 돌을 다듬는 기술을 가진 승려 집단을 볼 수 있다. 선원사 비로전을 단청하는 데에도 승려 장인이 활약했다. 魯英은 건물에 그림을 그렸으며, 鶴仙은 東西壁에 그림을 그렸고, 木工으로 참여한 今龍이라는 승려도 보인다.[87] 그림을 잘 그리는 장인과 목공이 모두 승려였음을 볼 수 있다.

용두산 금장사의 불상을 색칠하는 데에도 승려 장인인 高原寺主人 自成이 동원되었다.[88] 그림 잘 그리는 떠돌이 승려를 맞이해 단청을 하는 경우도 보인다.[89] 사원의 조영에 필요한 제반 작업에는 기술능력을 소지한 장인이 동원되었으며, 그 장인은 승려 출신의 경우가 많았다.[90]

범종이나 반자, 香垸, 탑의 조영에 참여한 장인으로는 鐵匠, 大匠, 石匠, 鑄匠, 銅匠 등이 확인된다. 이러한 장인 가운데에는 세속인도 많았지만 드물지 않게 승려가 포함된 경우도 보인다.[91]

우물 파는 기술자의 존재도 주목할만하다. 사원 조영 시 식수원으로서 泉이나 井이 매우 중요했다. 우물의 경우 수맥을 찾는 일과 파 내려

---

86) 李智冠 譯註, 1996, 『歷代高僧碑文(高麗篇3)』, 伽山佛教文化研究院, 「光陽玉龍寺先覺國師證聖慧燈塔碑文(1150년)」, 427쪽.

87) 釋息影庵, 「禪源寺毗盧殿丹靑記」 『東文選』 권65(民族文化推進會 影印本 2冊, 415~416쪽).

88) 李嵓, 「龍頭山金藏寺金堂主彌勒三尊改金記」 『東文選』 권68(民族文化推進會 影印本 2冊, 440~441쪽).

89) 權近, 「四佛山彌勒庵重創記」 『陽村集』 권11(『韓國文集叢刊』 7冊, 125쪽).

90) 고려시기 승려 장인에 관해서는 다음의 글이 참고된다. 林英正, 1992, 「高麗時代의 使役·工匠僧에 대하여」 『韓國佛教文化思想史 — 伽山李智冠스님 華甲紀念論叢 —』 상 ; 韓基汶, 1998, 앞의 책, 206~215쪽.

91) 許興植 編著, 1984, 『韓國金石全文(中世上·下)』, 亞細亞文化社, 318쪽, 410쪽, 474쪽, 494쪽, 498~499쪽, 501쪽, 525쪽, 534쪽, 538쪽, 780쪽, 938쪽, 966쪽, 965쪽, 971쪽, 998쪽, 1027쪽, 1041쪽, 1127쪽, 1244~1245쪽, 1251쪽, 1254쪽, 1257쪽, 1261쪽, 1262쪽, 1266쪽, 1279쪽, 1280쪽.

가는 일이 쉽지 않았으며,92) 샘의 경우도 물 나오는 지점을 찾는 것 역
시 만만치 않았다.

　이상에서 보았듯이 사원의 조영에는 다양한 기술자를 필요로 했다.
목수·석공·화공 그리고 금속가공 기술을 소지한 이가 동원되었다.93) 이
러한 기술자는 세속인으로 충당되는 수도 있었지만 승려 가운데 발탁되
어 동원되는 수도 적지 않았다. 이들은 요역으로 동원된 일반 민인들의
노동력 제공을 기반으로 해서 다양한 기술능력을 발휘함으로써 사원을
조영할 수 있었다.

　기술자 집단과 민인이 작업하는 구체적인 모습은 다양하게 서술하고
있다. 기와장이는 기와를 대고, 나무꾼은 목재를 공급하며, 톱질과 자귀
질은 목수들이 담당하고, 괭이질과 삽질은 특별한 기술이 없는 보통의
사람들이 담당했다고 표현했다.94) 다른 자료에는 도끼질하는 것, 톱질하
는 것, 짜르는 것, 바르고 미는 작업의 내용을 전한다.95) 숲에서 재목을
베는 것, 산에서 돌을 채취하는 것, 자갈을 까는 것, 흙을 다지는 것을
언급한 예도 보인다.96) 재목을 베고 기와를 구워 조영한다는 표현도,97)
목재와 돌을 날라다 경영한다는 것도 찾아진다.98)

　사원을 조영하는 데 동원한 민인과 장인은 효율적으로 조직되어야 했

---

92) 李穀, 「靈巖寺新井銘」『稼亭集』 권7(『韓國文集叢刊』 3冊, 146쪽).
93) 고급기술을 가진 匠人은 여러 조영 역에 불려 다닌 것으로 보인다. 예컨대 승려
　　梓匠 性富는 장성 白巖寺(지금의 白羊寺)를 조성하고 이어서 修禪社의 조성에 참
　　여했으며(李炳熙, 2008, 앞의 책, 374쪽, 416쪽), 韓仲叙라는 장인은 여러 梵鐘과
　　飯子의 제작에 참여한 것이 확인된다(許興植 編著, 1984, 『韓國金石全文(中世下)』,
　　亞細亞文化社, 1027쪽, 1040~1041쪽).
94) 崔冲, 「奉先弘慶寺記」『東文選』 권64(民族文化推進會 影印本 2冊, 398쪽).
95) 李穀, 「刱置金剛都山寺記」『稼亭集』 권3(『韓國文集叢刊』 3冊, 115~116쪽).
96) 李齊賢, 「重修乾洞禪寺記」『益齋亂藁』 권6(『韓國文集叢刊』 2冊, 553~554쪽).
97) 權近, 「犬灘院樓記」『陽村集』 권12(『韓國文集叢刊』 7冊, 140~141쪽) ; 權近, 「德
　　方院記」『陽村集』 권13(『韓國文集叢刊』 7冊, 144쪽).
98) 權近, 「有明朝鮮國普覺國師碑銘幷序」『陽村集』 권37(『韓國文集叢刊』 7冊, 328쪽).

다. 국가 차원에서 기구를 설치해 전폭적으로 지원하는 수도 있었고, 감
독관을 선임해 그의 책임 하에 진행토록 하는 수도 있었다. 선임된 감독
관은 고위층의 관인이거나 국왕의 측근 인물인 경우가 많았으며, 때로는
승려가 총책임을 맡아 진행하는 사례도 보인다.

현종대 중광사를 조영할 때는 造成都監을 두어 진행했다.99) 중광사의
조영을 위해 조성도감이라는 기구를 설치해 총괄토록 했으며, 이 기구에
여러 관리가 배속되어 있었다. 그런데 靖宗代의 기록에는 중광사 成造都
監으로 표현되었으며 都監使로 鄭莊이 있었음이 확인된다.100) 선종대에
현화사를 보수할 때, 繕理宮이라는 기구를 설치해 조영을 주관했음이 보
인다.101)

弘慶寺는 승려 逈兢에게 사원을 창건하도록 명을 내렸으며, 兵部尙書
姜民瞻이 감독하여 완성했다.102) 홍경사를 조영하는 일은 강민첨이 중
심이 되어 진행하고 형긍은 기술 분야의 의견을 제시하는 수준에 머물렀
을 것으로 추측된다.

최항은 불교를 酷信해 황룡사 탑을 수리할 것을 청하고서 스스로 감
독관이 되어 일을 진행했다.103) 문종 16년(1062)에 홍왕사 조영과 관련
하여 董役官吏가 언급되는 것으로 보아,104) 감독을 맡고 있는 관리의 존

---

99) 『高麗史』 권5, 世家5 顯宗 20년 11월, 上冊, 112쪽.
100) 『高麗史』 권6, 世家6 靖宗 9년 9월, 上冊, 136쪽. 여기의 成造都監은 造成都監의
誤字로 보인다.
101) 李智冠 譯註, 1996, 『歷代高僧碑文(高麗篇3)』, 伽山佛敎文化硏究院,「金溝金山寺
慧德王師眞應塔碑文(1111년)」, 28~29쪽.
102) 『新增東國輿地勝覽』 권16, 稷山縣 驛院, 弘慶院. 봉선홍경사의 창건에 관해서는
다음의 논문이 참고된다. 朴洪培, 1984,「弘慶寺創建의 思想的 意義」『慶州史學』
3 ; 李仁在, 2005,「高麗前期 弘慶寺의 創建과 三敎共存論」『韓國史學報』23 ;
강현자, 2005,「高麗 顯宗代의 奉先弘慶寺 創建背景－奉先弘慶寺碣記를 中心으
로－」『中央史論』21.
103) 『高麗史』 권93, 列傳6 崔沆, 下冊, 92~93쪽.
104) 『高麗史』 권8, 世家8 文宗 16년 8월 乙酉, 上冊, 171쪽.

재를 확인할 수 있다. 삼각산 승가굴은 龜山寺住持 禪師 領賢이 조영 일
을 감독해서 완료했다.[105] 영현은 건축술에 탁월한 능력을 소지한 승려
이기에 이러한 임무를 맡은 것으로 보인다. 천수사의 역은 平章事 尹瓘
이 감독을 맡아 진행했다. 윤관은 이 일을 맡은 공으로 犀帶一腰를 하사
받았다.[106] 평장사라는 높은 지위에 있던 윤관이 천수사 조영을 감독한
것이다.

최사위의 경우 특히 많은 사원의 조영에서 책임을 맡았다. 그가 왕명
을 받들어 세운 사원에는 현화사, 봉은사가 있으며, 그밖에 보제사의 金
堂과 羅漢殿, 醫王寺의 寺衆院, 西京의 四天王寺, 延州 경내의 鎭北 靈化
寺, 宣州의 神衆寺, 珍島縣의 占察院, 市津縣 경내의 布川 彌勒院, 狼川
郡의 開通寺와 啓星寺, 皆次斤山의 正陽寺, 水州의 資福寺 등도 있었
다.[107] 이러한 사원은 모두 최사위가 책임관이 되어 조성하거나 중수한
것으로 보인다.

예종대 안화사를 중수하는 데에 董役官吏가 있었으며, 감독한 近臣이
심히 사치하게 함으로써 비용의 지출이 적지 않았다.[108] 혜음사의 조영
은 국왕이 比丘 應濟에게 명해 일을 주관하게 했으며 제자 敏淸으로 하
여금 돕게 했다.[109] 혜음사 조성은 승려가 감독해 진행한 것으로 보인
다. 인종 2년에 국왕이 영통사에 행차해서 有司에게 崇福院을 修葺하게
했다.[110]

---

105) 李預, 「三角山重修僧伽崛記」 『東文選』 권64(民族文化推進會 影印本 2冊, 400~
    402쪽).
106) 『高麗史』 권12, 世家12 睿宗 원년 9월 乙卯, 上冊, 251쪽.
107) 金龍善 編著, 2012, 『高麗墓誌銘集成』, 翰林大 出版部, 「崔士威墓誌銘(1075년)」,
    26쪽. 최사위의 건축활동 전반에 관해서는 김혜완, 2002, 「고려 顯宗代 崔士威
    의 건축활동」 『博物館誌』 9, 江原大 中央博物館 참조.
108) 『高麗史』 권14, 世家14 睿宗 13년 4월 壬申, 上冊, 289~290쪽.
109) 金富軾, 「惠陰寺新創記」 『東文選』 권64(民族文化推進會 影印本 2冊, 398~400쪽).
110) 『高麗史』 권15, 世家15 仁宗 2년 6월 戊申, 上冊, 302쪽.

희종 2년(1206)에 陽陵 옆의 彰信寺를 重營하고서 孝信寺로 改額했는데, 이 중영의 일은 內侍 崔正份이 감독했다. 내시 최정빈은 왕에게 아첨하려고 매우 사치하게 함으로써 비용이 많이 들었다.[111] 내시의 위치에 있는 인사가 사원의 중영을 책임지고 진행한 것이다. 왕실과 깊이 관련한 사원의 조영에는 이처럼 왕의 측근에 있는 인물이 그 일을 주관하는 수가 많았다.

修禪社의 경우 慧諶 이후 비좁게 되자 국가에서 有司에게 명해 확장하게 했다. 이때 자주 中使를 보내 督役함으로써 넓혀 지을 수 있었다.[112] 유사로 표현되는 담당자가 있고, 또 그때그때 중앙에서 사람을 보내 감독케 했다. 麟角寺는 一然의 下安地였는데, 近侍인 金龍劒으로 하여금 보수하게 했다.[113] 인각사의 보수를 담당케 하기 위해 중앙에서 직접 사람을 보낸 것이다.

충렬왕 6년(1280)에는 왕과 공주가 현화사에 행차하고서 承旨 廉承益에게 佛殿을 짓도록 했다.[114] 충렬왕 9년에는 廉承益과 孔愉에게 명해 현화사를 보수하게 했으며, 南溪院과 王輪寺 石塔을 수리하게 했다.[115] 염승익은 국왕의 측근에 있는 인물로서 기술 능력과 아울러 공사를 진행하는 탁월한 역량을 소지한 인물로 이해된다.

영봉산 용암사는 지방관인 제찰사와 염장별감이 중심이 되어 조영했다. 충숙왕 2년(1315) 제찰사 韓仲熙와 염장별감 李白經에게 王旨를 내려 重營을 시작하도록 했으며, 다음해 가을 제찰사 朴孝修가 역시 왕명을 받들어 일을 일으켰고, 충숙왕 4년 제찰사 鄭安校가, 충숙왕 5년 제찰

---

111) 『高麗史』 권21, 世家21 熙宗 2년 9월 甲午, 上冊, 432쪽.
112) 李奎報, 「曹溪山第二世故斷俗寺住持修禪社主贈諡眞覺國師碑銘幷序」, 『東國李相國集全集』 권35(『韓國文集叢刊』 2冊, 65쪽).
113) 李智冠 譯註, 1997, 『歷代高僧碑文(高麗篇4)』, 伽山佛敎文化硏究院, 「軍威麟角寺普覺國尊靜照塔碑文(1295년)」, 193쪽.
114) 『高麗史』 권29, 世家29 忠烈王 6년 2월 戊戌, 上冊, 592쪽.
115) 『高麗史』 권29, 世家29 忠烈王 9년 7월 戊午, 上冊, 610쪽.

사 李晛, 염장별감 方于楨이 역시 왕명을 받들어 감독해 완료했다.[116]
제찰사와 염장별감이 왕명을 받아 용암사의 중수를 수행한 것이다. 그
런데 처음부터 끝까지 한 사람이 주관한 것이 아니고, 여러 차례 바뀌
는 것으로 보아, 용암사 승려가 기술 부분을 담당했을 가능성이 높아
보인다.

임천의 보광사를 증축하는 데에는 양광도 안렴이 힘썼다. 보광사가
원명국사와 그 문인 3천 명을 수용하기에 비좁자, 양광도 안렴 崔玄佑가
官屬을 거느리고 增葺을 꾀했다.[117] 안렴사가 일을 총괄했을 것이며, 민
인이 다수 동원되어 노동력을 제공했을 것이다.

광통보제선사는 공민왕과 노국공주의 능인 玄陵과 正陵의 명복을 비
는 곳인데, 중수의 일을 맡은 董役官은 陟山君 朴元鏡과 密陽君 朴成亮
이었다.[118] 국가적 차원의 사원 조영이나 중수의 경우, 이처럼 상당한
지위에 있는 인물이 감독관으로서 공사를 지휘 감독한 것이다.

공양왕대에 많은 논란을 일으켰던 연복사 탑의 보수는 上護軍 沈仁鳳
과 大護軍 權緩를 造成都監의 別監으로 삼아 관장하게 했다.[119] 상호군
과 대호군이 조성도감의 별감으로서 연복사 탑의 중수를 맡은 것이다.
구체적인 노역은 상호군과 대호군이 지휘하고 있던 군인들이 담당했을
가능성이 높아 보인다. 다른 기록에는 공양왕대에 승려 天珪 등에게 명
해서 '募工興役'케 했다고 한다. 憲司의 말이 있어 공사가 중단되었는데,
얼마 안 있어 이성계가 왕위에 오른 뒤 연복사 탑의 중수를 지휘함으로
써 완료했다.[120] 이렇게 본다면 조성도감에서 전체의 일을 지원했고, 실

---

116) 朴全之, 「靈鳳山龍巖寺重創記」『東文選』 권68(民族文化推進會 影印本 2冊, 443~
    445쪽).
117) 『新增東國輿地勝覽』 권17, 林川郡 佛宇 普光寺 ; 張東翼·權寧培, 1991, 「危素의
    神光·普光寺 비문에 대한 검토」『慶北大 論文集(人文·社會科學篇)』 51.
118) 李穡, 「廣通普濟禪寺碑銘幷序」『牧隱文藁』 권14(『韓國文集叢刊』 5冊, 114~116쪽).
119) 『高麗史』 권45, 世家45 恭讓王 2년 정월 乙酉, 上冊, 875쪽.
120) 權近, 「演福寺塔重創記」『陽村集』 권12(『韓國文集叢刊』 7冊, 133~134쪽).

제의 구체적인 작업은 승려인 천규가 맡아 한 것으로 보인다. 중단된 것
을 조선 개국 직후에 이성계가 주도함으로써 성취한 것이다.

대규모의 경우 국가에서 조성도감이라는 기구를 설치하여 조성했으
며, 대개의 경우 감독관을 선임해 그의 책임 하에 조성토록 했다. 감독관
은 고위 관료, 국왕 측근 인물이 중심이었으며, 지방소재 사원의 경우
지방관에게 책임을 맡도록 하기도 했다. 때로는 감독관이 승려인 경우도
있었다. 국가가 주도해 사원을 조영하는 경우, 전체 작업 과정을 지휘
감독함으로써 노동력과 기술력을 발휘할 수 있도록 했다.

4. 建築 資材의 마련과 費用의 提供

사원을 조영하기 위해서는 노동력만 필요한 것이 아니라 여러 가지
물품도 필요했다. 목재와 석재가 있어야 하고, 금속물도 준비하지 않으
면 안 되었다. 이러한 물품이 안정적으로 공급되어야 소기의 사원 조영
이 완료될 수 있었다.

무엇보다도 사원 전각을 조영하기 위해서는 다량의 목재가 필요했다.
기둥이나 대들보·서까래에 사용할 나무는 양질의 목재가 아니면 안 되
었다. 국가가 주도하는 사원 조영의 경우 양질의 나무를 확보하기 위해
노력했다. 사원과 가까운 곳에서 확보하는 수도 있었지만 먼 곳에서 운
반하는 수도 있었다.

문종 12년(1058) 佛寺를 새로이 창건하기 위해 필요한 목재를 耽羅에
서 조달하는 예가 보인다.[121] 탐라에서 양질의 나무를 운반하기 위해서
는 상당한 어려움이 동반되었다. 배로 바다를 건너 개경에 이르려면 큰

---

121) 『高麗史』 권8, 世家8 文宗 12년 8월, 上冊, 167쪽.

고통이 따르게 마련이었다. 이 재목은 홍왕사의 창건에 소요되는 것으로 보인다. 당시 홍왕사 조영 공사가 한창이기 때문이다. 2,800칸에 달하는 규모의 전각을 건립하는 데 소요되는 재목은 상상을 초월할 정도였을 것이다.

관음상을 조영하기 위해 침향목이 사용되었음을 전한다.[122] 목조의 불상을 만들기 위해서도 양질의 나무가 필요했을 것이다. 침향목은 귀한 나무로서 불상을 만드는 데 아주 요긴한 물품이었다.

고종 15년(1228) 慈惠院을 조영하기 위한 伐材가 문제된 일이 있다.[123] 이것은 국가가 주도해 조영하는 경우가 아니었지만, 사원의 조영을 위해서는 다량의 목재가 필요했음을 잘 전하는 기록이다.

금강산 장안사를 조영할 때 '取材於山'했는데,[124] 이것은 인근의 임야에서 나무를 조달했음을 의미하는 것으로 보인다. 배후에 높은 산이 있어 양질의 나무를 많이 보유하고 있다면 이곳에서 나무를 조달하는 것이 편리했을 것이다. 사원을 조영하는 경우 배후의 산에서 나무를 조달받는 경우가 많았을 것으로 보인다.

공양왕대에 연복사 탑을 보수할 때, 5천 株의 목재가 소요되었음이 확인된다.[125] 이 5천 개를 운반하느라고 소와 민이 심히 고통을 겪은 것으로 보아 상당히 떨어진 곳에서 목재를 확보한 것으로 생각된다.

조선초 태종대 原州에 소재한 覺林寺를 중창하는 재목으로, 강원도 관찰사에게 명해서 1천 개의 나무를 보내도록 했다.[126] 사원의 중창에 목재 1천 개가 필요한 것이었다. 대들보와 기둥에 사용되는 양질의 나무

---

122) 『高麗史』 권17, 世家17 毅宗 5년 4월 己酉, 上冊, 359쪽.
123) 『高麗史節要』 권15, 高宗 15년 8월, 亞細亞文化社 影印本, 410쪽(이하 같음).
124) 李穀, 「金剛山長安寺重興碑」 『稼亭集』 권6(『韓國文集叢刊』 3冊, 137~138쪽).
125) 『高麗史』 권119, 列傳32 鄭道傳, 下冊, 608쪽.
126) 『太宗實錄』 권32, 太宗 16년 8월 壬午(23일), 國史編纂委員會 影印本 2冊, 132쪽
　　　(이하 같음).

는 구하기가 어려웠을 것이며, 서까래 등으로 사용되는 나무는 수천 개 이상의 엄청난 양이 필요했을 것이다.

기둥이나 대들보는 수령이 오랜 양질의 나무를 확보해야 했기에 인근의 산이 아니라 먼 곳에서 운반해 오는 수가 적지 않았을 것이다. 인근의 산에서 조달하는 경우 요역 동원된 役夫가 그 일을 맡았을 것이며, 먼 외방에서 조달하는 경우는 국가의 지시를 받은 군현이나 특정인이 그 책임을 졌을 것으로 보인다.

사원을 조영하는 데에는 또한 많은 석재가 필요했다. 계단을 만들거나, 주춧돌로 사용하거나, 탑을 조영하기 위해 양질의 석재가 필요했다. 고려시기의 경우 대부분의 탑이 석조인데, 이러한 석조 탑을 조영하기 위해서는 많은 돌이 필요했다. 예컨대 진관사 9층탑을 세우는 경우[127] 필요한 석재가 다량이었을 것이다. 대개의 경우 화강암으로 조영하는 것이기에[128] 먼 곳에서 많은 양의 화강암석을 운반하지 않으면 안 되었을 것이다.

석재를 발견하고 운반하는 일은 매우 힘든 일이었다. 예컨대 문경 봉암사 정진대사비를 세우는 데 필요한 石版을 남해의 해변인 汝湄縣에서 채굴해 船便으로 운반해 오려고 했는데 뜻밖에 산기슭에서 그것을 찾아 캐내서 기뻐했다는 데서[129] 잘 알 수 있다.

연복사 탑을 중수하는 데 드는 비용으로서 "木石磚瓦銅鐵之費 累鉅萬"하다고 했는데,[130] 석재도 다량 필요했음을 알 수 있다. 이러한 석재도 사원 인근에서 조달하는 경우 동원된 역부가 운반의 책임을 맡았을 것이며, 먼 곳에서 확보해 운반하는 경우는 지방관인이나 특정인이 그

---

127) 『高麗史』 권3, 世家3 穆宗 10년 2월, 上冊, 83쪽.
128) 정영호, 1998, 앞의 책, 7~12쪽.
129) 李智冠 譯註, 1994, 『歷代高僧碑文(高麗篇1)』, 伽山佛教文化研究院, 「聞慶鳳巖寺靜眞大師圓悟塔碑文(965년)」, 457~458쪽.
130) 『高麗史』 권46, 世家46 恭讓王 3년 5월 戊戌, 上冊, 892~893쪽.

임무를 맡았을 것이다. 주춧돌이나 계단에 사용할 돌은 인근에서 확보하는 것이 보통이었겠지만, 석탑이나 석등, 석비를 조영하는 경우는 양질의 석재가 필요했기에 먼 곳에서 운반해 오는 경우가 일반적이었을 것이다.

사원의 조영에는 다량의 금속물도 필요했다. 불상과 범종을 제작하는 경우, 철당간을 만드는 경우, 각종 불구를 제작하는 경우, 많은 금속이 필요함은 당연했다.

문종대에 홍왕사를 창건할 때에 많은 鐵이 소요되었다. 원래 鐵貢은 兵器를 제작하는 데 사용하는 것이었지만, 홍왕사를 창건하면서 철공의 액을 늘렸기 때문에 민이 고통을 감당할 수 없었다. 이에 鹽州·海州·安州의 2년 간 軍器貢鐵을 감해주고 오로지 홍왕사의 용도에 제공하라고 했다.[131] 2년간 병기 제작에 필요한 철을 홍왕사에 보내라는 것이니, 홍왕사에서 필요로 하는 철의 양이 엄청났음을 알 수 있다. 국가의 무기 제작에 소요되는 철의 제공을 어렵게 할 만큼 상당한 철이 홍왕사에 보내진 것이다. 다른 사원의 경우에도 새로이 조영되는 경우 많은 철이 사용되었을 것이며,[132] 이러한 철의 제공은 국가의 철 사용에 어려움을 가져다 줄 정도였을 것이다.

문종 32년(1078)에 완성한 홍왕사 金塔은 銀으로 내부를 만들고 金으로 표면을 만들었는데, 사용된 은이 427근이었으며, 금이 144근이었다고 한다.[133] 엄청난 규모의 금과 은을 사용해 금탑을 만들었던 것이다.[134]

---

131) 『高麗史』 권8, 世家8 文宗 12년 2월 辛亥, 上冊, 165쪽.
132) 조선초 태종 16년(1416) 원주 覺林寺를 중창할 때 철 1천 근을 지급했으며(『太宗實錄』 권31, 太宗 16년 4월 庚寅(28일), 2冊, 112쪽), 世祖 11년(1465) 信眉가 五臺山 上院寺를 조영할 때 경상도 관찰사에게 正鐵 10,050근을 보내도록 했다(『世祖實錄』 권35, 世祖 11년 2월 丁酉(20일), 7冊, 673쪽). 큰 규모 사원을 조영할 때에는 1천 근 이상의 철이 사용된 것으로 보인다.
133) 『高麗史』 권9, 世家9 文宗 32년 7월, 上冊, 191쪽.
134) 李宗峯씨의 연구에 따르면 1斤의 무게는 약 600g 내외이므로(李宗峯, 2001, 『韓國中世度量衡制研究』, 혜안, 187~216쪽), 금 144근의 무게는 약 86.4kg, 은 427근

당시 국가재정 부서에서 보유하고 있던 상당한 금은이 금탑을 조영하는 데 소비되었다고 생각된다. 우왕 13년(1387) 왕이 淑妃를 위해 황금으로 불상을 주조했을 경우에도[135] 많은 금이 사용되었다고 생각된다.

세종 10년(1428) 6월 圓覺寺 大鍾을 주조할 때 銅이 5만 근 소요되었는데, 서울, 개성부, 경기, 충청도, 경상도, 전라도에서 분담했다.[136] 고려시기에도 큰 종을 주조하는 경우 전국에서 동을 징발했을 것이다.

사원 조영 시 탑을 만들거나 불상·범종을 제작하는 경우 엄청난 金·銀·銅·鐵을 필요로 했기에 이러한 대규모의 불사가 있을 경우 금속물의 품귀 현상까지 있었을 가능성을 배제할 수 없다.[137] 중앙정부에서 소장한 금속물이나 지방에서 보유한 물품을 징발했고, 공물로 바치던 물품의 양을 늘려서 충당했다.

사원의 조영 시에 지붕을 덮는 기와도 다량 필요했다. 그 정확한 규모는 알 수 없지만, 조선초 원각사 法堂을 덮을 기와가 8만 장이었다는 기록이 있다.[138] 하나의 건물에 기와 8만 장이 소요된다면, 수십 동의 건물을 조영하는 경우 필요한 기와의 양은 엄청났을 것이다. 금강산 장안사의 경우, 기와를 굽는다는 언급이 보이며,[139] 덕방원의 경우에도 기와를 만든다고 했다.[140] 이러한 기와는 외부에서 조달하는 수도 있었지만, 대

의 무게는 약 256.2kg에 달한다.

135) 『高麗史』 권136, 列傳49 辛禑4 辛禑 13년 8월, 下冊, 944쪽.

136) 『世祖實錄』 권33, 世祖 10년 6월 戊戌(16일), 7冊, 631쪽. 이 종이 완성되었을 때 들어간 銅이 4만여 근이라고 했다(『世祖實錄』 권34, 世祖 10년 12월 辛卯(12일), 7冊, 661쪽).

137) 이병희, 2015, 「高麗時期 寺院의 金屬 消費－銅 使用 佛敎 工藝品을 중심으로－」 『역사와 담론』 75 ; 이병희, 2016, 「신라말 고려초 철의 소비와 사원」 『청람사학』 25, 한국교원대 청람사학회 ; 이병희, 2018, 「고려시기 사원의 金銀 소비」 『청람사학』 28(3편 모두 본서 제3부 수록).

138) 『世祖實錄』 권33, 世祖 10년 6월 甲午(12일), 7冊, 630쪽.

139) 李穀, 「金剛山長安寺重興碑」 『稼亭集』 권6(『韓國文集叢刊』 3冊, 137~138쪽).

140) 權近, 「德方院記」 『陽村集』 권13(『韓國文集叢刊』 7冊, 144쪽).

개 사원 부근에 시설을 갖추어 자체 제작했을 것으로 보인다. 사원 부근
에 기와요가 설치되었음은[141] 이를 입증한다.

국가가 중심이 되어 사원을 조영하는 경우 제반 비용을 제공하는 경
우가 많았다. 그것은 조영에 필요한 물품을 매입하거나 役徒의 식사비에
사용했다. 현화사를 보수할 때 비용을 제공한 것이 전한다. 국왕이 현화
사의 보수 공사에 필요한 공사비를 국가에서 부담하도록 했다는 것이 그
것이다.[142]

문종대 대규모의 홍왕사 역이 있었을 때 '廩料亦乏'하다고 했는데,[143]
늠료는 국가재정에서 지출된 것으로 보이며, 아마도 역부에게 식사를 제
공하기 위한 지출로 보인다. 식비를 포함한 제반 비용을 국고에서 지원
했기 때문에 늠료가 결핍한 지경에 이른 것으로 보인다.

順安의 法興寺가 퇴락하자 국가에서 '官給其費'해 중수를 지원했
다.[144] 사원을 중수하는 경우 비용을 제공함으로써 지원하는 수가 많았
다. 아마 대부분의 노동력은 민인의 징발을 통해서 충당했을 것이고, 이
들에 대한 식비의 제공이나 장인에 대한 대우, 기타 필요한 물품의 구입
에 소요되는 경비 등이 관의 지원으로 해결되었을 것으로 보인다.

묘련사를 중흥하는 비용도 국왕이 제공했다. 충숙왕이 金銀·寶器를
다량 회사해 常住하는 승려에게 보냄으로써 중수를 지원했다.[145] 이 비
용을 기초로 해서 승려들이 참여해서 묘련사를 중수할 수 있었다. 국왕
의 재정 지원이 전제되어서 중수를 성취할 수 있었던 것이다.

공양왕대에 연복사 탑 중수를 위해 국왕은 弘福都監으로 하여금 布

---

141) 李相瑄, 1998, 『高麗時代 寺院의 社會經濟硏究』, 誠信女大 出版部, 240~242쪽.
142) 李智冠 譯註, 1995, 『歷代高僧碑文(高麗篇2)』, 伽山佛教文化硏究院, 「原州法泉寺
    智光國師玄妙塔碑文(1085년)」, 353쪽.
143) 『高麗史』 권81, 志35 兵1 兵制 文宗 11년 5월, 中冊, 778쪽 ;『高麗史節要』 권5,
    文宗 11년 5월, 135쪽.
144) 『新增東國輿地勝覽』 권52, 順安縣 佛宇 法興寺.
145) 李齊賢, 「妙蓮寺重興碑」 『益齋亂藁』 권6(『韓國文集叢刊』 2冊, 556~557쪽).

2천 필을 제공하게 했다.[146] 이렇게 제공된 포가 중수하는 데 중요한 재원이 되었을 것이다. 이와 아울러 많은 민인이 역부로 동원되었을 것임은 당연한 일이겠다. 이 포는 품삯을 준다거나 식사를 제공한다거나 필요한 물품을 매입하는 데 사용되었을 것이다. 단청의 원료는 매입하는 중요한 품목이었다.[147] 사원 조영에 소요되는 비용으로 미·포나 금은·화폐를 제공하는 것은 창건할 때가 아니라 기존의 사원을 중수하는 경우가 일반적이었다.

5. 寺院 造成의 問題와 財政 支援의 縮小

국가 주도로 사원을 조성할 때 여러 문제가 발생할 소지가 있었다. 민인의 동원과 관련해서는 그들의 불만이 있을 수 있으며, 국가가 다른 분야에 사역시킬 수 있는 노동력의 감소를 초래했다. 다량의 물품 제공은 국가재정에 큰 부담으로 작용했다. 국가의 재정 운용이 여의치 않게 되면 사원의 조영과 관련한 지출은 축소시키지 않을 수 없었다. 그리고 성리학 수용 이후 불교에 대한 비판이 대두하면서 국가재정 운용 전반에서 불교와 관련한 지출이 감소하지 않을 수 없었다. 당연히 사원 조영에 대한 재정 지원은 어려워질 수밖에 없었다.

사원의 조영에는 많은 민인의 노동력 제공이 동반되었기에 민인의 고통문제가 심각했다. 고급스럽게 조영하고 공정을 맞추기 위해 민인에 대한 노동의 강도를 높이거나 노동하는 기간을 늘릴 수밖에 없었다.

현종대에 혜일중광사를 창건하기 위해 人夫와 工匠을 징발했는데, 이

---

146) 『高麗史』 권46, 世家46 恭讓王 3년 3월 壬寅, 上冊, 888쪽.
147) 釋息影庵, 「禪源寺毗盧殿丹靑記」 『東文選』 권65(民族文化推進會 影印本 2冊, 415~416쪽).

에 대해 諫官은 "百姓勞弊 不宜興作"하다고 주장했다.[148] 항상 사원의
조영에 따르는 문제였다. 정도의 차이가 있겠지만 동원된 민인의 고통은
피할 수 없었다. 민인은 혹여 불사에 참여함으로써 善業을 닦는다고 관
념했을지 모르지만 현실에서는 고통스러운 일이었음이 분명하다.

공민왕 15년(1366)에 노국공주의 影殿을 왕륜사의 東南에 세울 때,
百官으로 하여금 木石을 나르게 했고, 다수의 남자가 나무 하나를 끌고
가지 못했으며, 일하면서 외치는 소리가 천지에 진동했는데, 주야로 끊
이질 않았다. 그리고 일을 하던 소들이 지쳐 길에서 연이어 죽어 갔
다.[149] 백관도 수고를 하고, 또 소가 지쳐 죽어가는 형편에서 당시 민인
의 고통은 매우 컸을 것이다. 연복사 탑을 중수하는 일은 많은 문제를
일으켰다. 나무 5천 주를 운반하느라고 소가 모두 지쳐 죽어갔으며 민인
이 심히 원망했다는 것이다.[150]

사원의 조영에 민인을 동원하는 것은 고통과 동시에 농사에 지장을
주는 수가 많았다. 공사가 농사철로 연장된다면 이것은 피할 수 없었다.
최항이 황룡사 탑 중수의 감독관이 되었을 때 '頗傷農務'했다고 한
다.[151] 동원된 민인을 농사철까지 연장해 사역함으로써 농사에 큰 지장
을 주고 있다는 것이다. 불교에 탐닉하는 이가 감독관이 되는 경우 이러
한 일은 빈번했을 것이다.

대운사와 대안사의 역이 있을 경우에도 이러한 사태가 초래되었다.
공사가 진행되자 丁匠이 廢農하는 지경에 이르렀는데, 이에 대해 御史臺
에서는 한 사람이라도 농사를 짓지 않으면 반드시 굶주리는 자가 있게

---

148) 『高麗史』 권5, 世家5 顯宗 18년 9월, 上冊, 110쪽.
149) 『高麗史』 권89, 列傳2 后妃2 徽懿魯國大長公主, 下冊, 33쪽 ; 『高麗史節要』 권28,
　　恭愍王 15년 5월, 720쪽.
150) 『高麗史』 권45, 世家45 恭讓王 2년 7월 己酉, 下冊, 883쪽 ; 『高麗史』 권119, 列
　　傳32 鄭道傳, 下冊, 608쪽.
151) 『高麗史』 권93, 列傳6 崔沆, 下冊, 92~93쪽.

되며, 농사의 중요한 三時를 빼앗아서는 안 되므로 농한기에 동원하라고
주장했다.152) 사원의 조영은 이렇게 민인이 동원되는 것이기에 농사에
지장을 주는 일이 흔했다. 농사를 제때에 짓지 못한다면, 농민의 생계가
어려워지고 국가의 재정 수입은 감소하기 마련이었다.

대안사·대운사 두 사원과 관련한 기사는 3년 뒤에도 다시 나오고 있
다. 두 사원의 조영으로 인해 장인과 役夫가 밤낮으로 피곤해하고 있으
며, 음식을 나르느라고 수고가 많으며, 처자가 오고 감이 도로에 이어진
다는 것이다. 봄·여름 이래 휴식이 없으며, 지난해에 흉년까지 들어서
민인의 식량이 부족하며 힘이 감당할 수 없다고 했다. 이에 農隙을 기다
려서 부리라는 것이다.153) 4월에는 바야흐로 농사가 한창이어서 이때에
민인을 사역시키는 것은 문제되는 일이었다. 이처럼 사원의 조영은 농사
를 어렵게 하면서까지 이어지고 있었던 것이다.

문종 9년(1055) 국가에서 사원을 창건하려 하자 이에 대한 門下省의
비판 상소가 있었다. 새로이 사원을 창건하는 것은 급하지 않은 역에 백
성을 수고롭히는 것이며, 원망이 일어난다고 했다.154) 사원의 창건은 역
시 백성의 수고를 전제로 하는 것이어서 항상 문제가 될 수 있었다. 이
러한 암시의 1년 뒤 문종 10년 2월에 흥왕사 창건을 시작했다. 이에 대
해 "罄民材 竭民力 供不急之費"하다고 비판했다.155) 백성의 재물을 다
하게 하고 민력을 마르게 하며, 급하지 않은 비용을 제공한다는 것이다.

흥왕사 조성 역은 이후에도 여러 차례 문제가 되었다. 비가 흡족하게
내리자 농사에 힘쓸 때라고 하면서 흥왕사 토목 역을 파하라는 상소가
이어지고 있다.156) 농사와 충돌하는 흥왕사 역은 문제가 있다는 것이다.

---

152) 『高麗史』 권7, 世家7 文宗 2년 3월, 上冊, 145~146쪽.
153) 『高麗史』 권7, 世家7 文宗 5년 4월, 上冊, 150쪽.
154) 『高麗史』 권7, 世家7 文宗 9년 10월 丙申, 上冊, 158쪽.
155) 『高麗史』 권95, 列傳8 崔冲附 惟善, 下冊, 119~120쪽 ; 『高麗史節要』 권4, 文宗
　　10년 2월, 132쪽.

책봉사의 영송으로 지친 사졸을 또 홍왕사 역에 보내니 휴식할 수 없고
資糧이 거의 결핍되었다고 했다.157) 홍왕사 역에 동원된 사졸의 고통이
이어짐을 볼 수 있다. 철공의 부담으로 인한 고통도 발생했다. 철공은
본래 병기 제작에 제공되는 것이었는데, 홍왕사의 창건에 즈음해 그 공
액이 늘어나자 철을 생산하는 민들이 고통스러워했다는 것이다.158) 민
을 동원함으로써 철을 생산했음을 알 수 있는데, 홍왕사의 창건으로 철
의 수요가 급증하자 철 생산에 동원된 민인의 고통이 크게 증대되었다는
것이다.

사원의 조영에는 불가피하게 민인이 동원되며 이들의 고통이 뒤따르
고, 게다가 농사에 지장을 주는 일이 속출했던 것이다. 이것은 사원의
조영이 있을 때마다 문제되는 사항이었다. 부분적으로 동원된 민인에 대
해 租·布 등의 감면 조치를 취해 불만을 무마하기도 했다.159) 고려후기
민인의 유망으로 노동력이 부족해지고, 요역노동의 비효율성의 증대
로160) 사원 조영에 대한 국가 차원의 요역 징발은 축소되어 갔다.

사원의 조영은 국가의 현물 재정에도 문제를 일으켰다. 역부에게 식
사를 제공한다거나 匠人에게 물품을 사여하며, 필요한 물품을 구입하는
일 등에 대해, 많은 재원을 제공해야 했기에 국가로서는 상당한 재정 부
담을 지지 않을 수 없었다.

사원 조영에 따른 이러한 문제로 인해 고려후기에 국가의 지원은 크
게 감소해 갔다. 새로이 창건하는 것을 지원하는 일은 드물어졌고, 기존
사원의 중수에 대한 지원도 축소시켜 갔다. 毅宗대에는 아직 국가에서

---

156) 『高麗史』 권95, 列傳8 文正, 下冊, 130쪽.
157) 『高麗史』 권95, 列傳8 金元鼎, 下冊, 131쪽 ; 『高麗史』 권81, 志35 兵1 兵制 文宗
    11년 5월, 中冊, 778쪽.
158) 『高麗史』 권8, 世家8 文宗 12년 2월 辛亥, 上冊, 165쪽.
159) 통상 요역이 초과 징발된 경우에는 租·布 등이 면제되었다(박종진, 2000, 앞의
    책, 136~138쪽).
160) 이정희, 2000, 앞의 책, 255쪽.

亡廢寺院을 중수하려는 의지가 강했다. 의종 22년(1168)에 비보사사, 古來로 정기적인 법석이 베풀어지는 寺院, 別祈恩寺社 등 중요한 사원의 경우 잔폐함이 있으면, 주장관이 그때그때 修葺하라고 下敎했다는 데 서161) 알 수 있다. 국가에서 중요한 사원의 경우 퇴락함이 있으면, 담당 관으로 하여금 중수하라는 것이다. 국가가 사원의 보수·조영을 지원하려는 의지가 보인다.

그러나 공민왕대에 이르면 국가가 중수하는 것에서 개별 사원이 수행해야 한다는 것으로 바뀌었다. 공민왕 원년(1352) 2월에 境內에 宣宥한 내용 가운데, 선왕대에 국가가 조영한 사원 다수가 지금 頹圮해서 남은 터만이 있는데, 토지와 노비로부터 租·庸을 거두어 중수에 대비하라는 것이 보인다.162) 국가는 지원하지 못하니, 사원이 스스로 토지의 조와 노비의 용을 거두어 중수하라는 것이다. 사원의 중수·중창을 국가가 재정 지원을 하지 않고 사원이 알아서 하라는 것이다.

국가가 사원의 중수·중창을 재정 지원하는 것은 일부의 사원에 한정되었다. 국가와 깊이 관련한 사원, 왕실의 신앙과 직접 관계한 사원에 한해, 국가가 재정 지원하는 데 그쳤다. 국가가 사원의 중수·중창을 지원한 것은 몇몇의 예가 전한다.

국청사의 경우, 충선왕 1년(1309) 중수 시에 都監을 설치해 지원했다.163) 주지하듯이 국청사는 天台宗의 사원으로 창건되었으며, 천태종의 중심사원이었다. 그러한 위상을 갖고 있기에 지원한 것이다. 영봉산 용암사의 중수는, 제찰사와 염장별감으로 하여금 담당케 했다.164) 국통이 하산소로 삼은 사원이기에 지방 관원으로 하여금 담당토록 하는 것이다.

---

161) 『高麗史』 권18, 世家18 毅宗 22년 3월, 上冊, 381쪽.
162) 『高麗史』 권38, 世家38 恭愍王 원년 2월, 上冊, 756쪽.
163) 朴全之, 「靈鳳山龍巖寺重創記」 『東文選』 권68(民族文化推進會 影印本 2冊, 443~445쪽).
164) 위와 같음.

林川의 보광사는 원명국사의 문도를 수용하기에 비좁자, 양광도 안렴 崔玄佑가 官屬을 거느리고 增葺을 꾀했다.[165] 안양사 탑은 侍中 崔瑩이 양광도 안렴사에게 移牒해 軍租를 줄여 그 비용에 제공하고 丁夫를 징발해 사역시킴으로써 완성했다.[166] 최영이 개인적으로 안렴사에게 부탁한 것이 아니고, 국왕의 재가를 득하는 절차를 밟았을 것으로 보인다. 그렇기에 낙성 시에 국왕이 內侍 朴元桂를 보내 香을 내리는 것이다. 안양사는 태조대부터 중시한 비보사원이었기에 국가가 지원해 중수하는 것이다. 연복사 탑의 중수도 국가가 재정 지원한 큰 불사였다.[167]

직접적인 행정 계통을 활용하지 않고 재화를 제공함으로써 중수를 이루도록 하는 수도 있었다. 묘련사를 중수하는 데에는 義旋의 권유를 받아, 충숙왕이 金銀·寶器를 희사하자 승려들이 서로 권해 힘을 다해 완성했다.[168] 국왕의 재정 지원을 받은 승려들이 중수를 하고 있는 것이다.

『高麗史』·『高麗史節要』에 국가가 사원의 중수·중창에 재정 지원하는 예가 별로 보이지 않는다. 원종 3년(1262) 10월 '重營彌勒寺及功臣堂'했고,[169] 원종 14년 2월에 寺院造成別監을 설치했으며,[170] 충렬왕 9년(1283)에 현화사와 남계원, 왕륜사 석탑을 보수한 것이[171] 보인다. 천도 이후 오랫동안 亡廢되어 있던 것을 중창하고, 또 일부의 사원을 중수한 것인데, 국가 차원에서 지원한 것으로 이해된다. 충렬왕 3년(1277) 2월 왕륜사 丈六像이 완성되어 왕과 공주가 친히 법회를 베풀었는데,[172] 이

---

165) 『新增東國輿地勝覽』 권17, 林川郡 佛宇 普光寺 ; 張東翼·權寧培, 1991, 앞의 논문.
166) 李崇仁, 「衿州安養寺塔重新記」 『陶隱集』 권4(『韓國文集叢刊』 6冊, 589~591쪽).
167) 『高麗史』 권120, 列傳33 金子粹, 下冊, 634~636쪽.
168) 李齊賢, 「妙蓮寺重興碑」 『益齋亂藁』 권6(『韓國文集叢刊』 2冊, 556~557쪽).
169) 『高麗史』 권25, 世家25 元宗 3년 10월, 上冊, 514쪽.
170) 『高麗史』 권27, 世家27 元宗 14년 2월, 上冊, 556쪽.
171) 『高麗史』 권29, 世家29 忠烈王 9년 7월, 上冊, 610쪽.
172) 『高麗史』 권28, 世家28 忠烈王 3년 2월, 上冊, 574쪽.

장륙상 조성도 국가 차원에서 지원한 것으로 보인다. 고려후기 국가가 중수·중창을 지원하는 수도 없지 않았지만, 그 수가 현저하게 줄었다.

국가의 지원이 줄어들면서 국가가 주도해 조성한 사원이 유지되지 못하고 망폐의 지경에 이르는 수가 많았다. 사원은 목조건물이기 때문에 시간의 흐름에 따라 老朽化되고 퇴락하는 것은 불가피했다. 고려후기에는 전란으로 인한 피해가 컸다고 하는 것이 특징이었다. 전란으로 인한 피해를 입어 퇴락·망폐하는 사원은 주로 개경이나 서북지방, 삼남 해안가에 소재했다.173)

충렬왕 22년(1296) 韓康의 발언에서도 많은 사원이 망폐되었음을 엿볼 수 있다. 그는 선왕이 지리 형세를 살펴 조영한 사원이 크게 퇴락하여 불상이 풀 사이에 노출될 정도였다고 지적했다.174)

충혜왕대 '五敎兩宗亡寺土田'이라는175) 표현에 보이는 망사는 국가가 설립을 주도한 사원을 지칭하는 것으로 보인다. 전란이나 기타 사정으로 사원이 망폐하는 수가 많았는데, 이를 복구하지 못한 것을 가리킨다. 고려후기 많은 망폐사원의 출현은 국가의 재정 지원 축소가 중요한 원인이었다.

공민왕대에도 사원의 퇴락이 언급되었다. 祖王代에 조영한 선교 사원이 지금은 다수 퇴락해 터만이 있다고 했다.176) 공민왕 5년에도 亡寺院이 언급되고 있다.177) 재정의 어려움으로 인해, 민인에 대한 사역의 곤란으로 인해, 사원의 중수 및 중창을 국가 차원에서 적극 지원할 수 없었다.

고려후기 민인의 노동력 무상 징발은 이전보다 어려워져 갔으며, 이에 따라 품삯을 제공함으로써 노동력을 확보하는 일이 출현했다. 徭役制

---

173) 李炳熙, 2008, 앞의 책, 174~193쪽.
174) 『高麗史節要』 권21, 忠烈王 22년 2월, 561쪽.
175) 『高麗史』 권78, 志32 食貨1 田制 公廨田柴 忠惠王 後4년 7월, 中冊, 713쪽.
176) 『高麗史』 권38, 世家38 恭愍王 원년 2월, 上冊, 756쪽.
177) 『高麗史』 권82, 志36 兵1 屯田 恭愍王 5년 6월, 中冊, 813쪽.

운영에서 고용노동이 출현함은[178] 이러한 사정을 전제로 했다. 국가의 지원 축소 및 제한으로 인해 사원은 스스로 중수와 중창을 수행하지 않을 수 없었다.

6. 結語

고려시기 국가는 불교계와 깊은 관계를 맺고서 지원했다. 국가의 불교계에 대한 재정 지원은 엄청난 것이었는데, 사원 조영에 대한 지원도 그 하나였다. 사원은 매우 화려하고 종교적 신심을 불러일으키도록 조영해야 했으므로 상당한 노동력과 물화가 제공되지 않으면 안 되었다.

사원은 많은 건축물로 구성되었다. 불상을 모신 건물, 승려의 생활공간, 속인을 위한 건물이 있었고, 창고·부엌·욕실을 갖추고 있었다. 그리고 탑을 조영하고 불상을 모셔야 했다. 당시 사원에서 조영한 불상에는 석가여래·아미타여래·비로자나여래가 있으며, 불상에는 문수보살·보현보살·관음보살이 있었다. 불상은 목재로 만들기도 하고 흙을 빚어 제작하기도 하며, 돌로 만들기도 하고 금속으로 주조하기도 했다. 승려들이 공부하는 경전이 모셔져 있었으며, 梵鐘이나 반자·향로·범패 도구, 그리고 승려들이 생활하는 데 필요한 여러 물건들을 갖추어야 했다. 기존의 사원에 부가적으로 건물이 세워지거나 필요한 시설을 갖추기도 했다. 종전의 건물이나 시설물이 퇴락했을 때 보수하는 일도 중요했다. 사원의 조영이나 보수, 추가 시설의 제작은 엄청난 국가재정을 필요로 했다.

국가 주도의 사원 조영에는 대규모의 노동력 징발이 있었다. 당시 기술 수준에서 노동력이 사원 조영에 가장 절실한 부분이었다. 국가적으로

---

178) 박종진, 2000, 앞의 책, 235~239쪽 ; 이정희, 2000, 앞의 책, 233~255쪽.

동원되는 徭役勞動을 통해 민인이 무상으로 사원의 조영에 노동력을 제
공했다. 국가 차원의 사원 조영에는 항상 민인의 사역이 언급되고 있다.
때로는 군인이 동원되었고, 드물지만 승려가 차출되는 경우도 있었다.
사원 조영에는 당시 최고급의 기술자가 필요했다. 이들은 흔히 工匠으로
지칭되었다. 木匠과 石匠이 활용되었고, 鐵匠·銅匠 등 금속 기술자가 동
원되었으며, 畵匠도 중요했다. 동원된 장인은 수십 명에 달하지 않았을
까 한다. 동원된 匠人에게는 물품이 사여되는 수가 많았다. 장인에는 속
인도 있었지만 승려 출신도 꽤 많이 보였다. 민인·장인 집단을 조직해
사역을 시키기 위해 책임관이 선임되었다. 그들은 고위층이나 국왕 측근
인물인 수가 많았으며, 때로는 승려인 경우도 있었다. 특별한 경우에는
造成都監을 설치해 국가 차원에서 전폭적으로 지원하는 수도 있었다. 지
방 소재 사원의 경우 지방관이 조성의 책임을 지기도 했다.

사원 조영에는 건축 자재가 다량 필요했으며, 각종 재물도 소요되었
다. 대들보와 기둥에는 수령이 오래된 양질의 나무가 필요했으며 서까래
도 중요했다. 수천 개 이상의 나무가 소요되었을 것으로 보인다. 나무는
먼 곳에서 확보해 운반하는 수도 있었고 인근의 산에서 쉽게 확보하는
수도 있었다. 고급의 목재는 먼 곳에서 조달하는 경우가 많았다고 생각
된다. 다량의 석재도 필요했는데, 인근의 산에서 확보하는 경우에는 役
夫가 동원되었고, 먼 곳에서 운반하는 경우에는 국가의 지시를 받은 지
방관이 책임을 지고 조달했다. 사원의 조영에는 동·철·금·은 등 금속물
이 다량 소요되었다. 1천 근이 넘는 철이 사원을 조영하는 데 소비되었
음이 확인된다. 금속물은 공물로 조달하는 경우도 있었지만 국가의 창고
에서 제공하기도 했다. 금속물의 제공은 국가재정에 상당한 부담이 될
수 있었다. 지붕을 덮는 기와도 많이 필요했는데, 사원 내에 설치한 가
마에서 구워 조달한 것으로 보인다. 국가는 그밖에도 필요한 물자를 제
공했으며, 자재의 구입이나 경비에 필요한 재원을 제공하기도 했다. 비

용의 제공은 창건이 아니라 중수하는 경우에 많이 보인다.

사원의 조영은 국가재정에 큰 부담이 되는 것이었다. 노동력 부담이 커서 민인의 피폐를 가져오며, 농사에 지장을 준다는 지적도 많았다. 사원 조성에 동원된 민인의 고통과 불만이 높을 수밖에 없는 것이었다. 게다가 국가의 전반적인 재정 악화는 사원 조영에 대한 국가의 재정 지원을 축소시킬 수밖에 없었다. 고려후기 소수의 사원에 한정해 재정 지원을 함으로써 중수·중창을 돕고 있었다. 그리하여 국가 차원에서 조영한 많은 사원이 亡廢의 지경에 이르렀다는 지적이 나오는 것이다.

고려시기 국가의 전폭적인 지원 속에서 사원 조영이 이루어졌으나 고려후기 이에 대한 국가의 재정 지원은 축소되어 갔다. 조선 건국 이후 불교에 대한 억압이 심화되면서 사원 조영에 대한 국가 차원의 재정 지원은 극히 제한적이었다.179) 승려 및 사원은 스스로의 자구 노력에 의해 사원을 조영할 수밖에 없게 되었다. 결과는 사원 영조의 부진이며 규모의 축소라고 하겠다.

---

179) 왕실과 관련한 소수의 사원에 한해 지원했으며, 조성에 필요한 노동력은 요역으로 동원된 민인이 아니라 승려로부터 제공받았다.

제2장 高麗時期 佛教界에 대한 國家의 財物 제공

1. 序言

고려시기 불교 관련 국가의 재정 지출이 상당했다. 불교계가 유지되고 기능하기 위해서는 막대한 재정을 필요로 했는데, 그 재정 지원의 중요한 주체의 하나가 국가·국왕이었다.

국가 차원에서 행해지는 정례 불교 행사에 관해서는 재정 지원을 제도화했으며, 국가적으로 중시한 사원에 대해서도 토지를 지급해 안정적으로 기능을 수행할 수 있도록 했다.[1] 중요한 공로가 있는 승려에게는 귀중한 물품을 사여했다. 그리고 일이 발생하면 그때마다 국가는 불교계를 재정적으로 도왔다.

고려시기 국가재정 가운데 불교 관련 지출에 대해서는 어느 정도의 素描가 있었다.[2] 그러나 지출의 상세한 내용이나 추이에 관해서는 충실한 규명이 이루어졌다고 보기 힘들다. 지출이 이루어지는 구체적인 분야, 지출의 상세한 내용, 그러한 지출이 국가재정에 부담을 준 사실 등에 대해서는 아직 천착할 여지가 크다.

이 글은 현물 재정 지출의 구체적인 모습을 풍부하게 제시하는 데 중점을 둘 것이다. 국가가 지원하는 영역을 구분하고, 구체적인 지원 내용을 정리하고 나아가 국가재정에서 차지하는 비중에 대한 전망을 얻고자

---

1) 李炳熙, 2009, 『高麗時期寺院經濟研究』, 景仁文化社, 3~48쪽.
2) 金玉根, 1996, 『高麗財政史研究』, 一潮閣, 292~297쪽, 333~337쪽 ; 安秉佑, 2002, 『高麗前期의 財政構造』, 서울대 출판부, 128~130쪽, 224~225쪽, 289쪽, 351~355쪽.

한다. 지출의 구체적인 내용을 불교 행사와 관련한 지출, 승려 개인에 대한 지출, 사원에 대한 재정 지원으로 나누어 살펴려고 한다.[3] 제도적 조치가 마련된 지원은 소홀히 다루고 非定例的인 지원을 중심으로 기술할 것이다. 비정례적인 재정 지출은 갑작스럽고 예기치 않은 지출이기에 국가재정 운영을 더욱 곤란하게 하는 속성을 갖는다.

2. 佛敎 行事에 대한 後援

불교 행사에는 엄청난 비용이 소요되었다. 화려한 장식의 준비, 각종 의식 도구의 마련, 참여한 이들에 대한 먹거리의 제공, 초빙한 예능인에 대한 대우 등 상당한 비용이 필요했다. 또한 행사의 준비와 진행을 위해서 엄청난 노동력이 소요되었다.

문종 27년(1073) 2월 왕이 奉恩寺에 행차하여 특별히 연등회를 베풀고 새로 만든 불상을 경찬할 때 거리에서 이틀 밤에 걸쳐 각각 3만 燈盞을 밝혔으며, 綵樓와 燈山도 설치했다.[4] 3만 개의 등잔을 밝히기 위해서는 그것을 만들어야 하고, 기름도 제공해야 했다. 채루와 등산을 만들고 음악을 공연하기 위해서 많은 비용이 필요했다.

예종 11년(1116) 국왕이 天壽寺에 행차해 設齋함으로써 낙성했을 때, 綵棚·伎樂이 도로에 3일이나 이어졌다.[5] 공민왕대 演福寺에서 文殊會가 설행되었을 때 彩帛을 연결해 須彌山을 만들었으며, 大燭을 마련했고,

---

3) 사원의 조성에 따른 국가의 재정 지출에 관해서는 李炳熙, 2009, 「高麗時期 國家의 寺院造營 財政支出」『歷史學硏究』37(본서 제2부 수록)이 참고된다.

4) 『高麗史』 권9, 世家9 文宗 27년 2월 丁酉, 亞細亞文化社 影印本 上冊, 183쪽(이하 같음).

5) 『高麗史節要』 권8, 睿宗 11년 3월, 亞細亞文化社 影印本, 209쪽(이하 같음).

珍羞를 갖추어 배열했으며, 絲花·彩鳳이 사람의 눈을 놀라게 했으며, 폐
백으로 彩帛 16束을 사용했다. 그리고 金銀으로 假山을 만들었으며, 幢
幡·葆蓋가 오색으로 빛났다.6) 행사를 화려하게 진행하므로 상당한 재정
지출이 있었을 것이다.

불교 행사 가운데 대규모로 열리는 연등회와 팔관회는 가장 많은 비
용이 필요했다.7) 행사의 준비에 따른 민인의 노역 징발이 있었으며, 많
은 재정 지출이 있었다. 成宗 원년(982) 6월, 崔承老의 상서에 따르면,

> 우리나라는 봄에는 燃燈會를 설행하고 겨울에는 八關會를 개최는데, 널
> 리 사람들을 징발하고 노역이 심히 번거로우니, 감축하여서 백성들의 노고를
> 덜어주시기 바랍니다. 또 갖가지 인형들을 만드는데 그 비용이 매우 많이 듭
> 니다.8)

라 하여 연등회와 팔관회를 설행함에 노동력 징발로 민이 고통스러워했
고, 여러 종류의 偶人을 만드는 데 工費가 다량 지출되었다고 했다.

조선초 檜巖寺에서 王師 自超가 설행한 능엄회에 필요한 비용은 米豆
170석, 5升布 200필이었다.9) 조선초 성종대에 반승에 쓰인 비용으로 봉
선사의 경우, 鹽 100석, 末醬 6석 5두, 黃豆 48석, 米 48석, 麻布 10필,
綿布 20필이 소요되었다.10)

이처럼 불교 행사가 성대하게 설행됨에는 많은 비용이 필요했다. 그
비용은 사원 스스로 조달하기도 했고, 세속인의 시주를 받기도 했으며,

---

6) 『高麗史』 권132, 列傳45 叛逆6 辛旽, 下冊, 858쪽 ; 『高麗史節要』 권28, 恭愍王
   16년 3월, 722쪽.
7) 연등회와 팔관회의 구체적인 진행 절차와 사회적 성격은 안지원, 2011, 『(개정판)
   고려의 불교의례와 문화』, 서울대 출판문화원에 소상하게 제시되어 있다.
8) 『高麗史節要』 권2, 成宗 원년 6월, 47쪽.
9) 『太祖實錄』 권7, 太祖 4년 4월 庚辰(17일), 國史編纂委員會 影印本 1冊, 77쪽(이하
   같음).
10) 『成宗實錄』 권199, 成宗 18년 정월 甲子(23일), 11冊, 182쪽.

국가가 중요한 후원을 하기도 했다.

국가적 차원에서 정례적으로 설행되는 연등회와 팔관회의 비용은 제도적 차원에서 제공했다.[11] 항례적이고 정기적으로 국가 차원에서 설행되는 각종 불교 행사는[12] 국가에서 제도화하여 재정을 지원했다. 그밖에도 그때그때 수시로 여러 불교 행사가 베풀어지고 있었는데, 이 가운데 국왕이나 국가 차원에서 이례적으로 갑자기 설행한 경우가 많았다.[13] 이러한 불교 행사에는 국가에서 재정 지원을 했다.

<표> 조선 성종대 반승의 비용

사원명	사용되는 비용
開慶寺	鹽 53碩 5斗
檜岸寺(檜巖寺)	鹽 60碩
津寬寺·莊義寺	鹽 合 20碩
淨業院·正因寺	鹽 合 60碩
衍慶寺·福泉寺	鹽 93碩 5斗
崇孝寺·報恩寺	鹽 合 50碩
覺林寺·大慈寺·龍門寺	鹽 合 120碩
內佛堂	鹽 5碩, 末醬 5碩 5斗, 米 31碩 2斗, 麻布 8匹, 綿布 10匹
奉先寺	鹽 100碩, 末醬 6碩 5斗, 黃豆 48碩, 米 48碩, 麻布 10匹, 緜布 20匹
圓覺寺	鹽 10碩, 末醬 6碩 5斗, 黃豆 48碩, 麻布 10匹, 綿布 20匹
演窟菴(?)·福世菴	鹽 合 10碩 6斗, 末醬 5碩, 米 27碩 6斗
兩宗	鹽 合 40碩
選僧之年	米 合 30碩, 黃豆 30碩
10년 합계	鹽 6,220碩 10斗, 末醬 230碩, 黃豆 1,230碩, 米 1,704碩, 麻布 280匹, 緜布 500匹
20년 합계	鹽·米·末醬·黃豆 총 18,760碩餘, 麻布·緜布 1,560匹

11) 安秉佑, 2002, 앞의 책, 123~128쪽 ; 안지원, 2011, 앞의 책, 92~100쪽, 199~207쪽. 明宗年間 西京에서 燃燈, 八關, 齋祭, 客使의 용도로 총 4,321석 2두가 책정되어 있었다(『高麗史』 권80, 志34 食貨3 祿俸 西京官祿, 中冊, 755쪽). 4,300여 석 가운데 연등·팔관의 비용으로 지출하는 것이 가장 큰 비중을 차지했을 것으로 보인다.
12) 韓基汶, 2003,「高麗時代 定期佛敎儀禮의 成立과 性格」『民族文化論叢』27, 영남대.
13) 고려시기 불교 의례의 추이와 성격에 관해서는 안지원, 2011, 앞의 책, 300~340쪽 참조.

우선 국가와 특별히 연결된 고승이 열반하는 경우 천도를 위한 비용을 제공한 사실이 확인된다. 法泉寺 智光國師가 열반하자 그에 대한 천도의 비용을 제공했다.[14] 국사의 경우이기에 천도의 비용을 제공한 것이다. 세자의 명복을 빌기 위한 재정 지원도 있었다. 충숙왕이 백금을 禪源寺에 시주하여 세자 鑑의 명복을 비는 재원으로 삼게 한 것이 그것이다.[15] 국가에 특별한 공이 있는 인물을 위한 기복 행사에도 그 비용을 국가에서 제공했다.[16] 아마도 국왕과 관련한 특정 인물을 대상으로 한 기복 행사가 베풀어질 경우 그 비용을 국왕이나 국가에서 제공했을 것이다.

국가의 安危와 관련한 행사의 설행에도 재정을 지원했다. 숙종 9년(1104) 8월 三角山 僧伽窟에서 설행된 기우제에 侍御史 崔謂를 보내 御衣와 茶·香을 제공했다.[17] 기우를 위해 차와 향을 제공한 것이다. 예종 3년(1108) 4월에 여진이 쳐들어오자 近臣에게 명해 개경 내의 사원에 油香과 弓劍을 시납하여 적이 물러가도록 기도했다.[18] 고종 10년(1223) 五道兩界에서 鎭兵法席을 설행했는데 그 비용을 제공했다.[19] 우왕대 잦은 왜구의 침입으로 진병법석이 중외의 151개 사원에서 설행되었는데, 그 때의 비용을 이루다 계산할 수 없었다.[20] 예기치 않은 국가 차원의 진병법석을 설행하는 비용은 당연히 국가에서 제공하는 것이다.

고려시기에는 국왕 주도의 빈번한 반승 행사에[21] 대해서도 재정을 지

---

14) 李智冠 譯註, 1995, 『歷代高僧碑文(高麗篇2)』, 伽山佛敎文化硏究院, 「原州法泉寺 智光國師玄妙塔碑文(1085년)」, 354쪽.

15) 『高麗史』 권34, 世家34 忠肅王 원년 윤3월 庚午, 上冊, 699쪽.

16) 『高麗史』 권92, 列傳5 崔知夢. 下冊, 72~73쪽 ; 『高麗史』 권93, 列傳6 崔沆, 下冊, 93쪽 ; 『高麗史節要』 권4, 靖宗 8년 6월, 115~116쪽.

17) 『高麗史』 권12, 世家12 肅宗 9년 8월 丙午, 上冊, 243쪽.

18) 『高麗史』 권12, 世家12 睿宗 3년 4월, 上冊, 256쪽.

19) 『高麗史』 권22, 世家22 高宗 10년 9월 戊申, 上冊, 449쪽 ; 『高麗史節要』 권15, 高宗 10년 9월, 404쪽.

20) 『高麗史』 권135, 列傳48 辛禑3 禑王 9년 9월, 下冊, 913쪽 ; 『高麗史節要』 권32, 辛禑 9년 9월, 799쪽.

출했다. 충선왕 2년(1310)에 반승의 비용을 제공하기 위해 은 100근을 여러 사원에 나누어 준 일이 있다.22) 국왕이 주도해서 반승을 베풀었을 경우 그 비용은 국가에서 제공하는 것이 원칙이었다고 생각한다.

충선왕대 상왕인 충렬왕이 베푼 萬僧會도 일종의 반승 행사였다. 108만 승려에게 반승하고, 108만 개의 등을 밝히고자 했는데, 그 비용이 이루 헤아릴 수 없었다.23) 국왕이 주도하는 행사이기에 그 비용은 국가에서 제공했을 것이다. 충숙왕 즉위년 延慶宮에서 飯僧·點燈 행사를 할 때 승려의 수와 布施의 비용이 전보다 증대했다고 하는데,24) 이 비용도 국가가 지원했을 것으로 보인다.25) 光宗이 많은 이를 죽이고 죄업을 씻고자 널리 齋會를 설했는데, 이것도 일종의 반승이었다. 광종은 재회를 베풂과 동시에 도로에서 餅餌·米豆·柴炭을 시여했는데, 이 재회와 보시의 비용 또한 국가에서 제공하는 것이었다.26)

국왕이 친히 임석한 불교 행사의 경우에도 상당한 재물의 시여가 있었다. 문종 21년(1067) 정월에 특별히 興王寺에서 燃燈大會를 열었는데, 이때 국왕이 백관을 거느리고 향을 피우고서 財襯을 시납했다.27) 연등

---

21) 李載昌 1963,「麗代 飯僧攷」『불교학보』 1, 동국대 불교문화연구소(同, 1993,『韓國佛敎寺院經濟硏究』, 불교시대사 재수록) ; 李相瑄, 1988,「高麗時代의 飯僧에 대한 考察－飯僧의 史的 性格을 중심으로－」『誠信史學』 6, 성신여대 사학회(同, 1998『高麗時代 寺院의 社會經濟硏究』, 성신여대 출판부 재수록).

22)『高麗史』 권33, 世家33 忠宣王 2년 11월, 中冊, 689쪽 ;『高麗史節要』 권23, 忠宣王 2년 11월, 599쪽.

23)『高麗史』 권34, 世家34 忠肅王 즉위년 10월, 上冊, 695~696쪽 ;『高麗史節要』 권23, 忠肅王 즉위년 10월, 604쪽.

24)『高麗史』 권34, 世家34 忠肅王 즉위년 11월 戊申, 上冊, 696쪽 ;『高麗史節要』 권23, 忠肅王 즉위년 11월, 605쪽.

25) 국가재정과 왕실재정은 구분되었을 것으로 여겨지지만 개개의 지출을 국가재정이 감당했는지, 왕실재정이 부담했는지가 명확히 표현되지 않는 것이 보통이다. 본고에서는 명확히 파악되는 경우 한해 구분해 표기하고 대개의 경우 국가가 지원한 것으로 표현하기로 하겠다.

26)『高麗史』 권2, 世家2 光宗 19년, 上冊. 62쪽 ;『高麗史節要』 권2, 光宗 19년, 38쪽.

대회에 즈음해 상당한 재물과 의복을 시납함으로써 행사의 비용에 일조할 수 있었을 것으로 생각된다. 연등회와 팔관회에 임해 酺를 하사함이 보이는데,28) 그 비용 역시 국가에서 부담한 것으로 보인다.

국가가 중시하는 사원이나 국왕과 특별히 연결된 개인이 지원하는 사원에서 낙성 행사가 있을 경우 종종 국왕이 재물을 베풀어 주었다.29) 國淸寺의 금당주불 석가여래를 조성한 후 낙성회를 베풀었을 때, 국왕은 右代言 李光時를 보내 香燭을 헌납했다.30) 진종사에서 낙성회가 베풀어졌을 경우에도 香幣를 내려 지원했다.31) 국가와 관련한 사원에서 낙성회가 베풀어질 경우, 혹은 국왕과 긴밀한 특정인이 주관한 불사가 종료되어 낙성회가 설행되는 경우에 이러한 지원이 있었을 것으로 보인다.

불교 행사가 설행되었을 때 국가에서 재정 지원을 하는 경우, 그 구체적인 물품은 다양했다. 행사비로 지출할 각종 재물이 중심이면서 그 밖에 여러 품목을 포함했다. 미·포는 곧바로 비용에 충당할 수 있는 것이었고, 금은이나 은병은 귀중품으로서 호환가치가 있는 재화였으며, 茶·香·油·燭 등은 행사에 직접 소요되는 소모품이었다.

법천사 지광국사가 열반한 후 拔薦의 비용으로 제공한 것은 茶, 香, 油, 燭과 곡식이었다.32) 차와 향, 유·촉은 행사에 직접 사용하는 물품이었으며, 곡식 또한 행사에 필요한 각종 먹거리를 장만하는 데 중요한 원

---

27) 『高麗史』 권8, 世家8 文宗 21년 정월, 上冊, 176쪽 ; 『高麗史節要』 권5, 文宗 21년 정월, 144쪽.

28) 『高麗史』 권6, 世家6 靖宗 즉위년 11월 庚子, 上冊, 122쪽 ; 『高麗史』 권6, 世家6 靖宗 12년 2월 丙寅, 上冊, 139쪽.

29) 고려시기 낙성 행사 전반에 관해서는 李炳熙, 2004, 「高麗時期 落成行事의 設行」 『文化史學』 21(同, 2009, 앞의 책 재수록)이 참고된다.

30) 閔漬, 「國淸寺金堂主佛釋迦如來舍利靈異記」 『東文選』 권68(民族文化推進會 影印本 2冊, 443쪽).

31) 李穡, 「眞宗寺記」 『牧隱文藁』 권1(『韓國文集叢刊』 5冊, 6쪽).

32) 李智冠 譯註, 1995, 『歷代高僧碑文(高麗篇2)』, 伽山佛敎文化硏究院, 「原州法泉寺智光國師玄妙塔碑文(1085년)」, 354쪽.

천이었다. 충숙왕대 선원사에서 세자의 명복을 빌 때, 시납한 것은 백금 10근이었다.[33] 백금 10근으로 필요한 물품을 구입했을 것이다.

국청사 금당주불 석가여래 조성이 끝나자 설행된 낙성회에 국왕이 右代言을 보내 제공한 것은 香燭이었다.[34] 진종사의 낙성에 즈음해 내린 것은 香幣였다.[35] 예종대 개경 내의 사원에서 여진을 물리치기 위한 기도가 있었을 때 지급한 것은 油香과 弓劍이었다.[36] 香·油·燭은 행사에 직접 사용하는 것이고, 전폐는 행사비의 마련에 도움을 준 것이며, 궁검은 상징물로서 보시한 것으로 이해된다.

충선왕대 여러 사원에서 반승하는 데 지원한 것은 은 100근이었다.[37] 충숙왕 즉위년 연경궁에서 飯僧 2천, 燃燈 2천 했을 때 시여한 것은 은병 1백 개였다.[38] 제공받은 은과 은병으로써 필요한 곡물을 구입해 반승했을 것이다.

문종 21년(1067)에 흥왕사에서 특별히 연등대회를 열었을 때, 국왕이 백관을 거느리고 가서 향을 피우고 시납한 것은 財襯으로 표현되었다.[39] 숙종 9년 8월 승가굴에 가서 재를 베풀면서 納襯했다.[40] 재물은 행사 비용의 제공이란 의미를 가지며, 의복은 승려들에게 대한 답례로 지급한 것으로 보인다.

국가·국왕 차원에서 여러 행사에 이처럼 각종 물품을 제공했다.[41] 재

33) 『高麗史』 권34, 世家34 忠肅王 원년 윤3월 庚午, 上冊, 699쪽.
34) 閔漬, 「國淸寺金堂主佛釋迦如來舍利靈異記」 『東文選』 권68(民族文化推進會 影印本 2冊, 443쪽).
35) 李穡, 「眞宗寺記」 『牧隱文藁』 권1(『韓國文集叢刊』 5冊, 6쪽).
36) 『高麗史』 권12, 世家12 睿宗 3년 4월, 上冊, 256쪽.
37) 『高麗史』 권33, 世家33 忠宣王 2년 11월, 上冊, 689쪽.
38) 『高麗史』 권34, 世家34 忠肅王 즉위년 10월, 上冊, 695~696쪽 ; 『高麗史節要』 권23, 忠宣王 5년 忠肅王 즉위년 10월, 604쪽.
39) 『高麗史』 권8, 世家8 文宗 21년 정월, 上冊, 176쪽.
40) 『高麗史』 권12, 世家12 肅宗 9년 8월 癸亥, 上冊, 244쪽.
41) 불교 행사가 베풀어졌을 때 이루어지는 시납행위 전반에 관해서는 李炳熙, 2004,

정 지원은 일정한 절차를 밟아서 이루어지는 것이었고, 실제로 그 기능
을 담당한 부서도 있었다. 왕실재정의 출납은 왕이 內謁에게 지출을 명
령하면 내알이 承旨에게 알리고 승지가 다시 왕에게 아뢰어 왕패에 서
명하여 내려보내는 절차를 거쳤다. 여기에 호부나 삼사, 어사대 같은 기
관의 통제와 감찰은 미치지 못했다. 이렇게 함으로써 왕실재정의 독자성
과 독립성을 보장했다.[42] 京倉의 경우 정기적인 출납은 倉官이 출납 문
서를 준비하고, 해당 倉의 관원이 결재하며, 監察御使의 서명을 받아, 재
추의 논의와 서명을 거쳐 이루어졌으며, 비정기적 출납은 재추가 논의한
뒤 출납지시를 문서로 이첩하며, 倉官이 출납 문서를 준비하고 해당 倉
의 관원이 결재하고, 감찰어사가 서명함으로써 이루어졌다.[43]

　　宣宗 6년(1089) 정월 개성의 여러 사원에서 設齋하여 祈福할 때 소요
되는 재원은 新興倉의 粟이었다.[44] 재를 베푸는 데 필요로 하는 곡식을
신흥창에서[45] 제공한 것이다. 국가의 일정한 절차를 밟아 신흥창에서
제공한 것으로 보인다. 정례적으로 이루어지는 지출은 정해진 국가재정
기구가 담당했을 것이다.

　　의종이 陰陽秘祝의 설을 혹신하여 항상 行在에서 승도 수백 인을 모
아서 齋醮를 설행했는데 그 비용이 적지 않았으며, 그 때문에 帑藏이 허
갈되었다고 했다.[46] 탕장으로 그 비용을 제공했음을 알 수 있다. 탕장은
왕실의 사적인 창고의 저장물을 의미하는 것으로 보여, 결국 왕실 내부의

　　「高麗時期 佛敎行事 設行時 參席者와 施納行爲」『靑藍史學』10(同, 2009, 앞의 책
　　재수록)이 참고된다.
42) 安秉佑, 2002, 앞의 책, 233~234쪽.
43) 金載名, 1987, 「高麗時代의 京倉」『淸溪史學』4.
44) 『高麗史』권10, 世家10 宣宗 6년 정월, 上冊, 209쪽 ;『高麗史節要』권6, 宣宗 6년
　　정월, 161~162쪽.
45) 신흥창에 관해서는 다음의 글이 참고된다. 金載名, 1987, 앞의 논문 ; 김옥근,
　　1996, 앞의 책, 79~80쪽.
46) 『高麗史』권18, 世家18 毅宗 16년 3월, 上冊, 372쪽 ;『高麗史節要』권11, 毅宗
　　16년 3월, 293쪽.

재정을 담당한 부서에서 재초의 비용을 제공한 것이 된다. 국가 차원의 지원이 아니라 왕실 차원의 지원으로 재초가 설행되었음을 알려 준다.

고종 10년(1223)에 오도양계에서 진병법석을 베풀었을 때 供費를 모두 민에게서 거두는 것이 문제되어 결국 內庫의 은병 300구를 내서 행사를 진행하도록 했다.47) 왕실의 金銀, 布帛 등을 관장하는 재정기구인 내고에서48) 그 비용을 제공해 진병법석을 설행한 것이다. 왕실 차원에서 재정을 지원함으로써 불교 행사를 설행하는 수가 많았다.

고종 4년에 거란적의 침입을 물리치기 위한 기도를 위해서 祿科米를 추렴했는데, 이를 위해 세운 기구가 祈恩都監이었다.49) 기은도감이라는50) 임시 부서를 설치해 그 행사 모두를 준비하도록 한 것이다. 임시로 갑자기 설행되는 중요한 祈禳행사였기에 새로운 기구로서 기은도감을 설치한 것이다.

불교 행사에 대해 국가에서 비용을 지원하는 경우 국가의 특정 기구가 담당하는 것이 보통이었다. 정례적으로 이루어지는 불교 행사, 그리고 미곡을 지원하는 경우, 통상 국가의 재정기구가 담당했다. 왕실 내의 기구가 비용을 조달하는 경우는 비정례적으로 예기치 않게 설행되는 행사였으며, 주로 은병·금은·포백이 후원 품목이었다. 그리고 임시적으로 별도의 기구를 마련해 비용을 마련토록 하고, 그것을 통해 행사를 재정 지원하는 수도 있었다.

지방 차원에서 불교 행사의 비용을 제공하는 경우도 종종 있었다. 대개의 경우 국가의 명을 받아 이루어지는 재정 지원으로 보인다. 법천사 지광국사를 위한 拔薦의 비용을 충당하기 위해 原州倉의 穀을 사여하고

---

47) 『高麗史』 권22, 世家22 高宗 10년 9월 戊申, 上冊, 449쪽 ; 『高麗史節要』 권15, 高宗 10년 9월, 404쪽.
48) 內庫에 관해서는 안병우, 2002, 앞의 책, 60~61쪽, 217쪽이 참고된다.
49) 『高麗史節要』 권15, 高宗 4년 3월, 390쪽.
50) 『高麗史』 권77, 志31 百官2 諸司都監各色 別例祈恩都監, 中冊, 692쪽.

있다.51) 국가에서 법천사가 소재한 원주에 지시하여 그 비용을 제공토록 한 것이다. 여러 주부군현에서 해마다 설행하는 輪經會의 비용은 향리가 백성에게 거두어 해결했다.52) 지방 차원에서 비용을 조달함을 의미한다.

의종대에 국왕을 위한 祝聖法會의 비용은 국가에서 직접 제공하지 않고 지방에서 부담토록 했다. 국왕이 天帝釋像과 觀音菩薩像을 다수 그려서 중외의 사원에 나누어 보내고 널리 梵釆를 베풀도록 했는데 이를 축성법회라 했으며, 州郡의 倉廩에서 그 비용을 제공토록 했다.53) 우왕 9년(1383) 9월에 중외의 사원 151개 소에서 설행된 진병법석의 供費를 이루 헤아릴 수 없었다고 했다.54) 이 비용 또한 지방 차원에서 제공했을 가능성이 커 보인다.

직접적인 불교 행사로 보기 어렵지만, 사원에서 진휼 활동이 이루어지는 경우 국가에서 재정을 지원하는 수가 있었다. 국가재정 지원 하에서 불교계가 진휼 활동을 전개하는 것이다.

문종 25년(1071) 西普通院에서 식사를 베풀어 궁민에게 베풀었을 때, 玄德宮의 쌀 500석을 제공했다.55) 공민왕 3년(1354)에 演福寺에 賑濟色을 설치해 기민을 구제했을 때, 有備倉의 쌀 500석을 제공했다.56) 사원에서 국가의 지원을 받아 진휼 활동을 전개하고 있는 것이다. 진휼 활동 자체가 불교 행사라고 할 수는 없지만, 사원에서 이루어지는 것이기에

---

51) 李智冠 譯註, 1995, 『歷代高僧碑文(高麗篇2)』, 伽山佛敎文化硏究院, 「原州法泉寺智光國師玄妙塔碑文(1085년)」, 354쪽.

52) 『高麗史』 권7, 世家7 文宗 원년 정월 丁酉, 上冊, 142쪽.

53) 『高麗史』 권123, 列傳36 嬖幸1 榮儀, 下冊, 671쪽 ; 『高麗史節要』 권11, 毅宗 11년 정월, 288~289쪽.

54) 『高麗史』 권135, 列傳48 辛禑3 禑王 9년 9월, 下冊, 913쪽 ; 『高麗史節要』 권32, 辛禑 9년 9월, 799쪽.

55) 『高麗史』 권80, 志34 食貨3 水旱疫癘賑貸之制 文宗 25년 12월, 中冊, 770쪽 ; 『高麗史節要』 권5, 文宗 25년 12월, 147쪽.

56) 『高麗史』 권80, 志34 食貨3 水旱疫癘賑貸之制 恭愍王 3년 6월, 中冊, 772~773쪽.

불교적인 외피를 썼다고 할 수 있을 것이다.

국가나 왕실에서 불교 행사에 관련한 재정을 지원하는 것이 여의치 않을 때 갹출하여 그 비용을 제공하는 경우도 있었다. 고위 관료가 일차 대상이 되었는데, 민인에게 부담을 지워 지원하는 경우도 없지 않았다.

예종 4년(1109) 4월에 神衆院에서 設齋하여 兵捷을 기원했을 때 그 비용으로 宰樞와 6尙書 이상이 각각 米 2석을 제공했다.57) 인종 8년 (1130) 4월에 現聖寺와 靈通寺에서 국가를 위해 禳災祈福했을 때도 백료에게 쌀을 차등있게 내도록 해서 그 비용을 제공했다.58) 충렬왕대 기우제는 宰樞가 私財를 내서 설행했다.59)

3. 僧侶에 대한 賜物

국가·국왕 차원에서 승려 개인에게 많은 물품을 사여했다. 국왕이나 국가에서 물품을 사여하는 대상 승려는 고승, 국사·왕사가 중심이었으며, 일반 승려가 대상이 되는 것은 특수한 사정이 있을 때였다. 승려 개인에게 물품을 사여하는 계기는 여러 가지였다. 국가와 국왕을 위한 불사를 수행하는 경우, 고위의 승계를 제수하거나 국사·왕사로 책봉하는 경우, 예우 차원에서 이루어지는 경우 등이었다. 그리고 고승과 함께 불사에 참여하는 다른 승려에게도 물품이 사여되었다.

신라말 고려초 후삼국이 세력을 다투고 있을 때 후삼국의 지도자들은 승려의 후원을 얻기 위해 노력했다. 왕건이나 견훤 모두 마찬가지였다.

57) 『高麗史』 권13, 世家13 睿宗 4년 4월, 上冊, 260쪽.
58) 『高麗史』 권16, 世家16 仁宗 8년 4월, 上冊, 325쪽.
59) 『高麗史』 권30, 世家30 忠烈王 13년 4월, 上冊, 616쪽 ; 『高麗史』 권54, 志8 五行2 忠烈王 13년 4월, 中冊, 227쪽.

靜眞대사에게는 태조 왕건과 定宗이 물품을 사여했다. 정진대사는 국왕
의 명을 받아 舍那禪院으로 옮겨, 齋設을 정근하게 했는데, 그에게는 자
주 물품이 사여되었다.60) 元宗대사의 경우 태조 왕건이 인연을 표하고
자 하여 가사와 좌구를 사여했으며, 이후 혜종과 정종도 승려를 존숭하
는 차원에서 茶와 法衣를 사여했다.61)

　문종 21년(1067)에 國師 海麟이 還山함에 즈음해 국왕이 玄化寺에서
친히 전별하면서 茶藥·金銀器皿·綵段·寶物을 사여했다.62) 개경에 있던
국사가 외방으로 하산하고자 함에 국왕이 특별히 귀한 물품을 사여한 것
이다. 개경에서 교화를 담당하고 있는 국사가 환산하는 경우 통상 이러
한 물품의 사여가 뒤따랐다고 생각된다.

　證智首座가 外帝釋院에서 說經講演했을 때 국왕이 袈裟를 사여했다.
그 이후에도 가사를 사여한 일이 있으며, 首座의 승계를 제수했을 때도
가사를 내려주었다.63) 慧炤國師의 경우도 현화사의 주지를 요청받았을
때에 紫繡僧伽梨를 사여받았으며, 그 이후에도 종종 가사를 받고 있음이
보인다.64) 智光國師의 경우 덕종대에 심히 중시되어, 특별히 三重大師를
제수받았으며, 이때 法服을 사여받았다. 얼마 안 되어 수좌를 제수받았
을 때도 磨衲田衣를 사여받았다. 그 이후의 왕도 그에게 가사와 귀중품
을 사여했다.65) 승계가 높아질 때마다 국왕이 승려에게 가사를 사여하

---

60) 李智冠 譯註, 1994, 『歷代高僧碑文(高麗篇1)』, 伽山佛敎文化硏究院, 「聞慶鳳巖寺
　　靜眞大師圓悟塔碑文(965년)」, 451~452쪽.
61) 李智冠 譯註, 1995, 『歷代高僧碑文(高麗篇2)』, 伽山佛敎文化硏究院, 「驪州高達院
　　元宗大師惠眞塔碑文(975년)」, 21쪽.
62) 『高麗史』 권8, 世家8 文宗 21년 9월 丁酉, 上冊, 176쪽.
63) 李智冠 譯註, 1996, 『歷代高僧碑文(高麗篇3)』, 伽山佛敎文化硏究院, 「證智首座觀
　　奧墓誌銘(1158년)」, 337쪽.
64) 李智冠 譯註, 1995, 『歷代高僧碑文(高麗篇2)』, 「竹山七長寺慧炤國師塔碑文(1060년)」,
　　302~303쪽.
65) 李智冠 譯註, 1995, 『歷代高僧碑文(高麗篇2)』, 伽山佛敎文化硏究院, 「原州法泉寺
　　智光國師玄妙塔碑文(1085년)」, 351~353쪽.

는 일이 흔했을 것으로 보인다.

大覺國師 의천의 경우는 국왕과 태후가 巨萬이 이르는 財寶를 보내준 것이 확인된다.66) 妙應大禪師 敎雄에게는 예종이 가사를 사여했으며, 선사를 제수할 때 掩脣을 사여했다. 이후 인종이 즉위해서도 가사를 사여했고 國淸寺의 주지로 임명하고 대선사를 제수할 때에도 가사를 사여했음이 확인된다.67) 예종 11년(1116) 국왕이 普濟寺에 행차하여 國師 曇眞이 禪理를 말함을 듣고 '賜施優厚'했다.68) 고승의 경우 예우를 하면서 물품을 사여했으며, 선사·대선사 등 높은 승계를 제수할 경우에 물품을 사여했다.

普照國師 지눌이 수행하던 수선사에 국왕이 題榜을 친히 써 내렸을 때, 그에게 가사가 사여되었다.69) 혜심에게는 강종이 寶瓶과 沈香을 사여한 일이 있다.70) 충렬왕 2년(1276) 毬庭에서 飯僧이 있을 때 왕과 공주가 친히 임석했는데, 이때 승려 宗悟가 자리에 올라 설법하자 왕은 종오에게 銀瓶 15개를 사여했다.71) 충숙왕 즉위년(1313) 10월 상왕이 延慶宮에서 飯僧 2천, 燃燈 2천을 5일간 했으며, 은병 100개와 手擎香爐를 시여했고, 伶官으로 하여금 음악을 연주하게 했으며, 승려 冲坦과 孝楨을 맞이해 설법토록 했고 각각에게 은 1근을 시여했다.72) 같은 해 12월에 상왕이 연경궁에서 반승하고 점등할 때 송광사의 승려 萬恒을 불렀

---

66) 李智冠 譯註, 1996, 『歷代高僧碑文(高麗篇3)』, 伽山佛敎文化硏究院, 「開城靈通寺 大覺國師碑文(1125년)」, 122쪽.
67) 李智冠 譯註, 1996, 『歷代高僧碑文(高麗篇3)』, 伽山佛敎文化硏究院, 「國淸寺妙應 大禪師敎雄墓誌銘(1142년)」, 243쪽.
68) 『高麗史』 권14, 世家14 睿宗 11년 정월 壬寅, 上冊, 280쪽.
69) 李智冠 譯註, 1997, 『歷代高僧碑文(高麗篇4)』, 伽山佛敎文化硏究院, 「順天松廣寺 佛日普照國師碑銘(1213년)」, 60쪽.
70) 慧諶, 「上康宗大王」 『曹溪眞覺國師語錄』(『韓國佛敎全書』 6冊, 40쪽).
71) 『高麗史』 권28, 世家28 忠烈王 2년 8월 丁亥, 上冊, 572쪽.
72) 『高麗史』 권34, 世家34 忠宣王 5년 忠肅王 즉위년 10월, 上冊, 695~696쪽 ; 『高麗 史節要』 권23, 忠宣王 5년 忠肅王 즉위년 10월, 604쪽.

는데, 만항이 되돌아가자 국왕이 타던 軺輻子를 사여했다.[73)]

慈淨國尊에게 大慈恩宗師·祐世君을 제수할 때 별도로 1품 봉록을 사
여했다.[74)] 각진국사 복구에게도 국왕이 물품을 사여한 것으로 보인다.
'錫賜之寵'으로 표현한 데서[75)] 그러한 추정이 가능하다. 보우의 경우는
공민왕 때 여러 물품을 사여받았음이 확인된다. 공민왕 5년(1356) 3월 왕
과 공주가 태비를 받들고 봉은사에 행차해 보우가 禪理를 강설함을 듣고
頂禮했으며 幣帛·銀鉢·繡袈裟를 시여했다. 보우를 따르는 승려 300여 명
에게도 백포와 가사를 주었다.[76)] 이때 공주·태후가 친히 茶果를 내려 주
었고, 공주는 瑠璃盤·瑪瑙匙 등을 시주했다.[77)] 또한 공민왕 6년 정월 국
왕이 보우를 내전에 맞이하고서 黃金 50兩과 金線 1匹을 사여했다.[78)]

국사와 왕사, 고승에게는 이처럼 물품이 사여되는 수가 많았는데, 일
반 승려에 대해서도 드물지만 물품이 사여되었다. 우선 고려초 태조 14
년(931)에 왕건은 甫尹 善規 등을 보내 신라왕에게 비단을 보내면서 승
려에게도 茶香을 사여했다.[79)] 경주의 승려에게 차와 향을 제공한 것으
로 보인다. 신라 승려의 후원을 얻고자 하는 조치라고 할 수 있겠다.

고승이 설법할 때 참석한 승려라든지, 국왕 주도의 불교 행사에 참석
한 승려도 종종 물품을 사여받았다. 충숙왕 즉위년 승려 冲坦과 孝楨이

73) 『高麗史』 권34, 世家34 忠肅王 즉위년 12월, 上冊, 696쪽 ; 『高麗史節要』 권23, 忠
肅王 즉위년 12월, 605쪽.
74) 李智冠 譯註, 1997, 『歷代高僧碑文(高麗篇4)』, 伽山佛敎文化硏究院, 「報恩法住寺
慈淨國尊普明塔碑文(1342년)」, 326쪽.
75) 李達衷, 「王師大曹溪宗師一邛正令 雷音辯海弘眞廣濟 都大禪師覺嚴尊者 贈諡覺眞
國師碑銘幷序」, 『東文選』 권118(民族文化推進會 影印本 3冊, 483쪽).
76) 『高麗史』 권39, 世家39 恭愍王 5년 3월 丙戌, 上冊, 769쪽 ; 李智冠 譯註, 1997, 『歷
代高僧碑文(高麗篇4)』, 伽山佛敎文化硏究院, 「楊州太古寺圓證國師塔碑文(1385년)」,
451~452쪽.
77) 『高麗史』 권89, 列傳2 后妃2 徽懿魯國大長公主, 下冊, 32~33쪽.
78) 『高麗史』 권39, 世家39 恭愍王 6년 정월, 上冊, 776쪽.
79) 『高麗史』 권2, 世家2 太祖 14년 8월 癸丑, 上冊, 48쪽.

설법할 때 함께 한 승려 2천 명에게 은 20근을 사여했다.[80] 충숙왕 원년
정월에 上王이 원을 방문하던 길에 延慶宮 萬僧會에 들러 백금 130근을
만승회에 참석한 승려에게 베풀어 주었다.[81] 공민왕 15년 4월에 국왕이
백관을 거느리고 王輪寺에 행차해 사리를 참관하고서 소속 승려에게 포
800필을 사여했다.[82] 다음달 5월 왕의 생일에 승려 7백 명을 내전에서
飯僧하고 그 승려에게 布 천여 필을 제공했다.[83] 공민왕 18년 노국공주
의 기일에 연복사에서 법회를 열었을 때 시주한 포가 800필이었다고 하
는데[84] 이 포는 연복사에 제공되었을 가능성도 있고, 참여한 수천 명의
승도에게 제공되었을 가능성도 있다. 같은 해에 王輪寺에서 외침을 물리
치기 위한 天兵神衆道場이 7일간 설행되었을 때 승려에게 포 1,500필을
시주했다.[85] 공민왕 21년 2월 공주의 기일에 왕이 王輪寺에 행차하여 설
법을 듣고 승도에게 포 3백 필을 시주했다.[86] 공민왕대 이렇게 포를 받
은 승려는 국사·왕사가 아닌 일반 승려로 보인다.

공양왕 3년 2월 국왕이 회암사에 행차해 불사를 크게 베풀었는데, 매
우 사치했으며 천여 명의 승려를 반승했다. 이때 왕과 세자가 손수 승려
에게 포 1,200필을 시여했으며, 講主僧에게는 段絹 各 3匹과 衣 1襲을
사여했다.[87] 회암사에서의 불사를 이끌었던 승려와 이때 강주를 맡았던
승려에 대한 물품의 사여라고 하겠다.

---

80) 『高麗史』 권34, 世家34 忠宣王 5년 忠肅王 즉위년 10월, 上冊, 695~696쪽 ; 『高麗
   史節要』 권23, 忠宣王 5년 忠肅王 즉위년 10월, 604쪽.
81) 『高麗史』 권34, 世家34 忠肅王 원년 정월, 上冊, 698쪽 ; 『高麗史節要』 권24, 忠肅
   王 원년 정월, 606쪽.
82) 『高麗史』 권41, 世家41 恭愍王 15년 4월 戊寅, 上冊, 816쪽.
83) 『高麗史』 권41, 世家41 恭愍王 15년 5월, 上冊, 816쪽 ; 『高麗史節要』 권28, 恭愍
   王 15년 5월, 719쪽.
84) 『高麗史』 권132, 列傳45 叛逆6 辛旽, 下冊, 861쪽.
85) 『高麗史』 권41, 世家41 恭愍王 18년 9월, 上冊, 825쪽.
86) 『高麗史』 권43, 世家43 恭愍王 21년 2월, 上冊, 844쪽.
87) 『高麗史』 권46, 世家46 恭讓王 3년 2월 己未, 上冊, 888쪽.

국사나 왕사에게는 예우의 차원에서 물품을 사여했다. 고승의 경우에
도 인연을 유지하고 예우하는 차원에서 물품이 사여되었다. 그리고 승려
가 국왕 앞에서 특정한 일을 수행했을 경우에도 물품이 사여되었다.

승려 개인에게 사여되는 물품은 다양했다. 귀중품이 많았으며 승려로
서 생활하는 데 긴요한 물품도 있었고, 특이한 물품도 있었다. 크게 보면
승려의 용품으로 제공한 것은 茶·香·藥이었으며, 귀중품으로 사여한 것
은 金銀이었다.

국사·왕사 등 고승에게는 차와 향, 약, 그리고 진귀한 물품이 사여됨
이 보통이었다. 정진대사에게 사여된 것으로 香盌과 水瓶, 香茗이 보인
다.88) 원종대사에게는 茗酵을 사여했다.89) 법인국사에게는 茶菓를 헌납
한 것이 보인다.90) 승려들이 자주 마시는 차는 국왕이 사여하는 중요한
물품이었다.

國師 海麟이 환산할 때 사여한 물품으로는 茶·藥·金銀器皿·綵段·寶物
이 있었다.91) 증지수좌에게도 茶香, 彩綾이 지급된 일이 있다.92) 지광국
사가 사여받은 물품에는 가사가 많지만, 아울러 銀黃器用·香茟·茶藥·珤
貨가 보인다.93) 강종이 혜심에게 사여한 물품에는 寶瓶 兩口와 沈香 1封
이 보인다.94) 귀중품과 아울러 승려의 기호품인 茶와 藥이 사여된 것이다.

---

88) 李智冠 譯註, 1994, 『歷代高僧碑文(高麗篇1)』, 伽山佛敎文化硏究院, 「聞慶鳳巖寺
　　靜眞大師圓悟塔碑文(965년)」, 448쪽, 451~454쪽.
89) 李智冠 譯註, 1995, 『歷代高僧碑文(高麗篇2)』, 伽山佛敎文化硏究院, 「驪州高達院
　　元宗大師惠眞塔碑文(975년)」, 21쪽.
90) 李智冠 譯註, 1995, 『歷代高僧碑文(高麗篇2)』, 伽山佛敎文化硏究院, 「海美普願寺
　　法印國師寶乘塔碑文(978년)」, 81쪽.
91) 『高麗史』 권8, 世家8 文宗 21년 9월 丁酉, 上冊, 176쪽.
92) 李智冠 譯註, 1996, 『歷代高僧碑文(高麗篇3)』, 伽山佛敎文化硏究院, 「證智首座觀
　　奧墓誌銘(1158년)」, 337쪽.
93) 李智冠 譯註, 1995, 『歷代高僧碑文(高麗篇2)』, 伽山佛敎文化硏究院, 「原州法泉寺
　　智光國師玄妙塔碑文(1085년)」, 351~353쪽.
94) 慧諶, 「上康宗大王」 『曹溪眞覺國師語錄』(『韓國佛敎全書』 6冊, 40쪽).

개경에 초빙받아 왔다가 되돌아가는 송광사 승려 萬恒에게는 국왕이 손수 타던 가마를 사여했다.[95] 자정국존에게는 우세군으로 봉하면서 1품의 봉록을 반포했다.[96] 승려에게 가마나 봉록을 지급하는 일은 흔치 않았는데, 특별한 처우였다.

공민왕대 총애를 받은 보우의 경우는 받은 물품이 여러 종류였으며, 그 양이나 품질이 대단했다. 공민왕 5년에는 滿綉袈裟·水精念珠 등을 사여받았는데, 다른 기록에는 幣帛·銀鉢·繡袈裟를 받았으며, 그것이 丘山처럼 쌓였다고 한다. 공민왕 6년 정월에는 黃金 50兩과 金線 1匹을 사여받았으며 공주 등으로부터 茶果 및 瑠璃盤·瑪瑙匙 등을 시주받기도 했다.[97] 보우는 귀중품을 특히 많이 사여받은 것으로 보인다. 보제존자 나옹에게는 法服과 鉢盂가 사여되었으며, 공주가 瑪瑙拂子를 헌납했다.[98]

국사·왕사의 위치에 있지 않은 보통의 승려에게 내려진 것은 금·은 등의 귀중품보다는 茶와 香, 布, 藥이 중심이었다. 태조 왕건이 931년에 신라의 승려에게 내린 것은 茶와 香이었다.[99] 국왕이 왕륜사에 행차해 사리를 친견하고 승려들에게 포를 사여했다.[100] 공민왕 18년 공주 기일에 모여 법회를 연 승려에게 제공한 것은 포였다.[101] 공양왕 3년 회암사에서 대규모의 화려한 불사가 있었을 때, 왕 및 세자가 강주승이 아닌

---

95) 『高麗史』 권34, 世家34 忠肅王 즉위년 12월, 上冊, 696쪽 ; 『高麗史節要』 권23, 忠肅王 즉위년 12월, 605쪽.

96) 李智冠 譯註, 1997, 『歷代高僧碑文(高麗篇4)』, 伽山佛敎文化硏究院, 「報恩法住寺慈淨國尊普明塔碑文(1342년)」, 326쪽.

97) 『高麗史』 권89, 列傳2 后妃2 徽懿魯國大長公主, 下冊, 32~33쪽 ; 『高麗史』 권39, 世家39 恭愍王 5년 3월 丙戌, 上冊, 769쪽 ; 『高麗史節要』 권26, 恭愍王 6년 정월, 685쪽 ; 李智冠 譯註, 1997, 『歷代高僧碑文(高麗篇4)』, 伽山佛敎文化硏究院, 「楊州太古寺圓證國師塔碑文(1385년)」, 451~452쪽.

98) 李穡, 「普濟尊者諡禪覺塔銘」, 『牧隱文藁』 권14(『韓國文集叢刊』 5冊, 122쪽).

99) 『高麗史』 권2, 世家2 太祖 14년 8월 癸丑, 上冊, 48쪽.

100) 『高麗史』 권41, 世家41 恭愍王 15년 4월 戊寅, 上冊, 816쪽.

101) 『高麗史』 권132, 列傳45 叛逆6 辛旽, 下冊, 861쪽.

보통의 승려에게 시주한 것은 포 1,200필이었다.[102] 다수의 일반 승려들
에게 물품을 사여하는 경우는 포가 보통이었다.

승려에게 사여되는 물품 가운데 중요한 것에 袈裟가 있었다. 보통의 가
사가 아니라 매우 고급의 가사였다. 옷감이 양질이었고, 문양이 아름다웠
던 것으로 보인다. 가사라 하더라도 옷감, 무늬, 형식에서 큰 차이가 있었
다. 그 밖에 승려로서 생활하는 데 필요한 좌구와 염주가 보이기도 한다.

정진대사의 경우 磨衲袈裟, 錦緣磨納袈裟, 新製磨納袈裟를 사여받았
으며, 頂踵의 장식물도 사여받았다.[103] 원종대사가 사여받은 가사에는
霞衲衣, 紋羅法衣, 雲衲袈裟, 磨衲法衣가 보이고, 座具가 확인된다.[104]
중지수좌 觀奧에게는 紫貼袈裟, 別造摩衲袈裟, 壽貼袈裟, 衣裳, 摩納掩
脊 등이 사여되었다.[105] 혜소국사에게 사여한 가사의 종류도 다양했다.
磨衲方袍, 紫繡僧伽梨, 錦貼法衣가 그것이었다.[106] 지광국사에게 사여한
가사에는 磨衲法服, 磨衲田衣, 細繡幢相服, 磨衲僧伽梨, 錦闕法服 등이
보인다.[107]

묘응대선사 교웅에게 사여한 승복도 여러 가지였다. 貼袈裟, 衲掩脊,
紫繡貼袈裟, 滿繡袈裟가 보이며,[108] 보조국사 지눌에게 사여한 가사는

---

102) 『高麗史』 권46, 世家46 恭讓王 3년 2월 己未, 上冊, 888쪽.

103) 李智冠 譯註, 1994, 『歷代高僧碑文(高麗篇1)』, 伽山佛教文化研究院, 「聞慶鳳巖寺
    靜眞大師圓悟塔碑文(965년)」, 451~452쪽.

104) 李智冠 譯註, 1995, 『歷代高僧碑文(高麗篇2)』, 伽山佛教文化研究院, 「驪州高達院
    元宗大師惠眞塔碑文(975년)」, 21쪽.

105) 李智冠 譯註, 1996, 『歷代高僧碑文(高麗篇3)』, 伽山佛教文化研究院, 「證智首座觀
    奧墓誌銘(1158년)」, 337쪽.

106) 李智冠 譯註, 1995, 『歷代高僧碑文(高麗篇2)』, 伽山佛教文化研究院, 「竹山七長寺
    慧炤國師塔碑文(1060년)」, 302~303쪽.

107) 李智冠 譯註, 1995, 『歷代高僧碑文(高麗篇2)』, 伽山佛教文化研究院, 「原州法泉寺
    智光國師玄妙塔碑文(1085년)」, 351~353쪽.

108) 李智冠 譯註, 1996, 『歷代高僧碑文(高麗篇3)』, 伽山佛教文化研究院, 「國淸寺妙應
    大禪師敎雄墓誌銘(1142년)」, 243쪽.

滿繡袈裟였다.109) 공민왕대 보우가 사여받은 가사도 여러 가지였다. 滿
繡袈裟(滿綉袈裟), 繡袈裟, 雜色段疋袈裟가 보이며, 그밖에 銀鉢, 水精念
珠, 金鏤泥師壇, 沈香拂子 등이 보인다.110) 보제존자 나옹이 사여받은 가
사에 滿繡袈裟가 있었다. 그리고 나옹이 받은 法服과 鉢盂, 水精拂子는
국왕이 사여한 것이며, 瑪瑙拂子는 공주가 바친 것이다.111) 고승에게 사
여한 가사는 매우 화려한 것이었다. 비단 옷감으로 짠 것이며, 화려하게
수를 놓은 것이었다. 그러한 가사를 입고 행사에 임하는 경우 그 권위는
매우 높았을 것이다.

　승려에게 물품을 사여하는 경우 그것을 제공하는 기구의 실체가 명확
하지 않다. 양보다는 질이 중요하고, 진귀한 것이므로 국가의 일반 재정
기구에서 보관하고 있던 것이라고 보기 힘들며, 왕실의 재정기구에 소장
해 온 것으로 생각된다. 가사의 경우 고급의 기술을 지닌 숙련공이 만들
었을 것으로 보인다. 국왕의 어의를 담당하는 고급 기술자가 동원되어
제작한 것을 사여하는 것이었다고 생각된다.112) 미포를 사여하는 경우
드물지만 국가의 재정기구에서 부담한 경우도 있었을 것이지만, 茶·香·
藥이나 승려 용품은 대체로 왕실의 재정기구가 지원한 것으로 보인다.

---

109) 李智冠 譯註, 1997, 『歷代高僧碑文(高麗篇4)』, 伽山佛敎文化硏究院, 「順天松廣寺
　　佛日普照國師碑銘(1213년)」, 60쪽.
110) 李智冠 譯註, 1997, 『歷代高僧碑文(高麗篇4)』, 伽山佛敎文化硏究院, 「楊州太古寺
　　圓證國師塔碑文(1385년)」, 451~452쪽 ; 『高麗史』 권39, 世家39 恭愍王 5년 3월
　　丙戌, 上冊, 769쪽 ; 『高麗史節要』 권26, 恭愍王 5년 3월, 679쪽 ; 門人維昌, 「高
　　麗國 國師大曹溪嗣祖 … 利雄尊者諡圓證 行狀」 『太古和尙語錄』下(韓國佛敎全書』
　　6冊, 698쪽).
111) 李穡, 「普濟尊者諡禪覺塔銘」 『牧隱文藁』 권14(『韓國文集叢刊』 5冊, 122쪽).
112) 고급의 가사는 궁중의 견직물을 담당하는 掖庭局에서 제작했을 것으로 보인다.
　　액정국에는 錦匠, 羅匠, 綾匠이 소속해 견직물의 직조를 담당했다(서명희, 1993,
　　「수공업」 『한국사』 14, 국사편찬위원회 참조).

4. 寺院에 대한 財物 支援

고려시기 사원에 대해 국가에서 경제 지원을 하는 경우는 허다했다. 국가가 토지를 분급하고 노비를 사여함으로써 사원이 일상적인 기능을 안정적으로 수행할 수 있었다. 그러나 갑자기 예기치 않은 일을 특정 사원이 수행하는 경우, 그 사원에 상당한 재물을 사여했다. 물품을 사여받는 사원은 국가와 긴밀한 관련을 맺는 사원이었다. 고려시기 사원이 토지를 보유 지배하고 있었는데[113] 본고에서는 이 측면은 생략하고 물품의 사여를 중심으로 언급하고자 한다.

사원에 재물을 사여한 것은 일정한 기능을 수행함을 전제로 한 것이었다. 후삼국이 상호 세력을 다투던 시기 왕건에게 寶壤이 적을 물리칠 계책을 가르쳐 주자 그 승려가 속한 奉聖寺에 近縣의 조 50석을 매해 지급했다.[114] 보양이 거처하고 있는 사원이 잘 유지되어 갈 수 있도록 곡식을 급여한 것이다.

定宗대에는 곡식 7만 석을 대사원에 시납하여 佛名經寶 및 廣學寶를 두고서 불법을 배우는 자들을 권면토록 했다.[115] 곡식을 사여받은 사원은 대사원으로 지칭되는 데서 알 수 있듯이 전체 사원이 아니었다. 이때 長安寺는 대사원이기에 특별히 2천 석을 사여받았다고 하며,[116] 直指寺도 곡식을 사여받았다고 한다.[117] 아마 사원마다 1천 석 정도가 사여되었고, 대략 70개 사원에 한정되었다고 보는 것이 타당할 듯 하

---

113) 사원전에 관해서는 많은 연구 성과가 있다(李炳熙, 2008, 『高麗後期寺院經濟硏究』, 景仁文化社, 4~7쪽 참조).
114) 『三國遺事』 권4, 義解5 寶壤梨木.
115) 『高麗史』 권2, 世家2 定宗 원년, 上冊, 60쪽 ; 『高麗史節要』 권2, 定宗 원년, 34쪽.
116) 『楡岾寺本末寺誌』(1977, 亞細亞文化社 影印本), 「江原道淮陽府金剛山長安寺事蹟 (1884년)」, 328쪽.
117) 『直指寺誌』(1980, 亞細亞文化社 影印本), 「直指寺事蹟(1776년)」, 273쪽.

다.118) 각 사원에서 보를 설치하여 불법을 공부하는 승려들을 우대하도록
한 것이다.

특정인을 위해 기복하는 사원에도 재물을 사여했다. 성종 15년(996)
에 徐熙가 질병에 걸려 開國寺에 있을 때 성종이 친히 행차해 문병했으
며, 어의와 말을 사원에 나누어 시주했으며, 곡식 1천 석을 개국사에 시
주했다.119) 崔知夢이 질병에 걸렸을 때도 성종이 친히 문병하고서 말 2
필을 歸法寺와 海安寺에 시여하고 반승함으로써 기도했다.120) 靖宗代에
는 서희의 아들인 徐訥이 병에 걸려 地藏寺에 있었는데, 왕이 문병하고
서 어의와 곡식, 말을 지장사에 시납하고 서눌을 위해 기복토록 했
다.121) 崔沆을 위해서 현화사에 忌齋의 비용을 제공했으며, 해마다 최항
의 아들을 현화사에 보내 향을 사르도록 했다.122) 세자의 명복을 빌기
위한 재정 지원도 했다. 충숙왕이 백금을 선원사에 시주하여 세자 鑑의
명복을 비는 재원으로 삼게 했다.123) 아마도 국왕과 관련한 특정 인물을
대상으로 기복행사가 설행되거나 명복을 빌고자 하는 경우 그 일을 맡은
사원에 대해 국왕이나 국가에서 비용을 제공했을 것이다.

魯國公主의 명복을 비는 光巖寺(雲巖寺)에는 상당한 지원이 있었다.
공민왕 17년(1368)에 노국공주의 능인 正陵 곁에 있는 광암사에 매달 쌀
30석을 사여했다.124) 공민왕 19년 5월에는 광암사에 토지·노비와 함께
포 15,293필을 제공했다.125) 노국공주의 명복을 비는 광암사에 엄청난

---

118) 李炳熙, 2009, 앞의 책, 102~118쪽 참조.
119) 『高麗史』 권94, 列傳7 徐熙, 下冊, 98쪽 ; 『高麗史節要』 권2, 穆宗 원년 7월, 62쪽.
120) 『高麗史』 권92, 列傳5 崔知夢, 下冊, 72~73쪽.
121) 『高麗史』 권94, 列傳7 徐訥, 下冊, 99쪽 ; 『高麗史節要』 권4, 靖宗 8년 6월,
   115~116쪽.
122) 『高麗史』 권93, 列傳6 崔沆, 下冊, 93쪽.
123) 『高麗史』 권34, 世家34 忠肅王 원년 윤3월 庚午, 上冊, 699쪽.
124) 『高麗史』 권41, 世家41 恭愍王 17년 9월 甲寅, 上冊, 821쪽 ; 『高麗史節要』 권28,
   恭愍王 17년 9월 甲寅, 726쪽.
125) 『高麗史』 권89, 列傳2 后妃2 徽懿魯國大長公主, 下冊, 32~34쪽 ; 『高麗史節要』

지원을 한 것이다. 국왕을 위해 특별한 기능을 하는 광암사에 상당한 재물을 사여하는 것이다.

국왕이 행차한 사원에도 재물이 제공되었다. 왕이 玄化寺에 행차하고서 새로이 주조한 종을 쳤으며, 群僚들로 하여금 역시 타종케 했다. 이때 衣物과 匹段을 회사했다.[126] 다른 자료에서는 이때 국왕이 친히 곡식 2천 석을 회사하고 군신·양반도 각각 시납해 金鍾寶를 만들었다고 했다.[127]

문종 21년(1059) 정월에 12년만에 興王寺가 완공되자 落成齋를 설할 때 국왕이 백관을 거느리고 가서 의복을 시납했다.[128] 숙종 4년(1099) 국왕이 승가굴에 행차하고서 齋를 설했으며, 아울러 銀香椀·手爐와 기타 귀중품을 시납했다.[129] 숙종은 9년에도 승가굴에 행차하여 설재하고 納襯했다.[130] 예종 5년(1110)에도 승가굴에 도착하여 通義侯 僑에게 명해 文殊窟에 오도록 했는데, 太后와 諸王·宮主·公主가 각각 衣襯을 시여했다.[131] 행차를 계기로 해서 사원에 대한 상당한 예우를 한 것으로 보인다. 이러한 귀중품을 사여받은 사원에서는 국왕을 위한 별도의 불교행사를 베풀었을 가능성이 크다.

권29, 恭愍王 19년 5월, 732쪽.

126) 『高麗史』 권4, 世家4 顯宗 11년 9월, 上冊, 102쪽 ; 『高麗史節要』 권3, 顯宗 11년 9월, 89~90쪽.

127) 許興植 編著, 1984, 『韓國金石全文(中世上)』, 亞細亞文化社, 「玄化寺碑(1021년)」, 450쪽.

128) 『高麗史』 권8, 世家8 文宗 21년 정월, 上冊, 176쪽 ; 『高麗史節要』 권5, 文宗 21년 정월, 144쪽.

129) 『高麗史』 권11, 世家11 肅宗 4년 9월 戊戌, 上冊, 229쪽. 다른 기록에 의거하면, 白銀香椀手爐 各 一事, 金剛水精念珠 各 一貫, 純金束帶 一腰, 金花果繡幡茶香衣對錦綺 등을 獻納했다고 한다(李預, 「三角山重修僧伽崛記」 『東文選』 권64(民族文化推進會 影印本 2冊, 401쪽)).

130) 『高麗史』 권12, 世家12 肅宗 9년 8월 癸亥, 上冊, 244쪽.

131) 『高麗史』 권13, 世家13 睿宗 5년 8월 辛酉, 上冊, 267쪽 ; 李預, 「三角山重修僧伽崛記」 『東文選』 권64(民族文化推進會 影印本 2冊, 401쪽).

의종 14년(1160) 국왕이 普賢寺에 행차해 飯僧했을 때, 銀瓶 10구를 만들되 무게를 30근으로 하고 각각에 五香五藥을 채워 보현사에 시납하도록 했다.[132] 충렬왕 14년(1288) 福靈寺에 행차하고 이어 靈通寺에 행차하고서 白銀 10냥과 미 100석을 사여했다.[133] 충렬왕 23년 5월 왕과 공주가 현성사에 행차해서 內庫의 미 100석을 내서 窮民에게 사여했으며, 공주를 위해 기복했다.[134]

공민왕 15년 신돈이 재추와 함께 廣州 天王寺의 佛舍利를 맞이해 왕륜사에 두자, 국왕이 백관을 거느리고 친견하고서 黃金·綵帛을 제공했다. 그리고 왕륜사의 승려에게도 布 800匹을 사여했다.[135] 국왕의 행차를 계기로 사리를 모시고 있는 왕륜사에 황금과 채백을 사여한 것이다. 국왕이 행차하는 사원에는 이렇듯 재물이 사여되는 것이 통상적인 일이었다.

국가가 건립을 주도하거나 중시하는 사원의 경우, 낙성의 행사가 있을 때 그 사원에 상당한 재물을 제공했다. 중요한 교통로에 세워진 惠陰寺에 국왕이 물품을 사여한 것은 그러한 예였다. 남경에서 개경에 이르는 중간 혜음령에서 강도와 호랑이로 인해 많은 피해가 있자 혜음사를 조성했는데, 미곡을 대여해 이식을 취해 먹거리를 만들어 행인에게 제공했다. 그러나 여러 해 지나자 거의 중단되기에 이르렀다. 국왕이 이 소식을 듣고 '惠捨頗厚'했다. 왕비 任氏 또한 듣고서 기뻐해 시주를 주관함으로써 '增其委積之將盡者 補其什物之就缺者'했다.[136] 혜음사의 낙성에 즈음하여 상당한 재물이 제공됨으로써 행인에게 먹거리를 제공하는 일을 차질없이 수행토록 했다.

---

132) 『高麗史』 권18, 世家18 毅宗 14년 10월 丙辰, 上冊, 371쪽.
133) 『高麗史』 권30, 世家30 忠烈王 14년 5월 辛卯, 上冊, 619쪽.
134) 『高麗史』 권31, 世家31 忠烈王 23년 5월 癸酉, 上冊, 641쪽.
135) 『高麗史節要』 권28, 恭愍王 15년 4월, 718쪽.
136) 金富軾, 「惠陰寺新創記」 『東文選』 권64(民族文化推進會 影印本 2冊, 399쪽).

지리산 수정사 조성 시에 국왕은 東南海 按察副使 起居舍人 尹彦頤를 보내 行香토록 하고 은 200냥을 사여했다. 사원의 요청을 받아들여 純金塔 하나와 곡식 1천 석을 사여했다.[137] 소림사의 중수 후에 요청을 받자 국왕이 粟 1,500석을 사여하여 이자를 받아 공양에 충당토록 했다.[138] 수정사와 소림사의 조성에 즈음해 재물과 곡식을 사여해 운영을 도왔다.

상주의 용암사 중수의 공사가 끝나자 국왕은 懿靜王后薦福之場으로 삼고서 토지를 속하게 함과 동시에 內帑物로 租 2천 석을 사서 勸學油香의 비용에 충당토록 했다.[139] 의정왕후를 천복하도록 하면서 낙성에 즈음해 2천 석에 달하는 곡식을 사여한 것이다.

고려시기에는 특별한 기능을 수행하는 사원이나 국왕이 행차하는 사원에 재물을 제공했으며, 국가가 중시하는 사원에서 중수·중창이 있을 경우에도 재정 지원이 있었다. 사원에 제공한 물품은 곡식과 포가 중심이었으며 때로는 귀중품도 있었다. 사원은 사여받은 재물로 사원의 운영 기금을 마련하는 수가 많았지만, 특정 일에 바로 지출하는 수도 있었다.

정종대 대사원에 제공한 곡식 7만 석은 대사원에서 불명경보와 광학보의 이름으로 운영했을 것이다.[140] 아마도 이자를 받아서 불법을 공부하는 자들을 지속적으로 지원했을 것으로 보인다. 보의 형태로 운영했음을 알 수 있다.

徐熙가 병이 들어 거처하던 개국사에 시여한 곡식 1천 석은 서희의 병이 낫기를 기원하는 비용으로 충당되었을 것이다.[141] 일부는 직접 사

---

137) 權適,「智異山水精社記」『東文選』권64(民族文化推進會 影印本 2冊, 404~405쪽).
138) 林椿,「小林寺重修記」『西河集』권5(『韓國文集叢刊』1冊, 254쪽).
139) 『新增東國輿地勝覽』권28, 尙州牧 佛宇 龍巖寺.
140) 『高麗史』권2, 世家2 定宗 원년, 上冊, 60쪽 ;『楡岾寺本末寺誌』(1977, 亞細亞文化社 影印本),「江原道淮陽府金剛山長安寺事蹟(1884년)」, 328쪽 ;『直指寺誌』(1980, 亞細亞文化社 影印本),「直指寺事蹟(1776년)」, 273쪽.
141) 『高麗史』권94, 列傳7 徐熙, 下冊, 98쪽 ;『高麗史節要』권2, 穆宗 원년 7월, 62쪽.

용하고 일부는 취식 행위를 위해 활용되었을 것으로 생각된다. 靖宗이
徐訥을 위해 지장사에 제공한 곡식 1천 석도 그를 위한 기복에 쓰였을
것인데,142) 일부는 취식 행위의 모곡으로 사용되었으리라고 본다. 국가
에 공이 있는 崔沆을 위한 기재의 비용으로 제공한 것은 '財'로 표현되
었다.143) 재물의 구체적인 내용은 알 수 없지만 역시 곡물이 중심이었을
것으로 추측된다.

   현종대 현화사에 행차 시 새로 주조한 종을 치고서 시납한 것은 의물
과 필단, 곡식이었다.144) 금종보로 지칭되는 데서 알 수 있듯이 이 곡식
은 취식 행위의 자산으로 삼았을 것으로 보인다. 혜음사를 세우고 국왕
과 왕비가 사여한 것은 곡식으로 보인다.145) 지리산 수정사를 조성했을
때 사여한 것은 은 200냥과 곡식 1천 斛이었다.146) 소림사 중수 후 요청
을 받은 국왕이 粟 1,500석을 사여했는데, 자모지법을 사용하도록 하는
데서 알 수 있듯이147) 이자를 받아 공양에 충당했을 것이다. 명종대 중
수된 상주 용암사의 경우 지급한 조 2천 석은148) 이자를 받아서 勸學油
香의 비용에 충당했을 것이다.

   충렬왕대 국왕이 복령사와 영통사에 행차하고 난 뒤 사여한 백은 10
냥과 미 100석은 사원의 운영비로 제공되었을 것인데,149) 취식 행위의
자산으로 쓰였을 가능성을 배제할 수 없다. 충선왕이 대장도감과 선원사

---

142) 『高麗史』 권94, 列傳7 徐訥, 下冊, 99쪽 ; 『高麗史節要』 권4, 靖宗 8년 6월, 115~
     116쪽.
143) 『高麗史』 권93, 列傳6 崔沆, 下冊, 93쪽.
144) 『高麗史』 권4, 世家4 顯宗 11년 9월, 上冊, 102쪽 ; 『高麗史節要』 권3, 顯宗 11년
     9월, 89~90쪽 ; 許興植 編著, 1984, 『韓國金石全文(中世上)』, 亞細亞文化社, 「玄
     化寺碑(1021年)」, 450쪽.
145) 金富軾, 「惠陰寺新創記」 『東文選』 권64(民族文化推進會 影印本 2冊, 399쪽).
146) 權適, 「智異山水精社記」 『東文選』 권64(民族文化推進會, 影印本 2冊, 404~405쪽).
147) 林椿, 「小林寺重修記」 『西河集』 권5(『韓國文集叢刊』 1冊, 254쪽).
148) 『新增東國輿地勝覽』 권28, 尙州牧 佛宇 龍巖寺.
149) 『高麗史』 권30, 世家30 忠烈王 14년 5월 辛卯, 上冊, 619쪽.

에 제공한 것은 미 300석이었다.[150)]

공민왕 17년 노국공주의 명복을 비는 光巖寺(=雲巖寺)에 매달 제공한 쌀 30석은 직접 사용되었을 것이다.[151)] 공민왕 19년에는 광암사에 포 15,293필이 제공되었는데, 그것은 州郡에 분급해 이자를 받도록 했다.[152)] 주군에서 그 포를 가지고 취식 활동을 전개하여 이자를 광암사에 보낸 것으로 보인다.

사원에 제공한 것은 곡식과 포가 중심이며, 대개의 경우 취식 행위의 자산으로 운영되어 그 이자를 특정 용도에 지속적으로 사용했을 것으로 보인다. 귀중품이 사여된 경우도 곡식과 포로 바꾸어서 취식 행위 자산을 조성했을 것으로 생각된다. 물론 곡식과 포가 소량인 경우에는 즉시 사용하는 것이 보통이었을 것이다.

그밖에 사원에는 승려들이 필요로 하는 물품이 사여되기도 했다. 사원에는 승려들이 모여 수행하고 있기에 승려들의 생활에 필요한 물품이 사여되는 수가 적지 않았다. 사원에 사여된 말[馬]은 승려들이 사용했을 것이다. 말은 짐을 싣거나 승려들이 직접 타고 다닐 때 사용했을 것으로 보인다. 당시 승려들이 말을 이용하는 것은 매우 흔한 일이었기 때문이다. 개국사, 지장사, 귀법사와 해안사에 사여된 말은 모두 그러했을 것이다.[153)]

현종이 현화사에 행차해 희사한 의물은[154)] 승려들이 입는 옷일 가능

---

150) 『高麗史』 권78, 志32 食貨1 田制 租稅 忠宣王 원년 3월, 中冊, 727쪽.
151) 『高麗史』 권41, 世家41 恭愍王 17년 9월 甲寅, 上冊, 821쪽 ; 『高麗史節要』 권28, 恭愍王 17년 9월 甲寅, 726쪽 ; 『高麗史節要』 권28, 恭愍王 18년 8월, 729쪽.
152) 『高麗史』 권89, 列傳2 后妃2 魯國大長公主, 下冊, 32~34쪽 ; 『高麗史節要』 권29, 恭愍王 19년 5월, 732쪽.
153) 『高麗史』 권94, 列傳7 徐熙, 下冊, 98쪽 ; 『高麗史』 권92, 列傳5 崔知夢, 下冊, 72~73쪽 ; 『高麗史』 권94, 列傳7 徐訥, 下冊, 99쪽 ; 『高麗史節要』 권2, 穆宗 원년 7월, 62쪽 ; 『高麗史節要』 권4, 靖宗 8년 6월, 115~116쪽.
154) 『高麗史』 권4, 世家4 顯宗 11년 9월, 上冊, 102쪽.

성이 크다. 승가굴에 행차해 시주한 물품은 승려들이 사용하는 물품이
중심이었다. 銀香椀·手爐 各 1事, 金剛子·水精念珠 各 1貫, 金帶 1腰와
아울러 金花果·繡幡·茶香·衣對·金綺 등이 제공되었는데,155) 이러한 물
품을 사용하는 승려들은 매우 권위가 있어 보였을 것이다. 예종대 태후
와 제왕·궁주·공주가 시납한 衣襯은156) 승려들이 입는 옷이었을 것으로
보인다.

혜음사가 조성되었을 때 왕비가 '補其什物之就缺者' 했는데157) 이는
사원이 필요로 하는 물품을 보완해 주었음을 뜻한다. 지리산 수정사를 조
성했을 때 향이 내려지고, 순금탑 1좌가 사여되었다.158) 순금탑은 사원에
서 귀하게 보존했을 것이며, 향은 사원에서 사용했을 것이다. 원 간섭기
금강산의 여러 사원에 제공된 것에는 衣糧과 油鹽, 香이 보인다.159) 옷과
유, 향은 사원에서 직접 소비했을 것이다. 장명등의 유지를 위해 제공하
는 것은 燈油였다.160) 사원에 지급되는 각종 물품에는 이처럼 사원이나
승려가 필요로 하는 물품도 포함되었다. 이러한 물품은 사원에 두고 승
려들이 공동으로 사용하는 것도 있고, 특정 승려 개인이 독점해 사용하
는 수도 있었을 것이다.

국가나 국왕이 사원에 물품을 사여할 경우 그것을 실제로 담당하는
기구가 있게 마련이다. 그 구체적인 기구에 관해서는 자료가 풍부하게
남아 있지 않다. 숙종 9년 길옆의 佛舍에 다향과 의친을 시주할 때, 그
물품은 內府에서 나온 것이었다.161) 내부는 왕실을 지칭하는 것으로 보
이므로,162) 국가의 일반 재정을 담당하는 부서가 아님은 분명해 보인다.

155) 『高麗史』 권11, 世家11 肅宗 4년 9월 戊戌, 上冊, 229쪽.
156) 『高麗史』 권13, 世家13 睿宗 5년 8월 辛酉, 上冊, 267쪽.
157) 金富軾, 「惠陰寺新創記」 『東文選』 권64(民族文化推進會 影印本 2冊, 399쪽).
158) 權適, 「智異山水精社記」 『東文選』 권64(民族文化推進會, 影印本 2冊, 404~405쪽).
159) 崔瀣, 「送僧禪智遊金剛山序」 『拙藁千百』 권1(『韓國文集叢刊』 3冊, 13~14쪽).
160) 權近, 「五冠山聖燈庵重創記」 『陽村集』 권13(『韓國文集叢刊』 7冊 145쪽).
161) 『高麗史』 권12, 世家12 肅宗 9년 8월 乙巳, 上冊, 243쪽.

국왕의 개인적인 차원에서 행해진 시주이기에 내부에서 다향과 의친을 시납한 것으로 보인다.

명종 연간 상주 용암사에 사여한 조 2천 석은 內帑物로써 구입한 것이었다.163) 왕실의 재정을 담당하는 내탕의 물품으로 곡식을 구입해 용암사에 제공한 것이다. 왕후의 천복을 기원하기 위한 곡식의 사여이기에 내탕에 보관 중인 물품으로 곡식을 구입해 제공한 것으로 보인다. 공민왕 19년에 광암사에 엄청난 양의 포를 제공했을 때, 그 포의 마련은 궁중의 所御之物을 가지고 했다.164) 궁중에서 국왕이 사용하는 물품으로 다량의 포를 사들여 시납한 것이다.

성등암 장명등에 사용하는 燈油는 大府寺에서 제공했다.165) 이것은 일시적인 것이 아니라 제도적 뒷받침이 있어야 하는 것이기에 국가 차원에서 지원한 것으로 보인다. 일시적이고 임시적인 지출이었다면 대부시에서166) 담당하지는 않았을 것이다.

국왕·국가가 사원에 물품을 제공하는 경우, 대체로 일시적이고 일회적인 지급이기에 국가의 재정기구를 통하기보다는 왕실의 재정을 담당하는 부서에서 제공하는 것이 일반적이었던 것으로 보인다. 항례적으로 제공하는 것이었다면 국가의 재정기구를 통해 제공했을 것으로 판단된다. 불교용품이 사여되는 경우, 특정 수공업장에서 만든 것이며 아마도 왕실의 재정기구가 주도하지 않았을까 한다.

---

162) 內府에 대해서는 安秉佑, 2002, 앞의 책, 33쪽, 138쪽, 212쪽이 참고된다.

163) 『新增東國輿地勝覽』 권28, 尙州牧 佛宇 龍巖寺.

164) 『高麗史』 권89, 列傳2 后妃2 徽懿魯國大長公主, 下冊, 32~34쪽 ; 『高麗史節要』 권29, 恭愍王 19년 5월, 732쪽.

165) 權近, 「五冠山聖燈庵重創記」 『陽村集』 권13(『韓國文集叢刊』 7冊 145쪽).

166) 대부시는 上庫, 下庫, 油庫 같은 창고를 두고 油蜜, 綵段, 金銀 등의 물품을 관리했으며, 米穀은 취급하지 않았다. 물품은 재초비나 부의금, 하사품으로 사용되었는데, 이것은 왕이 직접 간여하는 행사의 비용이거나 하사품이었다. 결국 대부시는 어용을 공급한 것은 아니지만 주로 왕과 관련된 물품을 관리했다고 하겠다 (安秉佑, 2002, 앞의 책, 33~34쪽, 213쪽).

혼한 일은 아니지만 군현의 조를 사원에 사여하는 수도 있었다. 국가에서 공식적으로 징수하는 군현의 조 가운데 일부를 중앙에 납부하지 않고, 사원에 보내도록 한 것이다. 이 경우 일시적인 것이 아니라 항례적인 제공이었다.

신라말 신묘한 계책을 알려준 寶壤에 대해 그 승려가 거처하던 봉성사에 해마다 近縣의 租 50석을 지급하여 香火에 이바지하도록 했다.167) 원 간섭기 크게 주목을 끌었던 금강산의 사원에도 부근에서 年租를 제공했다. 곧 "江陵淮陽二道年租 直入于官 盡勒輸山 雖值凶荒 未見蠲減" 했다는 것이 그것이다.168) 봉성사나 금강산의 사원은 매해 조를 받음으로써 안정적으로 기능을 수행할 수 있었을 것이다.

5. 高麗末 朝鮮初 支出의 跛行化과 縮小

고려말기에 가면 국가재정의 위기 속에서 불교계에 대한 재정 지출은 매우 파행적으로 이루어졌다. 국가의 재정 곤란은 불교계에서 각종 물품을 갹출하는 것이 상징했다. 이러한 재정 악화 속에서 고려말 국가나 국왕이 특정 불교 행사, 특정 승려, 특정 사원에 대한 물품 사여를 지나치게 했기에 더욱 문제가 되었다.

비상시에 사원에서 물품을 거두는 일은 일찍부터 확인된다. 의종 11년(1157) 大府寺에서 油蜜이 부족함을 고하자 여러 사원에서 거두어 齋醮의 경비에 충당했다.169) 의종 22년 근래에 內侍院과 諸司가 사원의 진

---

167) 『三國遺事』 권4, 義解5 寶壤梨木.
168) 崔瀣, 「送僧禪智遊金剛山序」 『拙藁千百』 권1(『韓國文集叢刊』 2冊, 13~14쪽).
169) 『高麗史』 권18, 世家18 毅宗 11년 10월, 上冊, 368쪽 ; 『高麗史』 권79, 志33 食貨2 科斂 毅宗 11년 10월, 中冊, 742쪽 ; 『高麗史節要』 권11, 毅宗 11년 10월, 290쪽.

귀한 보물, 미곡 등을 가져다 사용해 승려들이 원망 탄식하고 있다는 지적이 있어 이를 금하라는 하교가 있었다.[170] 필요한 경비를 서원에서 징발함으로써 승려의 원성을 듣고 있음을 지적한 것이다.

국가의 재정이 부족할 경우 승려와 사원이 그러한 부담을 지는 일이 많았다. 원종 13년(1272) 12월 世子 諶이 원에 갈 때 大府에서 黃金 3斤 7兩을 내었고, 長興庫에서 白金 430근 7냥을 내었는데, 이때 興王寺에서 백금 150근, 安和寺에서 100근, 普濟寺에서 70근을 제공해 行纏에 충당토록 했다.[171]

충렬왕 9년(1283) 국가의 명령으로 諸王·百官 및 工商·奴隷와 僧徒에게 군량을 차등있게 내도록 했다. 이때 業中僧은 1石을 부담했다.[172] 사원이 아니라 승려 개인에게서 군량을 징발하고 있는 것이며, 1석을 부담 지웠는데, 모든 승려가 아니라 일부의 상층 승려였던 것으로 보인다.

충렬왕 15년 2월 遼東에 기근이 들자 원에서 고려로 하여금 軍粮 10만 석을 그곳에 보내게 했는데, 이때 왕이 群臣에게 쌀을 차등있게 내게 했다. 諸王과 承宣 이상은 7석을 부담했으며, 僧錄職事는 1석을 부담했다.[173] 다음달에는 群臣에게 추가로 쌀을 차등있게 내게 했는데, 諸王·宰樞·承宣·班主는 13석이었고, 諸寺社는 200石, 四大業은 100石을 부담했다.[174]

국가의 재정 어려움으로 사원의 전조 징수를 중단시키고 대신 국가에서 사원전의 조세를 거두는 일이 있었다. 국왕의 명으로 사원전의 전조를 公收하는 것인데 구체적인 예로 楡岾寺가 토지의 조세를 공수당한

---

170) 『高麗史』 권18, 世家18 毅宗 22년 3월 戊子, 上冊, 381쪽.
171) 『高麗史』 권79, 志33 食貨2 科斂 元宗 13년 12월, 中冊, 743쪽.
172) 『高麗史』 권82, 志36 兵2 屯田 忠烈王 9년 3월, 中冊, 812쪽 ;『高麗史節要』 권20, 忠烈王 9년 3월, 536쪽.
173) 『高麗史』 권79, 志33 食貨2 科斂 忠烈王 15년 2월, 中冊, 744쪽.
174) 『高麗史』 권79, 志33 食貨2 科斂 忠烈王 15년 3월, 中冊, 744~745쪽.

일이 있었다.175)

우왕 원년(1375)에 軍須에 충당한 것도 사원 전조의 公收였다.176) 우왕 2년 윤9월에는 전란이 겹치고 연이어 흉년이 들자, 寺社田의 경우 田租의 반을 공수하여 군수에 충당한 일이 있다.177) 우왕 9년 10월에는 曹敏修 등이 賜給田·口分田와 아울러 寺社田을 공수하여 軍國의 수요에 대비하자는 주장을 펼쳤다. 우왕이 이를 따르지는 않았지만,178) 재정 위기 속에서 사원 전조의 公收가 고려되었음을 알 수 있다.

이렇게 사원전의 전조를 공수하는 처지에서 亡寺가 발생할 경우 그 토지는 모두 內庫에 속하게 했다. 충혜왕 후4년(1343)에 오교 양종 소속 사원 가운데 망사의 토지와 선대 공신전은 모두 내고에 속하게 하라는 것이179) 그것이다. 공민왕대에는 외방의 주현에서 망폐한 사원의 전조를 거두어서 공적으로 사용하고 있음이 지적되고 있다.180)

사원의 중요한 자산이며, 사용가치가 높은 말[馬]도 종종 징발되었다. 승려들이 고려시기 말을 이용하는 경우는 흔했다.181) 공민왕 3년(1354) 6월에 백관 및 各宗 승도에게 명해 말을 차등있게 내도록 했다.182) 공민

---

175)『高麗史』권125, 列傳38 姦臣1 辛裔, 下冊, 724쪽.

176)『高麗史』권82, 志34 兵2 屯田 辛禑 원년 9월, 中冊, 813쪽 ;『高麗史』권133, 列傳46 辛禑1 辛禑 원년 9월, 下冊, 868쪽 ;『高麗史節要』권30, 辛禑 원년 9월, 753쪽.

177)『高麗史』권78, 志32 食貨1 田制 租稅 辛禑 2년 윤9월, 中冊, 728쪽 ;『高麗史』권82, 志36 兵2 屯田 辛禑 2년 윤9월, 中冊, 814쪽 ;『高麗史節要』권30, 辛禑 2년 윤9월, 758쪽.

178)『高麗史』권82, 志36 兵2 屯田 辛禑 9년 10월, 中冊, 814쪽 ;『高麗史』권126, 列傳39 姦臣2 曹敏修, 下冊, 746쪽.

179)『高麗史』권78, 志32 食貨1 田制 公廨田柴 忠惠王 후4년 7월, 中冊, 713쪽.

180)『高麗史』권82, 志36 兵2 屯田 恭愍王 5년 6월, 中冊, 813쪽.

181) 李炳熙, 1999,「高麗時期 僧侶와 말[馬]」『韓國史論』41·42합집, 서울대 국사학과(李炳熙, 2009, 앞의 책 재수록).

182)『高麗史』권38, 世家38 恭愍王 3년 6월, 上冊, 765쪽 ;『高麗史』권82, 志36 兵2 馬政 恭愍王 3년 6월, 中冊, 807쪽 ;『高麗史節要』권26, 恭愍王 3년 6월, 676쪽.

왕 8년에는 禪敎 各寺 僧人의 말을 수괄하여 軍用에 충당하는 조치가
있었다.[183] 공민왕 10년에도 各道에 명해서 僧寺를 수괄해서 戰馬를 차
등있게 내도록 했다.[184] 사원이나 승려의 말을 징발하는 일은 우왕대에
도 이어졌다. 우왕 원년 각 사원의 住持僧侶에게서 각각 전투마 1필씩을
징발했다.[185] 국가재정의 어려움 속에서 이처럼 사원과 승려에게서 갹
출하는 일이 빈번했다.

　국가의 재정 상황이 여의치 못해 불교계로부터 도움을 받는 사정 하
에서, 불교계에 대한 지출은 특정한 대상에 집중되면서 보편성을 상실했
으며, 국왕의 개인적 선호가 지나치게 크게 작용했다.

　공민왕대 보우에[186] 대해서는 과도한 대우를 했다고 할 수 있다. 재
물의 사여도 엄청난 수준에 미쳤다. 공민왕 5년에 국왕이 보우를 청해
奉恩寺에서 설법하고 滿綉袈裟·水精念珠 및 服用을 헌납했다.[187] 이때
공주와 태후도 친히 다과를 주었으며, 공주는 瑠璃盤·瑪瑙匙 등을 시여
했다.[188] 다른 기록에는 공민왕이 보우가 禪理를 말함을 듣고 頂禮했으
며, '施幣帛銀鉢繡袈裟 積如丘山'했으며, 그 문도 300여 승려에게도 白
布 2匹, 袈裟 1領을 베풀어주었다고 한다.[189] 공민왕 6년 정월에는 보우

---

183) 『高麗史節要』 권27, 恭愍王 8년 12월, 690쪽 ; 『高麗史節要』 권27, 恭愍王 8년
　　12월, 690쪽.
184) 『高麗史』 권82, 志36 兵2 馬政 恭愍王 10년 10월, 中冊, 807쪽 ; 『高麗史節要』
　　권27, 恭愍王 10년 10월, 694쪽.
185) 『高麗史』 권82, 志36 兵2 馬政 辛禑 원년 9월, 中冊, 809쪽 ; 『高麗史』 권82, 志36
　　兵2 屯田 辛禑 원년 9월, 中冊, 813쪽 ; 『高麗史』 권133, 列傳46 辛禑1 辛禑 원년
　　9월, 下冊, 868쪽 ; 『高麗史節要』 권30, 辛禑 원년 9월, 753쪽.
186) 보우에 관해서는 崔柄憲, 1986, 「太古普愚의 佛敎史的 位置」 『韓國文化』 7이 참
　　고된다.
187) 李智冠 譯註, 1997, 『歷代高僧碑文(高麗篇4)』, 伽山佛敎文化硏究院, 「太古寺圓證
　　國師塔碑文(1385년)」, 451~452쪽.
188) 『高麗史』 권89, 列傳2 后妃2 徽懿魯國大長公主, 下冊, 32~33쪽.
189) 『高麗史』 권39, 世家39 恭愍王 5년 3월 丙戌, 上冊, 769쪽 ; 『高麗史節要』 권26,
　　恭愍王 5년 3월, 679쪽.

를 내전에 맞이하여 黃金 50兩, 金線 1匹을 사여했다.[190] 나옹에게도 공
민왕 10년 물품을 사여한 일이 있다. 국왕은 나옹에게 滿繡袈裟·水精拂
子를 사여했으며, 公主도 瑪瑙拂子를 헌납했고, 太后도 친히 布施를 베
풀었다.[191]

공민왕은 세상을 떠난 魯國公主의 명복을 빌기 위해서도 지나친 지출
을 했다. 공민왕 14년 2월 공주가 세상을 떠나자 크게 불사를 일으켜 7
일째마다 여러 승려로 하여금 범패를 하면서 魂輿를 따르도록 했고 殯
殿에서 寺門까지 "幡幢蔽路 鐃鼓喧天 或以錦繡 蒙其佛宇 金銀彩帛 羅列
左右"하여 보는 이의 눈을 놀라게 했으며 원근의 여러 승려들이 듣고서
보고자 달려 왔다.[192] 공민왕 18년에는 공주의 忌晨으로 演福寺에서 設
會했는데 승려 수천 명에게 포 800필을 내려 주었다.[193] 공민왕 21년 2
월에는 왕이 공주의 忌日에 王輪寺에 행차해 설법을 듣고 승려에게 布
300여 필을 사여했다.[194] 상당한 비용이 지출되었음을 알 수 있다.

또한 공주를 위해 운암사를 원찰로 삼고서 많은 지원을 했다. 공민왕
17년 9월에 正陵의 운암사에 매달 쌀 30석을 사여했다.[195] 운암사에는
거처하는 승려를 봉양하고 역부를 먹일 곡식을 사여했으며, 그 규모는
매월 30석에 이르렀는데, 심지어 사원의 승려는 餉客의 비용을 지급해
달라고 했고, 이에 따라 50석을 지급하는 것이 논의되었으나 지급되지는
않았던 것으로 보인다.[196] 공민왕 19년 5월에 이 사원에 토지 2,240결을

---

190) 『高麗史』권39, 世家39 恭愍王 6년 정월 庚寅, 上冊, 776쪽 ; 『高麗史節要』권6,
　　　恭愍王 6년 정월 庚寅, 685쪽.
191) 李穡, 「普濟尊者諡禪覺塔銘」, 『牧隱文藁』권14(『韓國文集叢刊』5冊, 122쪽).
192) 『高麗史』권89, 列傳2 徽懿魯國大長公主, 下冊, 33쪽.
193) 『高麗史』권132, 列傳45 叛逆6 辛旽, 下冊, 861쪽.
194) 『高麗史』권43, 世家43 恭愍王 21년 2월 乙未, 上冊, 844쪽.
195) 『高麗史』권41, 世家41 恭愍王 17년 9월 甲寅, 上冊, 821쪽 ; 『高麗史節要』권28,
　　　恭愍王 17년 9월, 726쪽.
196) 『高麗史』권114, 列傳27 李成瑞, 下冊, 500쪽 ; 『高麗史節要』권28, 恭愍王 18년
　　　8월, 729쪽.

시납했고, 노비 40구, 그리고 포 15,293필을 시납했다.[197]

그밖에도 공민왕대에는 불사와 관련한 지출이 과다했다. 공민왕 3년 6월 기근으로 인해 演福寺에 賑濟色을 설치해 有備倉의 쌀 500석을 내서 죽을 끓여 기민을 구제했다.[198] 진휼 행위의 일환으로 이루어진 것이었으나 사원에서 행해졌으며, 상당한 지출이 있었다고 하겠다. 공민왕 13년 4월 연등회때 궁전의 뜰에서 呼旗를 관람하고서 포를 내려주었다.[199] 공민왕 15년 4월 왕이 백관을 거느리고 왕륜사에 행차해 舍利를 친견했으며 黃金·綵帛을 시여했고 승려에게 포 800필을 사여했다.[200] 다음달 5월 왕이 생일에 내전에서 승려 700명에게 반승했으며 포 천여 필을 사여했다.[201] 공민왕 18년 4월 辛旽이 演福寺에서 文殊會를 설행했을 때 왕이 가서 관람하고서 승려에게 포 5,500필을 사여했다.[202] 같은 해 9월 왕이 왕륜사에 행차해 天兵神衆道場을 7일간 설행하고 돌아왔는데 승려에게 포 1,500필을 사여했다.[203] 이러한 공민왕대의 재정 낭비 내역을 고려말 朴礎는 '內佛堂之法席 演福寺之文殊會 講經飯僧'이라고 지적했다.[204]

우왕 9년(1383) 중외 151개소에서 진병법석을 설행한 것에 대한 비용이 엄청났다고 했다.[205] 과다한 비용의 지출로 보인다. 우왕대에는 불교

---

197) 『高麗史』권89, 列傳2 后妃2 徽懿魯國大長公主, 下冊, 32~34쪽 ; 『高麗史節要』권29, 恭愍王 19년 5월, 732쪽.
198) 『高麗史』권80, 志34 食貨3 水旱疫癘賑貸之制 恭愍王 3년 6월, 中冊, 772쪽.
199) 『高麗史』권40, 世家40 恭愍王 13년 4월 辛丑, 上冊, 809쪽. 같은 내용이 『高麗史節要』에는 공민왕 15년 4월조에 보인다(『高麗史節要』권28, 恭愍王 15년 4월, 716쪽).
200) 『高麗史』권41, 世家41 恭愍王 15년 4월 戊寅, 上冊, 816쪽.
201) 『高麗史』권41, 世家41 恭愍王 15년 5월, 上冊, 816쪽 ; 『高麗史節要』권28, 恭愍王 15년 5월, 719쪽.
202) 『高麗史』권41, 世家41 恭愍王 18년 4월 丁卯, 上冊. 823쪽 ; 『高麗史節要』28, 恭愍王 18년 4월, 728쪽.
203) 『高麗史』권41, 世家41 恭愍王 18년 9월 辛酉, 上冊, 825쪽.
204) 『高麗史』권120, 列傳33 金子粹, 下冊, 639쪽.

관련 지출에 대한 언급이 많지 않다.206)

공양왕대에는 檜巖寺와 演福寺 塔에 대한 과도한 지출이 보인다. 공양왕 3년(1391) 2월 회암사에 행차하여 크게 불사를 일으켰는데 극히 사치했다. 천여 명의 승려를 반승했으며, 왕과 세자가 손수 승려에게 포 1,200필을 시여했고, 강주승에게는 段絹 各 3匹과 衣 1襲을 사여했다.207) 그리고 공양왕 3년 3월 연복사 탑의 보수를 위해 弘福都監의 포 2천 필을 제공했다.208) 또한 같은 해 6월 연복사에서 賑濟色을 설치해 유비창의 곡식 500석을 사여해 굶주린 민을 구제했다.209)

불사와 관련한 지출이 파행적으로 이루어져서 국가재정을 더욱 어렵게 했다. 李成瑞는 공민왕대 '倉廩罄竭 而俸祿不給'하는 지경이라고 표현했다.210) 우왕 13년 정월에는 '以廣興倉告匱 減百官俸'했다.211) 그리고 恭讓王 3년(1391) 鄭道傳은 불사와 관련해 다음과 같이 지적했다.

> 三司의 會計에서 佛神을 위해 쓴 것이 많으니 재용의 낭비가 이만한 것이 없습니다. … 궁중에서의 百高座道場이나 演福寺에서의 文殊會가 없는 해가 없습니다. 雲菴寺의 金碧이 산골짜기에 휘황찬란하고, 影殿의 용마루와 처마는 하늘로 치솟았습니다. (국가의) 재정이 다하고 (민의) 힘을 고갈시켜 원망

---

205) 『高麗史』 권135, 列傳48 辛禑3 禑王 9년 9월, 下冊, 913쪽 ; 『高麗史節要』 권32, 辛禑 9년 9월, 799쪽.
206) 대신에 科斂을 하는 것이나 沿海 군현의 부세를 면제해 주는 것이 보이고, 창고가 비었다는 지적도 보인다. 왜구의 침입으로 인한 재정의 곤란은 예상되지만 불교와 관련한 과도한 지출은 확인되지 않는다. 아마도 재정 궁핍의 심화, 우왕의 불교에 대한 태도와 관련이 있을 듯 하다.
207) 『高麗史』 권46, 世家46 恭讓王 3년 2월 己未, 上冊, 888쪽 ; 『高麗史節要』 권35, 恭讓王 3년 2월, 883쪽.
208) 『高麗史』 권46, 世家46 恭讓王 3년 3월 壬寅, 888쪽.
209) 『高麗史』 권80, 志34 食貨3 水旱疫癘賑貸之制 恭讓王 3년 6월, 中冊, 772~773쪽.
210) 『高麗史』 권114, 列傳27 李成瑞, 下冊, 500쪽.
211) 『高麗史』 권136, 列傳49 辛禑4 辛禑 13년 정월, 下冊, 936쪽 ; 『高麗史節要』 권32, 辛禑 13년 정월, 813쪽.

과 비방이 같이 일어났습니다.212)

三司의 會計 가운데 불신에 사용하는 것이 많다고 했으며, 재물을 헛
되이 사용하는 것이 이만한 것이 없다고 했다. 궁중의 百高座와 演福寺
의 文殊會가 없는 해가 없었으며, 운암사의 화려함이 대단했다고 지적했
다. 이에 따라 財力이 다 소모되어 원망이 일어났다고 했다.

조선초 세종대에는 고려말의 사정에 대해 다음과 같이 지적했다.

고려 말기에 군주와 신하들이 부처 받들기를 더욱 부지런히 해 文殊法會
를 역사서에 기록하지 않은 때가 없으며, 불경을 강설하고 승려들을 음식 대
접하는 일에 걸핏하면 鉅萬의 경비를 소모하였습니다.213)

고려말 군신이 더욱 심히 부처를 받들어서 文殊法會가 기록에 빠짐이
없었으며, 강경반승하는 데 경비가 심히 많이 들었다고 했다. 국가재정
이 불사로 인해 매우 어려워졌음을 지적한 것이다.

조선초에도 고려시기와 마찬가지로 승려, 사원, 특정 불교 행사에 대
한 국가·국왕의 지원은 이어지고 있었다. 태조 2년(1393)에 王師 自超를
궐내에 부르고서 綵帛을 사여했다.214) 태조 3년에 國師封崇禮를 행하고
서 국사에게 鞍馬를 사여했다.215) 태조 4년 4월 회암사에서 왕사 自超가
楞嚴會를 베풀자 미두 170석, 오승포 200필을 사여하여 도왔다.216) 같은
해 7월에는 내신을 회암사에 보내 왕사를 문병하고 저마포를 사여했
다.217)

212) 『高麗史』 권119, 列傳32 鄭道傳, 下冊, 611~612쪽 ; 『高麗史節要』 권35, 恭讓王
　　3년 5월, 893쪽.
213) 『世宗實錄』 권55, 世宗 14년 3월 甲子(5일), 3冊, 374쪽.
214) 『太祖實錄』 권3, 太祖 2년 4월 庚辰(6일), 1冊, 42쪽.
215) 『太祖實錄』 권6, 太祖 3년 10월 丁亥(21일), 1冊, 71쪽.
216) 『太祖實錄』 권7, 太祖 4년 4월 庚辰(17일), 1冊, 77쪽.
217) 『太祖實錄』 권8, 太祖 4년 7월 丁未(16일), 1冊, 81쪽.

이러한 조치들은 조선초 태조대에 고승에 대한 예우가 이어지고 있음을 보이는 것이다. 그러나 사여하는 물품의 규모가 이전처럼 심히 많지 않았으며, 대상이 되는 승려도 자초에 한정되었다.

억불정책을 적극적으로 추진한 태종대에도 부분적으로 종전처럼 승려와 사원에 대한 물품의 사여가 있었다. 태종 6년(1406) 윤7월 기우제를 설행해 효험이 있자 長願心이라는 승려에게 苧布 1필, 正布 25필, 米豆 20석을 사여한 일이 있다.[218] 태종 14년 윤9월 태종은 잠저 시에 공부하던 原州 覺林寺에 행차해 재물을 사여했다. 각림사의 승려에게 綵段·紅絹 各 3匹, 米豆 합 100石을 사여했으며, 전 100결을 더 지급했으며 노비 50구를 지급했다. 사원의 노비 등에게 미두 합 30석을 사여했다.[219] 각림사의 경우는 태종과 특수하게 연결된 사원이기에 상당한 경제적 지원을 한 것이다. 각림사와 같이 상당한 대우를 해 준 다른 사원은 태종대에 없었다.

태종대에는 고려시기 이래의 전통을 이어 부분적으로 재물을 제공했지만, 현저하게 축소되어 갔다. 그리고 지원하는 경우에도 국왕 개인 차원에서 비용을 부담하는 일이 많았다. 국가의 중앙기구에서 재정을 부담하는 것이 아니라 왕실의 기구가 재정을 담당하는 일이 보통이었다.

세종 2년(1420) 10월 大慈庵에서 法華法席이 설행되었을 때 本宮에서 비용을 조달했다.[220] 국가의 공식적인 기구가 아닌 왕실에서 직접 비용을 제공한 것이다. 태종 8년 8월에 殯殿에서 華嚴三昧懺法席을 설행했을 때 그 비용을 대고 있지만 국가의 공적인 재정이 아니라 국왕이 개인 재물을 내서 돕고 있다.[221] 이것은 지원을 하기는 하되 국왕 개인 차원의 재물을 사용하는 것으로 변하는 것이다. 태종 14년 5월 開慶寺에서

---

218) 『太宗實錄』 권12, 太宗 6년 윤7월 癸亥(6일), 1冊, 366쪽.
219) 『太宗實錄』 권28, 太宗 14년 윤9월 甲寅(14일), 2冊, 39쪽.
220) 『世宗實錄』 권10, 世宗 2년 10월 己酉(14일), 2冊, 411쪽.
221) 『太宗實錄』 권16, 太宗 8년 8월 壬辰(17일), 1冊, 447쪽.

법석을 베풀어 대장경을 전독했을 때도 왕실을 담당하는 內資寺에게 비
용을 대도록 했다.222) 국가의 공적인 기구가 아닌 왕실 차원의 기구에서
비용을 제공한 것이다.

세종 3년(1421) 9월에도 대자암에서 법석을 베풀었을 때 衣鉢과 燈籠
을 本宮의 재물로 갖추었다.223) 上院寺 중창이 있었을 때 비용은 內帑의
귀중품을 많이 내서 낙성회를 베풀었으며,224) 회암사 운영의 비용을 내
수사가 관장해 돕고 있다.225) 왕실 차원에서 하는 것이었다.

그러면서 불교와 관련한 물품의 지급을 줄여가는 방향으로 정책을 추
진해 갔다. 태조 6년(1397) 4월 兵食이 중요하므로 지금부터 佛神의 비
용, 賜與하는 번거로움을 모두 줄이자는 건의가 있자 국왕이 이를 따르
고 있다.

　　　원컨대 이제부터는 佛神의 비용과 賜與의 번다한 것 등 모든 낭비를 일체
　　모두 감하고 생략하여 축적을 확대해 불우의 변에 대비하소서.226)

불교와 관련한 지출을 줄여가려는 방향성을 읽을 수 있다.

세종 2년 8월 公私의 佛事에 羅花를 사용하지 못하고 紙花를 사용토
록 한 것은227) 불사를 소박하게 하려는 것으로 비용의 절감을 가져오는
조치였다. 다음 달에는 수륙재를 거행할 때 正食 외에 더 지급하는 加供
을 없애라는 조치가 있었다.228) 국가로부터 토지를 지급받는 사원이 크
게 감소하고, 국가 주도의 각종 불교 의례가 크게 줄어들며, 우대를 받는

---

222) 『太宗實錄』 권27, 太宗 14년 5월 辛卯(19일), 2冊, 17~18쪽.
223) 『世宗實錄』 권13, 世宗 3년 9월 甲子(4일), 2冊, 449쪽.
224) 金守溫, 「上元寺重創記」 『拭疣集』 권2(『韓國文集叢刊』 9冊, 91쪽).
225) 『新增東國輿地勝覽』 권11, 京畿 楊州牧 佛宇 檜巖寺.
226) 『太祖實錄』 권11, 太祖 6년 4월 丁未(25일), 1冊, 105쪽.
227) 『世宗實錄』 권9, 世宗 2년 8월 癸丑(17일), 2冊, 392쪽.
228) 『世宗實錄』 권9, 世宗 2년 9월 戊子(23일), 2冊, 405쪽.

승려가 드물었기 때문에,229) 국가재정에서 불교와 관련한 지출이 차지
하는 비중이 크게 떨어졌다. 지원을 하는 경우라 하더라도 중앙기구가
아닌 왕실기구 즉 내자시, 내수사, 본궁을 통해 처리했다.

6. 結語

고려시기 불교계에 대한 재정 지원의 중요한 주체의 하나는 국가·국
왕이었다. 불교계에 대한 지원은 국가재정 지출의 중요한 몫을 차지했
다. 말기에는 그 부담의 과중함이 언급될 정도였다. 국가의 불교계에 대
한 재정 지원은 불교 행사 후원, 승려에 대한 물품 사여, 사원에 대한
경제적 지원으로 나눌 수 있다.

불교 행사는 매우 화려한 분위기 속에서 진행되었다. 각종 장식의 준
비, 먹거리의 제공, 행사 용품의 마련 등에 많은 비용이 소요되었다. 국
가·국왕이 후원한 불교 행사에는 고승 열반 시 명복을 빌기 위한 경우,
국가의 공신을 위해 복을 비는 경우, 국가의 안위와 연결된 행사의 경우
등이 있었다. 국왕 주도의 반승 행사의 비용도 국가에서 부담했으며, 국
왕이 친히 참석하는 불교 행사의 경우 종종 물품 사여가 동반되었다. 국
가와 긴밀하게 연결된 사원에서 낙성 행사가 설행되는 경우에도 일정한
후원을 했다. 국가·국왕이 제공하는 물품은 米布가 중심이었으며, 金銀·
銀瓶 등의 귀중품도 있었고, 행사에 소요되는 茶·香·油·燭도 포함되었
다. 특이한 물품으로 御衣, 상징물도 보였다. 사여하는 물품은 新興倉,

---

229) 조선초 불교계 전반에 대한 연구 저서를 들면 다음과 같다. 李載昌, 1993,『韓國
佛敎寺院經濟硏究』, 불교시대사 ; 韓㳆劤, 1993,『儒敎政治와 佛敎』, 一潮閣 ; 宋
洙煥, 2002,『朝鮮前期 王室財政 硏究』, 集文堂 ; 황인규, 2003,『고려후기 조선
초 불교사 연구』, 혜안 ; 김갑주, 2007,『조선시대 사원경제사 연구』, 景仁文化社.

內庫, 帑藏에서 지급한 것으로 표현되었다. 대체로 정례적인 불교 행사
는 국가 기구가 담당했을 것이며, 비정례적이고 수시로 열리는 행사에는
왕실의 재정 기구가 담당했다고 생각된다. 국가의 명으로 지방 군현 단
위에서 행사의 비용을 지원하는 경우도 있었으며, 관인에게 부담을 지워
행사를 설행하는 수도 있었다. 국가에서 지원해 사원에게 진휼 활동을
대행토록 하는 수도 있었다.

　승려에 대한 물품 사여도 빈번했다. 대개의 경우 高僧·王師·國師가
대상이었다. 승계를 제수하거나 왕사·국사를 책봉할 때 예우의 차원에
서 물품의 사여가 빈번했다. 드물지만 일반 승려에게 물품이 사여되는
일도 있었다. 승려에게 사여되는 물품은 茶·香·藥이 흔했으며, 金銀 등
의 귀중품이 사여되는 수도 있었다. 고급의 袈裟가 사여되는 일도 자주
확인되었다. 고급의 가사는 아마도 御衣를 담당하는 부서에서 만든 것으
로 보인다.

　사원에 대한 물품 지원도 빈번했다. 국가로부터 재정 지원을 받은 사
원은 국가와 긴밀히 관련을 맺는 사원, 소속 승려가 국왕이나 국가를 위
해 기여하는 사원, 국가와 국왕을 위한 불사를 설행하는 사원, 국왕이나
국가와 관련한 특정인을 위해 명복을 비는 사원이 중심이었다. 국왕이
행차하는 사원의 경우에도 물품의 사여가 수반되었다. 국가가 중시하는
사원에서 낙성 행사가 설행되는 경우 그 사원에 재물을 시납했다. 사원
에 재정 지원하는 경우 米와 布가 중심이었다. 소량의 미와 포는 즉시
사용되는 것이었지만, 다량의 것은 운영기금으로 삼아 식리하는 수가 많
았다. 승려들의 소모품인 香·茶·옷이 사여되기도 했다. 불교와 관련한
지출은 비정례적인 경우가 많았으므로, 지급하는 물품이 귀중품인 예가
많았으며, 왕실의 재정기구가 주로 담당했다. 제도적인 지원, 항례적인
지원은 국가의 재정기구가 담당한 것으로 보이며, 이 경우 주로 米와 布
가 사여되었다.

　고려말 국가재정의 어려움 속에서 불사와 관련한 재정 지출은 파행적인 모습을 보였다. 사원에서 각종 재원을 갹출함은 국가재정의 어려움에 따른 불가피한 조치였다. 비상시 긴급한 재원을 마련키 위해 사원과 승려에게 부담을 지도록 했다. 고려말 군량이 부족할 때 염출하는 일도 있었으며, 寺社田의 田租를 公收하는 일도 있었다. 그리고 말의 징발도 있었다. 이러한 재정 어려움 속에서 특정인을 위한 과도한 지출이 있었으며, 허다한 행사를 설행함에 따른 심각한 지출이 있었다. 국가의 불사 지출은 더욱 국가재정에 부담을 지우는 요인으로 작용했다. 불사 관련 지출은 국가재정을 허비하고 나아가 위태롭게 하는 것으로 지목되었다. 조선초 불교 관련 지출이 이어지면서도 전체적으로 보면 축소되는 방향으로 나아갔다. 지출하는 경우에도 주로 왕실 재정에서 부담했다.

　고려시기 국가의 불교에 대한 물품 지원은 국가재정 지출의 중요한 일부를 점하는 것이었다. 중국 당·송의 경우보다 국가 전체 재정 지출에서 불교 관련 비중이 크게 높았을 것이다. 고려말 불교 억제책의 주장은 불교계에 대한 국가재정 부담이 한 요인으로 작용했다.

제3장 恭愍王代 佛事 관련 財政 支出

1. 序言

고려후기 공민왕대는 反元政策이 적극 추진되고 정치세력의 부침이
매우 컸던 시기였다. 홍건적과 왜구의 침입으로 상당한 어려움을 겪었는
데, 특히 홍건적의 2차 침입으로 국왕은 창졸 간에 안동으로 몽진했다.
외국과의 관계도 많은 곡절을 겪어, 원의 정치적 간여가 사라지지 않았으
며, 또한 말기에 명이 등장하면서 그에 대처하는 것이 큰 과제가 되었다.
외침에 대처하는 과정에서 많은 재정 지출이 불가피했다. 다수의 군
사들에 대한 지원이나 군수 물품의 조달로 인해 재정 지출은 증가하지
않을 수 없었다. 관원에 대한 충실한 녹봉의 지급도 매우 중요했다. 내외
의 혼란으로 곤궁해진 민인을 구휼하기 위해서도 많은 재정 지출이 필요
했다. 그러나 부세제도가 동요하고 토지제도가 문란한 데다가 조운제도
가 정상적으로 운영되기 힘든 상황에 놓여 있었으므로 재정 수입은 여의
치 못했다. 재정의 어려움 속에서 국가에서는 사원이나 승려에 대해 상
당한 재정 지원을 했다. 고려말의 개혁론자들은 공민왕대 불교에 대한
지출이 과도했다고 언급하기도 했다.
이 글에서는 공민왕대 불교계에 대한 재정 지출을 사원, 승려, 불교
행사로 구분해 검토하고자 한다. 재정 지출의 구체 내용을 확인하고 그
특징을 지적할 것이다. 아울러 불교계에 대한 지출과 국가재정의 관계도
살펴보고자 한다. 이러한 작업은 공민왕대의 불교 정책의 성격을 파악하
는 데 약간의 시사를 줄 수 있을 것이다.

2. 寺院에 대한 지원

공민왕은 불교에 매우 우호적인 군주였다. 공민왕의 신불·호불 태도는 여러 자료에서 확인할 수 있다. 공민왕에 대해 '深信釋敎 超然有物外之想'하다고 표현하고 있다.[1] 불교를 깊이 믿어 초연히 사물을 벗어나려는 뜻이 있었다는 것이다.

11년(1362) 10월 간관이 上書한 내용에 공민왕이 '過信佛法'한다는 내용이 보인다.[2] 14년 2월 노국공주가 난산 끝에 사망하자, 빈전에 懺經會를 개설했는데, 공민왕은 평소에 불교를 믿다가 이때 더욱 惑信해 크게 불사를 일으켰다.[3] 같은 해 4월 공주를 장례 지낼 때에 공민왕은 불교 교설에 미혹해 火葬을 하고자 했다.[4] 공민왕의 호불 태도는 명에서도 인지하고 있었다.[5]

공민왕은 이처럼 불교를 독실히 신봉하는 성향을 갖고 있었다. 불교에 대해 비판적·부정적 입장을 견지한 것이 아니었다. 그렇지만 불교계에 대해 크게 우대하는 정책을 추진하지는 않았다. 공민왕대 전반에 걸쳐 불교계를 제도적으로 우대한 조치는 거의 보이지 않는다. 오히려 불교계를 억제하는 조치가 여럿 취해지고 있다.

공민왕대 사원으로부터 여러 차례 말[馬]을 징발했다. 사원의 중요한 자산이며, 승려들이 널리 활용하는 말이 종종 갹출되었다.[6] 원의 요청으

---

1) 『高麗史節要』 권26, 恭愍王 6년 5월, 亞細亞文化社 影印本, 685쪽(이하 같음).
2) 『高麗史節要』 권27, 恭愍王 11년 10월, 702쪽.
3) 『高麗史節要』 권28, 恭愍王 14년 2월, 713쪽.
4) 『高麗史節要』 권28, 恭愍王 14년 4월, 713쪽.
5) 『高麗史節要』 권29, 恭愍王 19년 5월, 732~733쪽.
6) 고려시기 승려의 말 이용에 대해서는 李炳熙, 1999, 「高麗時期 僧侶와 말[馬]」 『韓國史論』 41·42합집, 서울대 국사학과(同, 2009 『高麗時期寺院經濟硏究』, 景仁文化社 재수록) 참조.

로 파병할 때, 홍건적의 침입이 있을 때 다수의 말이 필요해지자 사원이
나 승려에게서 말을 징발해 보충했다.

3년 6월에 백관 및 各宗 승도에게 명해 말을 차등있게 내도록 했다.[7]
원의 요청으로 출정군을 보내게 되자 부족한 말을 확보하기 위한 조치였
다. 8년에는 禪敎 各寺 僧人의 말을 수괄하여 軍用에 충당하는 조치가
있었다.[8] 10년에도 各道에 명해서 僧寺를 수괄해서 戰馬를 차등있게 내
도록 했다.[9] 8년과 10년의 말 징발은 홍건적의 침입과 관련이 있었다.
국가에서 말이 부족하자 이처럼 사원과 승려에게서 갹출한 것이다. 불교
계로서는 말의 보유가 축소되어 그것의 활용이 크게 제한당하게 되었다.

그리고 출가에 대해 여러 차례 억제하는 조치가 취해졌다. 원년 2월
승려가 되는 자는 반드시 도첩을 받아야 하고 집에 거처해서는 안 된다
고 宣宥했다.[10] 그리고 李穡도 같은 해 服中上書에서 출가를 억제할 것
을 주장했다. 즉 이미 승려가 된 자에게는 도첩을 주고 도첩이 없는 자
는 軍伍에 충당하라고 했다.[11]

5년에는 鄕吏와 驛吏 및 공사 노비가 賦役을 회피하기 위해 함부로
승려가 되어 戶口가 날마다 줄어든다고 지적하고서, 지금부터 도첩을 받
지 않은 자는 사사로이 머리를 깎지 못하도록 했다.[12] 승려가 되기 위해
서는 반드시 도첩을 받아야 한다고 규정했다.

8년 12월 사람들이 함부로 승려나 비구니가 되는 것을 금지했다.[13]

7) 『高麗史』 권38, 世家38 恭愍王 3년 6월, 亞細亞文化社 影印本, 上冊, 765쪽(이하
　　같음) ; 『高麗史』 권82, 志36 兵2 馬政 恭愍王 3년 6월, 中冊, 807쪽 ; 『高麗史節要』
　　권26, 恭愍王 3년 6월, 676쪽.
8) 『高麗史節要』 권27, 恭愍王 8년 12월, 690쪽.
9) 『高麗史』 권82, 志36 兵2 馬政 恭愍王 10년 10월, 中冊, 807쪽 ; 『高麗史節要』 권
　　27, 恭愍王 10년 10월, 694쪽.
10) 『高麗史』 권38, 世家38 恭愍王 원년 2월 丙子, 上冊, 756쪽.
11) 『高麗史』 권115, 列傳28 李穡, 下冊, 525쪽.
12) 『高麗史』 권85, 志39 刑法2 禁令 恭愍王 5년 6월, 中冊, 866쪽.
13) 『高麗史』 권85, 志39 刑法2 禁令 恭愍王 8년 12월, 中冊, 866쪽.

도첩을 받아야 출가할 수 있다는 것을 재삼 강조하는 것으로 보인다. 10
년 5월, 향역을 부담한 향리, 公私의 노비로서 출가한 자는 모두 本役으
로 되돌리라고 조치했다.[14]

20년 12월 敎書에서 지금부터 승려가 되기를 바라는 자는 먼저 소재
관사에 가서 丁錢 50匹의 布를 바친 뒤에 비로소 머리를 깎는 것을 허락
할 것이고, 위반한 자는 師長과 부모를 죄줄 것이며, 鄕吏에서 津驛에
이르기까지 公私의 役이 있는 사람들은 출가를 금하라고 했다.[15] 승려
가 되고자 하는 이는 먼저 소재 관사에 가서 정전 50匹을 납부한 뒤에
비로소 머리 깎는 것을 허용하라는 것이다. 그리고 향리 등 역을 지고 있
는 이들은 출가를 금한다고 했다. 그만큼 도첩제를 강화해 가는 것이다.

이처럼 공민왕대에 오면 원년, 5년, 8년, 10년, 20년 등 여러 차례 출
가를 제한하는 조치를 취하고 있었다. 공민왕은 好佛의 군주였지만 불교
에 대해 적극적인 옹호 정책을 취한 것이 아니었다.

승려가 궁궐에 멋대로 출입하는 것을 금지하기도 했다. 8년 4월 重房
에서 예로부터 승려들은 대궐 안에 들어올 수 없는데, 지금은 佛法을 숭
상하고 믿어 출입하는 것을 막지 않는다고 하면서 이의 금지를 청하자,
국왕이 이를 수용했다.[16] 승려가 궁궐 문에 들어올 수 없었으나, 공민왕
대 崇信佛法해 멋대로 출입하는 사태가 있었던 것으로 보인다.[17]

10년 6월 승려들이 市街 출입을 못하도록 금지한 것도[18] 억제와 관련
한 것이다. 이것은 승려의 상업 활동 억제의 의미를 갖는 조치로 보인다.

11년 10월 監察大夫 金績命과 右獻納 黃瑾 등이 승려가 궁궐에 출입

---

14) 『高麗史節要』 권27, 恭愍王 10년 5월, 693쪽.
15) 『高麗史』 권84, 卷38 刑法1 職制 恭愍王 20년 12월, 中冊, 847쪽.
16) 『高麗史』 권85, 志39 刑法2 禁令 恭愍王 8년 4월, 中冊, 866쪽.
17) 內願堂의 승려 禪近이 그런 부류로 보인다. 선근는 국왕의 총애를 받았는데 공민
    왕 4년 6월 士人의 처를 간통해 憲府의 국문을 받았다(『高麗史』 권38, 世家38 恭
    愍王 4년 6월 乙丑, 上冊, 767~768쪽).
18) 『高麗史節要』 권27, 恭愍王 10년 6월, 694쪽.

함을 금하라고 上書한 내용이 보인다.[19] 승려가 궁궐에 출입하는 것을
문제삼고 있음을 알 수 있다. 승려들이 궁궐에 들어오는 일을 금한다는
것은 달리 보면 많은 승려들이 궁궐에 출입하고 있었음을 뜻한다. 궁궐
을 출입하는 승려들은 아마 공민왕과의 친분이 높았던 부류였을 것이다.
승려들의 궁궐 출입 제한, 시가 출입의 금지는 불교계를 제한하는 의미
를 갖는 조치였다.

  공민왕대 사원 조성에 대해서도 적극적인 재정 지원은 없었다. 공민
왕은 퇴락한 사원에 대해 국가 차원에서 중수·중창을 지원하지 않았다.
이미 원년에 많은 사원이 퇴락했음을 확인할 수 있다. 선왕대에 창건한
선교 사원은 地德을 裨補해 국가를 이롭게 하는 것이지만, 지금 다수가
퇴락하여 다만 遺基만이 있다는 지적이 보인다.[20] 裨補寺院이지만 다수
가 공민왕초에 퇴락해 터만 남아 있는 상태라는 것이다.

  그런데 비보사원의 조성을 국가에서 지원하지 않았다. 개별 사원이
중수와 중창을 수행해야 한다는 견해를 공민왕이 피력하고 있다. 공민왕
은 선왕대에 세운 사원에 대해

> 지금은 많이 퇴락하여 단지 그 터만 남아 있다. 그 가운데 현재 土田를 가
> 지고 있는 사원은 租를 거두고, 노비를 소유하고 있는 사원은 庸을 거두어 사
> 원을 중수하는 것에 대비하도록 하라.[21]

고 했다. 국가는 지원하지 못하니, 사원이 스스로 토지의 조와 노비의
용을 거두어 중수하라는 것이다. 이전 시기에는 비보사원의 중수·중창

---

19) 『高麗史節要』 권27, 恭愍王 11년 10월, 702~703쪽. 김속명의 上書에는 여러 내용
  이 포함되어 있었는데, 국왕이 이 상서에 대해 마땅해 하지 않았다. 궁궐 출입보다
  는 다른 내용이 문제된 것으로 보이므로 8년의 승려의 궁궐 출입 금지 입장이 유
  지되었을 것으로 여겨진다.
20) 『高麗史』 권38, 世家38 恭愍王 원년 2월 丙子 上冊, 756쪽.
21) 『高麗史』 권38, 世家38 恭愍王 원년 2월 丙子, 上冊, 756쪽.

을 지원한 일이 많았지만, 공민왕대에는 국가가 재정 지원을 하지 않고
사원이 스스로 해결하라는 것이다. 국가 차원에서 사원 조영에 대한 지
원을 하지 못하겠다고 공언하는 것이라고 하겠다.

아울러 새로운 사원의 창건을 금하고 있다. '又遵太祖信書 諸人毋得
擅起寺舍'라고[22] 함이 그것이었다. 태조 신서를 따라 함부로 사원을 일
으키지 말라는 것이다. 이색도 공민왕 원년에 새로이 창건한 사원은 철
거하고 철거하지 않으면 수령을 죄주라고 주장했다.[23]

普愚(1301~1382)[24] 역시 새로운 사원의 창건에 대해 부정적이었다.
원년 5월 국왕이 사신을 보내 보우를 불러 법을 물었을 때, 태조대 세운
寺社를 닦을 뿐 新創하지는 말라고 했다.[25] 이처럼 공민왕 원년의 분위
기는 신창을 금지하라는 것이었다. 태조대 세운 비보사원에 대해 보우는
중수·중창을 언급했지만 공민왕은 그것도 사원이 스스로 해결하라는 입
장을 보였다.

공민왕 5년에도 亡寺院이 언급되고 있다. 외방 주현에서 망폐사원의
전조를 관리가 징수해 공용으로 한다고 하면서 지금은 군사를 일으킬 때
이므로 망폐 사원의 전조는 모두 防護軍糧으로 지급하라는 것이다.[26]
외방에 다수의 망폐한 사원이 있고, 그 사원 토지의 전조를 지방 군현에
서 징수해 사용하고 있음을 알 수 있다. 지방 차원에서도 이처럼 사원에
대한 지원을 확인하기 어렵다.

---

22) 『高麗史』 권38, 世家38 恭愍王 원년 2월 丙子, 上冊, 756쪽.
23) 『高麗史』 권115, 列傳28 李穡, 下冊, 525쪽.
24) 普愚에 관해서는 많은 연구성과가 있는데 중요한 것을 들면 다음과 같다. 崔柄憲,
　　1986, 「太古普愚의 佛敎史的 位置」 『韓國文化』 7, 서울대 한국문화연구소 ; 兪瑩
　　淑, 1990, 「圓證國師 普愚와 恭愍王의 改革政治」 『한국사론』 20, 국사편찬위원회 ;
　　李相瑄, 1990, 「공민왕과 보우」 『李載龒博士還曆紀念 韓國史學論叢』 ; 황인규, 2003,
　　「조계종의 중흥조 태고 보우와 14세기 불교계」 『고려후기·조선초 불교사 연구』,
　　혜안.
25) 『高麗史』 권38, 世家38 恭愍王 원년 5월, 上冊, 758쪽.
26) 『高麗史』 권82, 志36 兵1 屯田 恭愍王 5년 6월, 中冊, 813쪽.

비보사원의 유지에 대해서는 국가 차원에서 관심을 기울이고 있지 못하지만 조세의 운송과 관련해 院館이 주목을 끌었다.27) 5년 6월 왜구로 인해 조운이 불통하자 육로로 운반하도록 하면서 원근을 살펴 원관을 세우고 토지를 회복토록 했다.28) 수송을 위한 차원에서 중요 교통로에 원관을 세우도록 한 것이다. 국가에서 조세의 운송을 위해 원관을 조성하려는 것을 알 수 있다.

20년 12월에도 교서를 내려 조세를 육로로 운송하기 위해 원관을 修葺토록 했다.

> 근래 왜구로 말미암아 漕運이 불통되어 먼 곳이나 가까운 곳이나 수송하는 데 모두 육로를 경유하고 있으니, 州郡으로 하여금 院과 館을 수리하게 하고 땔나무와 꼴을 비축하게 하여 통행[行旅]에 편리하도록 하라.29)

왜구로 인해 조운이 막혀 육로로 수송하게 되자 원관의 조영과 수즙에 관심을 갖는 것이다. 사원의 중수·중창에 대한 배려는 거의 없지만 조세의 운송과 관련해 원관의 중수에는 관심을 기울이고 있는 것이다.

공민왕대에 개별적으로 국왕이나 국가와 관계가 깊은 사원은 봉은사, 광명사, 연복사, 왕륜사, 광암사였다. 공민왕은 이들 사원을 자주 내왕했다. 봉은사는 태조의 영전이 있어 자주 찾았고, 광명사는 공민왕의 父인 충숙왕의 기일에 행차했으며, 연복사는 문수회를 개최하는 중심 장소였기 때문에 자주 행차했고, 왕륜사는 노국공주의 영전과 관련해 자주 찾은 사원이었다. 그리고 광암사는 노국공주의 원찰로서 크게 지원했다.

봉은사에는 태조의 진전이 있고 孝思觀이 있어 공민왕이 자주 찾았

27) 최연식, 2016, 「고려시대 院館 사찰의 출현과 변천과정」 『梨花史學硏究』 52.
28) 『高麗史』 권39, 世家39 恭愍王 5년 6월 乙亥, 上冊, 771쪽.
29) 『高麗史』 권80, 志34 食貨3 賑恤 水旱疫癘賑貸之制 恭愍王 20년 12월, 中冊, 773쪽.

다. 원년에는 2월, 3월, 8월에 찾았고, 2년 11월, 3년 6월과 12월에 행차
했으며, 4년에는 행차한 기록이 보이지 않는다. 5년에는 정월, 2월, 3월,
4월 등 여러 차례 찾았으며 6년 정월, 7년 8월에도 행차했다. 5년 3월
왕과 공주가 太妃를 받들고 봉은사에 행차해 보우가 禪理를 강설함을
듣고 귀중품을 사여했다.[30] 후반기에는 찾은 예가 확인되지 않는다. 보
우를 맞이한 사원도 봉은사였고, 천도 관련 점을 칠 때에도 봉은사를 찾
았다(<부록 1> 참조). 공민왕이 이처럼 중시하는 사원이었지만 봉은사의
중수나 중창을 지원한 내용은 확인되지 않는다.

광명사는 충숙왕의 기일에 찾은 일이 여럿 보인다. 2년 3월 충숙왕의
기일이라 광명사에 간 일이 있으며, 이후 4년 3월, 7년 7월, 8년 3월, 19
년 9월 등이 확인된다(<부록 1> 참조). 5년 4월 보우를 왕사로 임명하고
서 광명사에 원융부를 설치했다.[31] 광명사는 보우가 활동하는 근거 사
원인 셈이다. 19년 9월 광명사에 행차해 승도를 크게 모아놓고 혜근에게
명해 공부선을 시험하도록 했다.[32] 광명사 가람 조성과 관련한 재정 지
원은 보이지 않는다.

연복사는 도성 안에 있는 사원으로서 공민왕이 매우 중시했다. 3년 6
월 기근으로 인해 演福寺에 賑濟色을 설치해 有備倉의 쌀 500석을 내서
죽을 끓여 기민을 구제했다.[33] 빈민 구제 활동을 연복사를 무대로 해서
전개한 것이다. 이후 공민왕대 연복사에서는 문수회가 여러 차례 설행되
고 또 담선회도 개최되었다.

연복사에서 문수회는 16년 3월, 17년 4월, 18년 4월, 19년 4월, 20년

---

30) 『高麗史』 권39, 世家39 恭愍王 5년 3월 丙戌, 上冊, 769쪽 ; 李智冠 譯註, 1997,
『歷代高僧碑文(高麗篇4)』, 伽山佛敎文化硏究院, 「楊州太古寺圓證國師塔碑文(1385
년)」, 451~452쪽.

31) 『高麗史』 권39, 世家39 恭愍王 5년 4월 癸酉, 上冊, 770쪽.

32) 『高麗史』 권42, 世家42 恭愍王 19년 9월 辛丑, 上冊, 837쪽.

33) 『高麗史』 권80, 志34 食貨3 賑恤 水旱疫癘賑貸之制 恭愍王 3년 6월, 中冊, 772쪽.

4월 개최한 것이 확인된다. 신돈이 집권한 14년 이후 연복사에서 문수회가 설행된 것이다. 담선회는 20년 정월, 23년 정월에 개최되었다(<부록 1> 참조). 18년 노국공주의 기일에 연복사에서 법회를 열기도 했다.[34]

연복사 자체의 중수·중창을 위한 재정 지원은 보이지 않는다.[35] 우왕대와 공양왕대 대대적인 연복사 중창이 있는 것을 보면[36] 공민왕대에도 일정한 보수가 필요했을 테지만 그런 작업은 확인되지 않는다.

왕륜사에는 공민왕 원년 4월, 2년 9월, 3년 8월에 행차한 것이 확인된다. 공민왕 15년 왕륜사에 노국공주의 영전을 조성하기 시작하면서 국왕의 행차가 잦았다(<부록 1> 참조). 국왕이 왕륜사에 행차해 사리와 佛齒를 관람했으며, 7일간 天兵神衆道場을 개설하기도 했다. 공민왕 15년 4월 사리 관람을 계기로 황금과 채백을 왕륜사에 시여했다.[37]

왕륜사는 노국공주 사후 영전 조성으로 인해 크게 부상했다. 15년 5월 왕륜사 동남쪽에 공주의 영전을 조영하는 공사를 크게 일으켰다. 백관으로 하여금 역부를 내서 木石을 운반토록 했는데, 수백 인이 목재 하나를 끄는 데 앞으로 나아가지 못했다. 일하는 소리가 천지에 진동했으며, 주야로 끊이질 않았다. 죽는 소가 길에 서로 이어졌다.[38] 왕륜사 동남방에 노국공주의 영전을 대규모로 조영하기 시작한 것이다.

영전 공사는 불사로 보기 어렵지만 사원과 관련해 운영되는 것이기 때문에 크게 보면 불사의 영역에 포함할 수 있을 것이다. 이렇게 시작한 영전 공사는 많은 곡절을 겪게 되었다(<부록 2> 참조). 아래에서는 두드

---

34) 『高麗史』 권132, 列傳45 叛逆6 辛旽, 下冊, 861쪽.

35) 공민왕대 연복사의 세 연못과 아홉 우물을 정비한 일이 있지만(『高麗史』 권132, 列傳45 叛逆6 辛旽, 下冊, 859쪽), 사원 전각이나 시설과 관련한 지원은 보이지 않는다.

36) 『高麗史』 권45, 世家45 恭讓王 2년 정월 乙酉, 上冊, 875쪽 ; 『高麗史』 권119, 列傳32 鄭道傳, 下冊, 608쪽 ; 『高麗史節要』 권34, 恭讓王 2년 7월, 879쪽.

37) 『高麗史』 권41, 世家41 恭愍王 15년 4월 戊寅, 上冊, 816쪽.

38) 『高麗史』 권41, 世家41 恭愍王 15년 5월 癸巳, 上冊, 816쪽.

러진 몇몇 사항을 언급하기로 한다.

15년 5월 영전과 정릉 역이 크게 일어나 창름이 비게 되는 지경에 이르렀다.39) 17년 5월 왕륜사 영전이 협소해 승려 3,000명을 수용할 수 없다고 하면서 고쳐 조영하고자 복원궁에 행차해 터를 살폈다.40) 같은 달 마암에 행차해 영전의 터를 살펴보았으며,41) 왕륜사의 영전을 철거하고 마암에 영전을 고쳐짓자 원망이 크게 일어났다.42)

18년 9월 숭인문 밖에서 礎石을 벌채해 마암으로 운반하는데 그 크기가 집채만 했으며 끄는 소리와 사람이 내는 소리가 소가 우는 것 같았다. 목재를 수운으로 운반하면서 압사하거나 익사해 죽은 자가 무수했다. 중외가 괴로워하고 피곤해했지만 감히 말하는 자가 없었다.43) 19년 6월 관음전 3층에 대들보를 올리다 압사한 자가 26인이었으며,44) 신돈과 이춘부 등이 마암 영전의 역을 파할 것을 재차 요청하자 국왕이 다시 왕륜사 영전을 조영토록 했다.45) 이때부터 영전이 왕륜사로 옮겨 조영하기 시작한 것이다.

19년 9월 영전의 규모가 좁다고 해 철거하고 다시 조영하므로 민이 심히 고통스러워했다.46) 21년 2월 관음전이 낮고 좁다고 해 다시 짓도록 명했으며,47) 5월 영전의 정문이 완성되었는데 壯麗하지 못하다고 해서 철거하도록 명했다.48) 같은 해 7월 영전의 종루가 완성되었으나 高大하지 못

---

39) 『高麗史』 권41, 世家41 恭愍王 15년 5월 乙巳, 上冊, 817쪽.
40) 『高麗史』 권41, 世家41 恭愍王 17년 5월 壬辰, 上冊, 820쪽.
41) 『高麗史』 권41, 世家41 恭愍王 17년 5월 甲午, 上冊, 820쪽.
42) 『高麗史』 권41, 世家41 恭愍王 17년 5월 乙未, 上冊, 820쪽.
43) 『高麗史』 권41, 世家41 恭愍王 18년 9월, 上冊, 825쪽.
44) 『高麗史』 권42, 世家42 恭愍王 19년 6월 癸亥, 上冊, 830쪽.
45) 『高麗史』 권42, 世家42 恭愍王 19년 6월 癸亥, 上冊, 830쪽 ; 『高麗史節要』 권29, 恭愍王 19년 6월, 733쪽.
46) 『高麗史』 권42, 世家42 恭愍王 19년 9월 丙戌, 上冊, 837쪽 ; 『高麗史節要』 권29, 恭愍王 19년 9월, 734쪽.
47) 『高麗史』 권43, 世家43 恭愍王 21년 2월 癸卯, 上冊, 844쪽.

하다고 해서 고쳐 짓도록 했으며,[49] 8월 영전의 鷲頭가 완성되었는데 장
식에 쓰인 황금이 650냥(=24.379kg)이고 백은이 800냥(=30kg)이었다.[50]
23년 4월 호군에게 명해 병사를 거느리고 영전에 담을 쌓게 했다.[51]

김사행은 영전과 정릉을 왕의 뜻에 부합하도록 지극히 사치스럽고 화
려하게 조성했다.[52] 22년 5월 左正言 尹紹宗이 宦者 金師幸이 왕의 뜻
에 영합하여 影殿의 공사를 크게 일으켰다 하여 그를 탄핵했으며,[53] 공
민왕이 시해당한 뒤 그는 23년 9월 益州의 관노가 되고 재산은 적몰당했
다.[54] 영전 역의 공사에는 김사행이 중요한 구실을 했던 것이다.

왕륜사는 노국공주 영전이 조성된 사원이었다. 15년에 시작해 17년에
마암으로 옮겨 조성하다가, 다시 19년부터 왕륜사로 옮겨 조성했다. 주
춧돌과 재목의 운반으로 고통스러워했으며 확인되는 役徒가 5,000명이
넘었다. 그리고 금과 은이 엄청나게 소비되었다. 공민왕은 노국공주의
영전 조성에 과도한 지출을 해서 민인을 피폐하게 했으며 국가재정을 빈
곤하게 만들었다.

광암사(운암사)는 노국공주 원찰로서 공민왕대 재정적으로 큰 도움을
받은 대표 사원이었다. 16년 8월 재상이 운암사에 모여 큰 잔치를 벌였
다.[55] 공주를 위해 운암사를 원찰로 삼고서 많은 지원을 했다. 17년 9월
에 광암사에 米를 매달 30석씩 사여했다.[56] 정릉의 원찰인 광암사에 대

48) 『高麗史』 권43, 世家43 恭愍王 21년 5월 辛酉, 上冊, 846쪽 ; 『高麗史節要』 권29,
    恭愍王 21년 5월, 739쪽.
49) 『高麗史』 권43, 世家43 恭愍王 21년 7월 戊申, 上冊, 848쪽 ; 『高麗史節要』 권29,
    恭愍王 21년 7월, 740쪽.
50) 『高麗史』 권43, 世家43 恭愍王 21년 8월 甲午, 上冊, 848쪽 ; 『高麗史節要』 권29,
    恭愍王 21년 8월, 740쪽.
51) 『高麗史』 권44, 世家44 恭愍王 23년 4월 丁酉, 上冊, 863쪽.
52) 『高麗史節要』 권29, 恭愍王 22년 4월, 742쪽.
53) 『高麗史節要』 권29, 恭愍王 22년 5월, 742쪽.
54) 『高麗史節要』 권29, 恭愍王 23년 9월, 747쪽.
55) 『高麗史』 권41, 世家41 恭愍王 16년 8월 己未, 上冊, 819쪽.

한 특별한 대우인 것이다.

18년 8월에는 운암사의 승려가 都堂에 와서 餉客 用의 쌀을 추가로 지급할 것을 요청하자 재추들이 轉輸都監의 미 50석을 지급할 것을 의논했는데 李成瑞가 녹봉도 부족하므로 줄 수 없다고 하면서 서명을 하지 않았다.[57]

19년 3월에 운암사에 행차해 정릉에 제사를 지냈다.[58] 19년 5월에 정릉을 지키는 호를 두고 운암사에 田民을 시납했다.[59] 그 구체적인 내용을 보면, 정릉을 지키는 이는 114戶이고, 전토는 2,240결이며, 노비는 46구, 포는 15,293필이었다. 포는 宮中에서 쓰던 물건으로 매입했으며 주군에 분급해 이식을 취하도록 했다.[60] 엄청난 규모의 재원을 제공한 것이다. 공민왕대에 광암사처럼 대규모의 토지와 재물을 제공받은 사원은 없었다.

이렇게 토지와 재물을 사여받음과 동시에 소속 종파 및 사명도 변경되었다. 운암사는 원래 교종에 속했는데 창화사로 바뀌 선종에 속하게 했고, 다시 광암사로 변경했다.[61] 운암사에서 창화사, 다시 광암사로 사명이 바뀐 것이다. 그리고 소속 종파도 교종에서 선종으로 변경되었다.

광암사의 재정 수입을 개략적으로 추산해 보면, 당시의 이자율 1/3을 적용할 때 매해 5천 필 이상이 광암사에 제공되는 것이다. 2,240결의 토지에서 소출의 1/10을 징수한다면 4천 석이 넘는 곡식을 매해 확보할 수

---

56) 『高麗史』 권41, 世家41 恭愍王 17년 9월 甲寅, 上冊, 821쪽 ; 『高麗史節要』 권28, 恭愍王 17년 9월, 726쪽.

57) 『高麗史』 권114, 列傳27 李成瑞, 下冊, 500쪽 ; 『高麗史節要』 권28, 恭愍王 18년 8월, 729쪽.

58) 『高麗史』 권42, 世家42 恭愍王 19년 3월 甲寅, 上冊, 827쪽.

59) 『高麗史』 권42, 世家42 恭愍王 19년 5월 丁未, 上冊, 828쪽.

60) 『高麗史』 권89, 列傳2 后妃 恭愍王 后妃 徽懿魯國大長公主, 下冊, 34쪽 ; 『高麗史節要』 권29, 恭愍王 19년 5월, 732쪽.

61) 『高麗史』 권89, 列傳2 后妃 恭愍王 后妃 徽懿魯國大長公主, 下冊, 34쪽.

있었다.

광암사 중수의 일을 맡은 董役官은 陜山君 朴元鏡과 密陽君 朴成亮이
었다. 광암사의 조영 공사는 공민왕 21년(1372)에 시작해, 우왕 3년
(1377)에 완료했다. 彌勒殿과 觀音殿, 執事의 사무소와 승려의 거처, 식
당·객실·창고 및 부엌과 욕실, 그리고 종을 치고 북을 두드리는 누각 등
모두 100여 동의 건물이 들어섰다.62) 다른 기록에서는 佛宇禪堂이 장엄
하고 화려하여 높이 하늘에 닿았고, 늘어선 僧廊廚舍는 땅에 서리었다고
표현했다.63)

광암사의 다수 건물은 새로이 조영했으며 엄청난 규모의 토지와 借貸
用의 布를 사여받았다. 개별 사원으로서 광암사만큼 지원을 받은 사원은
없었다. 광암사의 경우 과도한 재정 지원을 받은 유일한 사원이라고 할
수 있겠다. 공민왕비인 노국공주의 원찰이었기 때문에 이런 조치가 있었
던 것이다.64)

그밖에도 국왕이나 국가와 연결된 사원은 더 확인할 수 있다. 민천사
는 충숙왕의 기일에 行香을 한 사원이었고, 인왕도량을 개설한 사원이기
도 했다. 인왕도량을 개설할 때에는 원에서 寶鈔 100錠을 사여해 지원했
다.65) 2년 4월 공주가 민천사에 행차했다(<부록 1> 참조).

복령사에도 국왕이 자주 행차했다. 원년 윤3월, 원년 8월이 확인된다.
2년 4월과 9월 행차해 후사를 기원했다. 3년 3월 행차했으며, 7년 4월에
기우제를 지냈다(<부록 1> 참조).

---

62) 李穡, 「廣通普濟禪寺碑銘幷序」 『牧隱文藁』 권14(『韓國文集叢刊』 5冊, 114~116쪽).
63) 權近, 「光巖寺重刱第三法會慶讚華嚴三昧懺疏」 『陽村集』 권27(『韓國文集叢刊』 7
   冊, 256쪽).
64) 광암사 중창공사가 진행되던 공민왕 말기와 우왕 초 광암사의 사주는 혜근의 문도
   였던 日昇杲庵이었으며, 우왕 4년(1378)부터 幻庵混修가 광암사에 주석함으로써
   혜근 문도가 연이어 주석했다(강호선, 2016, 「고려말 幻庵混修의 활동과 그 의미」
   『禪學』 43).
65) 『高麗史』 권38, 世家38 恭愍王 2년 3월 甲午, 上冊, 761쪽.

민천사는 충숙왕 기일에 행향하는 사원임과 동시에 인왕도량이 개설된 곳이었으며, 복령사는 공민왕의 후사를 기원하는 사원이었다. 이들 사원의 경우 조영과 관련한 재정 지원은 보이지 않는다.

국왕이 여러 차례 행차하거나 반복해서 연관을 맺은 사원은 많지 않았다(<부록 1> 참조). 대부분 1,2회에 불과한 횟수를 보였다. 깊이 연결된 사원은 위에서 언급한 봉은사, 광명사, 연복사, 왕륜사, 광암사 및 민천사·복령사 정도였다.[66] 이 중에서도 재정적으로 특별 지원을 받은 사원은 왕륜사와 광암사였다. 사원 조영과 관련한 지출이 활발하지 않은 가운데 유일하게 노국공주와 관련한 왕륜사와 광암사가 재정적으로 큰 지원을 받은 것이다. 그리고 조세 운반을 위한 원관이 지원을 받았다.

3. 僧侶에 대한 지원

공민왕대 승려에 대해 재물을 사여하는 일이 적지 않았다. 주로 도량이나 법회를 주관한 승려를 대상으로 했다. 특별히 우대되어 고가의 물품을 사여받은 승려는 普愚였다. 왕사와 국사에게는 늘상 국왕이 상당한 재물을 사여하고 있었다. 공민왕대에 보우 이외에 왕사와 국사를 역임한 懶翁(1320~1376)·千禧(千熙, 1307~1382)에게도 상당한 재물을 사여한 것으로 보인다.

---

66) 五冠山 興聖寺의 경우, 魯國公主가 功德主가 되어 건물을 새로이 하고 재정 기반을 넉넉하게 마련해 주었으며, 대장경의 書櫃와 標識를 가지런하게 정리했다(李穡, 「五冠山興聖寺轉藏法會記」『牧隱文藁』 권2(『韓國文集叢刊』 5冊, 17쪽)). 이 불사에는 일차적으로 왕실의 재정이 활용되었을 것이다. 이 글에서는 국왕이나 국가와 관련한 지원을 중심으로 기술하겠다.

공민왕대 전반기에 국왕으로부터 각별한 대우를 받은 승려는 보우였다. 보우는 중국 강남에 들어가 石屋和尙에게서 衣鉢을 전수받았다고 自言했다. 원년 5월 국왕은 사신을 보내 盆和縣에서 보우를 불러 내전에 맞이해 법을 물었는데, 보우는 군주의 도는 교화를 닦고 밝히는 데 있을 뿐 반드시 信佛할 필요는 없으며, 나라를 잘 다스리지 못한다면 부처에게 정성을 다해도 공덕이 없을 것이라고 했다. 그리고 군주는 사악한 사람을 버리고 바른 사람을 쓰면 나라를 다스리는 데 어려움이 없을 것이라고 했다.[67] 공민왕 원년부터 국왕이 보우를 특별히 우대했다.

5년 2월 내불당에서 보우에게 반승을 베풀었다.[68] 같은 해 3월 왕과 공주가 대비를 받들고 봉은사에서 보우가 선법을 강설하는 것을 듣고 예를 다한 다음 幣帛·銀鉢·繡袈裟를 시여했는데 丘山처럼 쌓였다. 보우의 문도 300여 명의 승려에게 모두 백포 2필, 가사 1벌을 시여했다. 士女들도 파도처럼 달려와 미치지 못할까 걱정했다.[69] 보우에게 상당한 재물이 제공되었으며, 보우 문도들에게도 백포와 가사를 사여했다.[70]

5년 4월, 국왕이 보우를 연경궁에 맞이해 師弟의 예를 행했으며 다시 내전으로 끌어들이니 太妃와 공주가 기뻐서 눈물을 흘렸다. 茶果를 제공했으며, 공주는 琉璃盤·瑪瑙匙 등을 주었다.[71] 보우를 王師에 봉하고 圓

---

67) 『高麗史』 권38, 世家38 恭愍王 원년 5월 己丑, 上冊, 757~758쪽 ; 『高麗史節要』 권26, 恭愍王 원년 5월, 671쪽.

68) 『高麗史』 권39, 世家39 恭愍王 5년 2월 丙子, 上冊, 769쪽 ; 『高麗史節要』 권26, 恭愍王 5년 2월, 678~679쪽.

69) 『高麗史』 권39, 世家39 恭愍王 5년 3월 丙戌, 上冊, 769쪽 ; 『高麗史節要』 권26, 恭愍王 5년 3월, 679쪽 ; 李智冠 譯註, 1997, 『歷代高僧碑文(高麗篇4)』, 伽山佛敎文化硏究院, 「楊州太古寺圓證國師塔碑文(1385년)」, 451~452쪽.

70) 이때 보우가 받은 재물은 사재로 저축하지 않고 공민왕이 원하는 금자대장경의 제작 비용으로 삼았다(門人維冠, 「高麗國 國師大曹溪嗣祖 … 利雄尊者諡圓證 行狀」 『太古和尙語錄』 下(『韓國佛敎全書』 6冊, 698쪽).

71) 『高麗史』 권89, 列傳2 后妃2 徽懿魯國大長公主, 下冊, 32~33쪽 ; 『高麗史節要』 권26, 恭愍王 5년 4월, 679쪽.

融府를 세웠으며, 左右司尹·丞·舍人·注簿·左右寶馬陪·指諭·行首 등의
관속을 소속시켰다.72) 이후 보우는 원융부를 통해 승정을 관장한 것으
로 보인다. 5년 2월에서 3월, 4월에 걸쳐 보우에게 파격적인 대우를 했
으며 귀한 재물을 사여한 것이다.

같은 해 5월 왕의 생일에 普愚를 내전에 맞이하고 108명의 승려에게
飯僧했는데, 승도로서 주지가 되고자 하는 이는 모두 보우에 붙어 간청
했다.

> 당시 僧徒로 사원의 住持 자리를 구하는 자가 모두 보우에게 붙어 청탁했
> 는데, 왕이 말하기를, "지금부터 禪宗과 敎宗의 宗門에서 사원의 주지는 王師
> 의 추천을 받아 임명할 것이고[注擬], 과인은 단지 임명장[除目]만 내릴 것이
> 오."라고 했다. 이에 승도들이 다투어 보우의 문도가 되었으니, 이루 헤아릴
> 수 없을 정도였다.73)

왕사가 된 보우는 이처럼 승정을 주관하는 위치에 있었다. 6년 정월
국왕이 보우를 내전에서 맞이해 황금 50냥과 金線 1필을 사여했다.74) 적
몰한 기철 등의 衣服·綵帛을 兩府에 사여하고 바로 이어서 황금과 금선
을 보우에게 사여했는데75) 보우에게 사여한 황금 등도 기철 등에게서
적몰한 것으로 추측된다.

공민왕대 보우가 사여받은 가사는 여러 가지였는데 滿繡袈裟(滿綉袈
裟), 繡袈裟, 雜色段疋袈裟가 보인다. 고승에게 사여한 가사는 비단 옷감

---

72) 『高麗史』 권39, 世家39 恭愍王 5년 4월 癸酉, 上冊, 770쪽.
73) 『高麗史』 권39, 世家39 恭愍王 5년 5월, 上冊, 770쪽. 『高麗史節要』에는 4월로 나
　　오지만(『高麗史節要』 권26, 恭愍王 5년 4월, 679쪽), 공민왕의 생일이 5월이므로
　　108명 승려에게 반승한 것은 5월로 보는 것이 타당할 것이다.
74) 『高麗史』 권39, 世家39 恭愍王 6년 정월 庚寅, 上冊, 776쪽 ; 『高麗史節要』 권6,
　　恭愍王 6년 정월 庚寅, 685쪽.
75) 『高麗史』 권39, 世家39 恭愍王 6년 정월 庚寅, 上冊, 776쪽 ; 『高麗史節要』 권26,
　　恭愍王 6년 정월, 685쪽.

으로 짠 것이며, 화려하게 수를 놓은 것이었다. 귀중품으로서는 황금과
銀鉢, 폐백, 水精念珠, 金鏤泥師壇, 沈香拂子 등이 확인된다.[76]

　보우에게는 공민왕 5년과 6년에 집중적으로 귀중품이 사여되었다.[77]
그리고 그를 추종하는 문도 300명에게도 백포가 각각 2필씩 사여되었다.
왕사에 책봉되는 다른 승려도 보우에게 제공된 것만큼 귀중품을 사여받
았을 것으로 추측된다.

　懶翁惠勤은 공민왕대 말기에 왕사에 책봉되었다.[78] 그에게도 많은 물
품이 사여되었다. 10년 혜근에게 물품을 사여한 일이 있었다. 강원도 오
대산에 있을 때 공민왕이 內詹事 方節을 보내 개경으로 영입하여 法門
을 청해 듣고 국왕은 혜근에게 滿繡袈裟·水精拂子를 사여했으며, 公主
도 瑪瑙拂子를 헌납했고, 太后도 친히 布施를 베풀었다.[79] 상당한 재물
을 시여받았을 것으로 추측된다.

　19년 9월 광명사에 행차해 승도를 크게 모아놓고 혜근에게 공부선을

---

76) 『高麗史』 권39, 世家39 恭愍王 5년 3월 丙戌, 上冊, 769쪽 ; 『高麗史節要』 권26,
　恭愍王 5년 3월, 679쪽 ; 李智冠 譯註, 1997, 『歷代高僧碑文(高麗篇4)』, 伽山佛敎文
　化硏究院, 「楊州太古寺圓證國師塔碑文(1385년)」, 451~452쪽 ; 門人維昌, 「高麗國
　國師大曹溪嗣祖 … 利雄尊者諡圓證 行狀」 『太古和尙語錄』 下(韓國佛敎全書』 6冊,
　698쪽).
77) 보우는 공민왕 15년에 왕사에서 내려오는데 신돈이 권좌에 있었기 때문이었다. 이
　후 한때 俗離寺에 禁錮되었다가 신돈이 제거된 다음 다시 국사로 책봉되었다(李智
　冠 譯註, 1997, 『歷代高僧碑文(高麗篇4)』, 伽山佛敎文化硏究院, 「楊州太古寺圓證
　國師塔碑文(1385년)」, 452쪽).
78) 金容祚, 1982, 「懶翁慧勤에 關한 硏究」 『慶尙大論文集』 21-2, 경상대 ; 黃仁奎,
　1997, 「懶翁惠勤과 그 대표적 계승자 無學自超－나옹혜근과 무학자초의 遭遇事實
　을 중심으로－」 『東國歷史敎育』 5, 東國大 歷史敎育科 ; 辛奎卓, 2008, 「나옹혜근
　에 대한 기존의 평가와 재고찰」 『韓國思想과 文化』 43 ; 황인규, 2008, 「懶翁慧勤
　의 불교계 行蹟과 遺物·遺蹟」 『大覺思想』 11 ; 강호선, 2011, 「고려말 懶翁慧勤
　연구」, 서울대 박사학위논문 ; 염중섭, 2015, 「고려 말 功夫選의 시행과 의미 고찰
　－恭愍王과 懶翁의 상호관계를 중심으로－」 『원불교사상과 종교문화』 64, 원광
　대 원불교사상연구원.
79) 李穡, 「普濟尊者諡禪覺塔銘」 『牧隱文藁』 권14(『韓國文集叢刊』 5冊, 122쪽).

주관토록 했다.80) 혜근의 권위를 높이는 행사임과 동시에 선발된 승려
에 대한 파격적인 대우를 하고자 함으로 보인다. 이 공부선에서 탁월한
실력을 발휘한 승려는 幻庵混修였다.81)

20년 8월 혜근을 왕사로 삼았다.82) 工部尙書 張子溫을 파견해 친서와
직인과 법복·발우 등을 보내 회암사에 있는 혜근을 王師로 책봉했다.83)
신돈을 제거하자마자 혜근을 왕사로 삼은 것인데, 불교계 운영에서 중요
한 역할을 기대한 것으로 여겨진다. 이때 혜근에게 귀중품이 사여됨은
확인되지 않지만 보우와 비슷한 정도의 물품이 사여되었을 것으로 추정
된다.84)

眞覺國師 千禧는 신돈과 밀접한 유대를 맺은 승려였다.85) 14년 5월
신돈이 권력을 장악했을 때부터 대두한 승려가 천희였다. 15년 7월 국왕
은 걸어서 佛福藏에 이르러 천희를 방문하는 예우를 보였다.86) 16년에

---

80) 『高麗史』 권42, 世家42 恭愍王 19년 9월 辛丑, 上冊, 837쪽. 이때 眞覺國師 千熙
(千禧)는 證明으로 참여했다(李智冠 譯註, 1997, 『歷代高僧碑文(高麗篇4)』, 伽山佛
敎文化硏究院, 「水原彰聖寺眞覺國師大覺圓照塔碑文(1386년)」, 490쪽).

81) 李智冠 譯註, 1999, 『歷代高僧碑文(朝鮮篇1)』, 伽山佛敎文化硏究院, 「忠州靑龍寺
普覺國師幻庵定慧圓融塔碑文」, 33쪽. 懶翁과 混修의 관계에 대해서는 강호선,
2016, 앞의 논문 참조.

82) 『高麗史』 권43, 世家43 恭愍王 20년 8월 丁亥, 上冊, 841쪽.

83) 李智冠 譯註, 1997, 『歷代高僧碑文(高麗篇4)』, 伽山佛敎文化硏究院, 「楊州檜巖寺
禪覺王師碑文(1377년)」, 349쪽.

84) 나옹이 입적한 뒤 공민왕이 그에게 하사한 袈裟와 鉢盂 등은 檜巖寺에 봉안되었
다. 또 나옹의 가사와 소지물이 神勒寺, 見菴, 威鳳寺, 廣法寺 및 五臺山, 妙香山
등에 봉안되었는데(李智冠 譯註, 1997, 『歷代高僧碑文(高麗篇4)』, 伽山佛敎文化硏
究院, 「寧邊安心寺指空懶翁舍利石鐘碑文(1384년)」, 406쪽), 회암사 이외의 장소에
봉안된 유물도 공민왕에게서 사여받았을 가능성이 높다. 그렇다면 나옹은 국왕으
로부터 여러 벌의 가사를 사여받은 것이 된다.

85) 兪瑩淑, 1992, 「眞覺國師 千熙의 生涯와 信仰」 『韓國佛敎文化思想史 - 伽山李智冠
스님 華甲紀念論叢 - 』 上 ; 황인규, 2006, 「水原의 고승 眞覺國師 千熙와 고려말 불
교계」 『水原學硏究』 3, 水原學硏究所 ; 최연식, 2013, 「眞覺國師 千熙의 生涯와 思想」
『文化史學』 39 ; 김상현, 2013, 「眞覺國師 千熙의 佛敎史的 位相」 『文化史學』 39.

86) 『高麗史』 권41, 世家41 恭愍王 15년 7월 己酉, 上冊, 817쪽.

는 천회를 맞이해 國師로 책봉하고서 府를 설치하고 요속을 두었으며 印章과 法服을 사여했다.[87] 이때 인장과 법복 이외에도 귀중품이 사여 되었을 가능성이 크다. 신돈이 집권한 시기에는 보우가 크게 핍박을 받 는 대신 천회가 부상하는 것이다. 그는 아마도 신돈이 제거되는 공민왕 20년 7월까지 승정을 좌우하는 위치에 있었을 것이며 상당한 재물을 사 여받았다고 여겨진다.[88]

보우·혜근·천회 이외에도 궁궐 내에 초빙되어 불교 행사를 주관하거 나 거기에 참여한 승려들에 대한 재물 사여도 확인된다.[89] 궁궐에 초빙 된 승려는 일단 국왕 차원에서 매우 우대하는 승려였을 것이다.

15년 5월 왕의 생일에 내전에서 승려 700명에게 반승했을 때 포 1,000 여 필을 사여했다.[90] 반승을 한 뒤 그 승려들에게 다시 포를 사여한 것 이다. 내전으로 초빙된 자체가 우대였는데 그곳에서의 반승 행사를 계기 로 재물을 제공하는 것이다. 다른 반승에서도 이렇듯이 재물의 사여가 동반되는 수가 많았을 것이다.

왕륜사 승려에 대한 귀중품의 사여도 확인된다. 15년 4월 왕이 백관 을 거느리고 왕륜사에 행차해 舍利를 친견했으며 승려에게 포 800필을

---

87) 李智冠 譯註, 1997, 『歷代高僧碑文(高麗篇4)』, 伽山佛敎文化硏究院, 「水原彰聖寺 眞覺國師大覺圓照塔碑文(1386년)」, 490쪽.

88) 천회는 공민왕 21년부터 영주 浮石寺에 주석하면서 殿宇을 중수해 복구했다(李智 冠 譯註, 1997, 『歷代高僧碑文(高麗篇4)』, 伽山佛敎文化硏究院, 「水原彰聖寺眞覺 國師大覺圓照塔碑文(1386년)」, 490쪽). 이것은 그가 僧政의 중심에서 멀어져 갔음 을 의미한다.

89) 大智國師 粲英의 경우 『高麗史』와 『高麗史節要』에는 보이지 않지만 碑文에 따르 면 공민왕 8년 궁중으로 초치되었으며 공민왕의 공경을 받았고 兩街都僧錄을 맡 기도 했다. 찬영은 공민왕 21년 內院으로 초빙되어 金襴가사, 衣鉢, 妙筆, 觀音大 士像 등을 사여받았다(李智冠 譯註, 1999, 『歷代高僧碑文(朝鮮篇1)』, 伽山佛敎文 化硏究院, 「忠州億政寺大智國師智鑑圓明塔碑文(1393년)」, 3쪽). 찬영처럼 공민왕 의 초치를 받은 승려들이 적지 않았을 것으로 보인다.

90) 『高麗史』 권41, 世家41 恭愍王 15년 5월, 上冊, 816쪽 ; 『高麗史節要』 권28, 恭愍 王 15년 5월, 719쪽.

사여했다.91) 사리 참관을 주관한 승려에 대한 예우라고 볼 수 있다. 사
리를 친견할 때 상당한 의식이 있었을 것이기에 승려에 대한 물품의 사
여가 동반된 것이다.

공민왕 18년 9월, 왕이 왕륜사에 행차해 외침을 물리치기 위한 天兵
神衆道場을 7일간 설행하고 돌아왔는데 승려에게 포 1,500필을 사여했
으며, 국왕이 손수 疏文을 작성했다. 이때 신돈 역시 1,500필을 시여했
다.92) 천병신중도량을 주관한 왕륜사 승려에게 포 1,500필이 사여된 것
이다. 이렇듯이 특정 불교 행사를 주관한 승려에게 귀한 재물을 사여하
고 있다.

21년 2월 왕륜사의 공주 기일 행사에 참여한 승려에게도 포를 제공했
다. 공주의 기일을 맞아 국왕이 왕륜사에 행차해 불법을 들었는데 이때
승려에게 300여 필의 포를 사여했다.93) 기일의 행사 및 국왕을 위한 설
법 두 가지 일을 담당한 왕륜사 승려에게 제공하는 것이다.

왕륜사 승려에게는 이처럼 사리 참관, 천병신중도량 개설, 설법을 계
기로 해서 포가 사여되었다. 800필(15년), 1,500필(18년), 300여 필(21년)
의 규모였다. 영전 공사가 진행되는 시기 왕륜사에 거처하는 승려들을
중심으로 해서 포가 사여된 것이다.

연복사 승려들에게도 물품의 사여가 있었다. 공민왕 18년에 공주의
忌晨으로 연복사에서 設會했는데 승려 수천 명에게 포 800필을 내려 주
었다. 이때 水原道에 기근이 들어 流民들이 몰려들었는데 신돈이 여분의
포를 유민에게 나누어 주었다.94) 공주의 기일이 2월에 있으므로 이 행사
는 2월에 설행된 것으로 보인다. 노국공주를 위한 기일 행사를 주관한
수천 명의 승려들에게 노고에 대한 보상으로 포가 제공된 것이다.

---

91) 『高麗史』 권41, 世家41 恭愍王 15년 4월 戊寅, 上冊, 816쪽.
92) 『高麗史』 권41, 世家41 恭愍王 18년 9월 辛酉, 上冊, 825쪽.
93) 『高麗史』 권43, 世家43 恭愍王 21년 2월, 上冊, 844쪽.
94) 『高麗史』 권132, 列傳45 叛逆6, 辛旽, 下冊, 861쪽.

공민왕 18년 4월 辛旽이 演福寺에서 文殊會를 설행했을 때 왕이 가서 관람하고서 승려에게 포 5,500필을 사여했다.[95] 문수회를 주관한 승려에게 5,500필의 포를 제공한 것이다. 연복사에는 여러 차례 문수회가 설행되었는데 그때마다 그 행사를 주관한 승려들에게 포 등 재물을 사여했을 것으로 보인다. 공민왕은 자신을 위해 행사를 주관한 승려들에게는 이처럼 대부분 물품을 사여하는 모습을 보였다.

普印이라는 승려는 10년 8월 확인된다. 공민왕은 내전에서 그를 맞이해 날마다 『傳燈錄』을 강론하게 했다.[96] 전등록을 강론한 보인에게 상당한 귀중품이 사여되었을 것이라 여겨지지만 내용을 확인할 수 없다. 그밖에 신돈과 친근한 禪顯,[97] 哲觀과 天正,[98] 釋溫[99] 등의 승려에게도 물품의 사여가 있었을 것이나 확인되지 않는다.

이렇듯 불교 행사를 주관한 승려에게는 포를 비롯한 재물이 사여되는 경우가 흔했다. 결국 내전, 왕륜사, 연복사 승려들이 주로 물품을 사여받은 것으로 보인다. 왕실과 연결되는 소수의 승려만이 재물 시여의 혜택을 입을 수 있었다.

개경에 와서 국가와 국왕을 위한 불교 행사를 적극 주관하는 승려도 있었지만, 이런 행사에 참여를 꺼리는 승려도 있었다. 승직의 하나인 주지를 마다하는 승려도 속출했다.[100] 幻庵混修는 공민왕이 재차 큰 사원의 주지가 되기를 청했으나, 모두 사양했으며, 비록 강제로 핍박하여 주

---

95)『高麗史』권41, 世家41 恭愍王 18년 4월 丁卯, 上冊. 823쪽 ;『高麗史節要』28, 恭愍王 18년 4월, 728쪽.
96)『高麗史』권39, 世家39 恭愍王 10년 8월 癸巳, 上冊, 787쪽 ;『高麗史節要』권27, 恭愍王 10년 8월, 694쪽.
97)『高麗史』권32, 列傳45 叛逆6 辛旽, 下冊, 859쪽. 禪顯은 천희가 국사에 봉해질 때 왕사로 임명된 승려이나 그에 관해서는 상세한 내용을 파악할 수 없다.
98)『高麗史』권43, 世家43 恭愍王 20년 7월 丁丑, 上冊, 841쪽.
99)『高麗史』권132, 列傳45 叛逆6 辛旽, 下冊, 862쪽.
100) 李炳熙, 2008,「高麗時期 住持制 運營과 寺院經濟」『史學硏究』90(同, 2009, 앞의 책 재수록).

지를 맡도록 했지만 오래지 않아 떠나버렸다.101) 智泉도 산중에 은둔하
여 衆會를 거느리지 않았고 講席을 주관하지 않았으며 오로지 수행하였
다.102) 국가나 왕실과 연결되는 것을 기피하는 승려가 있는 반면에, 내
전이나 연복사, 왕륜사 등에 모여든 승려가 있었으며 공민왕은 그들을
우대한 것이다.

4. 佛敎 行事에 대한 지원

불교 행사에는 많은 비용이 지출된다. 행사 진행을 위한 장식과 설비
의 마련, 참석자에 대한 식사의 제공, 주관한 승려에 대한 보상이 중요한
지출 항목이었다. 공민왕대 불교 행사 관련 재정 지원은 특정한 것에 집
중되는 모습을 보였다. 그것은 문수회와 반승이었다.

연등회는 국가 차원에서 설행되는 불교 행사로 상당한 비용이 지출되
었다. 원년 2월 연등했으며 봉은사에 행차했다.103) 원년 4월 불탄일이므
로 禁中에서 연등하고서 승려 100명에게 반승했으며, 火山·雜戱를 설했
으며 妓樂을 연주하면서 관람했다.104) 연등회 행사 설비를 위한 비용의
지출이 있어 보인다. 화산을 배설하는 데 비용이 들었으며, 잡희·기악에
수고한 이들에 대한 물품 사여가 뒤따랐을 것이다. 17년 4월 신돈 집에
행차해 연등과 화산을 관람했다.105)

---

101) 李穡, 「幻菴記」 『牧隱文藁』 권4(『韓國文集叢刊』 5冊, 33쪽) ; 李智冠 譯註, 1999,
    『歷代高僧碑文(朝鮮篇1)』, 伽山佛教文化研究院, 「忠州靑龍寺普覺國師幻庵定慧
    圓融塔碑文(1394년)」, 32~33쪽.
102) 李智冠 譯註, 1999, 『歷代高僧碑文(朝鮮篇1)』, 伽山佛教文化研究院, 「砥平龍門寺
    正智國師碑文(1398년)」, 67쪽.
103) 『高麗史』 권38, 世家38 恭愍王 원년 2월 戊子, 上冊, 756쪽.
104) 『高麗史』 권38, 世家38 恭愍王 원년 4월 庚戌, 上冊, 757쪽.

23년 정월 공주 기일이 2월이기 때문에 다시 정월에 연등회를 설행했다. 태조대에는 정월에 연등회를 베풀었다가 현종대부터 2월에 설행되어 지금에 이르렀는데 이에 이르러 유사가 2월이 공주 기일이라고 하면서 정월에 다시 시행할 것을 청했다.106)

팔관회 역시 국가 차원에서 설행되는 엄청나게 큰 규모의 대회였다. 6년 11월 공민왕이 사천대의 건의를 수용하여 중동 팔관회의 대회 날짜를 조정했다.107) 7년 11월 13일이 동지이기 때문에 그 날짜를 피해 15일에 팔관소회를 베풀었고 16일에 대회를 열도록 조정했다.108)

11년 10월 팔관회와 冬至賀를 정지토록 했다.109) 안동 몽진에서 수도로 복귀하지 못했기 때문이다. 18년 11월, 팔관회에서 신돈이 국왕을 대신해서 儀鳳樓에서 군신의 조회를 받았다.110) 20년 11월 13일에 팔관소회를 개설하고 강안전에 행차했다.111) 21년 11월 14일에 팔관회를 개설하고 법왕사에 행차했다.112)

연등회와 팔관회는 매우 화려하고 성대하게 진행되므로113) 많은 재정이 소요되었는데 공민왕대에는 특별히 우대하는 재정 지원은 확인되지 않는다. 통상적으로 진행되었기 때문일 것이다.

반승은 공민왕대에 매해 베풀어지고 있다. 수만에 이르는 승려를 대

---

105) 『高麗史』 권41, 世家41 恭愍王 17년 4월 庚戌, 上冊, 820쪽.
106) 『高麗史』 권69, 志23 禮11 嘉禮雜儀 上元燃燈會儀 恭愍王 23년 정월 壬午, 下冊, 510쪽.
107) 『高麗史』 권69, 志23 禮11 嘉禮雜儀 仲冬八關會儀 恭愍王 6년 11월 甲寅, 下冊, 521쪽.
108) 『高麗史』 권69, 志23 禮11 嘉禮雜儀 仲冬八關會儀 恭愍王 7년 11월 己酉, 下冊, 521쪽.
109) 『高麗史』 권40, 世家40 恭愍王 11년 10월 庚寅, 上冊, 797쪽.
110) 『高麗史節要』 권28, 恭愍王 18년 11월, 730쪽.
111) 『高麗史』 권43, 世家43 恭愍王 20년 11월 壬戌, 上冊, 842쪽.
112) 『高麗史』 권43, 世家43 恭愍王 21년 11월 丁巳, 上冊, 859쪽.
113) 연등회와 팔관회의 구체적인 진행 절차에 관해서는 안지원, 2011, 『(개정판) 고려의 불교의례와 문화』, 서울대 출판문화원 참조.

상으로 하지 않고 통상 수백 명에서 수천 명의 승려에게 반승을 했으므로 반승 자체에 소요되는 재정 지출은 엄청나다고 할 수 없다. 그렇지만 반승에 동반하여 여러 행사가 열렸으며, 많은 시설을 설치했으므로 재정 지출은 적지 않았다.

기록상으로는 매년 반승이 행해진 것으로 보이지 않으나, 반복되는 내용이어서 생략한 듯 하며, 매해 반승이 있었다고 보는 것이 사실에 부합할 것이다. 불탄일(4월)이나 국왕의 생일(5월)에 매년 반승이 있었다고 여겨진다. 노국공주가 사망한 이후에는 노국공주의 기일(2월)에 반승이 추가된 것으로 보인다. 고려전기에는 백좌도량이나 『인왕경』의 강설 등 불교적인 행사를 계기로 반승이 이루어졌으나[114] 공민왕대의 반승은 불탄일을 제외하면 국왕의 사사로운 일을 계기로 했다.

원년 4월 국왕이 불탄일이라 해서 禁中에서 연등을 하고 100명의 승려를 대상으로 반승했다.[115] 원년 5월 내전에서 3일간 도량을 베풀었으며 재상들이 국왕의 장수를 기원하려고 하자 국왕은 잔치에 드는 비용으로 지장사에서 1,000명의 승려에게 반승하도록 했다.[116] 연회에 소요되는 재원으로 1,000명 규모의 반승을 행한 것이다. 축수를 위해 반승하는 것인데, 1,000명의 승려를 대상으로 반승하면 그 비용이 적지 않았을 것이다.

원년에 불탄일·국왕 생일을 계기로 반승한 이후, 2~4년에 반승했다는 기록이 보이지 않지만 반승은 매해 진행된 것으로 보인다. 5년 2월 보우에게 내불당에서 반승한 일이 있다.[117] 보우 1인을 대상으로 한 반승이

---

114) 『高麗史』 권10, 世家10 宣宗 2년 10월 乙亥, 上冊, 203쪽 ; 『高麗史』 권12, 世家
   12 肅宗 9년 3월 己卯, 上冊, 241쪽 ; 『高麗史』 권13, 世家13 睿宗 8년 10월 辛未,
   上冊, 273쪽.
115) 『高麗史』 권38, 世家38 恭愍王 원년 4월, 上冊, 757쪽 ; 『高麗史節要』 권26, 恭愍
   王 원년 4월, 670쪽.
116) 『高麗史』 권38, 世家38 恭愍王 원년 5월 戊寅, 上冊, 757쪽 ; 『高麗史節要』 권26,
   恭愍王 원년 5월, 671쪽.

므로 재정 부담이 크지는 않았을 것이다. 5년 5월에는 국왕의 생일이어서 보우를 내전에 맞이해 108명의 승려에게 반승했다.[118] 6~14년 사이에는 반승의 기록이 보이지 않는다. 그렇지만 불탄일과 국왕 생일에는 반승이 지속적으로 행해졌을 것으로 보인다.

15년 5월 국왕의 탄생일이어서 내전에서 700명의 승려에게 반승하고 포 1,000여 필을 사여했다.[119] 17년 5월, 국왕의 생일을 맞아 왕륜사에서 3,000명의 승려에게 반승했다.[120] 18년 5월 국왕의 생일을 맞아 영전에서 3,000명의 승려에게 반승했다.[121] 19년 2월 공주의 기일을 맞아 혼전에 행차해 3일간 반승했다. 이때 포를 사용해 꽃을 만들었는데 포 5,000여 필이 소비되었고 다른 물품도 비슷하게 소비되었다.[122] 공주의 혼전에서 반승 행사할 때 식사의 제공에 그치는 것이 아니고 꽃을 만들어 화려하게 장식한 것인데, 거기에 사용된 포가 무려 5,000여 필에 달하며 다른 물품도 그러했다는 것이다. 엄청나게 화려한 가운데 혼전에서의 반승이 진행된 것이다. 19년 4월 연복사에 행차해 1,400여 명의 승려에게 반승했다.[123] 20년 정월 노국공주의 영전에 행차해 800명의 승려에게 반승했다.[124] 또 다음 달에 공주의 기일을 맞아 왕륜사에 행차해 1,000여 명의 승려에게 반승했다.[125] 20년 5월 국왕의 생일을 맞아 혼전

---

117) 『高麗史』 권39, 世家39 恭愍王 5년 2월, 上冊, 769쪽 ; 『高麗史節要』 권26, 恭愍王 5년 2월, 678~679쪽.
118) 『高麗史』 권39, 世家39 恭愍王 5년 5월, 上冊, 770쪽.
119) 『高麗史』 권41, 世家41 恭愍王 15년 5월 丁亥, 上冊, 816쪽 ; 『高麗史節要』 권28, 恭愍王 15년 5월, 719쪽.
120) 『高麗史』 권41, 世家41 恭愍王 17년 5월 乙亥, 上冊, 820쪽 ; 『高麗史節要』 권28, 恭愍王 17년 5월, 724~725쪽.
121) 『高麗史』 권41, 世家41 恭愍王 18년 5월 己亥, 上冊, 823쪽 ; 『高麗史節要』 권28, 恭愍王 18년 5월, 728쪽.
122) 『高麗史』 권42, 世家42 恭愍王 19년 2월, 上冊, 826쪽.
123) 『高麗史』 권42, 世家42 恭愍王 19년 4월 甲戌, 上冊, 827쪽.
124) 『高麗史』 권43, 世家43 恭愍王 20년 정월 己丑, 上冊, 839쪽.
125) 『高麗史』 권43, 世家43 恭愍王 20년 2월 己巳, 上冊, 839쪽.

에 행차해 800명의 승려에게 반승했다.[126]

22년 정월 혼전에 행차한 뒤 300명의 승려에게 반승했으며,[127] 22년 2월 공주의 기일을 맞아 왕륜사에 행차해 300명의 승려에게 반승했다.[128] 반승에 관해서는 많은 사례가 보이지만(<표 1> 참조), 반승의 규모가 나타나는 사례는 위에서 언급한 바와 같다.

내전·내불당·혼전·왕륜사·운암사에서 주로 반승이 진행되었다. 외방에서 반승하는 경우는 찾아지지 않는다.[129] 고려전기 만 명을 넘는 경우가 종종 있는 것을 고려하면[130] 공민왕대 반승의 규모는 크다고 할 수 없겠다. 국왕과 긴밀한 장소에서 소규모의 승려를 대상으로 반승이 이루어졌다고 할 수 있겠다. 반승의 예우를 받는 승려는 국왕이나 국가와 밀접한 소수에 불과했다.

반승에는 우선 식사 제공을 위한 곡물의 소비가 많았을 것이며, 반승 행사에 동반해 여러 장식을 갖추는 수가 있었는데, 이것을 위해서도 상당한 재정 지출이 필요했다. 반승과 함께 승려에게 재물이 사여되는 수도 많았다. 반승의 규모가 크지 않아, 반승 자체에 소요되는 재정 지출은 많다고 하기 힘들지만 부대 행사 및 참여 승려에 대한 賜物을 함께 생각하면 매우 부담스러울 수 있었다.

---

126) 『高麗史』 권43, 世家43 恭愍王 20년 5월 丁巳, 上冊, 840쪽.
127) 『高麗史』 권44, 世家44 恭愍王 22년 정월 壬子, 上冊, 851쪽.
128) 『高麗史』 권44, 世家44 恭愍王 22년 2월 丁亥, 上冊, 851쪽.
129) 고려전기에 외방에서 반승이 진행되는 경우가 종종 보인다(『高麗史』 권7, 世家7 文宗 2년 9월 丙辰, 上冊, 146쪽 ; 『高麗史』 권11, 世家11 肅宗 6년 9월 甲申, 上冊, 235쪽 ; 『高麗史』 권12, 世家12 睿宗 원년 9월 癸丑, 上冊, 251 ; 『高麗史』 권13, 世家13 睿宗 8년 10월 辛未, 上冊, 273쪽 ; 『高麗史』 권19, 世家19 明宗 8년 10월 丙辰, 上冊, 401쪽).
130) 『高麗史』 권10, 世家10 宣宗 2년 10월 乙亥, 上冊, 203쪽 ; 『高麗史』 권12, 世家12 肅宗 9년 3월 己卯, 上冊, 241쪽 ; 『高麗史』 권13, 世家13 睿宗 8년 10월 辛未. 上冊, 273쪽 ; 『高麗史』 권14, 世家14 睿宗 17년 3월 乙酉. 上冊, 296쪽.

<표 1> 공민왕대 설행된 飯僧(『高麗史』와 『高麗史節要』를 기초로 정리함)

순번	연월	기사 내용
1	원년 4월	석가 탄신일이므로 궁궐 안에서 연등회를 열고 승려 100명에게 반승함. 火山과 雜戱를 벌이고, 妓樂을 연주케 하고 구경함
2	원년 5월	왕의 생일이므로 內殿에서 3일 동안 道場을 열었는데, 宰相들이 만수무강을 비는 (술잔을) 올리고자 하자, 왕이 말하기를, "잔치에는 어쩔 수 없이 살생이 필요하니 그 잔치비용으로 地藏寺에서 승려 1,000명에게 반승하라."라고 함
3	5년 2월	왕이 內佛堂에서 승려 普愚에게 반승함
4	5년 5월	왕의 생일을 맞아 普愚를 內殿으로 맞아들이고 108명에게 飯僧함. 당시 僧徒로 사원의 住持 자리를 구하는 자가 모두 보우에게 붙어 청탁하였는데, 왕이 말하기를, "지금부터 禪宗과 敎宗의 宗門에서 사원의 주지는 師(보우)의 추천을 받아 임명할 것이고[注擬], 과인은 단지 임명장[除目]만 내릴 것이오."라고 하니 이에 승도들이 다투어 보우의 문도가 됨
5	15년 5월	(왕의) 생일에 내전에서 700명의 승려에게 반승하고 천여 필의 포를 사여함
6	17년 5월	(왕의) 생일에 王輪寺에서 3,000명의 승려에게 반승함
7	18년 4월	公主 魂殿에 행차해 飯僧함
8	18년 5월	(왕의) 생일에 3,000명의 승려에게 影殿에서 반승함
9	19년 2월	왕이 공주 忌日에 魂殿에 행차해 3일간 반승하였는데, 5,000여 필의 布를 사용해 꽃을 만들었으며 다른 물화도 비슷하게 소비함
10	19년 4월	演福寺에 행차해 1,400여 승려에게 반승함
11	20년 1월	影殿에 행차해 800명의 승려에게 飯僧함
12	20년 2월	魂殿에 행차해 飯僧함
13	20년 2월	왕이 공주 기일에 王輪寺에 행차해 1,000여 명의 승려에게 飯僧함
14	20년 3월	雲岩寺에 행차해 飯僧하고 正陵에 제사지냄
15	20년 5월	(왕의) 생일을 맞아 魂殿에 행차해 800명의 승려에게 반승함
16	21년 1월	宮中에서 반승함
17	22년 1월	魂殿에 행차해 300명의 승려에게 반승함
18	22년 2월	공주의 기일에 王輪寺에 행차해 300명의 승려에게 반승하고 二罪 이하를 사면함
19	22년 5월	(왕의) 생일로 仁熙殿에서 반승하고 二罪 이하를 사면함
20	23년 정월	仁熙殿에 행차해 飯僧함

문수회는 공민왕대 대표적인 불교 행사였다.[131] 문수신앙은 그 전통

---

131) 김창현, 2004, 「고려말 불교의 경향과 문수신앙의 대두」 『한국사상사학』 23.

이 매우 오래된 것이었지만 문수회를 국가 차원에서 설행한 것은 매우 드물다. 『高麗史』에 보이는 문수회는 대부분 공민왕대에 집중되어 있다. 문수회는 신돈이 권력을 장악한 뒤부터 본격적으로 베풀어지고 있어 신돈의 불교이념이 크게 반영된 것으로 볼 수 있다.[132]

14년 7월 공민왕대 처음으로 문수회를 친히 개설했다.[133] 신돈이 14년 5월부터 국정에 참여했으므로 신돈의 권유로 문수회가 설행된 것으로 판단된다. 문수회가 설행된 장소는 언급되고 있지 않다. 다음해 15년 3월 궁중에서 친히 문수회를 개설했다.[134] 문수회의 장소가 궁중인 점이 주목을 끈다.

문수회는 신돈이 적극 권유해 설행한 법회이다. 공민왕이 후사가 없음을 슬퍼하였는데 신돈이 국왕에게 문수회를 개설하면 君臣이 和協하고 부처와 하늘이 기뻐해 반드시 원자가 태어날 것이라고 말하자 국왕이 이를 따라 15년 8월 궁중에서 7일간 문수회를 개설했다. 문수회의 하루 전에 별도로 깨끗한 건물을 세우고 흰 띠풀[白茅]로 덮어 도량을 만들었으며, 소라를 불고 북을 쳤는데 그것이 마치 三軍의 북소리와 나팔소리 같아 성중에 진동했다. 문수회가 파하고 신돈이 나오자 승려와 도사 및 잡다한 무리가 궁궐을 가득 채웠으며, 諸君과 宰樞 및 各司로 하여금 날마다 齋를 설행하도록 했는데 비용이 적지 않았다.[135] 궁궐에서 7일간 문수회가 설

---

132) 辛旽의 사상에 대해서는 다음의 논문이 참고된다. 李啓杓, 1987, 「辛旽의 華嚴信仰과 恭愍王」 『全南史學』1, 전남사학회 ; 홍영의, 1995, 「신돈-요승인가 개혁정치가인가-」 『역사비평』31, 역사문제연구소 ; 강은경, 2000, 「고려후기 신돈의 정치개혁과 이상국가」 『韓國史學報』9, 高麗史學會 ; 황인규, 2003, 「편조신돈의 불교계 행적과 활동」 『만해학보』6 ; 신은제, 2014, 「공민왕의 신돈 등용의 배경」 『역사와 경계』91, 부산경남사학회 ; 최연식, 2014, 「신돈(辛旽)의 불교 신앙과 불교 정책」 『불교학보』68 ; 김창현, 2018, 「신돈의 삶과 역사적 위상」 『한국중세사연구』53 ; 조명제, 2018, 「신돈의 불교 정책과 불교계의 동향」 『한국중세사연구』53.
133) 『高麗史』 권41, 世家41 恭愍王 14년 7월 辛巳, 上冊, 815쪽.
134) 『高麗史』 권41, 世家41 恭愍王 15년 3월 庚子, 上冊, 815쪽.

행되는 모습이다. 문수회는 군신의 화합과 원자의 출생을 위해 설행했으며, 도량을 만들고 악기를 연주하며, 승려와 도사가 궁궐을 가득 메우고, 관원도 재를 베풀었는데 엄청난 비용이 소요된 것은 당연해 보인다.

16년 3월 연복사에 행차해 문수회를 크게 설행했다. 문수회의 장소가 궁중에서 연복사로 바뀌었는데, 그 구체적인 모습을 아래에서 확인할 수 있다.

演福寺의 佛殿에서 文殊會를 크게 베풀었다. 채색 비단을 엮어 須彌山을 만들고 산 주위로 大燭을 밝혔다. 또 불전 주위에도 초를 밝혔는데, 초 크기가 기둥만 하고 높이가 한길 남짓이었으며 사자와 코끼리상 위에 얹어놓아서 밤을 낮처럼 밝혔다. 진수성찬을 다섯 줄로 늘어놓고, 실로 만든 꽃과 채색 봉황이 휘황찬란하여 사람의 눈을 어지럽혔다. 폐백에는 채색 비단 16묶음을 사용했다. 또 금은으로 인공 산을 만들어 뜰에 놓았으며 깃발과 덮개가 오색으로 햇빛처럼 빛났다. 승려 300명을 뽑아서 수미산을 둘러싸고 법요식을 행하니 梵唄 소리가 하늘을 진동시켰다. 기쁘게 따라오며 일을 맡은 사람이 무려 8,000인이나 되었다. 왕이 신돈과 함께 수미산 동쪽에 앉아 兩府를 거느리고 예불을 드렸다. 신돈이 왕에게 아뢰기를, "선남선녀가 왕을 따라서 文殊菩薩과 인연 맺기를 바라고 있으니, 부녀들도 전각 위에 올라와 불법을 들을 수 있게 허락하여 주십시오."라고 했다. 이에 士女들이 뒤섞였으며, 과부 중에는 심지어 신돈에게 잘 보이려고 용모를 꾸민 자들도 있었다. 반승을 하는 데 이르러서는 왕이 손수 금향로를 들고 승려를 따라 향을 피우면서도 조금도 피곤한 모습이 없었다. 신돈이 떡과 과일을 부녀자들에게 나누어 주자, 모두 기뻐하며 말하기를, "僉議(신돈)가 바로 문수의 후신입니다."라고 했다. 사녀들이 진수성찬을 배불리 먹다가 어떤 이들은 땅에 버리기도 했으니, 한 번에 쓴 비용이 鉅萬에 달했다. 왕이 忽赤(코르치)·忠勇衛 250인에게 명하여 밤낮으로 신돈을 호위하도록 했다. 이날 하루 종일 폭풍이 치고 누런 흙먼지가 하늘에 가득했다. 법회는 7일간 계속되었는데, 폭풍이 3일 동안 불고 큰 서리가 3일 동안 내렸다.[136]

---

135) 『高麗史』 권132, 列傳45 叛逆6 辛旽, 下冊, 858쪽.
136) 『高麗史』 권132, 列傳45 叛逆6 辛旽, 下冊, 858~659쪽 ; 『高麗史節要』 권28, 恭愍王 16년 3월, 722쪽. 신돈 열전의 내용을 중심으로 하고 『高麗史節要』의 자료로

연복사에서 설행되는 문수회에서 금은, 비단의 재물이 사용되었으며, 대축의 준비, 진수성찬과 떡·과일의 마련에도 상당한 재물이 필요했다. 그리고 승려 300명, 집사자 8,000명, 관원, 土女에게 제공되는 먹거리 등으로도 상당한 비용이 지출되었다.

다음해 17년 4월 연복사에서 행차해서 문수회를 9일간 설행했다.[137] 지난해에는 3월에 베풀었는데, 17년에는 4월로 변경되었다. 18년 4월 신돈이 연복사에서 문수회를 설행했는데 국왕이 가서 관람했다.[138] 19년 4월 연복사에서 문수회를 열었는데 신돈에게 먼저 가게 명했으며 承宣 및 衛士로 하여금 신돈을 호위하게 했다. 마침내 국왕이 친히 가서 관람했다.[139] 20년 4월 연복사에 행차해 문수회를 설행했다.[140] 신돈이 제거되기 3개월 전에도 문수회가 베풀어지는 것이다.

문수회는 대부분 연복사에서 설행되었다. 문수회는 화려하게 장식하는 가운데 진행되고 진설하는 음식을 고급으로 하며, 몰려든 많은 사람들에게 먹거리를 제공했다. 매번의 문수회가 엄청난 비용을 소비하면서 진행된 것으로 보인다.

반승이나 문수회 이외에 공민왕대 설행된 각종 도량 및 불교 행사를 정리하면 <표 2>와 같다. 각종 도량이 개설된 장소가 대부분 궁궐 안이라는 특징을 보였다. 물론 궁궐 밖의 사원에서 설행된 경우도 없지 않았다. 각각의 도량을 설행하려면 적지 않은 지출이 있어야 할 것이고, 그 지출의 상당 부분은 국가에서 제공했을 것이다. 국왕이나 국가 차원에서 설행되기 때문이다. 아래에서는 비용이 명기된 도량을 중심으로 언급하고자 한다.

보완함.
137) 『高麗史』 권41, 世家41 恭愍王 17년 4월 戊午, 上冊, 820쪽.
138) 『高麗史』 권41, 世家41 恭愍王 18년 4월 丁卯, 上冊, 823쪽 ; 『高麗史節要』 권28, 恭愍王 18년 4월, 728쪽.
139) 『高麗史節要』 권29, 恭愍王 19년 4월, 731쪽.
140) 『高麗史』 권43, 世家43 恭愍王 20년 4월 戊戌, 上冊, 839쪽.

<표 2> 공민왕대 설행된 각종 道場 및 佛敎 行事(『高麗史』와 『高麗史節要』를 기초로 정리함)

순번	도량의 명칭	연월(장소)
1	功德天道場	18년 8월(康安殿)
2	功夫選	19년 9월(廣明寺)
3	金剛道場	원년 6월(內殿)
4	金經道場	15년 9월(궁궐?)
5	祈雨(道場)	7년 4월(福寧寺 및 諸神祠) / 22년 5월(康安殿) / 22년 6월(康安殿)
6	祈晴	19년 5월 1일(佛宇·神祠) / 19년 5월 21일(宗廟·社稷·山川·佛宇·神祠) / 20년 5월(順天寺)
7	談禪會	20년 정월(演福寺) / 23년 정월(演福寺)
8	百高座道場	4년 8월(康安殿) / 7년 7월(?) / 8년 10월(?) / 10년 4월(康安殿) / 13년 7월(康安殿)
9	菩薩戒 받기	원년 6월(康安殿)
10	北帝天兵護國道場	15년 11월(內殿)
11	消災道場	2년 11월(康安殿) / 3년 7월(內殿) / 3년 12월(延慶宮) / 4년 7월(康安殿) / 11년 9월(淸州) / 17년 윤7월(奉先寺)
12	盂蘭盆齋	5년 7월(內殿)
13	雲雨道場	3년 5월(康安殿)
14	靈寶道場	3년 10월(康安殿)
15	仁王道場	원년 11월(內殿) / 2년 3월(旻天寺) / 3년 9월(康安殿) / 7년 11월(內殿) / 22년 4월(康安殿)
16	鎭兵道場	5년 5월(康安殿 및 諸佛宇)
17	眞言法席	16년 6월(宮內)
18	懺經會	14년 2월(魯國公主 殯殿)
19	天兵神衆道場	18년 9월(王輪寺)
20	誕日道場(?)	원년 5월(內殿)
21	華嚴三昧懺道場	12년 3월(時御宮)

인왕도량은 내전·강안전·민천사에서 설행되었다. 2년 3월 민천사 인왕도량의 경우 원에서 寶鈔 100錠을 사여해 비용을 도왔다.[141] 원에서 재정 지원을 함으로써 인왕도량이 개설된 것이다. 인왕도량 개설에 보초 100정이 소비된 것을 확인할 수 있다.

---

141) 『高麗史』 권38, 世家38 恭愍王 2년 3월 甲午, 上冊, 761쪽.

천병신중도량은 18년 9월 왕륜사에서 설행되었다. 국왕이 행차해 외침을 물리치기 위해 7일간 설행했다가 돌아왔다. 승려들에서 포 1,500필을 사여했고 신돈 역시 1,500필을 시여했다.[142] 적지 않은 비용을 들여서 천병신중도량을 개설한 것이다.

재변을 물리치기 위한 도량 개설도 여럿 보인다. 星變을 물리치기 위한 행사로 금강도량이 내전에서 설행되었고,[143] 소재도량이 강안전에서 개설되었으며,[144] 백고좌도량이 열리기도 했다.[145] 天變을 막기 위해서 인왕도량이 강안전에서 7일간 개설되었으며,[146] 백고좌도량도 개설되었다.[147] 地震을 막기 위한 소재도량이 강안전에서 개설되었고,[148] 災異를 막기 위한 인왕도량이 내전에서 설행되었다.[149] 재변을 물리치기 위한 도량은 국가 차원의 것이거나 爲民을 지향한 것일 텐데 각별한 재정 지원은 보이지 않는다.

<표 2>에서 볼 수 있듯이 많은 도량과 행사가 있었지만 대부분 궁궐 내에서 진행되었으며 일부만이 사원에서 설행되었다. 이러한 행사에도 재정 지출이 있었을 것이지만 상세한 내용이 보이지 않는데, 많은 재정 지출이 있었던 것은 아닌 것 같다.

고려시기 사리에 대한 신앙은 각별했다. 사리는 엄청난 신심을 일으키는 소재였으며, 사리를 친견하는 것은 당시인들이 몹시 소망하는 바였다. 공민왕대 여러 차례 사리를 친견했으며 그때 물품을 사여하는 일이 있었다.

---

142) 『高麗史』 권41, 世家41 恭愍王 18년 9월 辛酉, 上冊, 825쪽.
143) 『高麗史』 권38, 世家38 恭愍王 원년 6월 丙辰, 上冊, 758쪽.
144) 『高麗史』 권38, 世家38 恭愍王 2년 11월 乙酉, 上冊, 763쪽.
145) 『高麗史』 권39, 世家39 恭愍王 7년 7월 丁未, 上冊, 780쪽.
146) 『高麗史』 권44, 世家44 恭愍王 22년 4월 辛卯, 上冊, 852쪽.
147) 『高麗史』 권39, 世家39 恭愍王 8년 10월 癸亥, 上冊, 783쪽.
148) 『高麗史』 권38, 世家38 恭愍王 4년 7월 丁亥, 上冊, 768쪽.
149) 『高麗史』 권39, 世家39 恭愍王 7년 11월 庚子, 上冊, 781쪽.

11년 8월 속리사에 행차해 通度寺 所藏의 佛骨·設利·裂裟를 관람했다.[150] 통도사 소장의 불골 및 사리·가사를 속리사에서 관람한 것이다. 홍건적의 2차 침입으로 안동에 몽진했다가 상경하는 길에서 속리사에 행차해 사리를 친견한 것이다. 이때 재물의 시여가 있었는가는 명확하지 않은데, 피난 중이었기 때문에 어려웠을 것이다.

15년 4월 辛旽이 宰樞와 더불어 廣州 天王寺의 사리를 王輪寺에 맞이했을 때 국왕이 百官을 거느리고 가서 이를 관람했다.[151] 이때 사리를 관람하고 황금과 채백을 시여했으며 승려에게 포 800필을 사여했다.[152] 사리를 관람할 수 있도록 한 승려들에게 포를 사여한 것이다. 사리 친견에 화려한 의식이 있었을 것이기에 승려에 대한 물품의 사여가 동반된 것이다.

19년 정월, 왕륜사에 행차해서 佛齒 및 胡僧 指空의 頭骨을 관람했으며 국왕이 몸소 스스로 머리에 이고 궁궐 안으로 맞아 들였다.[153] 불치 및 지공 두골에 대한 상당한 예의를 표방한 것이다. 이때 재물의 사여가 있었을 가능성이 있지만 기록으로 확인할 수 없다. 공민왕은 사리를 친견하는 데 관심이 컸으며, 그때 일정한 재물을 사여했을 것으로 추측된다.

呼旗는 4월 8일의 석가 탄신일에 수십 일 앞서 群童이 종이를 잘라 장대에 붙여 기를 만들고 성중의 거리를 두루 돌아다니면서 미포를 구해 집집마다의 연등 비용으로 삼는 행사를 일컫는다. 국왕은 호기를 관람한 후 포 100필을 사여했다.[154] 호기를 진행한 이들에게 포를 내려 준 것이

---

150) 『高麗史』 권40, 世家40 恭愍王 11년 8월 丁亥, 上冊, 795쪽.

151) 『高麗史』 권132, 列傳45 叛逆6 辛旽, 下冊, 857쪽.

152) 『高麗史』 권41, 世家41 恭愍王 15년 4월 戊寅, 上冊, 816쪽 ; 『高麗史節要』 권28, 恭愍王 15년 4월, 718쪽.

153) 『高麗史』 권42, 世家42 恭愍王 19년 정월 甲寅, 上冊, 826쪽 ; 『高麗史節要』 권29, 恭愍王 19년 정월, 731쪽. 지공의 영골은 司徒 達睿가 받들고 와서 檜巖寺에 두었던 것을(李穡, 「普濟尊者諡禪覺塔銘」 『牧隱文藁』 권14(『韓國文集叢刊』 5冊, 122쪽)), 왕륜사로 옮겨 국왕이 친견토록 한 것으로 보인다.

다. 호기를 관람하면서 국왕이 사여한 포의 규모는 크지 않았다.

공민왕대 여러 불교 행사가 설행되었지만 가장 화려하게 설행되어 큰 비용이 지출된 것은 반승과 문수회였다. 기록상으로 보면 문수회가 가장 성대하게 베풀어져 많은 재정이 필요했던 것으로 보인다. '國泰民安'을 목표로 하는 행사에 특별한 재정 지원을 하지는 않았다.

5. 國家財政과 佛事 관련 지출

공민왕대에는 재정 수입은 여의치 않은 반면 재정 수요는 크게 확대되었다. 공민왕대 재정 부족은 자주 언급되고 있다. 이러한 상황에서 불교에 대한 지출도 국가재정의 어려움을 초래하는 한 요인이 되었다. 정적의 誅殺, 권세가의 유배 내지 제거 등이 있을 경우 그들의 재산을 籍沒했는데, 그것이 부족한 재정을 해결하는 하나의 방안으로 사용된 측면도 있었다.

공민왕 즉위 초부터 재정 상황이 녹록지 못했다. 고려중기 이래로 井地不均하고 公府漸耗했다는 것이 그것이다.[155] 국가의 재정 상황이 좋지 않다는 기록은 다수 확인된다. 2년 8월 연경궁에서 잔치를 설행했는데 몹시 화려하게 진행하자 물가가 폭등했으며 公私의 油蜜果 사용을 금했다. 당시에 국용이 고갈되어 永福都監에서 포 2,600필을 빌렸고 또 富民에게서도 빌렸다.[156] 공민왕 2년 시점에서도 재정이 매우 어려웠음을 알 수 있다.

---

154) 『高麗史』 권40, 世家40 恭愍王 13년 4월 辛丑, 上冊, 809쪽. 같은 내용이 『高麗史節要』에는 공민왕 15년 4월에 보인다(『高麗史節要』 권28, 恭愍王 15년 4월, 716쪽).
155) 『高麗史』 권80, 志34 食貨3 祿俸 恭愍王 원년 2월, 中冊, 759쪽.
156) 『高麗史』 권38, 世家38 恭愍王 2년 8월 乙巳, 上冊, 762쪽.

3년 정월 內府가 부족을 고하자 백관의 人勝(궁중에서 하사했던 장식품)의 지급을 중지했다.[157] 내부의 재정 부족으로 정상적인 인승 지급을 못하게 된 것이다. 같은 달 원에서 환자를 보내 국왕에게 저폐 萬 錠과 황금 1錠, 백은 9錠을 사여했는데 국왕은 모두 公府에 귀속시켰다.[158] 원에서 국왕에게 제공한 물품은 왕실의 사적인 용도로 지출할 수 있었지만 국가재정이 여의치 못해 공부로 돌리고 있는 것이다.

6년 9월 왜구로 인해 조운이 통하지 못하자 9품 녹과를 지급하지 못했다.[159] 7년 5월 군량미가 이어지지 못하자 안우와 이춘부를 소환했다.[160] 장수 안우·이춘부를 소환한 것은 군량미의 제공이 여의치 못함을 뜻하는 것이다. 같은 달 왜구로 인해 조운이 통하지 못하자 백관의 녹봉을 지급하지 못하고 있다면서 감액해 지급하자는 도평의사사의 계문이 있었다.[161] 같은 해 7월에도 왜구로 인한 조운 불통이 언급되고 있다.[162] 공민왕 6년, 7년에 재정 궁핍이 심각한 상황에 놓여 있음을 알 수 있다.

홍건적 침입 이후 재정이 몹시 궁핍했던 것으로 보인다. 11년 6월 공사의 재정이 궁핍하므로 국왕을 호종하는 관리들에게 지급하는 것이 월마다 3,000여 석이라고 하면서 환관을 줄일 것을 청하고 있다.[163] 홍건적의 2차 침입으로 개경이 함락되고 국왕이 안동으로 몽진하는 속에서 국가재정은 매우 궁핍하지 않을 수 없었을 것이다. 11년 9월 재정 궁핍

---

157) 『高麗史』 권38, 世家38 恭愍王 3년 정월 庚午, 上冊, 763쪽.
158) 『高麗史』 권38, 世家38 恭愍王 3년 정월 乙酉, 上冊, 763쪽.
159) 『高麗史』 권80, 志34 食貨3 祿俸 恭愍王 6년 9월, 中冊, 759쪽.
160) 『高麗史』 권39, 世家39 恭愍王 7년 5월 壬戌, 上冊, 779쪽.
161) 『高麗史』 권80, 志34 食貨3 祿俸 恭愍王 7년 5월, 中冊, 759쪽 ; 『高麗史節要』
    권27, 恭愍王 7년 5월, 688쪽.
162) 『高麗史』 권39, 世家39 恭愍王 7년 7월 壬戌, 上冊, 780쪽.
163) 『高麗史』 권80, 志34 食貨3 祿俸 恭愍王 11년 6월, 中冊, 759쪽 ; 『高麗史節要』
    권27, 恭愍王 11년 6월, 699쪽.

으로 科斂을 하고 있다. 大戶에게서는 米豆 각 1석, 中戶에게는 미두 각
10두, 小戶에게는 미두 각 5두를 無端米라는 명목으로 징수했다. 이에
백성들이 심히 고통스러워했다.[164]

12년 5월 국가가 여러 해 이어지는 군사 발동으로 帑藏이 고갈되어서
공이 있는 자에게는 모두 관직으로 보상하고 있었다.[165] 같은 달 田法의
폐단이 오래되어 국가가 궁핍해지고 백성이 빈곤해졌다는 표현이 보인
다.[166] 연이은 전쟁과 田法의 폐단으로 인해 재정이 궁핍해져 있었다.
15년 5월 田民推整都監을 설치한 것도[167] 국가의 이러한 재정 궁핍과
연관이 있을 것이다.

18년 8월 운암사의 승려가 도당에 와서 餉客 비용의 지급을 청했을
때 李成瑞는 13살에 벼슬을 시작해 29세에 재부에 들어왔으며 지금 나
이 51세인데, 기해년(공민왕 8)의 가뭄을 겪고 신축년(공민왕 10)의 적을
겪는 등 많은 어려움이 있었지만, 창고가 비고 녹봉을 지급하지 못한다
는 말을 듣지 못했다고 언급했다.[168] 20년 12월 전쟁이 그치지 않아 재
정이 고갈되어 군공이 있어도 보상할 길이 없다는 내용이 보인다.[169]

이처럼 2년, 3년, 6년, 7년, 11년, 12년, 15년, 18년, 20년 등 여러 해에
걸쳐 재정 궁핍이 언급되고 있다. 다른 해에도 재정이 양호한 것으로 보
이지는 않는다. 공민왕대는 만성적인 재정 궁핍에 놓여 있었다. 그 해결
책의 하나는 權臣의 재산을 몰수하는 것이었다. 몰수 재산을 국용으로

---

164) 『高麗史』 권79, 志33 食貨2 科斂 恭愍王 11년 9월, 中冊, 746쪽 ; 『高麗史節要』
    권27, 恭愍王 11년 9월, 702쪽.
165) 『高麗史節要』 권27, 恭愍王 12년 5월, 706쪽.
166) 『高麗史』 권78, 志32 食貨1 田制 經理 恭愍王 12년 5월, 中冊, 707쪽.
167) 『高麗史節要』 권28, 恭愍王 15년 5월, 719쪽. 전민추정도감에 대해서는 신은제,
    2015, 「신돈 집권기 전민추정도감의 설치와 그 성격」 『역사와 경계』 95, 부산경
    남사학회 참조.
168) 『高麗史』 권114, 列傳27 李成瑞, 下冊, 500쪽.
169) 『高麗史』 권75, 志29 選擧3 銓注 添設職 恭愍王 20년 12월, 中冊, 649쪽.

하거나 다른 신료나 전공자에게 분배하는 일이 많았다. 잦은 권세가의
제거, 그 재산의 적몰은 국가재정에 보탬이 되는 바였다. 권신이나 탐관
오리의 재산이 적몰된 사례는 상당히 많이 찾아진다.[170] 적몰 재산의 사
용 내용이 명시된 몇몇 사례를 살피면 그것이 국가재정에 기여했음을 알
수 있다.

5년 6월 지정 연호를 중지하고 내린 교서에서, 적신의 노비들이 주인
의 세력을 의지해 토지를 점탈하여 평민을 사역시켰다고 하면서 그들의
집을 훼철하고 죄를 주는데, 그 가산을 적몰해 國用을 넉넉히 했다는 표
현이 보인다.[171] 적신으로부터 몰수한 재산이 국용을 충실히 하는 데 기
여하고 있음을 의미하는 것이다. 같은 달 만호 洪瑜의 집을 적몰한 뒤
미 1,000석을 빈민에게 진대했으며,[172] 적신의 집이 소유한 미곡을 값을
낮춰 판매해 자존할 수 없는 환과고독을 구제하도록 했다.[173] 적몰한 재
산이 빈민 구제의 재원으로 활용되고 있음을 보여주는 것이다.

6년 정월 적신의 가재를 값을 평가해 팔도록 하고 寶玉은 內庫에 속
하게 하고 금은은 戶部에 속하게 해 국용에 충당하게 했다.[174] 적몰한

170) 『高麗史』 권38, 世家38 恭愍王 2년 3월 甲戌, 上冊, 761쪽 ; 『高麗史節要』 권26,
恭愍王 2年 3월, 674쪽 ; 『高麗史』 권39, 世家39 恭愍王 5년 5월 丁酉, 上冊, 770
쪽 ; 『高麗史』 81, 志35 兵1 兵制 恭愍王 5년 6월, 中冊, 783쪽 ; 『高麗史』 권39,
世家39 恭愍王 6년 8월 癸卯, 上冊, 777쪽 ; 『高麗史節要』 권27, 恭愍王 12년 4
월, 705쪽 ; 『高麗史』 권40, 世家40 恭愍王 13년 정월 丁丑, 上冊, 807 ; 『高麗史
節要』 권28, 恭愍王 13년 정월, 709쪽 ; 『高麗史』 권41, 世家41 恭愍王 14년 5월
庚辰, 上冊, 814쪽 ; 『高麗史節要』 권28, 恭愍王 14년 5월, 713~714쪽 ; 『高麗史
節要』 권28, 恭愍王 14년 7월, 714쪽 ; 『高麗史』 권41, 世家41 恭愍王 14년 7월,
上冊, 814쪽 ; 『高麗史節要』 권28, 恭愍王 16년 3월, 722쪽 ; 『高麗史節要』 권28,
恭愍王 16년 10월, 723~724쪽 ; 『高麗史節要』 권28, 恭愍王 17년 9월, 726~727쪽 ;
『高麗史節要』 권28, 恭愍王 18년 12월, 730쪽 ; 『高麗史節要』 권29, 恭愍王 20년
7월, 736~737쪽 ; 『高麗史節要』 권29, 恭愍王 23년 9월, 747쪽.
171) 『高麗史』 권39, 世家39 恭愍王 5년 6월 乙亥, 上冊, 771쪽.
172) 『高麗史』 권39, 世家39 恭愍王 5년 6월 丁丑, 上冊, 772쪽.
173) 『高麗史』 권80, 志34 食貨3 賑恤 鰥寡孤獨賑貸之制 恭愍王 5년 6월, 中冊, 768쪽.

재산이 내고와 호부에 속하게 됨으로써 국용을 넉넉하게 하는 것이다. 같은 달 기철 등의 의복과 채백을 양부에 사여했다.175) 몰수한 재물이 양부의 관원들에게 하사되는 것이다. 13년 2월 적신의 전택과 재산을 군공을 세운 여러 장수에게 나누어 사여했다.176)

몰수 재산이 국가재정에 큰 도움을 주는 것이다. 공신에게 사여되는 수도 있었고 빈민 구제에 활용되는 수도 있었다. 재정 부족을 적신으로부터 몰수한 재산으로 다소 해소하는 것이다.

공민왕대 국가재정이 열악함에도 불구하고 불사와 관련해 적지 않은 지출을 하였다. 공민왕대의 재정 부족이 불사 관련 지출에 기인하는 것으로 언급하는 경우가 찾아진다. 불사를 위한 재정 지출이 국가재정에 부담을 주었음을 의미한다.

15년 5월 영전 역으로 인한 재정 부담은 매우 컸던 것으로 보인다. 영전과 정릉 역을 크게 일으키자 모든 관청들이 토목 공사를 제외하고는 업무를 소홀히 했으며, 창고는 비고 宿衛도 허약해졌다. 軍政이 제대로 이루어지지 않아 심지어 훈련시킬 병사들도 없고 지급할 갑옷도 없었다.177) 영전 역과 정릉 역으로 인해 국가의 창고가 비었음을 지적한 것이다.

15년 8월 궁중에서 7일간 문수회를 개설했을 때 지출한 비용이 셀 수가 없었으며,178) 16년 3월 문수회의 비용도 鉅萬에 달했다.179) 23년 6월 영전 역이 오래 지속되어 비용이 바닥이 났으며 죽은 역부가 이어지고

---

174) 『高麗史』 권s39, 世家39 恭愍王 6년 정월 乙巳, 上冊, 776쪽.
175) 『高麗史節要』 권26, 恭愍王 6년 정월, 685쪽.
176) 『高麗史』 권40, 世家40 恭愍王 13년 2월 己亥, 上冊, 808쪽 ; 『高麗史節要』 권28, 恭愍王 13년 2월, 710쪽.
177) 『高麗史』 권41, 世家41 恭愍王 15년 5월, 上冊, 817쪽.
178) 『高麗史』 권41, 世家41 恭愍王 15년 8월 壬申, 上冊, 817쪽 ; 『高麗史節要』 권28, 恭愍王 15년 8월, 720쪽.
179) 『高麗史』 권132, 列傳45 叛逆6 辛旽, 下冊, 858~659쪽 ; 『高麗史節要』 권28, 恭愍王 16년 3월, 722쪽.

있었다.[180] 영전 조영과 문수회 설행은 국가재정에 큰 부담을 주었던 것
이다.

고려말기의 개혁론자들도 공민왕대 불사 관련 재정 지출을 지적했다.
恭讓王 3년(1391) 鄭道傳은 불사와 관련해 다음과 같이 언급했다.

> 三司의 會計에서 佛神을 위해 쓴 것이 많으니 재용의 낭비가 이만한 것이
> 없다. … 궁중에서의 百高座道場이나 演福寺에서의 文殊會가 없는 해가 없다.
> 雲菴寺의 金碧이 산골짜기에 휘황찬란하고, 影殿의 용마루와 처마는 하늘로
> 치솟았다. (국가의) 재정이 다하고 (민의) 힘을 고갈시켜 원망과 비방이 같이
> 일어났다.[181]

궁중의 百高座와 演福寺의 文殊會가 없는 해가 없었으며, 운암사의
화려함이 지극했다고 지적했다. 노국공주 영전의 웅장함도 언급했다. 三
司의 회계에서 佛神을 위해 쓴 것이 많았으며 그것이 낭비라는 것이다.
이에 따라 財力이 다 소모되어 원망이 일어났다는 것이다.

공민왕대의 불사에 대해 고려말 朴礎는 '內佛堂之法席 演福寺之文殊
會 講經飯僧'이라고 구체적으로 지적했다.[182] 내불당의 법석, 연복사의
문수회, 강경과 반승을 언급했는데 곧 이와 관련해 많은 재정 지출이 있
었음을 의미하는 것이다.

조선초 태종 5년(1405) 의정부에서 상서한 내용에도 공민왕대의 불사
를 언급하고 있다.

> 恭愍王은 부처를 섬기기를 더욱 부지런히 하여, 처음에는 普虛(普愚)로 스
> 승을 삼고, 뒤에는 懶翁으로 스승을 삼아, 雲庵寺를 지어 항상 백 명의 승려

---

180) 『高麗史』 권44, 世家44 恭愍王 23년 6월 壬寅, 上冊, 864쪽.
181) 『高麗史』 권119, 列傳32 鄭道傳, 下冊, 611~612쪽 ; 『高麗史節要』 권35, 恭讓王
3년 5월, 893쪽.
182) 『高麗史』 권120, 列傳33 金子粹, 下冊, 639쪽.

를 기르고, 演福寺를 수리하여 해마다 文殊會를 베풀었다.[183]

공민왕의 불사에 관해, 처음에는 보우를 스승으로 삼았고 뒤에는 나옹을 스승으로 삼았다는 것, 운암사를 조성해 항상 백 명의 승려를 봉양했다는 것, 연복사를 수리하고 해마다 문수회를 설행했다는 것을 언급했다. 연복사 수리를 제외하면 모두 사실에 부합하는 내용이라 하겠다. 재정 지출의 내용은 보우와 나옹을 위한 지출, 운암사 조성과 관련한 지출, 반승에 대한 지출, 연복사의 문수회 지출 등으로 집약할 수 있겠다.

세종대에도 고려말의 사정에 대해 다음과 같이 지적했다.

> 고려 말기에 군주와 신하들이 부처 받들기를 더욱 부지런히 해 文殊法會를 역사서에 기록하지 않은 때가 없으며, 불경을 강설하고 반승하는 일에 걸핏하면 鉅萬의 경비를 소모했다.[184]

위의 내용은 주로 공민왕의 불사에 대해 지적한 것이다. 군신이 더욱 심히 부처를 받들어서 文殊法會가 늘 이어졌고, 강경반승하는 데 경비가 심히 많이 들었다는 것이다. 국가재정이 불사로 인해 매우 어려워졌음을 지적한 것이다.

내불당의 법회가 많아 큰 비용을 지출했다는 것, 연복사의 문수회 비용이 매우 컸다는 것, 강경과 반승에 상당한 지출이 있었다는 것, 그리고 노국공주를 위한 영전 역으로 엄청난 재정 부담이 있었다는 것 등은 모두 사실로 볼 수 있을 것이다. 불교에 대한 이러한 지출은 당시 곤궁한 국가재정을 더욱 어렵게 하는 요인이 되었다.

---

183) 『太宗實錄』 권10, 太宗 5년 11월 癸丑(21일), 1冊, 343쪽.
184) 『世宗實錄』 권55, 世宗 14년 3월 甲子(5일), 3冊, 374쪽.

6. 結語

공민왕대에는 내외적으로 많은 사건과 어려움이 있던 시기였다. 왜구와 홍건적의 침입이 있었고 원과 명의 영향력이 강력하게 미쳐 오기도 했다. 그런 와중에 원의 간섭에서 벗어나려는 노력도 적극 전개되었다. 재정 어려움에 처해 있음에도 불구하고 불교계에 대해 상당한 재정 지원을 했다.

공민왕은 신불·호불의 군주였다. 그렇지만 불교 전반에 대해서 적극적인 지원을 하지는 않았다. 오히려 제한 내지 억제하는 정책을 펼쳤다. 軍用의 말이 필요하자 사원이나 승려로부터 그것을 징발했으며, 승려로의 출가에 대해 여러 차례 제한하는 조치를 취했다. 특히 역을 부담하는 향리나 노비의 출가는 엄격하게 억제했다. 그리고 승려들이 궁궐에 출입하는 것이나 市街에 출입하는 것을 금지했다. 사원의 조영에 대해서도 적극적인 지원이 없었다. 퇴락한 裨補寺院에 대해서 스스로 중수 내지 중창을 해결하라는 입장을 보였다. 다만 조세의 운송이 어려워지자 교통로에 있는 院館에 대해서는 깊은 관심을 기울여 조영했다. 국왕과 깊은 관련을 맺은 사원은 태조의 영전이 있는 봉은사, 충숙왕의 기일에 찾는 광명사, 문수회가 설행되는 연복사, 노국공주의 영전이 조성된 왕륜사가 있었지만 노국공주 영전을 제외하면 가람의 조영과 관련한 지원은 보이지 않는다. 다만 노국공주의 원찰인 광암사의 경우 대대적으로 조영했고 2,000결이 넘는 토지가 제공되었으며 15,000필이 넘는 포가 사여되었다. 그밖에 충숙왕 기일에 찾는 민천사, 공민왕의 후사를 기원한 복령사가 있지만 조성과 관련한 지원 내용은 확인되지 않는다. 결국 사원 조영과 관련해서는 노국공주와 관련한 왕륜사와 광암사에 대해서만 대대적인 지원을 했고 다른 사원에 대해서는 적극적인 재정 지원을 하지 않았다.

승려에 대해서는 특정 부류만이 큰 후원을 받은 것으로 보인다. 보우는 다량의 귀중품을 사여받았고, 그의 문도들에게도 적지 않은 포가 사여되었다. 혜근이나 천희도 보우와 비등한 지원을 받았을 것으로 여겨지지만 자료상 확인되지는 않는다. 내전, 연복사, 왕륜사에서 도량이나 행사가 설행되었을 때 그것을 주관한 승려들에 대해서 포를 제공한 예가 보인다. 당시 승려 가운데는 주지직을 사양한 이도 적지 않고 또 개경에 오는 것을 꺼리는 이도 보였는데, 물품의 사여는 개경에 몰려든 승려를 대상으로 한 것이다. 결국 국왕이나 국가와 깊이 연결된 소수의 승려만이 賜物의 혜택을 누릴 수 있었다.

불교 행사에 대한 지원을 보면 역시 몇몇에 한정된 것으로 보인다. 국초 이래 설행된 연등회·팔관회와 관련해 특별한 재정 지원을 한 기록이 보이지 않는다. 국가 차원에서 가장 많은 지원을 한 행사는 飯僧과 文殊會였다. 반승은 궁궐이나 일부 사원에서 불탄일·국왕 생일·공주 기일에 베풀어졌는데 규모가 크지는 않았다. 반승이 베풀어질 때 화려한 의식을 동반하는 수도 있어 반승에 소요되는 지출은 적지 않았을 것이다. 문수회는 처음에는 궁궐에서 진행되다가 연복사에서 설행되었는데 극도의 화려함 속에서 다수의 참석자가 있었으므로 소요되는 경비가 엄청났다. 그밖에도 여러 도량이나 불교 행사가 설행되었지만 궁궐이나 일부 사원에 한정되어 있고 특별한 재정 지출도 언급되지 않아, 전체적인 비용이 크지 않았던 것 같다. 결국 크게 비용을 지원한 행사는 국왕과 관련된 반승과 문수회에 한정되었고, 반면 국태민안을 명분으로 하는 행사는 적극적인 지원에서 제외되었다.

공민왕대 국가재정은 항상적인 부족 상태에 놓여 있었다. 조운이 제대로 운영되지 못했으며 홍건적이 침입함으로써 재정의 악화를 불러 왔다. 이런 와중에 권신을 제거하거나 정적을 몰아내는 경우 그 재산을 몰수했는데 그것이 국용으로 전환되기도 하고 공신이나 전공자에게 사여되기도 하며 또 빈민 구제에 활용되기도 했다. 적몰한 재물이 국가재정 악화를 다소나마 해소하는 데 일조하는 의미를 갖는 것으로 보인다. 국가재정이 열악한 사정 속에서 불교에 대한 지출이 이루어졌다. 문수회, 반승에 대한 비용 지출이 가장 크다는 언급이 반복적으로 나타나며 삼사 회계 지출의 상당 부분을 불교계가 차지한다는 지적도 보여 불교계에 대한 재정 지출이 국가재정에 큰 부담이 되었던 것은 분명해 보인다.

공민왕대의 불교계에 대한 재정 지원은 특정 사원, 특정 승려를 중심으로 한 매우 제한적인 범위에 한정되어 있다. 불교 행사 지원은 반승이나 문수회에 집중되었다. 다수의 승려를 대상으로 한다거나, 외방의 사원과 승려를 배려한다거나, 다양한 불교 행사를 포괄하는 것이 되지 못했다. 결국 소수의 몇몇 사원을 대상으로, 특정 승려를 중심으로, 또 한정된 불교 행사를 계기로 불교계를 지원한 것이다. 이것은 공민왕이 추진한 불교 정책과 표리를 이루는 것이라 하겠다.

〈부록 1〉 공민왕대 국왕이 행차하거나 불교 행사가 설행된 개경 일대의 사원

(『高麗史』와 『高麗史節要』를 기초로 정리함)

순번	사원명	연월(사유)
1	敬天寺	19년 3월
2	廣明寺	2년 3월(충숙왕 기일) / 4년 3월(충숙왕 기일) / 5년 4월(圓融府 설치) / 7년 7월 / 8년 3월(충숙왕 기일) / 19년 9월(功夫選)
3	光岩寺 (雲岩寺)	16년 8월(재상이 모여 연회) / 17년 9월(매달 미 30석 사여) / 18년 8월(餉客 用 쌀 요청) / 19년 3월(정릉 제사) / 19년 5월(정릉을 지키는 戶를 둠, 토지·노비·포 제공) / 20년 3월(4, 정릉 제사)
4	廣濟寺	21년 3월(충숙왕 기일)
5	國淸寺	13년 2월(개선군을 맞아 국청사 南郊에서 잔치)
6	吉祥寺	16년 9월
7	洛山寺	15년 9월(신돈 원찰)
8	妙蓮寺	3년 3월 / 17년 3월(충숙왕 기일, 行香)
9	旻天寺	원년 3월(충숙왕 기일, 行香) / 2년 3월(인왕도량) / 2년 4월
10	法王寺	17년 2월 / 18년 7월
11	寶國寺	20년 3월(충숙왕 기일)
12	普濟寺	원년 7월(충정왕 神御를 안치) / 10년 2월(賑濟場 설치)
13	福靈寺	원년 윤3월 / 원년 8월 / 2년 4월(후사를 기원) / 2년 9월(후사를 기원) / 3년 3월 / 7년 4월(祈雨)
14	奉先寺	15년 8월(星象圖 관람) / 16년 4월(松岡에서 격구 관람) / 17년 윤7월(소재도량) / 23년 3월 / 23년 8월(松岡에서 遊戲)
15	奉恩寺	원년 2월(燃燈) / 원년 3월(태조 존호 올리기) / 원년 8월(태조 진전 배알) / 2년 11월(태조 진전 배알) / 3년 6월 / 3년 12월(태조 진영에 天災 소멸 기도) / 5년 정월(태조 진전 배알) / 5년 2월(燃燈) / 5년 3월(보우의 禪法 강설 들음) / 5년 4월(태조 진전 배알) / 6년 정월(태조 진전 배알, 한양 천도 여부를 점침) / 7년 8월(태조 진전 배알)
16	佛恩寺	18년 7월
17	順天寺	20년 5월(祈晴)
18	神孝寺	5년 3월(충숙왕 기일)
19	安國寺	21년 10월
20	安和寺	16년 8월 / 23년 6월(연회)
21	藥王院	19년 9월(群臣에게 잔치)
22	演福寺	3년 6월(賑濟色 설치) / 16년 3월(文殊會) / 17년 4월(文殊會) / 18년 4월(文殊會) / 19년 4월(文殊會, 飯僧) / 20년 정월(談禪會) / 20년 윤3월 / 20년 4월(文殊會) / 23년 정월(談禪會)
23	靈通寺	20년 5월
24	王輪寺	원년 4월 / 2년 9월 / 3년 8월(祈禱) / 15년 4월(사리 관람) / 15년 5월

		(공주 영전 조성 시작) / 16년 8월(영전 관람) / 17년 2월(영전) / 17년 5월(국왕 생일, 반승) / 17년 7월(영전) / 18년 2월 / 18년 9월(天兵神衆 道場) / 18년 10월(淮王·吳王 사신 연회) / 19년 정월(佛齒 및 指空 頭 骨 관람) / 20년 2월(공주 기일, 반승) / 21년 2월(公主 기일, 聽法) / 21년 3월(영전 공역 巡視) / 21년 11월 / 22년 2월(공주 기일, 반승) / 22년 9월(영전) / 22년 11월(영전) / 23년 2월(공주 기일) / 23년 6월 (영전) / 23년 9월(영전)
25	慈恩寺	20년 4월
26	地藏寺	원년 5월(국왕 탄일, 반승)
27	昌和寺	9년 8월
28	天水寺	22년 10월(충숙왕 진영 배알)
29	通濟院	12년 2월(백관이 몽진 갔다가 개경으로 복귀하는 국왕을 맞이함)
30	板房庵	15년 10월 / 15년 11월(재추가 국왕을 위해 잔치)
31	賢聖寺	원년 3월
32	興國寺	18년 7월
33	興王寺	12년 2월 / 12년 3월(北 松嶺에서 놀이) / 12년 윤3월(흥왕사의 변)
34	興天寺	6년 9월(승천부 소재, 왜구 침입)

* ( )안에 사유가 기록되지 않은 것은 단순한 행차임

〈부록 2〉 魯國公主 影殿 조영 과정

(『高麗史』와 『高麗史節要』를 기초로 정리함)

순번	연월	내 용
1	15년 5월	·영전과 정릉 역이 크게 일어나 창름이 비게 되는 지경에 이르렀음 ·정릉의 役夫들이 덕릉에서 벌목해 재실을 조영했지만 덕릉을 지키는 자들이 금하지 못함
2	16년 4월	·영전의 역부를 방면하도록 명하고 다만 工匠과 僧徒만 머물게 함 ·6도에서 丁夫를 징발해 심히 급하게 일을 감독하여 도망가는 자들이 이어졌는데 오랜 가뭄이 있자 이들을 방면하는 조치를 취하니 비가 내림
3	16년 8월	·영전에 이르러 役夫에게 음식을 크게 내려줌
4	17년 5월	·왕륜사 영전이 협소해 승려 3,000명을 수용할 수 없다고 하면서 고쳐 조영하고자 복원궁에 행차해 터를 살핌 ·마암에 행차해 영전의 터를 살핌 ·왕륜사의 영전을 철거하고 마암에 영전을 고쳐짓자 원망이 크게 일어남
5	17년 6월	·방리의 丁과 42都府를 모두 징발해 마암에 도랑을 팜 ·定妃宮에 행차했을 때 유모가 농사철이고 가뭄이 심하니 영전의 역을 정지하기를 청하니 왕이 노해 그를 내쫓음

6	17년 윤7월	·가뭄으로 영전의 役徒를 방면함
7	17년 8월	·安克仁 등이 마암의 역사 중지를 아뢰자 왕이 대노함
8	18년 5월	·국왕의 생일을 맞아 영전에서 승려 3,000명에게 반승함
9	18년 9월	·숭인문 밖에서 礎石을 벌채해 마암으로 운반하는 데 크기가 집채만 했으며 끄는 소리와 사람이 내는 소리가 소가 우는 것 같았음. 주현에서 정을 징발해 목재를 수운으로 운반할 때 압사하기도 하고 익사하기도 하여 죽은 자가 무수했음. 중외가 괴롭고 피곤해했지만 감히 말하는 자가 없었음
10	18년 10월	·영전에 행차해 역도들에게 음식을 제공함
11	19년 4월	·역도 5,000여 명을 방면해 귀농시킴 ·영전에 관음전을 지었는데 몹시 큰 규모였음
12	19년 5월	·비가 오자 영전의 역에 방해될까 두려워 佛宇·神祠에서 기청재를 거행함
13	19년 6월	·관음전 3층에 대들보를 올리다 압사한 자가 26인이었음. 태후가 듣고서 역을 파할 것을 청했지만 왕이 듣지 않음 ·신돈과 이춘부 등이 마암 영전의 역을 파할 것을 재차 요청하자 국왕이 따랐으며, 다시 왕륜사 영전을 조영함
14	19년 9월	·영전의 규모가 좁다고 해 철거하고 다시 조영하므로 민이 심히 고통스러워함
15	19년 10월	·영전의 役徒를 방면함
16	20년 4월	·영전에 행차해 上梁을 봄
17	20년 5월	·오래 동안 비가 와 영전 역에 방해가 된다고 해서 順天寺에서 기청재를 지냄
18	21년 2월	·관음전이 낮고 좁다고 해 다시 짓도록 명함
19	21년 3월	·왕륜사에 행차해 영전 공역을 순시함
20	21년 5월	·영전의 정문이 완성되었는데 壯麗하지 못하다고 해서 철거하도록 명함 ·영전의 누습함을 염려해 친히 가서 봄
21	21년 6월	·큰 비가 내리자 영전의 역을 위해 기청재를 거행함
22	21년 7월	·영전의 종루가 완성되었으나 高大하지 못하다고 해서 고쳐 짓도록 함
23	21년 8월	·영전의 鷲頭가 완성되었는데 장식에 쓰인 황금이 650냥(=24.379kg)이고 백은이 800냥(=30kg)임
24	22년 11월	·영전의 창고가 불탐
25	23년 4월	·호군에게 명해 병사를 거느리고 영전에 담을 쌓게 함
26	23년 6월	·영전이 폭우로 인해 비가 새는 곳이 있자 국왕이 대노함

제3부

寺院과 술[酒], 金屬

제1장 高麗時期 寺院의 술 生産과 消費

1. 序言

고려시기 불교계는 세속의 정치·경제와 깊은 관련을 맺고 있었다. 또한 불교계는 세속 사회와 활발히 교섭했으므로 세속인의 생활문화를 수용하지 않을 수 없었다. 그것은 술 문화에서 뚜렷이 확인된다. 사원은 술을 생산하는 중요한 주체였으며, 술을 소비하는 데에 있어서도 상당한 위치를 차지했다. 불교계의 양조 및 음주 활동은 국가 차원에서 법령으로 규제될 정도였다.

본디 불교에서는 승려의 음주에 대해 엄격히 금지했으므로[1] 불교계와 술은 관련을 맺기 어려웠다. 그럼에도 세속 사회에 깊이 뿌리내린 음주 문화에 적응하는 일환으로 불교계는 술 문화에 비교적 관대한 태도를 보였다. 이것은 매우 이채로운 현상이라고 할 수 있다.

사원의 양조 활동이나 승려의 음주 문화에 대해서는 지금까지 거의 연구가 이루어진 바가 없다. 양조 활동에 대해서는 단편적인 사실이 간단히 언급되는 수준에 그치고 있을 뿐[2] 그 내용이 다채롭고 풍부하게 조명된 적이 없다. 불교계의 양조 활동 및 음주 행위에 대해 적지 않은 자료를 남기고 있는 점에 비추어 볼 때 의외라고 할 수 있다. 아마도 술을 멀리했을 것이라는 선입관이 작용하거나, 아니면 술과 관련된 사실을 언급하는 것이 부담스럽기 때문이 아닐까 한다.

---

1) 목정배, 2001,『계율학 개론』, 장경각, 27~28쪽 ; 이상희, 2009,『한국의 술문화』I, 도서출판 선, 418~420쪽.
2) 李相瑄, 1998,『高麗時代 寺院의 社會經濟硏究』, 성신여대 출판부, 209~214쪽.

이 글에서는 먼저 술에 관한 내용을 간략히 정리하고 술이 매우 활발하게 유통되었음을 제시해 고려사회에서 술에 대한 수요가 상당했음을 밝히고자 한다.3) 다음으로 사원에서의 양조 활동에 대해 언급할 것이다. 사원의 양조 활동이 명백히 확인되는 자료를 중심으로 기술하되, 그러한 활동을 유추하게 하는 사례도 적극 활용하고자 한다. 이어서 사원에서 생산한 술이 소비되는 양상을 여러 측면으로 나누어 정리할 것이다. 또한 불교 관련 행사를 계기로 술이 소비되고 있음을 지적할 것이다. 사원의 양조 활동이나 승려의 飮酒·賣酒 행위가 성행했기에 국가 차원에서 이를 규제하는 조치가 여러 차례 취해진 사항을 밝히고, 고려에서 취해진 금주령이 전기와 후기 사이에 큰 차이가 있음을 해명할 것이다. 이러한 작업을 진행하기 위해 『高麗史』 및 『高麗史節要』는 물론 각종 文集도 적극 활용하고자 한다.

2. 世俗 社會의 술 生産·流通과 寺院의 釀造 活動

고려시기 술은 기본적으로 곡물을 발효시켜 만들었다. 과일주나 증류주는 흔한 것이 아니었다.4) 주식인 곡물은 매우 소중했으므로 이것을 사용해 술을 빚는다는 것은 여력이 있는 층이 아니면 쉽지 않았다.5) 대체로 잉여 곡물을 확보할 수 있는 층이나 판매를 목적으로 하는 이들만이

---

3) 고려시기 술 전반에 대해서는 정동효, 2004, 『우리나라 술의 발달사』, 신광출판사, 59~84쪽 참조.

4) 술은 통상 3가지로 구분한다. 첫째 과일이나 곡물을 효모로 발효시킨 양조주, 둘째는 양조주를 증류한 증류주, 셋째로는 증류주에 기타의 여러 가지 성분을 혼합한 혼성주이다(이종기, 2009, 『이종기 교수의 술이야기』, 다할미디어, 33쪽).

5) 李奎報, 「復用前所寄詩韻寄其僧統幷序」 『東國李相國集後集』 권5(『韓國文集叢刊』 2冊, 187~188쪽).

술을 제조할 수 있었다.

술을 빚는 곡물로서는 쌀이 대표였으며, 기장[黍]이나6) 차조[秫]도 술을 만드는 재료로 활용되었다.7) 麥酒도 확인되므로8) 맥도 술을 빚는 원료의 하나였던 것으로 보인다. 이 가운데 가장 보편적인 원료는 멥쌀이었다.9)

곡물로 빚은 술은 통상 淸酒와 濁醪로 구분했다.10) 청주는 용수를 박아서 그 안에 고인 맑은 술을 의미하는데 고급의 술로 평가되었다. 청주는 聖人酒로 불렸으며,11) 관인층이나 높은 신분의 사람이 아니면 마시기 힘든 술이었다. 반면 탁료는 막걸리를 의미하며, 발효된 내용물을 짜거나 거른 것을 말한다. 탁료는 濁酒,12) 玄酒로13) 불리기도 했다. 賢人酒,14) 薄酒,15) 白酒,16) 白醪도17) 모두 탁료를 지칭한다. 村醪·村酒로 표

---

6) 李奎報,「次韻吳東閣世文呈誥院諸學士三百韻詩 幷序」,『東國李相國集全集』권5(『韓國文集叢刊』1冊, 338~343쪽) : 李穡,「聞旌善郡風景之僻 賦此三首」,『牧隱詩稿』권11(『韓國文集叢刊』4冊, 102~103쪽) ; 李穡,「近承佳作 唱和多矣 皆浮言戲語 不可示人 … 」,『牧隱詩稿』권21(『韓國文集叢刊』4冊, 285쪽) ; 李穡,「圓齋示酒頌 僕略述吾輩出處 歸飮中」,『牧隱詩稿』권21(『韓國文集叢刊』4冊, 286~287쪽).

7) 李穡,「我亦」,『牧隱詩稿』권28(『韓國文集叢刊』4冊, 403쪽) ; 鄭道傳,「讀東亭陶詩後序」,『三峯集』권4(『韓國文集叢刊』5冊, 356쪽).

8) 權近,「到陽村」,『陽村集』권2(『韓國文集叢刊』7冊, 26쪽).

9) 『高麗圖經』권32, 器皿3 瓦尊. 고려와 달리 중국 송대에 양조 원료는 糯稻[찰벼], 秫[차조], 小麥, 粳米[메벼], 黍[기장], 粟[조]의 순으로 사용되었다(김준권, 2008,『송대의 술과 문화』, 한국학술정보(주), 46쪽).

10) 李奎報,「白酒詩一首幷序」,『東國李相國集後集』권3(『韓國文集叢刊』2冊, 162쪽) ; 偰長壽,「春色」,『東文選』권10(民族文化推進會 影印本 1冊, 237쪽) ; 韓脩,「九月十五日 邀牧隱先生 登樓翫月」,『東文選』권16(民族文化推進會 影印本 1冊, 302쪽) ; 『世宗實錄』권7, 世宗 2年 閏1月 壬辰(23일), 國史編纂委員會 影印本 2冊, 370쪽(이하 같음).

11) 徐居正,「蓮塘對客小酌」,『四佳詩集』권21(『韓國文集叢刊』10冊, 445쪽).

12) 『世宗實錄』권28, 世宗 7年 4月 丙辰(17일), 2冊, 665쪽.

13) 『高麗史』권59, 志13 禮1 吉禮大祀 圓丘, 亞細亞文化社 影印本 中冊, 321쪽(이하 같음).

14) 李永瑞,「移病在家書懷寄仁叟」,『東文選』권17(民族文化推進會 影印本 1冊, 317쪽).

현된 것도18) 역시 탁료로 보인다.

李奎報가 청주와 백주를 구분해 언급한 내용을 보면, 백주를 마시는 경우 금방 없혀서 기분이 나쁘며, 반면 청주는 그렇지 않다고 했다. 청주는 높은 벼슬에 있을 때 늘 마셨지만, 벼슬에서 물러나 녹이 줄자 백주를 마시게 되었다고 기술했다.19) 청주는 특수한 위치에 있는 일부층이 마실 수 있는 것이며 반면 대다수의 사람들은 백주, 즉 막걸리를 마시는 것이 일반적이었다.

특이한 술을 언급한 경우도 많이 보인다. 그 가운데 국화주는 거른 술 위에 국화를 띄워 향과 맛을 더한 술이었으며,20) 국화가 만발한 중양절에 즐겨 마셨다. 포도주는 과일주를 의미하며, 곡물을 섞지 않고 포도 자체를 발효시켜 만든 술인데, 이를 언급한 자료가 많아21) 비교적 널리

15) 李穡, 「將進薄酒碧雲公 會身不輕快 不可風 不敢出 使二子行禮 吟成二首」 『牧隱詩稿』 권27(『韓國文集叢刊』 4冊, 383쪽).
16) 李奎報, 「白酒詩 一首幷序」 『東國李相國集後集』 권3(『韓國文集叢刊』 2冊, 162쪽) ; 李奎報, 「飮白酒 前後各韻」 『東國李相國集後集』 권7(『韓國文集叢刊』 2冊, 204쪽) ; 李穡, 「喬洞三首」 『牧隱詩稿』 권6(『韓國文集叢刊』 3冊, 28쪽).
17) 李穡, 「有感 三首」 『牧隱詩稿』 권11(『韓國文集叢刊』 4冊, 108쪽).
18) 李奎報, 「寓居天龍寺有作」 『東國李相國集全集』 권9(『韓國文集叢刊』 1冊, 389쪽) ; 李奎報, 「皇甫書記見和 壽量寺留題 復用前韻」 『東國李相國集全集』 권15(『韓國文集叢刊』 1冊, 447쪽) ; 李穡, 「客來」 『牧隱詩稿』 권28(『韓國文集叢刊』 4冊, 392쪽) ; 權近, 「得禁字 題盂先生詩卷 希道」 『陽村集』 권8(『韓國文集叢刊』 7冊, 95쪽) ; 鄭道傳, 「次民望韻送朴生」 『三峯集』 권2(『韓國文集叢刊』 5冊, 312쪽).
19) 李奎報, 「白酒詩 一首幷序」 『東國李相國集後集』 권3(『韓國文集叢刊』 2冊, 162쪽).
20) 李奎報, 「村家 三首」 『東國李相國集全集』 권2(『韓國文集叢刊』 1冊, 312쪽) ; 李奎報, 「九月十三日泛菊」 『東國李相國集後集』 권5(『韓國文集叢刊』 2冊, 183쪽) ; 李奎報, 「飮白酒 前後各韻」 『東國李相國集後集』 권7(『韓國文集叢刊』 2冊, 204쪽) ; 李齊賢, 「金尙書 莘尹」 『櫟翁稗說』 後集2(『高麗名賢集』 2冊, 368쪽) ; 李穡, 「九月十五夜 柳巷招飮 對月泛菊」 『牧隱詩稿』 권30(『韓國文集叢刊』 4冊, 430쪽).
21) 李穡, 「六月十五日 憶鄕里游燕」 『牧隱詩稿』 권3(『韓國文集叢刊』 3冊, 550쪽) ; 李穡, 「述懷」 『牧隱詩稿』 권10(『韓國文集叢刊』 4冊, 89쪽) ; 李穡, 「塗遇韓平齋 賞花花園 權政堂過其門 知吾二人在其中 亦下馬 … 」 『牧隱詩稿』 권11(『韓國文集叢刊』 4冊, 97쪽) ; 李穡, 「詠杏」 『牧隱詩稿』 권16(『韓國文集叢刊』 4冊, 196쪽) ; 『高麗史節要』 권

보급된 술로 보인다.

소주는 곡주를 증류시켜 증기를 받아낸 증류주로 원나라로부터 알려
졌다.22) 이 술은 당시에 고급의 술로 귀하게 여겼다. 우왕대에 경상도
군 지휘관인 金縝은 소주를 좋아하여 휘하 병사와 밤낮으로 마셨는데
이들을 '燒酒徒'라 불렀다.23) 소주를 특별히 좋아한 이들이 있었음을 알
려준다. 조선 초 이조판서 許稠가 자신이 처음 벼슬할 때 소주가 드물었
지만 세종 15년(1433) 무렵에는 집집마다 소주가 있어 호사함이 지극하
다고 언급했다.24) 소주가 조선초에 급격히 보급됨을 확인할 수 있다.

증류주인 소주는 알코올 도수도 꽤 높아 사람의 몸에 큰 부담을 준
것으로 보인다. 고려말 목구멍이 바늘로 찌르는 것 같이 따끔따끔하고,
배가 북같이 커져서 먹고 마시지를 못하여 거의 죽게 된 이에게 소주를
강제로 먹여 고기 주머니를 토해내게 했다는 예에서25) 그 독함을 엿볼
수 있다. 아마도 회충 등 기생충이 소주의 독으로 인해 밖으로 나온 것
으로 보인다. 소주는 독해서 신체에 해를 입히는 수가 많았다.26)

술의 맛에는 여러 가지 요소가 작용했다. 누룩과 糵(芽米, 술밥), 물이
핵심 원료인데, 그밖에도 항아리가 구워진 정도, 온도, 기간도 맛을 좌우
하는 중요한 요소였다.27) 재료와 주변 상황이 잘 어우러질 때 좋은 술을

23, 忠烈王 34년 忠宣王 즉위년 2월, 亞細亞文化社 影印本, 592쪽(이하 같음).
22) 정동효, 2004, 앞의 책, 82쪽 ; 조호철, 2004,『우리 술 빚기』, 넥서스북스, 17쪽 ;
이상희, 2009, 앞의 책, 147쪽.
23)『高麗史』권113, 列傳26 崔瑩, 下冊, 484쪽 ;『高麗史節要』권30, 辛禑 2년 12월,
759~760쪽.
24)『世宗實錄』권59, 世宗 15年 3月 丙子(23일), 3冊, 461쪽.
25) 權近,「金公經驗說」『陽村集』권21(『韓國文集叢刊』7冊, 214~215쪽).
26)『世宗實錄』권59, 世宗 15年 3月 丙子(23일), 3冊, 461쪽.
27) 鄭道傳,「佛氏雜辨-佛氏因果之辨-」『三峯集』권9(『韓國文集叢刊』5冊, 448~
449쪽). 현재에도 좋은 술을 얻기 위해서는 여섯 가지 요소가 중요하다고 한다.
쌀, 물, 용기, 누룩, 발효 온도 관리, 주변 청결이 그것이다(권희자, 2012,『술 만들
기』, 미진사, 26~28쪽).

확보할 수 있었다. 잘 빚은 맛 좋은 술은 뇌물로도 사용되었다. 예컨대 奉議郎 高密의 妻가 술을 잘 빚어 그 술을 뇌물로 사용해 남편 벼슬을 얻은 일이 있었다.[28] 좋은 술에 대한 사회적 수요를 알려 주는 사례이다.

항아리에 술의 원료를 넣어 일정한 기간이 지나 술이 숙성되었을 경우 거품이 발생한 모습을 개미[蟻]가 떠 있거나[29] 하얀 구더기[蛆]가 올라 있는 것으로 묘사했다.[30] 그리고 향 냄새가 방에 가득하고 널리 퍼져 가는 것으로 표현했다.[31]

술이 익으면 약간의 청주를 확보하기도 했지만, 대부분은 탁료로 만들었다. 발효된 내용물에서 탁료를 얻는 과정에 대해 漉[거른다]이나 壓[눌러 짠다]으로 표현했다. 용수[篘]로 거르기도 했고, 또 머리에 쓰는 두건[巾], 혹은 체[籭]로 거르기도 했다.[32] 壓의 경우는 대체로 보자기나 자루에 넣어서 짜는 방식이었을 것이다.[33] 특이하게도 띠[茅]를 엮어 술

---

28) 『高麗史節要』 권20, 忠烈王 5년 5월, 524쪽.

29) 李奎報, 「又和」 『東國李相國集全集』 권2(『韓國文集叢刊』 1冊, 309쪽).

30) 李奎報, 「食蒸蟹」 『東國李相國集全集』 권7(『韓國文集叢刊』 1冊, 361쪽) ; 李奎報, 「慵諷」 『東國李相國集全集』 권20(『韓國文集叢刊』 1冊, 499~500쪽) ; 李齊賢, 「雪」 『益齋亂藁』 권2(『韓國文集叢刊』(2冊, 514쪽) ; 李穡, 「幽居」 『牧隱詩稿』 권5(『韓國文集叢刊』 4冊, 12쪽) ; 李穡, 「自詠 二首」 『牧隱詩稿』 권9(『韓國文集叢刊』 4冊, 74쪽).

31) 李奎報, 「腹皷歌 戲友人獨飮」 『東國李相國集全集』 권10(『韓國文集叢刊』 1冊, 399쪽) ; 李奎報, 「慵諷」 『東國李相國集全集』 권20(『韓國文集叢刊』 1冊, 499~500쪽) ; 李奎報, 「與全履之手書」 『東國李相國集全集』 권27(『韓國文集叢刊』 1冊, 574쪽).

32) 李奎報, 「題任君景謙寢屛六詠 與尹同年等數子同賦」 『東國李相國集全集』 권11(『韓國文集叢刊』 1冊, 409쪽) ; 李奎報, 「皇甫書記見和 壽量寺留題 復用前韻」 『東國李相國集全集』 권15(『韓國文集叢刊』 1冊, 447쪽) ; 李穡, 「在水原八呑村 候東堂日期 雜興 三首」 『牧隱詩稿』 권2(『韓國文集叢刊』 3冊, 531쪽) ; 李穡, 「小雨」 『牧隱詩稿』 권11(『韓國文集叢刊』 4冊, 98쪽) ; 李穡, 「幽居」 『牧隱詩稿』 권17(『韓國文集叢刊』 4冊, 203~204쪽) ; 釋息影庵, 「月燈寺竹樓竹記」 『東文選』 권65(民族文化推進會 影印本 2冊, 417쪽).

33) 李奎報, 「腹皷歌 戲友人獨飮」 『東國李相國集全集』 권10(『韓國文集叢刊』 1冊, 399쪽) ; 李奎報, 「聞汁酒聲」 『東國李相國集後集』 권1(『韓國文集叢刊』 2冊, 142쪽) ; 李奎報, 「看汁酒 用樂天韻」 『東國李相國集後集』 권3(『韓國文集叢刊』 2冊, 161쪽) ;

을 거르기도 했음이 확인된다.[34]

술의 용도에 대해서는 신명을 받들고, 빈객을 대접하고, 늙은이를 봉양하는 것을 중요한 내용으로 지적하고 있다.[35] 실제로 술이 사용되는 예는 매우 다양했다. 公私宴飮이나 使臣宴享, 大小祭享, 各殿供上, 老病服藥 등에는 반드시 술이 사용되는 것으로 인식되었다. 국가에서 과거급 제자, 공신이나 전공자, 남녀 80세 이상자나 篤疾者, 연로한 致仕者에게 술을 하사하는 수도 있었다. 그리고 개인 간의 친분을 돈독히 하기 위해, 부모형제의 迎餞을 위해, 또 노동의 고통을 반감시키기 위해 사용하는 경우도 있었다.[36]

고려시기 술 생산은 보편화되어 있었다. 통상 술은 본인의 집에서 만든 것을 마셨다. 애주가의 경우 종종 집안에 술이 떨어져 어려움을 겪는 수도 있었다.[37] 상층의 사람들이 집에서 술을 빚는 것은 흔한 일이었다. 문인의 시에서는 자신의 집에서 술을 빚고 있음을 표현한 내용이 다수 보인다.[38] "우리 집에 새로 빚은 술이 지금 용수에 가득찼다."라는 이규보의 표현이[39] 한 사례이다. 이규보는 타인을 맞이해서 자신의 집 술을 맛보도록 하기도 했다.[40] 이웃집에서 술을 빚는 일이 여러 시에서 언급되고 있음

李穡, 「用前韻 贈同游者」『牧隱詩稿』권3(『韓國文集叢刊』3冊, 541쪽).

34) 李齊賢, 「金密直 承用」『櫟翁稗說』後集1(『高麗名賢集』2冊, 362쪽).

35) 柳義孫, 「誡酒敎書」『東文選』권24(民族文化推進會 影印本 1冊, 417~418쪽).

36) 술의 다양한 효용에 대해서는 이상희, 2009, 앞의 책, 218~238쪽 참조.

37) 李奎報, 「無酒」『東國李相國集全集』권15(『韓國文集叢刊』1冊, 444쪽) ; 李奎報, 「無酒」『東國李相國集後集』권3(『韓國文集叢刊』2冊, 161쪽).

38) 李奎報, 「次韻東皐子還古雪中見訪」『東國李相國集全集』권5(『韓國文集叢刊』1冊, 343쪽) ; 李穡, 「晨飱」『牧隱詩稿』권10(『韓國文集叢刊』4冊, 92~93쪽) ; 李穡, 「嘗大舍家新煮酒」『牧隱詩稿』권29(『韓國文集叢刊』4冊, 422쪽) ; 李穡, 「松下飮福」『牧隱詩稿』권33(『韓國文集叢刊』4冊, 477쪽) ; 成石璘, 「寄題吉再冶隱」『東文選』권17(民族文化推進會 影印本 1冊, 312쪽).

39) 李奎報, 「十月二日 自江南入洛有作 示諸友生」『東國李相國集全集』권6(『韓國文集叢刊』1冊, 359쪽).

40) 李奎報, 「冠成 置酒朴生園 餞梁平州公老 得黃字」『東國李相國集全集』권7(『韓國

도41) 술이 두루 생산되었음을 알려준다. 李穡은 자신이 읊은 시에서, 이웃 지인의 집에 술이 익으면 찾아가 함께 술을 마신다고 언급했다.42)

술은 개경 등의 도회는 물론 지방에서도 빚어 사용했다. 예컨대 이규 보의 농토가 있는 근곡촌에도 술이 있었다.43) 술은 田家에서도,44) 山家 에서도 빚었다.45) 權近이 읊은 시에서는 山村에서도 술을 빚었음이 보 인다.46) 이색은 '喬洞'이라는 시제에서, "저 산 밑의 집집마다 白酒를 빚 고 있다."고 표현했다.47)

부곡 지역에서도 술을 빚는 일이 확인된다. 鄭道傳이 나주 거평부곡 에 유배되어 있을 때 그곳의 황연이라는 인물이 집에서 술을 잘 빚었다 고 언급했다. 황연은 또한 술 마시기를 좋아해 술이 익을 때마다 정도전 을 청하여 함께 술을 마셨다.48) 전국 어디에서나 술을 생산해 소비한 것 으로 보인다. 그렇지만 가난하고 궁벽한 마을에서는 곡식이 여유롭지 못 하기 때문에 술을 빚는 것은 어려운 일이었다.49)

文集叢刊』1冊, 362~363쪽) ; 李奎報, 「田端公珣見和 復用前韻答之」『東國李相國 集全集』 권17(『韓國文集叢刊』1冊, 468쪽) ; 李奎報, 「慵諷」『東國李相國集全集』 권20(『韓國文集叢刊』1冊, 499~500쪽) ; 李奎報, 「與全履之手書」『東國李相國集全 集』 권27(『韓國文集叢刊』1冊, 574쪽) ; 李奎報, 「六月十五日池上 三首」『東國李 相國集後集』 권4(『韓國文集叢刊』2冊, 172쪽) ; 李奎報, 「出遊不如閑居」『東國李 相國集後集』 권4(『韓國文集叢刊』2冊, 172쪽).

41) 李穡, 「曉起」『牧隱詩稿』 권16(『韓國文集叢刊』4冊, 182쪽) ; 李崇仁, 「西江卽事」 『陶隱集』 권3(『韓國文集叢刊』6冊, 570쪽) ; 權近, 「送金直長彌 兼寄鄭三峯」『陽 村集』 권2(『韓國文集叢刊』7冊, 24쪽).

42) 李穡, 「送龍頭 與李狀元文和 偕行」『牧隱詩稿』 권24(『韓國文集叢刊』4冊, 337쪽).

43) 李奎報, 「六月十一日 發黃驪 將向尙州 出宿根谷村 予田所在」『東國李相國集全集』 권6(『韓國文集叢刊』1冊 349쪽).

44) 李穡, 「同年李判書釋之 將歸龍駒別墅 來告別 且徵贈言 走筆塞責」『牧隱詩稿』 권 30(『韓國文集叢刊』4冊, 430쪽).

45) 李穡, 「詠蜂」『牧隱詩稿』 권9(『韓國文集叢刊』4冊, 65쪽).

46) 權近, 「到陽村」『陽村集』 권2(『韓國文集叢刊』7冊, 26쪽).

47) 李穡, 「喬洞三首」『牧隱詩稿』 권6(『韓國文集叢刊』4冊, 28쪽).

48) 鄭道傳, 「消災洞記」『三峯集』 권4(『韓國文集叢刊』5冊, 346~347쪽).

국가에서도 술을 빚었다. 외국 사신을 접대하거나 제향이 있을 때, 또 신료와 함께 연회를 베풀었을 때 많은 술이 필요했다. 국왕이 특별한 이들에게 술을 사여하는 경우가 많기 때문에 국가기구에서 생산한 다량의 술이 필요했다. 국가에서 사용하는 술은 양질이었는데, 그것은 양온서 (良醞署, 司醞署)에서 제공했다.50)

술을 많이 빚어 소비한다는 것은 곧 술에 대한 사회의 수요가 매우 큼을 뜻한다. 술이 부족하거나 떨어지는 경우, 또 긴급히 술이 필요한 경우 외부로부터 술을 공급받을 수밖에 없었다. 그리하여 술 거래가 빈번해지며, 술을 전문으로 판매하는 술집이 다수 존재하는 것이다.

술을 구입하는 행위에 대해서는 많은 사례가 확인된다. 그만큼 술을 거래하는 일이 빈번했음을 뜻한다. 이규보는 집에서 빚은 술을 소비하지만 술이 떨어진 경우 술을 구입해 마신다고 했다.51) 또 그가 아이를 시켜 이웃집에서 술을 사오도록 한 일도 전한다.52) 그밖에도 이규보의 시에서는 술을 구입하는 내용을 읊은 것이 많다.53) 이인로도 이웃 담너머로 술 한 병을 사다 놓는다고 읊었다.54) 이제현은 돈 있으면 술을 사마셔서 불편한 속을 씻겠다고 표현했다.55) 鄭誧 역시 돈이 있으면 술 살

49) 李奎報, 「和塊居空館」 『東國李相國集全集』 권7(『韓國文集叢刊』 1冊, 370쪽) ; 李奎報, 「無酒」 『東國李相國集後集』 권7(『韓國文集叢刊』 2冊, 204쪽) ; 李穡, 「廉東亭至柳巷 又置酒肴」 『牧隱詩稿』 권15(『韓國文集叢刊』 4冊, 167쪽).
50) 『高麗史』 권77, 志31 百官2 司醞署, 中冊, 680쪽 ; 『高麗史』 권85, 志39 刑法2 禁令 忠烈王 4년 2월, 中冊, 863쪽.
51) 李奎報, 「無酒」 『東國李相國集全集』 권15(『韓國文集叢刊』 1冊, 444쪽).
52) 李奎報, 「辛酉五月 草堂端居無事 理園掃地之暇 讀杜詩 … 」 『東國李相國集全集』 권10(『韓國文集叢刊』 1冊, 397쪽).
53) 李奎報, 「江中鸕鷀石」 『東國李相國集全集』 권6(『韓國文集叢刊』 1冊, 353쪽) ; 李奎報, 「復黃驪 示李季才」 『東國李相國集全集』 권6(『韓國文集叢刊』 1冊, 358쪽) ; 李奎報, 「舟中又吟」 『東國李相國集全集』 권6(『韓國文集叢刊』 1冊, 352쪽) ; 李奎報, 「過故奇相國林泉 今爲他有」 『東國李相國集後集』 권1(『韓國文集叢刊』 2冊, 138쪽).
54) 李仁老, 「與友人夜話」 『東文選』 권13(民族文化推進會 影印本 1冊, 267쪽).
55) 李齊賢, 「感懷」 『益齋亂藁』 권2(『韓國文集叢刊』 2冊, 515쪽).

것을 언급했다.56)

이색의 시에도 술을 매입한 사례가 보인다.57) 권근도 시에서 이웃에 물어 술을 산다는 내용을 언급했고,58) 이웃이 가깝기에 술을 사기가 쉽다고 표현했으며,59) 또 손님이 오면 건넛집에서 술을 사 온다고 했다.60) 鄭夢周 역시 성남 저자에 와서 술을 마셨음을 읊고 있다.61) 술을 구입하는 곳에는 전업 술집도 있었지만 처분하고 남은 잉여분을 보유한 이웃도 있었다.

술을 구입하려면 돈이 필요했다. 가난해서 술을 사지 못하는 일도 없지 않았다. 정포는 가난해서 술 사기 힘들다고 언급했다.62) 崔士老는 술을 사 오지 못함은 가난하기 때문이라고 했다.63) 정도전 또한 술을 사려해도 술 살 돈이 떨어졌음을 언급한 적이 있다.64)

酒價의 변동이 언급되고 있음은 술이 활발하게 거래되는 상품이었음을 뒷받침한다. 이규보가 술값이 오름을 지적하고 있어65) 술값의 변동이 있었던 것으로 보인다. 李衍宗 역시 술값 변동의 가능성을 지적했으며,66) 李原도 술값의 변동을 언급했다.67) 술값의 변동이 언급되는 데서

---

56) 鄭誧, 「次韻李明叔理問見訪有詩」『東文選』권21(民族文化推進會 影印本 1冊, 368쪽).
57) 李穡, 「少年」『牧隱詩稿』권3(『韓國文集叢刊』3冊, 550쪽) ; 李穡, 「遣興」『牧隱詩稿』권17(『韓國文集叢刊』4冊, 200쪽).
58) 權近, 「次韻送騎牛道人 自註 李周道嘗遊關東 每月夜騎牛 自號一可道人」『陽村集』권2(『韓國文集叢刊』7冊, 24쪽).
59) 權近, 「贈吳部令 偃機」『陽村集』권2(『韓國文集叢刊』7冊, 22쪽).
60) 權近, 「草屋歌 幷序」『陽村集』권4(『韓國文集叢刊』7冊, 43~44쪽).
61) 鄭夢周, 「大倉贈禮部主事胡璉」『東文選』권16(民族文化推進會 影印本 1冊, 306쪽).
62) 鄭誧, 「癸未重九」『東文選』권9(民族文化推進會 影印本 1冊, 229쪽).
63) 崔士老, 「上陵城具左相」『東文選』권17(民族文化推進會 影印本 1冊, 318쪽).
64) 鄭道傳, 「古亭驛」『三峯集』권2(『韓國文集叢刊』5冊, 317쪽).
65) 李奎報, 「次韻李侍郎需 河郎中千旦見和 幷序」『東國李相國集後集』권8(『韓國文集叢刊』2冊, 221쪽).
66) 李衍宗, 「苦寒吟」『東文選』권7(民族文化推進會 影印本 1冊, 195쪽).
67) 李原, 「十一月二十日有雪夜坐」『東文選』권10(民族文化推進會 影印本 1冊, 238쪽).

알 수 있듯이 술의 거래는 매우 활기를 띠고 있었다.

술을 구입하는 데 돈이 없어 귀한 물건을 저당잡히는 일도 매우 흔했
다. 이규보가 술을 구입할 때 저당잡히는 물건은 다양했다. 그는 남루한
옷,68) 衫[적삼],69) 갖옷[裘]을 저당잡히고 술을 구입한 것이 보이며,70)
또한 貂裘를 저당잡혀 술을 사려는 모습도 확인된다.71) 裵中孚는 朝服
을 잡혀 술을 바꾼다는 내용을 전한다.72) 金克己는 책을 저당잡혀 술을
사 마심을 읊고 있다.73) 이색 역시 술을 사는 데 貂裘와74) 衫을 저당잡
히고 있음을 표현했다.75)

李崇仁은 벽란도의 술집에서 갖옷을 저당잡히고 있음을 언급했다.76)
권근도 역시 옷을 저당잡혀 술을 산다고 했다.77) 술을 구입하는 경우 대
체로 화폐나 곡식·布를 사용해 대가를 지불했겠지만, 그것이 여의치 않
을 경우 값나가는 물품을 저당잡혀 구입하는 수가 많았던 것이다. 갑자
기 귀한 이가 찾아올 경우 이러한 일은 불가피했다. 술을 구입하기 위해
저당잡힌 물건은 이처럼 옷, 갖옷, 貂裘, 衫, 朝服, 서책 등 다양했다.

술의 거래가 활기를 띠고 있기에 전문적으로 술을 파는 점포도 곳곳

---

68) 李奎報,「全履之見訪 與飮大醉贈之」『東國李相國集全集』권11(『韓國文集叢刊』1
    冊, 403쪽).
69) 李奎報,「皇甫書記見和 壽量寺留題 復用前韻」『東國李相國集全集』권15(『韓國文
    集叢刊』1冊, 447쪽).
70) 李奎報,「次韻和白樂天病中十五首 幷序」『東國李相國集後集』권2(『韓國文集叢刊』
    2冊, 146~147쪽).
71) 李奎報,「次韻李侍郎需 河郎中千旦見和 幷序」『東國李相國集後集』권8(『韓國文
    集叢刊』2冊, 221쪽).
72) 裵中孚,「自遣」『東文選』권10(民族文化推進會 影印本 1冊, 232쪽).
73) 金克己,「草堂書懷」『東文選』권13(民族文化推進會 影印本 1冊, 268쪽).
74) 李穡,「少年」『牧隱詩稿』권3(『韓國文集叢刊』3冊, 550쪽).
75) 李穡,「曉雨」『牧隱詩稿』권11(『韓國文集叢刊』4冊, 96쪽).
76) 李崇仁,「西江卽事」『東文選』권22(民族文化推進會 影印本 1冊, 377쪽).
77) 權近,「十六日 到家得前夜李舍人諸公欲來小樓翫月之書 又用前韻」『陽村集』권3
    (『韓國文集叢刊』7冊, 31쪽).

에 존재했다. 金富軾은 서경 소재의 술집을 시에서 언급했다.78) 이규보
는 술집을 靑旗店·靑旗로 묘사하고 있다.79) 술집은 통상 푸른 깃발을 내
걸고 있었던 것으로 보인다. 이색은 술 파는 집을 酒樓,80) 酒家로81) 표현
했으며, 주막의 깃발을 언급했다.82) 偰遜 역시 酒旗를 표현했고,83) 柳方
善은 春帘, 즉 봄 주막을 언급했다.84) 林惟正은 술 파는 집을 沽酒店으
로 표현했다.85) 이제현 역시 旗亭의 존재,86) 酒樓의 존재를 언급했다.87)
成石璘도 酒家의 존재를 시에서 표현했다.88) 고려 가요 「쌍화점」에도
술 파는 집이 보인다.89) 이러한 酒店, 酒樓, 酒旗, 酒家, 靑旗 등 전업
술집에서 술을 구입하거나 마시는 수도 있었지만, 술이 여유로운 이웃집
에서 술을 구입하는 수도 많았을 것이다. 술은 당시에 매우 활발하게 거
래되는 교역품의 위상을 갖고 있었다.

고려시기 술의 거래가 활기를 띠고 술을 전문적으로 판매하는 주점이
다수 존재하는 상황에서 화폐 사용을 장려하기 위해 이곳을 주목하지 않
을 수 없었다. 고려시기 국가에서 화폐를 주조하는 경우, 그 사용을 권장

---

78) 金富軾, 「西都九梯宮朝退休于永明寺」『東文選』권12(民族文化推進會 影印本 1冊,
260쪽).
79) 李奎報, 「皇甫書記見和 壽量寺留題 復用前韻」『東國李相國集全集』권15(『韓國文
集叢刊』1冊, 447쪽) ; 李奎報, 「酒旆 二首」『東國李相國集後集』권1(『韓國文集叢
刊』2冊, 136쪽).
80) 李穡, 「幽居自詠」『牧隱詩稿』권7(『韓國文集叢刊』4冊, 34쪽) ; 李穡, 「雪」『牧隱
詩稿』권7(『韓國文集叢刊』4冊, 37쪽).
81) 李穡, 「淵明」『牧隱詩稿』권22(『韓國文集叢刊』4冊, 306쪽).
82) 李穡, 「詠雨」『牧隱詩稿』권22(『韓國文集叢刊』4冊, 294쪽).
83) 偰遜, 「季冬行」『東文選』권7(民族文化推進會 影印本 1冊, 200쪽).
84) 柳方善, 「郊居」『東文選』권10(民族文化推進會 影印本 1冊, 239쪽).
85) 林惟正, 「和宣德鎭客舍李學士知深留題」『東文選』권13(民族文化推進會 影印本 1
冊, 270쪽).
86) 李齊賢, 「端午」『益齋亂藁』권2(『韓國文集叢刊』2冊, 518쪽).
87) 李齊賢, 「巫山一段雲 瀟湘八景」『益齋亂藁』권10(『韓國文集叢刊』2冊, 608~609쪽).
88) 成石璘, 「訪騎牛子不遇」『東文選』권22(民族文化推進會 影印本 1冊, 381쪽).
89) 최철, 1996,『고려국어가요의 해석』, 연세대 출판부, 218~231쪽.

하기 위해 酒店을 적극 활용했다.90) 목종 5년(1002) 백성들이 화폐를 사
용하는 것을 불편해 하니 酒店과 茶店의 교역에서는 종전대로 화폐를
사용토록 하고 사사로운 교역에서는 임의대로 하도록 했다.91) 성종대
주조해 사용토록 한 鐵錢에 대해 백성들이 불편해하자 이러한 조치가
취해진 것이다. 백성들이 교역에서는 임의대로 하되 주점에서는 화폐를
사용토록 한 것이다.

숙종 7년(1102)에도 화폐를 주조했을 때, 경성에 좌우의 酒務를 두도
록 해서 화폐 사용의 이로움을 알리도록 했다.92) 주무는 곧 주점을 뜻하
므로 화폐 사용이 가장 활발한 곳이 주점이었음을 알 수 있다. 숙종 9년
에도 州縣에 명을 내려 미곡을 내서 酒食店을 열고 백성들이 무역함을
허락함으로써 화폐의 이로움을 알도록 했다.93) 역시 주점이 화폐를 활
발하게 사용할 수 있는 공간이었음을 알려 준다.

술이 활발하게 거래되고, 주점이 설치 운영되기 때문에 술 상인의 존
재는 당연한 사실이었다. 조선초 금주령이 내려질 때마다 술을 판매해
살아가는 상인이 뚜렷한 실체로서 자주 언급되었다. '賣酒以生者',94) '賣
酒資生者',95) '賣濁酒者'로96) 그 존재가 표현되었다. 혹은 濁醪를 매매
하는 자로 언급된 경우도 있다.97) 술 상인이 하나의 층으로서 자리잡고
있음을 알려준다.

고려시기 세속 사회에서 술이 널리 생산되어 유통되고 소비되며, 아

90) 김병인·김도영, 2010, 「고려전기 금속화폐와 店鋪」『韓國史學報』 39 참조.
91) 『高麗史』 권79, 志33 食貨2 貨幣 穆宗 5년 7월, 中冊, 736~737쪽 ;『高麗史節要』
　　권2, 穆宗 5년 7월, 63쪽.
92) 『高麗史節要』 권6, 肅宗 7년 12월, 180쪽.
93) 『高麗史』 권79, 志33 食貨2 貨幣 肅宗 9년 7월, 中冊, 737쪽.
94) 『太宗實錄』 권21, 太宗 11年 5月 壬午(22일), 1冊, 583쪽.
95) 『太宗實錄』 권24, 太宗 12年 7月 庚子(17일), 1冊, 643쪽.
96) 『世宗實錄』 권28, 世宗 7年 4月 丙辰(17일), 2冊, 665쪽.
97) 『世宗實錄』 권7, 世宗 2年 閏1月 壬辰(23일), 2冊, 370쪽.

울러 주점이 두루 분포하는 상황에서 세속 사회와 깊이 유착된 사원도 술과 일정한 관련을 맺지 않을 수 없었다. 고려시기 사원이 술을 생산하는 예는 여럿 찾을 수 있다. 고려초부터 사원에서 술을 생산한 것이 확인된다. 현종 원년(1010) 僧尼의 양조 행위를 금하는 조치가 취해졌는데,98) 이것은 이 무렵 승려와 비구니가 양조 활동을 활발하게 전개했음을 뜻한다. 이 시기에는 승려가 양조의 중심층이었음을 시사한다.

현종 12년 6월에는 승려의 음주를 금할 것을 司憲臺에서 아뢴 일이 있다.99) 승려가 활발하게 음주했음을 알려주는 것이며, 이것은 대체로 승려가 생산한 술일 가능성이 높다. 그만큼 사원에서 술을 빚어 승려가 소비하는 일이 흔했음을 알 수 있다. 다음 달에는 사원의 양조를 다시 금하는 조치를 취했다.100) 현종대에 승려의 양조 행위가 매우 성행했음을 알 수 있다.

이러한 조치에도 불구하고 현종 18년에는 양주의 장의사·삼천사·청연사에서 승려들이 쌀 360여 석을 사용해 술을 빚었음이 확인된다.101) 금령을 어기고 360여 석에 이르는 엄청난 규모의 쌀을 사용해 술을 빚었던 것이다. 6월의 절기로 보아 이때의 양조는 아마도 신곡이 나오기 전 잉여의 곡물을 활용한 것으로 보인다. 잉여곡이 있을 경우 사원에서 술을 빚는 것은 세 사원에 한정된 일은 아니었을 것이다.

문종 10년(1056)에도 승려들이 술을 빚고 있음이 확인된다. 역을 피하는 무리가 沙門이라 일컫고서 다양한 경제 활동에 참여하고 있는데 그 가운데 '袒肩之袍 任爲酒甕之覆'라는 표현이 보인다.102) 이것은 그들이

---

98) 『高麗史』 권85, 志39 刑法2 禁令 顯宗 원년, 中冊, 860쪽 ; 『高麗史節要』 권3, 顯宗 원년 8월, 70쪽.
99) 『高麗史』 권85, 志39 刑法2 禁令 顯宗 12년 6월, 中冊, 861쪽.
100) 『高麗史』 권85, 志39 刑法2 禁令 顯宗 12년 7월, 中冊, 861쪽.
101) 『高麗史』 권5, 世家5 顯宗 18년 6월, 上冊, 109~110쪽 ; 『高麗史節要』 권3, 顯宗 18년 6月, 95쪽.
102) 『高麗史』 권7, 世家7 文宗 10년 9월, 上冊, 160쪽 ; 『高麗史節要』 권4, 文宗 10년

걸친 승복을 사용해 술빚는 항아리의 덮개로 삼았다는 것이다. 승려의
타락상을 지적해 표현한 극단적인 내용이지만 승려들이 술을 빚는 일이
흔했음을 쉽사리 판단할 수 있다.

이 시기 이후에도 승려의 양조 행위는 계속되었으며 나아가 양조된
술을 적극 판매하기도 했다. 인종 9년(1131) 6월 內外寺社의 승도들이
술과 파를 팔고 있어 문제된 일이 있다.[103] 판매한 술은 당연히 사원에
서 생산한 것을 의미한다. 판매할 만큼 많은 술을 생산했음을 알려 준다.
고려전기까지 중앙정부에서 문제삼을 정도로 사원의 양조 행위는 성행
했던 것이다.

그밖에도 사원에서 술이 생산되었음을 유추할 수 있는 사례가 많다.
고려시기 사원을 찾은 승려에게 술을 제공하는 경우를 볼 수 있는데, 그
술은 사원에서 생산한 것으로 보인다. 예컨대 法泉寺 승려 覺倪가 행차
한 의종에게 제공한 술은[104] 법천사에서 주조한 것일 가능성이 높다. 이
규보가 사원을 찾았을 때 승려가 그에게 술을 제공하는 예가 매우 많은
데,[105] 그 술은 대체로 사원에서 양조한 것으로 보인다. 安和寺나 天壽
寺 같이 개경의 대표적인 사원에서도 이규보에게 술을 제공하고 있으므
로,[106] 그 사원에서도 술을 생산한 것을 알 수 있다. 이색이 승려로부터

9월, 133~134쪽.
103) 『高麗史』 권85, 志39 刑法2 禁令 仁宗 9년 6월, 中冊, 862쪽.
104) 『高麗史』 권18, 世家18 毅宗 18년 3월, 上冊, 375쪽.
105) 李奎報, 「訪足庵聆首座」 『東國李相國集全集』 권2(『韓國文集叢刊』 1冊, 306쪽) ;
  李奎報, 「十九日 宿彌勒院 有僧素所未識 置酒饋慰訊 以詩謝之」 『東國李相國集
  全集』 권6(『韓國文集叢刊』 1冊, 357~358쪽) ; 李奎報, 「謝應禪老雨中邀飲」 『東
  國李相國集全集』 권7(『韓國文集叢刊』 1冊, 363쪽) ; 李奎報, 「天台玄師聞予訪覺
  公留飲 携酒來慰 用前韻贈之」 『東國李相國集全集』 권8(『韓國文集叢刊』 1冊,
  372쪽) ; 李奎報, 「是日飲闌小息 唯三四人相對飲茶而已 … 」 『東國李相國集全集』
  권8(『韓國文集叢刊』 1冊, 377쪽) ; 李奎報, 「訪通首座 劇飲走筆」 『東國李相國集
  全集』 권11(『韓國文集叢刊』 1冊, 408쪽) ; 李奎報, 「訪嚴師 此師稀置酒 見我必置
  故以詩止之」 『東國李相國集後集』 권1(『韓國文集叢刊』 2冊, 137~138쪽).

252 제3부 寺院과 술[酒], 金屬

술을 제공받은 사례도 여럿 보이는데,107) 그 술 역시 대부분 사원에서
생산한 것으로 여겨진다.

국왕이 사원에서 술을 마시는 경우, 그 술도 사원에서 생산한 것일
가능성이 매우 높다. 문종이 안서도호부에 행차했다가 3일 머문 뒤 숭산
신광사에 행차하고서 나한재를 개설했으며, 諸王·宰樞·侍臣에게 연회를
베풀었다.108) 이 연회에 사용된 술은 개경에서 운반한 것으로 보기 힘들
다. 아마도 신광사에서 양조한 것으로 봄이 타당할 것이다.

승려에게 술 빚기를 권하는 표현이 보이는 것은 승려의 양조 행위의
보편화를 전제로 하는 것이라고 판단된다. 예컨대 이규보가 老珪禪師에
게 맛있는 봄 술을 빚기를 권하는 내용이 시에 전하고 있다.109) 고려시
기 사원에서 승려가 술 빚는 일이 혼하기에 승려에게 술 빚을 것을 권유
하는 글이 나올 수 있었다.

술은 사회생활 곳곳에서 필수적으로 사용되는 것이었다. 승려도 이러
한 술의 문화에서 자유로울 수 있는 존재가 아니었다. 승려도 술을 필요
로 하는 수가 많았다. 사원에서 직접 빚은 술을 주로 사용했지만, 그것이
부족한 경우 외부 세속 사회에서 술을 매입하기도 했다.

---

106) 李奎報, 「安和寺敎軾禪老方丈夜酌 用東坡韻」 『東國李相國集全集』 권8(『韓國文
集叢刊』 1冊, 374쪽) ; 李奎報, 「法華經頌 止觀贊 幷序」 『東國李相國集全集』 권
19(『韓國文集叢刊』 1冊, 491쪽) ; 李奎報, 「贈希禪師」 『東國李相國集後集』 권1(『韓
國文集叢刊』 2冊, 134~135쪽).
107) 李穡, 「昨蒙慈恩都僧統祐世君 來賀種德新拜密直 且設盛饌 … 」 『牧隱詩稿』 권
28(『韓國文集叢刊』 4冊, 398쪽) ; 李穡, 「有感慈恩都堂」 『牧隱詩稿』 권33(『韓國
文集叢刊』 4冊, 480쪽) ; 李穡, 「七夕 主人大禪師設食 老夫酣臥 吟得小絶 明日錄
呈」 『牧隱詩稿』 권35(『韓國文集叢刊』 4冊, 508쪽) ; 李穡, 「昨日安養道生僧統 扶
携酒食來勞 今早送紙 以詩謝之」 『牧隱詩稿』 권35(『韓國文集叢刊』 4冊, 514쪽) ;
李穡, 「贈休上人序」 『牧隱文藁』 권8(『韓國文集叢刊』 5冊, 62~63쪽).
108) 『高麗史』 권7, 世家7 文宗 7년 9월, 上冊, 153쪽.
109) 李奎報, 「雲峯住老珪禪師 得早芽茶示之 予目爲孺茶 師請詩爲賦之」 『東國李相國
集全集』 권13(『韓國文集叢刊』 1冊, 425~426쪽) ; 李奎報, 「腹用前韻贈之」 『東國
李相國集全集』 권13(『韓國文集叢刊』 1冊, 426쪽).

覺月이란 승려가 눈 속에서 술을 구입해 이규보를 대접하고 있
다.110) 승려가 술을 사서 이색을 맞아 취하게 한 일도 있다.111) 이색은
또한 克聰首座가 술을 사놓고 부르기를 기대하고 있으며,112) 묘각사 승
려에게 술 사줄 것을 희망하고 있다.113) 나잔자라는 승려가 술을 사서
이색을 부른 것을 언급한 시도 있다.114) 이처럼 승려가 속인을 위해 술
을 구입해 제공하는 일은 흔히 볼 수 있다. 승려가 술을 필요로 해 구매
하는 사정 하에서 사원이 술의 생산에 참여하는 것은 자연스런 현상일
것이다.

사원은 세속 사회와의 밀접한 교섭 속에서 운영되고 있었으므로, 세
속 사회의 술 문화로부터 고립될 수 없었다. 그리하여 사원에서 술을 빚
는 일이 성행했고, 그것은 고려전기에서 후기까지 지속했다. 특히 고려
전기에는 전체 사회에서 사원·승려가 술 생산의 중심층이었다고 판단된
다. 사원은 곡식의 잉여분을 다량 가지고 있었으므로 이러한 양조 행위
를 활발하게 전개할 수 있었다.

3. 寺院에서의 술 消費

고려시기 사원에서 빚은 술은 여러 계기에 의해 사용되었다. 사원은
많은 속인이 찾는 공간으로서 이들을 맞이하는 것 또한 사원의 중요한
임무였다. 이들에게는 물론 茶를 대접하는 일이 많았지만, 사원에서 빚

---

110) 李奎報, 「訪覺月師 用東坡詩韻各賦」『東國李相國集全集』 권11(『韓國文集叢刊』
   1冊, 403~404쪽).
111) 李穡, 「牧丹山 三首」『牧隱詩稿』 권6(『韓國文集叢刊』 4冊, 29쪽).
112) 李穡, 「克聰首座新入南溪院」『牧隱詩稿』 권18(『韓國文集叢刊』 4冊, 215쪽).
113) 李穡, 「題妙覺寺高井方丈」『牧隱詩稿』 권30(『韓國文集叢刊』 4冊, 429쪽).
114) 李穡, 「訪懶殘子」『牧隱詩稿』 권18(『韓國文集叢刊』 4冊, 226쪽).

은 술을 제공하는 경우도 매우 흔했다. 승려가 세속의 속인을 찾아가는
경우에도 술을 휴대하는 수가 많았다. 불교 행사의 뒤풀이 자리에서도
술이 사용되었다. 사원에서 양조한 술은 승려의 음주에 의해서 소비되는
수도 있었다.

불교의 계율에서는 승려의 음주는 엄격히 금지되었지만 고려사회에
서 승려의 음주 행위는 자주 확인할 수 있다. 승려의 음주는 그만큼 불
교가 세속 사회와 깊이 유착된 데서 오는 현상이었다. 사원에서 생산한
술은 일차적으로 승려에 의해 소비되었다. 현종대 승려의 음주를 금지한
조치가 확인되는데,[115] 이것은 승려의 음주가 활발했음을 반증하는 것
이다.

이규보는 취해 길 위에 누워 있는 승려를 언급한 시를 짓고 있다.[116]
승려가 마시는 술은 세속 사회로부터 매입하거나 제공받는 수도 있겠지
만, 사원에서 생산한 것일 가능성이 매우 높다. 승려가 술 마시는 구체적
인 예로 通首座를 들 수 있다.[117] 수좌라는 높은 승계를 가진 승려가 음
주하는 것이다. 이규보는 술 취한 승려가 밤에 일어나 얼음을 깨무는 것
을 언급하기도 했다.[118] 고려시기 승려가 음주하는 예가 있으므로 사원
에서 양조된 술이 승려에 의해 소비되는 일이 흔했을 것이다.

자은종 祐世君이 海安寺에서 경을 강론했을 때 이색의 아들이 술과
음식을 가지고 가서 대접한 일이 있다.[119] 속인이 사원에 있는 승려를
대접하기 위해 술을 지참해 가는 것이다. 모든 승려가 음주하지는 않았

---

115) 『高麗史』 권85, 志39 刑法2 禁令 顯宗 12년 6월, 中冊, 861쪽.
116) 李奎報, 「戲路上醉臥僧」 『東國李相國集全集』 권7(『韓國文集叢刊』 1冊, 364쪽) ;
    李奎報, 「春日訪山寺」 『東國李相國集全集』 권14(『韓國文集叢刊』 1冊, 434쪽).
117) 李奎報, 「通首座方丈酒酣 使智潛上人唱杜牧詩韻 走筆」 『東國李相國集全集』 권
    12(『韓國文集叢刊』 1冊, 416쪽).
118) 李奎報, 「嘲醉僧夜起嚼氷」 『東國李相國集全集』 권14(『韓國文集叢刊』 1冊, 442쪽).
119) 李穡, 「慈恩祐世君 在海安寺講經 種德副樞 略以酒饌往餉 老夫身困 不能出城 吟
    成一首」 『牧隱詩稿』 권29(『韓國文集叢刊』 4冊, 407쪽).

을 것이다. 아마 음주하지 않는 승려가 더 보편적 존재였다고 봄이 타당
할 것이다. 그렇지만 승려가 음주함이 보이고 속인이 술을 공개적으로
제공하는 것에서 알 수 있듯이 승려의 음주가 사회 정서상 크게 비난받
을 사항이 아닌 것은 분명해 보인다.

사원에서 양조한 술은 사원을 찾는 속인에 의해 소비되는 것이 가장
일반적이었다. 속인이 사원을 찾아 술을 마시는 경우가 많은데 그 술은
사원에서 제공한 것이 대부분이었을 것이다. 속인 및 동석한 승려가 함
께 술을 소비하는 모습은 이규보의 시에서 여러 사례를 볼 수 있다. 이
규보는 화악사 주지인 대선사 惠文이 자신의 무리와 함께 술 마신 일을
언급했다.120) 그는 또한 鍾義禪師의 방장에 갔을 때 함께 松亭에 올라
즐겁게 술을 마셨음을 읊었으며,121) 甘露寺의 뒷산에 올라서 그 승려와
함께 술잔을 주고 받다가 만취되어 시도 읊고 노래도 불렀음을 언급했
다.122) 이규보와 승려가 함께 술을 마셨음을 보이는 예이다. 그밖의 사
례도 이규보는 언급하고 있다.123) 속인과 승려가 함께 사원에서 생산한
술을 소비하는 것이다.

崔沆이 승려 萬全의 이름으로 진도의 한 사원에 있을 때 그의 무리들
이 횡포를 부리자 金之岱가 만전을 찾아가서 해가 지도록 함께 술을 마
시며 즐긴 일이 있다.124) 김지대와 만전은 만전이 거처하던 사원에서 생
산한 술을 소비한 것으로 보인다.

이색이 10대 때에 儒者들과 어울려 시를 짓고 술을 마시면서 노닐곤

---

120) 李奎報, 「次韻康先輩哭丈大禪帥 幷序」, 『東國李相國集全集』 권18(『韓國文集叢刊』
    1冊, 480~481쪽).
121) 李奎報, 「答鍾義禪師手書」, 『東國李相國集全集』 권27(『韓國文集叢刊』 1冊, 573쪽).
122) 李奎報, 「祭鍾義禪老文」 『東國李相國集全集』 권37(『韓國文集叢刊』 1冊, 88~89쪽).
123) 李奎報, 「冬日 與僧飮戲贈」 『東國李相國集全集』 권16(『韓國文集叢刊』 1冊, 454쪽).
124) 李齊賢, 「晉陽公薨子 禪師萬全」 『櫟翁稗說』 前集2(『高麗名賢集』 2冊, 353~354쪽) ;
    『高麗史』 권102, 列傳15 金之岱, 下冊, 255쪽 ; 『高麗史節要』 권16, 高宗 27년
    12월, 426쪽.

했는데, 懶殘子라는 승려가 이색의 무리들을 초빙해 함께 시를 짓고 술
도 마셨다고 한다.125) 나잔자가 제공한 술을 속인과 승려가 함께 어울려
서 마신 것이다. 속인이 사원을 찾으면 승려와 속인이 동석해 술을 마시
는 일은 아주 흔했으며, 이렇게 함으로써 사원에서 생산된 술이 소비되
었다.

　승려의 음주가 확인되지 않지만, 사원을 찾은 속인에게 술을 제공하
는 사례는 허다하다. 이 경우에도 승려가 동석한 경우 승려가 음주했을
가능성이 높다. 應禪老가 이규보를 맞아 술을 제공한 것이 보인다.126)
또한 이규보가 여러 사람과 함께 사원에서 밤 늦도록 술을 마셨을 때
승려가 좋은 술 한 병을 제공한 일이 있었다.127) 그리고 이규보가 족암
의 聆首座를 예방하고서 그로부터 술을 대접받았으며,128) 자복사의 늙
은 주지를 찾아 머물면서 술을 마셨고,129) 어느 날 저녁 사원에 도착하
여 술 한잔을 마신 일도 있었다.130) 또한 이규보가 안화사의 敦軾禪老
방장에서 술을 마신 일이 있고,131) 안화사에서 취해 돌아온 적도 있으
며,132) 그리고 안화사 환벽정 맑은 정자에서 술을 마신 일을 언급했
다.133) 이규보는 안화사에서 여러 차례 술을 마시고 있는데, 그렇게 함

---

125) 李穡, 「贈休上人序」, 『牧隱文藁』 권8(『韓國文集叢刊』 5冊, 62~63쪽).
126) 李奎報, 「謝應禪老雨中邀飮」, 『東國李相國集全集』 권7(『韓國文集叢刊』 1冊, 363쪽).
127) 李奎報, 「是日飮闌小息 唯三四人相對飮茶而已 … 」, 『東國李相國集全集』 권8
　　(『韓國文集叢刊』 1冊, 377쪽).
128) 李奎報, 「訪足庵聆首座」, 『東國李相國集全集』 권2(『韓國文集叢刊』 1冊, 306쪽) ;
　　李奎報, 「聆公見和 復次韻答之」, 『東國李相國集全集』 권2(『韓國文集叢刊』 1冊,
　　306~307쪽).
129) 李奎報, 「九日 訪資福寺住老 留飮」, 『東國李相國集全集』 권6(『韓國文集叢刊』 1
　　冊, 355쪽).
130) 李奎報, 「日晚到寺小酌 用皮日休詩韻各賦」, 『東國李相國集全集』 권7(『韓國文集
　　叢刊』 1冊, 365쪽).
131) 李奎報, 「安和寺敦軾禪老方丈夜酌 用東坡韻」, 『東國李相國集全集』 권8(『韓國文
　　集叢刊』 1冊, 374쪽).
132) 李奎報, 「自安和寺醉迴」, 『東國李相國集全集』 권11(『韓國文集叢刊』 1冊, 412쪽).

으로써 안화사에서 생산된 술이 처분되는 것이다.

술을 좋아한 이규보가 사원에서 제공한 술을 마신 예는 더 찾을 수
있다. 숭교사 방장과[134] 천수사의 방장에서 그가 술을 마신 일이 있었
다.[135] 또한 그는 천수사 대선사 지각의 지우가 되어 매양 杖室에 가서
술을 마셨으며,[136] 박공이란 인물과 함께 浦池寺에서 술을 마신 일도 있
었다.[137] 그는 수량사에서 술 좌석이 베풀어졌을 때 그 사원에 머문 일
이 있었으며,[138] 수안현 서화사에서 술을 마신 적도 있다.[139] 숭교사·천
수사·포지사·수량사·서화사에서 양조한 술이 이규보 등에 의해 소비되
는 것이다.

구체적 사원의 이름을 알 수 없지만 그밖에도 여러 사원에서 이규
보는 술을 마시고 있다. 유독 이규보에게만 嚴이란 승려가 술을 대접
한 일이 있고,[140] 겨울 밤 산사의 간소한 주연에서 술이 소비되었음을
이규보가 언급했다.[141] 또 이규보는 通首座의 방장에서 술을 마신 적
도 있다.[142] 또 金敦中이란 인물이 낙안군의 선원에 머물 때 음주한

133) 李奎報, 「與全履之手書」『東國李相國集全集』 권27(『韓國文集叢刊』 1冊, 574쪽).
134) 李奎報, 「飲通師所寓崇教寺方丈 會者十餘人 及酒酣 琴瑟交作 … 」『東國李相國
集全集』 권8(『韓國文集叢刊』 1冊, 379쪽).
135) 李奎報, 「贈希禪師」『東國李相國集後集』 권1(『韓國文集叢刊』 2冊, 134~135쪽).
136) 李奎報, 「法華經頌止觀贊 并序」『東國李相國集全集』 권19(『韓國文集叢刊』 1冊,
491쪽).
137) 李奎報, 「軍中答安處士置民手書」『東國李相國集全集』 권27(『韓國文集叢刊』 1
冊, 570쪽).
138) 李奎報, 「與玄上人遊壽量寺 記所見」『東國李相國集全集』 권15(『韓國文集叢刊』
1冊, 445~446쪽).
139) 李奎報, 「予以事到守安縣西華寺 小酌上方南榮 江山遠眺 莫有過玆者 … 」『東國
李相國集全集』 권15(『韓國文集叢刊』 1冊, 449쪽).
140) 李奎報, 「訪嚴師 此師稀置酒 見我必置 故以詩止之」『東國李相國集後集』 권1(『韓
國文集叢刊』 2冊, 137~138쪽).
141) 李奎報, 「冬夜山寺小酌」『東國李相國集後集』 권1(『韓國文集叢刊』 2冊, 139쪽).
142) 李奎報, 「通首座方丈酒酣 使智潛上人 唱杜牧詩韻 走筆」『東國李相國集全集』 권
12(『韓國文集叢刊』 1冊, 416쪽).

일이 있었다.143) 이상의 여러 사례에서 알 수 있듯이 속인이 사원에서 술을 마시는 예는 허다하며, 사원에서 생산한 술이 이렇게 소비되는 것이었다.

고려후기에도 속인이 사원에서 음주하는 일은 허다했다. 이색이 복리군에 봉해진 나잔자를 찾아가 축하하는 자리에서 술을 실컷 마시고 취한 예가 있다.144) 또 현릉을 참배한 뒤 이색 등 여러 고위 관원들이 돌아오는 길에 국청사에서 주찬을 제공받았는데,145) 사원을 찾는 이들에 의해 국청사에서 양조한 술이 소비된 것으로 보인다. 권근이 금양사에서 술을 마신 일이 있으며,146) 사원을 찾아서 삼 일 동안 취하고 깬 적이 있었다.147) 찾는 속인이 많은 사원일수록 다량의 술이 필요했다. 또 맛 좋은 술을 다량 확보하고 있는 사원은 많은 속인이 찾는 공간으로 부상했을 것이다.

고려시기 문인들은 혜원의 백련결사와 도연명을 함께 거론하며 술 마시는 것의 당위성을 언급하고 있다. 혜원이 도연명을 보고자 하니 도연명은 술을 마시도록 허락한다면 가겠다고 했으며, 혜원이 이를 받아들이자 도연명이 백련결사를 찾아갔다는 내용이다. 이러한 전례를 들면서148) 문인들은 사원에 가서 술을 마시는 것을 당연시했다.

국왕이 사원에 행차하는 경우,149) 종종 사원에서 연회를 제공하는 수

---

143) 金敦中,「宿樂安君禪院」『東文選』권9(民族文化推進會 影印本 1冊, 218쪽).
144) 李穡,「進賀懶殘子新封福利君 醉飽而歸」『牧隱詩稿』권28(『韓國文集叢刊』4冊, 404쪽).
145) 李穡,「正月初十日 廉東亭招僕與韓柳巷 拜玄陵 … 」『牧隱詩稿』권27(『韓國文集叢刊』4冊, 388쪽).
146) 權近,「寄巖遁」『陽村集』권7(『韓國文集叢刊』7冊, 86쪽).
147) 權近,「次韻題鷄林府吏崔佐詩卷 幷序」『陽村集』권8(『韓國文集叢刊』7冊, 92쪽).
148) 李奎報,「六月一日 遊安和寺 自尋芳門 登環碧亭 … 」『東國李相國集全集』권11 (『韓國文集叢刊』1冊, 403쪽) ; 李奎報,「次韻月首座贈趙侍郎冲 二首」『東國李相國集全集』권13(『韓國文集叢刊』1冊, 425쪽) ; 李穡,「訪懶殘子」『牧隱詩稿』권18(『韓國文集叢刊』4冊, 226쪽) ; 權近,「中秋法王寺翫月 二首」『陽村集』권3 (『韓國文集叢刊』7冊, 31쪽).

가 있었다. 이 연회에 소요되는 술은 국가에서 제공하는 수가 없지 않았을 테지만, 사원에서 제공하는 것이 통상적이었다. 이러한 방식으로 소비되는 술도 상당했을 것이다.

광종대에 최지몽이 귀법사 행차 시 술에 취해 실례를 범하고서 폄출된 적이 있는데,[150] 이 술자리의 술은 귀법사에서 제공했을 가능성이 높아 보인다. 문종 27년(1073) 3월 국왕이 홍화사에 행차하고 이어 현화사에 갔으며 봉래정에서 술자리를 베풀었다.[151] 또 국왕이 개경의 서북지역을 순행하고 일월사 서산에 술자리를 마련했다.[152] 이러한 술자리에 소요되는 술은 현화사·일월사에서 제공했을 가능성이 크다.

의종 17년(1163) 국왕이 천수사·홍원사 두 사원에 행차하고 술에 깊이 취해 유숙했고,[153] 의종 20년 국왕이 승려 각예와 더불어 성수원에서 밤에 연회를 연 일이 있으며,[154] 의종 22년 국왕이 평주 숭수원 서정에 이르렀을 때 宰輔侍臣을 불러 술자리를 베풀었다.[155] 의종의 사원 행차에 소요된 술은 천수사·홍원사·성수원·숭수원에서 제공한 것으로 보인다.

국왕이 직접 행차한 것은 아니지만, 재추가 사원에 가서 연회를 베푼 일도 있는데, 이때에도 사원에서 술을 제공했을 것이다. 충선왕 2년(1310) 방신우가 원 황제의 명을 받들고 와서 재추와 더불어 민천사에 모였을 때 술에 취해 춤춘 일이 있으며,[156] 공민왕 16년(1367) 宰相들이 雲岩寺

---

149) 전경숙, 2018, 「고려시대 국왕의 개경 절 行幸과 도성의 공간 활용」 『역사와 담론』 85, 湖西史學會.
150) 『高麗史』 권92, 列傳5 崔知夢, 下冊, 72~73쪽 ; 『高麗史節要』 권2, 成宗 6년 3월, 52쪽.
151) 『高麗史』 권9, 世家9 文宗 27년 3월, 上冊, 183쪽.
152) 『高麗史節要』 권5, 文宗 31년 3월, 151쪽.
153) 『高麗史』 권18, 世家18 毅宗 17년 2월, 上冊, 374쪽 ; 『高麗史節要』 권11, 毅宗 17년 2월, 295쪽.
154) 『高麗史節要』 권11, 毅宗 20년 4월, 298쪽.
155) 『高麗史』 권18, 世家18 毅宗 22년 3월, 上冊, 381쪽.

에 모여 큰 술잔치를 벌이고 기생이 낀 풍악을 늘어놓았으며, 正陵에 제
사지냈는데 宮人들이 모두 모였다.157) 이러한 술자리에서 민천사와 운
암사에서 양조한 술이 소비된 것으로 보인다.

국왕이 사원에 행차해서 경내 혹은 인근에서 술잔치를 겸한 성대한
연회가 열리는 경우는 아주 흔했다. 이때 소요되는 술을 국가의 양온서
에서 제공하는 수도 없지 않았지만, 사원에서 제공하는 경우도 적지 않
았을 것이다. 특히 개경에서 멀리 떨어진 지역의 사원에서 연회가 열릴
경우 더욱 그 가능성이 높다. 사원이 양조한 술은 이처럼 국왕의 행차에
즈음하여 소비되는 경우가 많았다고 이해된다.

고려시기 불교 행사에는 종종 술이 사용되었다. 이러한 행사는 사원
에서 생산한 술이 소비되는 중요한 계기였다. 물론 술이 사용되지 않는
행사가 더 일반적이었을 테지만 불교 행사에서 술이 사용된다는 것은 중
시해야 할 사항이다.

연등회와 팔관회 행사에서는 늘상 연회가 베풀어졌다. 연회에는 당연
히 술이 동반되었다. 연등회 행사 시 소회일에 봉은사에 행차하고 사원
내의 진전에서 왕이 재배하고 술잔을 올리는 절차가 있었다. 또 대회일
에 큰 연회가 중광전에서 베풀어졌는데158) 그때 사용된 술은 국가기관
인 양온서에서 공급했다.159) 그러나 사원 내 진전에서 사용된 술은 봉은
사에서 제공했을 가능성이 없지 않다. 또 연등행사가 진행되는 과정의
부대행사로 술자리가 사원에 마련되는 경우도 있었는데, 그때 술은 사원
에서 제공했을 가능성이 크다.

---

156) 『高麗史節要』 권23, 忠宣王 2년 10월, 599쪽.
157) 『高麗史』 권41, 世家41 恭愍王 16년 8월, 上冊, 819쪽.
158) 연등회의 상세한 의례절차에 대해서는 안지원, 2011, 『(개정판) 고려의 불교의례
　　와 문화』, 서울대 출판문화원, 65~91쪽 ; 김창현, 2011, 『고려의 불교와 상도 개
　　경』, 신서원, 213~237쪽 참조.
159) 『高麗史』 권85, 志39 刑法2 禁令 忠烈王 4년 3월, 中冊, 863쪽.

팔관회의 행사 의례에서도 연회가 중요한 절차의 하나였다.[160] 팔관회에는 국왕이 법왕사에 행차하고 신봉루에서 연회를 열었는데, 그때 사용된 술은 양온서에서 제공했다.[161] 팔관회 때 행차한 법왕사에서도 행사가 있었을 것이기 때문에 이때에 소요되는 술은 법왕사에서 제공했을 가능성이 높다.

4월 초파일 燈夕에서도 술을 마시는 일이 많았다. 야간에 환하게 밝힌 등을 구경하면서 술을 마시는 일은 보편적인 현상이었던 것으로 보인다.[162] 사원 밖에서 베풀어진 이 행사에 술자리가 동반되는 것이다. 사원 경내나 그 인근에서 관등 행사가 벌어지는 경우에는 아마도 사원에서 술을 일부나마 제공했을 가능성을 배제할 수 없다.

고려시기 개인의 기일재를 사원에서 거행하는 예가 많았다.[163] 기일재를 지낼 때 술을 올린 것으로 보이며, 그 재가 끝난 뒤에 술자리가 베풀어졌을 것이다. 이때 사용된 술은 개인이 지참한 경우도 있겠지만 사원에서 제공하는 수가 많았다고 생각된다.

충목왕의 기일에 龜山寺에서 재를 설행함을 읊은 이색의 시에서, 影堂에 들어가 술 따르고 향을 사른 일이 있음을 언급했다.[164] 국왕의 기일에 영정 앞에서 향을 피움과 함께 술을 올리는 일이 있었음을 전하는 것이다. 충목왕 기일에 사용된 술은 구산사에서 제공한 것으로 보인다.

---

160) 팔관회의 상세한 의례절차에 대해서는 안지원, 2011, 앞의 책, 168~198쪽 ; 김창현, 2011, 앞의 책, 188~213쪽 참조.

161) 『高麗史』 권85, 志39 刑法2 禁令 忠烈王 4년 3월, 中冊, 863쪽.

162) 『高麗史』 권135, 列傳48 辛禑 10년 4월, 下冊, 916쪽 ; 李穡, 「李二相 使其弟密直公 招僕同觀燈 至則盛賓容 具酒饌 鷄鳴而退 小歇 吟得一首」 『牧隱詩稿』 권29(『韓國文集叢刊』 4冊, 409쪽) ; 李穡, 「四月初八日有感」 『牧隱詩稿』 권32(『韓國文集叢刊』 4冊, 459쪽).

163) 許興植, 1984, 「佛敎와 融合된 高麗王室의 祖上崇拜」 『東方學志』 45(同, 1986, 『高麗佛敎史研究』, 一潮閣 재수록).

164) 李穡, 「臘月初五日 忠穆王忌辰也 設齋龜山寺 宰樞入眞殿庭下 肅拜而退 臣穡因有所感」 『牧隱詩稿』 권20(『韓國文集叢刊』 4冊, 269~270쪽).

그리고 공민왕의 忌晨을 맞아 왕륜사에서 재를 설행했을 때 곡성, 칠원, 길창이 영전에서 예를 행하고 이색도 그 뒤를 따랐다. 이때 영전에서 숙배하고 술을 따랐다고 이색이 시에서 언급했다.165) 국왕의 영전에서 기일재를 올리는 경우, 술을 올리는 의식이 있었음이 보인다. 그 술은 아마도 왕륜사에서 제공했을 가능성이 높다. 이처럼 국왕의 기일재에서 진전에 모셔진 국왕 영정 앞에 술을 올리는 것이 확인되므로, 일반인의 기일에도 술을 올렸을 가능성이 크다. 이때 사용된 술은 속인이 지참할 수도 있었지만 사원에서 제공하는 것이 일반적이었을 것이다.

사원에서는 각종 불사가 종료된 뒤 낙성 행사가 열렸다. 건물이 세워지거나 불상이나 범종이 조영되는 경우 낙성 행사가 성대하게 베풀어졌다.166) 그 낙성 행사에 술이 사용되었을 가능성이 있다.

예종 11년(1116) 국왕이 천수사에 가서 재를 베풀고 낙성했는데, 綵棚伎樂이 도로에 3일간 이어졌다. 寺門 밖에서 연회를 베풀었는데 새벽이 되어 파했다.167) 낙성 행사 뒤에 연회가 열렸으며, 이때 소요된 술은 일부일지라도 천수사에서 제공했을 것으로 보인다.

인종 3년(1125) 국왕이 숭복원에 행차해 홍성사로 이름을 내린 뒤 재를 베풀고 음악을 연주케 함으로써 낙성식을 거행했다. 그리고 재추와 시종관에게 연회를 베풀었다.168) 이 연회에 사용된 술은 홍성사에서 부담했을 것이다.

무인집권기 보제사 낙성 행사 뒤의 연회에서도 술의 사용을 엿볼 수 있다. 명종 5년(1175) 정중부가 보제사를 보수하고 난 뒤 낙성 행사를

---

165) 李穡, 「玄陵忌旦設齋王輪寺 曲城漆原吉昌 行禮影殿 穡隨其後 宰樞所邀入僧房設食 歸而志之」, 『牧隱詩稿』 권30(『韓國文集叢刊』 4冊, 430~431쪽).
166) 李炳熙, 2004, 「高麗時期 落成行事의 設行」 『文化史學』 21(同, 2009 『高麗時期寺院經濟硏究』, 景仁文化社 재수록).
167) 『高麗史』 권14, 世家14 睿宗 11년 3월, 上冊, 281쪽.
168) 『高麗史』 권15, 世家15 仁宗 3년 3월, 上冊, 303쪽 ; 『高麗史節要』 권9, 仁宗 3년 3월, 227쪽.

열고서, 국왕이 친히 와 주기를 청했다. 유사가 간언해 중지토록 했지만 정중부가 몰래 승록사로 하여금 주청케 해서 국왕이 친행토록 했다. 이 때 성찬을 갖추어 국왕에게 제공했는데, 국왕이 오래 머물지 않으려고 재추·승선·시신에게 명해 함께 연회에 참석케 했다.169) 이 연회에서 사용된 술은 아마도 보제사에서 제공하거나 정중부가 제공한 것으로 보인다. 낙성 행사에 연회가 베풀어지고 술이 사용되었음을 알 수 있다. 사원에서 설행되는 낙성 행사에 술이 사용되는 경우, 그 술은 사원에서 제공했을 가능성이 높다.

사원에서 민속절 행사가 열리는 수도 있었고, 그때 술이 사용되는 예도 보인다. 유두음이나 칠석일 행사가 사원에서 열릴 때 그러했을 것이다. 6월 15일 유두일에 여러 사람이 모여 함께 술을 마시는 일은 통상적이었다.170) 물론 모든 유두음 행사가 사원에서 열리는 것은 아니었지만, 사원에서 열리는 경우 소비되는 술은 사원에서 제공했을 가능성이 있다. 예컨대 명종 15년 시어사 2인과 환관이 광진사에 모여 유두음을 한 일이 있는데,171) 이때 사용된 술은 광진사에서 제공한 것으로 보인다. 다른 사원에서도 유두음 행사가 베풀어졌다면 그때 사용된 술은 사원에서 제공했을 것이다. 그리고 칠석일에 대선사가 이색에게 음식상을 차려 주어 이색이 술을 마신 일도 있다.172) 민속절의 행사가 사원에서 열리고 그 자리에서 술이 소비되는 경우 그 술은 사원에서 제공했을 것으로 보인다.

불교와 관련한 다양한 행사는 사원에서 봉행되기도 하고 세속 사회에서 설행되기도 했다. 세속 사회에서 베풀어지는 경우 술자리가 동반되는

---

169) 『高麗史節要』 권12, 明宗 5년 11월, 320쪽.
170) 李穡, 「流頭日三詠」 『牧隱詩稿』 권18(『韓國文集叢刊』 4冊, 214쪽) ; 李穡, 「詠流頭會」 『牧隱詩稿』 권24(『韓國文集叢刊』 4冊, 332쪽).
171) 『高麗史節要』 권13, 明宗 15년 6월, 343쪽.
172) 李穡, 「七夕 主人大禪師設食 老夫酣臥 吟得小絶 明日錄呈」 『牧隱詩稿』 권35(『韓國文集叢刊』 4冊, 508쪽).

수가 흔했다. 아마 사원에서 봉행되는 행사의 경우에도 부분적으로 술이
사용되었을 것인데, 이 경우 사원에서 생산된 술이 처분되었을 것이다.

승려가 속인을 찾아갈 때 술을 지참하고 가서 선물로 주는 경우도 드
문 일이 아니었다. 玄源禪師가 이규보를 내방할 때 술을 가지고 온 적이
있으며,173) 그는 또 이규보가 승려 覺公을 찾아가 술을 마신다는 소식을
듣고 술을 휴대하고 찾은 일이 있었다.174) 자은종 도승통 우세군이 이색
의 아들이 새로 밀직에 임명되자 그것을 축하하기 위해 와서 盛饌을 베
풀었을 때 술도 있었다.175) 안양사의 도생승통이 이색을 위로하기 위해
찾았을 때 술과 음식을 지참했다.176) 또 천태판사가 이색을 찾아왔을 때
술을 지참한 것이 확인된다.177) 승려가 속인을 찾아갈 때 술을 지참하는
예가 드물지 않았는데, 그 술은 사원에서 양조한 것으로 봄이 타당할 것
이다. 이러한 방식으로 사원이 양조한 술이 소비되는 것이다.

사원에서 생산한 술은 판매하는 수도 있었다. 속인을 대접하는 데 사
용하고 남은 것이 있을 경우 이러한 판매는 흔히 있을 수 있었다. 또 판
매를 주목적으로 해서 술을 빚는 일도 없지 않았을 것이다. 현종대 사원
에서 쌀 360여 석으로 빚은 술은178) 판매를 주목적으로 한 것으로 보인
다. 또 인종대 내외 사원 승도의 '賣酒' 행위가 문제로 지적된 적이 있었

---

173) 李奎報, 「五月日 文祭酒廷軾 携酒般來訪 俄有玄源禪師 又携酒果來訪 各以詩謝之」
『東國李相國集後集』 권10(『韓國文集叢刊』 2冊, 236쪽).

174) 李奎報, 「天台玄師聞予訪覺公留飮 携酒來慰 用前韻贈之」『東國李相國集全集』
권8(『韓國文集叢刊』 1冊, 372쪽).

175) 李穡, 「昨蒙慈恩都僧統祐世君 來賀種德新拜密直 且設盛饌 … 」『牧隱詩稿』 권
28(『韓國文集叢刊』 4冊, 398쪽).

176) 李穡, 「昨日安養道生僧統 扶携酒食來勞 今早送紙 以詩謝之」『牧隱詩稿』 권35(『韓
國文集叢刊』 4冊, 514쪽).

177) 李穡, 「天台判事携酒見訪 曹溪猊公適至 二首」『牧隱詩稿』 권11(『韓國文集叢刊』
4冊, 108쪽).

178) 『高麗史』 권5, 世家5 顯宗 18년 6월, 上冊, 109~110쪽 ; 『高麗史節要』 권3, 顯宗
18년 6月, 95쪽.

다.179) 여기에서 알 수 있듯이 사원에서 양조한 술을 판매하는 경우가 적지 않았을 것이다. 사원이나 승려의 술 판매가 자주 거론되는 것은 그만큼 그러한 행위가 보편화되었다는 방증이 된다.180)

사원에서 여행자에게 숙식 등 편의를 제공하는 일은 매우 흔했다. 이들에게 술을 제공하는 수도 있었다. 예컨대 金俊이 수주의 광인원 길가에서 酒食을 베푼 일이 있었다.181) 광인원에서 베푼 주식은 광인원에서 생산했을 것으로 보인다. 광인원에서 양조한 술을 거리에 오가는 사람들에게 베풀었던 것이다. 이처럼 행려에게 베푸는 데 술이 사용되기도 했던 것이다.

사원에서 생산한 술은 다양한 계기에 의해, 여러 사람에 의해 소비되었다. 사원을 찾는 속인에 의해 소비되는 일이 가장 일반적이었던 것으로 보이며, 국왕이 행차하는 경우에는 대량으로 소비되었다. 사원에서 설행된 각종 불교 행사에서도 부분적으로 사원이 양조한 술이 소비된 것으로 추정된다. 세속 사회에서의 판매, 또 행려에 대한 보시에도 사원에서 생산된 술이 사용되었다.

4. 釀造·飮酒·賣酒에 대한 規制

술의 제조는 많은 곡식을 소비하는 것이기 때문에 民食과 國用을 낭비한다는 뜻에서 종종 문제가 되었다. 특히 흉년이 드는 경우 술의 제조

---

179) 『高麗史』 권85, 志39 刑法2 禁令 仁宗 9년 6월, 中冊, 862쪽.
180) 일본의 헤이안 시대, 무로마치 시대에도 사원이 양조판매업자의 역할을 하고 있었다(사카구치 긴이치로(정유경·송완범 역), 2011, 『일본의 술』, 인문사, 102~103쪽).
181) 『高麗史』 권130, 列傳43 叛逆4 金俊, 下冊, 823쪽.

는 더욱 문제 되었다. 大旱, 蝗旱 등을 계기로 해서 禁酒令이 내려졌다. 술을 마시는 행위를 완전히 금하는 것은 사실상 매우 어려운 일이었다. 시중에 판매하는 경우에는 적발할 수 있겠지만, 숨어서 소비하는 경우 그것을 찾아내는 일은 불가능에 가까웠다. 특히 자가 생산해서 소비하는 경우 적발할 수 없었다. 또한 국가에서 제향이나 사신 접대 등 술을 꼭 사용해야 하는 경우가 있어 전면적으로 금지하는 것은 불가능했다.

고려시기 釀造와 飮酒에 관한 제한 조치는 여러 차례 내려졌다(<부록> 참조). 술의 제조를 금지하고 아울러 술 마시는 행위 자체를 금하는 조치였다. 그런데 고려전기와 후기에 규제되는 대상에 큰 차이가 있었다.

고려전기의 술 관련 조치는 대체로 불교계를 대상으로 한 것이었다. 사원이나 승려의 양조 및 飮酒·賣酒를 금하는 조치였다. 양조 행위에 대한 첫 조치는 현종 원년(1010) 8월에 내려졌다. 곧 僧尼의 양조를 금하는 조치가 그것이었다.[182] 가을철에 양조를 금지하는 조치를 내린 것이다. 후대처럼 봄의 가뭄 때문에 내려진 조치가 아니었다.

현종 7년 9월에도 누리의 해와 가뭄이 이어지자 正殿을 피하고 常膳을 줄이며, 宮院에서 음주하고 作樂하는 것을 금하는 조치가 있었다.[183] 궁원의 음주를 금하는 조치이며, 불교계를 대상으로 한 것이 아니었다. 전 사회를 대상으로 한 금주 조치가 아니고 궁원을 대상으로 한 음주 금지 조치인 것이다. 궁원에서부터 솔선하자는 의미였다.

그러나 현종 12년에 가서 다시 승려와 사원을 대상으로 한 조치가 취해졌다. 곧 현종 12년 6월 사원의 승려가 飮酒作樂하는 것을 금하도록 사헌대에서 아뢴 것이 그것이었다.[184] 그것을 수용한 조치가 취해졌는지는 명확하지 않지만, 승려의 음주가 매우 성행하고 그것이 정부에서

---

182) 『高麗史』 권85, 志39 刑法2 禁令 顯宗 원년, 中冊, 860쪽 ; 『高麗史節要』 권3, 顯宗 원년 8월, 70쪽.
183) 『高麗史』 권54, 志8 五行2 金 顯宗 7년 9월, 中冊, 229쪽.
184) 『高麗史』 권85, 志39 刑法2 禁令 顯宗 12년 6월, 中冊, 861쪽.

논의될 정도에 이르렀음을 알 수 있다. 현종 12년 7월 사원의 양조를 다시 금하는 조치가 취해졌다.[185] 이것은 현종 원년의 조치가 이어진 것이기에 '復禁'이라고 표기한 것으로 보인다.

현종 원년과 12년의 양조 행위 금지 조치에도 불구하고 사원에서 양조하는 일이 성행했다. 현종 18년 6월 양주에서 아뢰어 장의사, 삼천사, 청연사 승려가 금령을 위반하고 쌀 360여 석으로 양조했는데 처벌하도록 하자, 국왕이 이를 받아들였다.[186] 양조 행위 자체도 문제지만 그 규모가 엄청나 더욱 문제된 것으로 보인다. 사원에서 문 닫고 조용히 소비했다면 발각될 소지가 적었을 것이지만 대량으로 생산한 뒤 이것을 판매를 위해 공급했기에 적발된 것으로 보인다.

현종대 양조·음주 행위 금지는 사원이나 승려를 주 대상으로 취해졌다. 후기의 금주령이 봄철과 초여름에 주로 내려지는 것과 달리 늦여름 6월이나 7,8월 추수철에 내려짐도 주목할 사항이다. 추수철을 전후해 잉여곡을 처분하는 일환으로 양조가 성행했음을 알려 준다.

현종대에 사원에서 양조를 금하고, 또 그 행위가 적발되어 처벌받기도 했지만, 이후에도 사원의 양조가 지속되자 이에 대한 규제 조치가 취해졌다. 문종 10년(1056) 9월에 국가의 역을 회피하는 무리가 사문이라 칭하고서 술을 빚고 파와 마늘 농사를 지으며 상인과 연결되어 상업 활동을 전개하고 객과 어울려 술을 마시고 있다는 내용을 다음과 같이 지적했다.

> 한쪽 어깨를 내놓는 승려의 도포를 술독의 덮개로 삼으며, 경전을 읽고 범패하는 장소를 파와 마늘 밭으로 삼았다. 상인과 결탁하여 매매하며, 객인과 어울려 술 취하고 즐기고 있다.[187]

---

185) 『高麗史』 권85, 志39 刑法2 禁令 顯宗 12년 7월, 中冊, 861쪽.
186) 『高麗史』 권5, 世家5 顯宗 18년 6월, 上冊, 109~110쪽 ; 『高麗史節要』 권3, 顯宗 18년 6월, 95쪽.

이러한 승려를 중외의 사원에서 沙汰시키고 계율을 잘 지키는 자만을
안주케 하며, 이를 위반한 자는 법으로써 논하라고 했다.[188] 양조·음주
및 술 판매 행위를 한 승려를 배제시키도록 조치한 것이다. 그러한 행위
를 한 승려를 사원에서 퇴출시킴으로써 양조·음주·賣酒를 정지시키고자
한 것이다.

사원에서 양조하고 그 술을 판매하고 있었음은 이후에도 문제로 지적
되고 있다. 인종 9년(1131) 6월, 음양회의소에서 아뢴 내용에, 내외 사사
의 승도들이 '賣酒鬻葱'하고 있다는 언급이 있다. 이러한 행위에 대해 어
사대·금오위로 하여금 순검해 금지토록 하라고 건의하자 국왕이 그렇게
하도록 했다.[189] 승려들이 술을 판매하고 있다는 것은 곧 양조하고 있음
을 뜻하는 것이다. 이 시기에도 승려의 양조 및 매주가 매우 성행하여
금지하는 조치가 취해진 것이다.

이규보가 활동하던 시기에도 사원에서 술 마심을 금하는 조치가 취해
졌음이 확인된다. 이규보가 佛恩寺 雲公을 찾아갔다가 사원에서 술 마심
을 국령으로 금한다는 말을 들었음을 전하고 있다.[190] 이규보가 금주 조
치를 모르고 찾은 것으로 보여 금주의 조치는 아마도 사원만을 대상으로
한 것으로 보인다. 무인집권기 중반까지는 양조·음주에 대한 규제는 여
전히 사원을 대상으로 했음을 알 수 있다.

무인집권기에 내려진 금주령에 특이한 내용이 보인다. 고급술에 해당
하는 청주를 농민이 마시지 못하도록 한 조치가 그것이다. 관인을 비롯
한 지배층은 청주를 마시는 것을 허용하되, 농민은 청주를 마시지 못하

---

187) 『高麗史』 권7, 世家7 文宗 10년 9월, 上冊, 160쪽 ; 『高麗史節要』 권4, 文宗 10년
    9월, 133~134쪽.
188) 위와 같음.
189) 『高麗史』 권85, 志39 刑法2 禁令 仁宗 9년 6월, 中冊, 862쪽 ; 『高麗史節要』 권9,
    仁宗 9년 6월, 250쪽.
190) 李奎報, 「訪佛恩寺雲公 聞國令禁僧家飮」 『東國李相國集全集』 권7(『韓國文集叢
    刊』 1冊, 364쪽).

고 겨우 막걸리만을 마시도록 조치했는데, 이규보가 자신의 시에서 이것을 비판하고 있다.[191] 술 마시는 것 자체는 금하지 않되 고급의 청주만은 마시지 못하도록 한다는 것이다. 금지하지 않아도 농민이 청주를 마시는 것은 매우 어려운 일이었다. 이러한 현실 조건 속에서 굳이 농민이 청주 마시는 것을 금지한 조치는 당시 신분의 동요와 깊이 관련된 것으로 보인다. 이것은 무인집권기의 특수한 분위기에서 나올 수 있는 조치였다. 이러한 금주령은 이후 고려시기에 시행된 적이 없었다.

무인집권기까지 양조·음주에 대한 규제가 이처럼 불교계를 대상으로 했지만, 원 간섭기부터 세속 사회 전반을 대상으로 조치가 취해졌다. 이 시기에도 사원에서 여전히 양조하고 있고 승려가 술을 마시는 일도 빈번한 상태에서 이런 조치가 취해진 것은 술의 양조 및 음주가 불교계에 한정되지 않고 사회 전체로 널리 확대되었기 때문이었다.

원 간섭기부터 금주의 조치가 자주 발동되었다. 가뭄이 심할 때 내려지는 조치였다. 이전 시기에는 가뭄이 들어도 금주령이 내려지는 일이 거의 없었지만, 이 시기부터 자주 금주령이 내려진 것이다. 가뭄이 있으면 식량의 부족이 뒤따르므로 곡식을 소비하는 양조가 문제되는 것이다. 금주 조치는 기본적으로 술 마시는 것을 규제하는 것이지만, 술을 마시지 못하게 한다면 곧 양조 행위는 중지될 것이다.

충렬왕 4년(1278) 3월의 조치는 금주령의 실체를 이해하는 데 도움을 준다.

도병마사가 判에 의거해 出牒해 이르기를, "元에서 각 지방에 斷酒토록 했으니 고려에서도 마땅히 이를 행하여야 한다. 聖節日이나 上朝의 사신을 영접하는 궁중 연회, 연등과 팔관에는 술이 없을 수 없으니 양온서로 하여금 공급하게 한다. 국가에서 행하는 祭享이나 醮酒는 양온서에서 별도로 造釀都祭庫

---

191) 李奎報, 「聞國令禁農餉淸酒白飯」 『東國李相國集後集』 권1(『韓國文集叢刊』 2冊, 140쪽).

를 세우고 燒錢色의 간접 요청[傳請]에 따라 제공해 베풀게 한다[供設]. 이밖의 公私에서 모두 금단한다. 위반하는 자는 유직자는 罷黜하고 무직자는 論罪한다. 閭里에서 사사로이 양조해 마시는 일이 있을 경우, 그곳 관원이나 비장 등이 알고서 고하지 않으면 논죄한다. 이미 양조한 술은 금월(3월) 21일까지 모두 소비할 것이며 이미 만든 누룩은 이번 달까지 모두 우창에 납부하고 우창에서 그 값을 줄 것이다. 외방의 경우에도 역시 안렴사, 안집사로 하여금 날짜를 한정해 금단토록 하고 누룩 역시 관에 납부하되 관청에서는 그 값을 주고 우창으로 보낼 것이다."라고 했다.192)

술이 꼭 필요한 특수한 경우에 한해 국가기관에서 제공하도록 하고, 여타에서는 음주할 수 없도록 한 것이다. 이미 양조한 술은 이번 달 21일까지 모두 소비토록 하고, 이미 만든 누룩 역시 이번 달에 모두 우창에 납부하며, 외방 역시 누룩을 관에 납부하도록 한 것이다. 기왕에 만든 술이 있는데, 어느 날 갑자기 금주토록 할 수는 없는 것이었다. 그러므로 일정한 기간을 정해 기왕에 양조한 것을 모두 소비토록 하는 것이다. 그리고 금주를 엄격히 시행하기 위해서 술을 빚는 데 필수적인 누룩을 관에서 거두어들이는 것이다.

충렬왕 4년 이후 같은 왕 12년 9월, 13년 윤2월, 15년 4월, 22년 5월에 금주 조치가 있었다.193) 충선왕 4년 5월에 금주령이 있었으며,194) 충숙왕대에는 3년 3월, 5년 5월, 10년 5월, 11년 4월, 16년 5월, 후4년 5월, 후7년 6월에 걸쳐 여러 차례 금주령이 발동되었다.195) 또 충목왕 원년

---

192) 『高麗史』 권85, 志39 刑法2 禁令 忠烈王 4년 3월, 中冊, 863쪽.
193) 『高麗史』 권30, 世家30 忠烈王 12년 9월, 上冊, 615쪽 ; 『高麗史』 권30, 世家30 忠烈王 13년 윤2월, 上冊, 616쪽 ; 『高麗史』 권30, 世家30 忠烈王 15년 4월, 上冊, 621쪽 ; 『高麗史』 권31, 世家31 忠烈王 22년 5월, 上冊, 638쪽.
194) 『高麗史』 권34, 世家34 忠宣王 4년 5월, 上冊, 691쪽.
195) 『高麗史』 권34, 世家34 忠肅王 3년 3월, 上冊, 700쪽 ; 『高麗史』 권34, 世家34 忠肅王 5년 5월, 上冊, 703쪽 ; 『高麗史』 권35, 世家35 忠肅王 10년 5월, 上冊, 709쪽 ; 『高麗史』 권54, 志8 五行2 金 忠肅王 11년 4월, 中冊, 228쪽 ; 『高麗史』 권35, 世家35 忠肅王 16년 5월, 上冊, 718쪽 ; 『高麗史』 권35, 世家35 忠肅王 후4

5월, 2년 5월, 3년 4월, 4년 3월에 금주 조치가 있었다.196) 대개 가뭄이 발생했을 때 금주령이 발동되었다.

공민왕 3년(1354) 5월에도 가뭄으로 금주하고 減膳했다.197) 국왕을 중심으로 한 조치로 보이지만 국왕이 몸소 실천하는 상황에서 일반인들이 음주하기는 어려웠을 것이다. 공민왕 7년 4월에는 福靈寺와 여러 神祠에 기우제를 지냈지만 봄에서 여름에 이르도록 가뭄이 심하여 어사대에 명해 금주하도록 했다.198) 그밖에도 공민왕대에 여러 차례 금주 조치가 취해졌다.199)

금주령은 이처럼 원 간섭기에 자주 내려지고 있었다. 심각한 가뭄이 발생할 때마다 반복적으로 내려지는 조치였다. 그것은 우왕대에 이르면 더욱 빈번히 취해졌다. 우왕 원년에는 기근이 들어서, 2년에는 큰 가뭄으로 금주 조치가 있었다.200) 우왕 3년(1377) 3월에도 사헌부에서 수해·한해·병란이 중첩된다고 하여 금주할 것을 요청하자 이를 따르는 조치가 있었다.201) 이후 우왕 9년 3월 가뭄으로 금주하도록 했으며,202) 10년 3월에도 금주 조치가 있었고, 13년 5월에도 가뭄으로 금주토록 했다.203)

년 5월, 上冊, 720쪽 ;『高麗史』권35, 世家35 忠肅王 후7년 6월, 上冊, 722쪽.

196)『高麗史』37, 世家37 忠穆王 원년 5월, 上冊, 744쪽 ;『高麗史』권37, 世家37 忠穆王 2년 5월, 上冊, 745쪽 ;『高麗史』권54, 志8 五行2 金 忠穆王 3년 4월, 中冊, 228쪽 ;『高麗史』권37, 世家37 忠穆王 4년 3월, 上冊, 747쪽.

197)『高麗史』권54, 志8 五行2 金 恭愍王 3년 5월, 中冊, 228쪽.

198)『高麗史』권54, 志8 五行2 金 恭愍王 7년 4월, 中冊, 228쪽.

199) 恭愍王 9년 4월, 12년 5월, 13년 3월, 13년 6월, 22년 3월, 23년 2월에도 금주령이 내려졌다(<부록> 참조).

200)『高麗史』권133, 列傳46 辛禑1 辛禑 원년 3월, 下冊, 867쪽 ;『高麗史』권133, 列傳46 辛禑1 辛禑 2년 6월, 下冊, 869쪽.

201)『高麗史』권133, 列傳46 辛禑1 辛禑 3년 3월, 下冊, 876쪽.

202)『高麗史』권54, 志8 五行2 金 辛禑 9년 3월, 中冊, 229쪽.

203)『高麗史』권135, 列傳48 辛禑3 辛禑 10년 3월, 下冊, 916쪽 ;『高麗史』권54, 志8 五行2 金 辛禑 13년 5월, 中冊, 229쪽 ;『高麗史』권136, 列傳49 辛禑4 辛禑 13년 5월, 下冊, 942쪽.

이색의 시에서는 이상 언급한 금주 조치 이외에도 여러 번 금주령이 내려진 것이 확인된다.204) 우왕 4년, 5년, 6년, 7년 계속해서 금주령이 발동되고 있었음을 이색은 언급하고 있다.205) 공양왕 3년 4월에도 가뭄으로 인해 금주령이 발동되었다.206)

원 간섭기부터 금주 조치는 사원만을 대상으로 취해지는 것이 아니고 전 사회를 대상으로 한 것이어서 불교계만을 주대상으로 하던 고려전기의 조치와는 구분되는 것이다. 그리고 금주령이 내려지는 시기도 대부분 3,4,5월에 한정되어 있어서, 고려전기 6,7,8월에 양조·음주 금지 조치가 내려진 것과 대비된다. 이 시기 음주가 가뭄을 계기로 문제된 것임에 반해 전기에는 잉여곡의 처분과 관련해 문제가 된 것이다.

금주령이 발동되는 경우 시작하는 시점을 분명하게 제시함으로써207) 기왕의 술을 처분할 수 있도록 했다.208) 또 그 내용을 담은 방을 붙여

---

204) 이색의 시가 쓰여진 시점은 이익주, 2013, 『이색의 삶과 생각』, 일조각, 323~458 쪽에 실린 작품 연보를 통해 파악할 수 있다.

205) 李穡, 「卽事」, 『牧隱詩稿』 권11(『韓國文集叢刊』 4冊, 99쪽) ; 李穡, 「淸明節」, 『牧隱詩稿』 권16(『韓國文集叢刊』 4冊, 176쪽) ; 李穡, 「昌和安政堂 與宗孫雞林君 携酒見訪云 酒禁限卄五日 是以來慰耳 … 」, 『牧隱詩稿』 권22(『韓國文集叢刊』 4冊, 304~305쪽) ; 李穡, 「酒禁限卄五日 送酒如送人 分袂之際 一東一西 背之而走 … 」 『牧隱詩稿』 권22(『韓國文集叢刊』 4冊, 305쪽) ; 李穡, 「紀事」, 『牧隱詩稿』 권22(『韓國文集叢刊』 4冊, 305쪽) ; 李穡, 「又吟」, 『牧隱詩稿』 권22(『韓國文集叢刊』 4冊, 305~306쪽) ; 李穡, 「昨遣家僮 進李商議門屛 問公接客與否 將以進見也 … 」, 『牧隱詩稿』 권23(『韓國文集叢刊』 4冊, 310쪽) ; 李穡, 「乙巳門生 以酒食來 亦因酒禁也」, 『牧隱詩稿』 권29(『韓國文集叢刊』 4冊, 409쪽) ; 李穡, 「金大諫來訪云 昨日上官酒禁 故無黃封 旣去 吟得三首六友也」 『牧隱詩稿』 권29(『韓國文集叢刊』 4冊, 410쪽) ; 李穡, 「昨同韓淸城 歷謁廣平侍中不遇 鐵城侍中水飯 入宮洞朴思愼開城宅又水飯 … 」, 『牧隱詩稿』 권29(『韓國文集叢刊』 4冊, 413~414쪽).

206) 『高麗史』 卷46, 世家46 恭讓王 3년 4월, 上冊, 890쪽.

207) 李穡, 「昌和安政堂 與宗孫雞林君 携酒見訪云 酒禁限卄五日 是以來慰耳 … 」, 『牧隱詩稿』 권22(『韓國文集叢刊』 4冊, 304쪽) ; 李穡, 「酒禁限卄五日 送酒如送人 分袂之際 一東一西 背之而走 … 」, 『牧隱詩稿』 권22(『韓國文集叢刊』 4冊, 305쪽).

208) 금주령은 이미 양조한 것이 있기 때문에 갑자기 시행할 수 없었다. 금주령이 발

널리 알렸다.209) 금주령이 내려지면 그 순간부터 양조하는 것이 금지된 것으로 보아야 할 것이다. 금주령이 내린 시점은 결국 양조 금지의 시점이며, 실제 금주를 준수해야 하는 것은 일정한 시일이 지나야 가능했다.

현실 사회에서 금주령이 내려지면 술을 마시는 것은 금지되었다. 금주령은 嚴한 것으로 표현되었다.210) 현실에서는 그것을 어기고 술을 마시는 일도 없지 않았던 것 같다. 특히 관인이나 고위층 인물의 경우에 그러했다.

충렬왕 4년 무렵의 일로 추정되는데, 朱悅이라는 인물이 술을 좋아하여 하루라도 마시지 않는 날이 없었다. 사신이 되어 지방에 이르렀는데 마침 금주령이 내려진 때였다. 그가 갈증이 몹시 심하여 물을 찾자, 현령이 그가 술을 좋아함을 알고 큰 그릇에 술을 따라 바쳤으며 주열이 말없이 마신 일이 있다.211) 주금이 내려지면 술 마시는 것은 금지되었다. 그렇지만 현실에서는 술 마시는 일이 없지 않았음을 알 수 있다. 물론 상당한 부담감 속에서 음주했다.

공민왕 원년(1352) 6월, 금주령을 어긴 錄事 崔宗과 玄思德을 監察司에서 탄핵했는데, 최종이 국왕 앞에서 격구를 잘 시연하자 왕이 기뻐하면서 죄를 면해준 일이 있다.212) 금주령을 위반하면 원칙상 처벌을 받는

동되는 경우 대체로 시작 날짜를 정해서 그 이후 음주를 금지하도록 하되, 기왕의 술은 시작 전에 소비하도록 했다. 전통술을 발효시키는 데는 높은 온도에서 7일 정도 소요되고, 낮은 온도에서 3주 정도 소요된다고 한다(권희자, 2012, 앞의 책, 28쪽). 그러므로 금주령은 발령된 뒤 적어도 1주일 이후, 혹은 3주일 이후부터 시행될 수 있었다. 19세기 순조대에는 주금 실시 6일전이나 10일전에 민인에게 그 내용을 효유했다(김대길, 2006, 『조선후기 牛禁·酒禁·松禁 연구』, 경인문화사, 104쪽).

209) 李穡, 「紀事」, 『牧隱詩稿』 권22(『韓國文集叢刊』 4冊, 305쪽) ; 『高麗史』 권111, 列傳24 慶復興, 下冊, 431쪽.

210) 權近, 「在長湍作」, 『陽村集』 권3(『韓國文集叢刊』 7冊, 37쪽).

211) 『高麗史』 권106, 列傳19 朱悅, 下冊, 335쪽.

212) 『高麗史』 권38, 世家38 恭愍王 원년 6월 丁未, 上冊, 758쪽.

것은 당연한 일이었다.

우왕 초 무렵에 慶復興이 池奫과 李仁任 등이 인사를 마음대로 하자 술 마시고 취하는 것을 일로 삼았다. 도당에서 원나라에 보낼 글을 의논하고자 했는데, 경복흥이 술 취해 오지 않은 일이 있었다. 이때 최영이 堂吏에게 소리쳐 말하기를, "禁酒榜을 철거할 것이다. 수상이 이와 같을 수 있겠는가?" 라고 했다.213) 금주했음에도 불구하고 경복홍 같은 고위의 인물이 술을 마셨던 것이다. 물론 경복홍은 이 일로 매우 난처해했다.

금주령이 매우 엄하기 때문에 고위층의 인물이 혹 술을 마실지라도 아주 부담스러워했다. 국가에서 특수한 경우에 술을 사용할지라도 역시 부담스러운 일이었다. 공식적인 절차를 밟지 않으면 술을 확보하는 것이 어려웠다. 국왕조차도 마음대로 하기에 부담스러웠던 것으로 보인다. 유모가 제사 지내려 할 때 우왕이 술의 조달로 고민한 예가 그것이다. 우왕의 유모 張氏가 松岳에 제사 지내려 하자 국왕이 환자 鄭鸞鳳을 시켜 禹玄寶에게 말하기를, "지금 금주령이 엄한데 유모가 송악에 제사지내고자 하니 어떻게 할 것인가?" 하니 우현보가 "술은 신에게 제사하는 물건이니 司醞署의 帖을 받는다면 가하다."라고 말했다.214) 금주령이 엄하다 해도 사온서의 첩을 받아 술을 제공받는다면 송악에 제사 지낼 수 있다는 것이다. 금주령이 발동되면 술을 조달하기 위해서는 일정한 절차가 필요했다. 금주령이 갖는 엄격성을 확인할 수 있다.

금주령이 발동되더라도 고위층의 인물이나 왕실과 관련된 이들은 금주령 하에서도 어느 정도 술을 마실 수 있었던 것으로 보인다. 국가와 관련된 행사에 술을 사용하는 것은 엄격히 규제되지 않은 것으로 보인다. 금주령을 위반해 처벌받는 이들은 하층의 사람이나 술을 판매해 생

---

213) 『高麗史』 권111, 列傳24 慶復興, 下冊, 431쪽.
214) 『高麗史』 권115, 列傳28 禹玄寶, 下冊, 537쪽. '沽酒引'도 술을 살 수 있는 표로 보인다(무명씨, 「亭止寺」 『東文選』 권14(民族文化推進會 影印本 1冊, 281쪽)). 금주령 하에서 술을 사려면 특별한 표가 있어야 가능했음을 알려 준다.

활해 가는 상인뿐이었을 것이다. 그러한 사정은 조선초의 기록에 잘 나타난다. 상층 신분의 사람들은 술을 마시더라도 항상 법망에서 빠져나가 처벌을 면제받으며, 반면 낮은 계층의 사람은 조금이라도 술을 마시면 처벌에서 벗어날 수 없었고, 또 술을 팔아 생활을 영위하는 자들이 처벌받았다고 지적했다.215)

고려말기의 잦은 금주령의 선포는 가뭄이 이유가 되기는 했지만, 그만큼 술의 생산과 소비가 급증했음을 의미하는 것으로 보인다. 조선초의 儒者들은 고려말의 음주가 매우 문란했음을 고려 멸망의 한 원인으로 지적하기까지 했다. 신라가 포석정에서 패배한 것, 백제가 낙화암에서 멸망한 것 모두 술 때문이라고 했으며, 나아가 고려도 그러했다고 주장했다. 고려말에 '上下相師 沈湎自恣'해서 결국 망했다는 것이다.216) 고려말에 상하가 서로 본받아 술에 빠져 결국 멸망에 이르렀다는 지적이다. 과도한 표현일 수 있겠지만 고려말의 잦은 금주령이 발동된 배경을 시사한다.

고려말의 음주 폐단에 대해서는 사회의 풍조와 관련해 통렬하게 지적하기도 했다. 곧 고려말기에 기강이 무너지고 禮制가 허물어져서, 사대부들이 모두 옛날 晉나라 사람의 풍류에 따라 음주를 즐기는 이를 마음이 넓고 달통한 사람이라 일컫고, 예법을 廢棄하고 세상 만사를 잊어버렸으며, 서민들이 또한 이를 본받았다고 했다. 손님을 대접할 때 좋은

---

215) 『太宗實錄』 권7, 太宗 4年 2月 丙申(25일), 1冊, 290쪽 ; 『太宗實錄』 권10, 太宗 5年 8月 丁卯(4일), 1冊, 332쪽 ; 『太宗實錄』 권10, 太宗 5年 8月 丁丑(14일), 1冊, 333쪽 ; 『太宗實錄』 권24, 太宗 12年 7月 庚子(17일), 1冊, 643쪽 ; 『太宗實錄』 권33, 太宗 17年 5月 丙戌(1일), 2冊, 159쪽 ; 『世宗實錄』 권7, 世宗 2年 閏1月 壬辰(23일), 2冊, 370쪽 ; 『世宗實錄』 권31, 世宗 8年 2月 丁亥(23일), 3冊, 9쪽 ; 『世宗實錄』 권69, 世宗 17年 8月 庚戌(11일), 3冊, 647쪽.

216) 『世宗實錄』 권62, 世宗 15年 10月 丁丑(28일), 3冊, 523쪽. 이 교서는 유의손이 작성한 것이다(柳義孫, 「誡酒敎書」 『東文選』 권24(民族文化推進會 影印本 1冊, 417~418쪽)).

술과 안주를 준비하고 그릇을 넘치게 갖추었다고 지적했다. 재물을 허비할 뿐만 아니라 상하의 구별이 없게 되었으며, 심한 자는 한 번에 두어 말의 술을 마시고 여러 날 동안 정신 없이 취하여 시간을 모르고 일을 폐하는 데에 이르렀다고 비판했다.[217] 고려말 음주가 과도해서 사치한 술자리가 베풀어졌으며, 상하의 분별이 없어지고 禮法이 허물어졌다고 지적한 것이다. 고려말 음주 문화가 분방한 데에는 불교계의 양조·음주·매주도 일조했다.

고려말의 도를 넘는 음주 문화는 조선초 정리해야 할 풍조로 인식되었다. 그에 따라 고려의 풍류 넘치는 음주 문화는 조선에 들어와 크게 위축되는 방향으로 바뀌어 갔다. 조선초 잦은 금주령의 발동은 가뭄이나 누리의 피해에 기인한 것이기는 하지만,[218] 고려말의 분방한 음주 문화를 타파하기 위한 것도 하나의 목적이었다고 여겨진다. 釀造·飮酒·賣酒에서 중요한 비중을 차지했던 불교계도 조선초의 이런 정책으로 인해 술 문화에서 차지하는 위상이 현저히 낮아질 수밖에 없었다.

5. 結語

고려시기 술은 매우 보편적인 상품으로 널리 생산되고 유통되었다. 특이하게도 사원이나 승려도 술의 생산과 소비에서 중요한 위치를 차지하고 있었다. 불교계가 고려시기 술 문화를 선도해 갔다고 하기는 힘들지라도 술 문화에 깊이 관련되어 있었다고 볼 수 있다. 특히 고려전기에는 사원과 승려가 술 문화를 적극 주도한 것으로 보인다.

---

217) 『太祖實錄』 권7, 太祖 4年 4月 戊子(25일), 1冊, 78쪽.
218) 정대용, 1999, 「조선초기 금주령 연구」, 청주대 사학과 석사학위논문 ; 박소영, 2013, 「조선시대 금주령의 법제화 과정과 시행양상」, 『全北史學』 42.

고려시기 술은 주로 곡물을 사용하여 빚었으며, 청주와 탁주로 구분되었다. 술의 생산은 보편화되어 개인들이 집에서 술을 빚어 마시는 것이 일상화되어 있었다. 술은 개경은 물론 지방에서도, 또 부곡에서도 빚은 것이 확인되어 전국 도처에서 생산되었음을 알 수 있다. 술은 활발하게 거래되는 중요한 상품으로 자리잡고 있었으며, 술집은 문인의 시에서 자주 언급되었다. 그리고 술을 구입하기 위해 귀중품을 저당잡히는 것은 드문 일이 아니었다. 술이 중요한 거래 품목이었으므로 국가에서는 화폐의 사용을 권장하기 위해 주점을 활용했다. 세속 사회와 깊은 유대를 갖는 불교계 역시 이러한 술의 문화와 깊은 관련을 맺고 있었다. 사원에서 술을 빚는 일이 성행하여 현종대 금지되는 경우도 보이며, 금령을 어기고 술을 빚어 처벌받는 사원도 확인된다. 문종대와 인종대에도 승려의 양조 및 賣酒 행위가 문제로 지적되기도 했다. 고려말까지 사원의 양조 및 매주는 지속되었다. 사원을 찾은 속인에게 술을 제공하는 경우, 또 국왕이 사원에서 술자리를 마련하는 경우에 사용된 술은 사원에서 양조한 것으로 보인다. 사원의 양조가 보편화되었기 때문에 승려에게 술 빚기를 권유하는 표현도 나올 수 있었다. 잉여곡을 풍부하게 확보하고 있는 사원은 양조할 수 있는 여력을 보유하고 있었다.

사원에서 생산된 술은 여러 계기에 의해, 다양한 부류의 사람에 의해 소비되었다. 승려 스스로 음주하는 경우도 없지 않았다. 무엇보다도 가장 많이 소비되는 경우는 속인을 맞이했을 때였다. 이규보·이색 등 문인이 사원을 찾아 술을 마시는 것은 아주 흔한 일이었다. 이때 승려가 동석해 함께 음주하는 일도 적지 않았다. 국왕이 사원에 행차해 연회가 베풀어지는 경우에도 사원에서 술을 제공했던 것으로 보인다. 불교 행사와 관련해서도 사원의 술이 소비되었다. 연등회와 팔관회 행사에 이어지는 부대 행사가 사원에서 베풀어지는 경우 술이 사용된 것으로 보인다. 그리고 국왕의 기일재 때 사원의 진전에서 술을 올린 것이 확인되고, 사원에서 화려하게 열리는 낙성 행사에서도 술을 사용하는 예가 보이며, 사원에서 열리는 민속절의 행사에 음주가 동반되는 것도 찾아진다. 이러한 행사에서는 사원이 양조한 술을 소비했을 것이다. 속인에게 승려가 술을 선물하는 경우도 보이며, 숙박하는 행려에게 술을 제공하기도 했는데 이때에도 사원의 술이 사용되었다. 세속 사회에서 술을 판매하는 경우도 적지 않았을 것으로 보인다.

술을 빚는 것은 곧 곡식을 소비하는 것이기 때문에 民食과 國用에 문제가 되었다. 특히 가뭄이 심각하거나 흉년이 들면 더욱 그러했다. 양조·음주에 대한 제한 조치는 현종대에 여러 번 취해졌다. 주로 사원이나 승려를 대상으로 내려졌으며 그 시점은 6·7·8월이었다. 가뭄 때문에 내려진 것으로 보이지 않고 잉여곡의 처리와 관련해 문제된 것으로 판단된다. 현종대 이후에도 사원과 승려의 양조·음주·매주 행위가 이어져 여러 차례 문제되고 금지되기도 했다. 불교계를 대상으로 한 이러한 조치는 무인집권기에도 이어졌다. 그러나 원 간섭기부터 금주령의 대상이 확대되었다. 충렬왕대 이후 금주령이 자주 내려졌는데, 충숙왕과 충목왕, 공민왕대에 그러한 조치가 있었다. 우왕대에는 아주 빈번하게 금주령이 발동되었다. 이때의 금주령은 가뭄을 계기로 봄철에 내려졌으며, 불교계만이 아니라 전 사회를 대상으로 했다. 금주령은 매우 엄격한 것으로 인식되어 고위층의 인물이 술을 마시는 경우에도 큰 부담감을 가지지 않을 수 없었다. 고려말의 잦은 금주령 발동은 역설적으로 양조와 음주가 극성을 부렸음을 반증하는 것으로 보인다. 이러한 술의 생산과 소비에는 불교계도 중요한 몫을 담당했다. 고려말기의 과도한 음주, 이로 인한 상하 관계의 동요, 예제의 문란은 고려 멸망의 요인으로 지적하기도 했다. 조선초 빈번하고 엄격한 금주령의 발동은 고려말 과도하고 분방한 양조·음주 행위의 척결과 깊은 관련을 갖는 것으로 이해된다. 조선초의 이러한 조치 속에서 사원과 승려의 양조, 음주와 매주는 고려시기보다 크게 축소되는 것은 당연한 귀결이라 할 수 있다.

고려시기 사원과 승려의 양조·음주·매주 행위는 활발했다. 모든 승려, 모든 사원이 이러한 행위에 적극 참여한 것은 물론 아니었다. 그렇지 않은 승려·사원도 적지 않았다. 그러나 사회적으로나 또 승려 스스로가 그러한 행위를 크게 문제삼는 분위기는 아니었다. 결국 고려시기 불교계는 술 문화에 대해 비교적 관대했다고 평가할 수 있을 것이다.

〈부록〉고려시기 禁酒 관련 기사

연 월	내 용	전 거
현종 원년 8월	僧尼가 釀酒하는 것을 금했다.	『高麗史』권85, 刑法2 ; 『高麗史節要』권3
현종 7년 9월	교서를 내려 이르기를, "南界의 州縣에 누리떼[蝗蟲]와 가뭄의 피해가 겹쳤다고 한다. 굶주리는 백성들을 생각하면 어찌 내 스스로를 책망함이 없을 수 있겠는가. 마땅히 正殿을 피하고 식사에서 반찬 수를 줄이며, 여러 宮院에서는 음주와 음악 연주를 금지하라."라고 했다.	『高麗史』권4, 世家4 ; 『高麗史』권54, 五行2 ; 『高麗史節要』권3
현종 12년 6월	사헌대가 아뢰기를, "여러 사원의 승려가 술 마시고 음악하는 것을 금하십시오."라고 했다.	『高麗史』권54, 五行2 ; 『高麗史』권85, 刑法2 ; 『高麗史節要』권3
현종 12년 7월	다시 사원에서 釀酒하는 것을 금했다.	『高麗史』권54, 五行2 ; 『高麗史節要』권3
현종 18년 6월	양주에서 아뢰기를, "莊義寺·三川寺·青淵寺의 승려들이 금법을 어기고 360여 석의 쌀로 釀酒하였으니 율에 의거해 단죄하십시오."라고 하니 국왕이 따랐다.	『高麗史』권5, 世家5 ; 『高麗史節要』권3
문종 10년 9월	제서를 내려 이르기를, "釋迦가 가르치기를 清淨을 우선으로 삼고 더러운 것을 멀리하며 탐욕을 없애야 한다고 하였다. 지금 役을 회피하는 무리가 승려라 의탁해 칭하고서, 재물을 불려 생계를 경영하며 농업과 축산으로 업을 삼거나 상업을 풍습으로 삼고 있다. (밖에) 나가서는 계율의 條文을 위배하고 들어와서는 청정의 규약이 없다. 한쪽 어깨를 내놓는 승려의 도포를 술독의 덮개로 삼고, 경전을 읽고 범패하는 장소를 잘라내서 파와 마늘 밭으로 삼았다. 상인들과 결탁해 매매하고 客人들과 결탁해 술 취하고 즐기며, 기생집에서 떠들썩하게 섞이고 盂蘭盆 행사를 더럽히고 있다. 세속인의 冠을 쓰고 세속인의 옷을 입었으며, 사원 수리를 빙자하여 깃발과 북을 갖추어 노래하고 피리 불면서, 마을에 출입하고 시장을 돌아다니며 사람들과 싸워 피투성이가 되기도 한다. 나는 그들 중에 선악을 구분하고 엄숙히 기강을 바로잡고자 하니, 마땅히 전국의 사원을 정리하여 戒行에 정진하는 자는 모두 안착하게 하고 위반한 자는 법으로 죄를 묻도록 할 것이다."라고 했다.	『高麗史』권7, 世家7 ; 『高麗史節要』권4

인종 9년 6월	陰陽會議所에서 아뢰기를, “근래에 승려와 俗人의 雜類들이 모여 무리를 이루어 萬佛香徒라 호칭하고 때로는 염불과 독경을 하면서 거짓되고 망령된 짓을 합니다. 혹은 서울과 지방의 사원 승도들이 술을 팔고 파를 팔기도 하며, 혹은 무기를 지니고 악한 짓을 하고 날뛰면서 유희를 벌여 법도를 어지럽히며 풍속을 망가뜨리고 있습니다. 청컨대 御史臺와 金吾衛로 하여금 순찰하고 단속해 금지시키십시오.”라고 하니, 조서를 내려 허락한다고 했다.	『高麗史』 권85, 刑法2 ; 『高麗史節要』 권9
무인 집권기	佛恩寺 雲公을 찾아갔다가 僧家에서 술 마심을 國令으로 금한다는 말을 듣다.	『東國李相國集全集』 권7
충렬왕 4년 3월	도병마사가 判에 의거해 出牒해 이르기를, “元에서 각 지방에 斷酒토록 했으니 고려에서도 마땅히 이를 행하여야 한다. 聖節日이나 上朝의 사신을 영접하는 궁중 연회, 연등과 팔관에는 술이 없을 수 없으니 양온서로 하여금 공급하게 한다. 국가에서 행하는 祭享이나 醮酒는 양온서에서 별도로 造釀都祭庫와 燒錢色을 세워 거기서 제공하게 한다. 이밖의 公私에서 모두 금단한다. 위반하는 자는 유직자는 罷黜하고 무직자는 論罪한다. 閭里에서 사사로이 양조해 마시는 일이 있을 경우, 그곳 관원이나 비장 등이 알고서 고하지 않으면 논죄한다. 이미 양조한 술은 금월(3월) 21일까지 모두 소비할 것이며 이미 만든 누룩은 이번 달까지 모두 우창에 납부하고 우창에서 그 값을 줄 것이다. 외방의 경우에도 역시 안렴사, 안집사로 하여금 날짜를 한정해 금단토록 하고 누룩 역시 관에 납부하되 관청에서는 그 값을 주고 우창으로 보낼 것이다.”라고 했다.	『高麗史』 권85, 刑法2
충렬왕 12년 9월	가뭄으로 금주했다.	『高麗史』 권30, 世家30
충렬왕 13년 윤2월	가뭄으로 금주했다.	『高麗史』 권30, 世家30
충렬왕 15년 4월	가뭄으로 금주했다.	『高麗史』 권30, 世家30
충렬왕 22년 5월	가뭄으로 금주했다.	『高麗史』 권31, 世家31
충선왕 4년 5월	가뭄으로 금주했다.	『高麗史』 권34, 世家34

충숙왕 3년 3월	금주했다.	『高麗史』 권34, 世家34
충숙왕 5년 5월	금주했다.	『高麗史』 권34, 世家34
충숙왕 10년 5월	금주했다.	『高麗史』 권35, 世家35
충숙왕 11년 4월	가뭄으로 금주했다.	『高麗史』 권54, 五行2
충숙왕 16년 5월	가뭄으로 금주했다.	『高麗史』 권35, 世家35
충숙왕 후4년 5월	금주했다.	『高麗史』 권35, 世家35
충숙왕 후7년 6월	금주했다.	『高麗史』 권35, 世家35
충목왕 원년 5월	가뭄으로 금주했다.	『高麗史』 권37, 世家37
충목왕 2년 5월	가뭄으로 금주했다.	『高麗史』 권37, 世家37
충목왕 3년 4월	가뭄으로 금주했다	『高麗史』 권37, 世家37 ; 『高麗史』 권54, 五行2
충목왕 4년 3월	금주했다.	『高麗史』 권37, 世家37
공민왕 3년 5월	가뭄으로 금주하고 반찬 수를 줄였다.	『高麗史』 권38, 世家38 ; 『高麗史』 권54, 五行2
공민왕 7년 4월	福靈寺와 여러 神祠에서 비를 내려달라고 빌었다. 봄부터 여름까지 가뭄이 점점 극심해지자 御史臺에 명령하여 술을 금지했다.	『高麗史』 권54, 五行2
공민왕 9년 4월	금주했다.	『高麗史』 권39, 世家39
공민왕 12년 5월	가뭄으로 금주했다.	『高麗史』 권40, 世家40
공민왕 13년 3월	기근이 들어 금주했다.	『高麗史』 권40, 世家40
공민왕 13년 6월	금주했다.	『高麗史』 권40, 世家40
공민왕 22년 3월	곡식이 귀해 금주했다.	『高麗史』 권44, 世家44
공민왕 23년 2월	금주했다.	『高麗史』 권44, 世家44

우왕 원년 3월	기근이 들어 금주했다.	『高麗史』 권133, 列傳 46
우왕 2년 6월	가뭄이 크게 들어 금주했다.	『高麗史』 권133, 列傳 46
우왕 3년 3월	司憲府에서 수재와 가뭄과 전쟁 때문에 금주령을 청하니, 왕이 따랐다.	『高麗史』 권133, 列傳 46
우왕 4년 4월	금주령은 항아리 밑에서 잘 만큼 엄하고(酒禁政嚴 眠甕底).	『牧隱詩藁』 권11
우왕 5년 3월	듣자니 수일 전에 금주령이 내렸다던데(酒禁傳言數 日餘).	『牧隱詩藁』 권16
우왕 6년 4월	금주의 조약을 방 위에 환히 붙였는지라(禁酒條章 牓上明).	『牧隱詩藁』 권22
우왕 6년 4월 (5월?)	다만 한스러운 건 조정이 금주령을 내려(只恨朝廷 方禁酒)	『牧隱詩藁』 권23
우왕 7년 4월	문생이 술과 먹을 것을 가지고 왔는데 酒禁 때문이 었다.	『牧隱詩藁』 권29
우왕 9년 3월	가뭄으로 금주했다.	『高麗史』 권54, 五行2
우왕 10년 3월	금주했다.	『高麗史』 권135, 列傳 48
우왕 13년 5월	가뭄으로 금주했다.	『高麗史』 권54, 五行2
공양왕 3년 4월	가뭄으로 금주했다.	『高麗史』 권46, 世家46

제2장 新羅末 高麗初 鐵의 消費와 寺院

1. 序言

불교가 전래된 이후 다양한 불교 미술품이 제작되었다. 회화, 조각, 건축, 공예 등의 불교 미술품은 다양한 소재를 사용해 만들었다. 조각이나 건축, 공예에서는 석재·목재를 사용하기도 하지만 금·은·동·철의 금속을 활용해 그것을 제작하기도 했다. 그렇기 때문에 금·은·동·철을 소비하는 중요한 주체의 하나로 불교계가 자리하고 있었다. 불교계의 다량 금속 사용은 세속 사회 금속의 생산과 소비에 큰 영향을 주었다. 여러 금속 가운데 철은 사용량이 많고 다양한 분야에 소비되기 때문에 더욱 그러했다.

철기시대 이후로 철은 무기, 농기구의 제작에 널리 사용되었다. 무기는 국내 치안을 유지하고 대외 전쟁 능력을 높이기 위해서 절대적인 중요성을 가졌으며, 농기구는 농업생산의 향상을 위해 중요한 의미를 띠고 있었다. 경도와 내열성을 요하는 음식 제조 용기 특히 솥의 제조에도 철이 널리 사용했으며, 각종 작업에 필요한 工具의 제작에도 철이 활용되었다. 그리고 불교가 수용된 이후 사원에서도 철이 두루 사용되었다.

신라말 고려초에 철을 널리 사용해 제작한 것은 佛像과 武器라 할 수 있다. 불상의 소재가 종전의 금·은·동이 아니라 철을 사용하는 일이 많아졌다. 장기간의 전쟁으로 많은 무기가 필요했는데, 그것은 대부분 철로 만들었다. 호족이나 견훤·궁예·왕건 모두 성능이 우수한 철제 무기를 대량 확보하려고 했다. 전쟁 중에 또 전쟁 종료 후 철제 무기의 수거는 매우 긴요한 사항이었다. 이 시기 철의 소비와 재활용에서 사원이 매우 중요한 위치를 점하고 있었다.

지금까지 철의 소비·사용이라는 관점에서 신라말 고려초 시기를 집
중적으로 접근한 작업은 거의 없다. 다만 철불에 대한 연구가 활발했는
데,[1] 주로 형식과 양식, 불상의 尊名, 편년 문제에 집중했다. 금속의 소
비라는 관점에서 접근한 연구는 거의 이루어지지 않았다. 그리고 이 시
기 널리 제작 사용된 무기에 대한 관심 역시 찾아보기 힘들다. 신라말
고려초 철이라는 소재를 매개로 해서 무기와 불교 미술의 관계를 추적하
고자 하는 것이 본고가 목표로 하는 바이다.[2]

이 글에서는 신라말 철불을 제작하면서 사원에서 많은 철을 소비했음
을 지적하고, 자위 능력을 갖추고자 한 지방세력이 철제 무기를 제작하
는 과정에서 다량의 철을 필요로 했음을 밝히고자 하며, 고려초에 철제
무기가 수습, 재활용되어 불교 미술의 조영에 사용되었음을 구명하고자
한다. 이런 작업을 통해 철을 둘러싼 국가, 사원, 지방세력의 긴장 관계
를 명확히 하고자 한다. 철의 생산도 매우 중요한 주제이지만,[3] 여기서

---

1) 黃壽永, 1982, 「統一新羅時代의 鐵佛」『考古美術』154·155합집 ; 최성은, 1996,
「신라말 고려초 중부지역 철불의 양식계보」『강좌미술사』8 ; 최인선, 1997, 「한
국 철불연구」, 한국교원대 박사학위논문 ; 文明大, 2000, 「新羅鐵佛 造成問題와 實
相寺 鐵阿彌陀佛坐像의 硏究」『佛敎學報』37 ; 曹凡煥, 2006, 「신라하대 洪陟선사
의 實相山門 개창과 鐵佛 조성」『新羅史學報』6 ; 강건우, 2013, 「실상사 철불 연
구」『불교미술사학』15 ; 崔聖銀, 2014, 「신라하대 實相寺 철조여래좌상에 대한
고찰」『한국사학보』54 ; 강건우, 2017, 「남원 실상사 철조여래좌상 재고」『한국
고대사탐구』27 ; 배재훈, 2017, 「신라 하대 철불의 수용과 후원 세력」『한국고대
사탐구』27 ; 정동락, 2017, 「신라 하대 선종 사원과 철불」『한국고대사탐구』27 ; 양희
정, 2017, 「한국 불교조각사상 철불의 등장과 의미」『쇠·철·강―철의 문화사―』, 국
립중앙박물관.
2) 고려시기 銅을 둘러싼 국가와 사원의 길항 관계는 李炳熙, 2015, 「高麗時期 寺院의
金屬 消費―銅 使用 佛敎 工藝品을 중심으로―」『역사와 담론』75(본서 제3부 수
록) 참조.
3) 신라말 철 생산의 비약적 증가가 있었을 가능성도 열어 두어야 할 것이다. 특히
충주 지방의 철 생산은 주목할 필요가 있다. 국립중원문화재연구소, 2012, 『중원
의 제철유적』; 조록주, 2012, 「중원지역 철 생산 유적에 대한 성격」『중원문화연
구』18·19합집, 충북대 중원문화연구소 ; 송윤정, 2013, 「중세 철 및 철기 생산의

는 철의 소비와 재활용을 중심으로 검토하고자 한다.

2. 鐵의 속성과 신라말 鐵佛의 제작

철은 강도와 靭性이 좋아서 매우 중요시되는 금속이다. 철은 동보다 높은 온도에서 녹는데, 철을 얻기 위해서는 1,500도 이상의 고온이 필요하다. 철은 자원이 비교적 풍부하고 가격이 금·은·동보다 저렴한 장점을 갖고 있으며, 대량 생산이 가능하다.[4) 우리나라에서는 철기시대 이래로 철의 확보와 사용이 매우 중요했다.

철의 종류에는 生鐵과 熟鐵이 있다. 탄소 함유량이 많은 생철(수철, 무쇠)은 주로 釜鼎이나 農器具를 제조하는 데 사용되고, 반면 저탄소강인 熟鐵(시우쇠, 정철)은 槍劍이나 箭鏃 등 무기류나 堅精을 요하는 각종 도구를 제작하는 데 사용된다.[5)

철은 우리나라의 여러 지역에서 널리 생산된 것으로 보인다.[6) 고려시

고고학적 연구현황과 과제」『한국중세사연구』36 ; 하정민, 2019, 「충주지역 고려 초기 철불과 그 의의」『인문과학연구논총』40-2, 명지대 인문과학연구소.
4) 김도훈, 2005, 『인류문화사에 비친 금속이야기』Ⅰ, 과학과 문화, 14~15쪽 ; 梁勳永, 2005, 『(訂正版) 新金屬材料學』, 文運社, 181쪽.
5) 柳承宙, 1993, 『朝鮮時代 鑛業史研究』, 고려대 출판부, 34~35쪽 ; 민승기, 2004, 『조선의 무기와 갑옷』, 가람기획, 154~155쪽.
6) 고려시기 대표적인 철 생산지는 다음과 같다(장국종·리태영, 2010, 『조선광업사』, 사회과학출판사, 201쪽).

번호	철소 이름	철소의 위치
1	다인철소	충청도 충주
2	우양촌철소	전라도 전주
3	수다철소	전라도 무안
4	지평철소	경기도 지평
5	우봉철소	황해도 우봉
6	철소리	전라도 무안

기에는 대개 鐵所에서[7] 철이 생산되었지만, 철소 이외의 장소에서도 철을 생산하는 곳은 적지 않았을 것으로 보인다. 철 생산지 가운데 충주는 良鐵의 생산지로 원 간섭기에 이곳의 철이 다량 원으로 보내졌다.[8]

조선초기 철산지의 수는 『세종실록지리지』에 따르면 60개였다. 즉 각 도별로 보면, 평안도 3개, 함경도 7개, 황해도 6개, 강원도 6개, 충청도 10개, 전라도 6개, 경상도 21개, 경기 1개로 도합 60개였다.[9] 이처럼 전국적으로 철 산지가 두루 분포되어 있었다. 고려시기에도 조선초기보다는 적었을지라도 철의 생산지는 상당한 수에 달해 국가나 개인이 필요로 하는 것, 중앙이나 지방에서 필요로 하는 것을 공급했을 것이다.

철을 널리 사용해 제작하는 것은 武器와 農器具였다. 전쟁의 도구인 무기는 견고함을 위주로 하기 때문에 철이 가장 중요한 소재였다. 농기구의 소재 역시 목재와 청동보다 견고한 철이 가장 탁월했다. 군인과 농민이 철을 사용하는 중요한 주체였다고 하겠다. 무기를 다량 제작하면 농기구에 사용할 철이 부족해지는 문제가 발생하므로, 결국 국방에 힘을 기울이면 농업이 위태로워지는 것이다.

무기와 농기구 이외에도 철을 많이 사용하는 것에는 취사 용구가 있다. 특히 솥으로 표현되는 여러 용구의 제작에는 높은 온도에서도 견딜 수 있는 철이 널리 사용되었다. 그리고 불교계에서도 다량의 철을 소비하고 있었다. 불상을 제작하는 데 철이 필요하며, 당간을 제작하는 데에도 철을 사용했다.

무엇보다도 철을 사용해 제작하는 것은 무기였다. 칼과 창, 투구와 갑

---

7) 徐明禧, 1990, 「高麗時代 '鐵所'에 대한 研究」『韓國史研究』 69 : 이정신, 2013, 「철광업과 철소」『고려시대의 특수행정구역 所 연구』, 혜안.
8) 충주 소재 다인철소는 현재 충주시 이류면 대소리, 금곡리, 장성리, 만적리, 검단리, 완오리, 본리, 양평리 등의 지역으로 이 지역에는 달천 철광, 금곡 철광이 있었고 현재에도 쇠똥이 산재하고 있다(김혜완, 2000, 「普願寺鐵佛의 조상-고려초 原州鐵佛과 관련하여-」『史林』 14).
9) 장국종·리태영, 2010, 앞의 책, 300쪽.

옷을 철을 사용해 만들었고, 화살축 역시 철을 소재로 하는 경우가 많았
다. 鄭道傳은 철을 소재로 만든 병기로 介胄劍戟을 지적했고, 器皿으로
錡釜鼎鐺 등을 언급했다.[10] 결국 철을 소재로 해서 만드는 대표적인 물
품은 무기·농기구·기명이라고 할 수 있겠다.

철은 재사용이 용이하고 널리 이루어지는 금속이다. 물론 다른 금속
도 재사용이 없지 않지만, 철은 특히 두드러진다. 파손되거나 손상을 입
어 사용이 어려운 철제품은 다시 녹여 다른 물품의 제작에 널리 활용했
다. 철제의 여러 물건을 녹여 재활용하는 예는 허다하게 확인할 수 있다.
신라시기 眞定이라는 승려가 속인이었을 때 어떤 승려가 와서 사원을
지을 철물을 구하자, 다리가 부러진 鐺[철솥]을 시주했다.[11] 아마 진정이
시주한 파손된 철솥은 녹여서 다른 용도로 사용되었을 것으로 보인다.

무기를 회수해 농기구, 철전으로 재활용하기도 했다. 고려초 성종 6년
(987) 지방의 무기를 회수해 농기구를 제작했으며,[12] 성종 15년에는 철
제 동전인 건원중보를 제조했다.[13] 건원중보 역시 무기를 소재로 한 것
으로 보인다. 철제의 무기를 녹여서 농기구나 화폐를 제작하는 것이다.

무기를 녹여 농기구로 전환하는 일은 더 찾아진다. 고려말 尹可觀이
라는 이는 合浦에 出鎭했을 때 낡아 버려진 무기를 녹여 농기구를 만들
었으며 둔전을 개척해 군량을 넉넉하게 했다.[14] 낡아 버려진 무기를 녹
여 농기구를 만들었다는 것이다. 연복사에서 대장경 열람을 행하는 疏에
서 權近이 무기를 녹여 농기구를 만드는 일을 언급하고 있는 데서도[15]

---

10) 鄭道傳,「朝鮮經國典下－工典, 金玉石木攻皮塼埴等工－」『三峰集』 권8(『韓國文
    集叢刊』5冊, 444쪽).
11) 『三國遺事』 권5, 孝善9 眞定師孝善雙美.
12) 『高麗史』 권79, 志33 食貨2 農桑 成宗 6년 6월, 亞細亞文化社 影印本 中冊, 733쪽
    (이하 같음).
13) 『高麗史節要』 권2, 成宗 15년 4월, 亞細亞文化社 影印本 60쪽(이하 같음).
14) 『高麗史節要』 권32, 辛禑 13년 2월, 813쪽.
15) 權近,「演福寺行大藏經披覽疏」『陽村集』 권28(『韓國文集叢刊』7冊, 261쪽).

알 수 있다. 무기를 녹여 농기구를 만들 때, 대상이 된 무기는 대체로 철로 만든 것이었을 것이다.

유사시에는 많은 무기가 필요하게 된다. 이때는 반대로 다른 용도로 사용했던 철을 녹여 무기를 제작하기도 했다. 무기의 제작에 철제 물품이 재활용되는 것이다. 예컨대 우왕 2년(1376) 7월 都評議使가 아뢰기를,

> 지금 왜적이 興行하므로 단지 防禦都監의 軍器로는 周用하기 어려우니, 마땅히 각사에서 보관한 錢物을 사용해 빠른 시일 내에 무기를 제조해 급한 일에 대비하십시오.[16]

하니 우왕이 따랐다. 錢物의 실체는 銅일 가능성이 크지만, 유사시 무기 제작에 철제물을 재활용하는 수가 적지 않은 듯 하다.

鼎鑊錡釜 등 여러 종류의 솥 제작에 민간의 농기구를 거두어 사용한 예도 있다.[17] 이것은 철제품을 녹여서 다른 용도로 재활용할 수 있음을 잘 보여주는 것이다. 이처럼 무기가 농기구로, 농기구가 취사 용구로, 반대로 농기구·취사 용구가 무기로 다시 제작되기도 했던 것이다.

신라말부터 불교계가 많은 철을 사용하는 층으로 대두했다. 불교 수용 이후 사원에서 사용되는 여러 도구의 제작에 철이 사용되었지만, 신라말에는 그 양이 크게 증가했다. 불상의 제작에 엄청난 양의 철을 일시에 사용한 것이다.

철은 금·은에 비해 그 가치가 크게 떨어지는 것이었다. 신분에 따라 사용을 제한하는 色服·車騎의 규정을 살펴보면 그것이 그대로 드러난다. 신라 흥덕왕 9년(834)에 사치를 금하는 법령을 통해 확인할 수 있다.[18] 철제품은 왕족이나 귀족들의 지배계층이 사용한 것이 아니라 육

---

16) 『高麗史』 권81, 志35 兵1 兵制 五軍 辛禑 2년 7월, 中册, 786쪽.
17) 『高麗史節要』 권25, 忠惠王 후4년 5월, 648쪽.
18) 崔仁善, 1998, 앞의 논문, 34~35쪽.

두품 이하 평민에 이르는 층에서 이용하고 있음을 알 수 있다.

신라말에 크게 대두하는 선종 사원은 금·동보다는 철을 선호했다. 지방의 선종 사원이 경주의 대귀족처럼 고급의 화려한 불교 미술품을 조영하는 것은 경제적 측면에서 몹시 부담스러운 일이었다. 화려함에서 뒤지지만 견고하고 규모가 큰 철불을 지방세력이 주도해 제작하는 것이다.

철제 불상은 거칠고 모양이 덜 나오지만, 청동불이나 금은불에 비해 파손이 되지 않는 장점을 가지고 있다. 녹는 온도가 높아서 전란 속에서도 파괴를 피할 수 있었다. 신라말 혼란기에 사원이 화재를 당하는 경우가 많았는데, 금동에 비해 철불은 용융점이 높아서 잘 녹지 않아 보존에 유리한 측면이 있었다. 철불은 금동보다는 상대적으로 염가이기 때문에 도적들이 절도의 대상으로 삼는 일이 적었다. 게다가 대형으로 제작하기 때문에 무거워 옮기기 어려우므로 절도·운반하는 일이 매우 힘들었다. 그러므로 절도에서 안전하다는 장점도 가졌다.

崔承老는 금은으로 만든 불상이나 불경이 손을 탔다고 지적했다.

> 신라말에 經像에 금은을 사용해 사치가 과도해지고, 마침내 멸망에 이르렀으며, 상인들로 하여금 佛像을 竊毁해 서로 매매하게 되었다.[19]

이러한 상황에서 금·은보다는 염가의 철을 사용해 제작할 필요성이 제고되는 것이다. 철을 사용해 대형으로 만들면 파손과 절도를 방지할

<표> 色服·車騎의 규정 내용

항	物目	眞骨	6두품	5두품	4두품	平人
色服	腰帶	禁研文白玉	只用烏犀鍮鐵銅	只用鐵	只用鐵銅	只用鐵銅
	靴帶	禁隱文白玉	用烏犀鍮鐵銅	只用犀鍮銅	只用鐵銅	只用鐵銅
車騎	環	禁金銀犀鍮石	用犀鍮鐵銅	用木鐵	·	·
	銜鐙	禁金犀鍮石鐵 金鍍金綴玉	禁金銀犀鍮石及金 鍍銀鍍金綴玉又	禁金銀犀鍮石又 不得鍍鏤金銀	銜：用鐵 鐙：用木鐵	銜：用鐵 鐙：用木鐵

19) 『高麗史』권93, 列傳6 崔承老, 下冊, 86쪽 ; 『高麗史節要』권2, 成宗 원년 6월, 48쪽.

수 있는 것이다.

신라말 지방 사원에서 철불을 제작한 것은 경주 귀족이 金·銀·銅을 사용해 불상을 제작한 것에 대비되는 것이다. 신라말 지방에서의 土風의 성행은, 금·은을 선호하는 경주 및 신라 귀족의 정서와 크게 다른 것이었다. 경주에서는 唐風을 모방해 화려함의 극치를 보여, 불상의 재료로 금속 가운데 금·은을 주로 사용했으며,[20] 철불이 만들어지지 않았다. 이러한 금·은의 사용은 지방민의 정서에 맞지 않는 것이었다. 원래 鐵은 銅에 비하면 강도는 있을망정 색이나 質感이 좋지 않고 용융 온도가 높을 뿐 아니라 주조 후 약간의 수정이나 끝마무리도 불가능해 美術 주물에 적당치 않았다.[21] 그렇기 때문에 불상 제작에 널리 활용되지 않았다. 그러나 신라말 지방에서 경주의 화풍과는 대비되는 토풍이 부상되면서 철불을 적극 제작하게 되었다. 외방에서 많이 만들어진 철불은 토풍 강조의 분위기와 깊이 관련되는 것이다.

신라말 고려초 다수 조영된 철제 불상은 立像보다는 坐像의 형태로 만들었으며 主尊으로 조성했다. 그것은 분할주조법을 활용해 제작한 것으로 보인다. 중앙의 장인이 제작해 양식과 형식이 경주의 불상을 따르는 수도 있지만, 재정 기반이나 후원 세력이 지방에 있기 때문에 지방민의 정서와 부합되는 철불을 제작한 것으로 보인다. 통일신라시기에 제작된 철불은 10구 미만으로 추정하고 있다.[22]

---

20) 경주에서 극도의 화려함을 보인 불교 미술로 불국사·석굴암·봉덕사 종을 들 수 있다. 이 문화재는 신라만이 아니라 당시 동아시아에서 최고 수준을 보인다. 그러나 지방민의 부담과 희생을 전제로 조영한 것이며, 그들의 정서와 배치되는 것이다. 지방세력의 대두는 그러한 화풍의 고급성을 배격한다. 김헌창이 난을 일으켜 국호를 長安으로 한 것은 화풍을 지향하겠다는 의지의 표현으로 당시 지방민의 정서와 거리가 먼 것이다. 신라말 토풍의 대두는 향후 깊이 연구할 필요가 있다.
21) 이인영, 1989,「高麗時代 鐵佛像의 考察」『미술사학보』2.
22) 김리나 외, 2011,『한국불교미술사』, 미진사, 138~139쪽 ; 문화재청, 2012,『2012년 중요동산문화재 목불·철불·건칠불 기록화사업 결과보고서(강원·경기)』, (주)엔

또한 철제 불상은 대개 巨作으로 만들었기 때문에 소요된 철의 양이
엄청났다. 소량의 철로 조영할 수 있는 것이 아니었다. 일시에 다량의 철
을 소비해서 불상을 조영하는 것이다. 철불 제작에 소비된 철은 1,000kg
을 훨씬 상회한 것으로 보인다. 보림사 철불(높이 273.5cm)[23]의 경우
2,500근(=1,500kg)의 철을 사용해 제작했다고 하므로[24] 대개 철불은
1,000kg 이상의 철을 사용한 것으로 보인다. 실상사의 철불(높이 266cm)
도 보림사 철불과 크기가 비슷하므로 1,500kg 내외의 철을 사용했을 것
이다. 보림사·실상사 철불보다 규모가 작은 철불 제작에는 1,000kg 이하
의 철이 사용되는 수도 있었을 것이다. 예컨대 규모가 작은 도피안사 철
불(높이 103.5cm)이나 한천사 철불(높이 147cm)은 1,500kg에 훨씬 미치
지 못하는 양의 철을 사용해 제작했을 것이다. 1,000kg 내외의 철을 확
보하는 일은 매우 어려운 일이었다. 무기나 농기구의 제작을 위해서 엄
청난 철이 필요로 되는 실정에서 더욱 그러했다.

3. 신라말 호족의 鐵製 武器 보유

신라말에는 불교계만이 아니라 지방세력도 다량의 철을 필요로 했다.
중앙의 통제력이 무너지면서 각 지방에서 스스로 자위 조직을 갖추지 않
으면 안 되었다. 그러한 조직이 물리적 힘을 소지하려면 우수한 철제 무
기를 갖추어야 했다.

가드, 432쪽. 반면 崔仁善, 1998, 앞의 논문에서는 16구로 파악하고 있다.
23) 철불의 높이는 연구자마다 상이한 수치를 제시하고 있다. 여기서는 최성은, 1995,
『철불』, 대원사에 제시한 수치를 인용했다.
24) 許興植 編著, 1984, 『韓國金石全文(古代)』, 亞細亞文化社, 「長興寶林寺普照禪師彰
聖塔碑(884년)」, 200쪽.

호족의 전투 능력은 철제 무기의 확보 정도와 깊은 관련을 가졌을 것으로 보인다. 호족은 무장 능력의 보유 여부에 따라 성패가 나뉘었다. 지역민을 잘 결집하고 우수한 철제 무기를 확보하는 경우에는 자위 능력을 가질 수 있었지만 그렇지 못한 경우, 다른 세력의 휘하에 예속될 수밖에 없었다. 철의 확보가 여의치 못하면 강력한 철제 무기를 마련하기 어려우며, 이는 곧 전투력의 약화로 연결된다. 때문에 지방의 호족들은 철을 확보하기 위해 적극 노력했다. 철을 안정적으로 확보한 토호만이 대호족으로 성장할 수 있었을 것이다. 그것을 제대로 하지 못한 세력은 대호족으로 성장하는 것이 불가능했다.

신라말 대호족이 활약한 지방의 경우, 당연히 다량의 철제 무기를 보유했다. 사활을 건 전투가 지속되는 상황에서 무기의 뒷받침이 없다면, 세력을 유지하는 것은 어려운 일이었을 것이다. 步兵도 무기를 갖추었지만 騎兵의 경우 더욱 많은 철제 무기가 필요했다.

각지를 횡행하는 도적조차도 무장을 하고 있었다. 원성왕대(785~798) 永才라는 승려가 南岳에 은거하려 大峴嶺에 이르러 도적 60여 명을 만났을 때 도적이 해를 입히려 했다. 이때 도적은 칼과 창을 가지고 있었다.25) 60여 명에 달하는 도적은 단순한 강도가 아니라 하나의 세력으로서 횡행하고 있었던 것으로 보인다. 각지를 횡행하는 도적이 철제의 칼과 창을 소지하고 있었던 것이다.

신라 헌덕왕 14년(822) 웅천주의 도독 김헌창이 난을 일으켰을 때 다수의 세력이 연결되었는데,26) 김헌창 및 그에 동조한 세력들은 상당한 무장을 했을 것이고, 철제 무기를 엄청나게 보유했을 것이다. 철의 생산과 소비에 대한 통제가 약화되고 철제 무기에 대한 관리가 무너진 것을 전제로 김헌창이 거사할 수 있었다고 생각된다.

---

25) 『三國遺事』 권5, 避隱8 永才遇賊.
26) 『三國史記』 권10, 新羅本紀10 憲德王 14년 3월.

신라말 각 지방세력들이 거느린 병력은 당연히 상당한 철제 무기를 소지하고 있었다. 후백제와 태봉(=후고구려, 고려)의 국왕을 자처하는 이들의 무장은 가장 우수했다. 견훤은 철제 무기를 보유한 다수의 병력을 휘하에 두고 있었다. 왕건도 다수의 기병, 마군을 보유했는데, 이들은 중무장했을 가능성이 높다. 그렇기 때문에 견훤이나 왕건으로서는 휘하의 병력에게 철제의 무기를 공급하는 일이 매우 절실했다. 고급의 철제 무기가 공급되지 않는다면 전투에서의 승리는 장담할 수 없는 일이었다. 후삼국이 각축을 벌이기 시작하는 900년 경부터 고려에 의해 통일되는 936년 사이에는 무엇보다도 무기의 제작에 철이 엄청나게 소비되었을 것으로 보인다.

후대의 기록을 보면, 전쟁을 앞두고 무기를 제작하고 그것을 점검한 뒤에 출정하는 것을 확인할 수 있다. 마찬가지로 신라말의 호족도 자체적으로 무기를 제작하고 점검하고 보관했다고 볼 수 있다.

전쟁에 대비해 다량의 무기를 제작하는 일은 흔히 찾을 수 있다. 몽골의 침입이 예상되는 고종 10년(1223)에 戎器都監을 설치했으며, 일본 정벌을 위해 충렬왕 원년(1275) 軍器造成都監을 둔 것이 그것이다.[27] 융기도감과 군기조성도감은 모두 전쟁에 앞서 무기 제작을 위해 설치한 것이다. 물론 두 기구는 국가 차원에서 설치한 것이다.

충렬왕 6년 10월 征東行省이 者毛兒闊을 보내 粮餉과 軍器를 준비시키고, 士卒를 모두 징발하고 頭目을 차정했다.[28] 일본 정벌에 앞서 무기를 철저히 준비시키고 있는 것을 볼 수 있다. 충렬왕 9년 3월에도 일본 정벌을 위해 군을 징발하면서 여러 도에 사신을 보내, 兵糧를 준비하고 '造軍器 修戰艦'토록 했다.[29] 무기를 제조하고 전함을 수리토록 한 것이

---

27) 『高麗史』 권77, 志31 百官2 諸司都監各色, 中冊, 692쪽.
28) 『高麗史』 권29, 世家29 忠烈王 6년 10월, 上冊, 595쪽.
29) 『高麗史節要』 권20, 忠烈王 9년 3월, 536쪽.

다. 전쟁에 앞서 무기를 제조하는 일은 당연한 일이며, 이에 따라 다량의 철이 소비되었을 것이다. 신라말 호족도 전투력을 가지려면 당연히 철제 무기를 제작해 보유하지 않으면 안 되었다.

후삼국시기 각 지방 병력의 수는 무기의 전체 규모와 깊이 관련되었다. 병력의 규모가 크면 당연히 보유한 무기가 다량일 것이다. 대호족이 거느린 병력은 대개 1천을 상회하는 수가 많았고, 왕건이나 견훤이 직접 지휘할 때의 병력은 대개 2천을 상회했으며 정예병으로 구성되어 있었다. 이들은 다양한 무기를 갖추고 있었을 텐데, 핵심 무기는 철을 소재로 제작한 것으로 여겨진다.

견훤이 초창기에 반역할 마음을 품고 무리를 불러 모아 서남 주현을 공격하자 가는 곳마다 백성들이 호응해 한 달 동안에 무리가 5천 명에 달했다.[30] 이 5천 명의 무리는 일정한 무장을 했을 것이며, 이들이 소지한 무기 가운데에는 철을 소재로 한 것이 상당했을 것이다. 견훤은 초기부터 상당한 병력을 보유하고 그들을 무장시켰다. 물론 5천 명의 무리 가운데에는 스스로 무장한 무리도 적지 않았을 테지만, 견훤은 병력 전체의 무장에 대해 상당한 배려를 하지 않을 수 없었다.

나주를 둘러싸고 견훤과 왕건이 치열하게 경합할 때 그들이 이끈 병력은 그 수가 2천을 상회했다. 909년 궁예가 왕건으로 하여금 서남해를 공략하게 하면서 閼粲 宗希와 金言 등을 부장으로 삼도록 했다. 이때 왕건이 거느린 병사가 2,500명이었는데, 이들은 光州 珍島郡을 공격하여 함락시켰다.[31] 2,500명 병력이 보유한 철제 무기가 상당했을 것으로 보인다.

효공왕 14년(910) 견훤이 몸소 步騎 3천을 인솔하여 羅州城을 포위하고 열흘이 지나도록 풀지 않은 일이 있었는데, 이때 궁예가 수군을 동원해 습격하자 견훤이 군사를 이끌고 물러간 일이 있다.[32] 견훤이 직접 거

---

30) 『三國遺事』 권2, 紀異2 後百濟 甄萱.
31) 『高麗史』 권1, 世家1 太祖 開平 3년 己巳, 上冊, 34~35쪽.

느린 3천의 보병과 기병은 상당한 무장을 했음이 분명하며, 당연히 우수
한 철제 무기를 소지했을 것이다.

914년에 궁예가 왕건에게 수군을 거느리고 전함 70여 척을 수리하고
군사 2천 명을 싣고 나주에 이르도록 한 일이 있다.[33] 왕건이 거느린 군
사 2천 명은 당연히 우수한 무기로 무장했을 것이다. 나주를 둘러싸고
견훤과 왕건이 치열하게 전쟁할 때 한 편의 병력은 2~3천 명에 달했을
것으로 보인다. 왕건과 견훤이 직접 거느린 병력의 무기는 성능이 우수
한 고급이었을 것이다. 이만한 병력이 철제 무기를 갖추었을 경우, 그것
의 제작에 사용되는 철의 양은 상당했을 것이다.

견훤과 왕건은 나주 일대 이외에도 곳곳에서 충돌했는데 그 병력은
수천에 달했다. 대개 精兵·騎兵으로 표현되는 정예 부대를 이끌었으므
로 그들의 무장 수준은 매우 높았을 것으로 보인다. 견훤이 925년 10월
에는 騎兵 3천 명을 거느리고 조물성에 이르렀을 때 왕건도 역시 精兵을
거느리고 와서 그와 대적했다.[34] 견훤이 거느린 기병 3천 명, 왕건이 거
느린 精兵 양측 모두 우수한 철제 무기로 무장했다.

927년 9월 견훤이 近品城을 공격하여 소각하고 나아가 신라 高鬱府를
습격했으며 경주 가까이 육박했다. 이때 신라 경애왕이 급함을 알리자
왕건은 侍中 公萱 등에게 군사 1만 명을 거느리고 가서 구원하게 했다.
왕건은 신라를 구원하기 위해 친히 정예 기병 5천을 거느리고 公山 아래
에서 견훤을 맞아서 크게 싸웠는데, 이때 왕건의 장수 金樂과 申崇謙이
전사했으며, 왕건은 겨우 죽음을 면했다.[35] 왕건이 공훤을 지휘관으로
해서 보낸 1만 명의 병사, 왕건이 직접 거느린 기병 5천 명 등 이들의
무장은 뛰어났으며, 견훤이 거느린 병력도 왕건측보다 무장에서 뒤지지

---

32) 『三國史記』 권12, 新羅本紀12 孝恭王 14년.
33) 『高麗史』 권1, 世家1 太祖 乾化 4년 甲戌, 上冊, 35~36쪽.
34) 『三國遺事』 권2, 紀異2 後百濟 甄萱.
35) 『三國遺事』 권2, 紀異2 後百濟 甄萱.

않았을 것이다.

930년 고창 전투에서 왕건이 승리를 거두었는데, 후백제의 병사로 죽임을 당한 자가 8천여 명이었다.[36) 후백제의 병력은 최소 8천 명에 이르렀을 것인데, 이들의 무장에 엄청난 양의 철이 소비되는 것이다.

견훤이나 왕건이 아닌, 각 지방 호족 단위의 병력도 상당수에 달했다. 예컨대 烏於谷城의 경우 1천 명을 상회하는 병력이 있었다. 928년 11월 견훤이 강한 군사를 뽑아서 오어곡성을 쳐서 빼앗고 지키던 군사 천 명을 죽였다.[37) 929년 12월 견훤이 古昌郡을 포위했으므로 왕건이 가서 이를 구원하려고 禮安鎭에 이르러 여러 장수와 의논했을 때, 이기지 못한다면 고창군의 3천여 명을 적에게 주는 것이라는 내용이 보인다.[38) 결국 고창군의 병력이 3천 명이라는 것이며, 고창군은 이들을 무장시킬 능력을 보유하고 있었던 것이다. 각 지방의 호족이 거느린 병력의 수는 대개 1천 명을 상회하고 2~3천 명이 보통으로 보인다. 호족은 이만한 규모의 병력을 유지할 수 있도록 무기를 공급할 능력을 보유하고 있었다.

호족이 무기를 소지한 구체적인 예를 찾을 수 있다. 眞寶城主 洪術이 갑옷[鎧] 30벌을 왕건에게 바치고 있다.[39) 홍술은 자체 보유하고 있던 갑옷 가운데 일부를 왕건에게 제공한 것이다. 이처럼 각 지방의 호족은 갑옷만이 아니라 여러 종류의 철제 무기를 다량 보유하고 있었던 것이다. 왕건이나 견훤은 이처럼 호족으로부터 무기 지원을 받는 수가 많았다.

936년 후백제와 고려가 정면으로 총력전을 펼친 전투가 선산의 一利川 일대에서 벌어졌다. 이 전투에 앞서 왕건은 正胤 武와 장군 希述을 시켜 보병과 기병 1만을 거느리고 천안부로 가게 했다.[40) 9월에 왕건은

---

36) 『高麗史節要』 권1, 太祖 13년 정월, 21쪽.
37) 『高麗史節要』 권1, 太祖 11년 11월, 20쪽.
38) 『高麗史節要』 권1, 太祖 12년 12월, 20쪽,
39) 『高麗史節要』 권1, 太祖 6년 11월, 16쪽.
40) 『高麗史』 권2, 世家2 太祖 19년 6월, 上册, 52쪽.

三軍을 거느리고 천안에 이르러 군사를 합하여 一善郡으로 진격해 나아 갔다. 이때 후백제의 신검이 군사를 거느리고 막자, 일리천을 사이에 두 고 서로 대치했다. 일리천 전투에 참여한 고려군의 총 병력은 87,500명 에 달했다.[41] 마군·기병·諸蕃勁騎는 모두 기병으로 보이고, 보군은 보 병으로 보이며, 諸城軍도 보병이 중심일 것이다. 기병이 전체 병력의 반 을 상회한 것으로 보인다. 후백제의 병력은 사로잡힌 3,200명의 병력과 죽임을 당한 5,700명을 포함해서, 고려군과 비슷했을 것으로 보인다.

왕건이나 신검이 직접 이끄는 병력도 있었고 호족이 이끌고 온 병력 도 있었다. 최소 15만 이상의 양측 병력이 집결했다는 것이다. 이들이 소지한 전체 철제 무기는 엄청났을 것이다. 1인당 1kg씩 소지했다면 15 만 kg의 철이 동일 장소에 집결한 것이 된다.

전투력에서 보병도 중요했지만, 기병이 훨씬 위협적이었다. 보통 기병 한 명이 적게는 3명에서 많게는 7명의 보병을 상대한다고 한다.[42] 혹은 기병 1명이 보병 5~7명을 상대한다고도 한다.[43] 기병에는 철갑을 두른 중무장 병력도 있었고, 가볍게 무장한 기병도 있었다. 輕騎兵은 기동성 을 확보하기 위해 원거리에서는 활 등의 가벼운 무기를 사용하고 근거리 에서는 단검을 사용한 반면, 타격력이 핵심인 重裝騎兵은 長槍과 甲冑, 방패, 馬甲, 馬面甲 등으로 무장했다.[44] 따라서 중장기병은 보병보다 철 제 무기를 훨씬 많이 소지하고 있었다.

---

41) 『高麗史』권2, 世家2 太祖 19년 9월, 52~53쪽 ; 『三國遺事』권2, 紀異2, 後百濟 甄萱. 이 전투 상황에 대해서는 다음의 논저가 참고된다. 鄭景鉉, 1990, 「高麗 太 祖의 一利川 戰役」『韓國史硏究』68 ; 柳永哲, 2001, 「一利川戰鬪와 後百濟의 敗 亡」『大丘史學』63 ; 신성재, 2011, 「일리천전투와 고려태조 왕건의 전략전술」『한 국고대사연구』61 ; 김명진, 2014, 『고려 태조 왕건의 통일전쟁 연구』, 혜안, 203~ 204쪽.

42) 최형국, 2007, 「기병, 그들은 전장의 검은 폭풍이었다」『인물과 사상』113.

43) 최형국, 2009, 「조선시대 騎兵의 전술적 운영과 馬上武藝의 변화」『역사와 실학』38.

44) 이홍두, 2014, 「한국기병의 무기와 기병전술」『역사와 실학』53.

시대에 따라 기병과 보병의 전투력 차이가 있겠지만, 후삼국 상호 간의 전투에서도 기병은 매우 중요했다. 왕건이나 견훤은 모두 기병의 확보에 주력했다. 馬軍·精兵은 주로 기병으로 보이는데, 이들 기병을 중심으로 핵심 전투력을 편성하고자 했다. 기동력과 전투력이 좋은 기병을 중점적으로 운용하는 전술은 속전속결 전략을 실현하는 데 부합하는 일이다.[45)

견훤이나 왕건이 직접 이끄는 병력은 기병을 중심으로 하고 있기에 전투력이 탁월했으며 무장도 다른 병력보다 우위에 있었다. 당연히 철제 무기로 무장했을 것이다. 그들이 소지한 철제 무기 제작에 사용된 철의 규모는 보병의 그것보다 월등히 컸을 것으로 보인다.

견훤·왕건만이 아니라 지방의 호족도 철제 무기로 무장을 하고 있었다. 불교사원도 자위를 위한 조직을 갖추고 있었다.[46) 신라말 선종 사원의 경우 수백 명에서 1~2천 명에 이르는 사람들이 소속하고 있으므로[47) 상당한 군사력과 철제 무기를 보유했을 것으로 보인다. 풍부한 철을 확보함으로써 성능이 우수한 철제 무기를 제작하는 것은 당시 절실한 과제였다. 이처럼 무기의 제작에 엄청난 양의 철이 소비되고 있었다.

전쟁에서 사용하는 무기는 여러 가지 기준으로 구분할 수 있다. 단거리·원거리 무기로 구분하는 것이 가능한데, 長兵器와 短兵器가 개인 간의 단거리 격투용 무기라고 한다면, 弓과 弩는 원거리 살상용이다. 전투시 상대를 살상하는 무기류를 공격용 무기라고 한다면, 상대로부터의 자신을 보호하는 갑옷이나 방패 등을 防護用 무기라고 한다. 성곽을 둘러

---

45) 신성재, 2011, 앞의 논문.
46) 崔柄憲, 1972,「新羅下代 禪宗九山派의 成立」『韓國史硏究』7 ; 崔柄憲, 1975,「羅末麗初 禪宗의 社會經濟的 性格」『史學硏究』25 ; 추만호, 1992,『나말려초 선종사상사 연구』, 이론과 실천 ; 蔡守煥, 1998,「羅末麗初 禪宗과 豪族의 結合」『東西史學』4 ; 曺凡煥, 2001,『新羅禪宗硏究』, 一潮閣 ; 김두진, 2007,『신라하대 선종사상사 연구』, 일조각.
47) 崔柄憲, 1972, 앞의 논문.

싼 전투의 경우 攻城용 무기와 守城용 무기로 분류할 수가 있겠다. 다음
으로 보병용 무기와 騎兵용 무기의 구분하기도 한다.[48] 육군박물관에서
는 무기를 槍劍과 弓矢로 구분하고 있다.[49] 가장 일반적인 구분법에 따
라 무기를 분류해 보면 <표 1>과 같다.

<표 1> 무기의 종류

공격 무기	· 刀劍 : 劍, 刀, 斧 · 槍 : 戈, 矛, 槍 · 投射武器 : 弓矢, 弩 · 攻城武器 : 衝車, 雲梯 · 걸어 당기는 武器 : 鐵句, 有刺利器, 鐵鎌 · 기타 武器 : 劍車, 投石, 鐵槌, 鐵棒	도검과 창은 철제, 투사무기 와 공성무기에는 철제가 아닌 것도 있음
방어 무기	· 防牌 : 보병용 방패, 기병용 방패, 冑, 甲 · 守城武器 · 기타 武器 : 圓陣用 수레, 장애물	갑옷, 투구, 방패에 일부 철제 가 있음

공격무기·방어무기는 철 이외의 것을 사용해 제작하는 수도 없지 않
았지만, 철을 소재로 한 것이 다수였고, 강도가 출중했다. 신라말 고려초
의 무기는 기본적으로 삼국 시대의 그것을 계승했다. 고대 무기의 기본
이었던 창·활·칼이 이때에도 중요하게 여겨졌다. 실제 고려가 후삼국을
통일할 때 사용한 무기도 창·활·칼이 주류를 이루었다.[50] 흔히 무기는
칼, 창, 갑옷, 투구, 궁시로 구분하고 있는데, 이 중에서 철제로는 칼·창·
갑옷·투구 및 화살촉이 있었다.

후삼국시기 구체적으로 무장하고 있는 예를 여럿 찾을 수 있다. 왕건
이 갑옷을 입고 창을 들고 능창의 배를 나포한 일이 있다.[51] 갑옷과 창

---

48) 국사편찬위원회 편, 2007, 『나라를 지켜낸 우리 무기와 무예』, 두산동아, 7쪽 ; 國
防軍史研究所, 1994, 『韓國武器發達史』, 184~216쪽.
49) 육군박물관 홈페이지(http://museum.kma.ac.kr) 참조.
50) 국사편찬위원회 편, 2007, 앞의 책, 11쪽.
51) 『高麗史』 권1, 世家1 開平 3년 己巳, 上冊, 35쪽.

은 철을 소재로 만든 것일 가능성이 높다. 9세기 전반 장보고는 長劍을 소지하고 있었다.[52] 후백제의 병력이 항복할 때 무기를 내려 놓은 것을 '免冑投戈'라 표현했다.[53] 즉 투구를 벗고 창을 던져 내려놓는다는 것이다. 투구와 창으로 무장했다는 의미인데, 그밖의 칼·활·갑옷 등의 무기도 소지하고 있었을 것이다.

후삼국시기 각 지방의 호족이 무장을 하고 있고, 견훤이나 왕건 또한 정예 부대를 이끌고 있었으므로, 이들이 소지하고 있는 철제 무기의 규모는 엄청나다고 할 수 있다. 철제 무기를 갖추지 않으면 독립 세력으로서 자위능력을 발휘할 수 없었다. 후삼국시기 무기 제작에 엄청난 철이 사용되었음을 알 수 있다.

4. 鐵製 武器의 수거와 관리

고려시기 전투에서 승리한 후 적군의 무기를 노획하는 일은 허다했다. 무기의 일부는 국왕에게 직접 바치기도 했다. 이렇듯이 전쟁이 종료한 뒤 상대의 무기, 특히 철제 무기를 수거하는 것은 일반적인 일이다. 후삼국시기의 전투에서도 당연히 그러했을 것이다. 무기를 회수해야 상대가 재기하기 힘들기 때문이다. 또한 중요 소재인 철을 다량 손쉽게 확보할 수 있기 때문이다.

전투에서 노획한 무기를 국왕에게 바치는 예는 매우 흔하다. 고려시기 전투에서 무기를 노획한 일은 많은 자료에서 확인할 수 있다. 거란의 2차 침입 때에 거란군이 버린 鎧仗이 언급되었는데,[54] 이들 갑옷과 무기

---

52) 『三國遺事』卷2, 紀異2 神武大王 閻長 弓巴.
53) 『高麗史』 권2, 世家2 太祖 19년 9월, 上冊, 52~53쪽 ; 『三國遺事』 권2, 紀異2 後百濟 甄萱.

는 모두 고려에서 수거했을 것임이 분명하다. 철제 무기는 중요한 전리
품이기 때문이다. 楊規가 7번 싸워 심히 많은 이들의 목을 베었으며 포
로로 잡힌 사람 3만여 구를 탈환했으며, 낙타와 말·기계를 노획한 것을
이루 셀 수 없었다.[55] 노획한 기계에는 철제 무기도 상당수 포함되어 있
었을 것으로 보인다.

　전승한 뒤 적군의 무기 노획은 일상적인 일이었다. 문종 34년(1080)
12월 東蕃이 난을 일으키자 中書侍郎平章事 文正을 判行營兵馬事로 삼
아 步騎 3만을 거느리고 定州에 둔을 치게 했다. 밤에 三軍이 각각 1만
의 병사를 거느리고 길을 나누어 적의 소굴로 달려가 공격해 392명을
참수했고, 우두머리 39인을 사로잡았으며, 우마 백여 마리를 획득했다.
이때 버려진 器械가 쌓였다.[56] 버려진 기계는 대부분 무기였을 텐데 고
려에서 수거했을 것이다.

　고종 3년(1216) 契丹遺種이 고려에 쳐들어 왔을 때 고려군이 阿爾川
邊에서 승리한 뒤 기세를 타서 80여의 목을 베었으며, 20여 인을 사로잡
았고, 아울러 양수척 1명도 잡았다. 우마 수십 필을 획득했고, 符印·器仗
도 심히 많았다. 器仗에는 철제 무기가 포함되어 있었을 것이다. 그리고
이어진 朝宗戍의 전투에서도 760여 인을 사로잡았으며, 馬·騾·牛을 획
득했고, 牌印·兵仗이 셀 수 없었다. 이후 적이 퇴각할 때 버리고 간 資
糧·器仗이 도로에 낭자했다.[57] 도망병이 버리고 간 무기는 고려군이 수
거했을 것이다.

　전쟁에서 승리하는 경우 상대의 무기를 노획하는 일은 일상적인 일이
었다. 김방경은 대마도를 공격하고 나서 器仗을 바친 일이 있었다.[58] 공

---

54) 『高麗史』 권94, 列傳7 楊規, 下冊, 104쪽.
55) 『高麗史』 권94, 列傳7 楊規, 下冊, 105쪽.
56) 『高麗史節要』 권5, 文宗 34년 12월, 153쪽.
57) 『高麗史』 권103, 列傳16 金就礪, 下冊, 264쪽.
58) 『高麗史』 권104, 列傳17 金方慶, 下冊, 286쪽.

민왕 9년(1360) 4월 紅賊이 黃州를 침입하자 牧使 閔玩가 20급의 목을 베었으며, 병기를 획득해 바쳤다.[59] 공민왕 13년 5월 慶尙道 都巡問使 金續命이 鎭海縣에서 왜구 3천 명을 쳐서 크게 격퇴하고서 兵仗을 바쳤다.[60] 공민왕 22년 2월 倭寇가 龜山縣을 노략질하자, 慶尙道 都巡問使 洪師禹가 수백 명의 목을 베었으며 획득한 器仗을 바쳤다.[61] 전쟁의 승리 뒤에는 이처럼 노획한 무기를 국왕에게 바치고 있는 것이다. 그리고 이성계가 운봉 전투에서 왜구를 맞아 싸워 승리할 때, '獲馬一千六百餘匹 兵仗無第' 했다고 한다.[62] 엄청난 병장, 즉 무기를 노획했음을 전한다.

고려시기 전투에서 승리하는 경우 상대의 철제 무기를 노획하고 그것을 국왕에게 바치는 일은 흔히 볼 수 있었다. 후삼국시기에도 전투가 있을 경우, 승리한다면 상대의 철제 무기를 몰수하는 것이다. 상대의 재기를 저지함과 동시에 아군의 무기를 풍부하게 하는 의미가 있었다. 절실한 소재인 철을 다량 확보할 수 있는 점도 중요했다. 전투에서 패배하는 경우 병력만의 손실이 아니라 무기의 손실도 동반되는 것이다.

철제 무기의 확보는 견훤이나 왕건에게 매우 절실한 것이었다. 귀부하는 지방의 호족이 이들에게 무기를 바치는 데서 알 수 있다.

> 眞寶城主 洪術이 아들 王立을 보내 갑옷[鎧] 30벌을 바치니 왕립을 元尹으로 삼았다.[63]

진보성주 홍술이 왕건에게 아들 왕립을 보내면서 아울러 갑옷 30벌을 바치는 것이다. 견훤이나 왕건에게 있어 철제 무기가 절실했기 때문에

---

59) 『高麗史節要』 권27, 恭愍王 9년 4월, 691쪽.
60) 『高麗史』 권111, 列傳24 金續命, 下冊, 433쪽 ; 『高麗史節要』 권28, 恭愍王 13년 5월, 711쪽.
61) 『高麗史節要』 권29, 恭愍王 22년 2월, 741쪽.
62) 『高麗史』 권126, 列傳39 姦臣2 邊安烈, 下冊, 750쪽.
63) 『高麗史節要』 권1, 太祖 6년 11월, 16쪽.

호족이 이를 제공하는 것이다. 승리한 후 상대방의 무기를 몰수하는 것
은 무기 보유의 양을 늘리는 좋은 방법이기도 했다.

전투의 과정에서 노획한 무기는 매우 많았다. 왕건의 군대가 후백제
군과 맞닥뜨려 전투한 일이 많으며, 승리하는 경우 패배한 군대의 무기
를 수거했을 것이다. 공산 전투에서 왕건군이 패배했을 때에는 후백제군
이 다량의 철제 무기를 노획했을 것이며, 반대로 고창 전투에서 왕건이
견훤에 승리를 거두었을 때에는 후백제 군으로부터 엄청난 무기를 노획
했을 것이다. 크고 작은 전투가 빈번하게 발생하는 과정에서 전리품으로
서 철제 무기를 획득하는 일은 매우 중요했을 것이다.

927년 9월 견훤이 신라 도성에 쳐들어가 노획한 것 가운데에 무기가
있었다.

> 견훤이 병사를 풀어 크게 약탈하고, 왕궁에 들어가 거처하고서 좌우에게
> 왕을 찾도록 하고서 (왕을) 軍中에 두고서 핍박해 自盡토록 했다. … 왕의 表
> 弟 金傅를 세워 왕으로 삼았다. 왕의 동생 孝廉과 宰臣 英景 등을 사로잡았
> 고, 子女·百工·兵仗·珍寶를 모두 취해 가지고 돌아왔다.[64]

견훤은 경주에 쳐들어가 약탈하고 왕을 자진케 한 다음 김부를 왕으
로 세웠으며, 고위 인사를 포로로 잡았고, 자녀, 각종 장인, 병기, 보배를
모조리 가지고 돌아갔다. 견훤이 경주에서 탈취해 온 것 가운데, 병기가
있었다. 신라의 핵심 무기를 빼앗아 온 것이다. 신라의 무기는 이때 대부
분 탈취당함으로써 전투력은 급격히 저하되었을 것으로 보인다. 이것은
신라 무장 해제의 의미를 갖는 일이었다. 이에 따라 신라는 군사력면에
서 재기하기 힘들었을 것이다. 견훤이 신라의 무기를 탈취하는 것은 이
시기 철제 무기에 대한 관심이 지대했음을 상징적으로 보여준다.

---

64) 『高麗史』 권1, 世家1 太祖 10년 9월, 上冊, 43~44쪽 ; 『三國遺事』 권2, 紀異2 後百
   濟 甄萱.

후삼국시기 치열한 전투가 있는 경우, 상대방의 무기를 탈취하는 일은 일상적이었을 것으로 보인다. 928년 7월 태조가 삼년성을 쳤으나 이기지 못하고 청주로 행차했을 때 후백제에서 장수를 보내 청주를 침공했다. 이때 탕정군에 있던 庾黔弼이 청주로 달려가 후백제 장수와 싸워 그를 패주시켰으며, 禿岐鎭에 이르러 죽이고 사로 잡은 것이 300여 명이었다.[65] 병사 300여 명의 무기는 당연히 몰수의 대상이 되었을 것이다. 그리고 패퇴한 병사가 버리고 간 무기 역시 유금필이 수거했을 것이다.

928년 11월 견훤이 烏於谷城을 쳐서 빼앗고 지키던 군사 천 명을 죽였는데,[66] 죽임을 당한 천 명의 군사가 보유했던 무기는 몰수되었을 것이다. 나아가 오어곡성의 무기는 거의 전부 견훤의 병력에 의해 탈취되었을 것으로 보인다. 이러한 패배를 겪은 오어곡성은 재기하는 것이 불가능했을 것이다.

929년 견훤이 甲卒 5천으로 義城府를 침공했을 때 洪術이 전사했으며, 또 견훤이 순주를 침공하자 장군 元逢이 도망했다.[67] 견훤의 공격을 받은 의성부와 순주의 경우, 보유한 무기의 대부분이 약탈당했을 것으로 보인다.

930년 정월 고창 전투에서 왕건이 승리를 거두었을 때, 후백제의 병사로 죽임을 당한 자가 8천여 명이었다.[68] 이 8천여 명 병사가 소지했던 무기는 대부분 왕건 군에 의해 탈취되었을 것이다. 엄청난 무기가 고려의 수중에 들어온 것이다. 아마 1만 kg 이상의 철을 고려에서 수거한 것으로 여겨진다.

견훤과 왕건이 치열하게 다투는 시점에 상대방 전투력의 약화를 도모하는 일은 매우 중요했다. 다음의 일은 그런 사정을 잘 표현하고 있다.

65) 『高麗史節要』 권1, 太祖 11년 7월, 19~20쪽.
66) 『高麗史節要』 권1, 太祖 11년 11월, 20쪽.
67) 『高麗史節要』 권1, 太祖 12년 7월, 20쪽.
68) 『高麗史節要』 권1, 太祖 13년 정월, 21쪽.

견훤이 一吉湌 相貴를 보내어 舟師로써 예성강을 침입케 했다. 鹽·白·貞 3州의 선박 1백 척을 불태우고 猪山島에서 방목하던 말 3백여 필을 탈취해 갔다.69)

선박을 불태워 수군력을 약화시키고 말을 탈취함으로써 기병을 약화시키는 것이다. 이처럼 전쟁에서 상대방의 군사력을 약화시키는 것은 매우 중요했다. 철제 무기의 탈취·노획도 상대 군사력의 약화를 의도하는 행위였다.

934년 운주 전투에서도 왕건은 엄청난 무기를 노획한 것으로 보인다. 왕건이 친히 군사를 거느리고 運州를 정벌하자, 甄萱이 이 소식을 듣고 甲士 5천 명을 뽑아 대응했다. 유금필이 후백제군을 돌격하여 3천여 명을 목베고, 術士 宗訓과 醫師 訓謙과 장수 尙達·直弼을 사로잡았다.70) 운주의 전투에서 죽임을 당한 3천여 명이 소지한 무기는 대부분 왕건의 수중에 들어갔을 것이다.

전투에서 항복하는 모습은 일리천 전투에 잘 나타난다. 왕건군과 신검군이 일리천을 두고 서로 대치했을 때 후백제의 장군이 견훤이 타고 있는 말 앞에 와서 항복했다.

백제 좌장군 孝奉·德述·哀述·明吉 등 4인이 (고려의) 兵勢가 크게 성한 것을 보고 투구를 벗고 창을 던지고[免冑投戈] 甄萱의 말 앞에서 항복했다.71)

후백제의 좌장군 4명이 고려의 병세가 대단한 것을 보더니 투구를 벗고 창을 던진 다음 항복하는 것이다. 항복 행위는 투구를 벗고, 창을 내려놓는 방식이었다. 그 무기는 고려군이 모두 수거했을 것이다. 상당한 무기

69) 『高麗史』 권2, 世家2 太祖 15년 9월, 上冊, 49쪽.
70) 『高麗史節要』 권1, 太祖 17년 9월, 24쪽 ; 『三國遺事』 권2, 紀異2 後百濟 甄萱.
71) 『高麗史』 권2, 世家2 太祖 19년 9월, 上冊, 52~53쪽 ; 『三國遺事』 권2, 紀異2 後百濟 甄萱.

를 고려측에서 확보한 것이다. 이어진 전투에서 왕건측은 후백제 군인 3,200명을 사로잡고 5,700명의 목을 베었다.[72] 사로잡힌 3,200명의 병력과, 죽임을 당한 5,700명이 소지했던 무기들은 대부분 고려측에서 수거했을 것이다. 이 전투에서 고려는 상당한 무기를 전리품으로 획득한 것이다. 이러한 전리품에는 당연히 철제 무기가 다량 포함되어 있었을 것이다.

왕건과 후백제의 신검군이 일리천에서 전투한 이후 최종 결전은 연산에서 있었는데, 이곳에서 후백제군이 항복함으로써 전쟁은 종식되고 통일이 완수되었다. 그곳에 집결되었던 후백제군은 모두 무장해제되었을 것이며, 이에 따라 그들이 소지한 철제 무기는 모두 몰수되었을 것이다. 일시에 엄청난 철제 무기가 한 곳에 모였을 것이다. 그 가운데에는 우수한 것도 있을 것이고 파손된 것도 있었을 것이다.

후삼국시기 후백제나 호족이 태조 왕건에 항복해 오는 모습에 대해

공손히 天命을 봉행하여 모든 갑옷과 무기를 버리고 한 손을 머리에 얹고 양을 이끌고 항복하여 오므로 모두가 평화롭게 농사지으면서 살게 되었다.[73]

고 언급했다. 결국 항복한다는 것은 갑옷과 무기를 버리는 것을 의미한다. 그들이 버린 갑옷과 무기를 고려에서 모두 회수했을 것이다. 후삼국시기 전쟁은 철제 무기의 전쟁이고, 승패에 따라 그 무기는 이동했다. 승리한 측에서 그것을 노획함으로써 상대의 재기를 어렵게 만들었고, 자신의 무기 보유량을 확대시켜 갔다. 최종 승리한 왕건측으로서는 상당한 철제 무기를 확보했다고 할 수 있다.

전쟁의 승리는 상대방의 철제 무기를 노획하는 성과를 가져다 주는

---

72) 『高麗史』 권2, 世家2 太祖 19년 9월, 上冊, 53쪽 ; 『三國遺事』 권2, 紀異2 後百濟 甄萱.
73) 李智冠 譯註, 1994, 『歷代高僧碑文(高麗篇1)』, 伽山佛教文化研究院, 「開豊瑞雲寺 了悟和尚眞原塔碑文(937년)」, 56쪽.

에서는 '軍器皆當納官'하는77) 것이 원칙이었다. 국초부터 아마 관에서
보관하는 것이 원칙이었을 것이다.

군기고에서 무기를 관리하고 있음은 이자겸의 난에서도 확인할 수 있
다. 이자겸을 제거하려는 거사가 있자, 척준경은 之甫, 崔湜, 李侯進 등
과 함께 군졸을 불러 모은 뒤 軍器庫에 들어가 甲牟兵仗를 탈취해서 昇
平門으로 나아가 포위했다.78) 군기고에서 무기를 보관 관리해 왔는데,
척준경이 그곳의 무기를 탈취해 군졸들을 무장시킨 뒤 승평문을 포위한
것이다. 중요한 무기를 군기고를 통해 관리해 왔음을 알 수 있다. 그리고
그해 5월 국왕이 延慶宮에 옮겨 거처할 때 이자겸은 宮南에 우거하고서
북쪽의 담을 뚫어 궁내에 통했으며, 軍器庫의 甲兵을 탈취하여 집에 보
관했다.79) 무기는 군기고에서 보관함이 원칙인데, 이자겸이 그것을 탈취
해 개인 집에 보관한 것이다.

무기를 국가에서 관리하고 있음은 삼별초가 무장하는 데서도 볼 수
있다. 원종 11년(1270) 6월 삼별초가 강화도에서 반란을 일으킬 때,

　　金剛庫의 兵器를 꺼내서 軍卒에게 분급했다.80)

라는 사실에서 확인할 수 있다. 금강고의 병기를 꺼내서 군졸에게 분급
했다는 것이다. 무기를 금강고에서 보관 관리하고 있음을 알 수 있다.
고려에서는 이처럼 무기를 군기고·금강고에서 관리하고 있었던 것이다.
사사로이 무기를 보관 휴대할 수 있는 것이 아니었다.

원종 12년(1271) 10월 副達魯花赤 焦天翼이 '兵器不可畜於私家'라고

---

77) 『高麗史』 권104, 列傳17 金方慶, 下冊, 287쪽.
78) 『高麗史節要』 권9, 仁宗 4년 2월, 229쪽.
79) 『高麗史節要』 권9, 仁宗 4년 5월, 233쪽.
80) 『高麗史』 권130, 列傳43 叛逆4 裵仲孫, 下冊, 835쪽 ; 『高麗史節要』 권18, 元宗 11
　　년 6월, 487쪽.

312   제3부 寺院과 술[酒], 金屬

하면서 진도의 삼별초를 공격했을 때 사용한 兵仗을 거두어 모두 鹽州
의 屯所로 옮기게 했다.[81] 무기는 개인 집에 보관해서는 안 되는 것이었
다. 전쟁이 종료된 뒤에 그 전투에 사용했던 무기를 모두 거두어 일정한
장소에 보관해 통제하고 있는 것이다.

충렬왕 3년(1277) 韋得儒가 進義·金福大 등과 음모해서 忻都에게 김
방경을 참소했다. 김방경이 아들, 사위, 韓希愈 및 孔愉·羅裕·安社貞·金
天祿 등 400여 인과 함께 국왕과 공주, 다루가치를 제거하고 강화에 들
어가 반란을 일으키려 한다고 위득유가 참소했으며, 이때 일본을 정벌한
뒤에 무기를 모두 관에 바쳐야 했는데, 김방경과 친속이 그렇게 하지 않
고 사사로이 집에 보관한 것을 근거로 들고 있다.[82] 무기는 전쟁이 종료
한 뒤에는 국가에 바치는 것이 원칙이었던 것으로 보인다.

고려시기 무기는 국가에서 관리하는 것이다. 개인이 마음대로 무기를
소지할 수 없는 것이었다. 무기를 사사로이 간직하고 있다는 죄목으로
김방경이 참소당한 것이 그 예이다. 고려시기 무기에 대한 국가의 관리
는 국초부터 실시되고 있었다고 보인다. 통일 직후에 무기에 대한 대대
적인 회수 검속이 이루어져 중앙의 무기고나 지방 차원의 무기고에서 보
관 및 관리했을 것이다.

국가에서는 이처럼 무기를 통제했다. 모든 무기가 아니라 중대형의
철제 무기를 국가의 무기고에서 관리했을 것이다. 그렇지만 소규모의 개
인 무기에 대해서는 엄격하게 통제하기는 쉽지 않았을 것이다. 그렇기
때문에 소규모의 무기를 휴대하고 다니는 일도 없지 않았을 것이다. 그
런 일이 많고, 또 그것이 문제가 되자, 현종 5년(1014) 4월 '禁民佩匕首'
하는 조치를 취했다.[83] 백성들이 비수를 휴대하고 다니는 일이 빈번하

---

81) 『高麗史』 권27, 世家27 元宗 12년 10월, 上冊, 550쪽.
82) 『高麗史』 권104, 列傳17 金方慶, 下冊, 287~289쪽.
83) 『高麗史節要』 권3, 顯宗 5년 4월, 81쪽.

고 그것이 문제를 일으키는 수가 많았으므로 이러한 조치가 취해진 것으로 보인다.

현종 5년의 비수 패용 금지 조치 이후에도 그러한 행위는 중단되지 않은 것으로 판단된다. 그것은 靖宗 11년(1045) 10월 '復禁人佩匕首'하는 조치가 취해지는 데서[84] 알 수 있다. 현종대 조치 이후 일시 비수를 패용하는 일이 줄어들었지만 그 이후 다시 차고 다니는 일이 늘어가자 이런 조치가 취해진 것이다.

신종 5년(1202) 3월 龍虎軍 仲美가 崔忠獻이 보냈다고 사칭하고서 무기를 지참하고 봉주에 가서 銀帛을 거두어 驛을 통해 집으로 운반했는데, 어떤 이가 잡아서 최충헌에게 고하자 중미를 3일간 효시했으며, 이에 내외에서 무기를 소지하는 일을 금했다.[85] 최충헌은 무기 소지 자체를 금하는 조치를 취한 것이다. 무인집권기에 특정인이 사적으로 무기를 소지하고 다닌 일이 없지 않았을 텐데 이를 철저히 통제하는 것이다. 무기를 소지한 것은 타인에게 상당한 위협을 주는 일이었다. 문제가 된 무기는 대형의 칼이나 창이 중심이었을 것이다. 몸 속에 작은 칼의 휴대를 금하는 것은 쉽지 않았을 것이다.

원 간섭기에도 무기 휴대를 금지하는 조치가 있었다.[86] 원나라 사람으로서는 고려인의 무기 휴대는 부담스러운 일이었을 것이며, 치안상의 불안을 야기할 소지가 있으므로 이러한 조치를 취한 것으로 보인다.[87]

고려 통일 이후 고려정부는 상당한 철제 무기를 보유하고 있었다. 그 중에는 재사용이 가능한 온전한 고급 무기도 있었을 것이고, 파손된 무기도 없지 않았을 것이다. 품질이 우수한 무기는 그대로 보관해 재사용하겠

---

84) 『高麗史節要』 권4, 靖宗 11년 10월, 118~119쪽.
85) 『高麗史節要』 권14, 神宗 5년 3월, 370쪽.
86) 『高麗史節要』 권19, 忠烈王 원년 5월, 505쪽 ; 『高麗史節要』 권19, 忠烈王 2년 11월, 510쪽.
87) 고려시기 무기의 관리에 대해서는 별도의 자세한 검토가 필요하다.

지만, 품질이 떨어지거나 파손된 무기는 다시 녹여 재활용했을 것이다.

10만 명의 병력이 소지한 무기를 회수한다고 할 때, 1명 당 1kg의 무기를 보유함을 전제로 하면 총 10만 kg을 상회한다. 실제는 이보다 훨씬 많아서, 적어도 수십만 kg의 철제 무기가 수거되었을 것이다. 전쟁이 종식되고 평화가 지속하는 시기에는 무기에 대한 수요가 줄어들 수밖에 없었다. 엄청나게 보유한 철제 무기의 재활용은 중요한 과제였다.

신라말 고려초에는 사원 자체가 보유한 철제 무기도 상당했을 것이다. 후삼국시기 치열한 전쟁이 지속되는 가운데 사원도 공격을 받는 일이 많았으므로 자체 무장을 해서 자위 능력을 갖추는 수가 많았다. 그렇기 때문에 사원이 보유한 무기의 양 또한 만만치 않았다. 통일되고 안정되는 시점에서 사원이 보유한 철제 무기는 본래의 의미를 상실할 수밖에 없었다. 그런 처지에 놓인 철의 양도 엄청났다고 생각된다. 일부는 국가에서 회수했을 테지만, 일부는 사원에서 보관하고 있었을 것이다.

무기의 회수·관리를 물리적 힘만으로 진행하는 것은 무리가 있었다. 이에 불교계를 적극 활용하는 방안을 모색하게 되었다. 국가 차원에서, 중앙 정부 차원에서 철제 무기를 강제적으로 회수하는 것이 아니라 지방사회 차원에서 자발적으로 불교계에 희사하도록 유도하는 것이다.

5. 고려초 鐵製 武器의 재활용

고려초에는 중앙 정부에서 철제 무기를 수습하기도 했지만, 지방 차원에서 회수한 것도 상당했을 것이다. 중앙이나 각 지방 군현에는 상당량의 철제 무기구가 수집, 보관되어 있었을 것이다. 또한 외방의 사원도 철제 무기를 상당량 보유하고 있었다. 후백제군의 무기도, 신라의 무기도, 또 고려 병사의 무기도 회수의 예외가 아니었다. 특히 후백제군으로부터 수거한 무기는 엄청난 양에 달했다. 그리고 친후백제의 성향을 보였던 지방세력의 무기도 대부분 몰수당하는 조치가 취해졌을 것이다. 이렇게 회수한 무기는 다른 용도로 사용할 수 있었다.

새로운 무기를 만드는 것, 농기구로 재활용하는 것, 불교 미술품의 제작에 사용하는 것 등이 모두 가능했다. 국가 운영의 방향과 관련해 그것을 사용한 것으로 보인다. 무기 제작에 사용된 것은 극히 일부일 것이고, 대부분 다른 용도로 사용된 것으로 보인다. 중심은 불교 미술의 조영이었을 것이고, 일부는 농기구 제작이었을 것이다. 불교 미술품을 제작하는 것은 오랜 전쟁의 종식을 기뻐하고 평화로운 시대가 지속했으면 하는 염원을 전제로 하는 것이었다. 때문에 다수가 공감하는 속에서, 또 환영하는 분위기 속에서 곳곳에서 불사가 이루어졌다.

개경에서 보유한 철은 사원 조영에 널리 활용되었다. 고려초 개경에는 많은 사원이 조성되었는데, 이를 위해 다량의 철이 필요했다. 사원의 조영 시에 철을 필요로 했음은 홍왕사에서 확인할 수 있다.[88] 퇴락한 演福寺 탑 중창 시에 소요되는 물품 가운데에도 철이 있었다.[89] 조선초 원주 覺林寺와 오대산 上院寺에서도 철을 필요로 했다. 각림사에는 태종대에 중창을 위해 철 1,000근(=600kg)을 지급했으며,[90] 상원사에는 세조대에 正鐵 10,050근(=6,030kg)을 경상도 관찰사로 하여금 조달케 했다.[91] 모든 사원은 아니었을지 모르지만, 각림사와 상원사처럼 수백 kg, 수천 kg의 철을 소비해 조영하는 경우는 흔했을 것으로 보인다.

사원의 조영에 철제 무기를 재활용한 구체적인 예를 開國寺에서 확인

88) 『高麗史節要』 권5, 文宗 12년 2월, 136~137쪽.
89) 『高麗史』 권46, 世家46 恭讓王 3년 5월, 上冊, 893쪽 ; 『高麗史節要』 권35, 恭讓王 3년 5월, 890쪽.
90) 『太宗實錄』 권31, 太宗 16년 4월 庚寅(28일), 國史編纂委員會 影印本 2冊, 112쪽 (이하 같음).
91) 『世祖實錄』 권35, 世祖 11년 2월 丁酉(20일), 7冊, 673쪽.

할 수 있다.

　　창과 방패를 파손해[破戈楯] 결구에 충당했다[充結構].[92]

　곧 후삼국 전쟁 때에 사용했던 무기인 창과 방패를 활용해 개국사를 조영했음을 말하는 것이다. 개국사처럼 무기를 회수해서 사원 조영의 자재로 활용하는 예가 많았을 것으로 보인다.

　고려초에는 개국사 이외에도 개경 내외에 다수의 사원을 조영했다. 상원사처럼 사원마다 6천 kg의 철이 필요하다면 고려초 조영된 사원에서 사용한 철은 10만 kg을 상회했을 것이다. 다른 사원도 개국사처럼 회수한 무기를 녹여 재활용하는 방식을 택했을 것이다. 고려초 특히 광종대 이후 개경에 다수의 사원을 조영할 수 있었던 것은 다량의 철을 보유하고 있던 것이 배경이 되었다.

　철당간의 제작에도 철물이 적극 활용한 것으로 보인다. 현재 당간까지 남아 있는 것으로는 공주 갑사 철당간, 청주 용두사지 철당간, 보은 법주사 철당간, 나주 동문외 석당간, 담양 읍내리 석당간, 안성 칠장사 철당간, 영광 단주리 석당간, 부안 서외리 석당간 등이 있다. 중국이나 일본 사원에서는 한국보다 당간과 당간지주가 크게 성행하지 않은 것으로 확인되고 있다.[93] 그리고 대형 鐵鑊의 제조에도 철물이 사용되었다. 철당간과 철확의 제작에는 지방단위로 보관해 오던 철이나 지방 사원에서 보유한 철이 주로 사용되었을 것이다.

　강력한 호족이 존재하는 지방에서, 특히 반고려적인 성향이 강한 지역에서 이러한 대형의 불교 미술품이 제작되는 것은 철제 무기와 깊은 관련이 있었다. 소호족이 존재하는 곳에서는 철제 무기의 양도 많지 않을

---

92) 李齊賢,「重修開國律寺記」『益齋亂藁』권6(『韓國文集叢刊』2冊, 552~553쪽).
93) 엄기표, 2004,『한국의 당간과 당간지주』, 학연문화사, 17~19쪽.

것이고, ·따라서 중앙정부에서도 그 세력을 부담스러운 존재로 인식하지
않았다. 따라서 그곳의 무기를 일률적으로 몰수할 필요가 없었을 것이고,
자연스럽게 다른 용도로 전환하도록 유도하면 되었을 것이다. 반고려적
인 호족이 크게 활약한 지역은 집중 관리의 대상이 되었을 것이다.

　고려초 다량의 철이 소비된 철당간과 철확을 제시하면 다음과 같다.

<표 2> 고려시대 철당간 및 鐵鑊

순번	철제 불교미술품	내　용
1	연산 개태사의 鐵鑊	직경 289cm, 둘레 910cm, 높이 96cm(솥 본체 73cm, 굽 23cm)
2	청주 용두사의 철당간 (광종 13년 제작)	전체 높이 13.12m, 현재 20단, 원래는 30단, 각단의 하부 지름 43.24cm, 상부 지름 42.95cm, 높이 65.5cm
3	안성 칠장사의 철당간 (11세기 제작)	전체 높이 11.5m, 원래는 30단, 현재 15단, 제일 하단부 지름 49cm, 높이 67cm(상부로 갈수록 지름이 좁아짐)
4	공주 갑사의　철당간 (10세기 제작)	전체 높이 15.43m, 현재 24단, 1899년까지 28단, 총 중량 7,324kg
5	보은 법주사의 철당간 (목종 9년 제작)	전체 높이 22m, 철통 30단, 첫 번째 철통 지름 55cm, 높이 74cm, 조선 고종 3년(1866) 파괴, 순종때 22m 높이로 다시 조성함, 1972년 다시 복원
6	보은 법주사의 철확	높이 120cm, 입 지름 270cm, 두께 10cm, 무게 20,000kg 정도

　위에 제시한 6종의 불교 미술품은 모두 대형인데, 제작 시점이 명확
한 것이 있는가 하면(2·5), 고려초로 추정되는 것(3·4)이 있고, 명확치
않은 것(1·6)이 있다. 대량의 철이 일시에 모아져야 조성이 가능함을 고
려하면 6종은 모두 고려초에 만들어진 것으로 추측된다.

　연산 개태사의 철확은 이곳에서의 전투 상황과 관련성이 커 보인다.
후백제의 신검군과 고려의 왕건이 마지막으로 격전을 벌인 곳이 연산이
었다. 일리천에서 후백제가 패한 뒤 다시 연산에서 전투가 있었는데, 이
때 신검군이 결국 항복했다. 이 전투에 참여한 후백제군은 모두 무장해
제당했을 것이다. 이때 회수당한 무기의 전체 규모는 상당했을 것이다.

고급의 특별한 무기는 개경으로 보냈겠지만, 나머지의 흔한 무기나 파손된 무기는 재활용되었을 것이다. 수거된 철제 무기의 분량은 엄청났을 것으로 보인다. 그때 모아진 철로 만든 것이 개태사 철확일 것으로 추측된다. 2만 kg에 가까운 철을 일시에 확보해서 철확을 만든다는 것은 쉬운 일이 아니다. 다량의 철이 확보되어 있었기 때문에 제작할 수 있었던 것이다. 소량의 철을 모으는 것은, 시간도 많이 소요되며, 후원자도 다수여야 가능한 일이다. 많은 철물이 모아져 있어야 철확의 제작이 가능한 것인데, 아무래도 후백제군의 무기가 중심 소재였을 것이다.

개태사 철확은 고려말 이곳을 쳐들어온 왜구가 훔쳐가지 못했다.[94] 무겁고, 파손하기 어려우며, 금은으로 제작한 것보다 가치가 떨어진다는 점도 작용했을 것이다.[95]

청주지역은 후삼국시기 지방세력의 정치적 향배가 무상한 곳이었다.[96] 친궁예 세력이 있는가 하면 친왕건 세력이 있었다. 때로는 후백제의 영향이 미쳐오기도 했다. 왕건으로서는 매우 당혹스러운 지역이었다. 청주로서는 항상 의심을 받는 지역이 되지 않을 수 없었다. 고려초 청주 용두사 철당간은 광종 13년(962)에 鑄成되었으며, 현재 철통 20단이 연결되어 있으며, 높이는 12.7m이다.[97] 20단의 무게는 3,600kg이 넘으며, 30단으로 볼 경우 5,400kg을 상회한다. 현재의 무게는 원료의 80%이므

---

94) 『高麗史』 권133, 列傳46 辛禑1 辛禑 2년 7월, 下冊, 871쪽 ; 『高麗史』 권137, 列傳 50 辛昌 즉위년 8월, 下冊, 961쪽 ; 『高麗史』 권114, 列傳27 文達漢, 下冊, 519쪽.

95) 고려시기 철제 솥 전반에 관해서는 다음의 글이 참고된다. 신종국, 2016, 「고려시대 쇠솥의 형태적 특징과 변화 양상」 『역사와 역사교육』 32, 웅진사학회 ; 신은제, 2018, 「고려의 철제 솥」 『문물연구』 34, 동아시아문물연구학술재단.

96) 김갑동, 1985, 「고려건국기의 청주세력과 왕건」 『한국사연구』 48 ; 김주성, 1988, 「고려초 청주지방의 호족」 『한국사연구』 61·62합집 ; 신호철, 1993, 「후삼국 건국세력과 청주 지방세력」 『호서문화연구』 11 ; 김수태, 1997, 「신라말·고려전기 청주김씨와 법상종」 『중원문화논총』 1.

97) 엄기표, 2004, 앞의 책, 369쪽 ; 청주시, 청주대도시·지역개발연구소, 1999, 『용두사지 철당간 안전진단 및 보존처리 학술연구용역 보고서』, 27쪽, 59쪽, 80~81쪽.

로 대략 6,825kg 정도의 철이 사용된 것이다.[98]

청주지방의 호족이 보유했던 철제 무기가 당간의 주 소재였을 것으로 보인다. 청주 호족의 철제 무기가 이렇게 사용됨으로써 중앙정부는 청주 지역에 대한 의구심을 버릴 수 있었을 것이고, 청주 호족으로서는 반고 려적인 혐의에서 벗어날 수 있었을 것으로 생각된다. 호족과 중앙 정부 의 타협으로서 청주지방에서 철당간을 제작한 것으로 생각한다. 호족은 무기를 회수당해 중앙정부에 보낸다면 상당한 불쾌함이 있겠지만, 지역 내 사원에 제공한다면 그런 점이 없을 것이다. 평화로운 시기가 오래 지 속하기를 바라는 염원을 담을 수도 있을 것이다. 다량의 철물이 수집된 것을 전제로 해서, 그 지역의 인사들이 제작 비용을 부담해 조영한 것으 로 판단된다.[99]

---

98) 철당간 세부 규격(단위 mm, 평균치)(청주시, 청주대도시·지역개발연구소, 1999, 위의 책, 80~81쪽)

철통규격(모두 20단)(각 단)			철통살 두께			
하부 지름	상부 지름	높이	동측	서측	남측	북측
432.35	429.50	655.00	26.78	27.38	30.30	27.73
지름 평균 430.925 (반지름 : 215.4625)			두께 평균 28.0475(빈 부분 내부의 지름 : 374.83, 반지름 187.415)			

위의 자료를 기초로 계산해 보면, 한 단의 무게는 대략 182kg이 되며, 20단의 무게 는 약 3,640kg이며, 30단으로 계산하면 5,460kg이 되고, 완성품이 20% 체감되는 것을 적용하면 원료는 6,825kg이 된다.

99) 용두사 철당간 제작은 金芮宗이 시작했으나 그의 사망으로 중단된 것을 김희일이 이어 진행했다. 명문에 의하면 단월로는 金希一, 金守△, 金釋希, 金寬謙이 보이 고, 監司로는 승려도 있으며, 속인으로 孫熙, 慶柱洪, 韓明寔, 慶奇俊, 孫仁謙 등이 보인다. 결국 청주의 토성인 김, 손, 경, 한 등이 참여해 제작한 것이다. 본고의 시 각과 다른 방향에서 철 당간 조영을 이해한 연구가 있다. 즉 광종대 대호족을 숙 청하고 지방 호족 휘하의 사병을 시위군으로 선발해 올림으로써 호족세력이 약화 되자, 청주김씨 등 청주지역의 호족세력들이 이완되어 가는 지역사회 지배력에 대 한 위기를 극복하기 위해 당간 건립이란 대규모 사업을 주도함으로써 지배질서를 재확인하고자 한 것으로 보는 견해가 그것이다(김낙진, 2016, 「高麗 光宗의 개혁 정치와 淸州 龍頭寺 鐵幢竿의 건립」 『사학연구』 121).

안성 칠장사의 철당간은 1981년 보수했는데, 원래 30단이었으나 현재
는 15단이 연결되어 있으며 높이는 11.5m이다.[100] 신라말 고려초 안성
지역은 여러 호족들이 공존하고 있었다.[101] 그들이 보유했던 무기가 바
탕이 되어 철당간을 제작할 수 있었다고 생각된다.

공주 갑사의 철당간[102] 역시 10세기에 제작된 것으로 보인다. 공주
지역은 김헌창의 난이 일어난 곳으로 철이 비교적 풍부한 지역으로 보
인다. 이곳은 후삼국시기 고려와 후백제 두 세력이 치열하게 다투었던
지역이다. 후백제가 처음 건국되었을 때 공주는 후백제의 영역이었다.
그러나 905년 공주장군 弘奇가 궁예에게 항복하면서 공주는 궁예의 수
중에 들어가게 되었다. 그후 918년 왕건이 궁예를 내쫓고 정변을 일으
키자 이곳을 지키고 있던 伊昕巖이 철원으로 철수했다. 918년 8월 이
흔암의 모반이 발생하자, 그 영향으로 공주가 후백제의 세력권에 속하
게 된 것은 두 달 후인 8월이었다. 이후 공주는 후백제의 최북단 기지로
서 기능했다. 그러다가 934년 運州 전투에서 견훤군이 크게 패하고 경
상도 지역이 거의 왕건에게 넘어가자 고려에 항복했다.[103] 공주는 대세
력이 자리하고 향배가 무상한 곳이었다. 그 세력이 보유한 무기는 회수
의 대상이 된 것으로 보인다. 그것으로 갑사 철당간을 제조한 것으로 추
측할 수 있다.

공주 철당간의 무게는 24단까지 7,324kg으로 추정되는데,[104] 원재료
는 이보다 더 많이 필요해 9,155kg이 소비된 것이다. 24단까지 9천 kg

---

100) 엄기표, 2004, 앞의 책, 195쪽.
101) 김성환, 1993, 「죽주의 호족과 봉업사」『문화사학』 11·12·13합집 ; 이재범,
    2011, 「신라말·고려초 안성지역의 호족과 칠장사」『안성 칠장사와 혜소국사 정
    현』(남동신 책임 편집), 사회평론.
102) 박남수·심대섭·최응천, 1999, 『갑사와 동학사』(빛깔있는 책들230), 대원사, 101~
    103쪽 ; 엄기표, 2004, 앞의 책, 349쪽.
103) 金甲童, 1999, 「百濟遺民의 動向과 羅末麗初의 公州」『역사와 역사교육』 3·4합집.
104) 엄기표, 2004, 앞의 책, 348쪽.

이상의 철을 활용한 것인데, 28단이라면 1만 kg을 상회한 것이 된다. 1만 kg 이상의 철을 일시에 조달하는 것은 힘든 일이다. 회수한 무기가 아니면 어려웠을 것이다.

보은지방은 후삼국시기 대부분의 기간 동안 후백제의 영역으로 있었다. 왕건이 공략한 적이 있지만 성공을 거두지 못했다. 그렇기 때문에 이곳은 반왕건, 반고려적인 세력이 강고하게 버티고 있던 지역이었다. 당연히 이 지역에서는 강력한 지방세력이 있었으며, 철제 무기를 구비하고 있었을 것이다. 고려에 의해 통일된 후 이 지역의 철제 무기는 주목의 대상이 되지 않을 수 없었으며, 그것이 소재가 되어 법주사의 철당간과 철솥이 제작된 것으로 보인다. 철당간은 목종 9년(1006)에 만든 것으로 전한다. 여러 번 중수를 거쳤으며, 현재의 모습은 1972년 복원된 것으로 높이가 22m이고 30단이 연결되어 있다.[105)

법주사의 철확은 높이가 120cm, 입지름이 270cm, 두께가 10cm나 되며 입이 바깥으로 벌어진 심발형 솥이다.[106) 철확의 경우 2만여 kg에 달한다고 하므로 철당간과 철솥을 동시에 제작하는 데에는 엄청난 철이 소비되었을 것이며, 그 철은 보은 토착세력의 철제 무기에서 온 것으로 판단된다.

용두사·칠장사·갑사·법주사 4개 사원의 철당간은 규격이 대체로 비슷하다. 28~30단의 원통으로 구성되며, 지름은 40~60cm 정도이다. 1만 kg 이상의 철을 사용해 제작한 것으로 보인다. 1만 kg 이상의 철이 사용되는 철당간이나 철확의 경우 십시일반으로 제작할 수는 없는 일이다. 이미 확보한 다량의 철이 뒷받침되지 않는다면 제작하기 힘든 일이다. 일거에 확보한 다량의 철은 무기일 수밖에 없다. 철을 소량씩 대규모로 모은다는 것은 엄청난 시일을 요하기 때문에 용이한 일이 아니다. 그렇기 때문에 다량의 철이 확보된 곳에서만 철당간, 철솥과 같은 거대한 불

105) 엄기표, 2004, 앞의 책, 412~413쪽.
106) 신경환, 2000, 『역사에 나타난 鐵 이야기』, 한국철강신문, 90쪽.

사가 가능했다고 판단된다.

　신라하대의 철불 제작은 토풍의 대두와 관련해 활발하게 제작되었다. 그러한 토풍은 고려의 통일 이후에도 당분간 지속되었다. 각 지방 호족을 기반으로 성립한 고려의 경우, 토풍을 강조하는 분위기가 국초에 매우 강렬했을 것으로 보인다.[107] 그렇기 때문에 불상은 금·은·동보다는 철을 널리 사용해 제작되었다. 고려전기에 제작된 철불은 다수 확인할 수 있다.[108] 고려전기에 조영된 모든 철불이 무기를 소재로 한 것은 아닐 것이다. 살생을 하던 무기는 철당간이나 철확을 제작할 수는 있겠지만 불상을 제작하는 것은 다소 부담스러운 일이 되기 때문이다.[109] 물론 무기로 철불을 조영하는 경우도 없지 않았지만, 무기 이외의 철에서 오는 수도 많았을 것이다. 철불은 주로 사원이 보유하던 무기가 중심이었을 것이고, 지방에서 관리하던 무기도 도움이 되었을 것이다. 평화를 염원하는 분위기 속에서 제작된 것으로 이해된다.

　경기도 廣州에서 거대한 철불이 조영되었는데 광주 인근의 지평이 철 생산지이기 때문에 철의 조달이 가능했을 것이다. 광주 호족이 막강한

---

107) 구산우, 2015, 「고려시기 제도와 정책의 수용과 배제-成宗代 華風과 土風의 공존과 갈등을 중심으로-」『한국중세사연구』 42 참조.
108) 우리나라의 철불은 현재 약 50여 구가 남아 있는데 통일신라의 불상은 10구 미만이며, 나머지는 고려시대의 불상으로 편년된다. 고려전기는 철불의 최전성기로서 대형 철불의 유행이 계속되었으나 고려전기 이후에는 철불 제작이 매우 줄어들었다(김리나 외, 2011, 앞의 책, 138~139쪽 ; 문화재청, 2012, 앞의 책, 432쪽). 한편 崔仁善, 1998, 앞의 논문에서는 철불 전체의 수를 72구로 파악하고 있다.
109) 일본에서도 靑大悲寺 지장보살 입상을 조성할 때 칼을 섞어 주조했다는 내용이 전한다(이인영, 1989, 앞의 논문). 결국 철제의 칼을 녹여서 지장보살상을 조영하는 데 사용했다는 것이다. 이렇게 본다면 우리의 경우에도 철제 무기를 녹여 불상을 제작하는 일이 없지 않은 듯 하다. 살상하는 무기를 녹여서 불상을 제작한다는 것은 불교의 논리에서 볼 때 상상하기 힘든 일이지만, 다른 한편으로 오히려 그렇게 함으로써 불상에 염원을 담을 수 있을지도 모를 일이다. 豊臣秀吉이 1588년에 刀狩令을 내려 무기를 수거하고 그것을 불상 조영에 활용한 것도 참고할 사항이다.

무기를 바탕으로 세력을 떨칠 수 있었던 것은 철의 확보가 가능했기 때문이다. 왕규로 표현되는 광주의 호족이 철불을 제작한 것으로 지적해왔지만,[110] 그보다는 오히려 왕규의 패배 이후 그들이 소지한 무기를 몰수한 뒤 그것으로 제작했다고 봄이 합리적이다. 철불 제작에 사용한다면 탈취당하는 측에서도 불사에 기여한다고 생각하기 때문에 반발이 적을 수 있을 것이다. 철불의 제작에 사용한다면 기꺼이 빼앗김을 감수할 수 있을 것이다.

광주의 철불은 높이 281.8cm, 무게 6,200kg으로 추산하고 있다. 고려 전기 다수의 철불이 조영되었는데,[111] 이들 불상은 대부분 광주의 철불보다 규모가 작다. 높이가 100cm를 상회하는 경우, 1,000kg 이상의 철을 소비했을 것으로 추산된다. 1,000kg의 철을 소량씩 모으는 것은 쉬운 일이 아니어서 대개는 수거되어 있던 다량의 철을 활용한 것으로 볼 수 있겠다. 그렇기 때문에 상당수는 회수된 철제 무기가 주 소재로 활용된 것으로 볼 수 있다.[112]

무기를 탈취당하는 호족의 입장에서도 지역 내의 불사에 그 무기가 소비된다는 것은 기꺼운 일이었을 것이다. 정부는 모든 무기를 회수해 중앙으로 옮기고자 했음에 반해, 지방세력은 그대로 소지하고 싶어 했을 것이다. 양자가 한발씩 물러나 지방세력으로서는 무기를 포기하는 대신에 그것을 지방 소재 사원에 보내는 것이 정서적·종교적으로 용납되었을 것이고, 중앙정부에서는 차선이지만 지방세력의 무기를 몰수하는 의미가 있기 때문에 수용할 수 있는 방안이었다. 강제로 빼앗아 중앙으로

---

110) 이인영, 1989, 앞의 논문 ; 최성은, 2013,『고려시대 불교조각 연구』, 일조각, 59~83쪽.

111) 黃壽永, 1985,「高麗時代의 鐵佛」『美術史學硏究』166·167합집 ; 이인영, 1989, 앞의 논문.

112) 남원의 萬福寺에는 1만 3천 근(=7,800kg)의 鐵佛이 있었다고 하는데(『世宗實錄』권151, 地理志 全羅道 南原都護府, 5冊, 661쪽), 그것 또한 무기와 관련한 것으로 보고자 한다.

운반된다면 지방민은 불만이었겠지만, 평화를 갈구하는 염원을 담은 지역 내 불사에 사용하는 것은 매우 흡족한 일이겠다. 중앙정부에서도 무기가 회수되어 좋고, 지방호족으로서도 지역내 불사에 회사해서 좋고, 두 측의 타협 속에 철당간·철확이 주조되는 것이다. 사원은 이처럼 긴장관계에 있는 사회세력의 완충지대 구실을 했다. 고려초에 각 지방에서 상당한 규모의 철제 미술품이 조영된 것은 이러한 사정을 전제로 한 것이라 생각된다.113)

어느 한편에 귀속하는 것이 마땅치 않을 때에 제3지대인 사원이 주목되는 것이다. 무기의 경우에도 국가나 호족 사이에 긴장과 갈등이 있을 때, 완충지대인 사원에 보내 처분하는 것은 두 측이 모두 만족할 수 있는 방안이었을 것이다.

대형의 철제 미술품은 사원에서 관리하기 때문에 보존이 용이했다. 대형으로 제작함으로써 파손해 다른 용도로 사용하는 일 자체를 거의 불가능하게 했다. 두껍고 견고한 철확이나 철당간을 파손하는 것은 매우 어려운 일이었다. 불교 미술품은 사원 내에 소장하고 있기 때문에 승려 및 신도 등 다수가 보호하고 있으므로 타인이 절취하는 것은 용이한 일이 아니며, 다른 용도로 전환되는 것은 거의 불가능한 일이었다. 따라서 오랜 기간 보존할 수 있는 장점이 있다. 더구나 염원을 담아서 제작한

---

113) 개인 사이에도 물품의 처분을 둘러싸고 이견이 있을 때 완충지대로서 사원을 설정해 그곳에 회사하는 일이 있었다. 명종대에 盧克淸이 가난해 집을 팔고자 했으나 아직 팔지 못하고 일로 인해 외군에 나갔는데, 그때 노극청의 처가 玄德秀에게서 백은 12근을 받고 팔았다. 노극청이 돌아와 이 집을 살 때 다만 9근을 주었고 여러 해 살았으며 추가로 시설한 것이 없는데 3근을 더 받았다고 하고서 현덕수에게 3근을 돌려주고자 했다. 현덕수 역시 너만 의리를 지키고 나는 그렇지 못할 수 없다고 해서 받지 않았다. 노극청이 3근을 받지 않는다면 내 집을 돌려달라고 하니 현덕수가 부득이 받고서, 내 어찌 노극청에 미치지 못한단 말인가 하고 은 3근을 사원에 회사했다(『高麗史節要』 권13, 明宗 15년 4월, 343쪽). 노극청과 현덕수가 집값을 둘러싸고 이견이 있었는데, 두 사람은 결국 제3지대인 사원에 시납함으로써 모두 만족하는 결과를 만들었던 것이다.

것이므로 더욱 소중하게 생각했을 것이다.

고려초에 다량의 철이 불교계의 철당간, 철확, 철불 제작에 사용되었다. 사원 이외에 세속의 용도로도 철이 널리 사용되었다. 중요한 용처가 농기구였다. 농업생산의 증대를 위해서는 양질의 농기구가 필요했는데 그것은 철로 제작해야 했다. 鋤, 鎌, 犁, 耒, 斧, 鉏 등은 철로 제작해야 제 성능을 발휘할 수 있었다.

성종 6년(987) 주군의 병기를 거두어 농기구를 제작토록 했다.114) 종전까지는 주로 불교 미술품 조영을 위해 철이 소비되어 온 것에 대한 비판의 의미가 큰 조치였다. 성종은 불교를 우대하는 정책을 실시하지 않았기 때문에115) 철물을 불교계에서 사용하는 것에 비판적이었을 것이다. 사회 안정, 민생을 위해 농업을 강조하고 그 일환으로 철제 농기구 제작을 권장한 것이다.

이때에도 대대적으로 무기를 거두어들였을 것이다. 그때까지도 지방 차원에서 수습하지 못한 철제 무기들이 대거 회수당했을 것으로 보인다. 이 조치로 많은 무기가 농기구로 재활용되었을 것임은 분명하다. 그렇게 농기구를 제작한 뒤에도 많은 철이 있었고, 그것이 바탕이 되어 성종 15년 철전을 주조할 수 있었다고116) 생각한다. 주조한 철전은 적어도 숙종대 동전 주조량(1만 5천 관, 원료는 약 7만 kg)117) 정도는 되었을 것이다.

고려 국초에 불교계에서 다량의 철을 소비함에 따라 국가가 보유한 철은 상당 부분 사용된 것으로 보인다. 또한 권농정책의 일환으로 농기구의 제작 보급이 확대됨에 따라 보유한 철이 감소되었을 것이다. 결국 국초에 회수한 철은 불교 공예품의 제작이나 농기구 제조에 사용됨으로

---

114) 『高麗史節要』권2, 成宗 6년 6월, 52쪽.
115) 조경시, 2000, 「高麗 成宗代의 對佛敎施策」『한국중세사연구』 9.
116) 『高麗史節要』권2, 成宗 15년 4월, 60쪽 ; 허은철, 2013, 「고려 초기 법정화폐 정책」『靑藍史學』 22, 한국교원대 청람사학회.
117) 李炳熙, 2015, 앞의 논문.

써 거의 소진된 것으로 보인다.

靖宗 7년(1041)의 다음과 같은 조치는 철 부족을 상징하는 것으로 보인다.

> 三司에서 아뢰기를, "여러 도의 外官 관원은 관할하는 州府에서 稅貢으로 1년에 미 300석, 租 400곡, 황금 10냥, 백은 2근, 포 50필, 白赤銅 50근, 철 300근, 소금 300석, 絲緜 40근, 油蜜 1석을 바치는데, 미납하는 자는 직임을 파면하기를 청한다." 하니, 국왕이 따랐다.[118]

1년에 州府에서 철 300근(=180kg)을 거두도록 한 것이다.[119] 이것은 철이 부족해 추가 징수하는 조치로 이해된다. 국가가 보유한 철이 여유치 못함을 의미하는 것이다. 국초에 확보했던 엄청난 규모의 철이 거의 소진되었기 때문에 정종대에 와서 긴급히 추가 징수하는 조치가 취해진 것이다.

정종을 이은 문종대에 홍왕사를 조성할 때 무기 제작을 위해 사용하던 철을 홍왕사에 공급하도록 했다.[120] 종전까지는 보유한 철로 사원 조영에 공급할 수 있었지만, 문종대에 이르면 그것이 고갈되어 무기 제작에 사용해야 할 철을 사원에 제공해야 했던 것이다. 국가에서 여유분의 철을 보유하고 있지 못하므로 무기 제작에 사용되는 鐵貢을 홍왕사에 제공한 것으로 이해된다. 국초이래 풍부하게 보유하던 철이 정종·문종대에 이르면 부족 사태에 이르게 되는 것이다.

문벌귀족이 득세하고 토풍이 상대적으로 퇴색하는 속에서 철불의 제작은 점차 줄어들었다. 회수한 철제 무기의 소진도 한 요인이 되었을 것

---

118) 『高麗史』 권78, 志32 食貨1 田制 租稅, 靖宗 7년 정월, 中冊, 726~727쪽.
119) 州府의 수를 120개로 본다면(주부를 主邑으로 보는 것), 금 4.5kg, 은 144kg, 철 21,600kg이 된다. 州府를 계수관으로 한정한다면 10여 곳에 불과해서 징수하는 총량이 너무 적어 의미가 별로 없을 것이고, 속현까지 포함해서 징수한다면 그 규모가 너무 과다해진다. 따라서 主邑으로 이해하고자 한다.
120) 『高麗史節要』 권5, 文宗 12년 2월, 136~137쪽.

이다. 별무반의 편성은 철 부족을 초래한 중대한 계기가 아닐까 한다.

윤관이 주도해 여진 정벌을 위해 별무반을 편성했다.121) 대규모 병력을 출정시키기 위해서는 당연히 엄청난 무기를 구비해야 했다. 기존의 무기에다 새로운 무기가 추가로 제작되어 공급되지 않으면 안 되었다. 특히 기병을 중시한 편제이기 때문에 소요되는 무기의 양은 상당했을 것이다. 이러한 무기를 제작 공급하기 위해서는 엄청난 양의 철이 필요했다. 일시에 다량의 철을 소비함으로써 철은 부족해지지 않을 수 없었다. 이것이 중요한 계기가 되어 철당간·철확·철불의 제작이 중단되는 지경에 이른 것이 아닌가 생각된다.

철은 신라하대에서 고려전기에 이르는 시기 철당간·철확이나 불상의 제작에 널리 사용되었다. 별무반을 편성하고 무기를 대량 준비하는 과정에서 철이 일시에 대량 소비되었다. 불상의 제작에 철을 사용하지 않게 되면서 목불이나 소조불이 성행하게 되었다. 사회 풍조에서 토풍이 퇴색해 가는 것도 중요한 배경이 되었을 것이다. 결국 철당간·철확·철불의 제작은 무기와 농기구 제작의 위축을 가져오는 것이며, 반대로 농기구와 무기 제작의 확대는 철을 소재로 한 불교 미술품 제작의 위축을 가져오는 것이다.

6. 結語

신라말 고려초는 철이 많이 소비되는 시기였다. 무기의 제작과 불교 미술품의 조영에 철이 엄청나게 필요했다. 고려초에는 회수한 철제 무기

---

121) 李基白, 1969, 「고려 別武班考」『金載元博士 回甲紀念論叢』; 李昇漢, 1993, 「高麗 肅宗代 降魔軍 組織의 政治的 背景」『歷史學報』137 ; 이홍두, 2005, 「高麗時代의 軍制와 僧軍－隨院僧徒의 정규군 편성을 중심으로－」『白山學報』72.

의 재활용이 중요한 일이었다. 철은 이처럼 이 시기 사용처의 전환이 두 드러지게 확인되는 금속이었다. 특히 불교와 관련해서 많이 소비되었다 는 점이 특징이었다.

철은 강도가 높고 靭性이 뛰어나 널리 사용되었다. 우리나라의 경우 철 생산지는 전국에 고루 분포하고 있어 필요한 철을 공급받을 수 있었 다. 철은 무기의 제조나 농기구의 제작에 널리 활용되었으며, 그밖에 솥 을 비롯한 기명의 원료로도 사용되었다. 불교가 전래된 이래로 사원에서 도 철을 다량 소비했다. 신라말에는 지방세력의 부상과 짝하여 종전의 금·은·동보다는 철이 널리 사용됨으로써 철불이 등장했다. 이는 지방민 의 정서를 반영한 土風의 대두와 깊이 관련되는 일이었다.

신라말에 대두하는 호족은 스스로 무장을 하지 않으면 안 되었는데, 그때 중요한 것은 철제 무기를 갖추는 일이었다. 전투력을 발휘하기 위 한 철제 무기 마련이 중요함은 고려시기 여러 사례에서 확인할 수 있다. 호족의 경우 1천 명 이상의 병력을 보유하는 수가 많아, 그 병력이 필요 로 하는 무기를 제공하기 위해서는 엄청난 철을 확보하지 않으면 안 되 었다. 견훤이나 왕건이 직접 지휘하는 병력은 3천 명을 상회하는 수가 많았는데, 이들은 우수한 무장력을 갖춘 정예병이었다. 그렇기 때문에 견훤이나 왕건은 여타의 어느 호족보다도 철에 대한 수요가 컸다. 견훤 이나 왕건이 인솔하는 병력은 기병이 중요했으므로 더욱 철제 무기가 중 시되었다. 무기는 창과 칼, 궁시, 갑옷과 투구가 핵심이었는데, 대부분 철을 사용해 제작하는 것이었다. 철제 무기 제작을 위해 후삼국시기 엄 청난 철이 소비된 것이 중요한 특징이라고 하겠다.

전쟁에서 승리하는 경우 상대의 재기를 억제하기 위해 무기를 회수하 는 것이 일반적이었다. 또 귀중한 원료인 금속 확보의 차원에서도 무기 를 수거했다. 온전한 무기도 대상이 되었지만 파손된 무기도 대상이 되 었다. 무기의 회수는 전쟁 중에도 있었고, 전쟁이 종식된 통일 이후에도

있었다. 고려시기 무기는 국가에서 군기고·금강고에 관리 보관했으므로
개인이 무기를 소지하는 것은 제한당했다. 그렇기 때문에 국초에는 중앙
이나 지방 차원에서 수거한 철제 무기가 상당한 양에 달했다.

회수한 무기는 고려 국가의 운영 방향과 관련해 소비처가 좌우되었다.
국초에 개경에 설립된 다수의 사원에 철을 공급했으며, 지방에서 조영된
대형 철당간이나 철확의 제작에도 사용되었다. 철불의 제작에도 부분적
으로 철제 무기가 사용된 것으로 보인다. 사원에서 철제 무기를 소비한다
는 것은 중앙정부의 입장에서는 무기를 회수하는 의미가 있어 바람직했
고, 지방세력의 입장에서는 중앙에 탈취당하지 않고 평화를 바라는 염원
을 담는 불사에 사용한다는 점에서 호응할 수 있었다. 고려초의 농기구의
제작에도 철제 무기가 활용되었음을 확인할 수 있다. 별무반의 편성 즈음
에 철제 무기가 대거 만들어지고, 또 토풍을 강조하는 분위기가 퇴색하면
서 불교계에서 철을 사용하는 일은 현저히 줄어들었다.

이처럼 철제 무기가 불교계에서 널리 재활용되고 있음이 고려초 두드
러진 현상이었다. 철은 어느 시기에나 중요한 금속이었지만 신라말 고려
초 시기에는 무기와 불교 미술품의 제작에 가장 활발하게 사용되었으며,
고려초에는 불교계에서 가장 많은 양을 소비했다. 철의 소비와 사용을
둘러싸고 세속 사회와 불교계는 상당히 긴밀한 관계를 보이고 있었으며,
일종의 길항 관계를 가졌다고 볼 수 있다.

제3장 高麗時期 寺院의 銅 消費

1. 序言

고려시기 금속을 소재로 해서 다양한 공예품이 제작되었다. 그 가운데 중요한 비중을 차지하는 것은 불교 관련 금속 공예품이다. 사원을 화려하게 장식하거나 의식을 엄숙하게 봉행하기 위해서, 또 승려들의 일상생활을 위해서 다양한 공예품이 만들어졌다. 불교계는 공예품 이외에 건축이나 조각, 회화에도 많은 금속을 사용했다. 따라서 불교계는 당시 금속을 사용하는 중요한 주체라고 할 수 있다.

불교 공예품의 제작에 사용한 금속에는 여러 종류가 있었다. 금·은·동·철이 대표라고 할 수 있다. 금·은은 고가의 귀중품으로서 국제교역의 중요한 결제수단이었으며, 부분적으로 화폐의 기능을 담당했고, 치부하는 대상이 되었으며, 뇌물 제공의 소재였다. 철은 전쟁 수행에 필요한 무기를 생산하는 핵심 재료였으며, 농기구의 제작에도 가장 중요한 소재였다. 동은 동전의 제작이나 공예품을 만드는 데 사용했다.

금·은·철·동 가운데 불교 공예품의 제작에 가장 많이 사용된 것은 동이었다. 동은 범종, 金鼓[쇠북], 香爐 그리고 金剛杵와 金剛鈴 등을 제조하는 데 엄청난 물량이 소비되었다. 불교 공예품의 제작에 상당한 동이 사용되기 때문에 국가의 경제에 미치는 영향이 실로 컸다. 불교계의 동 소비로인해 국가나 사회에서 사용하는 동은 제한당할 수밖에 없었다. 말하자면 금속의 사용을 둘러싸고 국가와 사원은 拮抗 관계를 보이는 것이다.[1]

---

[1] 금속의 사용을 둘러싼 국가와 사원의 길항 관계를 주목한 연구는 지금까지 거의 이루어지지 않았다. 당시 금속의 총 생산량이나 국가·사원이 소비하는 금속의 양

고려시기 금속은 대부분 所에서 생산했다. 금은 금소에서, 은은 은소에서, 동은 동소에서, 철은 철소에서 생산해 국가에 공물의 형태로 납부했다.[2] 공물로 징수한 금속은 국가에서 필요한 물품을 제조하는 데 사용되었고, 왕실에서 필요로 하는 각종 장신구를 만드는 데에도 소비되었으며,[3] 귀족이나 사원이 필요로 하는 경우 제공되기도 했다. 물론 금속이 국가 통제 하의 소에서만 생산되는 것은 아니어서 개인에 의해 사적으로 생산되는 일도 없지 않았다.[4]

이 글은 동의 사용을 둘러싼 국가와 사원의 길항 관계를 추적하는 데 초점을 두고자 한다. 동은 생활 용품으로서, 공예품으로서 널리 사용했으며, 불교 공예에서도 다량 활용했다. 사원의 동 소비는 국가의 금속 정책이나, 민인의 금속 사용에도 영향을 주었다. 여기에서는 사원이 다량의 동을 소비함으로써 국가의 금속 소비를 위축시키는 측면이 있음을 지적하고자 한다. 금속의 생산이나 이동·유통에 대해서는 언급하지 않고 소비의 측면에 초점을 둘 것이다. 금속 공예품의 銘文은 본고의 작성에 큰 도움을 준다. 명문에는 조성의 주체, 시주자, 조성한 장인, 시기, 사용된 금속의 양, 발원하는 내용 등이 담겨 있다. 특히 사용된 금속 양의 기록은 이 글의 중요한 논거가 된다.

에 대한 정확한 수치가 없으므로, 이 글이 추정의 성격을 갖게 됨은 불가피하다고 생각한다.

2) 고려시기 금속을 생산하는 所에 관해서는 다음과 같은 연구가 있다. 홍희유, 1989, 『조선 중세 수공업사 연구』, 지양사 ; 이정신, 2013, 『고려시대의 특수행정구역 所 연구』, 혜안 ; 徐明禧, 1990, 「고려시대 鐵所에 대한 연구」『韓國史硏究』 69 ; 田炳武, 1992, 「高麗時代 銀流通과 銀所」『韓國史硏究』 78 ; 김기섭, 2003, 「고려 무신집권기 鐵의 수취와 명학소민의 봉기」『한국중세사연구』 15.

3) 개경에 소재한 다수의 관영수공업장은 국가나 왕실에서 필요한 물품을 제작했다.

4) 소 이외의 장소에서 금속이 사사로이 생산되는 일이 있었음은 동을 군현에 대해 일률적으로 부담케 하는 일이나(『高麗史』 권78, 志32 食貨1 租稅 靖宗 7년 정월, 亞細亞文化社 影印本 中冊, 726~727쪽(이하 같음)), 금은을 科斂하는 데에서(『高麗史』 권79, 志33 食貨2 科斂, 中冊, 742~747쪽) 확인할 수 있다.

2. 불교 공예품의 종류와 소재

고려시기에는 다양한 금속 공예품이 제작되었다. 금속 공예품이란 금·은·동·철을 사용하거나 원재료에 주석·연[납]·아연·니켈 등을 합금시켜 만든 공예품을 의미한다.[5] 대개 의식주 생활이나 신앙 생활 등에 필요한 도구와 꾸미개가 이에 해당한다. 금속 공예품은 여러 방식으로 분류된다.[6]

금속 공예품에는 관·관식·귀걸이·팔찌 등의 장신구, 동경·기명 등의 일상용품, 武具와 馬具 등이 있으며, 불교와 관련한 것은 佛具와 사리구였다. 불교 관련 금속 공예품이 금속 공예품 가운데 중요한 위치에 있음을 알 수 있다.

불교 공예품에는 다양한 것이 포함되었다. 고려시기 의식 불교가 성행함에 따라 각종 도량이 국가나 개인 단위로 빈번하게 열렸으며, 이에 따라 공예품의 종류도 다양해지고 제작 수법도 뛰어남을 보였다. 불교

---

5) 최응천·김연수, 2003, 『금속공예』, 솔, 15쪽 ; 최응천·이귀영·박경은, 2007, 『금속공예』(국립중앙박물관 명품선집9), 국립중앙박물관, 10쪽.
6) 금속 공예품의 분류

분류자	분 류 내 용	전 거
秦弘燮	① 裝身具(관·관식, 귀걸이, 팔찌 등), ② 佛具(범종, 향완, 금고, 정병, 보탑, 보당, 경통, 요령), ③ 사리구, ④ 일상용품(동경, 기명, 촛대, 추 등), ⑤ 武具와 馬具	秦弘燮, 1980, 『韓國 金屬工藝』, 一志社, 목차
李浩官	① 裝身具類, ② 日常用具類, ③ 儀器類, ④ 佛具類, ⑤ 舍利莊嚴具, ⑥ 武具類, ⑦ 馬具類, ⑧ 車輿具類	李浩官, 1997, 『韓國의 金屬工藝』, 文藝出版社, 29~30쪽
최응천·김연수	① 범음구(범종, 반자, 운판 등), ② 공양·의식구(향로, 향완, 향합, 정병, 발우, 금강령), ③ 장엄구(사리장엄구), ④ 신앙생활용구(경상, 불감), ⑤ 일상생활용구(촛대, 거울, 팔찌, 장도집, 향합, 주전자, 문고리, 화로, 열쇠)	최응천·김연수, 2003, 앞의 책, 목차

공예는 佛具 또는 法具라고도 불리었다.7) 불교 공예품에 대해서는 다양
하게 구분하고 있는데,8) 대체로 의식구(종, 북, 운판, 목어, 목탁, 요령,
금강저), 공양구(정병, 향로, 화병, 촛대, 발우), 장엄구(기와, 전돌, 불단,
닫집[天蓋], 輦, 불감 등의 목공예품, 幡), 승려의 持物 및 생활 용품으로
대별할 수 있다. 대부분은 금속으로 제작한 것이지만, 이 가운데 금속이
아닌 나무로 만든 것도 포함되어 있다. 목어와 목탁은 나무로 만들며,
기와·전돌은 흙을 소재로 하고, 공양구의 하나인 발우는 도자기로 만드
는 수도 있으며, 장엄구도 비금속으로 제작하는 것이 많다. 금속으로 만
드는 불교 공예품으로는 범종, 운판, 요령, 금강저, 정병, 향로 등이 있다.
이렇듯 불교 공예품의 소재로 나무와 흙도 사용되었지만 금속이 가장 널
리 활용되었다.

　공예품이라 할 수는 없지만 불교 미술품 가운데 금속을 사용해 제작
하는 것도 상당수 있다. 그 가운데 하나가 불상이다. 불상은 소재에 따라
금동불, 석불, 철불, 목불, 소조불 등으로 구분할 수 있는데 이 중 석불·
목불·소조불은 돌·나무·흙을 재료로 하여 만들었으므로 금속을 사용하
지 않았다. 반면에 금동불과 철불은 금속을 활용하여 제작했다. 금동불
은 동을 재료로 상을 만든 다음 그 위에 금을 씌운 불상이다.9) 철불은
통일신라 후기에 처음 등장해 고려초기까지 유행했으며 중기에 이르러
그 수가 급격히 줄어들었는데 철이 주 소재였다.10) 문헌기록에 금속을
사용해 불상을 제작한 내용이 다수 전한다.11) 불상의 제작 재료로 가장

---

7) 김리나 외, 2011, 『한국불교미술사』, 미진사, 313쪽.
8) 홍윤식, 1986, 『한국의 불교미술』, 대원정사, 185쪽 ; 李浩官, 1997, 앞의 책, 379~
　384쪽 ; 최응천·김연수, 2003, 앞의 책, 목차 ; 국립중앙박물관, 2006, 『북녘의 문
　화유산』, 국립중앙박물관, 92쪽 ; 최응천·이귀영·박경은, 2007, 앞의 책, 20쪽 ; 안
　귀숙, 2006, 「고려 佛具의 의미와 제작기법」『단호문화연구』 10.
9) 김리나 외, 2011, 앞의 책, 366쪽.
10) 강우방·곽동석·민병찬, 2003, 『불교조각』 II, 솔, 170쪽 ; 최성은, 1995, 『철불』, 대
　원사, 27쪽.

많이 쓰인 금속은 동이었으며 그 다음은 철이었다.

고려시기 불교 공예품의 다수는 금속으로 제작되었다. 가장 귀하고 비싼 금이나 은으로 만들기도 하고, 그보다 저렴한 동이나 철로 만들기도 했다. 또 두 개 이상의 금속을 합금해서 제작하기도 했다. 금과 은은 독특한 색깔과 광채를 나타내며, 가공법이 손쉬워서 장신구나 장식품, 화폐로 사용했는데, 사리기와 같은 귀한 공예품에도 금을 사용하는 경우가 많았다.

고려시기 불교 관련 금속 공예품의 제작에 가장 널리 사용된 소재는 동이었다. 동은 전기·열의 양도체이며 유연하고 전연성이 좋으므로 가공이 용이하고, 화학적 저항력이 커서 부식이 잘 안 되는 성질을 갖고 있다. 게다가 아름다운 장미색을 띠고 있어 귀금속의 성질을 보유하고 있으며, 여러 금속과 용이하게 합금을 만들 수 있는 장점을 가지고 있다.12) 동을 단독으로 사용하는 것은 드물고 대개 다른 금속과 합금한 것을 사용했다. 청동 제품은 순동에 주석을 합금하는 것이 보통이었지만 여기에 아연을 더하고 약간의 다른 금속 성분을 포함하기도 했다. 동과 주석의 합금인 청동은 기계적 성질, 주조성, 삭음 견딜성, 닳음 견딜성 등이 좋았다.13) 이 청동은 청동 거울의 제작에도 많이 사용되었으며 식기의 제작에도 사용되었다. 불교 공예품인 범종이나 금고, 향로의 제작에도 동을 널리 사용했다.

---

11) 『高麗史節要』 권11, 毅宗 20년 4월, 亞細亞文化社 影印本, 299쪽(이하 같음) ; 『高麗史』 권34, 世家34 忠宣王 5년 정월, 上冊, 692쪽 ; 權適,「智異山水精社記」『東文選』 권64(民族文化推進會 影印本 2冊, 403~405쪽) ; 李奎報,「王輪寺丈六金像靈驗收拾記」『東國李相國集全集』 권25(『韓國文集叢刊』 1冊, 546~548쪽) ; 李齊賢,「世家」『益齋亂藁』 권9上(『韓國文集叢刊』 2冊, 589쪽) ; 李穀,「高麗國江陵府艶陽禪寺重興記」『稼亭集』 권2(『韓國文集叢刊』 3冊, 114쪽) ; 李穀,「東遊記」『稼亭集』 권5(『韓國文集叢刊』 3冊, 129~133쪽).

12) 梁勳永, 2005, 『(訂正版) 新金屬材料學』, 文運社, 354쪽.

13) 홍희유, 1991, 『조선수공업사』 2, 백산자료원, 128쪽.

동은 고려초까지는 노지 채굴이었다가 중기부터 본격적으로 갱도를 파서 채굴하는 방법이 활용되었다.[14] 동의 생산지는 『世宗實錄地理志』를 기준으로 보면 충청도에 9개소, 전라도에 7개소, 평안도의 삼등 등 모두 17개 장소를 확인할 수 있다.[15]

고려에서 동의 생산은 비교적 풍부했던 것으로 보인다. 『高麗圖經』에서 "고려 땅에는 금은은 많지 않지만 동은 많다."고[16] 한 데서 알 수 있다. 『新增東國輿地勝覽』에는 "고려동은 질이 좋고 불그스름한 아름다운 색깔을 가지고 있는데 식기와 수저는 모두 이것으로 만들었다."고 했다.[17]

고려시기 동을 가장 많이 사용한 불교 공예품은 범종, 금고, 향로라고 할 수 있다. 다른 공예품도 동을 사용했지만, 사용한 총량에서 범종과 금고·향로가 압도적이었다고 생각한다.[18] 이하에서는 이 세 가지 불교 공예품에 사용한 동을 검토하고자 한다.

3. 梵鍾의 제작과 銅의 사용

불교 공예품 가운데 銅을 가장 많이 사용하는 것은 범종이다. 하나의

---

14) 이정신, 2006, 「고려시대 銅의 사용현황과 銅所」 『韓國史學報』 25(同, 2013, 앞의 책 재수록).
15) 장국종·리태영, 2010, 『조선광업사』, 사회과학출판사, 217쪽.
16) 『高麗圖經』 권23, 雜俗2 土産.
17) 『新增東國輿地勝覽』 권1, 京都上.
18) 동을 많이 사용하는 대표적인 경우는 식기 제조, 거울 제작, 화폐 주조, 대외 수출 등이 있으며 이와 아울러 불교 공예품도 있다(장국종·리태영, 2010, 앞의 책, 213~214쪽). 대외 수출품으로 동이 사용되는 일은 흔치 않고, 식기와 거울의 제작에 사용되는 동의 양은 탄력적이며, 동을 활용한 화폐 주조는 숙종대 일시적인 일이었다. 따라서 고려시기에 불교 공예품의 제작에 가장 많은 양의 동이 사용되었다고 생각된다. 동을 사용한 불교 공예품 중에서는 범종과 금고·향로가 대표적인 위치에 있다.

범종에도 상당량의 동이 사용되며, 사원마다 모두 종을 소유하고 있으므로 사용된 동의 총량 또한 상상을 초월한다.

사원이 범종을 보유하고 있음은 鍾樓라는 전각에서 분명히 알 수 있다. 사원의 다양한 전각 가운데 종루는 종을 매다는 별도의 독립 건물을 가리킨다. 금강산 장안사의 건물에 佛殿과 아울러 鍾樓가 있었으며,[19] 천보산 회암사의 경우에는 다양한 건물을 언급한 속에서 鍾樓 3칸이 확인된다.[20] 광통보제선사에도 鍾鼓之樓가 존재하고 있음을 볼 수 있다.[21] 그리고 원감국사 충지가 甘露寺 주지로 와서 새롭게 鍾鼓樓의 佛事를 시작했음이 보인다.[22] 이러한 종루는 범종을 설치한 별도의 공간을 가리킨다. 장안사·회암사·광통보제선사·감로사 등은 규모가 큰 사원이므로, 대규모의 다른 사원에도 이처럼 별도의 종루가 조영되었다고 생각된다. 이 종루에 비치한 범종은 고려후기 다수 만들어지는 높이 40cm 내외의 소종이 아니라 대부분은 1m 이상의 대종이었을 것으로 추측된다.

고려시기 사원을 조영하는 경우, 또 중수나 중창을 하는 경우 범종의 마련은 당연한 일이었다. 그러한 사실은 여러 문헌기록에서 확인할 수 있다. 목종 6년(1003) 2월 千秋太后 皇甫氏와 金致陽이 宮城의 西北에 十王寺를 세우고 범종을 마련했다.[23] 현종 11년(1020) 9월 왕이 현화사에 행차해 새로 주조한 鍾을 쳤으며 또한 여러 신료에게도 타종하도록 했다.[24] 이 종은 현화사의 조영과 함께 제작한 것으로 보인다.

19) 李穀, 「金剛山長安寺重興碑」, 『稼亭集』 권6(『韓國文集叢刊』 3冊, 137~138쪽).
20) 李穡, 「天寶山檜巖寺修造記」, 『牧隱文藁』 권2(『韓國文集叢刊』 5冊, 15~17쪽).
21) 李穡, 「廣通普濟禪寺碑銘幷序」, 『牧隱文藁』 권14(『韓國文集叢刊』 5冊, 120~122쪽).
22) 李智冠 譯註, 1997, 『歷代高僧碑文(高麗篇4)』, 伽山佛教文化研究院, 「順天松廣寺圓鑑國師寶明塔碑文(1314년)」, 305~306쪽.
23) 『高麗史節要』 권2, 穆宗 6년 2월, 63~64쪽.
24) 『高麗史』 권4, 世家4 顯宗 11년 9월, 上冊, 102쪽 ; 『高麗史節要』 권3, 顯宗 11년 9월, 89~90쪽.

홍경원을 조영할 때에도 鍾을 갖추었음이 확인된다.25) 智光國師가 현
화사 보수 공사를 할 때 鳧鐘을 주조하고 일체의 法具를 마련했다.26) 그
밖에도 妙光寺, 小林寺, 묘향산 보현사, 乾洞禪寺, 妙蓮寺, 성거산 문수사
등의 중수·중창 시에 범종을 갖추었음이 보인다.27) 즉 사원의 조영이 있
을 경우 필수적으로 범종을 갖춘 것이다.

사원이 보유한 종이 저절로 소리를 내는 사실에서도 범종의 존재를 확
인할 수 있다. 인종 12년(1134) 5월 洪圓寺 鍾이 自鳴했으며,28) 인종 14
년 7월 安和寺 小鍾이 자명했고,29) 같은 해 12월에는 弘化寺 大鍾이 자
명했다.30) 그리고 인종 15년 3월에는 長源亭 延淨寺의 종이 자명했다.31)
사원이 보유하고 있던 종이 스스로 소리를 냈다는 것이다. 그런데 소종이
나 대종을 언급하는 경우, 다른 종도 함께 있었음을 시사한다. 소종이 있
던 안화사에는 대종도 있었을 것으로 보이며, 대종이 있었던 홍화사에는
소종이 있었을 것으로 여겨진다. 이렇게 본다면 하나의 사원에는 한 점의
범종이 아니라 2점 이상의 범종이 있었을 가능성이 높아 보인다. 아마
종루에 단 대종이 있고, 불전 내에 소종이 있었던 것으로 생각된다.

이밖에 사원이 범종을 보유하고 있음을 알려주는 예는 적지 않다. 금

---

25) 崔冲, 「奉先弘慶寺記」『東文選』권64(民族文化推進會 影印本 2冊, 397~398쪽).
26) 李智冠 譯註, 1995,『歷代高僧碑文(高麗篇2)』, 伽山佛教文化研究院, 「原州法泉寺
    智光國師玄妙塔碑文(1085년)」, 353쪽.
27) 林椿, 「妙光寺十六聖衆繪象記」『東文選』권65(民族文化推進會 影印本 2冊, 406~
    407쪽) ; 林椿, 「小林寺重修記」『東文選』권65(民族文化推進會 影印本 2冊, 407~
    408쪽) ; 李奎報, 「妙香山普賢寺堂主毗盧遮那如來丈六塑像記」『東國李相國集全集』
    권24(『韓國文集叢刊』1冊, 543~544쪽) ; 李齊賢, 「重修乾洞禪寺記」『益齋亂藁』권
    6(『韓國文集叢刊』2冊, 553~554쪽) ; 李齊賢, 「妙蓮寺重興碑」『益齋亂藁』권6(『韓
    國文集叢刊』2冊, 556~557쪽) ; 李穡, 「聖居山文殊寺記」『牧隱文藁』권4(『韓國文
    集叢刊』5冊, 29~30쪽).
28) 『高麗史』권53, 志7 五行1 水 仁宗 12년 5월, 中冊, 186쪽.
29) 『高麗史』권53, 志7 五行1 水 仁宗 14년 7월, 中冊, 186쪽.
30) 『高麗史』권53, 志7 五行1 水 仁宗 14년 12월, 中冊, 186쪽.
31) 『高麗史』권53, 志7 五行1 水 仁宗 15년 3월, 中冊, 186쪽.

강산 楡岾寺와[32] 兜率院[33] 및 演福寺에도[34] 범종이 있었다. 충지의 시에도 '은은한 성긴 종소리 창의 벽을 울리네.'라는 표현이 보인다.[35] 靈巖寺 寂然國師가 侍者에게 명해 대종을 쳐서 대중을 모아놓고 입적한 일이 있다.[36] 적연국사가 입적한 사원에 범종이 있음을 알 수 있는데, 대종으로 표현되는 데서 소종도 함께 보유한 것을 추측할 수 있다. 證智首座는 머무르던 사원에서 아침 저녁으로 향을 사르며 정성껏 법회를 했으며 鍾과 磬을 쳤다는 것이 보인다.[37] 증지수좌가 머물던 사원이 종을 보유하고 있었던 것이다. 이렇듯이 사원은 대부분 범종을 보유하고 있었다.

종은 파괴된 것을 다시 녹여서 만드는 수도 있었다. 眞靜國師가 불탄 속에서 금속을 수습해 다시 종을 만든 일을 언급했다.[38] 오래도록 폐기되어 쓰이지 못하고 있던 演福寺의 종을 원에서 온 姜金剛이 다시 만들어 준 일이 있다.[39] 이는 종이 파손되어 소리가 제대로 나지 않을 경우 다시 녹여서 만드는 일이 적지 않았음을 알려 준다.

현전하는 고려시기 범종은 당시 사용되었던 범종의 극히 일부에 불과할 것이다. 시간이 흐름에 따라 파손되거나 외침으로 도난당하거나, 화재로 불타거나 혹은 국가에서 긴급한 상황에서 회수하는 등의 요인으로 다수가 소실되었기 때문에[40] 현재 남아 있는 범종은 당시 범종의 수에

---

32) 李穀, 「東遊記」 『稼亭集』 권5(『韓國文集叢刊』 3冊, 129~133쪽).
33) 金富軾, 「兜率院鍾銘幷序」 『東文選』 권49(民族文化推進會 影印本 2冊, 174쪽).
34) 『高麗史』 권135, 列傳48 辛禑3 辛禑 10년 6월, 下冊, 917쪽.
35) 沖止(진성규 역), 2012, 『원감국사집』, 지식을만드는지식, 116쪽.
36) 李智冠 譯註, 1996, 『歷代高僧碑文(高麗篇2)』, 伽山佛敎文化硏究院, 「陜川靈巖寺 寂然國師碑(1023년)」, 190쪽.
37) 李智冠 譯註, 1996, 『歷代高僧碑文(高麗篇3)』, 伽山佛敎文化硏究院, 「證智首座觀奧墓誌銘(1158년)」, 337쪽.
38) 許興植, 1995, 『眞靜國師와 湖山錄』, 民族社, 275쪽.
39) 李穀, 「演福寺新鑄鍾銘幷序」 『稼亭集』 권7(『韓國文集叢刊』 3冊, 147쪽).
40) 조선초 범종을 비롯한 불교계의 금속 유물의 消失에 대해서는 李炳熙, 2011, 「朝鮮前期 寺刹의 亡廢와 遺物의 消失」 『佛敎學報』 59 참조.

크게 미치지 못한다.

고려시기 범종으로 현전하는 것은 150~175개 정도이다.[41] 아마 당시 사원의 전체 수보다 범종의 수가 훨씬 많았을 것이다. 고려 범종의 명문 표기는 종신의 좁은 여백을 활용하여 단순히 線刻 혹은 點刻으로 표기하는 방식이 대부분이다.[42] 범종을 발원한 이들은 향리, 관인, 승려, 사원 등 다양한 계층 출신이었으며, 범종을 주성한 장인은 官匠, 私匠, 僧匠으로 구분되었다.[43]

고려시기 범종은 대부분 청동으로 만드는데, 그 재료는 일반적으로 구리를 기본으로 해서, 주석을 12~18%, 납을 2% 이하 사용하는 것이 일반적이다.[44] 주석이 많을수록 단단해지면서 소리가 높고, 은백색을 띠나 깨지기 쉽다. 납은 주조를 쉽게 하고 표면을 매끈하게 만들지만 소리를 빨아들이는 성질을 가지고 있다. 고려에서 청동에 사용된 주석은 어떤 방식으로 입수했는지는 알 수 없다.[45]

---

41) 현전하는 범종의 수는 연구자마다 다르게 파악하고 있다. 158구(國立文化財研究所, 1996,『한국의 梵鍾』, 국립문화재연구소, 234쪽), 159구(廉永夏, 1991,『韓國의 鐘』, 서울대 출판부, 16쪽), 160구(김도훈, 2005,『인류문화사에 비친 금속이야기』1, 과학과 문화, 66~67쪽 ; 廉永夏, 1991, 앞의 책 157쪽 ; 이광배, 2012,「高麗時代 梵鍾의 發願階層과 鑄鍾匠人」『東岳美術史學』13), 175구(곽동해, 2006,『범종-생명의 소리를 담은 장엄-』, 한길아트, 72~73쪽) 등이다.

42) 이광배, 2012, 앞의 논문.

43) 최응천, 2004,「고려시대 金屬工藝의 匠人」『美術史學研究』241.

44) 최응천·이귀영·박경은, 2007, 앞의 책, 100쪽. 범종의 성분 분석표는 다음과 같다 (李浩官, 1997, 앞의 책, 232쪽).

鍾名	화학성분(%)					
	구리	주석	납	금	철	은
上院寺鍾	83.83	13.26	2.12	0.04	0.32(Zn)	0.23
禪林院鍾	87.7	8.76	1.64	0.04	0.16	0.39
實相寺鍾	75.7	18.0	0.31			
朝鮮鍾	80.1	12.2				

45) 아마 외국에서 수입해 사용한 것으로 생각된다. 주석 자원은 세계적으로 한정되어 산출되기 때문이다(廉永夏, 1991, 앞의 책, 42쪽).

신라에서 고려까지 성덕대왕 신종(3,663mm), 상원사 동종(1,670mm), 천흥사명 동종(1,676mm)를 제외한 모든 종은 크기가 1.5m을 넘지 못한다. 고려후기에는 1m를 넘는 사례가 내소사 종(1,053mm) 단 한구에 불과하다.46) 반면 조선시기 범종은 대부분 크기가 1m를 상회한다.47)

종은 크기에 따라 大鍾과 喚鍾, 그리고 殿鍾으로 구분한다.48) 대종은 무게가 약 400kg 이상의 것으로 종루에 비치되어 모든 중생을 대상으로 가르침을 주거나 깨달음을 가지도록 하기 위하여 치는 것이다. 환종(=和堂鍾)은 정해진 건물 혹은 구역에서 시간을 알리는 역할을 하는데 중량이 20kg 정도의 작은 종이다. 전종은 대웅전과 같은 건물에 비치된 종인데, 종교적으로 부처의 가르침을 떠받드는 데 사용하며 중간 정도 크기의 종으로 사원에서 가장 많이 쓰인다.

고려시기의 범종은 일반적으로 신라시기의 범종에 비해 크기가 작다. 고려의 범종은 12세기 중엽을 경계로 전기와 후기로 나눌 수 있는데, 전기의 범종은 신라 범종의 전통을 어느 정도 이어오고 있으며, 대부분 1m가 넘는 중대형이며 立花紋이 없다. 후기의 범종은 종체가 작아지고 입상화문이 나타나며,49) 주조하는 제작 기법이 전기에 비해 조잡해졌다. 13세기에 들어와 높이 40cm 내외의 소종이 다량 만들어지는데, 이것은 건물 내부에서 소규모의 용도로 사용된 의식 법구의 역할을 한 것으로 보인다. 고려말에는 개성 연복사 종을 비롯해 중국 범종의 형태와 양식이 한반도에 전래되어 이후 범종의 양식에 큰 영향을 주었다.50) 말기의 범종은 다소 형식화 경향을 보이며, 전대에 비해 그 격이 떨어졌다.

46) 곽동해, 2006, 앞의 책, 74~75쪽.
47) 곽동해, 2006, 앞의 책, 156~282쪽.
48) 羅亨用, 1999, 「梵鍾」『大韓金屬學會會報』12-1 ; 김도훈, 2005, 앞의 책, 61~62쪽.
49) 廉永夏, 1991, 앞의 책, 156쪽 ; 國立文化財硏究所, 1996, 앞의 책, 468쪽 ; 李浩官, 1997, 앞의 책, 235쪽.
50) 최응천·김연수, 2003, 앞의 책, 29쪽 ; 崔應天, 1999, 「韓國 梵鐘의 特性과 變遷」『聖德大王神鍾 綜合論考集』, 국립경주박물관.

고려시기 불교 공예품 가운데 가장 많은 금속을 사용한 것은 범종이
었다. 개별 무게에 있어서도 그러하고 총량의 합계에서도 그러했다. 범
종의 무게는 대체로 크기에 비례한다. 종구의 지름이 클수록, 높이가 높
을수록, 종구의 두께가 두꺼울수록 무게가 많이 나간다.

우리나라의 범종은 외형이 상당히 공통되므로 肩高 對 口徑이나, 全
高 對 口徑의 비율은 대체로 비슷하다. 신라종의 경우 구경을 기준으로
보면 전고가 1.72배이고, 고려전기 종은 1.64배이며, 고려후기 종은 1.39
이다. 견고의 경우 각각 1.34배, 1.19배, 1.15배로서 비교적 매우 근접하
고 있다(<표 1> 참조). 이렇게 본다면 신라종이 길쭉하고 고려후기 종은
상대적으로 볼록한 편이다.

<표 1> 국내 고려종의 鍾高比(단위 mm)[51]

항 목	신라종 (8口)		고려전기종 (13口)		고려후기종 (91口)	
	평균	對口徑比	평균	평균치/口徑	평균	對口徑比
口徑 평균	796	(1.00)	391.3	(1.00)	227	(1.00)
全高 평균	1,367	1.72	642.2	1.64	316	1.39
肩高 평균	1,065	1.34	467.4	1.19	256	1.15
두께 평균	69	0.086	33.3	(0.085)	17	(0.08)

<표 1>을 보면, 고려전기의 범종은 구경의 평균이 391.3mm이고, 후
기 범종은 227mm으로서 전기의 범종이 크다. 전고의 평균은 전기의 종
이 642.2mm, 후기의 범종이 316mm으로서 전기의 범종이 높다. 견고의
경우는 각각 467.4mm, 256mm으로서 전기의 범종이 높다.

고려시기 명문을 통해 무게가 파악되는 범종은 모두 36점이다(<부록
1> 참조). 전기에 해당하는 1-8번까지의 범종은 대형이 일반적이며, 9번

---

51) 廉永夏, 1991, 앞의 책, 241쪽. 표의 순서를 약간 바꾸어 제시했음. 고려시기 범종
가운데 104구의 수치를 정리한 것이다. 여기에는 무게가 기록되지 않은 것이 많으
며, 명확히 무게가 표시된 것은 36구이다.

부터 후기종인데 대부분 소형이다. 범종의 무게는 최소 1근 4량에서 최대 700근에 달한다.[52] 범종의 무게는 넓은 범위에 흩어져 있으며, 극단적인 차이를 보이기도 한다.

<부록 1>의 자료를 기초로 평균을 내보면 35점 범종의 평균 무게는 67.6061kg이 된다.[53] 대략 65kg에서 70kg 정도가 평균이 되는 것이다. 평균 무게의 범종을 사원마다 1점씩 보유하고 있다면 그것의 제작에는 202,818.3kg(67.6061kg×3,000=202,818.3kg)이 소요될 것이다(<표 3>의 6).[54]

<부록 1>의 자료를 무게의 구간별로 구분해 보면 <표 2>와 같다. <표 2>에 따르면 범종의 무게는 다양한데, 1~9근에 10점, 40~49근에 3점, 60~69근에 3점, 100~199근에 6점, 300~399근에 3점이 분포한다. 전체적으로 보면 다양하게 분포되어 일정하지 않다. 전체 36점의 범종 가운데 중간인 18번째에 해당하는 구간은 60~69근이다. 65근으로 본다면 39kg 정도가 중간에 해당한다(<표 3>의 3 참조).

<표 2> 범종의 무게(무게 단위 : 근, 길이 단위 : mm)

구간	1-9 근	10 -19	20 -29	30 -39	40 -49	50 -59	60 -69	70 -79	80 -89	90 -99	100 -199	200 -299	300 -399	400 -499	500 -599	600 -699	700 -799	800 이상
합 35점 (무게 평균 67.6061kg)	10점		1점	1점	3점	2점	3점	2점	1점		6점	1점	3점		1점		1점	1점 (예외)
높이 (평균 582.24mm)	170- 335		504	510	433- 490	453- 477	400- 507	582- 625	778		587- 815	830	624- 920		1167		1030	1450
구경 (평균 378.397 mm)	100- 205		273	280	270- 400	309- 330	342- 648?	380- 440	430		397- 535	?	495- 610		682		670	866

---

52) 고려시기 무게는 대체로 1兩=37.5g, 1斤=16兩=600g, 1貫=3,75kg=3,750g이었다(李宗峯, 2001, 『韓國中世度量衡制研究』, 혜안, 187~216쪽).

53) 34번 용주사 종은 다른 종보다 너무 현저히 커서 무게의 합계에서 제외했다.

54) 고려시기 사원의 전체수는 정확하게 파악하는 것은 불가능하지만, 대체로 3천 개 정도 되었을 것으로 추산된다(李炳熙, 2008, 『高麗後期寺院經濟研究』, 景仁文化社, 114~115쪽 참조).

범종의 높이는 무게 구간별로 구분해 보면, 1~9근의 가벼운 것은 170~335mm이고, 100~199근의 구간에 속하는 것은 587~815mm이며, 800근 이상의 경우 높이가 1,450mm에 이른다. 평균 높이는 582.24mm 이다. 구경은 1~9근 구간에 속하는 것이 100~205mm이고, 100~199근 구간에 속하는 것이 397~535mm이며, 평균이 378.397mm이다. 결국 무거운 것일수록 구경이 넓고 높이가 높다.

<표 1>의 수치를 기준으로 표준이 되는 범종의 무게를 추적할 수 있다. 고려전기의 구경 391.3mm, 전고 642.2mm, 견고 467.4mm에 해당하는 범종의 무게를 찾으면 가능할 것이다. 후기의 경우 구경 227mm, 전고 316mm, 견고 256mm에 해당하는 범종의 무게를 찾을 수 있다. <표 2>에 따르면, 전기 범종의 구경 391.3mm에 해당하는 무게는 대략 70~79근의 영역대이다. 결국 무게의 중간값은 75근(=45kg) 정도로 볼 수 있다. 반면 후기 범종의 구경 227mm에 해당하는 구간의 무게는 10~19근의 영역이며, 중간값은 15근(=9kg) 정도이다. 고려시기 3천 개 사원에 전기 1점, 후기 1점씩 합 2점의 범종이 있다고 하면 162,000kg이 된다(<표 3>의 5).

<표 3> 범종의 전체 무게

순번	여러 경우	계산법	총 량
1	고려후기 범종만으로 계산	9kg×3,000	27,000kg
2	고려전기 범종만으로 계산	45kg×3,000	135,000kg
3	중간값(39kg)의 종을 1개 보유	39kg×3,000	108,000kg
4	고려전기와 고려후기 평균 계산	((45+9)÷2)kg×3,000	81,000kg
5	고려전기 1구, 고려후기 1구로 계산	45kg×3,000+9kg×3,000	162,000kg
6	평균치로 계산	67.6061kg×3,000	202,818.3kg

고려시기 제작한 범종에 사용된 동의 전체 무게를 계산하면 <표 3>과 같이 여러 경우가 있다. <표 3>에 따르면 6가지 경우가 상정되어 최소 27,000kg에서 최대 202,818.3kg이 된다. 여러 경우가 가능하지만 실제는 20만 kg을 상회하는 것이 실상에 근접할 것으로 생각된다.[55)]

4. 金鼓·香爐의 제작과 銅의 사용

고려시기 범종의 제작에는 위에서 살펴보았듯이 엄청난 동을 사용했다. 金鼓와 향로의 제작에도 다량의 동이 소비되었다. 금고는 사원에서 공양 시간을 알리거나 재를 올릴 때 쓰는 梵音具의 하나이다. 소리를 통해 苦厄을 滅하고 모든 죄를 懺悔토록 한 용도였다. 金鼓는 金口·禁口·半子·刴子·盤子·金鍵 등 다양한 한자로 표기되었다.56) 금고는 梵鍾과 함께 가장 널리 제작된 범음구였다.57) 범종이 주로 아침 저녁의 예불이나 중요한 의식 법회 때 사용되는 것에 비해, 금고는 공양 시간을 알린다거나 사람을 모으는 비교적 단순한 용도로 쓰였다.58)

금고는 사원의 건물 안팎에 간단하게 만든 나무 기둥[架]에 걸어놓거나 혹은 처마 밑에 달아 이것을 망치 모양으로 생긴 撞木으로 쳐서 소리를 내도록 한 것이다. 범종만큼 소리가 크거나 깊은 共鳴을 지니지는 못했으나 나름대로의 독특한 고음을 냈다.59)

25cm 미만의 소형 금고가 많은 것이 주목되는데, 이것은 架에 걸고 치기에는 귀의 간격과 크기가 너무 좁고 중량도 가벼워, 오히려 손에 들고 치기에 적합했다. 이 소형의 금고는 전각의 내·외부에 걸어놓고 소리내는 儀式梵音具의 역할보다는 木鐸이나 搖鈴처럼 梵唄나 念佛 등에 사용된 승려 개인의 持物로 추측된다.60)

---

55) 실제로는 이보다 훨씬 큰 수치를 보였을 것이다. 대개 큰 범종이 소실되는 예가 많아서 현전하기 힘들기 때문이다. 현전하는 것은 당시 범종 가운데 작은 것이 중심이었을 것으로 생각된다.

56) 李浩官, 1997, 앞의 책, 279쪽.

57) 崔應天, 1988, 「高麗時代 靑銅金鼓의 硏究」『불교미술』9, 동국대 박물관.

58) 최응천·김연수, 2003, 앞의 책, 51쪽.

59) 崔應天, 1988, 앞의 논문 ; 최응천·김연수, 2003, 앞의 책, 51쪽.

60) 崔應天, 1988, 앞의 논문.

문헌기록상으로도 사원에 금고가 있었음을 확인할 수 있다. 묘광사의
경우 금고를 주조했음이 기록으로 전하고 있다.[61] 인종 9년(1131) 11월
에 靈通寺의 銅鼓가 自鳴했다는 기록이 보인다.[62] 묘광사·영통사 이외
의 사원에도 대부분 금고가 있었을 것이다. 따라서 고려시기에 금고의
주조에 따라 상당한 양의 동이 소비되었음을 쉽게 추측할 수 있다.

금고에 기록된 명문을 통해 제작시기, 제작자, 발원문의 내용, 시납자
의 신분 등을 파악할 수 있다. 有記銘 금고가 대략 48점 알려졌는데 그
가운데 紀年銘이 34점, 干支銘이 14점이다. 기명이 없는 금고가 11개이
므로 현전하는 금고는 모두 59점이다.[63] 금고는 銅鍾과 같이 구리와 주
석을 적당한 비율로 합금시켜 만드는데 정확한 성분은 파악하지 못한 실
정이다.[64]

금고의 제작에는 상당량의 동이 사용되었다(<부록 2> 참조). 금고의
무게를 보면, 확인되는 39점이 대체로 비슷한 구간에 분포하여 범종과는
매우 상이하다(<표 4> 참조). 가장 많은 동을 사용한 금고는 60여 근이
며, 반 이상이 20근(=12kg)에 못 미친다. 1~9근 구간에 10점, 10~19근 구
간에 13점이 있으며, 무거운 것도 60~69근을 넘지 못한다. 40근(=24kg)
이상은 39점 가운데 5점에 불과하다.

금고는 표면의 지름이 최소 270mm이고, 최대 600mm이며, 평균
390mm로서 무게와 지름은 일정한 상관 관계를 보인다. 대체로 무게가
가벼운 것일수록 지름이 작은데 반드시 그러한 것은 아니다. 두께를 얇
게 하면 크더라도 무게가 덜 나갈 수 있다. 반대로 두껍게 만든 것은 지

---

61) 林椿, 「妙光寺十六聖衆繪象記」 『東文選』 권65(民族文化推進會 影印本 2冊, 406~
407쪽).
62) 『高麗史』 권53, 志7 五行1 水 仁宗 9년 11월, 186쪽.
63) 李浩官, 1997, 앞의 책, 279~280쪽. 이 가운데 <부록 2>에 기록한 39점은 무게가
명시된 것이다.
64) 崔應天, 1988, 앞의 논문.

름이 작아도 무거울 수 있다.

<표 4> 금고의 무게(무게 단위 : 근, 길이 단위 : mm)

구간(무게)	1-9근	10-19근	20-29근	30-39근	40-49근	50-59근	60-69근
합 39점 (무게 평균 12.2966kg)	10점	13점	5점	6점	1점	2점	2점
지름 (평균 390mm)	270-364	300-510	395-520	322-455	530	560-600	550

아마도 10근 미만은 승려가 개인적으로 가지고 다닐 수 있었을 것으로 보이지만, 그보다 무게가 더 나가는 경우에는 나무 기둥에 걸어놓고 사용했을 것으로 추측된다. 60근에 달하는 것은 자유롭게 이동하는 것이 쉽지 않아, 나무 기둥에 걸고서 사용하지 않을 수 없었을 것이다.

<부록 2>에 제시된 금고의 평균 무게는 12.2966kg이 된다. 모든 사원이 1점의 금고를 보유했다면 동의 총 사용량은 36,889.8kg이 될 것이다 (12.2966kg×3,000=36,889.8kg). 사원에 금고가 2점 이상 있는 수도 있으므로 전체 소비된 동은 4만kg을 상회했을 것으로 보인다.

향로도[65] 대체로 동을 사용해 제작했다. 향로는 향을 태워 연기를 피우는 그릇인데, 고려시기에 들어와 그 형태가 매우 다양해졌다. 초기에는 세발 달린 三足의 香爐에서 점차 香垸이라 불리는 컵의 모양을 한 高杯形이 널리 만들어졌다. 고배형의 향완은 몸체 입부분의 테두리가 나팔처럼 벌어져 손잡이 구실을 하도록 되어 있으며, 그 아래 놓인 다리 부분은 위가 잘록하고 아래로 가면서 넓게 퍼져 있다.[66]

문헌기록에 보이는 향로의 예가 적지 않다. 칠장사의 혜소국사가 불

---

65) 문헌 자료에서는 香爐란 표현이 많이 보이고, 현전하는 실물 자료에서는 香垸이라는 표현이 일반적이다. 향완은 밥 그릇 모양의 몸체에 높은 받침대를 가진 향로의 한 유형이므로, 이 글에서는 넓은 의미로 향로라는 용어로 통일해 사용하고자 한다.
66) 崔應天, 2004, 「高麗後期의 金屬工藝」 『講座美術史』 22.

전에 놓인 금제 향로로써 손바닥을 비춘 일이 있다.[67] 금으로 만들었다고 하지만 아마 청동으로 만들었을 가능성이 커 보인다. 또 혜소국사가 祈雨를 위해 文德殿에서『金光明經』을 강설하고자 손으로 銀塗香爐를 들고 서서히 걸어 연좌에 올라『金光明經』제1권을 다 설하기도 전에 소나기가 쏟아진 일이 있다.[68]

충숙왕 즉위년(1313) 10월 上王이 5일간 延慶宮에서 2천 명의 승려에게 飯僧하고 燃燈 2천 개를 달았는데, 이때 국왕이 銀甁 2백 개를 부처에게 시납했으며 손수 香爐를 들었으며 伶官에게 음악을 연주하게 했다. 그리고 禪僧 冲坦과 敎僧 孝楨을 맞아 說法하게 했다.[69] 국왕이 들었던 향로 역시 동으로 주조하고 은입사를 한 화려한 것으로 추측된다. 그밖에 삼각산 승가굴과 오대산 서대 수정암에도 향로를 보유한 사실이 찾아진다.[70] 향로 역시 대부분의 사원이 보유한 것으로 여겨진다.

무게가 확인되는 향로를 무게의 구간에 따라 정리하면 <표 5>와 같다. <표 5>를 통해 보면, 무게 1~4근 구간에는 전체 15점 가운데 10점이 속하여 대부분을 차지하며, 이에 반해 20~24근의 구간에는 1점뿐이다.

향로의 높이는 최대 300mm에 달하는데, 평균 203mm이다. 구경(=상경)은 최소 143mm이고, 최대 355mm이며, 평균치는 223.69mm이다.

무게는 최소 1근 7냥(=862.5g)에서 최대 20근(=12kg)이다. 그런데 4근 이하가 대부분이며, 20근을 넘는 것은 하나에 불과하다. 10근을 넘는 것도 소수에 불과하다. 향로의 무게는 범종이나 금고에 비해 대체로 가볍다.

---

67) 李智冠 譯註, 1995,『歷代高僧碑文(高麗篇2)』, 伽山佛教文化研究院,「竹山七長寺慧炤國師碑(1060년)」, 300쪽.
68) 위와 같음.
69) 『高麗史』권34, 世家34 忠肅王 즉위년 10월, 上冊, 695~696쪽.
70) 李預,「三角山重修僧伽崛記」『東文選』권64(民族文化推進會 影印本 2冊, 400~402쪽) ; 權近,「五臺山西臺水精菴重創記」『陽村集』권14(『韓國文集叢刊』7冊, 155~156쪽).

<표 5> 향로의 무게(무게 단위 : 근, 길이 단위 : mm)

구간(무게)	1-4근	5-9근	10-14근	15-19근	20-24근
합계 15점 (무게 평균 2.9925kg)	10점	3점	1점		1점
높이 (평균 203mm)	40(?)-300	170-295	255		280
구경 (평균 223.69mm)	143-312	157-296	220		355

무게가 확인되는 향로 15점의 평균 무게는 2.9925kg이다. 모든 사원에 1개의 향로가 있다고 하면 전체의 무게는 8,977.5kg이다. 지금까지 검토한 결과를 집계해 보면, 범종, 금고, 향로에 사용된 동의 총 양은 25만 kg 정도에 이른다.[71] 실제로는 이보다 훨씬 많은 양이 소비되었을 것이다.

5. 불교 공예품의 銅 소비 추이와 銅錢의 제작

불교 공예품 가운데 가장 다량의 동을 사용한 것은 범종, 금고, 향로였다. 세 공예품이 제작된 시기를 분석해 보면, 동 사용의 시기별 추이를 확인할 수 있다. 범종, 금고, 향로에서 명문을 남긴 것 가운데 제작 연도가 분명한 것이나 연대 추정이 신뢰할 만한 것을 정리해 보면 <표 6>과 같다.[72]

---

71) 범종 20만 kg, 금고 4만 kg, 향로 9천 kg을 기준으로 한 것이다. 그런데 범종을 계속 사용하는 경우 수명이 오래 지속되지 못한다. 그것은 사원의 중수나 중창 시에 다시 범종을 제작하는 데에서 알 수 있다. 이점을 고려한다면, 한 사원에서 고려시기 전 기간 동안 보유했던 범종은 2개를 훨씬 초과해 적어도 3~4배 정도가 되어 5개를 넘었을 것으로 생각된다. 마찬가지로 금고와 향로 역시 본문에서 추산한 것보다 훨씬 많은 수가 제작되었을 것이다. 이렇게 본다면 세 금속 공예품의 제작이 사용된 금속은 50만 kg을 크게 상회했을 것으로 추정된다. 범종·금고·향로 이외의 불교 공예품에도 동을 사용했기 때문에 불교계의 전체 동 사용량은 더욱 많았을 것이다.

10세기에 2점, 11세기에 19점, 12세기에 21점, 13세기에 48점, 14세기에 29점이 확인된다. 고려초인 10세기에 적게 만들었고, 13세기에 최대로 제작되었음을 알 수 있다. 물론 현재 남아 있는 것을 기준으로 한 것이다. 실제는 그렇지 않을 수도 있지만 대체로 <표 6>과 비슷한 추이를 보였을 것으로 추정된다.[73]

50년씩 구분해 보면 10세기 후반 2점, 11세기 전반 7점, 11세기 후반 12점, 12세기 전반 4점, 12세기 후반 17점, 13세기 전반 40점, 13세기 후반 8점, 14세기 전반 20점, 14세기 후반 9점 등이다. 고려초부터 제작되는 수가 점차 많아지다가 12세기 전반에 줄어들고 12세기 후반에서 13세기 전반에 가장 많이 제작된다. 13세기 후반에 적게 제작된 것은 당시 대몽항쟁과 원의 간섭에 따른 정치 사회적 영향 때문으로 보인다. 12세기 전반에 4점으로 극히 적은 것은 매우 의아한 일이다. 아마도 동의 부족이 가장 중요한 요인이 아니었나 생각된다.

11세기 중반부터 12세기 중반까지 동의 사용을 자세히 들여다볼 필요가 있다. 문종은 1046~1083년 재위했으므로 38년간 왕위에 있었는데, 이 기간 동안 6점이 제작되어, 6.33년에 1점이 제작된 것이 된다. 선종(1083~1094)은 12년간 재위했으며 그 동안 6점이 제작되어 2년에 1점이 제작되었다. 숙종(1095~1105)은 11년간 재위했는데 1점이 제작되었으므로 결국 11년에 1점 제작된 것이 된다. 예종(1105~1122)은 18년간 2점이 제작되어, 9년에 1점이 제작된 것이고, 인종(1122~1146)은 25년간 재위했으며 1건이 제작되었고, 의종(1146~1170)은 25년 재위 기간 동안 5점으로 5년에 1점이 제작된 것이 된다.[74] 이렇게 본다면 인종대와 숙종대

72) 전체 자료는 <부록 4>에 제시했음.
73) 이하에서는 총 119점의 자료를 기초로 논지를 전개했으므로, 확실하다고 단정할 수는 없겠지만 상당한 개연성을 갖는 통계라고 생각한다.
74) 고려시기 475년간(918-1392) 119점이 제작되었으므로 3.99년에 1점이 생산된 셈이 된다.

가장 적게 금속 공예품이 제작된 것이 된다. 결국 숙종에서 예종, 인종연간에 가장 적은 수의 범종·금고·향로가 제작된 것이다. 이 시기에 동을 사용한 금속 공예품이 가장 적게 제작된 것에는 그럴 만한 배경이 있을 것이다.

시기별로 사용된 동의 양도 비슷한 추이를 보인다. 654.6kg(11세기 전반), 279.6kg(11세기 후반), 44.11875kg(12세기 전반), 289.35kg(12세기 후반), 1,067.6625kg(13세기 전반), 153.6375kg(13세기 후반), 107.55kg (14세기 전반), 199.8kg(14세기 후반)의 순서이다(<표 6>). 13세기 전반에 사용된 동의 양이 가장 많으며, 다음은 11세기 전반이다. 12세기 전반은 44.11875kg으로서 가장 적은 양이다. 공예품의 수에 있어서나 사용한 동의 총량에 있어서 12세기 전반은 가장 적은 수치를 보인다. 이 시기에 이러한 수치를 보이는 것은 동의 부족과 깊이 관련된다고 생각한다. 숙종대 동전을 대량 주조한 사실과 관계가 있을 것으로 추측된다.

<표 6> 불교 공예품 제작의 시기별 추이

구분	918-949	950-999	1000-1049	1050-1099	1100-1149
공예품 수 (계 119)	0	2 (종2)	7 (종7)	12 (종5, 금5, 향2)	4 (종1, 금3)
동의 사용양		알 수 없음	654.6kg	279.6kg	44.11875kg
구분	1150-1199	1200-1249	1250-1299	1300-1349	1350-1392
공예품 수 (계 119)	17 (종5, 금9, 향3)	40 (종17, 금20, 향3)	8 (종5, 금2, 향1)	20 (종10, 금7, 향3)	9 (종2, 금1, 향6)
동의 사용양	289.35kg	1,067.6625kg	153.6375kg	107.55kg	199.8kg

* 종은 범종, 금은 금고, 향은 향로를 가리킴

금속화폐는 성종 15년(996) 4월에 처음 주조하여 사용토록 했는데, 그 사실은 '鑄鐵錢',[75] '始用鐵錢'으로 표현되었다.[76] 목종 5년(1002)에 관

---

75) 『高麗史』 권3, 世家3 成宗 15년 4월, 上冊, 80쪽 ; 『高麗史節要』 권2, 成宗 15년

료들의 건의에 따라 철전은 차와 술을 파는 음식점에서만 사용하게 하고 그밖에는 물품화폐를 사용토록 함으로써[77] 철전 유통은 후퇴했다. 이후 철전은 거의 사용되지 않았다.

철전 주조 이후 약 100년이 경과한 숙종 2년(1097) 12월 鑄錢官을 설치했다.[78] 숙종 6년 4월 鑄錢都監에서 나라 사람들이 화폐를 사용하는 이로움을 알아 편리하게 여기고 있으니 종묘에 고하자고 아뢰자, 국왕이 따랐다.[79] 숙종 6년 6월 金銀은 天地의 정기, 國家의 보배인데 근래에 姦民이 동과 섞어 盜鑄하고 있다고 하면서 지금부터 은병을 사용하되 모두 표인을 하고, 이를 위반하는 자는 무겁게 논하라고 했다.[80] 이 해에 처음으로 은병을 화폐로 사용했는데 은 1근으로 본국의 지형을 본따서 은병을 만들었는데 俗名으로 闊口라 했다.[81] 은병 1구는 포 100필에 달하는 고액이었으므로 민간에 널리 유통되기 힘들었다.[82]

숙종 7년 12월 주조한 동전 1만 5천 관을 宰樞·문무양반·軍人에게 나누어 사여해 權輿로 삼게 했다. 그리고 동전의 사용을 대묘에 고했으며, 동전의 이름을 海東通寶라 했다. 이때 京城에 左右酒務를 설치하고 또 길거리 양방에 尊卑를 물론하고 각각 점포를 설치해 돈을 사용하는 이로움을 일으키도록 했다.[83] 결국 숙종 2년에 주전관을 설치하여 화폐

4월, 60쪽.

76) 『高麗史』 권79, 志33 食貨2 貨幣 成宗 15년 4월, 中冊, 736쪽.

77) 『高麗史』 권79, 志33 食貨2 貨幣 穆宗 5년 7월, 中冊, 736~737쪽 ; 『高麗史』 권93, 列傳6 韓彦恭, 下冊, 90쪽.

78) 『高麗史』 권79, 志33 食貨2 貨幣 肅宗 2년 12월, 中冊, 737쪽 ; 『高麗史節要』 권6, 肅宗 2년 12월, 173~174쪽.

79) 『高麗史』 권11, 世家11 肅宗 6년 4월, 上冊, 234쪽.

80) 『高麗史』 권85, 志39 刑法2 禁令 肅宗 6년 6월, 中冊, 861쪽.

81) 『高麗史』 권79, 志33 食貨2 貨幣 肅宗 6년 4월, 中冊, 737쪽 ; 『高麗史節要』 권6, 肅宗 6년 6월, 177쪽.

82) 이홍두, 2005, 「고려전기의 화폐 주조와 유통정책」 『역사와 실학』 28.

83) 『高麗史』 권79, 志33 食貨2 貨幣 肅宗 7년 12월, 中冊, 737쪽 ; 『高麗史節要』 권6, 肅宗 7년 12월, 180쪽.

주조를 준비·완료하고, 만 5년이 지난 숙종 7년(1102)에 1만 5천 관을 관료들에게 사여해 사용토록 한 것이다.[84] 이후에도 동전을 사여한 일이 있으므로 1만 5천 관보다 많은 양을 주조했다고 생각된다.

숙종 9년 7월 峯城縣에 행차하고서 官錢을 차등있게 群臣·軍士에게 사여했는데, 당시 화폐 사용이 3년이나 되었지만 백성이 가난해서 널리 사용할 수 없다고 하면서, 州縣에 命해 米穀을 내서 酒食店을 열어 백성이 무역함을 허용해서 화폐의 이로움을 알도록 했다.[85] 숙종 10년 11월 (예종 즉위년 11월) 銅鐵을 은에 섞어서 愚民을 眩惑시킨다는 지적이 보인다.[86]

예종 원년(1106) 中外의 臣僚가 숙종대 화폐 사용의 불편을 다수 말하고 있다고 언급하면서 錢法은 옛날 제왕이 나라를 부유하게 하고 백성을 편리하게 하는 것이며, 숙종이 식화를 위해서 만든 것이 아니라고 하면서 화폐를 적극 사용하라고 했다.[87]

예종대 이후 관전을 사여하는 일이 보이지 않고, 동전에 대한 언급도 거의 없다. 반면에 은병은 자주 언급되고 또 사여의 대상이 되고 있다. 그리고 물가를 언급할 때에도 은병을 기준으로 하는 일이 많았지만, 동전은 언급되지 않았다. 은병을 和銅盜鑄하는 일이 있으며 銅鐵交銀과 같은 盜鑄 현상이 지속되었지만, 은이나 은병은 실질가치를 갖고 있기 때문에 어느 정도 통용된 것으로 보인다. 은병이 碎銀, 小銀瓶으로 변질되었지만 계속 통용된 것은 은의 실질 가치 덕분이었다. 결국 주조화폐는

---

84) 숙종대 화폐의 주조와 사용에는 義天의 鑄錢論이 배경이 되었을 것이다. 의천의 주전론에 대해서는 이병희, 2003,「大覺國師 義天의 鑄錢論」『天台學硏究』4, 天台佛敎文化硏究院(본서 제4부 수록) 참조.
85)『高麗史』권79, 志33 食貨2 貨幣 肅宗 9년 7월, 中冊, 737쪽 ;『高麗史節要』권7, 肅宗 9년 7월, 183쪽.
86)『高麗史』권12, 世家12 睿宗 즉위년 11월, 上冊, 247쪽 ;『高麗史節要』권7, 肅宗 10년 11월, 185쪽.
87)『高麗史』권79, 志33 食貨2 貨幣 睿宗 원년 7월, 中冊, 737쪽.

성종 15년(996)에서 목종 5년(1002)까지 철전이, 숙종 2년(1097) 주전관
설치 이후 예종초까지(1105~1122)까지 동전이 사용되었을 뿐이다.

고려시기 이처럼 국가에서 주조한 동전의 유통은 활발하지 못했다.
숙종대 동전을 주조해 1만 5천 관을 신료들에게 사여하여 사용토록 했
지만 활발하게 사용되지 못했다. 화폐가 제대로 유통되기 위해서는 무엇
보다 화폐가 충분히 공급되는 일이 중요했다. 화폐의 통용은 일차적으로
안정적이고 풍부한 공급이 뒷받침되어야 가능한 것이다. 공급이 부족하
면 사용을 꺼려 결국 통용되기 힘들어지는 것이다.[88]

숙종대 주조가 확인되는 동전 1만 5천 관에 사용된 동의 양을 측정하
는 데에는 조선초의 구체적인 내용이 도움을 준다. 세종 6년 8월의 기사
에 따르면, 동전 4,578관의 주조에 동 35,765근이 소요되었으며, 1만 관
의 주조에 동 78,088근이 필요하고 10만 관을 주조하려면 781,877근의
동이 필요하다고 했다. 그런데 현재 확보하고 있는 동은 1만 근에 불과
하다고 하면서 동의 부족으로 동전을 주조하기 힘들다고 언급했다.[89]

동전 4,578관(=17,167.5kg)의 주조에 동 35,765근(=21,459kg)이 사용
되었다는 것이다. 동전의 제작에 사용된 동이 21,459kg이지만 실제 동전
의 무게는 17,167.5kg인 것이다. 이것은 원료에서 실제 동전으로 남은
것이 80% 정도임을 뜻한다. 나머지 20%는 동전의 제작 과정에서 소실
한 것이다. 이처럼 실제의 공예품은 원재료의 80%의 질량을 보유한 것
이다.[90] 고려시기 1만 5천 관(=56,250kg)의[91] 동전을 주조하기 위해 사

88) 조선초에도 동전 주조량의 부족을 고심하고 있다(朴平植, 2011, 「朝鮮前期의 貨幣
   論」『歷史敎育』118 참조). 화폐가 널리 통용되려면 무엇보다도 충분한 양의 공급
   이 뒷받침되어야 하는 것이다. 동전 공급이 부족해 널리 통용되지 못한다면 화폐
   로서 정착하는 것은 어려운 일이다.
89) 『世宗實錄』권25, 世宗 6년 8월 丁未(5일), 2冊, 616쪽. 고려시기와 조선전기 무게
   의 단위인 근과 관은 비슷한 무게를 나타내서, 1근=0.6kg, 1관=3.75kg이었다(李宗
   峯, 2001, 앞의 책, 187~216쪽).
90) 사용된 동과 현재 제품으로 남아 있는 무게에는 차이가 있다. 대략 원 재료의 80%

용된 동은 70,312.5kg라고 볼 수 있다($x \times 0.8 = 56,250$kg, 여기에서 x는 70,312.5kg).

조선초 국가에서 동전의 유통을 활성화시키려면 10만 관 정도의 동전을 주조해야 한다고 보는 것이다.[92] 10만 관에 비한다면 고려 숙종대의 1만 5천 관은 크게 적은 양이다. 물론 경제 규모의 차이가 있기 때문에 단순 비교는 어려울 것이지만 충분한 양의 제작이 아니었을 것임은 분명하다.

숙종대 부족하기는 하지만 동전 주조에 7만 kg 이상의 동을 일시적으로 사용한 것이다. 아마도 현존하고 있는 동을 대부분 모으지 않으면 안 되었을 것이다. 일부에서는 사원의 도움을 받지 않을 수 없었을 것이다. 이렇게 엄청난 양의 동을 일시적으로 사용하게 되면서 고려에서는 동의 품귀 현상이 나타날 수밖에 없었다. 동의 확보가 매우 어려워지는 상황이 일정기간 지속됐을 것이다. 따라서 동을 원료로 공예품을 제작하는 일이 활발할 수 없었다. 범종이나 금고, 향로의 제작이 12세기 초에 극도로 부진한 것은 이러한 동의 품귀와 일정한 관련이 있었을 것으로 보인다. 결국 동을 일시적으로 엄청나게 사용해 동전을 주조함으로써 고려사회에서 동의 품귀를 가져왔으며 그로 인해 범종이나 금고·향로의 제작이 어려워졌다고 생각된다.

동전이 널리 유통되지 못한 것은 상품 생산과 유통이 미숙하고, 또 田主層으로 표현되는 상층의 잉여 수탈도 중요한 요인이었지만,[93] 국가

정도가 현재의 공예품으로 남게 되고 나머지 20% 정도는 제작 과정에서 손실된다. 이것이 일반적인 추세이다(李宗峯, 2001, 앞의 책, 198쪽, 209쪽).

91) 여기에 보이는 관은 조선후기 화폐의 단위인 관과는 구별된다. 조선후기 화폐에서는 10푼(文)은 1錢, 10전은 1兩, 10냥은 1貫이었는데, 고려 숙종대의 관은 조선 세종대의 관과 같은 의미로 무게(=3.75kg)를 의미하는 것으로 보는 것이 타당할 것이다.

92) 『世宗實錄』 권25, 世宗 6년 8월 丁未(5일), 2冊, 616쪽.

93) 李景植, 1987, 「16世紀 場市의 成立과 그 基盤」 『韓國史研究』 57 ; 蔡雄錫, 1988,

에서 공급하는 동전의 부족도 중요한 요인이었다.[94] 동전을 풍부하고
지속적으로 공급하기 위해서는 계속된 동의 확보가 필요했다. 그런데 1
만 5천 관의 동전 주조에도 동의 품귀를 가져와 범종·금고·향로로 표현
되는 금속 공예품이 여유롭게 제작될 수 없는 사정 하에서 동전을 지속
적으로 추가 생산한다는 것은 용이한 일이 아니었다. 국가에서 계속 동
을 확보한다면 불교계의 동 사용은 중단될 위험에 처하게 되지 않을 수
없는 것이다. 이에 동전이 충분히 주조 공급되지 못했으며, 그 결과 화폐
로서 정착하는 것이 어려웠을 것이다.[95]

6. 結語

고려시기 불교계는 금·은·동·철의 금속을 소비하는 중요한 주체였다.
사원에서 다수의 금속 공예품을 제작했기 때문에 국가의 금속 사용에 곤
란을 초래할 수 있었다. 이 글에서는 금속 공예품 가운데 범종, 금고, 향
로 세 가지의 금속 공예품을 중심으로 해서 동의 소비가 갖는 의미를
짚어보았다.

불교 공예품에는 여러 종류가 있었으며, 그 소재 역시 다양했다. 목재
나 흙 또는 석재도 있었지만 가장 중요한 것은 금속이었다. 금·은·동·철

「高麗前期 貨幣流通의 기반」『韓國文化』9, 서울대 ; 원유한, 2006, 「고려시대의
화폐사─화폐유통시도기의 전반─」『實學思想硏究』30 ; 김병인·김도영, 2010, 「고
려전기 금속화폐와 店鋪」『韓國史學報』39.
94) 원유한, 2005, 『한국의 전통 사회 화폐』, 이화여대 출판부, 36~37쪽 ; 국사편찬위
원회, 2006, 『화폐와 경제 활동의 이중주』, 두산동아, 51쪽.
95) 고려 숙종대 무렵 동전이 화폐로서 널리 기능하지 못한 것은 공급량의 부족 이외
에도 여러 원인이 있었을 것이지만, 공급량 부족이 중요한 요인의 하나였다고 생
각한다.

의 금속 가운데 가장 널리 사용된 것은 동이었다. 물론 금속 공예품으로 분류할 수 없지만 불상이나 사경에도 금속을 사용했다. 금속 공예품은 동 단독이 아니라 주석과 합금해서 만드는 것이 일반적이었다.

범종은 모든 사원이 보유한 공예품이었다. 고려의 범종은 소리가 우아하고 모양이 아름다운 것으로 유명하다. 사원이 범종을 보유하고 있는 것은 여러 자료에서 확인할 수 있으며, 전각 가운데 종루는 범종을 비치하기 위한 독립의 건물이었다. 큰 사원의 경우 종루에 비치한 대종과 불전에 배치한 소종을 모두 구비한 것으로 보인다. 고려전기의 범종은 규모가 큰 것이 많지만 고려후기의 범종은 높이 40cm 정도의 작은 것이 일반적이었다. 고려시기 범종의 제작이 사용된 동은 적어도 20만 kg을 상회했을 것으로 보인다.

금고 역시 대부분의 사원이 보유하고 있는 것으로 보인다. 무게가 확인되는 금고 39점을 보면 범종과 달리 큰 차이가 없다. 대부분 19근 이하에 그치고 있을 뿐 70근(=42kg)을 상회하는 금고는 보이지 않는다. 평균치가 12.2966kg이므로 모든 사원이 1개씩 보유한다면 36,889.8kg이 된다.

향로 또한 동을 사용하는데 대부분이 9근 이하이며, 아무리 무거워도 25근(=15kg)을 상회하지 않는다. 전체 평균 무게는 2.9925kg이므로 총 8,977.5kg이 된다. 금고와 향로를 합한다면 4만 5천 kg 정도 되지 않았을까 생각된다. 범종·금고·향로에 소비된 동은 25만 kg 정도로 추산되는데 파손되어 재차 제조된 것을 고려하면 실제로는 이보다 훨씬 많은 동이 사용되었을 것이다.

시기별 불교 공예품이 만들어진 추이를 살펴보면 공예품의 수에서나 실제의 무게에서 모두 12세기 전반이 가장 열세이다. 결국 12세기 전반에 불교 관련 금속 공예품이 가장 적게 제작되었다는 것이 된다. 이것은 이 무렵에 다량의 동을 사용해 동전을 주조했기 때문으로 보인다. 1만

5천 관 이상의 동전을 숙종대 주조했기 때문에 7만 kg 이상의 동을 소비했으며, 그것은 동의 부족을 가져왔으며 그 결과 공예품이 적게 제작된 것으로 보인다. 결국 동전 주조로 인한 일시적인 다량의 동 소비는 동의 품귀를 가져와 숙종대와 예종대 범종, 금고, 향로 제작의 부진을 가져왔다.

고려시기 동의 사용을 둘러싸고 국가와 사원은 긴장 관계에 놓여 있었다. 사원에서 많은 양을 소비하면 국가에서 사용할 양이 적어지고 반대로 국가에서 다량을 소비한다면 사원이 필요로 하는 양을 확보하는 것이 힘들어진다. 동만이 아니라 금·은·철의 경우에도 사원과 국가는 이러한 길항 관계를 보였다고 생각된다. 국가 전체의 경제 규모에서 사원 경제가 차지하는 비중을 고려한다면 이것은 당연한 일이라 하겠다.

* 〈부록 1·2·3·4〉는 다음의 자료를 참고로 작성했음

國立文化財研究所, 1996,『한국의 梵鍾』, 국립문화재연구소.
국립중앙박물관, 2006,『북녘의 문화유산』, 국립중앙박물관.
廉永夏, 1991,『韓國의 鐘』, 서울대 출판부.
이호관, 1997,『한국의 금속공예』, 문예출판사.
許興植 編著, 1984,『韓國金石全文』, 亞細亞文化社.
黃壽永, 1999,『黃壽永全集』4(금석유문), 혜안.
이광배, 2012,「高麗時代 梵鍾의 發願階層과 鑄鍾匠人」『東岳美術史學』13.
최응천, 1988,「高麗時代 靑銅金鼓의 硏究」『佛敎美術』9, 동국대 박물관.
최응천, 2004,「고려시대 금속공예의 匠人」『미술사학연구』241.
최응천, 2004,「고려후기 금속공예」『講座美術史』22.
崔應天, 2007,「日本에 있는 韓國梵鍾의 綜合的 考察」『東岳美術史學』8.

〈부록 1〉 무게가 확인되는 범종의 목록

순번	연도	공예품 명	무게	高(全高, 總高), 口徑
1	1019	臨江寺鍾	500근(300kg)	고 1167mm, 구경 682mm
2	1026	河淸部曲北寺鍾	121근(72.6kg)	고 730mm, 구경 514mm
3	1030	太平十年銘鍾	300근(180kg)	고 924mm, 구경 579~594mm
4	1032	靑鳧大寺鍾	170근(102kg)	고 775mm, 구경 489mm
5	1058	淸寧四年銘銅鍾	150근(90kg)	고 815mm, 구경 535mm
6	1065	戒持寺金鍾	150근(90kg)	고 761mm, 구경 445mm
7	1086	太安二年長生寺鍾	50근, 16근(합66근)(39.6kg)	고 400mm, 구경 350mm
8	1107	川北觀世音寺鍾	50근(30kg)	고 477mm, 구경 330mm
9	1192	大慈寺梵鍾	250근(150kg)	고 830mm
10	1196	德興寺鍾	67근(40.2kg)	고 507mm, 구경 342mm
11	1197(염영하·이광배 추정)(최응천 1257 추정)	丁巳銘尙州安水寺鍾	40근(24kg)	고 490mm, 구경 320mm
12	1201	天井寺鍾	40근 반(24.3kg)	고 433mm, 구경 270mm

13	1206	善慶院鍾	75근(45kg)	고 582mm, 구경 380mm
14	1216	鳳安寺鍾	3근(1.8kg)	고 224mm, 구경 142mm
15	1216	浦項 吾魚寺銅鍾	300근(180kg)	고 920mm, 구경 610mm
16	1217(염영하 추정)	丁丑銘青銅小鍾	6근 4량(3.75kg)	고 235mm, 구경 171mm
17	1222	青林寺鍾	700근(420kg)	고 1030mm, 구경 670mm
18	1223	月峰寺鍾	30근(18kg)	고 510mm, 구경 280mm
19	1223(염영하 추정)	癸未銘鍾	163근(97.8kg)	고 750mm, 구경 440mm
20	1225	貞右十三年銘銅鍾	22근 7甫(량?) (13.4625kg)	고 504mm, 구경 273mm
21	1233(염영하 추정)	癸巳銘塔山寺鍾	80근(48kg)	고 778mm, 구경 430mm
22	1238(염영하 추정)	戊戌銘龍出寺小鍾	9근(5.4kg)	고 300mm, 구경 191mm
23	1241(염영하 추정)	辛丑銘鍾	45근 3량(?) (27.1125kg)	고 ? , 구경 400mm
24	1245(이광배·최웅천 추정)(염영하 1185 추정)	乙巳銘銅鍾	70근(42kg)	고 625, 구경 440mm
25	1278(염영하·이광배·최웅천 추정)	戊寅銘小鍾	6근(3.6kg)	고 250mm, 구경 148mm
26	1284(염영하 추정)	甲申銘善法院宋成文鐘	100근(60kg)	고 587mm, 구경 397mm
27	1289(이광배 추정) (염영하 1229 추정)	己丑銘竹丈寺銅鍾	6근(3.6kg)	고 335mm, 구경 205mm
28	1294	至元銘小鍾	2근 1량(1.2375kg)	고 200mm, 구경 153mm
29	1298(이광배·최웅천 추정)(염영하 1238 추정)	戊戌銘銅鍾	50근(30kg)	고 453mm, 구경 309mm
30	1309(염영하·이광배 추정)	己酉銘五聖寺小鍾	20량(0.75kg, 1근 4량)	고 170mm, 구경 100m
31	1314(염영하·이광배 추정)(최웅천 1254 추정)	甲寅銘生千寺小鍾	3근(1.8kg)	고 203mm, 구경 132mm
32	1340	至元六年銘鍾	60근(36kg)	고 ? , 구경 648mm(?)
33	1392	長興寺鍾	300근(180kg)	고 624mm, 구경 495mm
34	11세기 전반(염영하 추정)	龍珠寺鐘	25,000근(15,000kg)	고 1450mm, 구경 866mm
35	불명	青銅小鍾	2근(1.2kg)	고 175mm, 구경 122mm
36	불명	甫州土銘小鍾	5근(3kg)	고 ? , 구경 ?
	*34는 합계에서 제외		평균 : 67.6061kg	

〈부록 2〉 무게가 확인되는 금고 목록

순번	연도	반자 명	무게	표경
1	1073	咸雍九年瓊巖寺盤子	55근(33kg)	600mm
2	1084	大康十年法海寺鉾子	25근(15kg)	410mm
3	1091	大安七年銘金仁寺鈑子	20근(12kg)	395mm
4	1103	乾統三年重興寺鈑子	15근(9kg)	360mm
5	1109	乾統九年銘飯子	半兩(?), 3근? (1.81875kg)	약 300mm
6	1143	皇統三年銘德山寺禁口	5근 반(3.3kg)	280mm
7	1160	正豊五年銘楊等寺半子	8근 4량(4.95kg)	364mm
8	1162	正隆七年銘禁口	13근 8량(8.1kg)	?
9	1179	大定十九年銘飯子	25근(15kg)	425mm
10	1183	大定二十三年屈石寺般子銘	7근(4.2kg)	336mm
11	1191	明昌二年銘彌勒院鉾子	43근 8량(26.1kg)	530mm
12	1202	泰和貳年銘半子	8근 2량(4.875kg)	330mm
13	1202	泰和二年銘蒲溪寺盤子	10근(6kg)	358mm
14	1206	泰和六年德周寺禁口	13근(7.8kg)	510mm
15	1207	泰和七年銘資福寺鉾子	10근(6kg)	312mm
16	1214	崇慶二年高嶺寺飯子	30근(18kg)	385mm
17	1214	貞祐二年銘景禪寺金禁口銘	30근(18kg)	388mm
18	1216	貞祐四年銘半子	6근(3,6kg)	320mm
19	1217	丁丑銘般子	6근 5량(3.7875kg)	285mm
20	1222	貞祐十年銘翠嵓寺飯子	26근(15.6kg)	520mm
21	1224	貞祐十二年銘利義寺飯子	11근(6.6kg)	335mm
22	1238	戊戌銘福泉寺飯子	20근(12kg)	410mm
23	1249(허흥식·황수영 추정)(이호관 1129 추정)	己酉銘月峯寺金鼓	54근(32.4kg)	560mm
24	1252	壬子銘安養社飯子	60여 근(36kg)	550mm
25	1254 (최응천 추정)	淸州興德寺飯子	32근(19.2kg)	460mm
26	1301	靑雲寺 大德五年銘金鼓	30근(18kg)	?
27	1327	泰定四年寂照寺般子	15근(9kg)	355mm
28	1340	至元六年銘金鼓	60근(36kg)	?
29	1346	至正六年銘兜率山飯子	10근(6kg)	300mm
30	1351	至正十一年銘感恩寺飯子	33근(19.8kg)	322mm
31	불명	尙州中九寺 金鼓	3근 3량(1.9125kg)	?
32	불명	甲午銘金鍵	6근(3.6kg)	270mm
33	불명	庚申銘飯子	10근 4량(6.15kg)	335mm

34	불명	癸亥銘龍泉寺鉾子	14근 반(8.7kg)	410mm
35	불명	己巳銘般子	13근 8량(8.1kg)	390mm
36	불명	己酉銘菩提寺盤子	13근(7.8kg)	370mm
37	불명	丙寅銘禁口	4근 10량(2.775kg)	290mm
38	불명	乙酉銘華嚴寺半子	30근(18kg)	455mm
39	불명	丁亥銘寶林寺飯子	19근(11.4kg)	430mm
			평균 : 12.2966kg	

〈부록 3〉 무게가 확인되는 향로[香垸] 목록

순번	연도	향로(향완)의 이름	무게	고(높이), 구경
1	1177	表忠寺含銀香垸	8근(4.8kg)	고 275mm, 구경 261mm
2	1178	金山寺香垸	20근, (은 8량)(12kg)	고 280mm, 구경 355mm
3	1204	泰和四年銘香垸	1근 7(?)량(0.8625kg)	고 ? , 구경 312mm
4	1214	乾鳳寺香垸	6근 10량(3.975kg)	고 295mm, 구경 296mm
5	1221	貞祐九年銘銀絲香垸	2근 9량(1.5375kg)	고 195mm, 구경 180mm
6	불명	己丑銘月溪寺香垸	1근 13량(1.0875kg)	고 170mm, 구경 171mm
7	불명	戊午銘香垸	2근 2량(1.275kg)	고 300mm, 구경 205mm
8	불명	戊子銘法泉寺懸爐	7근 7량(4.4625kg)	고 170mm, 구경 157mm
9	불명	戊子銘靑銅香垸	11근(6.6kg)	고 255mm, 구경 220mm
10	불명	法泉寺燔△銘	1근 12량(1.05kg)	고 40mm, 구경 185mm,
11	불명	(吉祥寺住持銘)靑銅香垸	3근 3량(1.9125kg)	고 240mm, 구경 220mm
12	불명	靑銅香垸	25량 (0.9375kg)	고 110mm, 구경 ?
13	불명	棟樑道元銘靑銅香垸四座	4근 4량(2.55kg)	고 227mm, 구경 203mm
14	불명	雙溪寺重二十兩銘銅香盒	20량(1근 4량)(0.75kg)	고 73mm, 구경 143mm
15	불명	銅製香爐柄銘	1근 13량(1.0875kg)	柄部現長 210mm (전고는 아닌 듯)
			평균 : 2.9925kg	

〈부록 4〉 범종·금고·향로의 시기별 제작 현황

순번	연도	공예품 명	무게	비고
1	956(광종7)	興海寺大鍾	알 수 없음	범종
2	963(광종14)	古彌縣(靈巖)西院鍾	알 수 없음	범종
3	1010(현종1)	天興寺鍾	알 수 없음	범종
4	1011(현종 2)(염영하·황수영 추정)(최응천 1071년 추정)	東京廻眞寺鍾	알 수 없음	범종
5	1009(현종즉위)~ 1020(현종 10)(최응천 추정)	連年有兵銘鐘 (聖福寺鍾)	알 수 없음	범종
6	1019(현종10)	臨江寺鍾	500근(300kg)	범종
7	1026(현종17)	河淸部曲北寺鍾	121근(72.6kg)	범종
8	1030(현종21)	太平十年銘鍾	300근(180kg)	범종
9	1032(덕종1)	靑鳧大寺鍾	170근(102kg)	범종
	11세기 전반		합계 : 654.6kg	
10	1058(문종12)	淸寧四年銘銅鍾	150근(90kg)	범종
11	1065(문종19)	戒持寺金鍾	150근(90kg)	범종
12	1066(문종20)	仙岳寺鍾	알 수 없음	범종
13	1073(문종27)	咸雍九年瓊巖寺盤子	55근(33kg)	금고
14	1077(문종31)	靑銅手香爐銘	알 수 없음	향로
15	1081(문종35)	大康七年銘奉業寺香垸	알 수 없음	향로
16	1084(선종1)	大康十年法海寺鉾子	25근(15kg)	금고
17	1085(선종2)	泰安元年銘鍾	알 수 없음	범종
18	1085(선종2)	大安元年銘半子	알 수 없음	금고
19	1086(선종3)	太安二年長生寺鍾	66근(39.6kg)	범종
20	1087(선종4)	般若道場鈸羅	알 수 없음	금고?
21	1091(선종8)	大安七年銘金仁寺鈑子	20근(12kg)	금고
	11세기 후반		합계 : 279.6kg	
22	1103(숙종8)	乾統三年重興寺鈑子	15근(9kg)	금고
23	1107(예종2)	川北觀世音寺鍾	50근(30kg)	범종
24	1109(예종4)	乾統三年重興寺鈑子	반량, 삼근? (1.81875kg)	금고
25	1143(인종21)	皇統三年銘德山寺禁口	5근 반(3.3kg)	금고
	12세기 전반		합계 : 44.11875kg	
26	1157(의종11)	正豊二年銘小鍾	알 수 없음	범종
27	1160(의종14)	正豊五年銘楊等寺半子	8근 4량(4.95kg)	금고
28	1162(의종16)	323. 正隆七年銘禁口	13근 8량(8.1kg)	금고
29	1164(의종18)	白月庵香垸	알 수 없음	향로
30	1169(의종23)	大定九年銘禁口	알 수 없음	금고
31	1177(명종7)	表忠寺含銀香垸	8근(4.8kg)	향로
32	1178(명종8)	金山寺香垸	20근(12kg)	향로

33	1179(명종9)	大定十九年銘飯子	25근(15kg)	금고
34	1179(명종9)	大定十九年銘金鼓	알 수 없음	금고
35	1183(명종13)	大定二十三年屈石寺般子	7근(4.2kg)	금고
36	1185(명종15)(최응천 추정)	乙巳銘禁鼓	알 수 없음	금고
37	1190(명종20)	大定三十年銘義林寺般子	알 수 없음	금고
38	1191(명종21)	明昌二年銘鍾	알 수 없음	범종
39	1191(명종21)	明昌二年銘彌勒院鉾子	43근 8량(26.1kg)	금고
40	1192(명종22)	大慈寺梵鍾 (북녘의 문화유산)	250근(150kg)	범종
41	1196(명종26)	德興寺鍾	67근(40.2kg)	범종
42	1197(명종27)(염영하·이광배 추정)(최응천 1257 추정)	丁巳銘尙州安水寺鍾	40근(24kg)	범종
	12세기 후반		합계 : 289.35kg	
43	1201(신종4)	天井寺鍾	40근 반(24.3kg)	범종
44	1201(신종4)	承安六年銘景禪寺金鼓	알 수 없음	금고
45	1202(신종5)	泰和貳年銘半子	8근 2량(4.875kg)	금고
46	1202(신종5)	泰和二年銘蒲溪寺盤子	10근(6kg)	금고
47	1204(신종7)	泰和四年銘飯子	알 수 없음	금고
48	1204(신종7)	泰和四年銘香垸	1근 7(?)량 (0.8625kg)	향로
49	1206(회종2)	善慶院鍾	75근(45kg)	범종
50	1206(회종2)	泰和六年德周寺禁口	13근(7.8kg)	금고
51	1207(회종3)	泰和七年銘資福寺鉾子	10근(6kg)	금고
52	1214(고종1)	崇慶二年高嶺寺飯子	30근(18kg)	금고
53	1214(고종1)	貞祐二年銘景禪寺金禁口銘	30근(18kg)	금고
54	1214(고종1)	乾鳳寺香垸	6근 10량(3.975kg)	향로
55	1216(고종3)	鳳安寺鍾	3근(1.8kg)	범종
56	1216(고종3)	浦港吾魚寺銅鍾	300근(180kg)	범종
57	1216(고종3)	貞祐四年銘半子	6근(3.6kg)	금고
58	1217(고종4)(염영하 추정)	丁丑銘青銅小鍾	6근 4량(3.75kg)	범종
59	1217(고종4)	貞祐五年銘奉業寺盤子	알 수 없음	금고
60	1217(고종4)	丁丑銘般子	6근 5량(3.7875kg)	금고
61	1218(고종5)	貞祐陸年銘青銅飯子	알 수 없음	금고
62	1221(고종8)	貞祐九年銘銀絲香垸	2근 9량(1.5375kg)	향로
63	1222(고종9)	青林寺鍾	700근(420kg)	범종
64	1222(고종9)	貞祐十年銘翠嵓寺飯子	26근(15.6kg)	반자
65	1223(고종10)	月峰寺鍾	30근(18kg)	범종
66	1223(고종10)(염영하 추정)	癸未銘鍾	163근(97.8kg)	범종
67	1224(고종11)	貞祐十二年銘利義寺飯子	11근(6.6kg)	금고
68	1225(고종12)	貞右十三年銘銅鍾	22근 7량 (13.4625kg)	범종

69	1229(고종16)	己丑銘金口	알 수 없음	금고
70	1229(고종16)(최웅천 추정)	己丑銘高麗興王寺靑銅銀入絲香垸	알 수 없음	금고
71	1233(고종20)(염영하 추정)	癸巳銘塔山寺鍾	80근(48kg)	범종
72	1234(고종21)(염영하 추정)	日輪寺鍾	알 수 없음	범종
73	1238(고종25)(염영하·최웅천 추정)	戊戌銘神龍寺小鍾	알 수 없음	범종
74	1238(고종25)(염영하 추정)	戊戌銘龍出寺小鍾	9근(5.4kg)	범종
75	1238(고종25)	戊戌銘福泉寺飯子	20근(12kg)	금고
76	1239(고종26)(염영하·이광배·최웅천 추정)	己亥銘頭正寺銅鍾	알 수 없음	범종
77	1240(고종27)	庚子銘高麗修定寺飯子	알 수 없음	금고
78	1241(고종28)(염영하 추정)	辛丑銘鍾	45근 3량(?)(27.1125kg)	범종
79	1244(고종31)(염영하 추정)	甲辰銘小鍾	알 수 없음	범종
80	1245(고종32)(허흥식·황수영 추정)(최웅천 1185 추정)	乙巳銘飯子	알 수 없음	금고
81	1245(고종32)(이광배·최웅천 추정)(염영하 1185 추정)	乙巳銘銅鍾	70근(42kg)	범종
82	1249(고종36) (허흥식·황수영 추정)(이호관 1129 추정)	己酉銘月峯寺金鼓	54근(32.4kg)	금고
	13세기 전반		합계 : 1,067.6625kg	
83	1252(고종39)	壬子銘安養社飯子	60여 근(36kg)	금고
84	1254(고종41)(최웅천 추정)	淸州興德寺飯子	32근(19.2kg)	금고
85	1259(고종46)	咸平宮主房香垸	알 수 없음	향로
86	1278(충렬왕4)(염영하·이광배·최웅천 추정)	戊寅銘小鍾	6근(3.6kg)	범종
87	1284(충렬왕10)(염영하 추정)	甲申銘善法院宋成文鐘	100근(60kg)	범종
88	1289(충렬왕15)(이광배 추정)(염영하 1229 추정)	己丑銘竹丈寺銅鍾	6근(3.6kg)	범종
89	1294(충렬왕20)	至元銘小鍾	2근 1량(1.2375kg)	범종
90	1298(충렬왕24)(이광배·최웅천 추정)(염영하 1238 추정)	戊戌銘銅鍾	50근(30kg)	범종
	13세기 후반		합계 : 153.6375kg	
91	1301(충렬왕27)	靑雲寺 大德五年銘金鼓	30근(18kg)	금고
92	1305(충렬왕31)	大德九年銘抣子	알 수 없음	금고
93	1309(충선왕1)(염영하·이광배 추정)	己酉銘五聖寺小鍾	20량(0.75kg)	범종
94	1311(충선왕3)(염영하 추정)	辛亥銘正方寺小鍾	알 수 없음	범종

95	1311(충선왕3)(염영하 추정)	至大四年銘鍾	알 수 없음	범종
96	1314(충숙왕1)(염영하·이광배 추정)(최응천 1254 추정)	甲寅銘生千寺小鍾	3근(1.8kg)	범종
97	1322(충숙왕9)	至治二年銘藥師寺禁口	알 수 없음	금고
98	1323(충숙왕10)	幸西寺小鍾	알 수 없음	범종
99	1324(충숙왕11)	文聖庵鍾	알 수 없음	범종
100	1325(충숙왕12)(염영하 추정)	乙丑銘寶嵓寺銅鍾	알 수 없음	범종
101	1327(충숙왕14)	泰定四年寂照寺般子	15근(9kg)	금고
102	1333(충숙왕후2)(염영하 추정)	東京中央(博)癸酉銘鐘	알 수 없음	범종
103	1340(충혜왕후1)	至元六年銘鍾	60근(36kg)	범종
104	1340(충혜왕후1)	至元六年銘金鼓	60근(36kg)	금고
105	1342(충혜왕후3)	至正二年銘松林寺香銃	알 수 없음	향로
106	1344(충혜왕후5)	至正四年銘金鼓	알 수 없음	금고
107	1344(충혜왕후5)	重興寺香爐	알 수 없음	향로
108	1346(충목왕2)	演福寺鐘	알 수 없음	범종
109	1346(충목왕2)	至正六年銘兜率山飯子	10근(6kg)	금고
110	1346(충목왕2)	上院寺香垸	알 수 없음	향로
	14세기 전반		합계 : 107.55kg	
111	1351(충정왕3)	至正十一年銘感恩寺飯子	33근(19.8kg)	금고
112	1352(공민왕1)	表訓寺香垸	알 수 없음	향로
113	1356(공민왕5)	至正十六年香垸銘	알 수 없음	향로
114	1357(공민왕6)	至正十七年銘香垸	알 수 없음	향로
115	1358(공민왕7)	消災社香垸臺座銘	알 수 없음	향로?
116	1366(공민왕15)	傳燈寺香垸	알 수 없음	향로
117	1368(공민왕17)	表訓寺香垸	알 수 없음	향로
118	1369(공민왕18)(염영하 추정)	己酉銘銅鍾	알 수 없음	범종
119	1392(공양왕4)	長興寺鍾	300근(180kg)	범종
	14세기 후반		합계 : 199.8kg	
120	11세기 전반(염영하 추정)	龍珠寺鐘 : 합계에 넣지 않음	25,000근(15,000kg)	범종

제4장 高麗時期 寺院의 金銀 消費

1. 序言

금과 은은 일반 민인이 아니라 극상층이 보유할 수 있는 귀중품이었다. 백성이 보유하는 일은 드물었으며, 보유하더라도 소량에 그쳤다. 금은은 또한 국가의 재정 기반을 이루고 있으며, 지배층의 부를 상징하는 중요한 지표이기도 했다. 국왕이 신료에게 하사하는 물품이 되었고, 각종 뇌물의 품목이 되었다. 금은 은보다 6배의 가치를 더 지니고 있어서[1] 금의 보유는 더욱 어려운 일이었다. 이에 비해 은은 상대적으로 값이 덜 나가기 때문에 보유하는 층이 금보다는 넓었다고 할 수 있다. 금과 은은 소모되어 사라지는 경우도 있지만 교환가치를 지니고 있어 보유의 주체 사이에서 이동이 많았다. 말하자면 금은은 본래의 가치를 인정받아 활발하게 순환하는 재화, 즉 稱量貨幣였다. 이것은 소모되어 사라지는 경향을 보이는 銅·鐵과 구분되는 중요한 특징이라고 할 수 있다.

금은은 국내적으로만 가치를 인정받는 것이 아니라 당시 동아시아에서 보편적 가치물로서도 공인받고 있었다. 고려시기 금과 은은 동아시아의 어느 나라에서나 귀중한 물품으로서 높은 평가를 받고 있었다. 국제 교역이나 교류에서 금과 은이 중요한 대상이 된 것은 이 때문이었다. 고

---

1) 고려말 명에서 금은 대신에 말을 바치라고 할 때 금과 은은 6배의 차이가 있었다. 즉 말 1필=은 300냥=금 50냥으로 평가하고 있었다(『高麗史』 권135, 列傳48 辛禑3 辛禑 10년 7월, 亞細亞文化社 影印本 下冊. 917~918쪽(이하 같음)). 이것을 볼 때 금과 은의 가치에 6배의 차이가 있음은 당시 동아시아에서 공인되는 사항이라고 판단된다.

려와 송 사이에서, 고려와 요·금 사이에서 금과 은은 활발하게 이동했다. 원 간섭기에는 금과 은의 국제 이동이 더욱 빈번했다.

그런데 고려말 우왕대에 明이 금은을 歲貢으로 요구하자[2] 고려에서 금은이 생산되지 않는다며 명에 이를 삭감해줄 것을 요청했다. 이는 금은의 부족이 심각했음을 뜻한다. 금은의 부족을 초래한 요인은 여러 가지이겠지만, 무엇보다도 불교계의 금은 대량 소비가 하나의 요인이었을 것이다. 본 글은 이 내용에 초점을 두고자 한다.

고려시기의 금은에 대해서는 지금까지 적지 않은 성과가 축적되었다. 금소·은소 등 금은의 생산처를 중심으로 해서 생산과정에 대해 천착이 이루어졌고,[3] 원 간섭기 금은의 국제 이동에 대해서도 어느 정도 관심이 있었다.[4] 그렇지만 금은의 전체 소비 경향이나 이동 상황에 대해서는 명확한 설명이 이루어지고 있지는 않았다. 특히 불교계에서의 금은 소비에 대해서는 크게 주목하지 않았다. 조선초의 표현이지만 금은의 사용에 대해 "其爲國用者 於佛家之用 僅爲千百分之一也"라는 지적,[5] 즉 국용에 소비되는 금은이 불교계에서 사용하는 것의 겨우 천백 분의 일이라는 것은 본고의 방향에 큰 시사를 준다. 물론 이 표현은 불교계의 금은 사용

---

2) 우왕대 명에서 요구하는 세공액은 금 100근(=60kg), 은 1만 냥(=375kg)이었으며 그것이 감액되어 조선초 금 150냥(=5.625kg), 은 700냥(=26.25kg)이었다. 우왕대는 물론 조선초에도 금은의 마련에 상당한 고통이 따랐다(김순자, 2007, 『韓國 中世 韓中關係史』, 혜안, 91~105쪽 ; 柳承宙, 1993, 『朝鮮時代 鑛業史硏究』, 고려대 출판부, 61~62쪽). 李宗峯씨의 연구에 따르면 1斤의 무게는 약 600g 내외이고, 1兩의 무게는 37.5g이다(李宗峯, 2001, 『韓國中世度量衡制硏究』, 혜안, 187~216쪽), 이하 무게는 이 수치를 따른다.

3) 田炳武, 1992, 「高麗時代 銀流通과 銀所」 『韓國史硏究』 78 ; 이정신, 2010, 「고려시대 금·은 채굴과 금소·은소」 『역사와 담론』 57(同, 2013, 『고려시대의 특수행정구역 所 연구』, 혜안 재수록).

4) 전해종, 1978, 「여·원무역의 성격」 『동양사학연구』 12·13합집 ; 이강한, 2013, 『고려와 원제국의 교역의 역사』, 창비.

5) 『世宗實錄』 권94, 世宗 23년 12월 甲午(2일), 國史編纂委員會 影印本 4冊, 383쪽 (이하 같음).

에 대한 과도한 비판임이 분명하지만, 불교계에서 엄청난 금은을 소비한
다는 지적은 타당해 보인다.

본고에서는 불교계에서 금은을 다량 소비했음을 명확히 제시할 것이
다. 상세한 내용을 불상과 불탑, 사경, 향완과 정병의 공예품 등 세 측면
으로 구분해 검토하고자 한다. 구체적 수치를 보이는 사례를 기초로 전
체 규모나 추이를 추정해 보려고 한다. 고려후기에 불교계에서의 금은
소비가 급증함으로써 국가가 활용할 수 있는 금은이 현저히 부족해졌음
을 분명히 하고자 한다. 국왕이 승려·사원에 대해 금은을 사여하는 것이
나 속인이 그것을 시주하는 것은 생략하고자 한다. 금은이 은병이나 錠
의 형태로, 또 기명으로 제공되는 경우 그것은 불교 미술품이 아니라 칭
량화폐의 성격을 띠고 순환하는 성격을 띠기 때문이다. 이 글은 불교 미
술품 제작에 사용된 금은을 중심에 두고서 불교계의 금은 소비를 살필
것이다.

2. 佛像·佛塔의 조영과 금은

불교 미술품의 조영에는 많은 금은이 사용되었다. 불·보살과 직접 관
련되어 소비하는 것은 불상과 불탑의 조영이었다. 불상의 제작이나 불탑
의 조성에는 여러 소재가 사용되지만, 금은을 활용하는 경우가 적지 않
았다.

불교가 수용된 이래 다양한 불상이 조성되었다. 각종 불·보살상을 만
들었으며, 그 재료도 다양해서 금은동철의 금속은 물론 나무, 흙, 돌 등
도 널리 사용되었다. 어느 것을 사용하더라도 가장 화려하게 만들고자
한 것은 분명한 사실이다.

금속으로 제작한 불상은 대부분 순금이 아니라 청동에 금을 입힌 금

동불이었다. 곧 동으로 상을 만든 다음 그 위에 금을 씌운 불상이 대부분이었다. 극히 드물기는 하지만 왕실과 같은 최상류층에서는 순금으로 소규모의 불상을 만들어 모시기도 했다. 금은불은 순금과 순은을 이용하여 만든 불상을 말하는데 그 수는 매우 적었다. 이처럼 불상 전체를 금이나 은으로 만들기도 했지만 이는 매우 드문 일이었으며, 대개는 표면을 금은으로 칠하는 형태를 취했다. 소조나 목조의 불상도 금으로 도금하는 수가 많았다.6)

삼국시대에는 소형 금동불과 석불, 마애불이 유행하며, 통일신라시대에는 금동불과 더불어 석조불상, 철불이 유행했다. 목불이나 소조불상도 제작되었을 것이지만 남아 있는 예가 거의 없다.

고려시대 전기에는 철불과 석불이 유행하다가 중기에 이르면서 목조불과 소조불, 건칠불이 성행했으며 후기에는 60cm 이상의 대형 금동불이 조영되었고 또한 다양한 재료를 사용해 불상을 만들었다. 조선시대에는 금동불의 수가 급격하게 줄어들어 거의 사라지다시피 하고 소조와 목조불이 크게 유행하며 그 크기도 현저히 커지게 되었다.7) 불상의 제작에 금은을 가장 널리 사용한 것은 고려후기라고 볼 수 있다.

신라말에 불상을 금은을 사용해 제작함으로써 사치가 과도해졌으며 상인들이 불상을 竊毁하여 매매하는 데 이르렀다고 崔承老가 지적했다. 불상의 제작에는 石·土·木을 주로 사용하고 금은동철을 사용하지 않았는데 신라말에 와서 금은의 사용이 크게 늘어 사치가 과도해졌으며 상인들이 그것을 훼손시켜 얻은 금은을 매매하는 사태에까지 이르렀다는 것이다.8)

---

6) 도금방법으로는 수은아말감 기법이 많이 사용되었다. 이 기법은 금가루를 수은에 섞어 반고체 상태로 만든 후 기물의 표면에 바르고 나서 가열하면, 융점이 낮은 수은은 증발하고 금만 남게 되어 도금되는 방법이다(김리나 외, 2011, 『한국불교미술사』, 미진사, 366쪽).

7) 김리나 외, 2011, 위의 책, 134쪽.

태조 2년(919) 法王寺·王輪寺 등 10개의 사원을 도성 안에 세우고, 兩京의 塔廟 가운데 훼손된 것을 수리하게 했는데, 이것에 대해 史臣은 그 폐단이 후대에 미쳐서 "寺院宵像 無非金銀之飾"하다고 했다.9) 사원의 불상을 금은으로 장식하는 단서를 열게 되었다는 것이다. 사원의 불상을 금은으로 장식하는 일이 많았음을 지적한 것이다.

고려시기 불상의 제작에 금은을 사용한 사례는 다수 찾을 수 있다. 小林寺의 경우 滿金觀音菩薩像 1軀가 확인되는데,10) '滿金'으로 표현되는 데서 추측할 수 있듯이 관음보살상은 금을 도금한 것으로 보인다. 王輪寺에는 毗盧遮那丈六金像 1구가 모셔져 있음이 보인다.11) 금상으로 표현되는 데서 금이 입혀져 있었음을 알 수 있다.

불상을 금으로 입힌 것은 목조상이나 소조상, 銅造像에서 모두 확인된다. 寶越山 白雲庵 木造 미타불상의 경우 殿堂이 온전치 못해 항상 풍우를 만나 황금이 모두 벗겨져 黑漆만 남아 있는 것이 오래되었다는 지적이 보인다.12) 목조 아미타상은 금으로 색칠한 것으로 보인다. 이처럼 본체는 나무를 사용해 제작하더라도 그 표면은 금칠하는 수가 많았다. 天台佛恩寺의 중수 시에는 금색의 장육상과 두 구의 보살상을 塑成했다.13) 塑成한 장육상이 금색이라는 표현에서 알 수 있듯이 금으로 도색했다는 것이다. 사원에 모셔져 있는 불상의 경우, 목조·소조를 불문하고 대부분이 금으로 옷을 입혔다고 생각된다.

---

8) 『高麗史』 권85, 志39 刑法2 禁令 成宗 원년 6월, 中冊, 860쪽 ; 『高麗史』 권93, 列傳6 崔承老, 下冊, 86쪽 ; 『高麗史節要』 권2, 成宗 원년 6월, 亞細亞文化社 影印本 48쪽(이하 같음).

9) 『高麗史節要』 권1, 太祖 2년 3월, 14쪽.

10) 林椿, 「小林寺重修記」 『東文選』 권65(民族文化推進會 影印本 2冊, 407~408쪽).

11) 李奎報, 「王輪寺丈六金像靈驗收拾記」 『東國李相國集全集』 권25(『韓國文集叢刊』 1冊, 546~548쪽).

12) 釋無畏, 「彌陀像點眼慶讚疏」 『東文選』 권111(民族文化推進會 影印本 3冊, 375~376쪽).

13) 李穀, 「高麗國天台佛恩寺重興記」 『稼亭集』 권3(『韓國文集叢刊』 3冊, 115쪽).

불상은 목조·소조 이외에도 동으로 제작하는 수도 많았다. 동조의 불상 역시 금으로 도금하는 수가 많았다. 조선초의 기록에서 그것을 분명히 확인할 수 있다. 세종 2년(1420) 중국 사신 가운데 副使가 鍍金鑄像 小觀音 1구를 요청한 일이 있었다.14) 주조불상이라는 표현에서 동제의 불상임을 알 수 있는데, 그것은 도금한 것이다. 또 세종 9년 명의 사신 昌盛이 鍍金한 銅佛을 요청하자 제공했다.15) 사원에는 대부분 도금한 銅製의 관음상·불상을 보유하고 있었던 것이다. 이 불상은 대개 고려시기에 제작한 것으로 보인다. 사원이 보유한 불상은 본체의 소재가 木·土·銅의 차이가 있어도 겉은 금으로 칠하는 경우가 많았다. 은으로 칠하는 경우는 흔치 않은 것으로 보인다. 도금하지 않은 소조불이나 목불·동불도 없지 않았을 것이다.

불상에 금칠한 사례는 원 간섭기에 여럿 확인할 수 있다. 全州 남쪽 萬德山의 普光寺는 在元人의 후원으로 중수했다. 全州人 資政院使 高龍鳳이 원에서 활동했는데, 그의 시주로 황금칠을 해 색상을 새로이 한 불상이 15개였다. 중수는 충숙왕 후6년(1337) 봄에 시작하여, 충혜왕 후4년(1343) 겨울에 종료했다.16) 황금을 칠해 색상을 새로이 한 불상이 15개였다는 것이니, 전체 소비한 금의 양은 상당했을 것이다. 靈鳳山 龍巖寺의 경우 금당의 主佛 석가여래상을 금으로 꾸몄다는 데서17) 알 수 있듯이, 불상을 금으로 도금한 것이다. 보광사·용암사 모두 원 간섭기에 중수한 것이므로 불상 역시 그때에 도금한 것이다. 원 간섭기에 많은 불사가 있었으므로, 불상의 도금 또한 그때 성행했다.

사원의 중수·중창 시에 불상을 새로이 색칠하면서 금을 입히는 일은

---

14) 『世宗實錄』 권8, 世宗 2년 4월 甲辰(6일), 2冊, 378쪽.
15) 『世宗實錄』 권36, 世宗 9년 4월 壬午(24일), 3冊, 69쪽.
16) 李穀, 「重興大華嚴普光寺記」 『稼亭集』 권3(『韓國文集叢刊』 3冊, 116~117쪽).
17) 朴全之, 「靈鳳山龍巖寺重創記」 『東文選』 권68(民族文化推進會 影印本 2冊, 443~445쪽).

매우 흔한 것으로 보인다. 불상의 경우 금으로 도금하는 일이 일반적인 것으로 보인다. 불·보살의 본체는 다양한 소재를 사용한다 할지라도 겉은 금으로 색칠하는 수가 많았다. 그러한 도금을 위해서는 다량의 금이 사용되지 않을 수 없었다. 개별 불상의 도금에 사용된 금은 많은 양이 아닐지라도, 다수의 불상이 있었음을 생각한다면 전국적으로 사용된 금의 규모는 엄청났을 것이다.

불상의 도금에 사용된 금의 양에 대해서는 용두산 금장사 미륵삼존상이 참고된다. 금장사의 불상은 훼손된 부분을 보수한 뒤 "以紫金改三尊之像 紺珠換三尊之瞳 至於花冠瓔珞天衣之屬 無不新之"했다. 삼존상을 紫金으로 고쳐 칠했고, 삼존의 눈동자를 紺珠로 바꾸었으며, 불상의 花冠·瓔珞·天衣 등도 모두 새로이 했다는 것이다. 삼존상을 자금으로 개금했다는 데서 알 수 있듯이 금을 사용한 것이다. 개금 비용으로 백은 16근이 들었다.[18] 백은 16근(=9.6kg)을 도금에 필요한 금을 전적으로 구입했다면 확보한 금의 양은 1.6kg(9.6kg÷6=1.6kg)이 된다.[19] 삼존상의 도금에 금 1.6kg 정도 소요되었다면 1구의 불상에는 약 0.5kg 정도 사용된 셈이다.

하나의 사원에는 여러 구의 불상이 모셔져 있는 수가 많은데, 1구의 불상의 겉칠에 500g의 금을 사용한다면, 한 사원에 여러 구의 불상이 있는 수가 많았으므로 1개 사원에서 소비한 금은이 1kg을 상회하는 일이 흔했을 것이다. 전국의 사원수,[20] 또 사원 내 소장 불상의 수를 생각한

---

18) 李䌓,「龍頭山金藏寺金堂主彌勒三尊改金記」『東文選』권68.(民族文化推進會 影印本 2冊, 440~441쪽).

19) 개금 비용인 백은 16근이 전적으로 금을 구입하는 데 사용되지 않았을 가능성도 있지만, 적어도 반 이상은 금의 구입에 사용되었을 것으로 추측된다. 금의 가치를 은의 6배로 보고 금의 양을 추산한 것이다.

20)『新增東國輿地勝覽』佛宇條에는 1,658개의 사원이, 古跡條에는 70개의 사원이 확인된다(李炳熙, 1997,「朝鮮時期 寺刹의 數의 推移」『歷史敎育』61). 불우조의 사원과 고적조의 사원은 거의 대부분 고려시기에 조성된 것이므로 고려시기에는 최

다면 소비된 금의 총량은 1천 kg을 상회했을 것이다.

불상에 금이 사용된 것은 도금의 경우만이 아니었다. 불상 전체를 금·은으로 제작하는 일도 있었다. 금과 은으로 전부를 만드는 경우 대개 소규모의 불상이었다. 소규모 불상의 제작에 사용한 금은의 구체적인 규모를 알려주는 예는 조선초에 찾을 수 있다. 조선 성종 18년(1487) 祖宗朝에 금은불상을 몰래 금강산 獅子庵에 두었는데, 그것의 제작에 金 50여 兩을 사용하고, 은 500~600냥을 사용했다. 이때 사자암에서 도난당한 순금불이 8구, 도금은불이 32구였다.21) 금강산 사자암 불상 조영에 사용한 금이 50여 냥이고(55냥=1.875kg), 은이 5,6백냥(550냥=20.625kg)이라는 것이다. 1.875kg으로 순금불 8구를 제작하고, 20.625kg으로 도금은불 32구를 제작한 것으로 보인다. 순금불 8구에 각각 금 234.375g이 소비된 것으로 결국 소형의 금불이라고 판단된다.22) 소형의 금불 제작에는 230여 g의 금이 사용되었다는 것이다. 도금은불 32구에 은 20.625kg을 사용했으므로 1구에 644.531g(20,625÷32=644.531g)이 사용되었다는 결론이 된다.

1구의 금불 제작에 금 234.375g, 1구의 은불 제작에 대략 은 640g이 소요된 것이다. 여기의 순금불, 도금은불은 모두 소형의 것으로 보인다. 순금·순은으로 불상을 조영하는 경우 수백 g의 금은을 사용한 것으로

소한 1,728개의 사원이 있었던 셈이다. 韓基汶씨는 각종 자료에서 고려시기 사원의 이름을 2,286개 확인하였다(韓基汶, 1998, 『高麗寺院의 構造와 機能』, 民族社, 455~544쪽). 그리고 조선초 실록에서는 道詵의 3千 裨補를 언급하는 경우도 보인다(『成宗實錄』 권174, 成宗 16년 정월 戊子(5일), 10冊, 662쪽 ; 『成宗實錄』 권174, 成宗 16년 정월 戊戌(15일), 10冊, 670쪽). 고려시기 전국 사원의 수를 정확히 파악하는 것은 불가능하지만, 이상의 자료에서 미루어 본다면, 2천 개는 상회했을 것이고, 대체로 3천 개 내외였을 것으로 추정할 수 있지 않을까 한다.

21) 『成宗實錄』 권207, 成宗 18년 9월 丁未(11일), 11冊, 245쪽.
22) 금 1.875kg은 은불의 도금에도 사용되었을 가능성이 없지 않다. 여기에서는 순금불에 모두 사용되었다고 계산한 것이므로, 실제는 이보다 적은 금을 사용해 순금불을 제작했을 가능성이 있다.

보인다. 이러한 소형의 금불·은불도 적지 않았을 것이므로 이 소형의 금은불 제작에 소요되는 금은도 상당했을 것이다. 우왕 13년(1387) 8월 우왕이 淑妃를 위해 황금으로 불상을 주조한 일이 있다.23) 아마 이것은 작은 불상이며 전체를 금으로 제작한 것으로 보인다.

소형 불상의 예로 조선초 新林寺에는 銀佛이 12개, 長安寺에는 金佛 6개, 銀佛 18개, 銅佛 4개가 있었음이 확인된다.24) 신림사·장안사가 보유한 금불·은불은 대부분 고려시기에 제작된 것으로 여겨진다. 금불·은불은 순수 금과 은으로 만든 것으로 소형으로 보이며, 동불은 아마 규모가 상대적으로 컸을 것으로 보인다. 장안사의 금불 6개, 은불 18개 제작에는 금 1kg 이상(6×234.375=1,406.25g), 은 11kg 이상이(18×644.531= 11,601.558g) 소비되었을 것으로 짐작할 수 있다. 결국 불상의 제작에 다량의 금은이 사용되었음을 알 수 있는 것이다.

태종 11년(1411) 鷄林府尹이 慶州의 폐사 金佛 3구, 銀佛 1구를 의정부에 보내 국용에 사용하기를 청하자, 국왕이 僧錄司에 두도록 조치했다.25) 당시 국가의 金銀 수요 때문에 각 지방에서 바치고 있었는데, 그 일환으로 계림부윤이 금불과 은불을 보낸 것이다.26) 이 불상은 순금·순은으로 만든 소형의 불상으로 보인다.

이상의 여러 사례에서 볼 수 있듯이, 목조의 불상, 소조의 불상 그리고 동제의 불상 모두 금으로 도색하는 일이 많았으며, 그에 따라 다량의 금이 소비된 것으로 보인다. 현전하는 금동불 가운데 고려후기에 제작한 예가 여럿 보이는데,27) 그 금동불의 제작을 위해서는 상당한 금이 사용

---

23) 『高麗史』 권136, 列傳49 辛禑4 辛禑 13년 8월, 下冊, 944쪽.
24) 『成宗實錄』 권210, 成宗 18년 12월 丁亥(22일), 11冊, 277쪽.
25) 『太宗實錄』 권21, 太宗 11년 6월 甲寅(25일), 1冊, 588쪽.
26) 여기서 언급한 금불은 전적으로 금만으로 제작했고, 은불은 오로지 은으로만 만든 것으로 보인다.
27) 진홍섭, 1989, 『불상』(빛깔있는 책들40), 대원사 ; 黃壽永, 1989, 『韓國의 佛像』, 문예출판사 ; 곽동석, 2000, 『Korean Art Book 금동불』, 예경 ; 문명대, 2003, 『한

되었을 것으로 보인다. 순금불, 순은불도 적지 않았을 것인데, 그것의 제
작에는 200g 이상의 금은이 필요했던 것으로 보인다. 소형의 금불·은불
도 꽤 널리 제작한 것으로 보이지만, 문헌기록에도 흔치 않고 실물로 전
하는 예가 많지 않아 보급의 정도는 파악하기 힘들다.

고려시기 사원에는 여러 구의 불·보살상을 모시고 있었다. 목조·소
조·동제의 차이가 있을지라도 겉은 금칠한 경우가 많았다. 도금에 필요
한 금은 크기에 따라 또 도금의 두께에 따라 차이가 있겠지만 대략 1구
에 500g 정도 소요되었을 것이며, 한 사원에 모신 여러 불상 전체를 도
금하는 데에는 1kg 이상이 소비되었을 것이다. 원 간섭기에 중수·중창
불사가 많은데,[28] 이때 불상의 도금도 활발했으며, 따라서 금은의 소비
량도 상당했을 것이다. 금은 도금에 사용되고, 소형의 불상에도 사용되
었으며, 은은 주로 소형불상의 제작에 사용되었다.

탑의 제작에도 금은을 사용한 예가 보인다. 탑은 주지하듯이 대부분
석재를 사용해 만들었으며 일부 벽돌이나 나무를 소재로 했다. 드물지만
금은을 사용해 탑을 조성한 예가 보이는데, 그 사용량이 엄청나다는 점
이 특징이다.

금과 은으로 불탑을 조성한 사례가 몇 건 확인된다. 국가·국왕 차원
에서 이루어진 것이 기록에 전하고 있다. 문종 32년(1078) 7월 홍왕사의
금탑이 완성되었는데, 속은 은으로 하고, 겉은 금을 사용했다. 은이 427
근(=256.2kg), 금이 144근(=86.4kg)이 들었다고 한다.[29] 금이 144근 사
용되어 탑을 만드는 것은 보통의 일은 아니었을 것이다. 얼마 뒤 문종
34년 6월, 홍왕사 금탑을 외호하는 석탑이 완성되었다.[30] 금탑을 완성한

국의 불상 조각』I~Ⅳ, 예경 ; 강우방·곽동석·민병찬, 2003,『불교조각』Ⅱ, 솔 ;
김리나 외, 2011, 앞의 책.
28) 李炳熙, 2008,『高麗後期寺院經濟硏究』, 景仁文化社, 203~256쪽.
29)『高麗史』권9, 世家9 文宗 32년 7월, 上冊, 191쪽 ;『高麗史節要』권5, 文宗 32년
    7월, 152쪽.

뒤 그것을 외호하는 석탑을 조영한 것이다. 엄청난 규모의 금과 은을 사용해 금탑을 만들었던 것이다. 당시 국가에서 보유하고 있던 상당량의 금은이 금탑을 조영하는 데 소비되었다고 생각된다.

금제의 불탑은 이후에도 몇 차례 더 제작한 것이 보인다. 선종 6년(1089) 10월 會慶殿에서 3일간『인왕경』을 강했으며 3만 명의 승려에게 반승했고, 새로 주조한 13층 황금탑을 회경전에 두고서 慶讚會를 베풀었다.31) 궁궐 내에 13층 황금탑을 두었다는 데서 알 수 있듯이 문종대 조영한 홍왕사 금탑과는 다른 것으로 판단된다.

숙종대에도 금탑을 조영했다. 숙종 10년(1105) 3월, 국왕이 國淸寺에 행차해 仁睿太后의 발원으로 완성한 금탑을 두었다.32) 금탑이 인예태후의 발원으로 조성되었음을 알 수 있으며, 그 금탑을 국청사에 둔 것으로 보인다. 국청사 금탑은 앞에서 언급한 2개의 금탑과 구분되는 것으로 보인다. 천태종을 개창하면서 그 중심 사원으로 국청사를 조영한 뒤 금탑을 만들어 봉안한 것으로 보인다.

홍왕사·회경전·국청사에 안치한 불탑은 상당한 양의 금은을 사용해 제작한 것으로 보인다. 홍왕사 금탑의 제작에 금 86.4kg, 은 256.2kg이 소비된 것으로 보아 회경전·국청사 소장 금탑도 거의 비슷한 양의 금은이 사용되었을 것으로 추측된다.

무인집권기에도 금으로 탑을 조영한 일이 찾아진다. 고종 10년(1223) 8월 최우가 황금으로 13층탑과 화병을 각각 하나씩 만들어 홍왕사에 두었는데 둘의 무게가 합 200근(=120kg)이었다.33) 황금 200근을 사용해 탑과 화병을 제작한 것인데, 아마도 탑의 조영에 더 많은 황금이 사용되었을 것이다. 금 200근의 조달은 당시로서 엄청난 일이었다. 홍왕사에

---

30)『高麗史節要』권5, 文宗 34년 6월, 153쪽.
31)『高麗史節要』권6, 宣宗 6년 10월, 162쪽.
32)『高麗史』권12, 世家12 肅宗 10년 3월, 上冊, 244쪽.
33)『高麗史節要』권15, 高宗 10년 8월, 404쪽.

대한 최우의 상당한 배려가 전제된 것이라 하겠다. 충렬왕 2년(1276)에
제국대장공주가 흥왕사의 금탑을 취해 궁내에 두고서 장차 훼손해 사용
하고자 하다가 1년 뒤에 그 탑을 흥왕사에 되돌려 준 일이 있는데,[34] 이
흥왕사의 금탑은 최우가 조성한 것으로 보인다.[35]

이처럼 원 간섭기 이전에 금탑을 조영한 몇 사례가 보인다. 문종, 선
종, 숙종, 고종대에 조성한 것인데, 무게가 확인되는 경우 금이 80여 kg
사용된 거대한 것이다. 뒷날 100근(=60kg)의 금을 歲貢品으로 명에 보내
는데 고통스러워한 것을 생각하면 어머어마한 양이다. 80kg의 금을 사
용한 예가 있는 것을 보면, 다른 금탑도 수십 kg에 달하는 금을 소비했
을 것으로 추정된다. 그렇지만 금은을 사용해 대규모의 탑을 제작하는
일은 고려시기에 흔치 않은 것으로 보인다.

이러한 대규모의 금탑만이 아니라 소규모의 금탑도 있었음이 확인된
다. 智異山 水精社의 경우 僧統 翼乘이 석탑을 안치했고, 순금탑을 국왕
이 사여했다.[36] 국왕이 수정사에 사여한 순금탑은 위에서 언급한 4기의
탑과는 달리 규모가 크지 않았을 것으로 추측된다. 조선초 작은 규모의
금제탑의 예가 보인다. 세종 7년(1425) 혁거된 사원의 금은으로 제작한
그릇과 탑 등을 工曹에 수납토록 했는데, 이때 金小塔 하나의 무게가 6
냥(=225g)으로 기록되어 있다.[37] 금제의 작은 탑의 무게가 225g에 달한
다는 것이다. 이것은 작은 규모의 순금제 소탑으로 보인다. 1kg도 안 되
는 소규모의 금탑도 꽤 제작되었을 것으로 추측된다.

금은탑은 극히 드물지는 않았던 듯 하다. 조선초 태종 17년(1417) 명

---

34) 『高麗史』 권89, 列傳2 后妃2 忠烈王 齊國大長公主, 下冊, 21쪽 ; 『高麗史節要』 권
   19, 忠烈王 3년 7월, 512쪽.
35) 문종대 조성한 금탑의 이후 행방은 묘연하다. 혹은 최우가 문종대 조영한 것에 자
   신의 시주금을 합쳐 다시 조성한 것인지도 모르겠다.
36) 權適,「智異山水精社記」『東文選』 권64(民族文化推進會 影印本 2冊, 403~405쪽).
37) 『世宗實錄』 권29, 世宗 7년 9월 戊戌(2일), 2冊, 691쪽.

에 세공을 보낼 금은을 마련하기 위해 사원 소장의 금은제 불상과 함께
탑을 징수하려 한 일이 있다. 즉 "令京中僧錄司 外方監司 收金銀鑄佛造
塔 藏于寺院者"하자는 건의가 있었으나 실천되지 않았다.[38) 사원에 금
은제의 탑이 적지 않았음을 알 수 있게 한다. 수십 kg의 금을 소비한 대
형 불탑은 극히 드물었지만, 1kg에 미달하는 적은 양으로 제작한 금제·
은제 소탑은 비교적 널리 보급되었을 것이다.

소규모의 불상이나 불탑을 금은으로 제작하는 경우 200~300g 정도의
금은을 사용하고, 보통의 불상 도금 시에는 500g 정도의 금이 소비되었
을 것이다. 금은으로 대형의 탑을 조영하는 경우 80여 kg 정도 소비되는
것이다. 전국의 불상이나 불탑을 고려한다면, 불상·불탑 제작에 소비된
금은의 양은 1천 kg를 크게 상회했을 것으로 생각된다.

3. 寫經의 제작과 금은

금은을 활용해 제작하는 불교 미술품에는 불상과 불탑 이외에도 사경
이 있었다. 사경은 불경을 필사하는 것을 가리킨다. 경전에는 여러 곳에
서 불경의 書寫·受持·讀誦을 기록하고 있어 이에 대한 공덕 개념으로서
불자들 사이에 사경이 널리 유행했다. 사경을 함으로써 수행과 실천행으
로 얻어지는 공덕이 있고, 다른 하나는 불법을 널리 알리고 경전을 후세
에 전하는 유통의 의미를 지닌다.

사경은 재료에 따라 먹으로 쓴 것과 금 또는 은니로 쓴 것으로 크게
나뉘는데 먹으로 쓴 것은 墨書經, 금·은으로 쓴 것은 金字經·銀字經으
로 불린다. 불교 전래 초기의 우리나라 사경은 대부분 묵서경이었을 것

---

38) 『太宗實錄』 권34, 太宗 17년 8월 戊申(25일), 2冊, 184쪽.

으로 생각된다.39)

금, 은니의 필사가 성행하면서 금과 은을 더욱 돋보이게 하려는 목적으로 백지보다 염색한 종이를 사용하게 되었다. 가장 많이 사용한 것이 紺紙, 橡紙, 紫紙 등이다. 감지는 감색이 나는 종이를 말하며 쪽풀 같은 식물에서 채취한 염료로 물들인 것이고, 상지는 상수리나무 열매로 물들인 갈색의 종이를 말하며 이밖에 자지, 茶紙, 翠紙 등도 모두 식물로 물들인 색지를 말한다. 고려시대 금·은자 사경은 감지에 필사한 것이 가장 많고 그 다음이 橡紙에 쓴 것이다.40)

고려시대 사경은 국왕과 귀족이 주로 했다. 그러므로 사경은 백지에 먹으로 쓴 것보다 금, 은을 사용한 금자경과 은자경이 성행했다. 금은을 사용한 사경의 제작은 막대한 경제력과 신앙심이 전제되어야 가능했기 때문에 일반 개인으로서는 용이한 일이 아니었고 국왕이나 귀족들만이 할 수 있었다. 사경은 발원자에 따라서 국왕 발원경과 개인 발원경으로 구분하기도 한다.41)

우리나라에서 가장 많이 필사한 경전은 『묘법연화경』이며, 그 다음으로 『대방광불화엄경』, 『금강경』, 『금광명경』, 『아미타경』, 『지장보살본원경』, 『부모은중경』, 『원각경』, 『능엄경』 등이다. 고려시대는 金字院·銀字院과 같은 사경 제작을 위한 전담 부서가 있었다.42)

신라말에도 금은을 사용해 사경한 사실이 있었다. 성종 원년(982) 6월 최승로가 신라말에 경전을 금은을 사용해 제작함으로써 사치가 과도했다는 지적이 있다.43) 신라말에도 금은으로 불교 경전을 사경하는 일이 성행했음을 전하는 것이다. 사회의 혼란기, 미래의 일을 예측할 수 없는

---

39) 박상국, 1990, 『사경』(빛깔있는 책들54), 대원사, 25쪽.
40) 박상국, 1990, 위의 책, 25~26쪽.
41) 박상국, 1990, 앞의 책, 26쪽 ; 권희경, 2006, 『고려의 사경』, 글고운 참조.
42) 박상국, 1990, 앞의 책, 27쪽, 40쪽.
43) 『高麗史』 권93, 列傳6 崔承老, 下冊, 86쪽 ; 『高麗史節要』 권2, 成宗 원년 6월, 48쪽.

불안한 시기에 사경이 성행했음을 알게 한다.

고려시기에도 금은을 사용해 사경하는 일이 매우 성행했다. 현전하는 사경은 대부분 고려후기에 제작한 것이지만 고려전기에도 사경이 이루어지고 있었다. 문종 31년(1077) 3월, 국왕이 홍왕사에 행차해 새로 완성된 金字華嚴經을 轉藏했다.[44) 『화엄경』을 금자로 필사했음을 알 수 있다. 국왕이 주도해 사경하는 경우 대체로 금을 사용한 것으로 보인다.

숙종대에도 금으로 사경한 사실이 확인된다. 숙종 6년(1099) 4월 日月寺에 행차해 金字妙法蓮華經의 완성을 경축했다.[45) 『묘법연화경』을 금으로 사경했음을 볼 수 있다.

문종의 후비 인예순덕태후 이씨의 발원으로 사경한 일이 있다. 인예태후는 불교를 좋아해서 국청사를 창건했으며, 『瑜伽顯揚論』 銀書를 발원했는데, 완성하지 못하고 선종 9년(1092) 사망했다. 그것의 완성은 숙종대에 이르러서였다.[46) 숙종 7년 5월, 국왕이 현화사에 행차해 銀書瑜伽顯揚論을 경찬했다는 것이[47) 그것이다. 제작에 소요된 시간으로 보아 『유가현양론』 전체를 은으로 사경한 것으로 보이며, 이때 상당한 은이 소비되었을 것으로 판단된다. 경이 아니라 논이기 때문에 은서한 것으로 보인다. 국왕이 주도해 사경하는 경우 대개 금을 사용했지만 경이 아니라 논인 경우에는 은으로 사경하는 수도 있었던 것이다.

의종 10년(1156) 4월 국왕이 후손이 없어 왕비와 더불어 아들을 낳는다면 金銀字華嚴經 4部를 완성하리라고 했는데, 원자가 탄생하자 2부를 사경해서 홍왕사의 홍교원을 보수한 뒤에 보관하게 하고서 법회를 설행

---

44) 『高麗史』 권9, 世家9 文宗 31년 3월, 上冊, 188쪽.
45) 『高麗史』 권11, 世家11 肅宗 6년 4월, 上冊, 233쪽 ; 『高麗史節要』 권6, 肅宗 6년 4월, 176쪽.
46) 『高麗史』 권88, 列傳1 后妃1 文宗 后妃 仁睿順德太后 李氏, 下冊, 10쪽.
47) 『高麗史』 권11, 世家11 肅宗 7년 5월, 上冊, 236쪽.

해 낙성했다.48)『화엄경』2부의 사경이 완성되자 홍교원에 보관토록 한 것이다.『화엄경』을 금은자로 사경했다고 하는데, 금자·은자 사경이 함께 있었을 것이다.

국왕이나 국가 차원에서만 사경한 것은 아니었다. 개인 차원에서 사경하는 일도 보인다. 任濡라는 인물은 명종대에 등제했으며, 강종 원년 (1212)에 64세로 졸했는데, 만년에 불교를 더욱 독실히 받들어 대장경의 거의 반을 金書했는데 식자들이 기롱했다.49) 대장경의 거의 반을 금서했다는 데서 알 수 있듯이 상당한 비용을 지출한 것으로 보인다. 특정 개인이 사경을 전담해서 이룩하는 것은 쉬운 일이 아니었지만, 임유는 상당한 신심을 전제로 그것을 성취한 것이다.

사경을 국가 차원에서 전문적으로 담당한 기구는 寫經院이었다.50) 이곳에는 사경에 필요한 종이와 금은 등을 풍부하게 비치하고 있었던 것으로 생각된다. 명종 11년(1181) 정월 사경원이 불에 탔다. 이에 앞서 銀字藏經을 사경해 완성토록 명했는데, 이에 公私가 다투어 錢財를 바쳐서 도왔다. 無賴輩가 그 물건을 훔치기 위해 사경원을 방화한 것이다.51) 명종대 사경원에서 은자로 경전을 사경하기 위해 많은 재화를 모았음을 알 수 있다.

사경에 쓰이는 금은의 구체적인 양은 조선초의 자료에서 확인할 수 있다. 조선조 문종대 안평대군이 금자화엄경을 완성하고자 종이를 만든 것이 과반에 이르렀으며, 사경하는 데 쓸 황금이 40냥(=1.5kg)인데 지금 13냥(=487.5g)을 갖추었다는 지적이 보인다.52) 화엄경 사경에 금 1.5kg 이 필요하다는 것이다. 아마 경전의 길고 짧음에 따라 차이가 있겠지만

---

48)『高麗史節要』권11, 毅宗 10년 4월, 287쪽.
49)『高麗史』권95, 列傳8 任懿附 濡, 下冊, 134쪽.
50) 사경원에 대해서는 권희경, 2006, 앞의 책, 36~41쪽 참조.
51)『高麗史』권20, 世家20 明宗 11년 정월, 下冊, 405쪽.
52)『文宗實錄』권1, 文宗 즉위년 2월 癸巳(18일), 6冊, 215쪽.

사경하는 데에는 1kg 이상의 금이나 은이 필요한 것으로 추정된다.

금이나 은으로 사경하는 일은 고려전기에도 있지만, 원 간섭기에 더욱 활발했다. 고려의 왕실은 물론 귀족 가문에서, 또 원 황실의 후원 속에서 사경이 이루어졌는데, 거기에는 상당한 금은이 소비되었다. 이 시기에 사경한 불경 가운데 현전하는 것이 상당수에 달한다.53)

원 간섭기에 사경하는 여러 사례를 문헌기록에서 찾을 수 있다. 충렬왕 15년(1289) 10월 金字大藏經이 완성되자 국왕과 공주가 가서 관람했으며, 또 慶讚會를 베풀었다.54) 국왕과 공주가 친히 관람한 것으로 보아 왕실이나 국가 차원에서 발원해 제작한 사경으로 보인다. 또 대장경의 사경에 금을 사용했음을 알게 한다. 어느 경전인지 또 사용한 금의 양이 얼마인지는 알 수 없다. 다만 국왕과 공주가 경찬회를 베푸는 것으로 보아 최소 1kg 이상의 금을 사용했을 것으로 추측할 수 있을 뿐이다.

충선왕 4년(1312) 8월, 국왕이 旻天寺에서 대장경을 금자로 쓰게 해 母后인 제국대장공주의 명복을 빌게 했다.55) 경전을 금자로 사경토록 한 것이다. 충선왕이 浮圖法을 몹시 즐겨 본국의 옛 궁전을 喜捨하여 민천사를 만들었으며, 금과 은 가루를 아교에 녹여 經 2藏과 黑本 50여 장을 쓴 일이 있다.56) 두 자료는 동일한 사실을 약간 달리 표현한 것이다. 충선왕이 금·은으로 사경했음을 알 수 있다. 이렇게 사경이 성행함으로써 상당한 금은이 소비되어 버리는 것이다.

금분으로 밀교 대장을 사경한 일도 확인된다. 충숙왕이 밀교에 대한 믿음이 간절해 궁중의 재화를 내서 금분으로 밀교 경전을 사경토록 했다. 羅英秀가 그 일을 주관했는데, 舊本을 가지고 여러 經典과 대교하여,

---

53) 권희경, 2006, 앞의 책, 글고운 참조.
54) 『高麗史節要』권21, 忠烈王 15년 10월, 547쪽.
55) 『高麗史節要』권23, 忠宣王 4년 8월, 601쪽.
56) 李齊賢, 「有元贈敦信明義保節貞亮濟美翊順功臣 太師開府儀同三司尙書右丞相上柱國忠憲王 世家」 『益齋亂藁』권9상(『韓國文集叢刊』 2冊, 589쪽).

빠진 데를 써 넣기도 하고 틀린 데를 고치기도 하여 수정하고, 또한 미처 수집하지 못한 것을 더 찾아내어 40여 권을 만드니, 구본과 합하여 130권이 되었다.[57] 금으로 밀교 경전을 사경했음을 전한다.

기황후의 전폭적인 후원을 받아 금강산 長安寺를 중수할 때 전각과 불상을 새로이 함과 더불어 사경도 행했다. 藏經을 4부 마련했는데, 그 하나는 銀書이고, 華嚴 3本과 法華 8卷은 모두 金書했다고 한다.[58] 금·은으로 사경을 했음을 알 수 있다. 전체 4부의 사경을 위해서는 수 kg 정도의 금·은이 소비되었다고 생각된다.

원의 지원 하에 고려에서 사경하는 일도 있었다. 충선왕 2년(1310) 6월, 원 황실과 무종의 모후 壽元皇太后가 환관 方臣祐에게 金薄 60여 錠을 주어 민천사에서 승속 300명을 모아 金字藏經을 필사하게 했다.[59] 사경을 위해 원의 황후가 금박 60여 정을 보내온 것이다. 사경에 상당한 양의 금이 사용되었음을 알게 한다.

원 간섭기에도 국가 차원이나 왕실 차원에서 사경하는 일은 금자원과 은자원이 담당했다. 충렬왕의 후비인 숙창원비 김씨는 모친상을 당했을 때 재추를 맞이해 연회했으며, 또 銀字院에 가서 법회를 베풀었는데, 재추 역시 참여했다.[60] 은자원이 운영되고 있음을 볼 수 있다. 충숙왕 원년 정월, 국왕이 銀字院으로 승려 萬恒을 방문했다.[61] 만항이 은자원에 거처하고 있었음을 알게 한다. 금자원이나 은자원은 국가 차원 혹은 왕실 차원에서 진행하는 사경을 위해 설치한 것이다.[62] 금자원은 금을 사용해 사경하는 곳이고, 은자원은 은을 써서 사경하는 곳이겠다.

---

57) 李齊賢, 「金書密敎大藏序」, 『益齋亂藁』 권5(『韓國文集叢刊』 2冊, 542~543쪽).
58) 李穀, 「金剛山長安寺重興碑」, 『稼亭集』 권6(『韓國文集叢刊』 3冊, 137~138쪽).
59) 『高麗史節要』 권23, 忠宣王 2년 6월, 598쪽.
60) 『高麗史』 권89, 列傳2 后妃2 忠烈王 后妃 淑昌院妃 金氏, 下冊, 26쪽.
61) 『高麗史』 권34, 世家34 忠肅王 원년 정월, 上冊, 696쪽.
62) 권희경, 2006, 앞의 책, 36~41쪽 참조.

원 간섭기에는 사경이 성행했으므로 사경의 공간이 더욱 필요했다. 기존의 금자원·은자원이 활용되기도 했지만, 추가 공간이 필요했던 것이다. 충렬왕 7년(1281) 3월 承旨 廉承益이 자신의 집 하나를 金字大藏 寫經所로 삼겠다고 청하니 허락했다. 이전에 염승익이 총애를 믿어 사사로이 기인을 사역해 이 집을 지었는데, 제국대장공주의 견책을 받을까 두려워 이러한 요청을 한 것이다.63) 사경이 성행했기에 사경하는 장소가 추가로 필요했고, 이에 염승익이 집을 희사한 것이라고 생각된다. 당시 사경의 성행을 확인시켜 주는 것이다.

원 간섭기 개인 차원에서 사경한 예도 여럿 확인할 수 있다. 金賆 처 許氏는 충렬왕 27년(1301)에 남편이 먼저 작고하자 장례를 끝낸 뒤 묘지 가까운 곳에 感應寺를 지어 명복을 비는 곳으로 삼았다. 집안의 재화와 보물을 모두 털어서 승려를 청하여 『圓頓經』을 寫經했는데 금과 은을 섞어 글씨를 썼다.64) 『원돈경』을 금은을 사용해 사경했음을 알 수 있다. 남편의 명복을 비는 명목으로 경전을 금은을 사용해 필사한 것이다. 금은을 사용한 사경은 신심과 재력이 전제되지 않으면 불가능한 일이었다.

조인규 역시 금을 사용해 사경한 일이 있다. 조인규는 선을 좋아하고 베푸는 것을 기뻐했으며, 더욱 불교에 독실하여 淸溪佛寺를 창건했다. 국왕을 위하여 복을 축원할 때, 妙典[묘법연화경]을 금으로 쓰고 海藏[대장경]을 먹으로 찍어내고 불상을 그리는 등 이루 다 기록하지 못할 지경이었다.65) 조인규가 『법화경』을 금으로 사경했음을 전하는 것이다.

王煦(=權載)가 충선왕을 위해 사경한 일도 전한다. 왕후는 충선왕 능 옆에 있는 海安寺를 수리해 왕의 명복을 빌었다. 충선왕이 일찍이 금가루와 은가루로 사용해 『6백반야경』을 쓰다가 반도 다 쓰지 못했는데, 왕

63) 『高麗史節要』 권20, 忠烈王 7년 3월, 531쪽.
64) 金龍善 編著, 2012, 『高麗墓誌銘集成』, 翰林大 出版部, 「金賆 妻 許氏 墓誌銘(1324년)」, 445~447쪽.
65) 李穀, 「趙貞肅公祠堂記」 『稼亭集』 권3(『韓國文集叢刊』 3冊, 118~120쪽).

후가 사삿돈을 내어 그 공역을 마치게 했다.66) 충선왕이『반야경』사경
을 마치지 못했는데 왕후가 개인 돈을 내서 그것을 완성한 것이다. 금과
은을 섞여『반야경』을 사경했음을 전하는 것이다.

삼척 삼화사 소장의 금은자경은 穆祖가 손으로 베낀 것이라는 내용이
전한다.67) 삼화사 소장의 사경이 태조의 5대조가 손수 제작한 것이라는
것이다. 아마 개인 차원에서 사경한 것으로 보인다.

승려 개인이 주도해 사경하는 일도 보인다. 無畏라는 승려가 금을 사
용해『연화경』(법화경)을 사경한 일이 있다.68) 태고 보우는 공민왕이 金
字 대장경을 원했으므로, 국왕에게서 받은 금을 사재로 저축해 두지 않
고 그 자본으로 삼았다.69) 대장경의 금자 사경에 국왕이 사여한 금을 사
용한 것이다.

고려후기 특히 원 간섭기에는 금은을 사용해 사경하는 일이 많았다.70)
국가·왕실 차원만이 아니라 속인 개인 차원이나 승려 스스로 사경에 몰
두했다. 많은 경전의 사경을 위해 엄청난 금은이 소비되었을 것으로 보
인다. 1개 경전을 온전히 사경하는 데 1kg 정도의 금 혹은 은이 필요했
다고 보면, 원 간섭기에 사용된 금·은의 총량은 수백 kg은 족히 상회했
을 것으로 생각된다.71) 국가 사회 전체가 보유한 금은이 사경으로 인해
현저히 줄어든 것으로 보인다.

연도가 명확히 추정되는 사경 60여 점을 검토한 연구에 따르면,72) 고

---

66) 李仁復,「鷄林府院大君贈諡正獻王公墓誌銘 幷序」,『東文選』권125(民族文化推進
   會 影印本 3冊, 573~575쪽).
67) 『世宗實錄』권114, 世宗 28년 11월 乙亥(11일), 4冊, 712쪽.
68) 釋無畏,「寫成金字法華經疏」,『東文選』권111(民族文化推進會 影印本 3冊, 377쪽) ;
   釋無畏,「書寫法華經疏」『東文選』권111(民族文化推進會 影印本 3冊, 377쪽).
69) 門人維昌,「高麗國 國師大曹溪嗣祖 … 利雄尊者諡圓證 行狀」,『太古和尙語錄』하
   (『韓國佛敎全書』6冊, 698쪽).
70) 원 간섭기 중에서도 충숙왕대 가장 많은 사경이 이루어졌다(김정훈, 2016,「충숙
   왕대 寫經 發願文 연구」,『한국중세사연구』44).
71) 현전하는 사경의 수를 생각하면 당시 사경의 건수는 수백을 훨씬 상회했을 것이다.

려전기에는 3건이 확인되고 나머지는 모두 고려후기에 제작된 것이다. 원 간섭기인 충렬왕대부터 충정왕대까지의 사경은 거의 모두 금은으로 필사한 것이며, 공민왕대에서 고려말에 이르는 시기에도 대체로 금은으로 사경한 것이다. 현전하는 사경의 예에서 미루어 본다면, 당시에는 엄청난 양의 사경이 이루어졌음을 쉽게 추측할 수 있다.

고려시기 금은 사경이 다수 제작되었음은 조선초의 자료에서도 확인할 수 있다. 세종 7년(1425) 일본에서 불교 경전을 요구하는 일이 많자, 京外의 革去寺社와 승려가 없는 사사가 보유한 金銀字經이나 인출한 경전 및 경전 판목을 훔치거나 파손하는 일이 많다면서 경중의 경우 禪敎 兩宗에서, 외방은 소재 수령이 거두어 승려가 있는 사원으로 옮기도록 했다.[73] 금은자 사경이 내외의 사원에 널리 소장되어 있음을 알 수 있는데, 그것의 대부분은 고려시기에 제작한 것으로 생각된다.

조선초 화장사와 보현사의 경우 금은으로 사경한 불교 경전을 보유하고 있었다. 崔元遇가 승려 洪修를 유인해 금은자 경전 관람을 요청하자, 홍수가 화장사 금자경 30권, 은자경 20권을 주었는데, 최원우가 이를 녹여 금은을 취한 일이 있었다. 崔世란 이가 홍수를 속여 보현사 금자경 60軸을 빌려 녹여 금을 취한 일도 있었다. 이들이 녹여 얻은 금이 22냥 3전(=828.753g)이고, 은이 6냥(=225g)이었으며, 이미 금은을 팔아 얻은 면포가 259필이었는데 이것들을 모두 몰수토록 했다.[74] 실제 그들이 확보한 금은은 팔아서 얻은 면포까지 포함한다면 상당량에 달했을 것으로 추정된다. 사원에는 이처럼 고려시기 이래 제작한 금은 사경이 널리 보관되어 있었던 것이다.

고려시기에 제작한 금·은을 사용한 사경은 조선초 절도의 대상이 되

72) 권희경, 2006, 앞의 책, 제1부 제5장 참조.
73) 『世宗實錄』 권28, 世宗 7년 4월 庚子(1일), 2冊, 662쪽.
74) 『端宗實錄』 권3, 端宗 즉위년 9월 丁酉(8일), 6冊, 535쪽,

는 예가 많았다.[75] 금은이 귀해져 금은을 관에 바치는 자에게 후하게 보상하자, 금은을 얻으려고 금은자 사경을 절도하는 일이 많았다. 황초의 서자 황일류가 밀양 湧泉寺에서 금자경을 절도한 일이 있었다. 그밖에 상인이 금자경을 절도해 녹여서 금은을 얻은 다음 이것을 바치는 자가 있어 처벌되는 일이 많았다.[76] 세조 7년 양현고 노비 등이 천마산 사원의 불경을 훔쳤다.[77] 같은 해 백성 金末生과 성균관노 白同 등이 개성부 여러 사원의 경전을 훔쳤는데,[78] 아마도 금은의 사경으로 보인다. 절도의 대상이 된 금은자 사경은 대체로 고려시기에 제작한 것으로 보인다. 이렇게 본다면 고려시기에 상당수의 사경이 이루어졌고, 이에 따라 금은이 엄청나게 소비되었음을 알 수 있다.

금·은자 사경에는 상당한 금·은이 필요했다. 사경이 모두 금이나 은으로만 한 것이 아니었고, 또 경전 전체가 아니라 일부만 대상으로 사경하는 수도 있어 특정 경전의 사경에 소비된 구체적인 양을 파악하기는 어렵다. 하나의 경전 전체를 사경하는 경우 1kg 이상의 금이나 은이 소요된 것으로 보이는데 사경의 사례가 매우 많기 때문에 고려시기 사경에 소비된 금이나 은은 수백 kg을 상회했다고 볼 수 있을 것이다. 특히 현전하는 사경은 고려후기에 제작한 것이 많은데 실제로도 그러했을 것으로 보여, 원 간섭기에 사경을 위해 다량의 금은이 소비되었다고 볼 수 있다.

불화의 제작에도 금은이 널리 활용되었다. 고려후기 제작된 불화가 여러 점 현전하는데[79] 1개의 불화 제작에는 다량의 금은이 소비되었다

---

75) 李炳熙, 2011, 「朝鮮前期 寺刹의 亡廢와 遺物의 消失」 『佛敎學報』 59 참조.

76) 『世宗實錄』 권77, 世宗 19년 4월 癸亥(4일), 4冊, 63쪽.

77) 『世祖實錄』 권24, 世祖 7년 4월 甲戌(4일), 7冊, 457쪽.

78) 『世祖實錄』 권24, 世祖 7년 5월 戊申(9일), 7冊, 462쪽.

79) 문명대, 1994,『고려불화』, 열화당 ; 김영재, 2004,『고려불화－실크로드를 품다－』, 운주사 ; 자현, 2017,『불화의 비밀, 삼국시대 벽화에서 조선시대 괘불까지』, 조계종출판사.

고 생각되지 않지만, 전국 불화의 수량을 생각한다면 불화의 제작에 소
비된 전체 금은도 규모가 작지는 않았을 것이다. 그런데 불화의 제작에
사용된 금은의 실상을 전하는 문헌기록이 찾아지지 않아 구체적인 수치
를 언급하기는 힘들다.

4. 工藝品의 제작과 금은

　각종 불교 공예품의 제작이나 다양한 장식에도 금은이 사용되었다.
은을 사용한 공예품은 入絲한 향완과 정병이 대표지만 기명이나 불구에
도 금은이 사용되었다. 그리고 여러 장식에도 금은이 소비되었다. 불교
공예품은 대부분 동을 주 소재로 제작하는 것이지만, 때때로 금은이 함
께 사용되는 수도 없지 않았다. 불교 공예품의 제작에 사용된 금은의 양
에 대해서는 구체적인 내용을 전하지 않아 자세한 사항을 알기 어렵다.
기명은 대개 재화로 다시 사용되고 있어, 불교 미술이라고 한정하기 힘
들어 소략하게 언급한다.
　향완의 경우 소비된 은의 양이 명기된 예가 전한다. 명종 8년(1178)에
제작한 金山寺 香垸이 그것인데, 이것의 제작에는 동이 20근(=12kg), 은
이 8냥(=300g) 소비되었다.[80] 결국 12kg의 동을 사용해 은입사 향완을
만들 경우, 은이 300g 소요되었다는 것이다. 은입사 향완의 경우, 사용된
동의 2.5% 정도의 은이 소비된 것이다. 다른 은입사 향완의 경우에도
총 무게의 2.5% 정도의 은을 사용했을 것이다.
　고려후기에 제작된 것으로 은입사의 정병과 향완이 현전하고 있어,[81]

80) 許興植 編著, 1984, 『韓國金石全文(中世下)』, 亞細亞文化社, 「金山寺香垸(1178년)」,
　　844쪽.
81) 秦弘燮, 1980, 『韓國金屬工藝』, 一志社 ; 李浩官, 1997, 『韓國의 金屬工藝』, 文藝出

은이 꽤 많이 소비되었음을 알 수 있다. 그렇지만 정병과 향완의 대부분
은 은입사하지 않고, 순전히 동으로 제작한 것이기 때문에 은이 사용된
전체 양은 많다고 하기 힘들다. 정병과 향완의 경우, 은을 사용한 경우는
있지만, 금을 사용한 경우는 거의 없는 것으로 보인다.

小鐘을 금으로 만드는 일도 있는 것 같다. 遼의 使臣 王萼이 興王寺의
小鐘을 보고서 歎美하자, 의천이 요의 황제가 불교를 숭신하고 있어 이
종을 바치고자 한다고 하니, 요의 사신이 좋다고 해서 의천이 金鐘 2개
를 주조해 요의 황제에게 바칠 것을 청한 일이 있다.[82] 결국 흥왕사의
소종은 금으로 제작한 것임을 엿볼 수 있게 한다. 범음구로서의 종은 동
을 소재로 해서 제작하는 것인데, 금으로 제작한 것은 장식의 의미가 큰
것으로 판단된다.

현존하는 공예품 가운데 정병과 향완 이외에도 금은을 사용한 유물이
여럿 현전한다. 불감, 사리장엄구, 요령, 풍탁, 향합 등의 유물이 현전하
지만,[83] 대개의 경우 본체를 동으로 만들고, 금이나 은을 도금하고 있다.
따라서 사용된 금은의 양은 수십 g이거나 그 이하가 대부분일 것이다.

조선초 금은제 물품을 징발해 工曹에 수납케 할 때 사원에서 거둔 물
품이 확인되는데, 그 가운데는 금은으로 제작한 여러 물품이 보인다. 세
종 7년(1425) 革去된 摠南宗·天台宗·曹溪宗 3宗의 銀佛器 1,231兩 및
金小塔 1개 6兩, 銀鉤紐 2개, 銀軸子 15개, 銀佛藏 16개, 銀合 1개 등이
보인다.[84] 은으로 만든 佛器, 鉤紐, 軸子, 佛藏, 合 등이 확인된다. 이때
징수된 물품의 대부분은 고려시기에 제작한 것으로 보인다. 사원에는 금

版社 ; 최응천·김연수, 2003, 『금속공예』, 솔 ; 안귀숙, 2006, 「고려 佛具의 의미와
제작기법」『단호문화연구』 10(불법으로 피어난 금속 공예) ; 崔應天, 2004, 「高麗
後期의 金屬工藝」『講座美術史』 22.

82) 『高麗史』 권90, 列傳3 宗室1 文宗 王子 大覺國師 王煦, 下冊, 43~44쪽.

83) 秦弘燮, 1980, 앞의 책 ; 李浩官, 1997, 앞의 책 ; 최응천·김연수, 2003, 앞의 책 ;
안귀숙, 2006, 앞의 논문.

84) 『世宗實錄』 권29, 世宗 7년 9월 戊戌(2일), 2冊, 691쪽.

이나 은으로 제작한 공예품이 상당수 있었음을 알 수 있다. 이들 중 일부는 불상이나 사경과 달리 칭량화폐로서 기능할 수 있었을 것이다.

불교 행사를 진행하는 경우, 각종 장식물을 마련했는데, 그때 화려함을 더하기 위해 금은을 사용하기도 했다. 고종 32년(1245) 최우가 4월 8일 연등회를 베풀 때 큰 동이[大盆] 4개를 마련하고 그 안에 氷峯을 담았는데 그 동이는 모두 은테를 두루고 나전으로 장식[銀釦貝鈿] 했다고 한다.85) 은으로 장식했다는 것이다.

충렬왕 2년(1276) 원에서 온 토번 승려가 스스로 원의 황제가 공주와 국왕의 기복을 위해 보냈다고 하니 재추가 맞이했다. 그가 曼陀羅道場를 베풀기를 청하고서 金帛·鞍馬·雞·羊을 준비하게 했다.86) 만다라도량의 준비를 위해 금백이 사용되었음을 알 수 있다. 원 간섭기에 불교 행사의 진행을 위해 금이 소비되고 있음을 볼 수 있다.

공민왕 14년(1365) 노국공주가 죽자, 매 7일마다 승려들로 하여금 梵唄하면서 魂輿를 따르도록 하고서 빈전에서 寺門까지 깃발이 길을 덮었다. 그때 金銀彩帛을 좌우에 나열했다. 喪事를 제국대장공주의 예와 같이 극도로 사치하고 화려하게 진행했는데 이 때문에 府庫가 비게 되었다.87) 불교의식으로 진행하는 노국공주의 상사에 금은이 다량 소비되었음을 알 수 있다.

공민왕 16년 演福寺에서 文殊會를 설행할 때에도 금은을 사용해 장식했다. 彩帛을 연결해 須彌山을 만들었으며, 大燭을 마련했고, 珍羞를 갖추어 배열했으며, 絲花·彩鳳이 사람의 눈을 놀라게 했으며, 폐백으로 彩帛 16束을 사용했다. 그리고 金銀으로 假山을 만들었으며, 幢幡·葆蓋가 오색으로 빛났다.88) 행사의 장식에 사용된 산모양의 장식을 금은으로

85) 『高麗史』 권129, 列傳42 叛逆3 崔忠獻附 怡, 下冊, 808~809쪽.
86) 『高麗史』 권89, 列傳2 后妃2 齊國大長公主, 下冊, 21쪽.
87) 『高麗史』 권89, 列傳2 后妃2 徽懿魯國大長公主, 下冊, 33쪽.
88) 『高麗史』 권132, 列傳45 叛逆6 辛旽, 下冊, 858쪽 ; 『高麗史節要』 권28, 恭愍王 16

제작한 것이다. 행사를 화려하게 진행하기 위해 상당한 금은 소비가 있었을 것이다.

그밖에도 사원이 보유하거나 승려가 소지한 물품 가운데에도 금·은을 소재로 만든 것이 적지 않았다. 사원이 보유한 각종 그릇의 제작에도 다량의 금과 은이 소비된 것으로 보인다. 고용봉이 후원한 全州 남쪽 萬德山 普光寺의 중수 시에 백금을 써서 그릇을 장식한 것이 30개였다.[89] 그릇의 제작에 백금을 사용했음을 알 수 있다.

금은제의 기명을 국왕이나 국가로부터 하사받는 수가 많았다. 기명·발우는 사원에서 장식품으로서도 사용되었지만, 실제로 그릇으로 사용하는 수도 많았을 것이다. 물품이 아니라 은병이나 은폐를 사여하는 경우도 많은데,[90] 이것은 불교 미술품이 아니기 때문에 여기서는 언급하지 않는다. 물론 그것이 불교 미술품 제작의 소재가 되는 수가 있었을 것이지만, 대부분은 재화로서 다시 소비되기 때문이다.

기명·발우가 승려나 사원에 제공되는 예는 다수 확인할 수 있다. 문종 21년(1067) 9월 국사 海麟이 늙어 환산하고자 청하자, 국왕이 현화사에서 친히 전별하면서 茶藥·金銀器皿·綵段·寶物 등을 하사했다.[91] 문종이 국사 해린에게 사여한 물품 가운데 금그릇과 은그릇이 포함된 것이다. 이것은 해린이 직접 사용하는 수도 있겠지만, 필요한 경우 다른 용도로 사용할 수 있었을 것이다. 민인을 위해 보시하는 경우도 있을 수 있고, 사원을 보수할 때 재원으로 사용하는 것도 가능했을 것이다.

숙종이 승가굴에 행차해 시주한 물품은 다양했다. 銀香椀·手爐 各 1

년 3월, 722쪽.

89) 李穀, 「重興大華嚴普光寺記」『稼亭集』권3(『韓國文集叢刊』3冊, 116~117쪽).

90) 李炳熙, 2010, 「고려시기 불교관련 재정 지출」『사회과학연구』10, 한국교원대 사회과학연구부(본서 제2부 수록).

91) 『高麗史』권8, 世家8 文宗 21년 9월 丁酉, 上冊, 176쪽 ;『高麗史節要』권5, 文宗 21년 9월, 144쪽.

事, 金剛子·水精念珠 各 1貫, 金帶 1腰와 아울러 金花果·繡幡·茶香·衣對·金綺 등이 있었다.92) 금은을 사용해 제작한 것으로 은향완·금대가 보인다. 은향완은 전체를 은으로 제작한 것으로 보이며, 金帶는 금으로 제작한 것으로 보인다.

고려전기에 국왕이 금·은제의 물품을 사여한 사례는 이밖에도 여럿 확인할 수 있다. 국왕이 원종대사를 국사로 모시고 경건한 마음으로 香火의 인연을 맺으며 돈독한 정성으로 師資의 예를 행한 뒤 그에게 여러 선물을 주었는데, 그 가운데 銀甁·銀香爐·金釦瓷鉢이93) 포함되어 있었다.94) 은병은 필요한 경우 원종대사가 재원으로 활용할 수 있었을 것이다.

영암사 寂然국사의 경우, 국왕이 은으로 만든 그릇과 紫筍茶, 御藥과 天香 등을 보냈다.95) 적연국사가 은제의 그릇을 보유하게 됨을 확인할 수 있다. 법천사 지광국사를 초청할 때 中樞院事 異惟忠을 보내어 왕이 手決하고 押印한 편지와 함께 여러 물품을 보냈는데 그 가운데에 銀黃器用이96) 보인다.97) 은제 기물이 사여되었음을 볼 수 있다.

원중승통 덕겸이 의종 4년(1150) 병이 들자, 국왕이 어의를 보내 간호하게 함과 함께 金存中에게 명하여 가서 水沈香 128냥과 熱藥 15物을 함께 白銀으로 만든 쟁반[白銀盤] 1具에 담아 하사하고, 서신을 보내어

---

92) 『高麗史』 권11, 世家11 肅宗 4년 9월, 上冊, 229쪽. 다른 기록에 의거하면, 白銀香椀手爐 各 一事, 金剛水精念珠 各 一貫, 純金束帶 一腰, 金花果繡幡茶香衣對錦綺 등을 獻納했다고 한다(李預, 「三角山重修僧伽崛記」 『東文選』 권64(民族文化推進會 影印本 2冊, 400~402쪽)).
93) 金釦瓷鉢은 금으로 테를 두른 자발을 뜻함.
94) 李智冠 譯註, 1995, 『歷代高僧碑文(高麗篇2)』, 伽山佛教文化研究院, 「高達院元宗大師惠眞塔碑文(975년)」, 22쪽.
95) 李智冠 譯註, 1995, 『歷代高僧碑文(高麗篇2)』, 伽山佛教文化研究院, 「靈巖寺寂然國師慈光塔碑文(1023년)」, 190쪽.
96) 銀黃器用은 은으로 만든 그릇과 동으로 만든 그릇을 뜻함.
97) 李智冠 譯註, 1995, 『歷代高僧碑文(高麗篇2)』, 伽山佛教文化研究院, 「原州法泉寺智光國師玄妙塔碑文(1085년)」, 353쪽.

위로의 말을 전하게 했다.[98] 향과 약을 담은 백은 쟁반 하나가 덕겸에게 하사된 것이다.

승려나 사원이 보유한 기명은 재원으로 활용되는 수가 많았다. 무인집권기 漆陽寺의 어리석은 승려 子林이 은 밥그릇[銀盂]을 보유한 것이 확인된다. 자림은 자신이 보유하고 있던 은 밥그릇으로 두꺼비를 사는 어리석음을 보였다.[99] 승려들이 보유한 은제의 그릇은 필요할 때 처분해 재원으로 삼았음을 알 수 있다.

고려후기에도 국왕이 고승에게 금은제의 물품을 사여하는 수가 많았다. 법주사의 자정국존에게 懺悔府를 설립하고 별도로 銀으로 직인을 만들어 僧政을 전담 관리하도록 했다.[100] 직인을 은으로 만들어 사여한 것이다.

공민왕 5년(1356) 3월 국왕과 공주가 대비를 받들고 봉은사에 행차해 보우가 선을 강설하는 것을 듣고 여러 물품을 사여했는데, 그 가운데 銀鉢이 포함되어 있었다.[101] 은제의 바리때를 보우가 보유하게 되었는데, 보우는 이것을 그릇으로 사용할 수도 있었지만 재화로 삼아 다른 용도로 사용했을 가능성이 크다.

고려시기 사원이나 승려에게 금제·은제의 각종 물품을 사여하는 수가 많았다. 器皿·鉢盂로 표현되는 것이 대표이지만, 그밖에도 다양한 물품이 포함되어 있었다. 승려나 사원에게 제공되는 기명·발우 등의 제작에도 금은이 소비되었다. 그러나 이들 공예품은 불교계에서만 사용하는 것이 아니기 때문에 불교 공예품이라 규정하기는 곤란할 것이다. 이들의

---

98) 李智冠 譯註, 1996, 『歷代高僧碑文(高麗篇3)』, 伽山佛敎文化硏究院, 「圓證僧統德謙墓誌銘(1150년)」, 301~302쪽.

99) 崔滋, 『補閑集』하(『高麗名賢集』2冊, 144쪽).

100) 李智冠 譯註, 1997, 『歷代高僧碑文(高麗篇4)』, 伽山佛敎文化硏究院, 「法住寺慈淨國尊普明塔碑文(1342년)」, 326쪽.

101) 『高麗史』 권39, 世家39 恭愍王 5년 3월 丙戌, 上冊, 769쪽 ; 『高麗史節要』 권26, 恭愍王 5년 3월, 679쪽.

제작을 위해서도 금은이 소비된 것은 사실이지만, 불교 미술품으로 규정할 수 없기에 제한적으로 언급했다. 이들 물품은 대부분 불교 용품이라고 보기보다는 일반 물품으로서의 성격을 지녔다. 재화로서 화폐의 기능을 하는 수가 많았다.

사원이나 승려에게 시납하거나 사여되는 물품 가운데에는 금과 은이 있었다.[102] 사원에 재정적 기여를 위해 재물을 제공하는 경우, 포와 미곡이 많았으며, 기타 음식물도 적지 않았지만, 금과 은도 그 중의 하나였다. 국가나 귀족층에서 사원에 재물을 시납하는 경우 금은이 그 대상이 되는 일이 많았다. 국왕이나 국가를 위해 설법하는 경우, 중요한 불교 행사를 주관하는 경우에 국왕이 재물로서 금은을 하사하는 일이 많았다. 귀족층으로서도 개인 차원에서 승려에게 재물을 시납하는 일이 적지 않았다. 승려와 사원에 대한 금은의 시납은 불교 도입 이래 늘 있어온 일이었다. 고려시기에도 그러한 예가 다수 찾아진다. 일반 백성이 금은을 사원에 시납하는 일은 현실적으로 찾아보기 힘들다.

백은이나 은, 은병의 형태로 하사하는 경우, 그것은 재화의 기능을 담당했다. 그것을 화폐로 사용해 다른 물품을 구입하는 데 사용하거나 타인에게 나눠주기도 했다.[103] 결국 이것은 불교 미술품으로 볼 수 없어 언급하지 않는다.

---

102) 몇몇 예를 제시하면 다음과 같다. 의종 14년 국왕이 普賢寺에 행차했을 때 은병 10구를 시납한 일이 있고(『高麗史』권18, 世家18 毅宗 14년 10월, 上冊, 371쪽), 충렬왕 14년(1288) 국왕이 福靈寺에 행차하고 이어 靈通寺에 행차하고서 白銀 10냥을 사여했으며(『高麗史』권30, 世家30 忠烈王 14년 5월 辛卯, 上冊, 619쪽), 공민왕 6년 정월 국왕이 보우를 내전에 맞이하고서 黃金 50兩을 사여했다(『高麗史』권39, 世家39 恭愍王 6년 정월, 上冊, 776쪽).

103) 國淸寺에서 佛像을 마련할 때 大禪師 而安이 白銀 20여 斤을 시납해 도왔다(閔漬, 「國淸寺金堂主佛釋迦如來舍利靈異記」『東文選』권68(民族文化推進會 影印本 2冊, 441~443쪽)). 비슷한 예는 많이 찾을 수 있다.

5. 고려말 조선초 금은 부족과
佛敎 美術品 제작 제한

불교 미술품의 제작에 다량의 금은을 소비하는 일은 국가의 금은 활용에 큰 영향을 주는 것이었다. 국가의 금은 소비에 어려움을 가져다 줄수 있었다. 그것은 비정상적이고 갑작스러운 금은 수요가 있을 때 두드러지게 나타난다. 고려말 우왕대에 명에서 고려에 많은 양의 금은을 세공품으로 요구하면서 금은의 부족은 심각한 문제가 되었다. 명은 우왕 5년(1379)부터 매해 금 100근(=60kg), 은 10,000냥(=375kg)을 바치라고 압박했다. 이에 고려에서는 금은의 마련에 상당한 고통을 겪었다. 금은의 수량을 채우지 못해 부족한 양을 보냈으나 거절당하기도 했다.

우왕 9년에는 지금까지 5년간 미납한 세공을 요구했는데, 금 500근(=300kg), 은 50,000냥(=1,875kg)에 달하는 것이었다. 우왕 10년 7월 명은 고려에게 은 300냥(=11.25kg)을 馬 1필로, 금 50냥(=1.875kg)을 말 1필로 折價 대납하라고 통보했다. 그리하여 우왕 10년 윤10월 금 500근 중 96근 14냥(=58.125kg)을 보내고 마련하지 못한 403근 2냥은 말 129필로 대납했으며, 은 50,000냥 중 19,000냥(=712.5kg)을 보냈고, 未辦 31,000냥은 말 104필로 대납했다. 실제로 보낸 금은은 각각 58.125kg, 712.5kg이었다. 이것을 마련하는 과정에서 고려는 상당한 고통을 겪었다.[104] 1년에 금 58.125kg, 은 712.5kg을 마련하는 것이 당시로서 매우 어려운 일이었음을 알 수 있다.

우왕 12년 2월 정몽주를 명에 보내 歲貢을 줄여달라고 요청했다. 금은은 국내에서 생산되지 않으며 馬·布는 수를 채우기 힘들다고 했다. 그

---

104) 우왕대 명에 보내는 금은 세공품에 대한 상세한 내용은 김순자, 2007, 앞의 책, 91~105쪽이 참고된다.

리하여 금은의 세공액은 크게 줄어든 것으로 보인다. 조선초에 명에 바치는 歲貢으로 금 150냥(=5.625kg), 은 700냥(=26.25kg)이었는데[105] 이것을 마련하기 위해서도 어려움을 겪었다. 조선에서는 이를 견감받고자 노력해 결국 세종 11년에 전액 면제를 받고 토산물로 바치게 되었다.[106]

우왕대 이후 고려에서 금은의 확보에 상당한 어려움을 겪었는데, 이는 고려가 금은이 현저히 부족한 상황에 놓여 있었기 때문이다. 우왕대 이후 조선초까지 금은의 부족으로 고통을 겪게 된 데에는 그만한 이유가 있었다. 금은의 국외 유출도 그 하나의 요인이었다. 고려전기에도 금은이 국외로 유출되는 일은 많았다. 문종 26년(1072) 고려에서 송에 보낸 물품이 다양했는데, 그 가운데 무게가 명기된 金은 385냥(=14.4375kg)이었다.[107] 적은 양은 아니었지만 크게 부담스러워 하지 않으면서 금을 보내는 것이다. 때로는 송에서도 고려에 금을 보내기도 하기 때문에[108] 일방적으로 다량이 유출되는 것은 아니었다. 두 나라 상호 간에 금은을 서로 교류하고 있었다.

그러나 고려가 몽골과 접촉하면서 일방적으로 상당한 금은이 유출되었다. 몽골의 침입이 있을 경우, 敵將들을 회유하는 데 다량의 금은이 사용되었으며, 개경으로 환도한 이후에도 엄청난 금은이 원으로 유출되었다. 물론 원으로부터 금은이 유입되는 경우도 없지 않았지만 그것은 소량이었으며, 전체적으로 보면 고려의 은이 어마어마하게 유출된 것으로 판단된다.

---

105) 柳承宙, 1993, 앞의 책, 61~62쪽.
106) 柳承宙, 1993, 앞의 책, 61~62쪽.
107) 『高麗史』 권9, 世家9 文宗 26년 6월, 上冊, 181~182쪽.
108) 예컨대 문종 33년 7월, 송에서 王舜封·邢慥·朱道能·沈紳·邵化及 등 88인을 보내왔다. 송에서 각종 물품을 보내고 있는데, 무게가 확인되는 것으로 400냥(=15kg), 1000냥(=37.5kg)이 보인다(『高麗史』 권9, 世家9 文宗 33년 7월, 上冊, 192~193쪽). 송에서 보내온 것, 송에 보낸 것을 보면, 송과 고려 사이에 금은을 상당량 주고받았음을 알 수 있다.

대원 관계에서 금은이 소비되는 구체적인 예는 여럿 들 수 있다. 고종 18년(1231) 몽골의 1차 침입이 있었을 때에는 몽골의 장수 등에게 엄청난 뇌물 공여를 했다. 『高麗史節要』에 따르면 황금 82.8kg, 백금 1,908kg, 은병 236개(236근=141.6kg)였다.[109] 원으로 흘러들어간 금은의 양은 실로 엄청났다고 할 수 있다.

원 간섭기에도 다량의 은이 원으로 유출되었다. 원종 13년(1272) 12월, 세자가 원에 가는 데 行纏의 비용를 보충하기 위해 징발한 금이 3근 7냥(=2.0625kg), 은이 757근 7냥(=454.4625kg)이었다.[110] 재추와 승선 이상으로부터 과렴한 은은 포함하지 않았기 때문에 실제로는 이보다 훨씬 많은 금은이 행전의 비용으로 소비된 것으로 보인다.

충렬왕 10년(1284) 4월에도 구체적인 수치가 확인된다. 王과 公主, 世子가 원에 가는데 扈從臣僚 1,200餘人이 銀 630餘斤(=378kg), 紵布 2,440餘匹, 楮幣 1,800餘錠을 지참했다.[111] 또 충렬왕 17년 12월 米 6,964石으로 白銀 111斤(=66.6kg), 銀瓶 57口, 紵布 1,450匹로 바꾸었으며, 또 迎送庫·大府의 白紵布 각각 150匹을 내서 盤纏에 충당했다.[112] 반전의 비용으로 수백 근에 달하는 엄청난 은이 원으로 유출되는 것이다.

규모의 차이가 있겠지만, 국왕이 원에 갈 때 여비가 엄청나게 필요하며, 원에 제공하는 금은도 만만치 않았다. 여비의 경우 수백 kg의 은이 소요되었다고 생각된다. 관인들이 가고 올 때에도 당연히 많은 여비가 필요한데, 포를 지참하기도 하지만 은을 지참하는 수가 많았다.[113]

---

109) 『高麗史』에 제시된 수치는 약간 달라 금 138근 13냥(=83.3375kg), 은 3,202근 (=1,921.2kg), 은병 236개였다(『高麗史』 권23, 世家23 高宗 18년 12월, 上冊, 460쪽).

110) 『高麗史』 권79, 志33 食貨2 科斂 元宗 13년 12월, 中冊, 743쪽.

111) 『高麗史節要』 권20, 忠烈王 10년 4월, 537쪽.

112) 『高麗史』 권30, 世家30 忠烈王 17년 12월, 上冊, 627쪽.

113) 원에서 금은이 제공되는 수도 없지 않았다. 충렬왕 34년 5월 知密直司事 朴瑄이 원에서 돌아왔다. 원의 황제가 충선왕이 定策功이 있다고 해서 특별히 開府儀同

원에서 직접 사람을 파견해 고려의 금은을 채취해 가기도 했다. 철저한 금은의 약탈이었다. 충렬왕 2년(1276) 7월 元에서 사신을 보내와서 採金케 했다. 같은 달에 大將軍 印公秀와 達魯花赤을 보내 洪州에서 採金케 했는데, 다만 2錢을 얻었을 뿐이다.114) 금의 갈취에 깊은 관심을 기울이고 있음을 볼 수 있다. 충렬왕 3년 5월 元의 中書省에서 移牒해서 洪州 等處의 淘金 役을 파하고, 농한기를 기다리게 했다.115) 원에서 고려의 금을 착취해 가기 위해 직접 도금 역을 관리하고 있음을 볼 수 있다. 원에서 고려 금의 착취에 혈안이 되었음을 알 수 있다.

충렬왕 3년 7월 고려에서 鑄劍·採金·貢蔘을 혁파할 것을 요청했다.116) 같은 해 12월 前軍器注簿 洪宗老가 아들 인백의 죄를 용서받고자 해 達魯花赤에게 産金處를 많이 안다고 했다. 이에 國學直講 崔諝을 보내 홍종노를 거느리고 洪州·稷山·旌善에서 채금케 했다. 11,446명을 70일 동안 사역시켰으나 겨우 7兩 9分(=296.331g)을 얻는 데 그쳤다.117)

또 충렬왕 15년 2월에 監察 阿魯溫을 보내와 採銀케 했으며, 같은 해 7월에도 원에서 阿魯渾, 李成 등을 보내 와서 採銀토록 했다.118) 원에서 고려의 은을 탈취하기 위해 직접 사람을 파견해 생산토록 한 것이다. 아마 고려의 금과 은이 여유롭기는 힘들었을 것이다. 이처럼 원 간섭기에 금은의 약탈을 위해 원에서 직접 사람을 보내는 것이다. 이렇게 해서 고려의 금은은 철저히 소진되고 있었다.

三司 太子太傅 上柱國 駙馬都尉 進封瀋陽王을 수여했으며, 또 中書省에 들어와 參議政事하도록 하고, 金虎符, 玉帶, 七寶帶, 碧鈿金帶 및 黃金 五百兩(=18.75kg), 銀 五千兩(=187.5kg)을 사여했다. 皇后, 皇太子 역시 寵待해, 사여한 珍寶錦綺를 이루 셀 수 없었다(『高麗史節要』 권23, 忠烈王 34년 5월, 592쪽).

114) 『高麗史』 권28, 世家28 忠烈王 2년 7월, 上冊, 571쪽.
115) 『高麗史節要』 권19, 忠烈王 3년 5월, 512쪽.
116) 『高麗史』 권28, 世家28 忠烈王 3년 7월, 上冊, 577쪽.
117) 『高麗史』 권28, 世家28 忠烈王 3년 12월, 上冊, 578쪽.
118) 『高麗史』 권30, 世家30 忠烈王 15년 2월, 上冊, 621쪽 ; 『高麗史』 권30, 世家30 忠烈王 15년 7월, 上冊, 621쪽 ; 『高麗史節要』 권21, 忠烈王 15년 7월, 547쪽.

원의 요구에 의해, 또 직접적인 착취에 의해 많은 금은이 원으로 유출 되었다. 국왕이나 신료가 원에 행차할 때 필요한 여비 명목으로도 다량 의 금은이 원으로 유출되었다.[119] 고려가 보유한 금은의 현저한 감축을 초래하는 것이었다. 게다가 금은의 생산마저도 여의치 않았다. 12세기 이후 동요하던 所 제도는 몽골의 침입을 계기로 결정적으로 붕괴되었다. 금을 생산하던 금소, 은을 생산하던 은소는 해체되어 금은의 생산은 거 의 이루어지지 않은 것으로 보인다.[120] 원으로 엄청난 금은이 유출되는 속에서 고려 국내의 금은 생산은 제대로 이루어지지 않았던 것이다. 그 리하여 고려에서 금은의 확보는 매우 어려운 일이 되었다.

이와 아울러 이 시기 불교 미술품 제작에 다량의 금은을 소비한 것도 고려사회에서 금은의 부족을 초래한 중요한 요인이었다. 즉 우왕대 금은 의 부족·품귀를 가져온 여러 요인 가운데 하나가 불교계의 금은 소비라 고 할 수 있다.

많은 금은이 국외로 유출되고 불교 미술품의 제작에 상당한 금은이 소비됨에 따라 국가가 보유한 금은은 현저히 축소되었다. 국가가 보유한 금은의 부족은 여러 측면에서 확인할 수 있다. 금은의 科斂이 반복되는 것,[121] 銀瓶에 銅을 섞어 주조하는 것,[122] 물가의 기준이 銀에서 布로 이동한 것,[123] 그리고 금은의 탈점이 성행한 것[124] 등은 그러한 사정을

---

119) 金榮濟씨도 원 간섭기에 상당량의 은이 원으로 유출된 것으로 파악하였다(金榮 濟, 2018,「元朝 中國의 銀 貿易과 이 시대 高麗銀의 動向」『中國史研究』114).
120) 田炳武, 1992, 앞의 논문 ; 이정신, 2013, 앞의 논문 ; 장국종·리태영, 2010,『조선 광업사』(조선부문사 시리즈), 사회과학출판사, 254~257쪽 ; 이정신, 2019,「고려 시대 금속수공업과 匠人」『韓國中世考古學』5, 한국중세고고학회.
121)『高麗史』권79, 志33 食貨2 科斂, 中冊, 742~747쪽 참조.
122)『高麗史』권85, 志39 刑法2 禁令 忠烈王 13년 4월, 中冊 864쪽 ;『高麗史』권79, 志33 食貨2 貨幣 忠烈王 13년 4월, 中冊, 737쪽 ;『高麗史節要』권21, 忠烈王 13 년 4월, 541쪽 ;『高麗史節要』권26, 恭愍王 5년 9월, 682~683쪽.
123) 고려시기 물가 변동에 관해서는 다음의 논문이 참고된다. 金三守, 1973,「高麗時 代의 經濟思想-貨幣·信用·資本 및 利子·利潤思想-」『淑明女大 論文集』13,

집약해 표현하는 것이다.

고려말 금은의 국내 보유량이 매우 적었으므로, 명의 금은 세공 요구
는 고려에게 큰 부담이 되었다. 명이 세공의 금은을 무리하게 요구하자,
고려말 조선초 금은의 확보를 위해 다방면으로 노력했다. 그 방안은 세
가지였는데 하나는 생산을 증대하는 것이고, 다른 하나는 기존의 금은을
긁어모으는 것이고, 금은의 소비를 억제하는 것도 또 다른 방법이었다.
금은의 생산을 위해 적극 노력한 것은 조선초에 확인된다.[125] 고려 전체
사회에 산재한 금은을 모으는 일도 전개되었는데, 사원이 소장한 금은제
의 물품을 징발하는 일도 그 가운데 하나였다.[126] 개인이 금은을 국가에
바치는 경우는 높은 값을 대가로 지급하기도 했다. 소비를 억제하는 것
도 중요했는데, 특히 사원에서 불상 조영이나 사경 제작에 금은을 사용
하는 것을 금지하는 조치도 그 하나였다. 다량의 금은이 소비되는 분야
가 불상과 사경이었기에 이를 금하는 조치가 취해진 것이다.

고려시기 불교계에서 금은을 사용하는 것에 대한 제한 조치는 취해지
지 않았다. 명종 5년(1175) 4월 사치 풍조가 과도하다고 하면서 금은은 佛
像·法寶 이외에는 사용치 못하도록 했다.[127] 불상과 法寶(불경)의 장식에
는 금은을 사용할 수 있지만 다른 용처에는 사용치 못하도록 한 것이다.
불교 영역에서만의 사치는 허용한다는 의미이다.

고려시기 불교 미술품의 제작에 금은을 사용하는 것을 문제시한 것은
말기에 이르러서였다. 공양왕 3년(1391) 7월 都堂에서 巨家世族이 金銀

숙명여대 ; 徐吉洙, 1977, 「高麗時代 常平倉에 관한 연구」『論文集』 6, 淑明女大
韓國政治經濟硏究所 ; 田炳武, 1992, 앞의 논문 ; 田炳武, 1999, 「高麗 恭愍王代
銀錢籌造論의 擡頭와 그 性格」『北岳史論』 6, 北岳史學會.

124) 『高麗史節要』 권20, 忠烈王 11년 정월, 538쪽 ; 『高麗史節要』 권21, 忠烈王 13년
9월, 542쪽 ; 『高麗史節要』 권21, 忠烈王 19년 정월, 556쪽.

125) 柳承宙, 1993, 앞의 책, 83~86쪽 참조.

126) 李炳熙, 2011, 앞의 논문.

127) 『高麗史』 권19, 世家19 明宗 5년 4월, 上冊, 395쪽.

을 사용해 寫經하는 것을 금할 것을 啓請했다.[128] 권세가가 금은을 사용
해 사경하는 것을 명확히 금하는 조치를 요청한 것이다. 아마 수용되어
실천되었을 가능성이 있지만, 명확한 처리 여부는 알 수 없다. 명에 보내
는 금은 세공의 부족으로 인한 요청이었을 것이다.

조선초 불교 미술품 제작에 금은을 사용하는 것을 통제하기 시작했
다. 억불정책을 취하는 가운데 불교 미술품의 제작에 금은을 사용하는
것을 엄히 금지하는 조치가 취해졌다.

태종 7년(1407) 금은을 녹여서 書畵를 만드는 일을 금지토록 했는
데[129] 아마도 불경과 불화가 주 금지 대상이 되었을 것이다. 태종 17년
에는 금은을 사용해 사경하거나 불상을 도금하는 것을 금하는 조치가 있
었다. 금은을 사용해 사경하거나 불상에 도금하는 것을 엄히 금하도록
하고 위반하는 자는 금은으로 贖罪토록 했다.[130] 이전 시기에 널리 행해
져 왔던 사경과 불상의 제작에 금은을 사용하지 못하도록 하는 것이다.

세종 1년(1419) 銷金·泥金을 금지한 조치가 있는데[131] 불교계에서의
금은 사용에 대한 통제의 의미가 큰 것으로 판단된다. 세종 11년에는 금
은을 사용한 사경과 塗佛을 금지하는 조문을 광화문 등지에 내걸도록
하는 조치가 있었다. 즉 '中外金銀寫經塗佛禁止'한다는 것이다.[132] 금은
을 사용해 사경하거나 불상에 도금하는 것을 금지한다는 것이다. 이전부
터 있어온 조치였지만 더욱 강한 방식으로 금지를 알리는 것이다.

이후에도 사경이나 불상에 금은을 사용해서는 안 된다는 것이 반복적
으로 언급되고 있다. 세종 23년 국왕이 승정원에 한 말 가운데, "金銀珠
彩 非本國所産 而今或以金鍍佛 或用眞彩 丹腹寺社 俱爲不可"라는 것

---

128) 『高麗史』권85, 志39 刑法2 禁令 恭讓王 3년 7월, 中冊, 868쪽.
129) 『太宗實錄』권14, 太宗 7년 8월 己酉(28일), 1冊, 411쪽.
130) 『太宗實錄』권34, 太宗 17년 8월 戊申(25일), 2冊 184쪽.
131) 『世宗實錄』권3, 世宗 원년 정월 辛亥(6일), 2冊, 296쪽.
132) 『世宗實錄』권43, 世宗 11년 2월 辛巳(5일), 3冊, 165쪽.

이133) 그것이다. 불교 수용 이래 금으로 불상을 도금하는 일이 많았는데 그것이 불가하다는 것이다. 그리고 세종 24년 2월 "金銀 非本國所産 以至進獻禮物 亦奏請蠲減 請詳定外 金銀打造 銷金泥金泥銀濫用者 許人陳告"하도록 의정부에서 계하자, 국왕이 이를 따랐다.134) 金銀打造나 銷金·泥金·泥銀을 濫用하는 자는 진고를 허락한다는 것이다.

금은 사용의 전반적인 제한 조치가 조선초에 취해졌는데, 주 대상은 불교계였다. 불교계에서 금은을 다량 소비해 온 것을 억제하고자 한 조치였다. 명에 보내는 금은 세공품의 마련이 직접적인 계기였지만,135) 억불정책의 추진이라는 시대 상황도 크게 작용했다. 금은 사용을 억제하는 가운데 불교 미술품의 제작에 금은을 사용하는 것은 드물어졌다. 나아가 사원이 보유한 금제·은제 불교 미술품을 징발하는 일도 성행했다.136)

조선초 금은의 확보에 큰 어려움을 겪을 때 사원을 대상으로 금은을 거두는 일이 많았으며, 또 사원에서 금은을 사용하는 것을 억제하는 조치가 취해졌는데 이 모두 불교계에서 금은을 다량 소비하고 있음을 의미하는 것이다. 고려시기에 엄청난 금은을 소비해서 불교 미술품을 조성했지만, 조선초의 일련의 금지 조치 속에서 불교계가 금은을 사용하는 일은 드물어져갔다.137)

---

133) 『世宗實錄』 권94, 世宗 23년 12월 甲午(2일), 4冊, 383쪽.
134) 『世宗實錄』 권95, 世宗 24년 2월 丙午(15일), 4冊, 399쪽.
135) 당시 국가가 보유한 금은의 양에 대해서는 명에 보낼 몇 년치의 금은이 있다는 언급이 있어, 금의 경우 대략 20~30kg 정도 보유한 것으로 판단된다. 즉 태종 17년 공조에서 보관하고 있는 금은으로는 명에 보내는 것을 5,6년을 지탱할 수 없다고 아뢰었다(『太宗實錄』 권34. 太宗 17년 10월 甲辰(22일), 2冊, 190쪽). 5.5년 정도 제공할 정도였다고 계산하면 금은 30.9375kg(150냥×5.5=825냥=30.9375kg) 보유하고 있는 것이고, 은은 144.375kg(700냥×5.5=3,850냥=144.375kg) 보유하고 있다는 것이다. 당시 국가가 보유하고 있는 금은 30kg 정도, 은은 140kg 정도였다는 계산이 된다.
136) 李炳熙, 2011, 앞의 논문 참조.
137) 왕실을 중심으로 사경이나 불상에 금은을 소비하는 일이 없지 않았지만, 그것은

6. 結語

고려시기 불교계는 금은을 소비하는 중요한 주체의 하나였다. 금은의
사용처에는 대외교역, 화폐 주조(특히 은병), 왕실 사치품의 제작, 신료
에 대한 하사 등이 있었지만 불교 미술품 제작 영역도 중요했다. 국용에
소비하는 금은보다 사원이 소비하는 것이 훨씬 많다는 지적이 지나친 표
현만은 아니었다.

고려시기 불상의 제작에 금은을 사용하는 것은 흔했다. 소조불·목조
불·동조불 모두 겉을 금으로 도금하는 일이 많았으며, 금과 은을 오로지
사용해서 제작하는 금불과 은불도 제작되었다. 도금에는 금이 주로 사용
되고 소형 불상의 제작에는 금과 은이 모두 사용되었다. 1구의 불상 도
금에 사용하는 금은 대략 500g 정도였을 것으로 추정되며, 순금불과 순
은불의 경우는 대개 소형으로 제작했고 이에 사용된 금과 은은 수백 g이
었을 것으로 파악된다. 전국 사원의 수와 불상의 수를 고려한다면 고려
시기 불상의 도금이나 소형 불상의 제조에 사용된 금은은 1천 kg 이상
되었을 것으로 추정된다. 불상의 제작은 원 간섭기에 활발했으므로 그
시기에 금은이 가장 많이 소비된 것으로 보인다. 그리고 수량은 많지 않
지만 불탑의 제작에도 금은을 사용한 것이 확인되는데 그때 소비한 금은
80kg을 능가했다.

금은은 사경의 제작에도 널리 소비되었다. 금은을 사용한 사경은 신
라말에도 확인되고 고려전기에도 여러 예를 볼 수 있지만, 원 간섭기에
가장 활발했다. 사경에 사용되는 금은의 양은 1개 경전 전체를 사경하는

이전 시기에 비해 현저히 축소된 모습이었다. 왕실에서도 공개적으로 금은을 소
비하기 힘들었으며, 금은 소비 사실이 알려질 때마다 논란이 일어나서 극히 소극
적으로 소비하는 데 그쳤다. 반면 일반 속인으로서는 금은을 사용해 사경이나 불
상을 제작하는 것은 거의 불가능해졌다.

경우, 1kg 이상에서 수 kg에 이르기도 했을 것이다. 현전하는 사경의 예가 적지 않은 것으로 보여 고려시기에 사경에 사용된 금은의 양도 수백 kg을 훨씬 상회했을 것으로 판단된다.

각종 불교 공예품의 제작이나 장식품의 설치에도 금은이 널리 사용되었다. 정병과 향완을 은입사하는 경우 은이 사용되었는데, 그 양은 수십 g 정도로서 많은 양은 아닌 것으로 보인다. 사원 내의 불감, 사리장엄구, 동탁, 향합 등 각종 기구의 제작에도 금은을 사용한 것으로 보이지만 사용된 금은의 양을 추정하는 것은 쉽지 않다. 그밖에 각종 불교 행사의 장식에도 금은을 소비하는 일이 많았다. 불교 미술품의 형태가 아닌 금은 혹은 은병으로 사원이나 승려에게 제공되는 금은의 양도 물론 상당했다.

불교계의 다량 금은 소비는 국가의 활용 가능한 금은의 보유에 큰 영향을 주는 것이었다. 특히 우왕대 명에서 금은을 다량 요구하면서 그것의 마련에 상당한 고통을 겪었다. 금은의 부족은 원으로의 유출, 생산의 마비도 큰 요인이었지만, 불교 미술품 조영에 다량 소비된 것도 중요한 요인의 하나였다. 당시 국가에서 과렴하는 일이 많은 것, 물가의 기준이 은이 아니라 포 중심으로 되는 것, 금은의 탈취가 빈번해지는 것 등은 모두 금은의 부족과 깊이 관련되는 일이었다. 국가에서는 금은의 확보를 위해 생산에 힘쓰는 한편, 기존의 금은제 물품을 징발했고, 불교 미술품 조영에 금은을 소비하는 것을 금지했다. 고려말부터 조선초에 걸쳐 불상과 사경의 제작에 금은을 소비하는 것을 엄히 금지하는 조치가 취해졌다. 금은의 소비에서 불교계가 중요한 위치에 있었기 때문에 나타나는 조치였다. 이렇게 해서 조선초에 불교 미술품 제작에 금은을 사용하는 일은 현저히 축소되어 갔다.

고려시기 금은의 소비에서도 국가와 사원은 길항 관계를 보인다고 할 수 있다. 사원에서 다량의 금은을 소비함에 따라 국가가 보유하고 사용할 수 있는 금은은 줄어들며, 국가가 그 사용을 확대하면 반대로 불교계에서 그것을 사용하는 것이 위축되는 것이다. 이처럼 동만이 아니라 금은의 소비를 둘러싸고서도 사원과 국가는 길항 관계를 보인다고 할 수 있다.

제4부

高僧, 術僧 그리고 居士

제1장 大覺國師 義天의 鑄錢論

1. 序言

대각국사 의천은 天台宗을 개창한 승려로서 높이 평가되고 있지만, 또한 鑄錢論을 펼친 經世家라는 점에서도 주목해야 할 것이다. 승려로서 구체적인 내용의 經世論을 피력한 예가 매우 드문데, 의천은 풍부한 내용의 주전론을 주창하고 있어 이채롭다고 하겠다. 의천의 주전론은 空論에 그치지 않고 숙종대의 화폐 정책에 적극 반영되었다.

의천의 鑄錢論은 소략한 내용이 아니었다. 수천 자에 이르는 長文이었다. 화폐에 관련한 중국의 사례들이 풍부하게 인용되고 있고, 주전에 대한 논란이 정리되어 있다. 또한 화폐를 사용할 때 이로운 점을 자세히 기술하고 있다. 화폐론 면에서 고려 일대에 가장 수준높은 내용이라고 할 수 있을 것이다.[1]

이 글에서는 의천이 주전론을 주장할 수 있었던 배경에 대해 검토하고 주전론의 내용을 분석할 것이다. 또한 주전론의 위치를 당시 화폐 정책과 비교해 자리매김하고자 한다. 주전론과 불교 교리의 연계성 문제는 다루지 못해 아쉽다.

---

[1] 의천의 주전론을 언급한 글로는 아래의 것이 참고된다. 金庠基, 1959, 「大覺國師 義天에 대하여」 『국사상의 제문제』 3(同, 1974, 『東方史論叢』, 서울대 출판부 재수록) ; 金三守, 1973, 「高麗時代의 經濟思想」 『淑明女大 論文集』 13 ; 金柄夏, 1977, 『韓國經濟思想史』, 一潮閣, 31~34쪽.

2. 義天의 학문·경험과 鑄錢論

주전론을 주장한 것은 승려로서 특이한 예라 할 수 있다. 그것은 의천이 일반 승려와 구분되는 색다른 경험을 했기 때문에 가능한 것이었다. 의천은 기본적으로 승려이기 때문에 불교 경전에 대해 상당한 이해를 하고 있고, 그것을 전제로 독창적인 사상을 피력하고 있기도 하다. 의천은 불교사상만이 아니라 학문이나 체험에서 색다른 면모를 보이고 있다.

우선 주목되는 것은 그가 불교 이외의 분야에 대해서도 관심을 가지고 공부했다는 점이다. 그러한 사실은『高麗史』列傳에서 처음 화엄을 공부했고 五敎에 통했으며,

> 곁으로 儒學도 섭렵하여 정통하게 알지 못하는 것이 없었다.[2]

라고 한 것에서 잘 드러난다. 비록 곁다리이기는 하지만 儒敎 學術도 섭렵하여 자세히 알았다는 것이다. 다른 기록에서도 불교 이외에 仲尼·老聘의 書籍, 諸子百家의 集錄, 史書를 공부했다고 언급하고 있다.[3] 유학뿐만 아니라 노자 및 제자백가를 공부했고 역사책도 읽었다는 것이다. 주전론에서는 또 "신은 일찍이 三藏에 潛心하는 외에 남는 힘이 있다면 經史를 섭렵하여 옛사람의 어질음과 어질지 못함을 보게 되었다."고 했다.[4]

의천은 불교 이외의 유교와 사학 등 經世와 관련한 공부를 했기에 주전론과 같은 구체적인 경세론을 피력할 수 있었다. 불학에만 관심을 기

---

2)『高麗史』권90, 列傳3 宗室1 大覺國師煦, 亞細亞文化社 影印本 下冊, 43쪽(이하 같음).

3) 李智冠 譯註, 1996,『歷代高僧碑文(高麗篇3)』, 伽山佛敎文化硏究院, 「靈通寺大覺國師碑文(1125년)」, 118~119쪽.

4)『大覺國師文集』권12, 鑄錢論(『韓國佛敎全書』4冊, 549쪽). 주전론에 대한 번역은 韓國精神文化硏究院, 1989,『國譯 大覺國師文集』을 참고하였음.

울였다면, 현실 사회를 위한 경세론을 피력하는 것이 용이하지 않았을 것이다. 迂闊한 내용을 제시할 수 있을 뿐, 구체적인 대안을 제시하기는 어려운 일이었을 것이다.

상업 활동에 몰두하고 있던 상인들과 잦은 접촉을 한 것은 상업에 대한 이해를 심화시키고 화폐의 유용성과 편리성을 깊이 인식하는 계기가 되었을 것으로 보인다. 의천은 송과 교류하는 데에 상인의 도움을 크게 받았다. 渡宋하기 전에 송의 승려들과 서신 교환을 하고 있는데,[5] 이 때에 상인들이 도왔을 것은 분명하다. 송에 갈 때에 분명히 商船을 이용하고 있다.

> 몰래 弟子 2인과 더불어 송의 상인 林寧의 배를 타고 떠났다.[6]

배를 타기 전에 접촉하면서 또 배를 타고 송에 가면서 상인과 접촉했을 것이며, 이를 통해 그들의 교역 활동과, 그 과정에서 화폐가 갖는 유용성을 깊이 인식할 수 있었을 것이다. 송의 승려 淨源이 입적한 후 예를 갖추기 위해서도 의천은 송상 徐戩의 도움을 받기도 했다.[7] 송에서 불교 경전을 구입하는 데에도 의천은 상인의 도움을 크게 받았다.[8] 상인과의 빈번한 접촉은 상업의 세계에 대한 이해를 높였고 나아가 화폐에 대한

---

5) 의천과 송 승려의 교류에 관해서는 많은 연구가 있다. 대표적인 글을 제시하면 다음과 같다. 崔柄憲, 1991,「大覺國師 義天의 渡宋活動과 高麗·宋의 佛敎交涉」『震檀學報』71·72합집 ; 박용진, 2010,「의천의 宋 天台敎學 交流와 天台敎觀」『한국학논총』34, 국민대 한국학연구소 ; 박용진, 2011,『의천, 그의 생애와 사상』, 혜안, 57~74쪽 ; 장총, 2017,「고려 대각국사 의천과 항주 혜인사(慧因寺) 정황」『충청문화연구』18, 충남대 충청문화연구소 ; 박현진, 2019,「義天의 入宋求法과 宋僧侶들과의 교류」『전북사학』55.
6) 『高麗史』권90, 列傳3 宗室1 大覺國師煦, 下冊, 43쪽.
7) 鮑志成, 1997,「蘇東坡와 고려」『한중문화교류와 남방해로』(조영록 편), 국학자료원.
8) 楊渭生, 1997,「天台宗과 高麗」『中國의 江南社會와 韓中交涉』, 集文堂.

관심과 식견을 갖게 하는 데에 큰 도움이 되었을 것으로 사료된다.

송에서 목격한 경제 활동 사정도 의천이 화폐의 편리성과 유용성을 이해하는 데 기여했을 것으로 보인다. 의천은 1년여 송에 체류하면서 산동, 강소, 안휘, 하남, 절강 5개 성을 경유했다.9) 항주·명주 등에서의 활발한 교역 행위는 인상적이었을 것으로 보인다. 교역에서 화폐가 갖는 편리성을 체험했을 것으로 사료된다. 그 때문에 「僊鳳寺碑」에서 "의천이 송에서 구법한 것은 두루 선지식을 參訪하여 問法에만 그친 것이 아니라, 보고 느낀 바를 靈府에 깊이 새겨 두었다."고 할 수 있었던 것이다.10) 가슴 속 깊이 새긴 것은 불교에 대한 내용도 있겠지만, 송의 활발한 상업 활동, 화폐의 사용도 포함되었을 것으로 보인다. 또 화폐와 관련한 서적에도 관심을 가졌던 것 같다. 주전론에서 언급된 『宋賢策粹』라는 책도 그 과정에서 확보한 것으로 보인다.

무엇보다도 의천 스스로 많은 재화를 취급한 경험이 있어, 화폐의 효용성과 편리성을 체험적으로 인식하고 있었을 것이다. 그는 승려로서 고려 왕실이나 송의 황제로부터 많은 재물을 사여받았으며, 또한 송의 여러 佛事에 거금을 희사하기도 했다. 상당한 재화를 보유, 운반, 지출하는 과정에서 화폐의 편리성을 경험적으로 이해하고 있었을 것이다.

淨源이 知州인 蒲宗孟의 초청으로 南山慧因院에서 周譯本 『華嚴經』을 開講했을 때, 의천은 많은 銀을 희사해 큰 齋를 베풀었다고 했다. 또한 이때 의천이 敎藏 7,500여 권을 사서 회사했다고 한다.11)

宋帝에게 하직한 후 秀州 眞如寺에 이르러 『楞嚴經』 疏主인 長水子

---

9) 陳景富, 1999, 「의천 스님의 송나라에서의 구법활동과 그 홍법업적」『제2회 韓·中·日 三國 天台國際學術會議 大覺國師 의천스님의 재조명』.

10) 李智冠 譯註, 1996, 『歷代高僧碑文(高麗篇3)』, 伽山佛敎文化硏究院, 「僊鳳寺大覺國師碑文(1132년)」, 183쪽.

11) 李智冠 譯註, 1996, 『歷代高僧碑文(高麗篇3)』, 伽山佛敎文化硏究院, 「靈通寺大覺國師碑文(1125년)」, 120~121쪽.

璿禪師의 塔亭이 무너진 것을 보고,

> 개연히 탄식하고서 금을 寺僧에게 주어 보수하게 했다.12)

고 한다. 다른 자료에서는 이때 白金(銀) 60省을 중수비용으로 쓰도록
시주했다고 했다.13)

의천이 귀국하기 위해 宋 哲宗을 垂拱殿에서 접견했는데 의천은 興龍
節을 맞아 聖壽를 빌고 佛像과 金器 등을 進奉했다.14) 또한 宋帝는 하직
인사할 때 衣著 1천 필, 銀器 1천 냥을 하사했다.15)

그리고 송의 황제가 기증한 금사로 짠 비단과 國王太后(송 철종의 조
모인 太皇太后 高氏)가 寄送한 財寶가 수만 냥에 달했는데, 이 모두를
寺院 道場과 법문을 청해 들었던 승려들에게 베풀었다고 한다.16) 정원
에게 보내는 편지에서는 정원이 『華嚴科鈔略』을 간행한다는 말을 듣고
은 200냥을 보낸 사실이 언급되어 있다.17)

경서를 구입하는 데에도 많은 비용을 지출했다.

> 官滕와 私楮를 모두 털어서 거듭해 중국, 契丹, 일본 등지에서 서적을 구
> 입하였다.18)

관의 재정과 개인의 사삿돈을 회사해서 재차 중국·거란·일본에서 경

---

12) 李智冠 譯註, 1996, 『歷代高僧碑文(高麗篇3)』, 伽山佛敎文化硏究院, 「靈通寺大覺
國師碑文(1125년)」, 121쪽.
13) 『大覺國師外集』권9, 「大宋重修楞嚴大師塔記」(『韓國佛敎全書』4冊, 583~584쪽).
14) 楊渭生, 1997, 앞의 논문.
15) 『大覺國師文集』권7, 「謝賜銀器彩帛表」(『韓國佛敎全書』4冊, 539쪽).
16) 李智冠 譯註, 1996, 『歷代高僧碑文(高麗篇3)』, 伽山佛敎文化硏究院, 「靈通寺大覺
國師碑文(1125년)」, 122쪽.
17) 『大覺國師文集』권11, 「上大宋淨源法師書三首 第二」(『韓國佛敎全書』4冊, 545쪽).
18) 李智冠 譯註, 1996, 『歷代高僧碑文(高麗篇3)』, 伽山佛敎文化硏究院, 「靈通寺大覺
國師碑文(1125년)」, 122쪽.

서를 구입했다. 다른 기록에서는

> 興王寺에 敎藏都監을 설치할 것을 아뢰었다. 遼와 송에서 책을 사들여
> 4,000권에 이를 정도로 많았는데 모두 刊行하였다.[19]

라고 했다. 구입한 경서가 4천 권에 이르렀음을 지적하고 있다.

의천이 막대한 재화를 보유, 희사할 수 있는 위치에 있었으므로 송의
沙門 希湛은 講席을 열고자 재물의 도움을 청한 일도 있다.[20] 또한 遼의
天祐皇帝도 국사의 이름을 듣고 불교 경전과 아울러 文書·藥物·金帛 등
을 보내왔다.[21]

의천은 이처럼 다량의 재물을 하사받았으며, 또한 사원의 불사에 시
주했다. 佛書의 구입을 위해서도 많은 지출을 했다. 이런 경험은 의천으
로 하여금 재물의 보유와 관리, 보관, 지출에 대한 식견을 갖게 하고, 또
화폐의 필요성과 편리성도 깊이 이해하게 했을 것이다.

홍왕사의 주지를 역임한 경험도 화폐의 필요성을 절감하는 계기로 작
용했을 것이다. 興王寺는 주지하듯이 문종때 12년에 걸쳐 2,800間의 규
모로 완성되었으며 승려 1,000명이 상주했다. 대규모의 토지가 소속했
다.[22] 의천은 선종 3년(1086) 5월 송에서 귀국하자 홍왕사의 주지를 맡
았고, 숙종이 즉위한 해(1095)에 다시 홍왕사의 주지를 맡았다.[23] 엄청
난 재력을 보유한 홍왕사에서 주지를 맡아 사원의 살림을 관장하게 되면
서 곡물의 수송·보관·저장의 어려움을 알게 되고, 화폐의 효용성을 거듭

---

19) 『高麗史』 권90, 列傳3 宗室1 大覺國師煦, 下冊, 43쪽.
20) 『大覺國師外集』 권5, 「大宋沙門希湛書」(『韓國佛敎全書』 4冊, 575쪽).
21) 李智冠 譯註, 1996, 『歷代高僧碑文(高麗3)』, 伽山佛敎文化硏究院, 「靈通寺大覺
    國師碑文(1125년)」, 126쪽.
22) 『高麗史』 권8, 世家8 文宗 12년 정월 庚申, 上冊, 176쪽.
23) 李智冠 譯註, 1996, 『歷代高僧碑文(高麗篇3)』, 伽山佛敎文化硏究院, 「興王寺大覺
    國師墓誌銘(1125년)」, 122~123쪽.

확인할 수 있었을 것이다.

의천은 이처럼 유교적인 경세론에 밝았으며, 송의 상업 경제, 화폐 사용에 대한 식견을 가졌다. 아울러 스스로 많은 재물을 보관·운반·지출한 경험이 있어 화폐의 편리성을 숙지하고 있었다.

그의 화폐에 대한 식견은 그와 유착 관계를 갖던 肅宗代에 이르러 개진할 수 있었다. 宣宗이 1094년 5월 세상을 떠나자 獻宗이 11세로 즉위했다. 헌종이 어리기에 모후인 사숙태후에 의한 수렴 정치가 행해졌다. 헌종의 외척인 李資義가 발호하게 되자, 鷄林公 熙가 평장사 邵台輔와 상장군 王國髦의 군사적 지원을 얻어 이자의와 그 일당을 제거하고 선양에 의해 왕위를 계승했으니 그가 숙종이다.24) 헌종이 즉위하고 이자의가 정권을 장악했을 때 의천은 흥왕사에서 쫓겨나 弘圓寺로, 다시 海印寺로 퇴거하지 않을 수 없었다. 숙종이 즉위한 후 의천은 다시 개경의 흥왕사에 되돌아올 수 있었다.

의천과 숙종의 특별한 관계는 숙종이 왕이 되기 전부터 형성되어 있었다. 의천이 入宋하기 전에 궁중에 들어가 모친인 仁睿太后를 뵙고서 天台宗 개창의 뜻을 피력하자 태후가 즐겁게 찬동했고, 같이 있던 계림공(뒤의 숙종) 역시 外護하기를 원한 바 있었다. 뒤에 국청사를 개창하고 천태종을 개창한 것은 인예태후와 숙종의 지원이 컸다.25)

숙종은 즉위하자 과감한 정책을 추진했다. 특히 약화된 왕권을 강화하기 위해, 태자 지위의 강화, 남경 경영, 별무반 창설 등의 조치를 취했다.26) 숙종의 그러한 정책 방향을 숙지한 의천도 그를 돕는 적극적인 역할을 하게 되었는데, 그 하나가 鑄錢論으로 나타났다. 의천이 평소에 가지고 있던 持論을 숙종의 즉위를 계기로 그의 정책을 돕는 차원에서 적

---

24) 남인국, 1997, 『고려 중기 정치세력 연구』, 신서원, 75~76쪽.
25) 『大覺國師文集』 권3, 「新創國淸寺啓講辭」(『韓國佛敎全書』 4冊, 530쪽).
26) 서성호, 1993, 「숙종대 정국의 추이와 정치세력」 『역사와 현실』 9 ; 남인국, 1999, 앞의 책, 80~90쪽.

극 개진하게 된 것이다.

고려의 경제 사정, 상업 활동, 화폐 주조의 경험도 의천이 주전론을 개진하는 배경으로 작용했다. 성종대에 이미 鐵錢을 주조해 사용한 바가 있었다. 목종대에 와서 철전의 사용이 후퇴하기는 했지만, 화폐를 국가에서 주조해 사용한 경험은 재차 화폐를 주조할 수 있는 자신감을 제공했을 것이다. 중국과의 교역으로 유입된 중국전도 부분적으로 화폐로서 기능하고 있어[27] 화폐 사용을 권장할 수 있었다고 여겨진다. 현물화폐가 아닌 주조화폐 사용의 경험은 의천이 주전론을 자신있게 개진할 수 있는 바탕이 되었을 것이다.

사실 고려에서 국가가 주조한 화폐는 널리 유통되지 않았지만, 민간 사이의 교역에서 布·米가 물품화폐로 기능했다. 소규모의 거래에는 미와 포가 일반적 등가 기준으로 기능해 화폐로서 충실하게 역할을 하고 있었다.[28] 이 布米는 물품화폐로서 교환의 매개물로 기능하고 있었지만 주화가 아니기에 보관과 운송, 저장 등에 큰 문제가 있었다. 물품화폐가 활발하게 사용된 사실이 전제되었기에, 주전론의 제기가 가능했을 것이다.

3. 鑄錢論의 내용

의천이 주전을 건의한 것은 숙종 2년(1097)으로 보인다.[29] 숙종 2년 12월에 鑄錢의 기운이 움직이기 바로 전에 올린 것으로 보인다.

주전론은 영인본에서 모두 16장으로 구성되었는데, 그 가운데 1~4장

27) 정용범, 1997, 「高麗時代 中國錢 流通과 鑄錢策」『지역과 역사』 4 ; 鄭壹敎, 2017, 「宋錢이 高麗貨幣에 끼친 影響」『中國史硏究』 109.
28) 李景植, 1987, 「16世紀 場市의 成立과 그 基盤」『韓國史硏究』 57.
29) 金庠基, 1959, 앞의 논문.

과 11~12장이 낙장되어 있다.30) 그렇지만 의천이 주장한 주전론의 핵심
적인 내용은 대부분 남아 있는 것으로 보인다.

현전하는 내용상 첫 번째 부분에서는 중국 화폐사를 정리하고 있
다.31) 周에서 秦·漢·東晋·前涼·後魏·唐 왕조 시기 화폐의 역사를 정리
한 내용이다. 周의 景王이 大錢을 만들고 改幣之端이 시작되었다는 것,
秦시황이 上幣(金), 下幣(錢) 둘로 나누었다는 것, 前漢대에 八銖가 시행
되었으며 당시 私鑄가 성행했는데 이를 막는 주장을 賈誼가 했다는 것,
기원전 115년에 赤側이 사용되었다는 것, 後漢初 馬援의 奏로 五銖를 사
용했다는 것 등을 언급했다. 그리고 東晋의 安帝(397~418) 때 桓玄이 廢
錢하고 穀帛을 사용하고자 하자, 孔琳이 반대했다는 점을 자세히 지적했
다. 즉 공림은 聖王이 이미 화폐를 만들어 毁敗之費가 없어졌으며, 難轉
之苦를 줄였고, 穀帛을 나누어 貨로 하면 손실이 많으며, 또 '勞毁於商販
之手 耗棄於割截之用'하다고 주장했다. 당시에 공림의 견해가 지당하다
고 여겨서 환현의 설을 행하지 않았다는 것이다. 前涼에서 索輔가 일시
화폐 사용이 중지된 것을 보고 五銖를 다시 사용할 것을 건의하자, 張軌
가 받아들여 전이 크게 사용된 사실을 지적했다. 그리고 後魏 때 王澄이
상소하여 화폐 유용론를 피력했는데, 곧 "포백은 자[尺]나 치[寸]로 따져
일일이 가를 수 없고, 오곡은 지고 다니는 어려움이 있지만, 돈을 사용하
면 돈꾸러미가 이어져 있으므로 말[斗]이나 휘[斛]의 용기가 필요 없고
저울이나 자를 가지고 공정하게 해야 하는 수고를 하지 않아도 되니, 세
상을 구제하는 편의가 깊다고 할 수 있다."고 했다. 唐高祖에 이르러 五
銖의 제도를 폐지하고 開元通寶를 주조한 사실을 언급했다. 이 부분의 내
용은 "周나라 景王이 화폐를 고쳐 만든 이후 당나라가 법을 제정함에 이르

---

30) 韓國精神文化研究院, 1989, 앞의 책, 원문 부록 41~46쪽 ; 『韓國佛教全書』 4冊,
    547~549쪽 참조.
31) "(以)主之 一物之稱 盖謂錢也"(5張 처음)에서 "大抵人君 鑄錢立幣 人(度之)(遇)施
    也"(8張 12줄)까지.

기까지 때에 따라 편리한 대로 고쳐 만드니 숭상하는 바가 하나가 아니어서 혹은 작기도 하고 혹은 크기도 하며, 혹은 무겁기도 하고 혹은 가볍기도 하여 그 변화가 번거로워 두루 다 열거할 수 없다."고 정리했다.

두 번째 부분은 중국의 제도를 고려해서 화폐제를 시행할 것을 언급한 내용이다.[32) 이 부분에서 삼국이 통일되기 이전에 풍속이 소박했다는 것, 新羅 大僧統 慈藏이 상소해 우리나라 의복의 풍속이 남루해 당의 제도를 쓰자고 하니 국왕이 허락하여 邊服을 버리고 衣冠을 숭상했다는 것, 고려가 통일한 후 "增新禮儀 (彰明)法度 衣服有制 車騎有常"했다는 것, 그러나 鑄錢之法은 그렇지 못하다는 것을 지적하면서, 고쳐야 할 것은 고쳐야 한다고 했다. 그리고 당시의 국왕인 숙종의 덕은 三王보다 뛰어나고 도는 二帝와 비등하니, 이 때에 米弊를 고치지 않으면 언제 할 것인가라고 했다.

세 번째 부분에서는 錢에는 4가지의 뜻이 있다는 것과, 화폐 사용이 갖는 편리함을 지적했다.[33) 전의 모양이 둥근 것은 하늘을 본 따고 가운데 네모 구멍은 땅을 형상한 것이며, 덮고 실어 구르고 굴러 다함이 없음을 뜻한다고 했다. 그리고 泉·布·刀에 대해 언급했다. 이어서 주조한 화폐 사용의 편리함을 개진했다. 우선 주화를 사용하면 운반의 수고를 덜 수 있는 점을 첫째로 지적했다.

> 대개 쌀을 화폐로 사용한다면 멀고 가까운 곳에 교역할 때 운반하기가 대단히 곤란하다. 실제의 貨幣 使用을 銖兩의 가벼운 것으로만 한다면 千鈞의 무게를 없애고 대신할 수 있다. 이제 수백 리의 거리에 쌀을 운반하자면 말 한 마리에 겨우 2섬을 실어 열흘이 걸릴 것이니 사람과 말의 비용으로 쌀의 절반은 써버리게 된다. 또 한편 추운 한겨울이나 더운 한여름철에 비축없는

---

32) "伏觀海東 自三韓未統已前 其(風朴)略"(8張 1줄)에서 "百姓安堵 當於斯時 米弊不 更 後將孰待"(8張 14줄)까지.

33) "大錢之爲物 體一而義包四"(8張 14줄)에서 "伏以我國家 風化之美不讓"(10張 16 줄)까지.

빈민들이 말도 없이 직접 자기 등에 지고 가다가 더위와 추위에 부닺쳐 길가에서 쓰러지게 되니 그 고생이 막심하다. 이제 주화를 사용하면 지고 다니거나 말에 싣는 수고를 덜 수 있을 것이다. 이것이 첫째 이익이다.[34]

먼 거리에 쌀을 운반한다면 적은 양이어야 가능하고, 수고한 말과 사람의 비용으로 지출이 많아진다고 보았다. 또 더운 여름철이나 추운 계절에 개인이 등에 지고 운반한다면 그 고통이 매우 크다고 보았다. 가벼운 화폐를 사용한다면 말이나 사람이 많은 양을 운반할 수 있고, 운반하는 수고도 크게 덜 수 있다는 것이다. 운반의 수고를 많이 하는 층은 결국 상인이 될 것이다. 상인의 부담을 경감하는 것에 무게를 두고 있는 주장인 것이다. 이에 반해 부세제 운영에서 조세를 錢貨로 징수하자는 내용을 피력하고 있지는 않다. 결국 전화는 적은 분량을 가지고 많은 가치를 대표할 수 있으므로 원거리 수송에 지극히 편리하다는 것이다.

두 번째로 쌀의 거래에서 있을 수 있는 협잡을 막을 수 있다고 했다.

대개 먹는 것이란 백성들이 하늘과 같이 삼고 있는 것이다. 고독한 자, 과부, 곤궁한 자들이 오로지 白米에만 의뢰하고 있는 바 지금 이를 가지고 화폐로 삼는다면 良順치 못한 교활한 무리나 이익을 탐내는 기교한 무리들이 모래와 흙을 섞고 쭉정과 쓸데없는 쌀을 넣을 것이다. 또 작은 되를 큰 되로 속이고 輕量을 重量으로 속인다면 良善하고 호소할 곳 없는 백성들이 겨우 몇 홉을 얻어 키에 까불어 일고 가리면 없어지는 것이 10분의 4,5가 된다. 설령 엄한 형벌에 처한다 할지라도 금지시킬 수는 없을 것이다. 그러한 지금 錢貨를 사용한다면 간교한 무리들을 막고 곤궁한 사람을 도울 수 있을 것이다. 이것이 둘째 이익이다.[35]

34) 『大覺國師文集』 권12, "切謂方今 擬諸往昔圓法之功 實與相倍 儻若決行 利國有五 敢略陳之 夫米之爲貨 遠近貿易 提荷最難 實用止銖兩之輕 虛廢有千釣之重 或經數百里 裛米爲資 一馬之馱 不過二石 動踰旬浹 人馬之用 已耗半矣 或値大冬盛夏 貧民無畜 親自背負 觸熱冒凍 僵仆道途 莫知其艱 今用錢以免馱負之苦 其利一也"

35) 『大覺國師文集』 권12, "夫食者 民之天也 孤寡困窮 獨賴田米 今以爲貨 無良狡猾之徒 趣利機巧之輩 雜以沙土 加以塵腐 無用之粒 又有小升大升之僞 輕量重量之奸 良

양순치 못한 교활한 무리, 이익을 탐내는 무리가 쌀에 모래와 흙, 쭉
정이, 못먹는 쌀을 넣고 있으며, 또 작은 되를 큰 되로 속이고 있는 폐단
을 지적했다. 이러한 협잡 때문에 쌀을 수중에 넣어도 키에 까불고 일어
가리면 남은 것이 반도 되지 않는다는 것이다. 錢貨를 사용하면 미를 통
한 거래에서 있을 수 있는 협잡을 막을 수 있다고 보았다. 쌀에 먹지 못
하는 것을 섞는 부류, 또 도량형인 되[升]를 속이는 부류는 대체로 식리
활동에 종사하는 부류를 지칭하는 것으로 이해된다. 그리고 물건값으로
쌀을 지불하는 상인층도 부정 행위를 하는 부류에 포함될 것이다. 물품
화폐에 부정이 개재될 수 있는 것을 지적했으며, 금속화폐가 가치의 안
정성을 지닌 것으로 보고 있다.

셋째로 녹봉을 쌀로만 지급하는 데서 오는 폐단을 막을 수 있다고 했다.

> 국가가 녹봉을 주는 제도는 쌀로써 주는 것인 바 國家 倉庫의 쌀 저축은
> 겨우 1년밖에 가지 못한다. 그런데 兩班들은 祿 받기를 청하나 다른 고을의
> 것을 기다리기 때문에 督責이 엄하고 운반하기가 괴로운 것이다. 혹은 바람이
> 나 서리의 해를 받아 흉년이 들 때는 薄俸의 관리들은 여름철에 먹을 것이
> 없는데 권세 있는 豪族들은 때를 보아가면서 풀어놓아 2배나 暴利를 낸다. 이
> 리하여 細民은 더욱더 곤궁하고 貪吏는 더욱더 날뛰어 부강해진다. 심지어는
> 淸廉하고 단정한 선비들은 달리 얻는 것도 없이 부모를 섬기고 家畜을 부양
> 함에 전적으로 녹봉에만 의존한다. 나아가서 멥쌀의 반을 잡곡과 바꾸려고 짊
> 어지고 시장에 들어오는 것은 마치 行商과 다른 바가 없다. 이러니 圓法을 과
> 감히 시행하여 녹봉의 반을 표준삼아 돈을 지불하면 督責을 減할 수 있고 흉
> 년에 대비할 수 있고 권세 있는 호족들을 제압할 수 있고 청렴한 사람을 우대
> 할 수 있다. 이것이 세 번째 이익이다.[36]

善無告之民 僅獲升合 簸揚淘擇 其所亡者 十四五焉 雖處之嚴刑 不能止也 今用錢以
絶奸狡 而恤困窮 其利二也"

36)『大覺國師文集』권12, "國家均祿之制 以米爲給 左倉之儲 止盈一歲 兩班請受 唯俟
他州 督責至嚴 轉漕勞苦 或風霜저滯 勢時凶荒 薄官之家 至夏未食 權豪勢族 則計
程陪卸 取利一倍 細民益困 貪吏益雄 至於廉潔端士 他無所獲 仰事俯畜 全仗捧祿
復以百秕半易田糙 負荷入市 有同行商 圓法果施 准祿之半 以錢給之 則減督責 而備

녹봉은 조세의 수입으로 지급하는 것인데, 미곡의 확보를 위해 독촉이 엄하고 운반하는 고통이 크다는 것이다. 또 흉년이 들 때는 녹봉으로 지급할 미곡이 부족해 박봉의 관리들은 먹을 것이 없을 지경이라는 것이다. 흉년이 들 때 권세 있는 호족은 고리대를 해 폭리를 취해 細民은 더욱 곤궁해지고, 貪吏는 더욱 부강해진다고 했다. 녹봉에만 의존하는 청렴하고 단정한 선비는 녹봉 지급이 제대로 안 될 때 부모 봉양과 가족 부양을 위해 行商처럼 멥쌀을 잡곡과 바꾸려고 시장에 들어온다고 했다. 결국 녹봉의 반을 주화로 지불하면 무리하게 징수하는 폐단이 줄고, 흉년에도 녹봉의 부족을 피할 수 있고, 따라서 흉년 시에 고리대하는 것을 막을 수 있으며, 녹봉에만 의존하는 선비들에게도 제대로 녹봉을 지급하는 것이 가능하다는 것이다. 녹봉이 쌀로 지급됨으로써 흉년이 들 때는 녹봉 지급이 여의치 않게 되고, 이에 따라 녹봉으로 사는 사람이 어려워지고, 또 이 틈을 타 고리대하는 부류가 있는 것이다. 그러나 부세를 화폐로 징수하자는 주장을 하고 있지는 않다.

넷째 錢貨를 사용하면 내구성이 우수해 저장에 편리하다고 주장했다.

국가의 축적이란 珠玉·龜貝·金銀·犀象 등의 珍寶寶物을 제외하고는 오직 米布뿐이다. 그런데 布木은 오래 두면 상하는 손해가 있고 쌀은 오래 두면 썩는 손실이 있다. 나아가서는 좀이 먹고 습기가 차며 비가 새고 화재가 일어난다. 切實히 보건대 새 창고에 가득 찬 작년의 貢布는 몇 번만 습기가 차도 상한 것을 버리고 완전한 것을 가려보면 백에 10도 안 되며 작년의 화재 때에는 한 무더기에 불이 나자 백 무더기에 함께 불이 일어 순식간에 모두 재가 되었다. 지금 만일 鑄貨를 사용한다면 저장하기에 견고할 뿐만 아니라 백성들에게 나누어주는 데도 대단히 편리할 것이다. 이것이 그 넷째 이익이다.[37]

凶荒 抑權豪而優廉潔 其利三也"

37) 『大覺國師文集』권12, "國家帑藏 除珠玉龜貝之珍 金銀犀象之寶 其外積畜 獨米與 布 夫布久則有彫爛之殘 米久則有塵腐之壞 繼之以蟲蛀霉(?)濕 雨漏火災 切視大盈 新(倉) 舊年貢布 未經數霉 擇破取完 百無千好 往年火災 一堆被燃 百堆俱發 瞬息之 際 盡爲輕灰 今若用錢 非獨積蓄堅牢 抑亦賜與大(叟) 其利四也"

국가의 축적은 대부분 米와 布뿐인데, 포는 습기가 차서 상하기 쉽고 화재가 발생하면 전부 소실될 위험이 있으며, 미는 오래 두면 썩는 손실이 있다고 한다. 결국 미포는 내구성에 문제가 있어 저장하기가 곤란하다는 것이다. 이에 대신해 鑄貨를 사용하면 저장하기에 좋고, 백성들에게 나누어 주는 데도 편리하다고 보았다. 국가재정 측면에서 주화가 갖는 편리함을 지적한 것이다. 보관이 어려운 米布에 비해 錢은 보관이 안정될 뿐더러, 賜與하는 데에도 편리하다는 저장의 용이함을 지적한 것이다.

다섯째는 逸失하여 자세한 내용을 알 수 없다. 현재의 사치하는 풍속을 국가가 전을 주조함으로써 바로잡을 수 있다는 내용으로 추정하기도 한다.[38]

네 번째 부분은 亂世의 화폐제를 언급한 내용이다.[39] 王莽 때의 錯刀·契刀·小錢 등, 董卓 때의 소전, 公孫述·劉備·孫權 때의 주화, 晋元帝 때의 比輪沈郎, 梁高祖 때의 公式女錢, 北齊말의 화폐 등이 언급되었다. 이러한 난세 시의 법도는 지금의 도가 될 수 없다고 했다. 잘 다스려지는 때의 이미 행해진 제도를 상고하며, 중국에서 법할 만한 것을 참조하면, 이롭고 해로움의 분별을 분명히 알 수 있다고 했다.

다섯 번째는 구체적인 화폐 사용을 건의한 내용이다.[40] 『宋賢策粹』의 내용에 錢幣一篇이 있는데, 거기에는

> 역대에 걸쳐 편리하게 개량하였으며, 議士들이 是非를 아뢰었는데 오직 五銖만이 적당하다고 했으니 그것이 公論이다.[41]

라 했다는 것이다. 그러나 이에 대해 의천은 비판하고서 당 武德(618~

---

38) 이경록, 2000, 「高麗前期 銀幣制度의 成立과 그 性格」『韓國史의 構造와 展開』.
39) "自王莽僭僞 乃爲錯刀契刀"(13張 1줄)에서 "今若用錢則不然 必稽諸理世已行之制 參於中朝可法之儀 則利害之分 皎如日月"(13張 16줄)까지.
40) "臣嘗覽宋賢策粹"(13張 16줄)에서 "民間所利 以二銖四絫爲通也"(16張 끝)까지.
41) "歷代更改便宜 議士奏對是非 獨以五銖爲當 乃公論也"(14張 1~2줄)

626)에 五銖를 폐지하고 二銖四絫를 사용했다고 했다. 요즈음 중국에서 오수와 이수사루를 함께 사용하고 있는데 오수는 대전이라 부르고 一當二, 이수사루는 小錢으로 一當一이라고 보고서, 결국 민간에게 이로운 바는 二銖四絫라고 했다.[42]

여섯 번째는 주전을 꼭 시행해달라는 의례적인 내용을 담고 있다.[43] 왕은 이를 이룰 수 있는 성품이라는 것, 신의 학문이 얕아도 꼴꾼·나무꾼보다 못하지 않다는 것을 표현했으며, 지혜로 결단해 과감히 시행하라고 했다. 그리고 혹 조정에서 의심하거나 걱정하는 자가 있다면 신의 건의를 公論에 부치어 의논해 보기를 청한다고 했다.

가장 핵심적인 내용은 화폐의 편리함을 지적한 점과, 사용해야 할 화폐가 이수사루의 小錢이라는 점이다. 그런데 편리함의 지적에 그치지 말고 사용의 확대를 위한 구체적인 방법의 제시가 중요하다. 편리하다 해도 화폐로서 신뢰성을 가져야 가능한데, 신뢰해 사용토록 하는 구체적인 방법을 제시하고 있지 않다. 그리고 지금까지 이러한 편리함에도 불구하고 화폐를 사용하지 않은 이유가 있는 것이다. 따라서 그 원인을 제거하는 법이 제시될 필요가 있는 것이다. 사용을 확대하는 하나의 방법에 조세를 화폐로 거두는 것이 있을 것인데, 이에 대한 언급이 전혀 없다. 아마 그것은 고려하고 있지 않은 것으로 사료된다. 그리고 미포와 주화의 공존이냐, 대체냐에 대한 명확한 언급이 없다.

---

42) 宋에서는 五代에 사용되던 鐵錢을 대신하여 銅錢의 사용을 확대했다. 이때 화폐의 교환비율은 小鐵錢은 大鐵錢의 반, 小銅錢은 大鐵錢과 等價, 小銅錢은 大銅錢의 반으로 했다(宮崎市定, 1943, 『五代宋初의 通貨問題』, 278~290쪽). 五銖는 大銅錢으로, 二銖四絫는 小銅錢으로 이해된다. 銖는 1兩의 24분의 1을 가리키며(단국대 동양학연구소, 2008, 『漢韓大辭典』, 14冊, 288쪽), 絫는 1銖의 10분의 1이다(단국대 동양학연구소, 2008, 『漢韓大辭典』, 10冊, 1301쪽). 결국 10絫가 1銖가 되며, 1냥은 24銖(=240絫)가 된다. 二銖四絫는 24루이며, 1냥의 10분의 1이 된다.

43) "伏遇殿下以可致之資 又逢可致之時 錢泉布刀 實爲博濟"(14張 7줄)에서 "然臣念君親之重身 何敢恬塵黷(?)晃旒不勝踰越 恐懼之極 臣僧某 昧死頓首謹言"(16張 끝)까지.

4. 貨幣 政策과 鑄錢論의 위상

대각국사 의천이 주장한 주전론은 당시의 화폐 정책과 일정한 차이가
있다. 의천이 주장한 것은 銅錢이었고, 그것도 五銖가 아닌 二銖四絫로
서 소액화폐의 주조였다. 경제력이 큰 지배층은 물론 소농까지도 화폐
사용에 적극 동참시키고자 하는 의도에서였다. 그러나 현실 사회에서 진
행된 화폐 주조는 의천의 주장과 거리가 있는 것이었다.

화폐의 주조는 성종대부터 있었다. 민인들 사이에 이루어진 교역에서
는 米·布를 물품화폐로 사용했다. 성종대에 화폐의 주조를 국가가 장악
해, 그것을 유통시키고자 한 것은 중국의 예에서 참작한 것으로 볼 수
있다. 그러나 성종대에 주조한 것은 당이나 송에서의 동전이 아니라 鐵
錢이었다. 성종 15년(996) 4월에

　　　　처음으로 鐵錢을 사용했다.[44)]

라고 한 것이 그것이었다. 국가 주도 하에 화폐를 유통시킬 수 있는 여
건이 어느 정도 조성되었고, 국가의 상업에 대한 통제의 의도가 전제된
것이었다. 화폐를 통용시킴으로써, 즉 그것의 주조와 공급량을 조절함으
로써, 또 그것의 所持를 확인함으로써 교역 활동에 대한 영향력의 행사가
가능한 것이었다. 그런데 철전은 五代에 꽤 널리 주조되어 사용된 화폐로
서, 그 가치가 唐代의 開元通寶보다 떨어지는 소액화폐였다. 성종대에 시
행된 철전은 소액화폐로서, 소농민까지 고려한 화폐였다고 생각된다.

성종대의 철전은 최초의 주초화폐였지만 당시 교역 행위의 매개물로
서 널리 쓰이지는 못했다. 목종대에는 화폐의 사용을 더욱 엄히 강제하기

---

44) 『高麗史』 권79, 志33 食貨2 貨幣 成宗 15년 4월, 中冊, 736쪽.

에 이르렀다.45) 이에 대해 당시 侍中 韓彦恭은 상소해서 말하기를,

> 사람을 편안하게 하고 사물을 이롭게 하려면 모름지기 옛 제도에 따라 일
> 관성이 있어야 합니다. 지금 선왕을 계승하여 鐵錢을 사용하게 하고 麤布 사
> 용을 금지함으로써 풍속을 놀라게 하였으니, 나라의 이익이 되지 못하고 다만
> 민의 원망만을 일으킵니다.46)

라고 반대했다. 성종을 계승해서 철전을 사용케 하고 麤布의 사용을 금
지해 풍속을 놀라게 하는 것은 국가의 이익이 되지 못하고 백성의 원망
만을 일으킬 뿐이라는 것이다. 이를 보면 목종은 성종보다 더 적극적으
로 철전의 사용을 강제했던 것을 알 수 있다. 이에 대해 목종은

> 차와 술, 음식 등 여러 점포에서 교역할 때는 이전과 같이 철전을 쓰도록
> 하고, (이외에) 백성 등이 사사로이 서로 교역할 때는 임의대로 토산물[土宜]
> 을 사용하게 하라.47)

고 했다. 茶·酒·食·味 등의 점포에서의 교역은48) 화폐를 사용하되 백성
의 사사로운 교역은 편리한 대로 하자는 것이다. 점포에서는 화폐를 사용
하도록 했지만, 백성에게는 사용을 강요하지 않았던 것이다. 민인들은 추
포를 사용하여 교역하는 것이 일상이었던 것으로 보인다. 철전의 가치가
높은 것이 아니기에 민간의 교역에 강제할 수 있는 것이었지만, 추포에
친숙했기에 갑자기 사용토록 하는 것이 쉽지 않았던 것이다. 철전 사용의
강제는 미포를 사용하는 일반 민인에게 큰 부담이 되었을 것이다. 그 이

---

45) 『高麗史』 권79, 志33 食貨2 貨幣 穆宗 5년 7월, 中冊, 736쪽.
46) 『高麗史』 권79, 志33 食貨2 貨幣 穆宗 5년 7월, 中冊, 736쪽.
47) 『高麗史』 권79, 志33 食貨2 貨幣 穆宗 5년 7월, 中冊, 736~737쪽.
48) 김병인·김도영, 2010, 「고려 전기 금속화폐와 店鋪」 『한국사학보』 39, 고려사학회 ;
　　정용범, 2014, 「고려시대 酒店과 茶店의 운영」 『역사와 경계』 92, 부산경남사학회 ;
　　윤성재, 2018, 「고려시대의 차[茶]와 다방(茶房)」 『사림』 65, 수선사학회.

후 국가 주도 하에 적극적인 화폐 주조 및 사용이 추진되지는 않았다.[49]

鐵錢이라는 저가 화폐를 주조하여 사용을 강제했지만, 곧 후퇴하고 민인들은 미나 포 등을 화폐로 사용해 교역하고 있었던 것이다. 이런 사정을 전제로 해서 의천이 주전론을 주장한 것인데 그것은 민간에서 사용할 수 있도록 二銖四絫의 저가 동전을 주조하라는 것이었다.

숙종대의 화폐 정책은 의천의 주전론을 수용하면서 이루어졌다.[50] 숙종 2년(1097)에

> 장차 민간에 큰 이익을 일으키고자 鑄錢하는 관청을 세우고 백성들에게 두루 유통시키려 한다.[51]

는 敎를 내렸다. 민간의 큰 이익을 일으키기 위해 주전 관청을 세워 백성들이 화폐를 사용할 수 있도록 하겠다는 것이다. 이 무렵에 의천이 주전론을 상소했던 것으로 보인다. 그리하여 화폐를 주조해 꽤 통용이 되었던 것 같다. 숙종 6년 4월에 鑄錢都監에서 아뢴 내용이 그것을 암시한다.

> 鑄錢都監에서 아뢰기를, "나라 사람들이 비로소 錢幣 사용의 이로움을 알아 편리하게 여기고 있으니 바라건대 宗廟에 고하소서."라고 했다.[52]

---

49) 성종대 주조한 철전의 사용 전말에 관해서는 허은철, 2013,「고려 초기 법정화폐 정책」,『청람사학』22.

50) 숙종대의 화폐 정책에 대해서는 아래의 글이 참고된다. 秋浦秀雄, 1932,「高麗 肅宗朝에서의 鑄錢動機에 관해(上·中·下)」『靑丘學叢』7·8·9 ; 金柄夏, 1972,「高麗時代의 貨幣流通」『慶熙史學』3 ; 李景植, 1987, 앞의 논문 ; 蔡雄錫, 1988,「高麗前期 貨幣流通의 기반」『韓國文化』9, 서울대 ; 金光植, 1989,「高麗 肅宗代의 왕권과 사원세력-鑄錢政策의 배경을 중심으로-」『白山學報』36 ; 정용범, 1997, 앞의 논문 ; 鄭修芽, 1999,「高麗中期 改革政治와 北宋新法의 受容」, 서강대 박사학위논문 ; 이홍두, 2005,「고려전기의 화폐 주조와 유통정책」『實學思想硏究』28, 毋岳實學會 ; 정용범, 2014,「고려 전·중기 유통경제 연구」, 부산대 박사학위논문 ; 김도연, 2018,「고려시대 화폐유통 연구」, 고려대 박사학위논문.

51)『高麗史』권79, 志33 食貨2 貨幣 肅宗 2년 12월, 中冊, 737쪽.

주전도감에서 국인이 비로소 화폐 사용의 이익을 알아 편리하게 여기고 있으니 종묘에 고하라는 것이다. 숙종 2년 이후 화폐가 주조되고 적극적인 유통책에 의해 꽤 통용되었음을 알 수 있다. 이때 주조해 유통시킨 화폐는 의천의 견해를 수용한 이수사루의 동전이었을 것이다.

그러나 같은 해에 銀甁 문제가 제기되고 있다.

> 銀甁을 사용하여 화폐로 삼았는데, 그 제도는 은 1근으로 만들되 우리나라 지형을 본 뜬 것으로 속칭 闊口라 했다.[53]

은병을 화폐로 했는데 은 1근으로 만들어 본국의 지형을 본떴으며 속칭 闊口라 한다는 것이다. 은 1근으로 주조한 은병은 고가이며 민인이 교역에서 화폐로 사용할 수 없는 것이다.[54] 이것의 주조는 의천도 상소한 바가 없다. 은병의 주조는 의천의 견해에서 멀어져 가고 있음을 암시

---

52) 『高麗史』 권79, 志33 食貨2 貨幣 肅宗 6년 4월, 中冊, 737쪽.
53) 『高麗史』 권79, 志33 食貨2 貨幣 肅宗 6년, 中冊, 737쪽.
54) 田炳武, 1992, 「高麗時代 銀流通과 銀所」 『韓國史硏究』 78, 89쪽.

시 기	물 가 표 시	출전
인종 10년 7월	은병 1사 미 5석	세가
고종 3년 윤7월	은 1정 미 4.5석	세가
고종 43년 12월	은 1근 미 2곡	세가
충렬왕 3년 2월	은병 1근 미 50여 석	식화2
충렬왕 8년 6월	은병 1근 미 20석	식화2
충렬왕 9년 7월	은병 1근 미 15.6석(개경)	식화2
	은병 1근 미 18.9석(지방)	
충렬왕 21년 4월	백금 1근 미 30석	식화2
충선왕 원년 2월	은 1근 염 66석(1량 4석)	식화2
충숙왕 15년 12월	은병상품병 종포 10필	식화2
	은병첩병 종포 8.9필	
충혜왕 원년 4월	소은병 5종포 15필	식화2
공민왕 5년 9월	은 1량 8포	식화2

한다. 의천이 숙종 6년에 入寂하는 것과 관련이 있는 것은 아닐까 여겨
진다. 의천의 입적을 전후해 국가 화폐 주조 정책의 기류가 변하고 있음
을 엿볼 수 있는 것이다.

또한 숙종 6년 6월에

> 근래에 간사한 民이 구리를 섞어 몰래 주조하고 있다. 지금부터 銀瓶을 사
> 용할 때는 모두 檢印 표시를 하여 영구적인 법식으로 삼고, 어기는 자는 엄하
> 게 논할 것이다.[55]

라고 했다. 은병 제작이 법제화할 무렵 이미 은병에 구리를 섞어 주조하
는 일이 발생하고 있는 것이다. 이에 은병에 표인을 하게 한 것이다. 은
병의 주조권을 국가가 독점하고 私人이 갖지 못하도록 통제하고 있는
것이다. 고가의 귀중품으로 화폐를 주조할 때는 含量을 줄여 제작하는
일은 늘상 있는 일이었다. 액면가보다 실제 가치가 떨어지는 것이었다.
그러한 일은 개인도 하지만 국가가 유혹을 받아 하는 일이 많았다.[56] 제
작 비용의 차이를 국가의 재정 수입으로 하는 것이었다. 금폐·은폐의 제
작에서 국가·위정자는 늘 이런 유혹에 빠져 실제로 행함으로써 재정 확
대를 도모했다. 국가가 먼저 은의 함량이 떨어지는 은병을 만들었고, 개
인도 그러한 일을 하자, 이에 국가는 독점권을 행사한 것으로 보인다.
아무튼 은병의 주조, 또 銅 등을 섞어 은의 순도가 떨어지는 은병의 주
조는 의천의 주전론에서 크게 멀어져 간 것이다. 주전의 계기는 의천이
제공했지만, 국가는 재정상의 필요에서 은병의 주조에 적극 나서고 있는
것이다.

숙종 7년 9월에는 서경에서 상업이 부진하다고 하면서 백성이 상업의

---

55) 『高麗史』 권79, 志33 食貨2 貨幣 肅宗 6년 6월, 中冊, 737쪽.
56) 갈브레이드(崔光烈 역), 1977, 『돈-그 歷史와 展開-』, 玄岩社, 20쪽 ; 김학은 편
   저, 1994, 『돈의 역사』, 학민사, 54~59쪽.

이익을 잃고 있으니 留守官은 貨泉別監 두 사람을 임명하여 날마다 市
肆를 감독하게 하여 상인들이 모두 무역하는 이익을 얻게 하라고 했
다.57) 이것은 화폐의 사용 권장과 함께 상업을 장려하는 조치로 보인다.
그리고 숙종 7년 12월에는 다시 동전의 제작을 확대해 지배층에 賜與했
다. 富民利國에 錢貨보다 중요한 것이 없으며, 宋이나 거란에서는 이미
화폐 사용이 오래되었으나 우리만은 아직 행해지지 않았다는 것이다.
이를 보면, 6년의 화폐 사용은 부분적인 것이었음을 엿볼 수 있다. 그리
하여

> 주조한 錢 15,000貫을 宰樞와 文武兩班 및 군인에게 나누어 하사하여 화
> 폐 사용의 시작점[權輿]으로 삼으며, 錢文은 海東通寶라고 한다.58)

라고 하듯이 주조화폐 15,000관을 재추 및 문무양반·군인에게 나누어
사여해 화폐 사용의 시초로 삼고 화폐의 이름을 海東通寶라 했다. 또한
화폐의 사용을 太廟에 고하도록 했다. 그리고 京城에 左右酒務를 두고,
街衢 양쪽에도 尊卑를 막론하고 점포를 두어 화폐 사용의 이익을 일으
키라고 했다.59)
숙종 9년 7월에는 화폐의 사용을 지방까지 적극 확대시키고 있다.

> 州縣에 명령하여 米穀을 내어 술과 음식을 파는 점포를 열고 民의 貿易을
> 허락하여 錢의 이로움을 알게 했다. 이때에 화폐[泉貨]가 유통된 지 이미 3년
> 이 되었지만, 민이 가난하여 널리 사용될 수 없었으므로 이러한 명령이 있게
> 되었다.60)

---

57) 『高麗史節要』 권6, 肅宗 7년 9월, 179쪽.
58) 『高麗史』 권79, 志33 食貨2 貨幣 肅宗 7년 12월, 中冊, 737쪽.
59) 위와 같음.
60) 『高麗史』 권79, 志33 食貨2 貨幣 肅宗 9년 7월, 中冊, 737쪽.

주현에 명해 미곡을 내서 酒店·食店을 열어 민이 무역하게 함으로써
화폐의 이로움을 알도록 하라는 것이다. 화폐의 사용이 이미 3년이나 되
었으나 백성이 가난해 활발하게 사용치 못하자 내린 조치였다. '民貧'이
역시 화폐 사용을 막는 가장 큰 저해 요인이었다. 田主佃客制의 운영은
농민 잉여산물을 전주층이 吸入하고 있었다. 때문에 농민 스스로 독자적
인 시장기구를 형성해 활발한 교역을 하기 힘들었다.[61] 민빈의 문제를
어느 정도 해소하지 않고 화폐의 사용을 적극 권장한다는 것은 효과를
떨어뜨리는 일이었다.

숙종대에는 이처럼 銅錢과 銀甁 2가지의 화폐의 제작을 시도했다. 동
전의 주조는 의천이 적극 권장한 바였고, 은병은 그렇지 않았다. 화폐의
주조를 통해, 공급량을 조절하고 재정 수입을 확보할 수 있었다. 은병은
민인들과 관계가 먼 화폐였고 동전은 민인이 사용할 수 있지만, '민빈'으
로 그 사용이 활발할 수 없었다. 그리고 그것의 확대 방법도 부세 수입
의 금납화를 통한 것이 아니라, 점포에서의 거래를 강조하는 것이었다.
이것은 국가의 의지도 약한 것이었고, 민의 화폐에 대한 신뢰도 높일 수
있는 것이 아니었다. 화폐는 신용이 있어야 사용할 수 있는 것인데, 국가
가 적극적으로 그 신용을 높이려는 시도를 하고 있지 못한 것이다. 국가
재정의 위험을 무릅쓰고 부세를 화폐로 거둔다든지, 녹봉을 화폐로 지급
한다든지 등의 적극적인 실천 의지가 없는 것이다. 때문에 국가의 주조
화폐에 대한 민인의 신뢰가 높지 않았던 것이다.

화폐 주조액 15,000관도 불충분한 것이었다. 宋의 경우 국초에 80만
관을 주조한 바 있고, 1080년의 경우 506만 관을 주조한 바 있다.[62] 고
려시대 15,000관으로 전국적인 화폐 유통을 기대하기에는 어려움이 컸
을 것이다.

---

61) 李景植, 1987, 앞의 논문.
62) 李範學, 1989, 「宋代의 社會와 經濟」 「講座中國史」 Ⅲ, 177쪽.

국가는 소액화폐인 동전, 고액화폐인 은병을 제작 유통시키려 한 것이었다. 국가의 입장에서는 두 화폐 모두 사용을 권장하는 것이었지만, 재정 수입의 확대에는 은병이 유리했다. 실질가치 이상의 교환가치를 설정함으로써 주조 이익을 확보하여 국가재정에 도움이 될 수 있기 때문이다. 따라서 동전의 통화를 위해 노력하기도 했지만 그 의지도 약했고, 民貧의 사정 속에서 뿌리내리기도 어려웠다.

예종 초에 中外臣僚들이

> 선왕의 錢幣 사용이 편리하지 않다고 많이 말했다.[63]

고 하자, 예종은

> 錢法은 예전의 제왕들이 나라의 富強과 民의 편리를 위해 한 것이지, 나의 先考께서 재화를 늘리려고 한 것이 아니다.[64]

라고 변명했다. 화폐의 사용의 불편함을 신료들이 말하자 부국편민을 위한 것이고, 숙종이 식화를 위해 한 것이 아니라고 하면서 물리치고 밀고 나갔다. 다만 關津의 商稅만은 거두지 않겠다고 했다.[65]

그러나 이것도 잠시일 뿐, 동전의 주조 및 유통은 거의 이루어지지 않게 되었다. 民貧과 국가 의지의 결여가 중요한 배경이었다.[66] 그러나 은병만은 지속적으로 사용되었다.[67] 富力을 가진 지배층이 사용하고 있

---

63) 『高麗史』 권79, 志33 食貨2 貨幣 睿宗 원년, 中冊, 737쪽.
64) 『高麗史』 권79, 志33 食貨2 貨幣 睿宗 원년 7월, 中冊, 737쪽.
65) 『高麗史節要』 권7, 睿宗 원년 7월, 187쪽.
66) 아마 동전 주조에 필요한 원료인 銅의 확보가 충분치 못한 점도 중요한 요인이었을 것이다(李炳熙, 2015, 「高麗時期 寺院의 金屬 消費-銅 使用 佛敎 工藝品을 중심으로-」 『역사와 담론』 75, 호서사학회(본서 제3부 수록) 참조).
67) 이경록, 2000, 앞의 논문.

고 또 국가의 재정 수입에 도움이 되었으므로 국가의 의지가 강했기 때문이었다.

의천의 주전론은 이처럼 숙종대에 어느 정도 수용되었다. 그러나 의천이 의도한 대로 진행된 것은 아니었다. 재정 수입에 몰두하던 숙종으로서는 은병의 사용을 보다 강조한 것이다. 의천이 주장한 민의 적극적인 사용을 전제로 한 주전론은 뿌리를 내리지 못했다.

5. 結語

의천은 불교사상의 측면에서 주목을 끄는 승려였을 뿐만 아니라 또한 수준 높은 경세가였다. 그의 주전론은 상식적인 수준의 짧은 내용이 아니라 깊은 내용을 담은 장문이었다.

주전론은 의천의 특이한 학문과 경험에서 나올 수 있었다. 의천은 불교 이외에도 儒學이나 歷史學을 공부했으며, 송나라와 교섭하는 과정에서 상인과 빈번한 접촉을 함으로써 상업의 중요성과 화폐의 편리함을 알 수 있었다. 그리고 화폐의 사용이 활발한 송에서의 경험, 스스로 많은 재화를 보유하고 처리한 경험, 그리고 흥왕사의 주지를 역임한 경험 등은 화폐의 중요성과 편리성을 더욱 깊게 인식하는 계기가 되었을 것이다. 주전에 대한 포부는 숙종이 왕위에 오른 얼마 후 개진되었으며, 이를 계기로 숙종대에 화폐 정책이 적극 추진될 수 있었다.

주전론에서는 중국 화폐사를 정리했으며, 亂世의 화폐제는 취하지 말고 잘 다스려지던 때의 것을 참작해야 한다고 했다. 화폐의 편리함으로는 운반의 수고를 덜 수 있는 점, 쌀의 거래에서 있을 수 있는 협작을 막을 수 있는 점, 녹봉을 쌀로만 지급하는 데서 오는 폐단을 막을 수 있는 점, 내구성이 우수해 저장에 유리한 점 등 4가지를 주장했다. 그가 사용할 것을 주장한 화폐는 二銖四絫의 소액화폐였다.

고려는 이미 성종대부터 화폐를 사용한 바 있었다. 그것은 鐵錢으로서 소액의 화폐였으며, 백성에게 그 사용을 강제하는 것이었다. 그런데 미포를 사용한 거래에 친숙한 민인이 큰 불편을 느껴서, 목종 이후 철전은 활발하게 사용되지 못했다. 화폐 유통책은 다시 숙종대에 와서 추진되었는데, 의천의 주장이 그 배경이 되었다. 의천이 사용해야 한다고 한 것은 二銖四絫로서 철전보다는 다소 고가인 銅錢이었다. 民貧 때문에 널리 사용되지 못하였으며, 오히려 은병을 주조해 사용하는 방향으로 나아갔다. 은병의 사용은 의천의 주장과는 거리가 먼 것이었다. 은병은 고액화폐로서 민인이 사용하기 어렵고, 반면에 국가재정 수입의 증대에 활용될 소지가 큰 것이었다. 결국 현실에서 실행된 화폐 정책은 의천의 주장과 일정한 거리가 있는 것이었다.

의천의 주전론은 유통과 관련된 것이지, 생산과 관련된 것이 아니다. 즉 권농의 문제, 농지 개간, 기술 향상 등 생산과 관련한 내용이 아닌 것이다. 이 점에서 그의 주전론은 분배 교환의 문제에 보다 깊은 관심을 보이는 불교 경제사상의 일반적인 흐름과 무관하지 않다고 하겠다.

제2장 高麗時期 術僧의 活動과 그 意味

1. 序言

고려시기 승려들은 불교 교학에 대한 이해가 깊었다. 僧科에 합격해 僧階를 수여받고 주지를 역임하는 승려의 학문과 수행 수준은 매우 높은 것이었다. 교종 승려나 선종 승려 모두 그러했다. 그것을 바탕으로 다른 승려를 지도하고, 속인들에 대한 종교적 영향력을 행사하며, 불교계를 이끌어갈 수 있었다.

승려들은 불교 교학에 대해서만 높은 수준을 보이는 것이 아니었다. 현실 사회의 여러 분야에 필요한 '術數'에[1] 대해서도 상당한 소양을 갖는 이가 많았다. 그러한 술수를 발휘함으로써 승려는 세속인이나 사회에 대해 상당한 영향력을 행사할 수 있었으며, 때로는 사회·국가의 질서를 뒤흔드는 경우도 있었다.

승려들은 그밖에 기술 능력도 보유하고 있었다.[2] 匠人의 기술로 상징되는 이 능력은 상당한 숙련을 전제로 한 것이어서 누구도 논란의 여지

---

1) 술수에 대한 국어사전의 의미는 '術策' 또는 '陰陽, 卜筮 따위로 길흉을 점치는 방법'으로서 부정적인 의미가 강하지만, 이 글에서는 신비적·주술적인 측면만이 아니라 경험에서 오는 과학적 측면도 포함하는 것으로 이 용어를 사용할 것이다. 아래에서는 의술, 풍수지리, 점복을 비롯한 여러 술수에서 능력을 발휘한 승려를 술승으로 일컫고자 한다.

2) 고려시기 기술 능력을 보유한 僧匠은 다양한 분야에 걸쳐 활약했다. 그들에 대해서는 다음의 글이 참고된다. 林英正, 1992, 「高麗時代의 使役·工匠僧에 대하여」 『韓國佛敎文化思想史-伽山李智冠스님 華甲紀念論叢-』상 ; 宋聖安, 2001, 「高麗後期 寺院手工業의 工匠과 手工業場」 『韓國中世社會의 諸問題-金潤坤敎授 停年紀念論叢-』.

가 없는 명확한 것이었다. 반면 술수는 신비적·초월적이며 눈에 보이지 않는 것이므로 입증하기 힘든 영역이었다. 의술, 풍수지리, 점복·관상 분야가 술수의 중심이지만, 술수는 그밖에 다양한 영역을 포함하였다. 이런 분야에서 승려가 상당한 능력을 발휘해 현실에서의 어려움을 극복하고 해결하는 데 큰 도움을 주기도 했다. 그러나 그것이 갖는 주술성, 검증 불가성으로 인해 현실 사회에 엄청난 부정적 영향을 주는 것도 사실이었다. 문제를 일으키는 술승은 '惑民僧'으로 부를 수 있을 것이다. 술수를 보유한 승려가 혹민승으로 전환되는 일은 늘상 존재했다.

이 글에서는 일차적으로 의술, 풍수지리, 점복·관상 분야에서 탁월한 능력을 발휘한 승려의 활약상을 제시하고자 한다.3) 먼저 술수를 문헌기록을 통해 파악하고 술승의 범주를 설정하고자 한다. 그리고 다양한 분야에서 활동한 술승의 구체 내용을 정리하고, 그 술승에 대한 민인의 호응, 그리고 정부의 대응 및 조치를 살피고자 한다. 이렇게 함으로써 술승의 활동이 갖는 긍정적 의미와 부정적 의미를 함께 해명할 것이다. 조선초 술수 분야가 전문화되고 승려에 대한 억압 조치가 취해지면서 이 분야에서 술승의 활동 공간이 크게 축소됨도 아울러 지적하고자 한다.

2. 術數의 구분과 術僧의 존재

고려사회에서 術數는 현실의 과제를 해결하는 데 크게 기여했다. 그것은 잡과·잡학을 중시하는 데에서 잘 나타난다. 잡학이나 잡과에 대한 차별 의식이 강하지 않았기 때문에 관인으로서 그 분야에 상당한 소질을

---

3) 속인으로서 의술·풍수지리·점복의 분야에서 활약한 이들도 적지 않았음은 물론이다. 그러나 고려시기 어느 계층보다 승려가 이런 분야에서 두드러진 활약을 펼쳤다고 할 수 있다. 그 점은 이하의 서술에서 확인할 수 있을 것이다.

발휘하는 이들이 적지 않았다. 잡학을 공부하고 잡과·잡업에 합격한 이들 가운데 고위 관인으로 승진하는 예가 드물지 않았다.4) 제술업이나 명경업 등 유학을 공부한 관인 가운데에도 술수를 겸하는 이가 많았다. 조선시기에 유자들이 잡학을 멀리해야 한다고 생각한 것과는 달리 이들에 대한 평가가 부정적이지 않았다.

고려시기 과거는 대별하여 제술과, 명경과 및 잡과로 나뉜다. 잡과의 구체적 세부 종류에 대해서 여러 자료가 언급하고 있다. 『高麗史』選擧志 序文에 따르면 잡과에는 여러 분야가 있었다.

> 과거에는 製述業과 明經業의 두 가지가 있었고, 醫業·卜業·地理業·律業·書業·算學·三禮業·三傳業·何論業 등의 雜業은 각각 그 전공에 따라 시험을 쳐서 합격시켰다.5)

잡업에는 의업, 복업, 지리업, 율업, 서업, 산업, 삼례업, 삼전업, 하론업 등이 있었음을 알 수 있다. 李子淵이 상주한 내용 중에도 電吏·所由·注膳·幕士·驅使·門僕의 자손으로 제술업·명경업·律業·書業·算業·醫業·卜業·地理業의 학업에 뛰어나서 과거에 급제한 사실이 언급되어 있다.6) 율업, 서업, 산업, 의업, 복업, 지리업이 잡과임을 알 수 있다. 잡과·잡업에는 이상에서 언급한 律業, 書業, 算業, 醫業, 卜業, 地理業, 三禮業, 三傳業, 何論業 외에 政要業과 呪噤業이 있어서 모두 11종류였다.7)

---

4) 김창현, 1992, 「고려시대 일관에 관한 일고찰」 『史學硏究』 45 ; 李熙德, 1997, 「高麗의 天文官制」 『東方學志』 96 ; 이미숙, 2001, 「고려 의관 임무와 사회적 지위」 『湖西史學』 31 ; 이미숙, 2003, 「고려시대 율서산관」 『상명사학』 8·9합집, 상명사학회 ; 이미숙, 2009, 「고려시대의 역관 연구」 『韓國思想과 文化』 46 ; 李美淑, 2010, 「高麗時代 技術官의 사회적 지위」 『韓國思想과 文化』 51 ; 李美淑, 2010, 「高麗時代 技術官의 역할」 『韓國思想과 文化』 52.

5) 『高麗史』 권73, 志27 選擧1 序文, 亞細亞文化社 影印本 中冊, 589쪽(이하 같음).

6) 『高麗史』 권95, 列傳8 李子淵, 下冊, 121쪽.

7) 朴龍雲, 1990, 『高麗時代 蔭敍制와 科擧制 硏究』, 一志社, 594~624쪽 ; 宋春永,

잡과·잡업의 구체적 내용은 다양하지만, 그것을 일정하게 범주화해서 구분지어 파악하고 있었다.8) 특히 의업, 복업, 지리업이 하나의 범주로 파악되는 것은 흔히 볼 수 있다. 이것은 잡업 가운데 세 분야가 공통성을 가지고 있기 때문이다. 인종 14년(1136) 잡업의 하론업, 서업, 산업, 율업의 선발 방식을 언급한 다음 의·복·지리업을 별도로 범주화하고 있다.9) 의업, 복업, 지리업이 하나로 묶여서 언급된 것은 다른 잡업과 구분됨을 의미하는 것이다.

인종 18년 명법이 단지 율령만을 읽으면 되므로 과거에 급제하기 쉬워 몰려들고, 반면에 제술업·명경업의 양대업 및 의·복·지리업에 응시하는 자가 적다고 했다.

> 제술업·명경업의 양대 과거와 의업·복업·지리업은 나라에서 폐지할 수 없는 부문인데도 현재 응시자가 적다.10)

의업·복업·지리업이 비슷한 성격을 지니고 있음을 의미하는 것이다. 과거 합격자에 대해 토지를 지급하는 데에서도 의·복·지리가 하나의 범주로 묶이고 있다. 製述業·明經業·明法業·明書業·算業 出身의 경우, 초년에 甲科는 20結을 지급하고, 나머지에게는 17結을 지급하며, 何論業 出身의 경우 義理通曉한 者에게는 2년째에 급전하는데, 醫·卜·地理業의 경우 정해진 법이 없으니 明法·書·算業의 예에 따라 급전토록 했다.11)

1993, 『高麗時代 雜學敎育 硏究』, 螢雪出版社, 175~219쪽 참조. 잡학의 범주에 들지만 정식 과거인 雜科를 실시하지 않은 분야는 譯學·吏學이다. 조선시대의 잡과에는 譯科, 醫科, 陰陽科, 律科 등 4종류가 있었다(李成茂, 1994, 『韓國의 科擧制度』, 集文堂, 162~187쪽).
8) 잡학 가운데 율·서·산학의 교육은 국자감에서 담당하여, 다른 잡학과 구분되었다.
9) 『高麗史』 권73, 志27 選擧1 科目1 仁宗 14년 11월, 中冊, 592~593쪽.
10) 『高麗史』 권73, 志27 選擧1 科目1 仁宗 18년 윤6월, 中冊, 593쪽.
11) 『高麗史』 권74, 志28 選擧2 科目2 凡崇獎之典 文宗 30년 12월, 中冊, 614쪽.

의업·복업·지리업이 다른 잡업인 명법업, 명서업, 산업, 하론업과 구분
되어 언급하고 있다.

물론 항상 의업·복업·지리업이 하나로 범주화되어 인식되는 것은 아
니다. 그와 다른 범주로 묶여 언급한 경우도 없지 않다. 우왕 9년(1383)
외방의 향리가 역을 피해 잡업에 의탁해 역을 면제받고 있다고 하면서
그들이 명서업·지리업·의율업을 칭하나 실제의 재주는 없으면서 관직에
올라 역을 면제 받았다는 지적이 있다.12) 흔히 같은 범주로 파악되던 복
업이 누락되고, 명서업과 율업이 지리업·의업과 동일한 범주로 파악된
것이다.

조선초에도 잡학13) 가운데 지리·복서·의약이 자주 하나의 범주로 파
악되고 있다. 조선 개국 직후 도평의사사 배극렴과 조준 등이 올린 22조
의 上言 가운데에도 여러 분야에 소양이 있는 이들을 7분야로 구분해서
발탁 등용할 것을 주장한 것이 있다. 여기에서 천문·지리·복서·의약이
하나의 범주로 구분되고 있었다.14) 지리·복서·의약에 천문이 추가되어
있기는 하지만 지리·복서·의약이 하나의 범주로 파악되고 있는 것은 분
명하다. 조선초 세조 3년(1457) 과거에서 글의 뜻이 奇偉했던 李永垠을
세조가 불러서 天文·地理·醫藥·卜筮도 儒者가 폐할 수 없는 것이니 힘
쓰라고 했다.15) 天文·地理·醫藥·卜筮가 하나의 범주로 구분되고 있음을
알 수 있다. 세조의 경우 잡학의 여러 분야 즉 天文·地理·醫藥·卜筮 분
야에 능숙했다.16)

이처럼 잡학의 여러 영역 가운데 의업, 지리업, 복서업은 하나의 범주

---

12) 『高麗史』 권75, 志29 選擧3 銓注 鄕職 辛禑 9년 2월, 中冊, 654쪽.
13) 잡학은 잡과의 여러 전공 영역을 포괄하는 것인데, 고려시기 잡과에 들지 않지만
    잡학의 범주에 포함되는 것으로 譯學·吏學이 있었다.
14) 『太祖實錄』 권2, 太祖 1年 9月 壬寅(24일). 國史編纂委員會 影印本 1冊, 31쪽(이하
    같음).
15) 『世祖實錄』 권6, 世祖 3年 2月 癸卯(9일), 7冊, 177쪽.
16) 『世祖實錄』 권32, 世祖 10年 1月 庚申(7일), 7冊, 600쪽.

로 묶어서 이해하고 있다. 때로는 천문이나 서·율업이 함께 지칭되지만
일관되게 의·복·지리업이 하나의 범주로 묶이고 있다. 그것은 세 영역이
공통점을 갖고서 다른 잡학과 구분되는 속성을 갖기 때문이다.[17) 잡학의
다른 영역과 달리 이 세 영역은 흔히 術數 혹은 雜術로 일컬어졌다.[18)

  잡학 가운데 의·복·지리 분야가 통상 術數로 일컬어졌음은 여러 사례
에서 확인할 수 있다. 晉含祚는 술수를 담당했는데, 그가 한 일은 국가에
서 일이 있을 때 도참으로서 자문에 응하는 것이었다.[19) 도참에 관련한
일을 술수라고 표현한 것이다. 술수가 풍수도참 관련한 것을 지칭함은
吳延寵이 언급한 내용에서 분명하다. 예종대 基業을 연장하려고 서경에
龍堰宮을 짓고자 하자 오연총은 그것이 옳지 않은 일이라고 비판했다.
즉 그는 문종도 술수에 미혹되어 서경에 좌우궁을 두었지만 곧 후회했으
며 보응이 없다고 해서 巡御하지 않았다는 것이다.[20) 술수는 결국 지리
도참설을 의미한다.

  술수는 점술·관상술을 가리키는 경우도 보인다. 崔山甫는 음양술수에
능하며 점술로 사람들을 미혹케 했고, 또 목소리와 외모를 살펴 사람의
빈부와 壽夭를 판단할 수 있었다고 했다.[21) 그러므로 술수에는 점술·관

---

17) 잡과의 11개 영역 가운데, 律·書·算의 세 영역은 명백해서 신비성이 개입할 수
  없는 영역이다. 그리고 三禮·三傳·何論의 잡과는 유교의 경전과 관계된 분야이고
  政要業은 『貞觀政要』를 시험보았으므로 해석의 차이는 있을 수 있어도 신비하거
  나 주술적인 측면이 포함된 것은 아니다. 呪噤業은 의업의 보조로 보이나 정확한
  실체를 파악하기 힘들다.
18) 신비한 것, 주술적인 것, 눈으로 확인할 수 없는 것, 미래의 불확실한 상황에 관한
  것이 주로 술수·잡술이라 하겠다. 주로 미래의 길흉화복, 결과가 확실하지 않은
  질병 치료 등을 다루는 재능을 일컫는다. 율·서·산·하론·삼전·삼례·정요 등의 잡
  학은 술수·잡술로 보기 힘들다. 결국 술수는 의·복·지리 분야를 중심으로 신비하
  고 주술적인 영역을 가리킨다.
19) 『高麗史』 권5, 世家5 顯宗 21년 7월, 上冊, 113쪽 ; 『高麗史節要』 권3, 顯宗 21년
  7월, 亞細亞文化社 影印本 98쪽(이하 같음).
20) 『高麗史』 권96, 列傳9 吳延寵, 下冊, 155쪽 ; 『高麗史節要』 권7, 睿宗 2년 9월, 191쪽.
21) 『高麗史』 권129, 列傳42 叛逆3 崔忠獻附 怡, 下冊, 804~805쪽 ; 『高麗史節要』 권

상술이 포함되는 것으로 보인다.

술수가 점술을 가리키는 예를 더 볼 수 있다. 무신난이 발발했을 때 화를 면한 韓就라는 인물은 湍州人이었는데, 술수에 정통해서 사람의 화복을 능히 말할 수 있었다고 한다.[22] 화복을 말할 수 있는 능력은 미래의 운명을 예언하는 능력, 곧 점술을 의미하는 것이다.

술수는 또한 경사 이외의 잡다한 지식을 일컬을 때도 사용했다. 朴全之의 사람됨을 언급할 때 그는 經史에 두루 통했고 술수를 궁구했으며, 사람의 필적을 보고서 미래를 예언하는 능력을 발휘했다고 표현했다.[23] 결국 박전지가 경사 이외에 능한 술수의 영역은 점술과 관련되는 것이다. 의약 분야가 술수로 일컬어지는 명확한 사례는 찾기 어렵지만 조선초 세조가 술수를 논하면서 의약, 지리, 복서, 천문 등을 함께 언급하는 데서,[24] 의약도 술수로 불리고 있음을 알 수 있다.

술수는 조선초에는 卑稱인 雜術로 불리기도 했다. 잡술의 범주에는 天文, 地理, 醫藥, 卜筮 등이 포함되기도 하고,[25] 지리·卜筮·醫藥에 天文·譯語를 포함하기도 했다.[26] 이처럼 잡과·잡학 가운데 의·복·지리 분야는 술수·잡술로 일컬어지고 있었다. 천문·역어 등 다른 영역도 간혹 술수나 잡술로 일컫는 예가 없지 않았지만, 의·복·지리 영역은 일관되게 술수·잡술로 부르고 있음을 알 수 있다. 술수는 조선초 술학으로 일컬어지는 수도 있었다.[27]

15, 高宗 14년 3월, 407쪽.
22) 『高麗史』 권99, 列傳12 崔惟淸, 下冊, 194쪽.
23) 『高麗史』 권109, 列傳22 朴全之, 下冊, 382쪽 ; 『高麗史節要』 권24, 忠肅王 12년 7월, 625쪽.
24) 『世祖實錄』 권33, 世祖 10年 4月 戊申(26일), 7冊, 623쪽.
25) 『成宗實錄』 권174, 成宗 16年 1月 戊戌(15일), 10冊, 670쪽.
26) 『成宗實錄』 권282, 成宗 24年 9月 壬辰(1일), 12冊, 396쪽.
27) 『太宗實錄』 권35, 太宗 18년 2월 壬辰(11일), 2冊, 205쪽 ; 『成宗實錄』 권174, 成宗 16년 1월 辛卯(8일), 10冊, 665쪽.

고려시기 술수, 잡술에 능한 이들은 術士,[28] 術者, 術師, 術人 등으로
불리었다.[29] 이 분야에 능한 승려는 術僧으로 불리었다. 술승이란 용어

---

28) 術士 전반에 대해서는 김인호, 2014, 「고려시대 무당·술사(術士)의 사회적 기능과
   배척」『歷史와 實學』55, 歷史實學會 참조.
29) 術士(師), 術人, 術者 관련 자료 일부

용어	자 료	전 거
術師	·安宗郁 居第在王輪寺南 … 初流郁之日 皇甫氏免身而卒 … 郁工文辭 又精於地理 甞密遺顯宗金一囊日 我死 以金 贈術師 令葬我縣城隍堂南歸龍洞 必伏埋 成宗十五年 郁 卒于貶所 顯宗如其言 將葬請伏埋 術師日 何大忙乎 明年 二月 顯宗還京 及卽位 追尊孝穆大王 廟號安宗 八年四月 移葬乾陵 …	『高麗史』권90, 列傳3 宗室 太祖 王子 安宗 王郁
術士	·山川裨補都監(神宗元年 宰樞及重房·崔忠獻等 集術士 議 國內山川裨補 延基事 遂置都監)	『高麗史』권77, 志31 百官2 諸司都監各色
	·己酉 移御竹反宮 乃忠獻所營也 時術士云 松山王氣將盡 宜御別宮 以禳之 從之	『高麗史』권22, 世家 22 高宗 4年 4월
	·又夢聞雞聲砧響 問於術士 以方言解之日 雞鳴高貴位 砧 響術近當 是卽位之兆也	『高麗史』권4, 世家4 顯宗 총서
	·王酷信術士 改慶龍齋爲仁智 開廣增飾 日與嬖倖 沈酗遊 戱 不恤國政	『高麗史』권18, 世家18 毅宗 16년 12월
	·令兩府 下至巫覡術士 出馬有差 以充進獻	『高麗史』권79, 志33 食 貨2 科斂 辛禑 13년 2월
	·復拜諫議大夫 術士言 太白犯上將 武官必有厄	『高麗史』권101, 列傳 14 宋詝
	·初 術士以識勸王 就西京龍堰 別創宮闕 以時巡幸	『高麗史節要』권7, 睿 宗 원년 8월
	·先是 王召術士郞將白勝賢 問延基之地 對日 幸穴口寺 談 揚法華經 又創闕于三郞城 以試其驗	『高麗史節要』 권17, 高宗 46년 4월
術人	·丁未 崔忠獻信術人李知識之言 壞乾元寺 以禳北兵	『高麗史』권22, 世家 22 高宗 4年 12월
	·術人榮儀 執左道 取媚于上 置百順舘北兩宮 私藏財貨 以 支祝釐齋醮之費	『高麗史』권99, 列傳12 文克謙
	·純弼直東宮之旁 大營私第 太子白王日 術人以爲 朴尙書 第 於東宮爲月建方 不宜營造 臣力不能禁 請上禁之	『高麗史』권100, 列傳 13 朴純弼
	·時 術人言 太白犯上將 武官必有厄	『高麗史節要』 권13, 明宗 14년 9월
術者	·移御賢聖寺 蓋信術者言 欲以延基也	『高麗史節要』권15, 高宗 4년 12월
	·癸丑 幸平州溫泉 術者以巖防爲三甦地 命日官相宅 幸之	『高麗史』권30, 世家 30 忠烈王 19년 9월

는 때로는 비하하는 의미를 갖기도 했지만, 반드시 그러한 것은 아니다.
술승으로 명확하게 표현된 승려를 제시하면 <표>와 같다.

<표> 고려시기 술승의 활동[30]

순번	술승의 활동 내용	전 거
1	·(명종 8년 8월) 術僧 致純의 말에 따라 別例 祈恩都監을 설치함	『高麗史』권77, 志31 百官2 諸司 都監各色 別例祈恩都監 ;『高麗 史節要』권12, 明宗 8년 8월
2	·(명종 9년 11월) 병란이 자주 일어나 開國寺 에서 百座會를 열었는데, 이것은 術僧 致純의 건의에 따른 것임	『高麗史』권20, 世家20 明宗 9年 11월
3	·최이가 병이 들자 김희제는 그가 낫지 않을까 염려해 術僧 周演之의 집에서 점을 친 일이 있음	『高麗史』권103, 列傳16 金希磾
4	·周演之가 開京에서 占術로 사람들을 현혹시 켰고, 術僧 道一을 제자로 삼았으며, 또 관상 을 보고 미래의 빈부와 수명을 점쳤음	『高麗史』권129, 列傳42 叛逆3 崔忠獻附 怡 ;『高麗史節要』권 15, 高宗 14년 3월
5	·삼별초에 호응한 밀양인을 토벌할 때 按廉使 李淑眞이 겁을 먹고 術僧을 불러 길흉을 점침	『高麗史』권106, 列傳19 金晅
6	·金俊을 본 어떤 術僧이 뒷날 나라의 권력을 잡을 것이라고 예언함	『高麗史』권130, 列傳43 叛逆4 金俊
7	·(충렬왕 23년 7월) 제국대장공주가 병이 생긴 것은 저주한 사람이 있기 때문이라고 하고서 많은 이들을 잡아 들여 문초했는데, 이때 巫 女와 術僧이 자백해서 저주한 사실이 드러남	『高麗史』권122, 列傳35 宦者 崔 世延 ;『高麗史節要』권21, 忠烈 王 23년 7월

	·遣崔允儀知奏事李元膺內侍朴懷俊等創別宮于白州 … 賜 闕名重興 殿額大化 術者私語曰 此道詵所謂庚方客虎擧 頭掩來之勢 創闕於此 恐有危亡之患	『高麗史節要』권11, 毅 宗 12년 9월
	·宥二罪以下 蠲外貢三年 貧民因租稅而鬻子者 官贖還之 時 王年六十一 術者有換甲厄年之說 故推恩肆宥	『高麗史節要』권21, 忠 烈王 22년 정월
	·威城府院君盧英壽卒 禑率術者 相葬地于南郊 贈諡良孝	『高麗史』권135, 列傳 48 辛禑3 辛禑 11년 12 월

30) 명확하게 술승으로 표현된 것만을 적기했다.

술승은 祈恩(1), 禳災(2), 占術(3·4·5), 觀相(4·6), 呪術(7) 등에 능한 승려를 일컫는다. 결국 풍수지리, 점복에 능한 승려를 주로 가리킨다. 의술에 능한 승려를 술승으로 부르는 사례는 보이지 않지만, 의술이 풍수지리, 점복과 함께 지칭되는 수가 많았으므로, 의술에 능한 승려도 술승으로 분류해 언급하도록 하겠다.[31)

3. 醫術과 風水地理 분야 術僧의 활동

승려들이 의술 분야에서 탁월한 능력을 발휘하는 것은 흔한 일이었다. 불교적인 의례나 주술에 의해 치료하기도 했지만 실제의 의술을 활용해 치료함으로써 상당한 효험을 보이는 승려도 드물지 않았다. 질병치료에 대한 사회적 신뢰가 구축되어 있었기 때문에 승려가 다소 과장된 치료 능력을 주장하여도 믿는 수가 없지 않았다.

智谷寺 眞觀禪師의 경우 많은 이들에게 藥石을 베풀어 치료하기 어려운 沉痾病을 낫게 했다.[32) 진관선사가 탁월한 질병 치료의 능력을 보유하고 있음을 알려준다.

圓應國師 學一도 역시 질병 치료에 탁월했다. 숙종의 왕자가 9살 때 폭사하여 체온이 끊어져 싸늘한 시체처럼 되었다. 이에 원응국사가 비밀리 『대반야』를 염송하니 조금 뒤에 왕자가 소생했다.[33) 경전을 염송함

---

31) 승려들이 잡다한 술학을 겸비했다고 해도 그 승려의 佛學 수준이 높다면 당시 사회에서 술승으로 불리지는 않았을 것이다. 그렇지만 이 글에서는 교학에 밝은 승려라 하더라도 술수에 조예가 깊은 승려는 술승의 범주에 포함해 언급하고자 한다.

32) 李智冠 譯註, 1995, 『歷代高僧碑文(高麗篇2)』, 伽山佛敎文化硏究院, 「山淸智谷寺 眞觀禪師碑(981년)」, 127쪽.

33) 李智冠 譯註, 1996, 『歷代高僧碑文(高麗篇3)』, 伽山佛敎文化硏究院, 「淸道雲門寺 圓應國師碑(1147년)」, 262~263쪽.

으로써 왕자를 소생시킨 원응국사는 실제로 질병의 치료에서도 능력을
발휘했다. 즉 그는 병든 사람이 있으면 귀천을 불문하고 모두 구제해 주
었는데 효험이 있었다.[34] 질병을 치료하는 능력을 원응국사가 소지한
것이다.

李商老란 인물에게 의술을 가르쳐 준 승려가 있었다. 이상로는 李仲
孚의 아들이었는데, 이중부가 묘청에 연루되어 청주에 유배되었을 때 이
상로가 따라갔으며 장성하자 방랑하면서 술꾼[酒徒]을 따라다녔는데, 異
僧이 의술의 비법을 담은 책을 전해주자 이상로가 이로 인하여 의술을
업으로 삼게 되었다. 뒷날 개경에 이르러 높은 벼슬에 있는 이가 종기를
앓자 이상로가 치료했는데 효험이 있었다. 마침 의종이 足疾로 고생하자
이상로의 이름을 듣고 불러 침을 놓게 하니 즉시 나았다.[35] 이상로가 승
려에게서 의술을 전수받아 그것을 업으로 삼게 된 것이다. 승려로서 탁
월한 의술을 보유한 이가 있었음을 알려 준다.

수선사의 제2세 社主였던 眞覺國師 慧諶도 질병 치료의 능력을 보유
하고 있었던 것으로 보인다. 그는 승려가 되기 이전에 이미 사람의 병을
치료해 효험이 있었다.[36] 진각국사의 질병 치료 능력은 그가 승려가 된
뒤에도 여전히 발휘되었을 것으로 보여 아마 여러 사람의 질병 치료에
도움을 주었을 것으로 보인다.

妙圓이라는 승려는 趙簡이란 인물을 대상으로 외과 수술 능력을 발휘
했다. 조간은 충렬왕 5년(1279)에 과거에 1등으로 급제했는데, 늙어 악
성 종기로 말미암아 어깨와 목을 구분할 수 없었다. 이때 醫僧 묘원이
종기가 뼈에 뿌리를 내리고 있으며 뼈가 반쯤 썩었으니 째서 긁어내지

---

34) 위와 같음.
35) 『高麗史』 권122, 列傳35 方技 李商老, 下冊, 657~658쪽 ; 『高麗史節要』 권13, 明宗
    15년 12월, 344~345쪽.
36) 李奎報, 「曹溪山第二世故斷俗寺住持修禪社主贈諡眞覺國師碑銘 幷序」 『東國李相
    國集全集』 권35(『韓國文集叢刊』 2冊, 64~66쪽).

않으면 치료되지 않는데, 아마 그 고통을 참기 힘들 것이라고 했다. 이에
조간이 죽을 뿐인데 한번 시험이나 해보자고 하자 묘원이 날카로운 칼로
째어 보니 뼈가 과연 썩어 있었다. 긁어내고 약을 바르니 기절해 눈을 뜨
지 못한 것이 이틀이나 되었다.37) 조간을 수술하고 치료한 묘원은 외과
수술에서 탁월한 능력을 발휘한 승려였다. 이러한 수술 치료 능력은 세속
의 의원 가운데서도 찾기 힘든 것일 텐데 그러한 의술을 승려가 보유한
것이다. 당시 승려가 높은 수준의 의술을 갖추었음을 알려주는 것이다.

  醫僧 福山은 성병의 치료에 탁월했다. 충혜왕이 그에게 명해 洪戎의
후처 황씨의 임질을 치료하게 했다. 왕이 항상 열약을 복용하므로 관계
한 부인들이 대부분 이러한 병에 걸렸다.38) 승려 복산이 임질이라는 성
병을 치료하는 능력을 소지하고 있음을 보이는 것이다. 특수 분야의 질
병이라 일반 의원이 담당하기 곤란했을 것인데, 승려이기에 이러한 질병
치료에 적합한 것이 아닐까 한다.

  충혜왕대에 활약한 승려 鷰仙도 의술에 밝았다. 학선은 거문고와 그
림, 의술에 능숙하고 漢蒙語를 이해했으므로 왕이 공경하고 중히 여겨
사부라고 칭했다.39) 국왕이 홍법사에 행차해 승려 학선을 보고 장생의
비결을 묻자, 학선은 "사람에게는 정해진 분수가 있어 한도를 넘어설 수
없는 법인데, 다만 惡을 행해 재촉하지 말아야 할 뿐입니다."라고 대답했
다.40) 학선은 의승으로서 장수의 비결에 대해 질문을 받을 만한 능력을
보유하고 있는 승려였다. 또 학선이 충혜왕에게 성 밖에 동서대비원을
두고서 성 안의 병든 이들을 모아 약을 주어 구료하고 衣食을 넉넉히

37) 『高麗史』 권106, 列傳19 趙簡, 下冊, 343~344쪽 ; 李齊賢, 『櫟翁稗說』前集2, 文英
    公 金恂(『高麗名賢集』 2冊, 360쪽).
38) 『高麗史』 권36, 世家36 忠惠王 복위년 5월, 上冊, 729쪽 ; 『高麗史』 권106, 列傳19
    洪奎附 戎, 下冊, 352쪽 ; 『高麗史節要』 권25, 忠肅王 后8년 5월, 641쪽.
39) 『高麗史』 권36, 世家36 忠惠王 后4年 4월, 上冊, 736쪽.
40) 『高麗史』 권36, 世家36 忠惠王 后3年 6월, 上冊, 735쪽.

제공하도록 권했다.[41] 의술에 깊은 소양을 가지고 있었으므로 학선이 이러한 주장을 펼칠 수 있었던 것이다.

왕녀의 병 치료를 요청받은 天其라는 승려도 상당한 의술을 보유하고 있던 것으로 보인다. 그는 王女가 병이 있자, 치료를 요청받았는데, 치료할 수 없다고 하고서 다만 경전과 불상을 불태우고, 가사를 찢어 덮고서 종일토록 精勤했다. 그렇지만 결국 그날 밤 왕녀는 세상을 떠났다.[42] 천기라는 승려는 탁월한 의술을 보유했지만, 왕녀의 질병은 치료의 가능성이 없는 상태였던 것이다. 최후의 수단에 의거했지만 결국 사망에 이른 것이다.

승려들이 치료하는 능력을 보유하고 있었기 때문에 사원에서 전염병에 걸린 이들을 구료하는 일을 담당할 수 있었다. 단순히 간병하는 수준에 그치는 수도 없지 않았겠지만 실제로 상당한 치료 능력이 전제되었기 때문에 그러한 일이 있었다고 이해된다. 예컨대 의종 6년(1152)에 開國寺에서 환자에게 먹거리를 제공한 일이 있었다.

> 굶주리는 자와 돌림병에 걸린 환자들에게 음식을 대접했다.[43]

개국사에서 단순히 식사만을 제공한 것으로 보이지는 않는다. 전염병에 걸린 이들을 간병하고 나아가 치료하는 일도 부분적으로 담당했다고 생각된다. 개국사에는 질병 치료의 능력을 소지한 승려가 소속되어 있었다고 여겨진다.

동서대비원에서도 전염병에 걸린 이들에 대한 구료를 담당했는데,[44]

---

41)『高麗史節要』권25, 忠惠王 후4년 3월, 646쪽.
42)『高麗史』권123, 列傳36 嬖幸1 廉承益, 下冊, 674쪽.
43)『高麗史』권17, 世家17 毅宗 6년 6월, 上冊, 362쪽.
44) 孫洪烈, 1988,『韓國中世의 醫療制度 硏究』, 修書院, 107~110쪽 ; 이경록, 2010,『고려시대 의료의 형성과 발전』, 혜안, 145~148쪽.

이곳에 승려가 속해 있었기에 가능했을 것으로 보인다. 대비원은 단순한
간병에 그치지 않고, 치료의 일을 담당하기도 했을 것이며, 그것이 가능
하도록 의술을 갖춘 승려가 속해 있었을 것으로 생각된다.[45]

승려들이 질병을 치료하는 능력을 소지하고 있고 그 능력이 사회적으
로 공인받고 있었으므로 질병 치료의 능력을 주장하는 경우 그것이 비합
리적일지라도 상당한 호응을 받는 일이 있었다. 그것은 명종대 日嚴이라
는 승려에게서 확인할 수 있다. 그는 눈먼 이가 다시 보고 귀머거리가
들을 수 있게 하고 죽은 자를 다시 살릴 수 있다고 주장했다. 모든 병을
치료할 수 있다는 것은 명백히 불가능한 일이었음에도 불구하고 병든 이
나 장애인이 희망을 갖고 그를 맞이했다.[46]

조선초에도 질병의 치료에 능력을 발휘하는 승려가 찾아진다. 坦宣이
대표적인 승려였다. 태조가 개국한 초기에 도성을 축조할 때 疫癘가 크
게 일어나자, 화엄종 승려인 탄선은 전염병을 두려워하지 않고 힘을 다
해 환자를 치료했다. 세종대에 築城軍을 크게 모아 일을 도모할 때 역려
가 있을 것을 염려하면서 경상도 新寧에 있던 탄선을 다시 서울로 불러
들여 구호하도록 했다.[47] 탄선은 질병을 치료하는 의술을 보유했을 뿐
만 아니라 환자 치료에 극진한 자세를 보였음을 알 수 있겠다.

조선 문종대에도 의술을 자부하는 승려 道溫이 있었다. 전라도 화암
사 승려인 도온은 멋대로 역마를 타고 승정원에 와서 능히 사람을 살릴
수 있는데, 지금 大故를 듣고 급히 달려왔다고 했다. 마침 贊成 崔士康의
처가 사망해 이미 빈소를 마련하고 있었는데, 국왕이 승정원에 명해 도
온을 시켜 그 술수를 시험토록 했다. 도온이 그 집에 이르러 시신을 보

45) 고려시기 승려의 의술 전반에 관해서는 이현숙, 2017, 「고려 불교 의학의 한 단면
　　－승려의 질병과 치료－」『한국중세사연구』48 참조.
46) 『高麗史』권99, 列傳12 林民庇, 下冊, 204쪽 ;『高麗史節要』권13, 明宗 17년 9월,
　　349쪽 ; 李奎報,「論日嚴事」『東國李相國集全集』권22(『韓國文集叢刊』1冊, 523쪽).
47) 『世宗實錄』권14, 世宗 3년 12월 庚戌(21일), 2冊, 468쪽.

고 이미 훼손되어 살릴 수 없다고 했다.[48] 조선초에도 죽은 이를 살릴 수 있다는 주장을 펼치는 승려가 있고, 또 그것이 어느 정도 수용되는 분위기를 읽을 수 있다.

승려들의 의술은 민인에게 큰 도움을 주는 것이었다. 승려들은 실제의 치료 능력을 소지하고서 환자를 치료했다.[49] 치료 시에 경전을 염송하거나 佛·菩薩의 가호를 기대하면서 기도하고, 또 일정한 불교의식을 베푸는 것이 동반되는 수가 많았을 것이다.[50] 승려의 의술에 대한 사회의 신뢰가 어느 정도 구축되어 있었기 때문에 일엄이나 도온과 같은 승려가 활보할 수 있었다.[51]

고려시기 풍수지리 분야에서 활약을 펼친 승려도 많았다. 승려들은 기본적으로 사원의 입지를 선정하는 과정에서 자신의 풍수지리 능력을 발휘했다. 사원은 수행하기 좋고 생활하기에도 불편함이 없는 적절한 지점을 택해 조성하지 않으면 안 되었다.[52] 그러한 지점을 찾을 때, 또 방향에 맞춰 건물을 배치하고자 할 때 풍수지리에 대한 지식이 활용되었다. 그렇기 때문에 승려는 기본적으로 풍수지리에 대한 상당한 소양을 갖추고 있었다.

고려시기 풍수지리에 대한 논란은 대체로 천도와 관련해 제기되는 수가 많았다.[53] 승려들이 일상생활에 필요한 지리 지식 분야에서 활약한

---

48) 『文宗實錄』 권1, 文宗 卽位年 3月 癸丑(9일), 6冊, 225쪽.
49) 승려가 질병을 치료한 방법은 전문 의술을 활용하는 수도 있지만(침아병·종기·족질·임질의 치료 및 외과수술), 종종 주술적인 방법을 택하는 경우도 적지 않았을 것이다.
50) 이러한 치료는 넓은 의미에서 주술적 방법이라고 할 수 있다.
51) 고려시기 속인으로서 질병 치료에 탁월한 능력 소지한 이들도 많았다. 尹彦旼, 王源, 蔡洪哲, 裵德表, 王沔, 愼修(愼安之), 李仲若, 王三錫, 魚伯評, 郭輿, 鄭晏, 李藏用, 廉承益 등을 들 수 있다. 고려시기 醫藥學 관원의 명단과 활동상은 宋春永, 1993, 앞의 책, 196~202쪽에 잘 정리되어 있다.
52) 李炳熙, 2009, 『高麗時期寺院經濟硏究』, 景仁文化社, 495~532쪽.
53) 고려시기 풍수지리에 관해서는 많은 연구가 있지만, 천도를 포함한 풍수지리론의

예는 거의 보이지 않은 데 비해 천도와 관련해서는 핵심적인 역할을 하는 수가 많았다. 그런데 지리 지식의 큰 체계는 道詵이란 승려가 제시한 것이었다.[54] 도선의 지리 인식 체계는 고려국가의 국토 운영에 상당한 영향을 준 것으로 보인다.[55]

일상생활에서 지리 지식은 매우 요긴한 것인데, 그것이 地氣衰旺說과 연결되어 미래의 운수를 좌우한다는 것으로 발전하면 정치 문제로 비약된다. 지세를 살피는 것은 매우 중요하고 당연한 사항이지만, 그것이 圖讖과 연결되어 화복을 좌우한다고 하면 문제가 되는 것이다. 생활에서 편리함을 제공하고, 편의성을 높인다면 문제될 것이 아니다.

풍수지리에 밝은 승려들은 흔히 볼 수 있다. 圓空國師가 입적하자 부도탑을 세울 때 풍수지리에 따른 승지를 선정했는데,[56] 여기에서 승려들이 풍수지리에 일정한 조예가 있었음을 엿볼 수 있다.

圓妙國師 了世는 샘이 나오는 곳을 찾을 수 있는 능력을 소지하고 있었다. 원묘국사는 白蓮山에서는 솟아나는 샘을 얻었고,[57] 또 남원 태수 복장한의 요청이 있자,

---

전체 흐름은 다음의 글에 잘 정리되어 있다. 李丙燾, 1980, 『高麗時代의 硏究』, 亞細亞文化社 ; 장지연, 2015, 『고려·조선 국도풍수론과 정치이념』, 신구문화사.

54) 도선에 관해서는 상당한 연구가 이루어졌다. 대표적인 연구 논저를 제시하면 다음과 같다. 崔柄憲, 1975, 「道詵의 生涯와 羅末麗初의 風水地理說」 『韓國史硏究』 11 ; 徐閏吉, 1975, 「道詵 裨補思想의 淵源」 『佛敎學報』 13 ; 靈巖郡 編, 1988, 『先覺國師道詵의 新硏究』, 靈巖郡 ; 이진삼·박상만, 2010, 「도선의 비보사상 연구」 『韓國思想과 文化』 55.

55) 도선의 지리체계의 핵심 관점에 관해서는 면밀한 재검토가 필요하다. 그리고 도선의 사상이 고려사회 운영에 미친 전체적인 영향도 심도있게 천착할 필요가 있다.

56) 李智冠 譯註, 1995, 『歷代高僧碑文(高麗篇2)』, 伽山佛敎文化硏究院, 「原州居頓寺圓空國師勝妙塔碑(1025년)」, 219~220쪽.

57) 閔仁鈞, 「萬德山白蓮社主了世 贈諡圓妙國師敎書」 『東文選』 권27(民族文化推進會 影印本 1冊, 453~454쪽).

대사가 제자를 데리고 가보니, 그 땅이 막히고 또 물이 없어 속마음으로
그만 돌아오려던 차, 우연히 돌 하나를 잡아 빼니 맑은 샘물이 용솟음쳐 나왔
다.[58]

라는 데서 샘을 찾는 능력을 소지하고 있음을 알 수 있다. 이런 사실은
원묘국사가 풍수지리에 상당한 식견이 있었음을 의미하는 것이다.

풍수에 밝은 曺莘卿이라는 인물은 승려 출신이었다. 그는 일찍이 승
려가 되어 풍수를 상보면서, 그 술수를 팔아서 생활을 했다.[59] 아마도
음택풍수가 중심이었을 것으로 보이지만, 그가 풍수지리에 깊은 소양을
가지고 있었던 것만은 분명하다. 조신경은 아마 풍수를 전문으로 해서
실력을 인정받고 그것을 바탕으로 환속해 관료로 진출한 것으로 보인다.

승려로서 풍수지리에 밝은 이들은 꽤 많았던 것으로 보인다. 達孜라
는 승려도 그 중의 한 명이다. 연복사 승려인 달자는 일찍이 참설로써
辛旽에게 말하기를, "연복사에 3池 9井이 있는데 三池가 깨끗해 부소산
이 못 가운데에 그림자로 비치면 군신의 마음이 올바르게 되어 태평을
이룰 수 있다. 9정은 아홉의 용왕이 거처하는데 막힘이 오래되었으니 열
지 않을 수 없다."고 했다. 신돈이 이운목에게 명해 부병을 사역시켜 3지
와 9정을 열고 법회를 7일간 베풀었는데 폭풍이 3일 동안 있었고, 큰 서
리가 3일 동안 내렸으며, 처음 법회를 열 때 종일토록 누런 먼지가 하늘
에 날렸고 御廂이 사람에 닿아 부서졌다.[60] 달자란 승려가 참설을 주장
하고 있는 것이다. 연복사에 있는 못 세 개와, 우물 아홉 개가 기능을
하지 못하니 그것이 기능할 수 있도록 수리해 달라는 것이었다. 승려 小
山도 풍수학에 조예가 있어 거제현 우두산 견암선사 터가 좋은 것을 알

---

58) 崔滋, 「萬德山白蓮社圓妙國師碑銘 幷序」, 『東文選』 권117(民族文化推進會 影印本
   3冊, 459~461쪽).
59) 『高麗史』 권124, 列傳37 嬖幸2 王三錫, 下冊, 700쪽 ; 『高麗史節要』 권25, 忠肅王
   후4년 4월, 636쪽.
60) 『高麗史』 권132, 列傳45 叛逆6 辛旽, 下冊, 859쪽.

고 중창을 도모했다.61)

　이처럼 지리에 밝은 승려들은 여럿 보인다. 혜심·조신경·달자·소산 등은 구체적인 예이다. 고려시기 풍수지리는 수도 이전, 궁궐 조성, 그리고 사원·탑의 조영과 관련되어 주로 논의되었다. 대개 도선의 지리서를 근거로 주장하는 특징을 보였다.

　풍수지리에 입각한 천도론은 속인에 의해서도 주장되었지만, 묘청에 의해서도 제기되었다. 묘청이 서경으로 도읍을 옮기자는 주장은 널리 알려진 내용이다. 묘청은 개경의 기업이 이미 쇠했고 궁궐이 모두 불타 없어졌는데 반해 서경에는 왕기가 있으니 마땅히 移御해 상경으로 삼아야 한다고 주장했다.62) 지기쇠왕설에 입각한 천도의 주장인 것이다. 묘청은 도선의 비술을 전수받은 것으로 자부하고 있었다. 즉 그에 따르면 도선의 비술은 康靖和에게 전해졌으며, 강정화는 묘청에게 전했고, 묘청은 白壽翰에게 전수했다는 것이다. 묘청은 서경의 임원역 땅은 음양가가 말하는 대화세의 지점이니 궁궐을 세워 옮긴다면 천하를 병합할 수 있을 것이고 금나라가 폐물을 지참하고 스스로 항복할 것이며 36국이 모두 신첩이 될 것이라는 주장을 펼쳤다.63)

　승려가 참설에 근거해 궁궐 조영을 주장하는 것은 고종대에도 보인다. 扶踈山으로부터 나뉘어 左蘇가 되는데 그것이 아사달이며 그곳은 옛 양주의 땅이니 이곳에 궁궐을 조영해 옮겨간다면 국조가 800년으로 연장될 것이라는 주장이었다. 고종 21년(1234) 승려가 지리도참설에 근거해 양주 지방에 궁궐을 조영하자는 주장인데, 이에 내시 李白全을 보내 남경의 假闕에 御衣를 봉안하는 조치가 있었다.64)

---

61) 李穡, 「巨濟縣牛頭山見菴禪寺重修之記」『牧隱文藁』 권5(『韓國文集叢刊』 5冊, 40~41쪽).
62) 『高麗史』 권127, 列傳40 叛逆1 妙淸, 下冊, 769~771쪽.
63) 위와 같음.
64) 『高麗史』 권23, 世家23 高宗 21년 7월, 上冊, 470쪽.

강력한 천도의 주장은 고려말 공민왕대와 우왕·공양왕대에도 여러 차례 제기되었다.[65] 승려 普愚는 공민왕대 한양으로의 천도를 주장했다.

> 승려 普愚가 圖讖說을 끌어다, 漢陽에 도읍하면 36國이 조공할 것이라고 말하자, 왕이 그 말에 현혹되어 한양에다 궁궐을 크게 지었다.[66]

공민왕대에 보우가 참설로써 왕에게 한양에 도읍하면 36국이 조공할 것이라고 하자, 왕이 미혹하여 한양 궁궐을 크게 축조했다는 것이다. 이때 윤택은 인종대 묘청으로 말미암아 나라가 거의 전복된 전철을 밟지 말아야 한다고 주장했다.[67] 보우의 주장은 묘청의 주장과 연결된다. 다만 장소가 서경이 아닌 한양인 점에서 다르다.

辛旽도 역시 도선의 견해를 원용해 천도를 공민왕에게 권했다. 신돈은 도선비기의 송도 지기가 쇠했다는 설을 근거로 국왕에게 천도를 권유했는데, 국왕이 신돈에게 명해 평양에 가서 땅을 살피게 했으며 이때 이춘부·達祥·尹忠佐가 따라갔다.[68] 신돈 역시 천도를 주장할 때 도선의 견해를 근거로 한 것이다. 천도를 운위할 때에는 늘상 도선의 지리서가 전거가 되었다.

천도 혹은 새 궁궐 조성 등을 승려들이 주장하는 일이 많았다. 묘청·보우·신돈이 대표적이며, 이들은 도선의 견해를 근거로 했다. 천도는 도선의 견해를 원용하고, 또 승려가 주장하는 수가 많았다. 천도는 상당한 재정이 필요하고 인력 동원이 수반되는 일이며, 아울러 지배층의 주거지가 변동되는 정치적·사회적 파장이 매우 큰 사안이었다. 그렇기 때문에

---

65) 최혜숙, 2004, 『高麗時代 南京 硏究』, 景仁文化社, 133~152쪽 ; 김창현, 2006, 『고려의 남경, 한양』, 신서원, 181~234쪽.
66) 『高麗史』 권106, 列傳19 尹諧附 澤, 下冊, 347쪽.
67) 위와 같음.
68) 『高麗史』 권132, 列傳45 叛逆6 辛旽, 下冊, 859쪽.

국가와 사회 전반에 미치는 영향이 엄청난 것이었다. 풍수지리의 술수는 여타의 술수와는 비교할 수 없을 정도로 파급력이 큰 것이었다.

고려시기 풍수지리설은 도선이 체계화한 것으로서 국토의 이용 방향에 대해 거의 절대적인 영향을 주었다.[69] 국도의 이전이나 새로운 궁궐의 조영, 그리고 사원의 조영에 끼친 풍수지리설의 영향은 매우 컸다. 어떤 술수보다도 국가 경영과 관련해 파급력이 큰 분야가 지리설이었다.

4. 占卜·觀相術 및 다른 분야 術僧의 활동

점을 치는 것은 避凶就吉에 목적이 있었다. 인간사 미래의 일을 예측해서 흉한 일을 피하고 길한 방향으로 나아가고자 하는 것이 점을 치는 목적이었다. 점을 칠 때 미래의 일을 틀린 방향으로 예측하는 수도 있고, 혹은 일부러 거짓으로 말해주는 수도 없지 않았다. 때로는 정치적 목적을 위해 허위의 말을 만들어내는 수도 있었다. 그렇기 때문에 欺瞞의 유혹과 위험이 농후한 것이 점을 치는 일이라고 할 수 있다. 그러나 종종 신통하게 적중하는 수도 있어서 모두 틀린 것으로 단정할 수는 없는 일이었다. 점을 치는 방법은 매우 다양해서, 천체의 현상을 보고 점을 치는 일, 꿈의 해몽을 통해 점치는 일, 주역의 점괘를 이용해 점을 보는 것

---

69) 도선의 저술에는 국도풍수와 비보사탑론 이외에도 다양한 내용이 담겨 있다. 거기에는 승려도 아니고 속인도 아닌 자가 정사를 어지럽히고 나라를 망친다는 말도 담겨 있었으며(『高麗史』 권132, 列傳45 叛逆6 辛旽, 下冊, 860쪽), 또 제도는 모두 土俗을 따라야 하며 異國의 풍조는 금단해야 한다는 내용도 있었다(『高麗史』 권133, 列傳46 辛禑1 禑王 2年 6월, 下冊, 871쪽). 그밖에 산이 드문 곳에서는 높은 樓를, 산이 많은 곳에서는 평옥을 지으라는 것도 기록되어 있었다(『高麗史』 권28, 世家28 忠烈王 3年 7월, 下冊, 576~577쪽). 이러한 내용을 포함해서 도선 지리설의 핵심을 정확히 파악하는 것은 숙제이다.

등이 있었다.70)

승려 가운데 점복·관상에 탁월한 승려가 많았다. 大智國師가 왕사가
될 것이라는 것을 관상을 통해 예견한 승려가 있었다. 승과에 합격한 대
지국사의 관상을 본 國一智嚴尊者가 뒷날 왕사가 될 것이라고 예언했
다.71) 국일지엄존자는 관상을 보는 능력을 소지하고 있었던 것이다.

삼계현 사람 崔山甫는 음양술수에 밝았으며 머리 깎고 승려가 되어
금강사에 거주했다. 조카인 倉正 光孝 등과 함께 약탈을 일삼았는데, 광
효가 타인의 소를 훔쳐 도살한 일이 있어 현의 관원이 붙잡으려 하자
광효는 도망했고, 최산보 역시 성명을 周演之로 바꾸었다.

> 예전에 森溪縣 사람 崔山甫가 음양술수에 밝아서 머리를 깎고 本縣의 金
> 剛寺 주지가 되었다. … (최)산보 역시 성명을 周演之로 바꾸어 다른 고장으
> 로 떠돌아다니다가 뒤에 서울에 올라와서 점술로 사람을 홀렸는데 최우가 불
> 러서 함께 말을 해보고 칭찬하여 날로 더욱 가까이하고 믿어서 모든 일을 그
> 에게 자문했다. 그 세력이 나날이 성하여 능히 남에게 상과 벌을 내리니, 사
> 람들이 모두 두려워서 다투어 뇌물을 바쳐 드디어 거부가 되었다. 術僧 道一
> 을 제자로 삼아 서로 은밀히 모의하여 스스로 말하기를, "음성을 살피고 얼굴
> 빛을 관찰하여 능히 사람의 빈부와 수명을 판단한다." 하고, 아름다운 부인을
> 많이 끌어들여서는 곧 간음하니, 추한 소문이 파다했으나, 사람들이 위세를
> 두려워하여 말하는 자가 없었다. 하루는 (주)연지가 은밀히 최우에게 말하기
> 를, "지금 王은 왕위를 잃을 相이 있고, 공은 왕후의 상이 있으니, 운명이 있
> 는데 그것을 피할 수 있겠습니까."라고 했다.72)

70) 村上智順씨는 占法을 自然觀象占, 동물·식물 기타 사물에 의한 相卜, 夢占, 神秘
占, 人爲占, 作卦占, 觀象占, 相地法 등으로 정리했다(村上智順(金禧慶 譯), 1990,
『朝鮮의 占卜과 豫言』, 東文選). 김선희씨는 고려시기 점복의 방법으로 시초점, 거
북점, 둔갑 삼기법, 육임점, 척자점, 제비뽑기 점, 태현경으로 치는 점 등이 있었다
고 보았다(김선희, 2013, 「고려시기 국가 차원의 점복」『靑藍史學』21, 한국교원
대 청람사학회).
71) 李智冠 譯註, 1999, 『歷代高僧碑文(朝鮮篇1)』, 伽山佛敎文化硏究院, 「忠州億政寺
大智國師智鑑圓明塔碑(1393년)」, 3쪽.
72) 『高麗史』 권129, 列傳42 叛逆3 崔忠獻附 怡, 下冊, 804~805쪽 ; 『高麗史節要』 권

주연지는 개경에 이르러 점술로 사람을 미혹시켰는데 최우의 전폭적인 신뢰를 받아서 최우는 모든 일을 그에게 자문했다. 목소리와 외모로 사람의 빈부와 수명을 판단하는 데서 관상에도 능했음을 알 수 있다. 아마 실제로 주연지는 그러한 능력을 어느 정도 보유했던 것으로 보인다. 그리고 현왕은 왕위를 잃을 것이니 최우에게 왕위에 오를 것을 건의했다. 실제 그러한 상을 최우가 가지고 있었는지는 알 수 없지만, 다분히 정치적 의도를 갖고 주연지가 말한 것은 분명하다.

주연지는 미래의 일을 예측하는 점술, 그리고 사람의 목소리·외모를 보고 미래의 일을 판단할 수 있는 관상술을 보유한 것으로 보인다. 점술과 관상술 분야에 매우 밝았던 인물로 보인다. 개경에서 활동할 당시 여전히 승려 신분이었던 것으로 보인다. 술승 도일이 제자가 되는 것, 또 미인 부녀에 대해 음행을 하는 것이 문제된 것 등으로 볼 때 그러한 추정이 가능하다.

주연지가 점을 친 일은 다른 기록에도 보인다. 金希磾가 일찍이 술승 주연지를 찾아 최우에 관해 점을 친 일이 있었다. 김희제는 외모가 아름답고 지략과 용기가 있었으며 書史에 통했고, 최우에게 親信함을 얻었다. 그런데 최우가 병이 들자 김희제는 최우의 병이 낫지 않을까 두려워 주연지의 집에 가서 점을 친 일이 있는데 세력을 투기하는 자의 참소를 입어 죽음에 이르렀다.[73] 주연지가 점을 치는 능력이 있었기 때문에 최우가 병이 났을 때 혹 낫지 않을까 염려해 김희제가 그의 집에서 점을 친 것이다.

이순목이라는 인물도 주연지와 관계를 맺었다. 첨사부주부로서 陰陽伎術을 핑계로 주연지의 집에 왕래했다는 것이다.[74] 점술에 능한 주연

15, 高宗 14년 3월, 407쪽.
73) 『高麗史』 권103, 列傳16 金希磾, 下冊, 275~277쪽.
74) 『高麗史』 권102, 列傳15 李淳牧, 下冊, 250쪽.

지의 집에 이순목이 드나든 것을 확인할 수 있다. 승려 주연지는 점술·관상술로 최우의 총애를 받아 측근에 있으면서 전횡하다가 결국 유배당해 죽임을 당했다.

김준의 관상을 본 승려도 보인다. 김준은 외모가 출중하고 성품이 관후했으며 아랫 사람에게 겸손하고 공대했다. 또 활을 잘 쏘았으며 施與하는 것을 좋아하여 뭇 사람의 마음을 얻었다. 날마다 유협자제와 더불어 함께 술을 마셨으며, 집에는 저축한 것이 없었다. 이러한 김준을 보고 술승이 말하기를, "이 사람은 반드시 뒷날 나라를 맡을 것이다."라고 했다.[75] 김준의 행동거지와 외모를 보고 술승이 미래의 일을 예상한 것이다.

군사적인 일과 관련해서 점을 치는 승려가 있음도 확인된다. 金晅이 원종 11년(1270) 金州防禦로 있었을 때 밀성인이 관원을 죽이고 반란을 일으키고서 군현에 이첩하니 모두 바람따라 쓰러지듯 했다. 김훤이 병사를 이끌고 먼저 적의 길을 차단하고 경주판관 嚴守安을 불러서 그가 오자 안렴사 李淑眞에게 적을 토벌할 계책을 세우도록 했다. 이때 이숙진이 겁이 나서 술승을 불러 길흉을 점치면서 고의로 지체했다. 이에 김훤이 손칼로 그 승려를 치자 이숙진이 두려워하면서 따랐다.[76] 이숙진이 전투에 임하는 문제를 술승에게 점치도록 했던 것이다. 위험한 전투를 앞두고 그것의 성패를 예측하고자 점술 보유의 승려를 끌어들인 것을 확인할 수 있다.

고려시기에는 승려로서 점술·관상술에 상당한 조예를 갖고 있는 이들이 많았다. 여러 현상을 보고, 또 외모를 관찰함으로써 미래의 일을 파악해 그에 대비하도록 하는 능력을 발휘한 것이다. 보통 사람이 보유하기 힘든 능력을 발휘해 민인에게 도움을 주는 승려도 적지 않았다. 정

---

75) 『高麗史』 권130, 列傳43 叛逆4 金俊, 下冊, 822쪽.
76) 『高麗史』 권106, 列傳19 金晅, 下冊, 340쪽. 다음의 자료에도 비슷한 내용이 실려 있다. 『新增東國輿地勝覽』 권32, 慶尙道 金海都護府 名宦 ; 李齊賢, 『櫟翁稗說』 前集2, 鈍村 金相晅(『高麗名賢集』 2冊, 357쪽).

치적으로 민감한 내용을 발언해 문제되는 수도 없지 않았다. 조선초에도 점술에 능한 승려가 있었다. 盲僧 善明은 점을 잘 치는 것으로 유명한 승려였다.[77]

승려들은 의술, 지리술, 관상과 점술 분야에서 능력을 보였지만, 이외에도 다방면에서 술수를 발휘했다. 음양에 능한 승려가 여럿 보인다. 광명사의 光器는 숙종대에 主簿 孫弼 및 進士 李震光과 함께 음양서를 거짓으로 만들었는데 이 일이 발각되어 유배되었다.[78] 비슷한 시기에 평주의 覺眞도 음양에 관련한 일을 멋대로 말해 처벌받았다.[79]

고종대에 승려 출신 김덕명이라는 인물은 음양의 설로써 최충헌에게 아부하여 관직을 얻었다.

> 知太史局事 김덕명이 새 달력을 바쳤다. 덕명이 일찍이 승려가 되어, 망녕되게 음양설로 최충헌에게 아첨하여 관직을 얻었는데 바친 새 달력은 모두 자기 마음대로 옛 법을 변경한 것이었다. 일관과 대간이 마음속으로는 그 잘못을 알았지만, 모두 (최)충헌을 두려워하여 말을 하는 사람이 없었다.[80]

승려 출신인 김덕명이 옛 법을 변경해 임의로 만든 것이라고 지적하고 있지만 나름대로 역법을 만들 수 있는 능력을 소지했다고 판단된다. 그 능력은 이미 환속하기 전인 승려 때부터 갖추고 있었을 것이다. 광기와 각진·김덕명은 陰陽 분야에 상당한 조예가 있는 승려로 보인다.

의종대 摠持寺 주지 懷正은 呪喋에 탁월한 소양을 갖고 있으면서 의종의 총애를 받았다.[81] 회정은 아마도 주술에 밝은 승려로 보인다. 총지

---

77) 『太宗實錄』 권9, 太宗 5年 1月 戊申(11일), 1冊, 317쪽.
78) 『高麗史』 권11, 世家11 肅宗 6年 3月, 上冊, 233쪽.
79) 『高麗史』 권11, 世家11 肅宗 6年 4월, 上冊, 233쪽.
80) 『高麗史』 권129, 列傳42 叛逆3 崔忠獻, 下冊, 800쪽 ; 『高麗史節要』 권15, 高宗 5년 정월, 394~395쪽.
81) 『高麗史』 권18, 世家18 毅宗 11年 8月, 上冊, 368쪽 ; 『高麗史節要』 권11, 毅宗

사는 神印宗 賢聖寺와 유사한 성격의 사원이므로[82] 진언을 통해 현실에
부딪친 문제를 해결하는 능력을 총지사 주지인 회정이 보유한 것으로 추
측된다.[83]

승려들은 액막이 일을 담당하는 수도 있었다.

> (順安公) 王琮이 본래 병약했기 때문에 충렬왕 3년(1277) 그의 모친인 慶
> 昌宮主가 맹인 승려 終同을 불러 재앙을 없애는 법을 묻고는 그의 말에 따라
> 초재를 열어 기도를 올린 뒤 제사 음식을 땅에 묻었다. 이를 본 內竪 梁善大
> 와 守莊 등이, "경창궁주가 그 아들 왕종과 함께 모의하여 맹인 승려 종동을
> 시켜 국왕을 저주하게 하고, 공주에게 장가가 자신이 왕이 되려고 합니다."라
> 고 무고했다.[84]

맹인 승려 종동이 질병이 많은 순안공 종을 위해 액막이를 하고자 초
재를 지내고 제사 음식을 묻은 것이다. 승려가 병을 물리치기 위해 액막
이를 주관하고 있는 것이다.

저주하는 일을 맡은 승려도 보인다. 제국공주의 상을 당해 세자(뒷날
의 충선왕)가 공주가 병이 난 것은 투기하는 자들이 저주했기 때문이라
고 여겨 無比 및 그 일당을 잡아 국문했다. 이때 국문을 당해 자복한 이
들 가운데 術僧이 포함되어 있었다.[85] 제국공주를 저주하는 데 술승이
가담했다는 것이다. 이처럼 陰陽·曆法·呪噤·度厄·咀呪 분야에서 술수
를 펼친 승려가 있었다.[86]

11년 8월, 290쪽.

82) 김창현, 2011, 『고려의 불교와 상도 개경』, 신서원, 277~278쪽.

83) 呪噤이 주문을 통해 질병의 원인이 되는 귀신을 쫓는 것이 아니라, 鍼科와 外科의
치료를 담당하는 것으로 보는 견해도 있다(이경록, 2010, 앞의 책, 187쪽).

84) 『高麗史』 권91, 列傳4 宗室2 元宗 王子 順安公 王琮, 上冊, 56쪽.

85) 『高麗史』 권122, 列傳35 嬖倖 崔世延, 下冊, 664쪽 ; 『高麗史節要』 권21, 忠烈王
23년 7월, 563쪽.

86) 擇日의 분야에서 활약한 승려도 있었을 것이다. 택일은 아마 陰陽의 한 범주였을 것
이다. 택일 및 日官에 관해서는 다음의 글이 참고된다. 金昌賢, 1992, 앞의 논문 ; 염

승려가 자연재해를 물리치는 데 활약한 것은 많은 사례에서 확인할 수
있다. 부석사의 원융국사는 비를 내리게 하는 데 탁월한 능력을 보였다.

> 靖宗이 원융국사를 文德殿으로 맞이해 단비가 내리도록 祈雨祭를 지내면
> 서 『雜花經』을 강설했는데, 經典을 펴자마자 오색 구름이 허공을 덮었고 綺
> 紋이 하늘로 뻗치면서 비가 두루 내려 흡족했다.[87]

국왕의 요청으로 궁궐 내에서 기우제를 지낼 때 『雜花經』을 강설함으
로써 비가 내리는 신비함을 보인 것이다. 불교 경전의 힘을 빌어 원하는
바를 성취한 것이다.

칠장사의 혜소국사 역시 비가 내리도록 하는 데 능력을 보였다. 당시
크게 가물자, 온갖 기우제를 지냈지만 효험이 없었다. 이에 혜소국사가
文德殿에서 『金光明經』을 강설하고자 손으로 銀塗香爐를 들고, 서서히
걸음을 걸어 蓮座에 올라 음성을 높여 제1권을 아직 다 설하기도 전에
사방에 구름이 덮히더니 소나기가 쏟아져 골고루 어린 작물을 적시었
다.[88] 기우제를 설행하자 비가 흡족하게 내린 것이다. 비를 내리게 하는
데 영험함을 보인 승려로는 그밖에 국청사 妙應大禪師, 운문사 圓應國
師, 영국사의 圓覺國師, 보경사의 圓眞國師 등이 찾아진다.[89] 고려시기
승려들이 비를 내리게 하는 데 능력을 발휘하는 수가 많았기에 억불정책

정섭, 2014, 「고려의 중국 農書·曆書·擇日書 도입과 '吉凶逐月橫看 木板'의 성격」
  『한국중세사연구』 38.
87) 李智冠 譯註, 1995, 『歷代高僧碑文(高麗篇2)』, 伽山佛敎文化硏究院, 「順興浮石寺
  圓融國師碑(1054년)」, 268쪽.
88) 李智冠 譯註, 1995, 『歷代高僧碑文(高麗篇2)』, 伽山佛敎文化硏究院, 「竹山七長寺
  慧炤國師碑(1060년)」, 303쪽.
89) 李智冠 譯註, 1996, 『歷代高僧碑文(高麗篇3)』, 伽山佛敎文化硏究院, 「國淸寺妙應
  大禪師敎雄墓誌銘(1142년)」, 243쪽 ; 같은 책, 「淸道雲門寺圓應國師碑(1147년)」,
  263쪽 ; 같은 책, 「永同寧國寺圓覺國師碑(1180년)」, 452쪽 ; 李智冠 譯註, 1997, 『歷
  代高僧碑文(高麗篇4)』, 伽山佛敎文化硏究院, 「淸河寶鏡寺圓眞國師碑(1224년)」, 96쪽.

하 조선초에도 승려에게 기우제를 지내도록 청한 사례가 많았다.[90]

비가 내리도록 할 뿐만 아니라 蝗蟲을 퇴치함에도 능력을 발휘했다. 보원사 法印國師 坦然은 황충을 물리치는 데 능력을 발휘했다. 鹽州와 白州에 인접한 경계에 황충이 농작물에 해를 끼치고 있어, 법인국사가 法主로서 『대반야경』을 강설하니 모든 해충이 물러가서 그 해에 풍년이 들었다.[91] 단속사의 대감국사는 蛇虺를 퇴출하는 데 능력을 발휘했다.[92] 풍랑을 막는 데 술수를 보인 승려로는 영원사의 원각국사와 불대사의 慈眞圓悟國師가 있었다.[93] 원응국사 학일은 산불 진압에서도 능력을 발휘했다.[94]

이처럼 자연재해를 물리치는 데 승려가 능력을 나타내는 일이 많았다. 가뭄을 그치게 하고 비가 내리도록 하는 일, 거친 풍랑을 막는 일, 황충과 뱀을 퇴치하는 일 등이 그러한데, 그밖에도 많은 이적을 행했다. 그리하여 승려들은 각종의 영험담을 남기고 있었다.[95]

고승의 비문을 작성하는 유자들은 신이하고 영험한 내용을 기록에 남

---

90) 『太宗實錄』권9, 太宗 5年 4月 甲午(29일), 1冊, 325쪽 ; 『太宗實錄』권19, 太宗 10年 6月 己未(24일), 1冊, 555쪽 ; 『世宗實錄』권69, 世宗 17年 8月 乙巳(6일), 3 冊, 646쪽 ; 『世宗實錄』권72, 世宗 18年 4月 己未(23일), 3冊, 672쪽 ; 『世宗實錄』 권72, 世宗 18年 6月 辛丑(6일), 3冊, 681쪽 ; 『世宗實錄』권73, 世宗 18年 閏6月 戊辰(4일), 4冊, 1쪽 ; 『世宗實錄』권100, 世宗 25年 4月 癸丑(28일), 4冊, 475쪽 ; 『世宗實錄』권108, 世宗 27年 5月 壬午(9일), 4冊, 619쪽.

91) 李智冠 譯註, 1995, 『歷代高僧碑文(高麗篇2)』, 伽山佛敎文化硏究院, 「海美普願寺 法印國師寶乘塔碑(978년)」, 78쪽.

92) 李智冠 譯註, 1996, 『歷代高僧碑文(高麗篇3)』, 伽山佛敎文化硏究院, 「山淸斷俗寺 大鑑國師碑(1172년)」, 400쪽.

93) 李智冠 譯註, 1996, 『歷代高僧碑文(高麗篇3)』, 伽山佛敎文化硏究院, 「永同寧國寺 圓覺國師碑(1180년)」, 452쪽 ; 李智冠 譯註, 1997, 『歷代高僧碑文(高麗篇4)』, 伽山 佛敎文化硏究院, 「昇州佛臺寺慈眞圓悟國師碑(1286년)」, 167쪽.

94) 李智冠 譯註, 1996, 『歷代高僧碑文(高麗篇3)』, 伽山佛敎文化硏究院, 「雲門寺圓應 國師碑(1147년)」, 264쪽.

95) 김유진, 2010, 「고려시기 高僧 靈驗譚의 생성과 유포」 『靑藍史學』 18, 한국교원대 청람사학회.

기지 않으려는 태도를 보였다. 「靜覺國師碑」를 쓸 때 李奎報가 그러한
자세를 표현했다.

> 감응의 靈異한 일들은 비록 많으나 모두 道의 경지에 있어서는 미세한 것
> 이요, 또 후인들이 괴탄히 여길까 염려하여 여기에 기재하지 않는다.96)

위의 기록이 대표적인 사례이다. 고승에 대한 비문은 대체로 이러한
자세로 작성된 것이 많다.97) 기록으로 전하는 내용보다 훨씬 많은 靈驗
譚이 당시 사회에 유포되어 있었을 것이다. 승려의 이런 능력은 당시 사
회에서 매우 매혹적인 것이었다. 그렇기 때문에 다수의 사람들이 그 승
려에 대해 전폭적인 신뢰를 보낼 수 있었다. 이런 연유로 승려들이 술수
를 주장하는 경우 민인이 열렬히 호응할 수 있었던 것이다. 승려들이 이
처럼 신이한 일을 수행하는 수가 많았으므로 승려가 과장된 내용 혹은
거짓의 황당한 내용을 주장하여도 믿음을 주었던 것이다. 소재도량이 널
리 설행될 수 있었던 것도98) 승려의 이러한 점이 인정받고 있었기 때문
이었다.

---

96) 李奎報, 「故華藏寺住持王師定印大禪師追封靜覺國師碑銘」 『東國李相國集全集』 권
35(『韓國文集叢刊』 2冊, 62~64쪽).
97) 李智冠 譯註, 1995, 『歷代高僧碑文(高麗篇2)』, 伽山佛敎文化硏究院, 「山淸智谷寺
眞觀禪師碑(981년1)」, 129쪽 ; 같은 책, 「順興浮石寺圓融國師碑(1054년)」, 268쪽 ;
李智冠 譯註, 1997, 『歷代高僧碑文(高麗篇4)』, 伽山佛敎文化硏究院, 「昇州佛臺寺
慈眞圓悟國師碑(1286년)」, 167쪽 ; 같은 책, 「大邱桐華寺弘眞國尊碑(1298년)」, 286
쪽 ; 같은 책, 「順天松廣寺圓鑑國師碑(1314년)」, 307쪽.
98) 소재도량에 대해서는 다음의 논문이 참고된다. 陳旻敬, 1998, 「高麗 武人執權期
消災道場의 設置와 그 性格」 『釜大史學』 22, 부산대 사학회 ; 김종명, 2001, 『한국
중세의 불교의례-사상적 배경과 역사적 의미-』, 문학과 지성사, 제3장 소재도
량 ; 김창현, 2011, 『고려의 불교와 상도 개경』, 신서원, 제8장 고려의 소재도량과
기우행사.

5. 術僧에 대한 民人의 호응과 政府의 대응

승려들은 다양한 분야에서 술수를 발휘했다. 그것은 민인에게 상당한 도움을 주는 것이었다. 질병의 치료를 돕는 의술, 집터나 건물 조영에 합리성을 높이는 지리설, 그리고 불확실한 미래를 예언하는 것, 그리고 자연재해를 극복하는 능력 등이 그러했다. 의술을 매개로 사람의 질병을 치료하는 것은 매우 중요한 일임이 분명하다. 그리고 풍수지리설을 활용해 주거지를 택하거나 국도를 선정하는 일 역시 문제될 수는 없을 것이다. 각종 점복이나 관상술을 발휘해 미래의 일을 예측하는 일 역시 흉한 일을 피하고 길한 방향으로 살아가도록 하는 데 의미를 갖는 것이라고 할 수 있다. 그밖에 승려들이 가지고 있는 각종 술수 역시 민인들에게 도움을 주는 일이 적지 않았음은 분명하다.

모든 승려의 술수 발휘가 문제되는 것은 아니었다. 술승과 민인이 개별적으로 만나는 경우에는 문제되지 않았다. 그리고 합리적인 범위에서 이루어지는 것이나, 민인에게 실제상의 도움을 주는 경우, 또 사회 통념상에서 충돌하지 않는 경우에는 문제로 삼지 않았다. 실제로 술수를 발휘한 승려가 높이 평가되는 일이 많았다. 그렇지만 비합리적이거나 기만에 가까운 행위를 하는 승려는 문제가 되었다. 이러한 승려일수록 민인의 호응은 폭발적이기 때문이다. 다수의 민인이 술승을 중심으로 집단을 이루어 돌아다니고 숙식을 하며 열렬한 분위기 속에서 공동 생활을 한다면 문제가 아닐 수 없었다. 게다가 그들이 주장하거나 추구하는 것이 당시 관념과 충돌해 사회를 불안하게 하거나 국가체제에 부담을 준다면 이것은 상당한 문제가 아닐 수 없을 것이다. 이에 대해 정치 권력은 단호하게 대처할 수밖에 없었다. 대개의 경우, 다수가 모여 생활하는 데서 오는 醜聞, 또 다수의 민인이 적극적으로 시납하는 행위 등을 빌미로 해서 국가에서 이들의 처벌에 나섰다. 그러나 불교계가 이러한 술승의 행위에 대해 자체적으로 통제하거나 제한·억제하는 일은 거의 보이지 않는다.

국가에서 승려의 술수에 대해 문제로 삼고, 그 승려를 처벌하는 일은 적지 않았다. 우선 요망하고 허황된 여러 잡다한 점술 행위에 대해 일체 금하는 규정이 보인다.

> 모든 요망스럽고 거짓되고 잡된 점술을 일체 금지하고, 이를 범한 자는 담당 관원이 모두 처벌한다.99)

점술 행위는 늘상 있는 것이고 상당한 수요가 있는 것이지만, 요탄한 잡점의 경우 민인을 호도하고, 또 사회 치안에 위협이 될 수 있는 것이므로 금지하는 것이다. 요탄하지 않은 점은 금하지 않는 것이다. 이 규정은 승려만을 대상으로 한 것이 아니지만, 이 규정에 저촉될 승려는 적지 않았을 것이다.

술수를 발휘한 승려가 실제로 처벌받는 사례는 다수이다. 陰陽說과 관련해 문제된 승려들이 보인다. 숙종 6년(1101) 3월 승려 光器가 陰陽書를 거짓으로 만들어 처벌을 받았다.

> 廣明寺의 승려 光器, 注簿 孫弼, 進士 李震光이 가짜 陰陽書를 만들었는데 그것이 발각되자, 장형을 가하고 유배보냈다.100)

광기라는 승려는 음양서를 만들 수 있을 만큼 그 분야에 조예가 깊은 승려로 보인다. 광명사 승려로 표현되므로 그는 개경의 중요 사찰에 소속되어 있음을 알 수 있는데, 아마 주지도 아니고 또 승계를 갖고 있지 않은 것으로 보아, 상층 승려라고 하기 힘들다. 상층 지배층이 아닌 하급

---

99) 『高麗史』 권84, 志38 刑法1 職制, 中冊, 841쪽.
100) 『高麗史』 권11, 世家11 肅宗 6年 3月, 上冊, 233쪽.

지배층인 주부·진사와 결탁해 광기가 음양서를 만들었음을 알 수 있다.
숙종 6년 4월에도 음양을 망령되이 말한 것으로 인해 승려가 유배형
을 당했다.

> 平州의 妖僧 覺眞이 함부로 음양설을 말해서 뭇사람들을 현혹시키므로,
> 왕이 谷州로 유배할 것을 지시했다.101)

평주의 승려 각진이 음양설을 망령되게 말함으로써 뭇사람을 현혹시
켰다는 것이다. 망령되게 말했다고 하는 음양의 정확한 내용은 알 수 없
지만, 당시에 크게 문제되었기에 처벌을 받은 것이다. 그런데 각진이 주
장한 내용에 많은 이들이 현혹되었다는 것은 나름대로 설득력 있는 내용
을 담고 있었던 것이 아닌가 생각된다. 평주 요승으로 불리고 소속 사찰
이 언급되지 않은 것으로 보아, 각진은 큰 사원에 소속되어 있지 않으며,
승계를 제수받은 존재는 아닌 것으로 여겨진다. 음양설과 관련된 광기와
각진은 모두 유배형에 처했는데, 이는 극단적인 처벌이 아니었다.

음양설은 국가·국왕의 미래를 예측하거나, 사회의 앞날에 대해 예언
하는 것, 또 역법에 관한 내용을 담고 있었을 것으로 추측된다. 그 음양
설이 통상적인 내용과 다르고, 나아가 국가체제와 사회질서에 부담을 주
는 내용을 담고 있었을 것으로 여겨진다. 그 때문에 망령되이 만들었다
거나 현혹시켰다고 비판받는 것이다. 민인 개인에 대해 예언하는 것은
문제될 일이 아니었을 것이다. 또 사회질서나 국가체제가 용납하는 내용
이었다면 처벌받지 않았을 것이다. 그것은 김덕명이란 이가 음양설을 속
여 멋대로 역법을 만들었지만 최우와의 친분 때문에 전혀 문제되지 않았
던 예에서102) 알 수 있다.

---

101) 『高麗史』 권11, 世家11 肅宗 6年 4월, 上冊, 233쪽.
102) 『高麗史』 권129, 列傳42 叛逆3 崔忠獻, 下冊, 800쪽 ; 『高麗史節要』 권15, 高宗
　　5년 정월, 394~395쪽.

명백히 의도적으로 사기를 친 승려에 대해서도 처벌했다. 충렬왕 26년(1300) 天固라는 승려에 대한 처벌이 하나의 예이다. 천고는 거북 기와 2개를 만들어 그 등에다 괴이한 말을 붉은 글씨로 써서 혜숙사의 탑 아래에 묻었고 얼마 뒤 그것을 스스로 파낸 다음, "이 거북이는 심히 神異하다."고 하면서 뭇사람을 현혹했다.[103] 천고는 그 거북 기와를 신이한 것이라고 선전하면서 돌아다녔을 것이며, 그에 많은 이들이 호응했을 것이다. 결국 천고는 杖을 맞는 처벌을 받았다.[104]

충선왕 5년(1313) 2월 기만술로 사녀들을 현혹한 曉可라는 승려를 순군옥에 내리는 조치가 있었다. 효가는 굴 위에 장작을 쌓아놓고 불 지른 다음 굴 속으로 숨어 들어가 며칠 뒤에 나오는 연출을 했다. 또 스스로 견성했다고 말했으며, 요망한 술수로 사녀들을 현혹했다. 꿀물·쌀가루가 감로사리이며 자신의 몸에서 나온 것이라고 사기를 쳤다. 사람들은 그 거짓을 알지 못하고 그것을 마시거나 간직하는 자가 있기도 했다.[105] 병의 치료에 도움이 된다고 믿었을 것이며, 나아가 간직하면 영험함을 얻을 수 있다고 생각했을 것이다. 사람들은 그것을 얻는 과정에서 효가에게 상당한 재화를 제공했을 것이다. 효가의 사기행각은 재물의 취득에 목적을 둔 매우 불량한 것이었다고 볼 수 있다. 사기행각을 벌인 천고와 효가는 높은 지위에 있던 승려로 보이지는 않는다. 사기임은 분명하지만 국가체제나 사회질서를 문제 삼거나 혹은 그에 도전하는 처사가 아니었기 때문에 유배형보다 가벼운 처벌을 받은 것으로 보인다.

세존이나 천제석 혹은 미륵을 자처하는 승려, 혹은 득도했다고 자처하는 승려에 대한 민인의 호응은 열렬했는데, 그 승려에 대해서는 엄격하게 대처했다. 명종, 공민왕, 우왕대에 그런 승려가 출현했으며 이들은

---

103) 『高麗史節要』 권22, 忠烈王 26년 5월, 573쪽.
104) 위와 같음.
105) 『高麗史節要』 권23, 忠宣王 5년 2월, 603쪽.

대체로 무거운 처벌을 받았다.

명종대 日嚴이라는 승려는 과도한 주장을 해서 문제 되었다. 그가 모든 병을 낫게 할 수 있다고 선전하자, 그에 대한 호응은 대단했다.

명종대 전주에 승려 日嚴이란 자가 있어 자칭 世尊이라 했다. 사람들이 모두, 그가 사람의 질병을 잘 치료하여 비록 盲聾과 風癩라 하더라도 즉석에서 낫게 하며 죽은 자도 살린다고 전하므로, 京師에서는 이 소문을 듣고 모두 초빙하려 했다. 국왕은 여러 신하들의 뜻을 거절하기 어려워 먼저 內臣을 시켜서 그 사실을 알아보게 했더니, 내신은 돌아와서 소문처럼 아뢰었다. 명종은 부득이 사신 琴克儀를 보내어 그를 맞아오게 했다.

길에 있을 때 綵艶巾을 쓰고 駮馬를 타고는 綾扇으로 낯을 가렸으며, 많은 무리들이 막고 옹위했으므로 그의 얼굴을 정면으로 볼 수 없었다. 보현원에 우거했는데, 도성 사람으로 귀천을 가리지 않고 노인을 부축하고 어린아이를 이끌고 분주히 달려와 알현하니 길거리가 텅 비었다. 장님·귀머거리·앉은뱅이·벙어리와 폐질이 있는 자가 앞에 낭자히 늘어섰는데 일엄이 부채질해 주었다. 천수사로 맞이해 들였는데 宰輔大臣 역시 아랫사람의 하는 일을 좇았으니, 어사대부 林民庇는 누의 아래에서 절했으며, 평장사 文克謙은 미복 차림으로 예를 다했다.

또 홍법사로 옮겨 거처했는데, 사녀들이 머리카락을 그의 앞에 깔아 일엄이 발을 디디게 했다. 모여든 사람들이 1만여 명에 달했으며, 일엄은 이들에게 아미타불을 부르도록 시켰는데, 그 소리가 10리 밖에서도 들렸다.

일엄이 세수하거나 목욕한 물을 얻고자 해서 비록 물방울이라고 하더라도 천금처럼 귀하게 여겨서 움켜 마시지 않음이 없었는데, 이를 法水라 불렀으며 능히 백 가지 병을 치료할 수 있다고 여겼다. 남녀가 밤낮을 가리지 않고 섞여 지냈으므로 醜聲이 널리 들렸으며, 머리깎고 무리가 되는 자의 수를 셀 수가 없었다. 당시 한 명도 간해서 중단시키는 자가 없었다. 명종이 잠시 시험해 보고 승려가 사기치고 있음을 알고 고향으로 방환했다.

처음 일엄이 사람들을 속여 이르기를, "만법은 오직 마음일 뿐이다. 너희가 만일 부지런히 염불하면서, 나의 병이 이미 나았다고 한다면 병이 따라서 나을 것이다. 삼가 병이 낫지 않았다고 말하지 말라."고 했다. 이 때문에 장님은 이미 잘 보인다고 말하고, 귀머거리는 잘 들린다고 말했다. 그리하여 사람들이 쉽게 미혹했던 것이다.[106]

승려 일엄은 모든 병을 치료하고 죽은 자를 살리게 한다고 스스로 일
컬어서 국왕이 개경으로 모셔왔다. 도성의 장님·귀머거리·앉은뱅이·벙
어리와 폐질을 가진 자들이 일엄 앞에 모여들었다. 일엄은 몰려든 이들
에게 아미타불을 창하도록 했는데 그 소리가 10리까지 들렸다. 구체적인
치료술이 있었는지는 알 수 없지만, 모든 병이 마음에 달려 있으므로 나
았다고 생각하면 낫게 된다고 말했다. 이에 눈먼 자는 보인다고 말하고,
들리지 않는 자는 들린다고 말하게 되었다는 것이다.

많은 이들이 몰려드는 것을 보면 질병으로 고통을 받는 민인들이 심
히 많았음을 알 수 있다. 질병의 고통을 겪는 다수의 대중이 존재하는
것이 일엄이라는 승려가 활약할 수 있는 공간을 마련해 준 것이다. 일엄
주위에 몰려든 사람들이 1만 명에 달했으며, 그를 보려고 몰려들어 거리
가 텅 비었다는 것은 그러한 모습을 잘 나타내는 표현이다. 관료들도 일
엄에 크게 호응했다.

일엄이라는 승려에 대한 처벌 내용은 국왕이 그 거짓을 알고 전주로
방환하는 데 그치고 있다. 아마 가혹한 처벌로 귀결되지 않은 것은 일엄
이 상당한 정도 질병 치료 능력을 보유하고 있었고, 실제로 치료의 효과
를 나타냈기 때문으로 보인다. 물론 장님을 눈뜨게 하는 일이나 귀머거리
가 들리게 하는 일, 또 죽은 이를 살리는 일은 불가능했을 것이다. 그리고
재물에 대한 사사로운 욕심이 거의 없었던 것으로 보인다. 질병 치료에
집중하고 있으며, 염불을 하고 모든 것은 마음에 달렸다는 교설을 펼침으
로써 승려의 자세를 견지하고 있다. 많은 이가 모여들어 함께 지냄으로써
추한 소문이 퍼졌다는 것을 명분으로 해서 일엄을 쫓아버리지만, 실제로
는 사회 안녕에 위협이 되었기 때문에 그러한 조치가 취해진 것으로 판

---

106) 본문에 제시한 내용은 다음의 세 자료를 토대로 정리한 것이다. 세 자료가 비슷
    한 내용을 전하면서 약간 차이가 있어 종합하여 제시했다. 李奎報,「論日嚴事」
    『東國李相國集全集』권22(『韓國文集叢刊』1冊, 523쪽) ;『高麗史』권99, 列傳12
    林民庇, 下冊, 204쪽 ;『高麗史節要』권13, 明宗 17년 9월, 349쪽.

단된다. 일엄은 승과에 합격해 승계를 제수받은 존재가 아니었다.

공민왕대 天帝釋을 자처하는 무당에 대한 처벌이 보인다. 妖巫가 제천에서 왔는데, 천제석이라고 자칭하고서 망령되어 사람들의 화복을 말하니 원근에서 받들면서 미치지 못할까 두려워했다. 이르는 곳마다 재화가 산처럼 쌓였다. 개경의 천수사에 이르러 말하기를, "자신이 개경에 들어가면 풍년이 들고 병란이 그칠 것이며 국가가 태평할 것이다. 만약 국왕이 나와서 맞이하지 않는다면 자신은 반드시 하늘로 올라갈 것이다."라고 했다. 이에 도성 사람들이 모두 미혹되어 귀의했다. 이에 李云牧이 騎卒과 臺吏를 거느리고 무당을 잡아 머리카락을 자른 뒤 옥에 가두었으며 장을 쳐서 방출했다.107)

승려는 아니지만 무격이 천제석을 자칭하므로 승려와 비슷한 존재로 볼 수 있겠다. 그는 점술로써 재물을 거두어들이고 있는 것이다. 그의 명백한 사기는 자신이 개경에 들어가면 풍년이 들고 병란이 그칠 것이며 국가가 태평할 것이라고 주장한 점이다. 만약 국왕이 나와서 자신을 맞이하지 않는다면 본인은 반드시 하늘로 올라갈 것이라는 것은 국왕에 대한 겁박으로 볼 수 있다. 대단한 담력을 가진 무당으로 보인다. 결국 잡혀 머리를 깎이고 장을 맞고서 방출되는 처벌을 받은 것이다. 사기가 농후했지만 실제 크게 해되는 일이 없었으므로, 장죄에 처하는 데 그친 것으로 생각된다.

우왕 7년(1381) 5월 미륵을 자칭하는 비구니를 처벌하는 조치가 있었다.

> 京都에 있는 한 여승이 미륵이라 자칭하니, 사람들이 모두 믿고서 다투어 쌀과 베를 보시하므로, 사헌부에서 곤장을 때려 귀양보냈다.108)

---

107) 『高麗史』권114, 列傳27 李承老, 下冊, 502쪽 ; 『高麗史』권111, 列傳24 柳濯, 下冊, 427쪽.
108) 『高麗史節要』권31, 辛禑 7년 5월, 786쪽.

개경의 한 여승이 미륵불을 자칭하니 사람들이 모두 믿어서 쌀과 포를 다투어 시주했다는 것이다. 사람들이 모두 믿었다는 데서 미륵에 대한 염원이 상당했음을 알 수 있다. 이 비구니 역시 높은 학식을 보유한 승려로 보이지는 않는다. 결국 헌부에서 장을 쳐서 유배 보내는 조치를 취했다.

우왕대에 유배형을 당한 승려로 또 覺然이 있었다. 우왕 10년 12월 화장사의 승려 覺然이 스스로 득도했다고 하니 達官 역시 미혹했고, 부녀들이 몰려 들어서 추한 소문이 널리 퍼졌다. 憲司가 국문하고 용문산에 유배 보내는 조치를 취했다.109) 비구니와 각연의 경우 사회질서나 국가체제에 정면으로 도전한 것이 아니므로 유배 보내는 데 그친 것으로 보인다.

그러나 사회질서에 위기를 불러일으키는 승려에 대해서는 가혹한 처벌이 따랐다. 우왕 8년 2월 私奴婢가 미륵의 화신을 주장했다가 죽임을 당한 일이 있다.110) 사노비의 처지에서 미륵이라고 주장하니 당시 사회에 상당한 충격을 주었을 것이다. 가장 아래 계층에서 미륵이 나왔다는 것은 당시 사회질서와 계층구조 속에서 도저히 받아들일 수 없는 일이었다. 고위 인사가 미륵이라고 하더라도 문제되는 것이지만, 사노비의 위치에서 그러한 주장을 펼치니 더욱 용납될 수 없는 것이었다. 그렇기 때문에 가장 가혹한 사형이란 처벌을 받았던 것이다.

우왕대 固城의 民 伊金 역시 미륵불을 자처하고서 황당한 주장을 펼쳤다. 그는 당시 사회질서를 비판하는 내용을 주장해서 큰 문제가 되었다.

> 固城의 요망한 백성 伊金이 스스로 미륵불이라 일컫고 대중을 현혹하여 말하기를, "내가 석가모니불을 오게 할 수 있다. 무릇 귀신에게 빌고 제사하는 사람이나, 말이나 소의 고기를 먹는 사람이나, 재물을 남에게 나누어 주지 않는 사람은 모두 죽을 것이다. 만일 내 말을 믿지 않는다면 3월에 가서 해와

---

109) 『高麗史』 권116, 列傳29 李琳, 下冊, 551~552쪽 ; 『高麗史』 권135, 列傳48 辛禑3
     辛禑 10년 12월, 下冊, 921쪽.
110) 『高麗史節要』 권31, 辛禑 8년 2월, 788쪽.

달이 모두 빛을 잃을 것이다."라고 했다.

　또 "내가 힘을 쓰면, 풀에 푸른 꽃이 피게 하고, 나무에 곡식의 열매를 맺게 하며, 한 번 씨를 뿌려 두 번 수확하게 할 수 있다."고 하니, 어리석은 백성들이 믿고 경쟁적으로 쌀과 비단과 금·은을 시주했다. 소와 말이 죽어도 버리고 먹지 않았으며 재물을 가진 사람은 모조리 남에게 주었다.

　또 말하길, "내가 산천의 귀신들을 명령해 일본으로 보내면 왜적을 사로잡을 수 있다."고 했다. 이에 무당들이 더욱 공경하고 믿어서 城隍祠廟에서 신들을 철거시켰으며, 伊金을 부처님같이 섬기며 복과 이익을 빌었다. 무뢰배들이 따라다니면서 한패가 되어 제자라 자칭하면서 서로 속이니, 守令들도 혹 나아가 맞이해 머물게 하기까지 했다. 그들이 청주에 이르자 權和가 그들을 꾀어서 오게 한 다음 그 우두머리 5명을 결박하여 가두고 조정에 보고했다. 都堂에서 여러 도에 공문을 보내어 모조리 잡아다가 베어 버렸다.111)

　이금이 주장하는 내용 가운데 황당한 것은 석가불을 오게 할 수 있다는 것, 잡신에게 기도하는 자와 우마의 고기를 먹는 자 및 재화를 다른 사람에게 나누어주지 않는 자는 모두 죽을 것이라고 한 것, 또 자신의 말을 듣지 않으면 3월에 해와 달이 빛을 잃을 것이라고 한 것 등이다. 자신이 힘을 쓰면 풀에서 푸른 꽃이 나오고 나무에 곡식의 열매가 맺고, 또 한 번 씨를 뿌려 두 번 수확한다는 것 역시 믿기 어렵다. 자신이 산천의 신을 보내면 왜적을 사로잡을 수 있다고 한 것 역시 황당하다.

　그러한 황당한 주장 속에는 민인의 염원이 여럿 표현되어 있다. 우마의 고기를 먹는 자, 재화를 타인에게 나누어주지 않는 자는 모두 죽는다는 것은 민인에게 의미가 큰 주장으로 보인다. 그리고 나무에 곡식의 열매가 맺으며 한 번 씨를 뿌려 두 차례 수확한다는 것은 당시 농민에게 지극히 매혹적인 주장이었다. 그리고 왜구의 고통에 신음하던 민인들에

111) 다음의 3자료가 비슷한 내용을 기술하고 있는데 약간의 차이가 보여, 이를 종합 정리하여 제시한 것이다.『高麗史』권107, 列傳20 權旧附 和, 下冊, 361~362쪽 ;『高麗史節要』권21, 辛禑 8년 5월, 789쪽 ;『新增東國輿地勝覽』권15, 淸州牧 名宦 權和.

게 왜적을 사로잡아 올 수 있다는 주장 역시 매우 희망적인 내용이었다.

이금의 이러한 주장에 대한 호응은 열렬했다. 실제로 모든 이들이 그의 주장을 전폭 신뢰했다고는 생각되지 않지만 다소라도 실현된다면 좋겠다는 생각에서 몰려들 수 있었을 것이다. 백성들이 이금의 주장을 믿고서 쌀과 비단·금은을 시주했다는 것, 그리고 우마가 죽어도 버리고 먹지 않았다는 것은 시사적이다. 재물을 시주하는 경우 그것은 재분배되는 것이기 때문에 빈민에게 돌아갈 여지가 컸다. 부자로서는 재물을 나누어 주지 않으면 죽게 된다고 하므로 다투어 재물을 시주해 나누어준 것이다. 빈민의 정서를 대변하는 주장을 펼치고 있는 것이다.

무뢰배들이 이금에 호응하고 따르면서 제자라고 칭했으며, 이들의 무리가 오면 수령이 맞이해 머물도록 하기도 했다. 우민, 무격, 무뢰지도, 수령 등이 호응한 데서 알 수 있듯이 엄청난 반향을 불러일으켰다. 특히 빈민에게는 매우 고무적인 주장을 펼치고 있었다.

이금의 추종세력은 여러 곳을 돌아다닌 것으로 보인다. 청주에서 목사 권화가 이들을 유인한 뒤 우두머리 5인을 결박해 가두고, 조정에 보고했으며, 이에 도당에서 여러 도에 이첩해 모두 잡아들이도록 한 데서 그것을 알 수 있다. 이금의 여러 주장은 당시의 지배층이나 富民들에게 불안감을 조성하는 논리였을 것이다. 반면에 빈민의 정서를 적극 반영한 주장이었다. 모두 잡아 참형에 처하라는 것은 그만큼 이금 및 그 추종세력이 당시 지배층에게 위기감을 주었기 때문일 것이다. 고성의 민 출신으로 표현하는 데서 이금이 상층 출신이 아님을 분명히 알 수 있다.

이금의 주장에 대해서는 당시 승려조차도 가소로운 일이라고 치부했다. 승려 粲英이 말하기를, "이금이 말하는 바는 모두 황당무계한데, 해와 달이 빛을 잃을 것이라는 것이 더욱 가소롭다. 그럼에도 나라 사람들이 어찌하여 이처럼 믿는지?"라고 했다.112) 선종 승려로 뒷날 공양왕대

---

112) 『高麗史』 권119, 列傳32 鄭道傳, 下冊, 605쪽 ; 鄭道傳, 「事實」, 『三峰集』 권14

에 왕사로 추대되는 찬영이란 승려는113) 이금의 주장을 신뢰하지 않았
다. 그러므로 당시 불교계 전반도 이금의 주장에 대해 동조하지 않은 것
으로 보인다. 이금의 주장은 당시 사회질서에서 도저히 용납될 수 없는
것이어서 결국 국가권력과 불교계의 공동의 공격을 받아 요민으로 몰려
처벌당했다. 그 처벌도 가장 가혹한 참형이었다. 미륵을 자처한 사노비
와 마찬가지로 사형에 처한 것이다.

　문제된 승려들 주장의 자세한 내용이 전하지 않아, 백성들의 염원을
해결하기 위한 현실 사회의 개선·개혁 문제에 관한 주장이 있었는지 여
부는 알기 어렵다. 그렇지만 그런 문제에 소홀한 것은 분명해 보인다.
그것은 불교계가 경세론에 장점을 갖지 않는 데서 오는 것이 아닐까 한
다. 출세간을 지향하기 때문에 세간의 사회경제의 구체 문제에 대해서는
관심을 덜 갖고 있고 따라서 경세론이 미약하기 때문이다. 일시적인 호
응, 폭발적인 호응이 있었지만 현실 사회에서 민인의 처지 향상에 기여
하는 바가 컸다고 보기 힘든 것이다.

　혹세무민하는 승려들은 '惑民僧'으로 부를 수 있는데 대체로 하급 승
려가 중심이었다. 천제석을 자칭하거나 미륵불을 자처하는 승려 모두 하
급의 승려로 보인다. 대체로 문제를 일으키는 술승은 지위가 낮은 승려
가 대부분이었다. 하급 승려가 민인의 여망을 전제로 해서 과도한 주장
을 펼치고 그리하여 혹민승으로 귀결하는 것이다. 승과에 합격해 승계를
받고 주지를 역임하는 승려나, 왕사·국사의 지위에 있는 승려가 문제되
는 일은 거의 보이지 않는다. 그러한 위치에 있는 승려가 술수를 발휘하
는 수도 없지 않았지만 문제되는 내용이 아니었으므로 혹민승이 아니었
다. 따라서 그들이 처벌을 받는 일은 매우 드물었다.

　고려말이 되면 억불을 주장하는 논자가 나타나고 또 승려들이 기초하

　(『韓國文集叢刊』 5冊, 526쪽).
113) 『高麗史』 권120, 列傳33 尹紹宗, 下冊, 626쪽.

고 있는 술수 자체에 대한 비판이 전개되었다. 도선의 풍수지리설은 공
양왕대에 본격적으로 비판받기 시작해, 전면 부정하는 견해가 주창되기
도 했다. 姜淮伯·朴宜中·尹會宗 그리고 安瑗 등은 천도와 관련한 지기
쇠왕설을 비판하고 있었다.[114] 성균박사 金貂 역시 도선의 풍수설 가운
데 비보사탑설에 대해 적극 비판했다.[115] 도선 지리의 두 내용, 즉 국도
지기쇠왕설과 비보사탑설을 정면으로 부정하는 주장이다. 도선의 지리설
에 대한 비판은 신비성·신이성을 가지고 있을 뿐 합리성이 부족하다는
것이다. 시대 전반의 변화를 전제로 한 비판으로 보인다.[116] 이렇게 도선
의 지리체계가 부정되면서 지리설을 승려가 주장할 수 있는 여지는 축소
되지 않을 수 없었다. 그리하여 조선초에는 승려가 풍수지리설을 근거로
국도의 입지나 사탑의 조영을 주장하는 일은 나타나기 어렵게 되었다.

조선초에 술수·잡술에 대한 정비에 적극 나섰다. 태조 3년(1394)에는
고려 이래의 분분한 술수를 정리하는 작업을 펼쳤다. 陰陽刪定都監을 설
치해서, 지리도참에 관련된 여러 서적을 모아서 상호 참고해 산정하도록
했다.[117] 이는 지리도참 관계의 내용을 정리하고 체계화하는 것이며 다
른 이설이 나타날 소지를 막으려는 조치인 것이다. 지리도참에 대한 국
가 통제책의 일환으로 판단된다. 태종 17년(1417)에는 참서를 금하는 조
치가 취해졌다.[118] 이에 따라 고려 이래 다양한 술수가 중단되기에 이른
것이다. 술수학이 국가 통제 하에 놓이게 되는 상황에서 승려의 술수학

114) 『高麗史』 권117, 列傳30 姜淮伯, 下冊, 576쪽 ; 『高麗史』 권112, 列傳25 朴宜中,
    下冊, 465쪽 ; 『高麗史』 권120, 列傳33 尹紹宗, 下冊, 630쪽 ; 『高麗史』 권45, 世
    家45 恭讓王 2年 12월, 上冊, 887쪽.
115) 『高麗史』 권117, 列傳30 李詹, 下冊, 579쪽.
116) 과학 기술의 발전으로 이용하는 자연 공간이 크게 확대되면서 정주 공간이 종전
    과 상당히 달라졌을 것이다. 이용하는 정주 공간의 변화는 자연히 지리체계의 수
    정을 불가피하게 만들었을 것이다.
117) 『太祖實錄』 권6, 太祖 3年 7月 己酉(12일), 1冊, 66쪽.
118) 『太宗實錄』 권34, 太宗 17年 11月 丙辰(5일), 2冊, 192쪽.

이 발휘되거나 발달할 소지는 크게 줄지 않을 수 없었다.

세조는 유자라 할지라도 천문·지리·의약·복서에 밝아야 通儒라 할 수 있다고 주장했다.[119] 세조는 이처럼 술수학을 공부하여야 한다는 입장을 보였지만 당시 유자들의 생각과는 상당한 거리가 있는 것이었다. 세조 10년, 김종직은 지금 문신을 天文·地理·陰陽·律呂·醫藥·卜筮·詩史 七學을 나누어 익히도록 했는데 이 가운데 詩史는 儒者가 힘쓸 바이지만 그 나머지 잡학은 유자가 힘써 공부할 바가 아니라고 지적하고서 잡학에는 각각 업으로 하는 자가 있기 때문에 문신에게 그렇게 할 필요가 없다고 啓했다.[120] 성종 16년 崔灝元을 둘러싸고 열띤 논란을 벌이고 있을 때, 司憲府大司憲 柳洵 等의 의견은 陰陽·地理·鎭禳之說은 術家事이지 유자가 말할 바는 아니라고 했다.[121] 이것은 유학자가 술수학에 종사해서는 안 된다는 것을 의미하는 것이다. 술학은 유자가 아닌 별도의 계층이 담당해야 한다는 주장이다. 그리고 과학성을 갖는 술수는 발전시켜 가야 하지만 술학이 지니는 신비성·주술성은 배제시켜 가야 한다는 입장이었다.[122] 신비성과 주술성을 다분히 포함한 승려의 술수가 발휘될 여지는 그만큼 축소되지 않을 수 없었다.

6. 結語

고려시기 승려들은 교학이나 수행에서만 중요한 역할을 한 것이 아니었다. 승려들은 불교 교설 이외의 분야에서도 크게 활약함으로써 당시

---

119) 『世祖實錄』 권33, 世祖 10年 4月 戊申(26일), 7冊, 623쪽.
120) 『世祖實錄』 권34, 世祖 10年 8月 丁亥(6일), 7冊, 644쪽.
121) 『成宗實錄』 권174, 成宗 16年 1月 庚子(17일), 10冊, 672쪽.
122) 조선초 잡과 영역의 축소는 이를 잘 반영하는 것이다. 기술학 분야를 중시하는 것 또한 이와 관련된다.

사회 전반에 지대한 영향을 주었다. 그러한 분야 가운데 의약·지리·점복은 대표적이다. 당시 민인의 어려움을 극복하는 데 도움을 주는 측면도 없지 않았지만 그것이 갖는 신비성·주술성으로 인해 결국에는 기만으로 귀착되는 일도 적지 않았다.

고려시기 잡과·잡업은 제술업·명경업과 더불어 과거의 한 분야였다. 잡과에 합격하기 위해서는 이른바 잡학을 공부하지 않으면 안 되었다. 잡학·잡과의 분야는 매우 다양했지만 그 가운데 의업·지리업·복서업은 늘 하나의 범주로 묶여 파악되는 동질적인 성격을 지니고 있었다. 이 세 분야는 흔히 술수로 지칭되었으며 조선초에는 잡술로 일컬어지기도 했다. 술수·잡술에 능한 이는 통상 술사, 술인, 술자 등으로 불렸다. 승려 가운데에도 이 분야에 능통한 이가 있었는데, 術僧이 바로 그들이었다.

술승이 활약한 분야는 다양하지만 우선 의약의 분야에서 활동한 점이 두드러진다. 대표적인 의승으로는 진관선사, 원응국사, 진각국사, 묘원, 복산, 학선 등을 들 수 있다. 이들 가운데에는 성병의 일종인 임질을 치료하는 데 탁월한 능력을 발휘한 이도 있었으며, 종기를 째서 수술하는 외과 의술을 보이는 승려도 있었다. 질병 치료에서 주술을 활용하는 승려도 없지 않았다. 개국사나 동서대비원에서 환자나 전염병에 걸린 이들을 구료할 수 있었던 것은 그곳에 그런 능력을 소지한 승려가 소속되어 있었기 때문으로 보인다. 그러나 질병의 치료는 무한정 가능한 것이 아닌데 무리하게 모든 병을 치료할 수 있다거나 죽은 이를 다시 살릴 수 있다고 주장하는 승려도 나타났다.

풍수지리 분야는 국초부터 도선의 활약이 있었으므로 승려들이 이 분야에 탁월한 소양을 지니는 것은 이상한 일이 아니었다. 도선의 지리설은 고려 일대에 지대한 영향을 주었다. 승려로서 지리에 밝은 이로는 요세, 조신경, 달자 등을 들 수 있다. 고려 일대에 걸쳐 천도론이 자주 제기되었는데, 대체로 도선의 지리설을 근거로 하거나, 또 승려가 주도하는

수가 많았다. 승려인 묘청이나 보우·신돈은 천도론의 전개에서 중요한
몫을 점하고 있었다. 풍수지리 분야에서 승려들의 활약은 매우 두드러졌
다고 할 수 있겠다.

피흉취길에 목적을 둔 점술이나 관상술에서 두드러진 활약을 보인 승
려도 적지 않았다. 점술이나 관상술의 분야에서 활약한 승려로는 국일지
엄존자, 최산보(주연지)와 이름을 전하지 않는 몇몇 승려가 있다. 개인의
미래사를 예견하는 일, 전투의 향방을 예언하는 일에서 활약한 사례가
보인다. 예지력이 있는 승려가 많았으므로 이 분야에서 크고 작은 활약
을 한 승려는 매우 많았던 것으로 여겨진다.

승려들은 그밖에 주금이나 역법, 액막이 등에서 활약한 예가 보이고,
자연재해를 해결하는 데 활약함으로써 크게 기여한 승려도 매우 많았다.
승려의 신이한 술수에 대해서 기록을 생략하는 수가 많았으므로 실제 당
시 사회에서는 현전하는 것보다 훨씬 더 많은 영험담이 유포되었던 것으
로 생각된다.

술승의 활약에 대한 민인의 호응은 폭발적인 경우가 많았다. 때때로
많은 이들이 집단을 이루어 열렬히 뒤따르는 일도 있었다. 국가로서는
사회의 안정이나 질서에 도전하지 않는다면, 또 국가체제에 부담을 주지
않는다면 크게 문제 삼지는 않았다. 국가와 사회체제에 도발한다면 적극
대응했다. 음양서를 제멋대로 만들어 민인을 혼란케 한 승려는 처벌했으
며, 완벽한 사기 술수를 발휘해 민인으로부터 신비함을 인정받고자 한
승려도 역시 처벌했다. 세존·천제석이나 미륵을 자칭하고 또 득도했다
고 함으로써 민인을 호도하는 승려에 대해서도 처벌했다. 미륵을 자처한
노비나, 전국을 횡행하면서 민인들의 정서를 적극 대변한 승려는 가장
극단적인 사형에 처했다. 이렇게 문제가 되어 처벌을 받은 승려는 대체
로 하급 승려였다. 승과에 합격해 승계를 제수받은 고위의 승려가 술수
때문에 처벌을 받는 일은 없었다.

일엄과 이금의 주장은 당시 민인의 염원을 반영하는 것으로서 의미가 있는 것이었지만 실현 불가능한 내용을 주장함으로써 현실에서 민인의 염원을 실현하는 데 도움이 되지 못했다. 승려들이 주장하는 논리에는 민중의 정서와 염원을 표현한 경우가 없지 않았다. 질병이 없기를 바라고 항상 풍년드는 것을 소망하는 것, 부자들이 재물을 베푸는 것 등이 그것이다. 이러한 백성의 염원을 전제로 해서 술승들이 활동할 소지가 있는 것이다. 그렇지만 백성의 염원을 해결하는 데 얼마나 기여했는가에 대해서는 답하기 어렵다. 또 그 주장이 바람직한 것이냐는 점에 대해서도 의문이 간다. 불교계에서는 승려가 잡술을 보유하고 있다고 해서 크게 문제 삼지는 않았다.

기존의 교학을 충실히 전수하고 발전시키는 승려는 대체로 체제에 위협을 주지 않았다. 사회질서나 국가체제에 문제를 일으키는 승려는 술승 가운데 혹민승이었다. 이들은 민인들의 열렬한 호응을 이끌어내서 집단을 형성함으로써 지배질서에 부담이 되었다. 더구나 그들의 주장이 빈한한 민인을 적극 배려한 주장을 담고 있다면 호응은 더욱 열렬할 것이고, 지배층은 더욱 큰 부담을 느끼지 않을 수 없는 것이다. 이처럼 고려사회에 큰 역동성을 부여한 것이 술승들의 활동이었다. 민인의 여망을 담고는 있지만 그것이 민인을 위한 새로운 질서의 창출, 체계적인 경세론의 주창으로까지는 발전하지 못했다.

조선시대에 들어와 술수·잡술은 점차 하대를 받아, 儒者들이 멀리하는 학문으로 자리잡았다. 그 학문 영역은 전문화되었지만, 유자가 공부하는 것은 바람직하지 않은 것으로 인식되었다. 그리고 술수·잡술에 대해 합리성을 높이고 과학성을 제고하라는 목소리는 높아갔다. 또한 억불정책이 실시됨에 따라 술수 영역에서 승려가 활약할 수 있는 공간은 축소되었다. 따라서 승려가 다수의 민인들의 열렬한 호응을 이끌어내서 사회질서·국가체제에 위협을 줄 수 있는 소지는 그만큼 줄어들었다.

제3장 高麗時期 居士의 生活方式과 그 意味

1. 序言

불교는 기본적으로 승려가 중심이 되어 이끌어가는 종교였다. 승려들은 사원에서 생활하며 불교의 가르침을 펼침으로써 세속인의 종교적·정신적 삶에 깊은 영향을 주었다. 그리하여 세속 사회에서 불교적 일상생활이 보편화됐다. 불교가 고려사회에서 절대적인 위치를 차지하는 데에는 승려의 활약이 무엇보다도 중요했다. 그러나 불교가 승려에 의해서만 확대되고, 영향력을 발휘하는 것은 아니었다. 俗人에 의해서도 불교의 정착 및 확산이 이루어졌다.

고려시기 在俗人物로서 불교 교설, 승려의 가르침을 적극 실천하려는 이들이 많았다. 그 가운데에는 居士로 자처하는 인물이 적지 않았다. 거사는 속인이었지만 신실한 佛道의 추구 모습은 승려와 견줄만했으며, 다른 속인의 귀감이 되었다. 불교적 생활태도나 가치관의 확산에 이들이 기여한 바가 매우 컸다. 그들이 불학을 공부하고 참선 수행하는 자세나, 불교 가치관을 몸소 실천하는 모습은 사회 전체에 깊은 영향을 끼쳤다. 이들의 삶의 방식은 당시에 높이 추앙되었으며, 당시인의 추구하는 바람직한 삶에 가까운 것이었다.

이러한 중요성을 갖는 거사에 대해 일찍부터 연구자들이 관심을 기울였다. 대체로 그 연구는 특정 거사의 불교사상 및 그것이 끼친 영향에 초점을 맞춘 것이었다. 거사 가운데 李資玄이 가장 주목받았는데,1) 그의

---

1) 徐景洙, 1975, 「高麗의 居士佛敎」『韓國佛敎思想史－崇山朴吉眞博士 華甲紀念論

불교사상이 개인적·은둔적·고답적이라는 평가도 있었고,2) 새로운 禪風
을 이끌었다는 의미를 적극 부여할 수 있다는 주장도 제기되었다.3) 이러
한 연구는 특정 거사의 불교사상에 대해서 이해를 심화시키는 데 크게
기여하는 성과였다.4) 그렇지만 거사라는 특정 층이 불교의 사회화에서
갖는 의미에 대해서는 연구자들이 큰 관심을 보이고 있지 않다.

이 글에서는 거사에 관해 사상보다는 생활방식을 중심으로 접근하고
자 한다. 거사의 삶의 태도와 생활모습을 네 측면으로 나누어 집중적으
로 검토하고, 그러한 삶과 생활이 당시에 끼친 영향에 대해 관심을 기울이
고자 한다. 거사는 기본적으로 불교에 몰입하는 존재이므로 우선 佛道를
추구하는 모습을 살펴보고, 이어서 생활 자세로서 蔬食을 하고 布衣를 입
는 모습, 세속 사회의 財富를 등한시하는 자세, 그리고 불교의 布施 윤리
를 적극 실천하는 모습을 차례로 살펴보고자 한다. 그러한 삶과 생활모습
이 고려사회에서 갖는 의미에 대해서도 깊은 관심을 두고자 한다.

본고에서 언급하는 거사는 그 범주를 다소 특화시킬 것이다. 거사는
통상 세속 사회에서 불도를 추구하는 이를 가리키지만 이 글에서는 특정
冠稱이 붙은 거사를 중심으로 삼아 고찰하고자 한다.5) 이들은 남성으로

叢一』; 崔柄憲, 1983, 「高麗中期 李資玄의 禪과 居士佛教의 性格」『金哲埈博士
華甲紀念 史學論叢』; 許興植, 1986, 「禪의 復興과 看話禪의 展開」『高麗佛教史研
究』, 一潮閣; 김상영, 1988, 「고려 예종대 선종의 부흥과 불교계의 변화」『淸溪史
學』5; 조용헌, 1996, 「이자현의 능엄선 연구」『종교연구』12; 趙明濟, 2002, 「高
麗中期 居士禪의 사상적 경향과 看話禪 수용의 기반」『역사와 경계』44; 신규탁,
2004, 「고려 중기 거사 불교와 이자현의 선 사상」『江原文化研究』23.

2) 徐景洙, 1975, 앞의 논문; 崔柄憲, 1983, 앞의 논문.

3) 趙明濟, 2002, 앞의 논문; 신규탁, 2004, 앞의 논문.

4) 居士에 관해서는 주1)에서 언급한 연구 이외에도 다음의 글이 있다. 鄭濟奎, 1999,
「高麗 後期의 居士觀과 그 特性」『文化史學』11·12·13합집; 鄭濟奎, 2002, 「高
麗後期 在家佛敎信者의 役割과 社會的 意味」『文化史學』17.

5) 거사의 사전적 의미는 출가하지 않고 집에서 불도를 수행하는 남성이다(『韓國佛
敎大辭典』, 明文堂;『한국고전용어사전』1, 세종대왕기념사업회;『漢韓大辭典』,
단국대동양학연구소;『漢語大詞典』, 漢語大詞典出版社;『大漢和辭典』권4, 諸橋

서 대부분 지배 신분에 속했고 관직을 역임했다. 거사를 칭하지 않은 세
속인의 생활방식도 함께 언급함으로써 거사의 삶에 버금가는 모습을 보
인 이들이 많았음을 지적하고자 한다. 그리하여 거사의 생활방식이 고려
사회에서 삶의 한 유형으로 자리했음을 부각시키고자 한다.

2. 佛道의 추구

고려사회에서 불교는 지배적인 종교였다. 불교 교리의 영향 하에 또
승려들의 지도를 받아 불교 가치를 실천하는 삶은 사회 계층을 불문하고
보편화되어 있었다. 그 가운데 세속 사회에서 불교적 생활방식을 선도해
가는 이들이 바로 居士였다.

거사는 일차적으로 불교에 몰입하는 존재였다. 고려시기 불교를 신
봉하지 않는 이는 거의 없었지만, 거사는 그 가운데서도 불교의 계율과
가르침을 충실하게 실천하려는 인물이었다. 머리를 깎지는 않았지만
거의 승려와 비슷한 생활을 함으로써 불교의 교설을 충실히 따르고자
했다.

거사는 머리를 깎지 않았기 때문에 출가한 것은 아니었다. "머리를 깎
아 맨 머리면 元曉大師요, 머리를 길러 관을 쓰면 小性居士"라는 표현에
서6) 알 수 있듯이 거사는 머리를 깎지 않고 기른 속인이었다. 머리를
깎으면 속인이 아니라 승려가 되기 때문에 거사라고 할 수 없는 것이다.

轍次 등 참조). 요즈음은 불교를 믿는 일반 신도를 거사라고 부르는 수가 많지만,
고려시기에는 불교를 신봉하는 사람 가운데 특별한 이들을 거사라고 불렀다. 고려
시기 승려가 속인을 거사라고 부르는 경우는 아마 요즈음의 용례와 비슷한 수가
없지 않았겠지만, 본고에서 대상으로 하는 거사는 대부분 스스로 거사를 칭하는
인물들이다(<부록 1> 참조).

6) 李奎報, 「小性居士贊 幷序」『東國李相國集全集』 권19(『韓國文集叢刊』 1冊, 491쪽).

李奎報는 산에 살거나 집에 살거나 오직 道를 즐긴 뒤라야 거사를 호로 삼을 수 있다고 했다.[7] 불도를 즐기는 것이 거사의 기본 조건임을 알 수 있다. 고려시기 거사라고 자칭하는 이들이 많았는데 모두 이규보가 언급한 대로 불도를 닦으면서 즐겼다.

거사들이 불교에 몰두하는 모습은 여러 사례에서 확인할 수 있다. 李少千이라는 居士는 공무를 보고 남는 시간에 부처를 정성으로 섬기는 생활을 했다.[8] 관직생활을 하면서 틈이 나는 경우 예불이나 염불에 몰두했음을 전하는 것이다. 湛菴居士 柳墩은 벼슬에서 물러나 스스로 담암거사라 하고, 한가롭게 지내면서 심성을 기른 것이 10년 남짓 되었다.[9] 담암거사가 관직에서 물러난 뒤 불교의 교설에 따라 10년 정도 심성을 기르고 있음을 알 수 있다. 대개 거사의 경우, 관직에서 물러나 불교에 몰두하는 수가 많았다.

足軒居士 金㫶 역시 불교를 깊이 신봉했는데, 그 모습이 좀 더 구체적으로 전한다.

> 三寶를 공경하고 믿으며 (경전을) 외우는 일이 자못 많았으며, 때때로 禪味를 맛보기도 했다.[10]

족헌거사는 불교를 공경스럽게 믿으면서 불경을 외우는 일과 참선 수행을 하는 것을 겸하고 있었던 것이다. 動安居士 李承休도 불교 경전 공부에 깊은 관심을 기울였다. 그러한 모습에 대해 '酷好浮屠法'했다고 표현했다.[11] 동안거사는 삼척의 두타산에 은거할 때 容安堂을 짓고 인

---

7) 李奎報, 「白雲居士語錄」『東國李相國集全集』 권20(『韓國文集叢刊』 1冊, 502~503쪽).
8) 金富軾, 「惠陰寺新創記」『東文選』 권64(民族文化推進會 影印本 2冊, 398~400쪽).
9) 金龍善 編著, 2012, 『高麗墓誌銘集成』, 翰林大 出版部, 「柳墩墓誌銘(1349년)」, 643쪽.
10) 金龍善 編著, 2012, 『高麗墓誌銘集成』, 翰林大 出版部, 「金㫶墓誌銘(1305년)」, 419쪽.
11) 『高麗史』 권106, 列傳19 李承休, 亞細亞文化社 影印本 下冊, 339쪽(이하 같음).

근 사원에서 불경을 빌려 열심히 읽었다. 그는 이때 불교 경전을 10년 동안 거의 다 읽어 독파했다.[12] 거사는 기본적으로 불교를 다른 이들보다 좋아하고, 불교 경전을 깊이 있게 공부하는 모습을 보이는 속인이었다.

거사 가운데『金剛經』에[13] 관심을 갖는 이가 많아, 그것을 冠稱으로 삼기도 했다. 李頗와 尹彦頤가 그러했다. 金剛居士 이오는 심히 불교의 교설을 즐겼다고 표현되는 생활을 하거나[14] 혹은 불교를 심히 믿었으며 여러 경전과 章疏를 두루 읽었는데『금강경』을 더욱 좋아하는 생활을 했다.[15] 그는 단순히 불교를 신앙으로 받드는 수준에 머물지 않고, 여러 경전과 장소를 두루 읽었는데 그 가운데『금강경』을 더욱 좋아했다는 것이다.

金剛居士 윤언이는 만년에 佛法을 심히 즐겼으며 늙음을 이유로 파평에 퇴거하기를 청하고 스스로 금강거사라 했다.[16] 매양 성 안에 들어갈 때는 누런 소를 탔기 때문에 사람들이 다 알아 보았다. 또 그는 慧炤의

---

12) 李承休,「看藏寺記」『動安居士集』(『高麗名賢集』1冊, 583~585쪽) ; 崔瀣,「頭陀山 看藏庵重創記」『拙稿千百』권1(『韓國文集叢刊』3冊, 5~6쪽). 이승휴의 사상이나 역사관에 관해서는 상당한 연구성과가 있는데, 생애 및 불교사상에 관해서는 다음의 논저가 참고된다. 변동명, 2000,「이승휴」『한국사시민강좌』27 ; 변동명, 2001,「李承休와 佛敎」『韓國中世社會의 諸問題-金潤坤敎授 定年紀念論叢-』; 장을병, 2008,『이승휴의 삶과 정치활동』, 경인문화사.

13)『금강경』은『金剛般若經』·『金剛般若波羅蜜經』이라고도 하는데 우리나라에서 가장 널리 유통되고 신봉되었던 대표적인 불경이다. 이 경은 금강석처럼 단단하고 예리하고 반짝이는 완전한 반야의 空智로 보살행을 수행하면 열반을 성취하여 성불할 수 있다는 가르침을 설하고 있다. 空의 사상을 설명하면서도 경전 중에서 공이라는 말이 한마디도 쓰여지지 않은 것이 특징이다(한국학중앙연구원,『민족문화대백과사전』참조). 이 경전은 교종이나 선종을 막론하고 매우 중요하게 여겨왔다.

14)『高麗史節要』권7, 睿宗 5년 7월, 亞細亞文化社 影印本, 200쪽(이하 같음).

15)『高麗史』권95, 列傳8 李子淵附 頗, 下冊, 125쪽.

16)『高麗史節要』권11, 毅宗 3년 9월, 281쪽.

484 제4부 高僧, 術僧 그리고 居士

門人 貫乘禪師와 벗이 되어 깊이 교유했다.[17] 거사의 관칭으로 金剛을
사용하는 이가 보이고, 또 『금강경』을 공부하는 거사가 많았음은 특이
한 사항이라고 하겠다. 笑軒無著居士 崔瑞 역시 항상 『금강경』을 읽으
면서 날마다 淨業을 닦다가 73세로 집에서 세상을 떠났다.[18] 금강거사
이오와 윤언이, 그리고 소헌무착거사 최서는 모두 『금강경』에 깊은 관
심을 가졌음을 알 수 있다.

禪法에 관심을 갖는 거사도 여럿 보인다. 參禪居士 白賁華는 늦게 禪
法을 좋아하여 스스로 참선거사라 불렀다.[19] 선법을 좋아했다는 데에서,
또 참선이라는 칭호를 스스로 붙인 데에서 백분화는 선의 수행에 몰입하
는 生活을 한 것으로 보인다. 中菴居士 蔡洪哲은 매일 불교의 禪旨와 琴
書에 몰두하는 생활을 했다. 그는 불교에 대한 견해가 깊어서 불도를 논
할 경우, 저명한 승려라 할지라도 그가 한마디 말로 굴복시킬 수 있었
다.[20] 중암거사가 참선에 깊은 관심을 가지고 있었으며, 불교 교리에 대
해서 상당한 수준의 이해체계를 보이고 있었음을 알 수 있다. 그 수준이
승려를 능가할 정도였다는 것이다.

淸平居士 李資玄 역시 선종에 조예가 깊었다. 청평거사는 과거에 합
격해 大樂署丞의 관직을 맡았을 때 홀연히 관직을 버리고 春州 淸平山
에 들어가 文殊院을 보수한 뒤 거처했는데, 그는 '嗜禪悅道 逍遙自樂'한

---

17) 崔滋, 『補閑集』上(『高麗名賢集』 2冊, 112~113쪽).
18) 金龍善 編著, 2012, 『高麗墓誌銘集成』, 翰林大 出版部, 「崔瑞墓誌銘(1305년)」,
    422쪽.
19) 李奎報, 「京山府副使禮部員外郎白公墓誌銘」 『東國李相國集全集』 권36(『韓國文集
    叢刊』 2冊, 73쪽) ; 金龍善 編著, 2012, 『高麗墓誌銘集成』, 翰林大 出版部, 「白賁華
    墓誌銘(1224년)」, 342쪽.
20) 李穀, 『有元奉議大夫 太常禮儀院判官 驍騎尉大興縣子 高麗純誠輔翊贊化功臣 三重
    大匡 右文館大提學 領藝文館事 順天君蔡公墓誌銘』 『稼亭集』 권11(『韓國文集叢刊』
    3冊, 163쪽) ; 金龍善 編著, 2012, 『高麗墓誌銘集成』, 翰林大 出版部, 「蔡洪哲墓誌
    銘(1340년)」, 507~509쪽.

다거나[21] '以禪道自樂'했다고[22] 표현되는 생활을 했다. 청평거사가 문수원이라는[23] 사원에 거처하면서 참선 수행을 하면서 도를 즐기는 생활을 했음을 알려 준다. 그리고 그는 權適에게 평생의 도우가 되는 것을 허락하고 밀실에서 禪訣을 전해 주었다.[24] 선결이라는 것은 선의 요결을 의미하는 것이므로 이자현이 선의 요체에 대해 나름대로의 일가견을 갖고 있음을 뜻한다. 또 그는 더욱 禪說을 좋아하여 학자가 이르면 함께 幽室로 들어가서 종일토록 단정히 앉아서 말이 없다가도 가끔 古德의 宗旨를 들고 자세하게 의논하니 이로 말미암아 그의 心法이 海東에 유포되었다고 한다.[25] 거사임에도 불구하고 선의 요체를 알 수 있을 정도의 높은 식견을 갖고 있는 것이다. 이자현의 경우는 불법을 즐기는 데 머무는 것이 아니고 참선 수행을 했으며, 나아가 선의 요체를 터득하여 독자적인 선의 세계를 구축했음을 알 수 있다.[26]

朴全之는 선법 수행에 몰두함과 함께 아울러 『금강경』을 중시했다.

> 스스로 杏山蒙泉無垢居士라고 부르며, 항상 『금강반야경』을 외웠으며, '無字'를 더욱 절실하게 했는데 즐거운 소식을 듣거나 술잔을 기울일 때에도 무자 화두를 놓은 적이 없었다.[27]

---

21) 『高麗史節要』 권8, 睿宗 12년 9월, 215쪽.
22) 『高麗史』 권95, 列傳8 李子淵附 資玄, 123쪽.
23) 李資玄이 거처하던 文殊院이 뒤에 淸平寺로 寺名이 바뀌었다. 최근 청평사에 대한 연혁, 가람배치, 법맥, 부도, 관련 금석문의 복원 등 종합적인 연구가 이루어져서 (洪性益, 2009, 『淸平寺와 韓國佛敎』, 景仁文化社), 문수원에 대한 이해를 심화시켰다.
24) 金龍善 編著, 2012, 『高麗墓誌銘集成』, 翰林大 出版部, 「權適墓誌銘(1148년)」, 95~96쪽.
25) 李仁老, 『破閑集』中(『高麗名賢集』 2冊, 91쪽).
26) 이자현의 禪 사상에 관해서는 주1)에 제시한 논문 참조.
27) 金龍善 編著, 2012, 『高麗墓誌銘集成』, 翰林大 出版部, 「朴全之墓誌銘(1325년)」, 456쪽.

그는 스스로 杏山蒙泉無垢居士라고 칭하면서 『금강(반야)경』을 외움과 동시에 무자 화두를 중심으로 간화선에 몰두하고 있는 것이다. 행산거사는 교학과 참선을 병행하는 신행 생활을 수행한 것이다.

대부분의 거사들은 세속의 집에 머물면서 불법을 심히 즐겼지만, 어떤 거사는 아예 사원에서 생활하기도 했다. 이자현이 그러했다.[28] 그러나 이자현도 거사였을 뿐 승려는 아니었다. 세속인의 신분을 버리고서 머리를 깎고 정식의 승려가 되는 거사도 없지 않았다. 이것은 당시의 여건 속에서 쉬운 일은 아니었다. 夢庵居士 權䪆에게서 그것을 볼 수 있다. 그는 불교를 신봉하고 葷肉을 끊기를 40년이나 했으며 스스로 몽암거사라 했는데 늙자 어느날 저녁 禪興社에 도망쳐 들어가 머리를 깎았다. 아들 權溥가 뒤늦게 이르러 통곡을 하자 몽암거사는 이것은 자신의 평소의 뜻이었다고 했다. 7년간 禪味를 즐기다가 병이 들어 임종할 때 결가부좌한 모습을 보였다.[29] 몽암거사는 머리를 기른 거사의 생활에 만족하지 않고 결국에는 머리를 깎음으로써 정식 승려가 된 것이다. 거사들은 승려가 되고자 하는 마음이 없지 않았지만 여건상 혹은 사정상 그렇게 하지 못하고, 속인의 신분을 유지하면서 불교에 몰입하는 것이다. 그렇지만 의지가 강하고, 여건이 허락한다면 몽암거사처럼 머리를 깎고 정식의 승려가 되는 일도 있었던 것이다. 몽암거사가 삭발하자 그의 아들이 달려와 눈물을 흘렸다는 내용이 전하는 데서 알 수 있듯이 아무 거사나 쉽게 머리깎고 승려가 될 수 있는 것은 아니었던 것이다.

거사들은 철저히 불도를 추구하는 생활을 했다. 그들은 단순히 신앙차원에서 불교를 좋아하는 것에 머무는 것이 아니었다. 『금강경』등 경전을 공부하기도 하고, 또 참선 수행에 몰두함으로써 직접 불도를 추구

---

28) 『高麗史』 권95, 列傳8 李子淵附 資玄, 下冊, 123쪽 ; 『高麗史節要』 권8, 睿宗 12년 9월, 215쪽.

29) 『高麗史』 권107, 列傳20 權䪆, 下冊, 359쪽 ; 『高麗史節要』 권23, 忠宣王 3년 12월, 601쪽.

했다. 청평거사와 중암거사에서 알 수 있듯이 공부 수준이 승려를 능가
하기도 했다. 거사들의 불도 추구는 대개 개인적 차원에서 홀로 이루어
지는 수가 많았다. 거사들끼리 결사를 구성해 다수가 함께 수행하면서
불도를 추구하는 모습을 보이지 않았다.[30]

이처럼 불도를 적극 닦아가는 거사에 버금가는 속인도 적지 않았다.
이것은 거사들의 불도 추구가 높이 숭앙되고 영예롭게 여겨지는 조건 속
에서 당연한 일이었다. 속인의 이런 모습은 물론 거사의 영향만은 아니
겠지만 거사의 모습에서 많은 영향을 받았다고 할 수 있을 것이다.

남성 속인으로서 불교에 심취한 모습을 보이고 있는 인물은 매우 많
았다(<부록 2> 참조). 이들 가운데 일부는 거사라고 지칭하고 있지만 그
칭호가 없는 이가 더 많았다. 당시에 거사라고 불렸지만 기록에 전하지
않을 가능성도 물론 있다. 그러나 당시에 거사라는 칭호는 쉽게 아무나
사용할 수 있는 것이 아니었으므로 거사라는 칭호가 붙지 않은 속인은
대체로 거사가 아니었을 것이다. 속인으로서 거사는 아니지만 상당한 신
불의 태도를 보이는 이들은 이처럼 매우 많았다.[31]

속인들이 불서를 읽거나 염송하는 일이 많은데 그 대상이 되는 경전
을 보면, 『金剛般若經(金剛經)』(李公著·尹彦旼·崔惟淸·崔瑞·朴全之), 『法
華經』(王源), 『楞嚴經』(李奎報), 『起信論』(權適) 등이었다(<부록 2>). 그
리고 그러한 경전을 공부하는 이들 가운데에는 거사가 많았다. 그렇게

---

30) 물론 거사가 불교 교설에 관해 승려와 담론하거나 사원을 찾는 일은 흔히 볼 수
있다. 다른 속인과 교유하는 일도 없지 않았다. 그렇지만 거사들끼리 모임을 결성
해서 함께 수행하는 일은 거의 없었던 것으로 보인다.
31) 고려시기 여성으로서도 염불과 기도, 참선, 持戒, 讀經과 誦經 등 활발한 신앙 활
동을 전개한 이들이 많았으며, 아울러 여성들이 佛事에 재물을 적극적으로 시주한
경우가 흔했다. 이러한 내용에 관해서는 다음의 글이 참고된다. 이혜옥, 2007, 「여
성의 경제관념, 富의 추구, 가정 관리」 『고려시대 사람들의 삶과 생각』(하일식
편), 혜안 ; 김영미, 2009, 「고려 여성들의 불교 신앙과 수행」 『고려 시대의 일상
문화』(김영미 외), 이화여대 출판부.

본다면 거사들의 불교 경전에 대한 이해 수준이 거사라고 칭하지 않는 이들보다 더욱 높다고 할 수 있을 것이다. 젊어서도 불교에 관심을 가졌지만 은퇴 후 불교에 더욱 몰두하는 이들이 많았다. 드물지만 崔惟淸·趙仁規·元瓘처럼 불교 경전을 印出하거나 寫經하는 이들도 보인다(<부록 2>). 불도에 몰입하는 이가 있을 경우 그 아들이 출가하는 비율이 높았다.32)

이들 속인의 信佛에 대해서는 '好佛',33) '性好佛',34) '事佛甚篤',35) '性佞佛',36) '性酷信浮屠',37) '酷好浮屠法',38) '崇信佛法'39) 등으로 표현했다. 좋아했다는 것, 받들었다는 것, 심히 믿었다는 것, 심히 좋아했다는 것 등 불교에 관심을 갖고 몰두하는 모습에 대해 그 정도를 다양하게 기술하고 있는 것이다.

독실한 신불의 모습에 대해 『高麗史』 및 『高麗史節要』에 보이는 몇몇 인물을 중심으로 검토해 보고자 한다.40) 王璹은 '性好佛',41) '爲人寡

---

32) <부록 2>에 보이는 信佛者 33인 가운데 자녀가 출가한 이는 12인으로서 36.4%에 해당한다. 그리고 출가한 자녀는 모두 19명이다. 고려시기 자녀가 있는 귀족 가문의 아버지 233인 중에서 74명에게서 출가자가 나와 31.8%에 이른다(김용선, 2004, 『고려 금석문 연구』, 일조각, 132쪽, <표 11> 참조). 두 자료에서 확인할 수 있는 차이는 약 4.6%(36.4%−31.8% = 4.6%)로서 그리 크지 않다고 할 수 있다. 그렇지만 <부록 2>에서 자녀를 기록하지 않은 경우가 5명 있으므로 자녀를 기록한 이는 28인이다(딸만 있는 염수장도 제외하면 27인). 따라서 자녀를 둔 아버지에게서 출가자가 배출되는 것은 42.9%(12 ÷ 28 = 42.9%)로서(염수장을 제외하면 44.4%) 전체 평균 31.8%보다 훨씬 높다.

33) 『高麗史』 권95, 列傳8 李子淵附 公壽, 下冊, 124쪽 ; 『高麗史』 권100, 列傳13 鄭世裕附 晏, 下冊, 228쪽 ; 『高麗史節要』 권14, 高宗 3년 6월, 383쪽.

34) 『高麗史』 권88, 列傳1 后妃 文宗 后妃 仁睿順德太后李氏, 下冊, 10쪽 ; 『高麗史節要』 권14, 高宗 3년 6월, 383쪽.

35) 『高麗史』 권99, 列傳12 庾應圭附 資諒, 下冊, 210쪽 ; 『高麗史節要』 권15, 高宗 16년 8월, 411쪽.

36) 『高麗史節要』 권22, 忠烈王 29년 2월, 579쪽.

37) 『高麗史』 권93, 列傳6 崔沆, 下冊, 92~93쪽.

38) 『高麗史』 권107, 列傳20 韓康, 下冊, 353쪽 ; 『高麗史節要』 권22, 忠烈王 26년 10월, 573쪽.

39) 『高麗史』 권115, 列傳28 李穡, 下冊, 535쪽.

愍侫佛'했다고 하며,[42] 庾資諒은 나이를 미리 당겨 퇴직하기를 청하고
서 耆老會를 만들고 부처를 심히 독실하게 섬겼으며,[43] 韓康은 불교를
심히 좋아해 국왕이 나라를 장구하게 지속시켜 갈 수 있는 방도를 묻자
모두 불교의 말로 대답했다.[44] 왕선은 불교를 좋아했으며, 유자량의 경
우는 은퇴할 나이보다 먼저 물러나서 불교를 깊이 받드는 생활을 했다는
것이다. 국왕이 나라를 다스려 갈 방도를 물었을 때 불교를 심히 좋아했
던 한강은 유교가 아니라 불교의 교설로 대답했다는 것이다.

崔沆이나[45] 李公壽[46] 역시 불교를 몹시 좋아했으며, 任濡는 만년에 부
처를 심히 받들었고 대장경을 금으로 필사했는데 거의 반에 달했다.[47] 엄
청난 비용이 드는 사경을 임유가 수행한 것이다. 李行儉 역시 손수 佛經
을 썼는데 늙을수록 더욱 부지런히 했다.[48] 李穡의 好佛 성향은 주지하
는 것인데,[49] 그에 대한 비판으로서 "학문이 순일하지 못하고 불법을 깊

---

40) <부록 2>에 제시되지 않은 인물 중에서 두드러지고 특징적인 몇 명만을 검토할
    것이다. 독실한 불교 신행의 모습을 보이는 인물은 본문에서 언급한 이들 이외에
    도 다수 찾아진다.
41) 『高麗史節要』 권14, 高宗 3년 6월, 383쪽.
42) 『高麗史』 권90, 列傳3 宗室1 肅宗王子 帶方公㑜附 璿, 下冊, 48쪽.
43) 『高麗史』 권99, 列傳12 庾應圭附 資諒, 下冊, 210쪽 ; 『高麗史節要』 권15, 高宗 16
    년 8월, 411쪽.
44) 『高麗史』 권107, 列傳20 韓康, 下冊, 353쪽 ; 『高麗史節要』 권22, 忠烈王 29년 2월,
    579쪽.
45) 『高麗史』 권93, 列傳6 崔沆, 下冊, 92~93쪽.
46) 『高麗史』 권95, 列傳8 李子淵附 公壽, 下冊, 123~124쪽 ; 『高麗史節要』 권10, 仁宗
    15년 7월, 269쪽.
47) 『高麗史』 권95, 列傳8 任懿附 濡, 下冊, 134쪽.
48) 『高麗史』 권106, 列傳19 閔湜附 行儉, 下冊, 335쪽.
49) 安啓賢, 1965, 「李穡의 佛敎觀」 『曉城趙明基博士華甲記念 佛敎史學論叢』 ; 趙明
    濟, 1993, 「牧隱 李穡의 佛敎認識—性理學의 理解와 관련하여—」 『韓國文化硏究』
    6, 부산대 ; 宋昌漢, 2000, 「牧隱 李穡의 斥佛論에 대하여—恭愍王 元年 四月의 上
    疏文을 중심으로—」 『大丘史學』 59 ; 남동신, 2006, 「목은 이색과 불교 승려의 시
    문(詩文) 교유」 『역사와 현실』 62 ; 高惠玲, 2006, 「『牧隱集』을 통해 본 李穡의
    불교와의 관계」 『震檀學報』 102.

이 믿어 세상 사람이 기롱하는 바가 되었다."라는 표현이 전한다.[50]

세속인 가운데에는 심지어 관직생활을 하다가 출가해 승려가 되는 이
도 있었다. 예컨대 中贊으로 치사한 廉承益은 관직을 버리고 승려가 되
었다.[51] 郭預의 아들인 郭鎭도 등제하여 校書郎이 되었는데 뒤에 역시
'棄官爲僧'했다.[52] 고려시기 관직에 있던 인물로서 뒤늦게 출가해 승려
가 된 이들이 많았다. 이렇게 승려가 되는 것은 속인 신자는 물론 거사
보다도 한층 더 불교에 다가간 것이라고 할 수 있을 것이다.

이처럼 고려사회에서 관직을 역임한 고위층에서 상당한 신불의 모습
을 보여주는 이들이 적지 않았다. 신불 행위는 불교가 사회의 중요 종
교·신념으로서 기능하기 때문에 당연한 것이지만, 그 정도가 아주 독실
한 부류가 상당히 많았다는 것이 주목을 끈다. 세속인으로서 그러한 篤
佛의 자세를 가장 모범적으로 보이고 있는 이는 역시 거사라고 할 수
있다. 거사라고 칭하지 않은 이들 가운데도 상당한 신불의 자세를 보이
는 이들이 많았지만 그 수준이나 적극성에서 거사가 가장 출중하다고 할
수 있다. 거사의 생활모습이 높이 추앙받는 당시 사회에서 거사처럼 살
아가고자 하는 속인들이 다수 출현하는 것은 당연한 일이었다.

3. 蔬食과 布衣 생활

거사들은 속인이었지만 승려와 거의 비슷한 생활의 모습을 보였다.
그것은 의식주의 생활에서도 잘 드러났다. 의식주는 신분과 지위를 나타
내며, 과시하는 의미를 지니고 있었다. 또한 지배층의 의식주는 민인의

---

50) 『高麗史』 권115, 列傳28 李穡, 下冊, 535쪽.
51) 『高麗史』 권32, 世家32 忠烈王 28년 3월, 上冊, 656쪽.
52) 『高麗史』 권106, 列傳19 郭預附 鎭, 下冊, 333쪽.

자발적 복종심을 이끌어내는 수단이 되기도 했다. 그렇기 때문에 사치와 허영이 의식주에서 두드러지게 표현되게 마련이었다.[53]

가옥은 비바람으로부터 보호하고 추위를 막으며 안락한 잠자리를 제공하는 공간이다. 가옥을 조영할 때 값비싼 자재를 사용하며, 그 규모를 크게 하고 내부와 외부를 치장하며, 청기와로 지붕을 덮을 수 있고, 또 주변에 연못이나 정자·꽃밭 등의 부대 시설을 갖출 수 있었다. 가옥은 통상 소유자의 정치·사회적 권위를 상징하는 수가 많았다. 그렇기 때문에 가옥의 규모에 대해서 국가에서 신분에 따라 차등을 두어 규제했다.

의복은 더위를 피하고 추위를 막는 데 그치지 않고 신분을 상징하는 것으로서 화려하고 사치함을 추구하는 대상이 되는 일이 많았다. 옷의 재료나 형식, 그리고 무늬와 색깔·장식 등은 보는 이로 하여금 입은 이의 위엄을 느끼게 했다. 비단이나 짐승 가죽을 옷감으로 사용하거나 아름다운 색으로 물들이면 매우 화려해 보일 수 있었다. 식생활에서 진귀한 것을 먹는 것이나, 육식을 하는 것 역시 높은 신분을 드러내는 것이었다.[54]

의식주 생활에서 자신의 신분이나 지위를 뛰어넘는 사치는 부정적으로 인식되어 규제의 대상이 되기도 했다. 일정한 권력이나 지위를 소유한 사람이 자신의 위상에 걸맞는 사치는 당연하게 여겼으며, 부정적으로 보지 않았다. 지배층의 어느 정도 사치는 사회적으로 용인되었으며, 문제 되지 않았다.[55]

---

53) 박진훈, 2007, 「사치, 허영 그리고 검약」『고려시대 사람들의 삶과 생각』(하일식 편), 혜안.

54) 고려시기 의식주에 대해서는 다음의 글이 참고된다. 朴京安, 2000, 「高麗中期 庶民들의 經濟生活 小考－徐兢의『高麗圖經』을 중심으로－」『韓國史의 構造와 展開－河炫綱敎授 定年紀念論叢－』, 혜안 ; 李京子, 2003, 「의생활」『한국사』21, 국사편찬위원회 ; 尹瑞石, 2003, 「식생활」『한국사』21, 국사편찬위원회 ; 申榮勳, 2003, 「주생활」『한국사』21, 국사편찬위원회 ; 한국역사연구회, 2007, 『개경의 생활사』, 휴머니스트, 235~290쪽 ; 박용운, 2019, 『고려시대 사람들의 식음 생활』, 경인문화사.

거사들은 지위나 신분이 높은 이들이었지만 의식주 분야에서 과시하
는 생활을 하지 않았다. 거처는 개경에서 먼 곳에 택하는 수가 많았다.
檜谷居士 朴仁碩은 竹州의 회곡에 거처를 정하고 회곡거사로 호를 삼고
30여 년을 지냈다.56) 개경을 떠나 죽주에서 거처를 마련하고서 30여 년
동안 생활한 것이다. 三敬居士 裵德表는 김해의 酒村에 거처했다.57) 거
사의 경우 이처럼 개경에서 멀리 떨어진 곳에 주거를 마련해 생활하는
일이 많았다.

입는 옷과 먹는 음식에서 거사들이 소박한 모습을 보이는 사례는 매
우 흔했다. 居士 李少千은 베옷을 입고 채소 음식을 먹었다.58) 불교의
가르침을 충실하게 지키며 생활하는 거사의 경우 거친 베옷을 입고, 육
식이 아닌 채소 음식을 먹는 것이 일반적이었다. 淸平居士 李資玄 역시
춘주의 문수원에 거처하면서 '蔬食布衣'했다.59) 육식이 아닌 채소 음식
을 먹고, 또 화려하거나 고급의 비단 옷을 입는 것이 아니라 베옷을 입
었다는 것이다.

그리고 夢庵居士 權旵의 경우에도 불교를 믿으면서 '斷葷肉四十年'했
다.60) 냄새나는 채소를 멀리하고 육식을 끊는 생활을 한 것이다. 술을
끊는 생활을 하는 이도 있지만 그렇지 않은 거사도 있었다. 白雲居士 李
奎報는 詩와 술을 즐거움으로 삼았다.61) 백운거사는 술을 즐겨 마시고

55) 박진훈, 2007, 앞의 논문.
56) 李奎報, 「故戶部尙書檜谷居士朴公仁碩眞賛 幷序」『東國李相國集全集』 권19(『韓
    國文集叢刊』 1冊, 493~494쪽).
57) 李詹, 「弘仁院記」『東文選』 권77(民族文化推進會 影印本 2冊, 558쪽).
58) 金富軾, 「惠陰寺新創記」『東文選』 권64(民族文化推進會 影印本 2冊, 398~400쪽).
59) 『高麗史』 권95, 列傳8 李子淵附 資玄, 下冊, 123쪽 ; 『高麗史節要』 권8, 睿宗 12년
    9월, 215쪽.
60) 『高麗史』 권107, 列傳20 權旵, 下冊, 359쪽 ; 『高麗史節要』 권23, 忠宣王 3년 12월,
    601쪽.
61) 『高麗史節要』 권16, 高宗 28년 9월, 426쪽. 수험생·관리·가장으로서의 생활, 인맥,
    음주와 풍류 생활, 질병 등 이규보의 다양한 삶의 모습은 김용선, 2013, 『생활인

있음을 알 수 있다.

거사는 음식에서 육식을 피하고 또 냄새나는 오신채를 멀리했으며, 곡식이나 채소·나물 위주의 거친 식사를 하는 것이 일반적이었다. 그렇다고 다른 세속인에게서 먹을 것을 구하는 탁발 생활을 한 것은 아니었다. 의생활에서는 화려하거나 사치한 옷을 입지 않고 베옷을 즐겨 입었다. 짐승의 가죽으로 만든 옷을 입는 것을 피했고, 동물의 털로 만든 방석이나 두건을 착용하지 않았다.[62]

거사가 몸소 보이는 의식주 生活은 검소 차원보다 더 나아간 생활이었다. 거사의 이러한 생활은 고려사회에서 육식을 멀리하고 채식을 위주로 하는 식문화를 확대시키는 데 일조했으며, 검소한 베옷을 입는 의문화 유행에 기여했다. 또한 화려하고 사치한 곳에 거처하지 않는 주거문화를 중시하게 했다. 다만 술에 대해서는 관대한 태도를 보인 것으로 이해된다.[63] 거사의 이러한 의식주 생활은 승려의 그것보다 더욱 초라한 수가 없지 않았다.

일반 속인으로서도 거사와 비슷한 의식주 생활을 하는 이들이 적지 않았다. 옷과 음식의 두 부분에서 모두 검소함을 보이는 속인들이 다수 보였다. 咸有一은 평생토록 생산에 힘쓰지 않았으며, 마포로 옷을 만들었고 질그릇을 식기로 사용했다.[64] 任忠贇은 '布衣蔬食'하는 생활,[65] 즉

이규보』, 일조각에 상세하게 정리되어 있다.
62) 거사들의 생활방식은 보살계의 受持와 관련되지 않을까 생각된다.『梵網經』에는 보살이 받들고 지켜야 할 계율이 제시되어 있는데, 의식주에 관한 것은 48輕戒 가운데 3조항이 있다. 즉 ② 술을 먹지 마라, ③ 고기를 먹지 마라, ④ 마늘, 부추, 파, 달래, 흥거의 오신채를 먹지 마라 등이다(대한불교조계종 교육원 불학연구소, 2011,『계율과 불교윤리』, 조계종출판사, 165~170쪽 참조). 거사들이 생활하는 데 준거가 된 계율에 대해서는 향후 깊이 있는 연구가 필요하다.
63) 고려시기 사원에서 술을 빚거나 승려가 음주하는 일은 드문 일이 아니었다(이병희, 2013,「고려시기 사원의 술 생산과 소비」『역사와 세계』44(본서 제3부 수록)). 속인으로서 술을 마시는 것은 보편적인 일이어서 거사라고 하더라도 음주하는 일이 적지 않았다고 생각된다.

베옷을 입고 거친 음식을 먹는 생활을 했다. 許珙은 성품이 恭儉했는데,
達官에 이르러도 식사는 하나의 그릇에 불과했으며, 베 이불을 덮고 부
들로 짠 자리에 앉았지만 즐거워했다.66) 함유일·임충빈·허공은 아주 검
소한 식사와 의생활 모습을 보이는 것이다.

식생활에 한정해 보면 대개 채소와 과일을 먹으며 육식을 멀리했다.
李公升은 고기 먹는 것을 즐기지 않았으며 다만 채소와 과일로 식사를
했다.67) 張允文은 지방관이 되어 이동할 때 늘 절개를 지키면서 蔬食을
하고 나물 국을 먹었으며 냄새나는 야채와 고기를 먹지 않았으므로 지나
가는 州郡이 모두 편히 여겼다.68) 장윤문은 아마 평소에도 육식을 피하
고 거친 식사를 한 것으로 보인다. 廉守藏은 만년에 온갖 인연을 버리고
'頓斷酒肉', 즉 갑자기 술과 고기를 끊는 생활을 했다.69) 이공승·장윤
문·염수장 3인은 식생활 부분에서 검소의 지극함을 보였다.

옷가지나 이불·방석에서 베를 소재로 하거나 해진 것을 사용했음도
보인다. 薛公儉의 경우 병들어 누워 있을 때 채홍철이 가서 진료했는데
베 이불을 덮고 거친 자리를 깔고 있어 쓸쓸하기가 승려의 처소와 같았
다. 이에 채홍철이 말하기를 자신과 같은 무리가 흙 벌레라면 설공검은
黃鶴이라고 했다.70) 尹澤의 경우 평생토록 '布被弊席'했다.71) 즉 윤택이

---

64) 『高麗史』 권99, 列傳12 咸有一, 下冊, 206쪽 ; 『高麗史節要』 권13, 明宗 15년 11월,
   344쪽.
65) 金龍善 編著, 2012, 『高麗墓誌銘集成』, 翰林大 出版部, 「任忠贇墓誌銘(1186년)」, 253~
   254쪽.
66) 『高麗史節要』 권21, 忠烈王 17년 8월, 553쪽.
67) 『高麗史』 권99, 列傳12 李公升, 下冊, 198쪽.
68) 金龍善 編著, 2012, 『高麗墓誌銘集成』, 翰林大 出版部, 「張允文墓誌銘(1211년)」, 306~
   308쪽.
69) 金龍善 編著, 2012, 『高麗墓誌銘集成』, 翰林大 出版部, 「廉守藏墓誌銘(1265년)」, 664~
   666쪽.
70) 『高麗史』 권105, 列傳18 薛公儉, 下冊, 324쪽.
71) 『高麗史』 권106, 列傳19 尹諧附 澤, 下冊, 348쪽.

베 이불을 덮고 해진 방석을 사용한 것이다. 趙云仡은 板橋院과 沙平院
을 짓고서 스스로 院主로 칭했는데, 해진 옷을 입고 짚신을 신고서 役徒
와 수고를 같이했다.72) 평소의 차림이라고 단정할 수 없지만 그는 해진
옷을 입고, 짚신을 신고 있음을 알 수 있다. 설공검·윤택·조운흘은 해진
옷, 베 이불, 거친 자리, 해진 방석, 짚신 등으로 생활한 것이다.

누추한 가옥에 거처함을 자부하는 이들도 적지 않았다. 鄭文과 崔梓
가 그러했다. 정문은 성품이 공검하고 질박하며 어눌했는데 '居室僅庇風
雨'했다.73) 즉 거처하는 집이 겨우 바람과 비를 막을 수 있을 뿐이었다
는 것이니 화려함은 찾을 수 없었을 것이다. 최재는 천성이 강직하고 바
르며 맑고 검소하고 욕심이 적었으며 낮은 관직에서부터 재상에 이르기
까지 第宅을 조영하지 않았다.74) 최재가 집을 새로이 짓거나 치장 및 확
장을 하지 않았다는 것이다. 정문과 최재는 이처럼 누추한 가옥에서 생
활하고, 집을 화려하게 꾸미지 않았다.

거처와 의복의 두 부분에서 검소함을 보인 이는 朴忠佐였다. 그는 성
품이 溫厚하고 儉約했는데 비록 卿相이 되어서도 '居室衣服 如布衣時'
했다고 한다.75) 벼슬이 높아지더라도 박충좌는 주거와 의복이 벼슬하지
않을 때와 다름 없었다는 것이다. 주거와 의생활을 매우 검소하게 하고
있음을 전하는 것이다.

유명한 崔瑩은 의식주 모든 분야에서 대단히 검소한 생활을 했다. 그
는 생산에 힘쓰지 않았으며, 집은 심히 좁고 누추했으며 옷과 음식은 검
소했는데 종종 그것이 결여되는 데 이르기도 했다.76) 매우 검소한 생활

72) 『高麗史』 권112, 列傳25 趙云仡, 下冊, 466쪽.
73) 『高麗史』 권95, 列傳8 鄭文, 下冊, 131쪽.
74) 金龍善 編著, 2012, 『高麗墓誌銘集成』, 翰林大 出版部, 「崔梓墓誌銘(1151년)」, 120~
121쪽.
75) 『高麗史節要』 권26, 忠定王 원년 윤7월, 665쪽.
76) 『高麗史』 권113, 列傳26 崔瑩, 下冊, 494쪽.

모습을 최영에게서 볼 수 있는 것이다.

속인들 가운데에는 옷과 음식의 한 부분에서 검소한 이도 있었고, 衣
食의 두 부분에서 조촐한 이도 있었고, 또 어떤 이는 의식주 모든 부분
에서 아주 검소한 모습을 보이기도 했다. 그리하여 고려사회에서 채식을
위주로 하고 허름한 마포를 옷으로 사용하는 일이 많았으며, 거처도 누
추하게 마련하는 경우가 흔했다. 이러한 검소한 의식주 문화의 형성과
확산에는 거사의 역할이 적지 않았을 것이다. 거사가 보여준 의식주 생
활은 사치와 허영을 보이는 것이 아니었고, 검소라 일컫기보다는 간소하
고 초라하다는 표현이 적합할 것이다. 거사의 간결한 의식주 생활방식은
당시 승려들의 그것보다 더욱 철저한 예가 없지 않았다.

4. 生産과 蓄財에 대한 무관심

거사들은 의식주 분야만이 아니라 경제 활동 전반에서 극도로 욕심
없는 생활을 했다. 그들은 생산에 무관심한 태도를 보였으며, 경제적 부
의 확대에 소홀한 자세를 보였다. 농업생산에 살생이 따른다는 이념을
불교에서 제시하고 있었던 것이 생산을 소홀히 하는 하나의 배경이 되었
을 것이다.[77] 불교 교설은 富의 증진에 대해 비판적이지 않았지만,[78] 출
세간의 생활을 추구한 거사로서는 세속의 財富를 멀리하고자 했다.

검약이 모두 불교에서 유래하는 것은 아니다. 검약은 유교에서도 강

---

77) 李載昌, 1975, 「佛敎의 社會經濟觀」『佛敎學報』10(同, 1993, 『韓國佛敎寺院經濟
    硏究』, 불교시대사 재수록) ; 이병희, 2013, 「사원경제」『한국불교사연구입문』下
    (최병헌 외), 지식산업사 참조.
78) 朴奎祥, 1999, 『불교사회경제학』, 경서원, 321~326쪽 ; 박경준, 2010, 『불교사회경
    제사상』, 동국대 출판부, 167~182쪽 ; 이재율, 2013, 『종교와 경제』, 탑북스, 169~
    172쪽.

조하는 것이다. 한정된 농업생산의 조건 속에서 검약과 절약을 강조하는
것은 늘상 있는 일이라고 할 수 있다.[79] 농업 중심 사회에서는 절약을
강조하는 것은 당연한 일이지만 거사가 보이는 태도는 절약을 뛰어넘어
아예 경제 활동을 무시하거나 그것에 무관심한 수준이었다. 儒者는 통상
분수에 맞는 것을 강조하지만 거사의 생활은 분수와 무관한 차원의 것이
었다. 그런 점에서 거사가 보이는 절약·검소의 태도는 유교에서 온 것으
로 보기는 힘들다. 다른 속인들이 경제 생활에서 보이는 태도 역시 유교
보다는 불교의 영향을 더 받은 것으로 이해된다.[80]

거사로서 財富에 대해 관심을 기울이지 않는 예는 흔히 볼 수 있다.
白雲居士 李奎報는 성격이 활달했는데, 생산을 영위하지 않고 술을 멋대
로 마시며 호방한 생활을 하면서 詩文을 지었다. 이 때문에 집에 자주
식량이 떨어져서 끼니를 잇지 못하는 수가 있었다.[81] 백운거사가 생산
에 힘쓰지 않는 생활을 한 것이다.

金剛居士 李顗의 생활에 대해서는 다음과 같이 표현했다.

· 침착하고 고요하며 욕심이 적었고, 녹봉 이외에 産業을 경영하지 않았다.[82]
· 침착하고 고요하며 욕심이 적었고, 生産을 일삼지 않았다.[83]

이오가 녹봉만을 받는 데 그칠 뿐 농지의 확대, 재화의 증진에 힘쓰지
않았음을 알려 준다. 재부의 증진에 관심을 기울이지 않는 모습을 금강

---

79) 박진훈, 2007, 앞의 논문.
80) 자료를 남긴 이들은 대체로 지배층으로서 유학에 대한 소양이 풍부했다. 그렇기
   때문에 그들의 생활방식이 유학의 영향을 받은 점이 없지 않았을 것이다. 그러나
   그들이 대체로 불교를 독실히 받든다고 하면서 그런 생활을 하고 있으며, 또 그
   정도가 유교에서 말하는 절약의 정도를 벗어나는 수가 많았으므로 경제 활동에
   무심한 생활태도는 일차적으로 불교의 영향을 받은 것으로 봄이 타당할 것이다.
81) 『高麗史』 권102, 列傳15 李奎報, 下冊, 247쪽.
82) 『高麗史』 권95, 列傳8 李子淵附 顗, 下冊, 125쪽.
83) 『高麗史節要』 권7, 睿宗 5년 7월, 200쪽.

거사 이오에게서 볼 수 있다. 笑軒無著居士 崔瑞 역시 부귀에 마음을 두지 않고 얼음과 같이 맑고 물과 같이 깨끗했으며 담백하고 강직하며 총명했다.[84] 부귀에 뜻을 두지 않았다는 데서 알 수 있듯이 재물의 확대를 추구하지 않았다. 불교는 출세간을 지향하기 때문에 세속적인 가치에 큰 의미를 두지 않는 수가 많았다.

거사가 모두 경제적 재부에 관심이 없었던 것은 아니다. 三敬居士 裴德表와 中菴居士 蔡洪哲은 재물을 늘리는 데 힘썼지만 베풀 줄 알았다고 한다.[85] 배덕표는 베풀기는 했지만 다른 거사와 달리 재물의 증진에 관심을 기울였다고 할 수 있다.

그리고 淸平居士 李資玄은 주변의 사람들에게 경제적 고통을 안겨 주었다. 그는 성품이 인색해서 재화를 많이 축적하고 곡식을 쌓아 두었는데 이 때문에 '頗爲一方農民所苦',[86] 혹은 '一方厭苦之'했다.[87] 청평거사는 재화와 곡식의 확대에 힘써서 농민들이 자못 고통스러워했다는 것이다. 아마도 농지 경영을 가혹하게 함으로써 경작민으로부터 지대를 고율로 징수했으며, 곡식을 활용해 고리대 활동을 전개함으로써 농민들에게 상당한 고통을 안겨 준 것으로 보인다.[88] 청평거사는 특이한 경우지

---

84) 金龍善 編著, 2012, 『高麗墓誌銘集成』, 翰林大 出版部, 「崔瑞墓誌銘(1305년)」, 421~423쪽.
85) 李詹, 「弘仁院記」『東文選』 권77(民族文化推進會 影印本 2冊, 558쪽) ; 李穀, 『有元奉議大夫 太常禮儀院判官 驍騎尉大興縣子 高麗純誠輔翊贊化功臣 三重大匡 右文館大提學 領藝文館事 順天君蔡公墓誌銘』『稼亭集』 권11(『韓國文集叢刊』 3冊, 163쪽) ; 金龍善 編著, 2012, 『高麗墓誌銘集成』, 翰林大 出版部, 「蔡洪哲墓誌銘(1340년)」, 507~509쪽.
86) 『高麗史節要』 권9, 仁宗 3년 4월, 228쪽.
87) 『高麗史』 권95, 列傳8 李子淵附 資玄, 下冊, 123쪽.
88) 이자현은 蔬食布衣했다는 데서 알 수 있듯이 본인은 매우 검소한 생활을 한 것으로 보인다. 그가 축재에 힘써서 주변의 농민들이 고통을 겪은 것은 문수원의 경제 기반 마련과 관련되는 것으로 판단된다. 이자현의 아버지인 춘추도감창사 李顗가 문종 23년(1069) 白巖禪院의 옛 터에 普賢院으로 중창했으며, 이자현은 문종 32년에 三創하고 文殊院으로 이름을 고쳤다. 사원은 승려의 생활비, 건축물의 유지·보

만 대부분의 거사들은 재가 생활을 했으므로 세속적인 물욕이 크지 않아, 생산에 큰 관심을 기울이지 않았다고 할 수 있다.[89]

출세간의 생활을 지향하고, 세속적인 재부에 관심을 덜 기울이는 것이 거사의 기본 생활태도였다고 할 수 있다. 농업생산에 깊은 관심을 기울이지 않아서 경작민으로부터 가혹하게 수취하는 일이 드물었으며, 고리대나 상업 활동에 적극 참여해서 부를 확대하는 일도 흔치 않았다. 비리를 통해서 재물을 늘리거나 뇌물을 받는 일, 또 타인의 물건을 탈취하는 일 등을 거사들은 거의 하지 않은 것으로 보인다.[90]

거사의 이러한 재부에 대한 태도 및 경제 활동의 자세와 비슷한 모습을 보이는 세속의 인물은 다수 찾아진다. 생산이나 축재에 관심을 기울이지 않는 속인에 대해 '不顧産業', '不事産業', '不營産業', '不治産業',

수비, 불교 행사의 경비, 찾는 이들에 대한 접대비 등으로 많은 재원이 필요했다. 도적이 사라지고 범이 자취를 감추었다는 데서 알 수 있듯이 다수의 사람들이 왕래했으므로 이 부분의 지출이 상당했을 것이다. 건물은 조영했지만, 문수원의 재정 기반이 약했던 것으로 보인다. 그런데 말년에 이자현은 문인 祖遠에게 자신을 이어서 문수원을 주관하도록 부탁했다. 아마도 이자현은 문수원의 경제 기반의 안정화에 힘썼던 것으로 보이며, 그것이 성공을 거두어 문인에게 이어가게 할 수 있었던 것이다. 이자현 본인은 검소한 생활을 했을지라도 문수원의 경제 기반 확대에 노력해야 했으므로 축재하지 않을 수 없었고 그 때문에 주변의 농민들이 고통을 겪었던 것으로 보인다. 文殊院 관련 역사적 사실은 洪性益, 2009, 앞의 책, 214~224쪽이 참고된다.

89) 『梵網經』에 제시된 보살계 내용 중 생산과 관련된 계율은 10重大戒 가운데 2개가 확인된다. 즉 ② 보살은 마땅히 중생을 도와 복과 낙을 얻게 할 것이니 결코 남의 재물을 훔치지 말며 또 남에게도 훔치게 하지 마라, ⑧ 보살은 빈궁한 사람이 와서 요구하는 바가 있으면 오히려 내주어야 할 것이니 남의 재물을 아껴 탐내어 욕하지 말며 또 남에게도 그렇게 하게 하지 마라 등이다(대한불교조계종 교육원 불학연구소, 2011, 앞의 책, 167~168쪽).

90) 생산과 치부에 무관심하다고 해서 거사들이 모두 몹시 가난했던 것은 아니다. 생산에 대해 관심을 덜 기울이고, 치부 활동을 소홀히 했지만, 상속받은 재산이 많은 수도 있었고, 또 다른 가족 특히 妻가 치부에 관심을 두는 수도 있었다. 고려시기 여성의 경제 활동에 대해서는 이혜옥, 2007, 앞의 논문 참조.

‘不理生産’, ‘不事生産’, ‘不治生産’, ‘不理家産’, ‘不事家産’, ‘不治家産’
한다고 표현했다. 이러한 태도를 보인 인물들에 대해 당시 사회에서는
우호적인 평가를 했다(<부록 3> 참조).

　재부에 관심이 없는 이들 가운데 일부를 살펴보도록 하겠다. 梁元俊
이란 이는 성품이 淸儉純直했으며 절개가 한결 같았는데 ‘不事産業’했
다.[91] 양원준은 경제 활동인 산업에 힘쓰지 않았다는 것이다. 鄭復卿은
産業에 개의하지 않았으며 집에는 저축한 것이 없었으며, 남은 것은 책
상과 가공하지 않은 나무의자뿐이었다.[92] 李公升은 지조와 행동이 고결
했으며 ‘不事生産’했다.[93] 생산에 힘쓰지 않았던 이공승 역시 재부의 증
대를 도모하지 않았을 것이다.

　薛景成은 醫術에 뛰어나 忠烈王이 아플 때마다 치료했는데, 그 역시
‘不治産業’했다.[94] 의술을 보유했기 때문에 치부할 수 있었음에도 불구
하고 그러한 활동에 관심이 없었다는 것이다. 李軾의 경우는 재물과 이
익에 욕심내지 않았고, 산업에 힘쓰지 않았으며 비록 거처하는 집이 무
너지고 기울더라도 고쳐 짓거나 꾸미지 않았다.[95] 裵廷芝는 입으로 利
에 대해 말하지 않았으며 집에는 十金이 없었다.[96] 묘지명에서는 그가
졸했을 때, “상자에는 여벌의 갖옷이 없고 자루에는 곡식이 남아 있지
않았으며, 집의 재산은 10금도 채 되지 않았다.”고 표현했다.[97]

91)『高麗史節要』권11, 毅宗 12년 11월, 292쪽.

92) 金龍善 編著, 2012,『高麗墓誌銘集成』, 翰林大 出版部, 「鄭復卿墓誌銘(1154년)」,
　　139~140쪽.

93)『高麗史』권99, 列傳12 李公升, 下冊, 198쪽 ;『高麗史節要』권12, 明宗 13년 윤11
　　월, 338쪽.

94)『高麗史』권122, 列傳35 方技 薛景成, 下冊, 660쪽 ;『高麗史節要』권23, 忠宣王
　　5년 2월, 603쪽.

95) 金龍善 編著, 2012,『高麗墓誌銘集成』, 翰林大 出版部, 「李軾墓誌銘(1156년)」, 149~
　　150쪽.

96)『高麗史』권108, 列傳21 裵廷芝, 下冊, 380쪽.

97) 金龍善 編著, 2012,『高麗墓誌銘集成』, 翰林大 出版部, 「裵廷芝墓誌銘(1322년)」,

崔沆은 불교를 酷信했는데, 淸儉을 가풍으로 삼았으며 오랫 동안 관직에 있었지만, "다른 사람에게서 하나도 취하지 않았고 金玉을 손대지 않았으며, 집의 婦女들은 화장하지 않았고, 달을 계산해 녹봉을 청해서 집에는 변변한 저축이 없었다."는[98] 생활을 했다. 최항은 매우 청렴하고 검소한 생활을 하고 있었는데, 집안의 부녀들까지도 화장을 하지 않았다는 것이다.

생산이나 재화의 증대에 힘쓰지 않아, 죽음에 이르렀을 때 집안에 거의 저축이 없었던 이들은 여럿 찾아진다. 王璿·咸有一·安輔가 그러한 인물이었다. 王璿은 불교를 좋아했는데, 산업을 도모하지 않았으므로 집이 가난했으며 그 때문에 장례를 치를 비용조차 없었으며 딸을 출가시키지 못했다.[99] 咸有一이나 安輔는 '不事生産'하여 죽는 날에 집에는 十金의 저축도 없었다.[100] 모두 극단적인 모습을 전하는 것이다.

고려시기에는 상층의 관인들 가운데 생산에 관심을 두지 않고 치부에도 열중하지 않는 이들이 적지 않았다. 당시 관료들이 비리를 저지르지 않고 재산을 모으는 것은 부정시되지 않고 오히려 찬양하는 것이 보통이었다.[101] 생산활동을 소홀히 하거나 재산의 축적에 무관심한 태도는 고려사회에서 중요한 생활자세·경제관념의 한 유형으로 자리잡았다. 탐욕이 적은 생활자세, 물욕을 멀리하는 태도, 재부의 확대 및 증진에 관심을 덜 갖는 자세 등을 확산시키는 데에 거사들이 기여한 바가 크다고 생각한다. 물론 고려사회 전체가 생산활동이나 경제 생활을 등한시했다거나 치부에 대한 관심이 결여되었다는 것은 아니다.[102] 모든 이들이 거사가

442~445쪽.

98) 『高麗史』 권93, 列傳6 崔沆, 下冊, 93쪽.

99) 『高麗史』 권90, 列傳3 宗室1 肅宗王子 帶方公俌附 璿, 下冊, 48쪽 ; 『高麗史節要』 권14, 高宗 3년 6월, 383쪽.

100) 『高麗史』 권99, 列傳12 咸有一, 下冊, 206쪽 ; 『高麗史節要』 권13, 明宗 15년 11월, 344쪽 ; 『高麗史節要』 권26, 恭愍王 6년 9월, 686쪽.

101) 박진훈, 2007, 앞의 논문.

보이는 경제 생활 자세를 견지한 것은 아니었지만 그것이 고려사회에 깊은 영향을 주었음에 틀림없다.

5. 적극적인 布施行의 실천

거사들은 적극적으로 사회구제 활동에 나섰다. 그것은 사회에 대한 보시 활동이라고 부를 수 있을 것이다. 慈悲를 강조하는 불교에서는 가난한 이나 병든 사람들에 대한 보시를 강조하고 있으며, 살생을 금하도록 가르치고 있다. 보시 활동은 요즈음의 표현으로 '베풂의 실천'이라고 할 수 있을 것이다. 고려시기 승려들이 보시 활동을 활발하게 펼쳤으며,[103] 불교 교설을 충실히 따르고자 하는 거사들 역시 보시 활동에 적극 참여했다.

中菴居士 蔡洪哲은 집의 북쪽에 施檀園을 세워 禪僧을 부양하는 한편, 약방인 活人堂에서 약을 제조해 아픈 이들을 치료했다. 이에 사람들이 그 덕을 많이 입었다.[104] 三敬居士 裵德表는 병으로 벼슬하지 않고 물러나와 金海의 酒村에 살면서 弘仁院이라는 작은 집을 지었다. 그리고 질병 치료하는 일을 활발하게 전개했다.

---

102) 고려시기 국가적 차원에서 적극 추진된 勸農政策은 농업생산이 중시되었음을 알려주는 예라 할 것이다. 고려시기 권농정책에 대해서는 이정호, 2009,『고려시대의 농업생산과 권농정책』, 경인문화사 ; 李景植, 2011,『韓國中世土地制度史－高麗－』, 서울대 출판문화원 ; 李景植, 2012,『高麗時期土地制度研究』, 지식산업사 참조.

103) 李炳熙, 2008,「高麗時期 佛教界의 布施活動」『禪文化研究』4(同, 2009,『高麗時期寺院經濟研究』, 景仁文化社 재수록).

104)『高麗史』권108, 列傳21 蔡洪哲, 下冊, 376쪽 ;『高麗史節要』권25, 忠惠王 후원년 정월, 643쪽 ; 李穀,「有元奉議大夫 太常禮儀院判官 驍騎尉大興縣子 高麗純誠輔翊贊化功臣 三重大匡 右文館大提學 領藝文館事 順天君蔡公墓誌銘」『稼亭集』권11(『韓國文集叢刊』3冊, 162~164쪽) ; 金龍善 編著, 2012,『高麗墓誌銘集成』, 翰林大 出版部,「蔡洪哲墓誌銘(1340년)」, 507~509쪽.

鄕藥을 채굴해 마음을 다해서 조제했으며, 鄕里에 病患者가 있으면, 문득 치료해 주었다. 재물을 늘리는 데에도 힘써 축적하고서 능히 베풀어 주었는데, 기근이 드는 해에는 즉시 그것을 내서 구휼했다.[105]

삼경거사가 약을 제조해 환자를 치료하고, 곡식을 나누어 주어 가난한 이를 구제했다는 것이다. 보시행의 실천에 적극 나서는 모습을 삼경거사에게서 확인할 수 있다. 중암거사와 삼경거사는 병든 이를 치료하거나 궁핍한 이를 구제하는 데 힘썼다.

특이하게도 옷을 베푸는 이도 있었다. 夢菴居士 權旳은 자손이 새 옷을 바치면 반드시 옛 옷을 벗어 貧乏한 이들에게 주었으므로 옷 상자에는 항상 여벌의 옷이 없었다.[106] 비록 입었던 옷이지만 몽암거사가 그것을 빈핍한 이들에게 제공한 것이다.

주변 사람에게 아낌없이 베풀어주는 이로 足軒居士와 芸齋居士를 들 수 있다. 족헌거사 金旳은 가까운 사람들을 불러 모아 항상 좋은 옷과 맛있는 음식으로 자주 잔치를 베풀었다.[107] 족헌거사가 잔치를 통해 가까운 사람들에게 옷과 음식을 베풀었던 것이다. 운재거사 閔頔은 손님들에게 거문고를 타고 술을 대접하는 것을 즐기며 서로 기뻐했다.[108] 운재거사 역시 베풂의 실천에 적극적이었음을 알 수 있다. 족헌거사와 운재거사가 음식을 베푼 대상은 가난한 이들이 아니고 가까운 사람, 손님이 중심이었다. 그렇지만 이 또한 보시의 일종이라고 해도 무방할 것이다.

남경과 파주를 연결하는 지점에 세운 사원이 惠陰寺였다. 그 혜음사가 위치한 고개는 많은 이들이 지나가다가 강도를 만나거나 호환으로 죽

---

105) 李詹, 「弘仁院記」『東文選』권77(民族文化推進會 影印本 2冊, 558쪽).
106) 『高麗史』권107, 列傳20 權旳, 下冊, 359쪽.
107) 金龍善 編著, 2012, 『高麗墓誌銘集成』, 翰林大 出版部, 「金旳墓誌銘(1305년)」, 419~420쪽.
108) 金龍善 編著, 2012, 『高麗墓誌銘集成』, 翰林大 出版部, 「閔頔墓誌銘(1336년)」, 492쪽.

는 일이 빈번한 곳이었다. 그곳에 사원을 조영할 것을 건의한 이가 居士
李少千이었다.109) 여행하는 이들이 피해를 입는 것을 듣고 그곳에 사원
을 지을 것을 이소천이 건의한 것이다. 평소 행인에 대한 보시의 마음을
견지하고 있었기 때문에 이러한 건의가 가능한 것으로 보인다.

거사는 관원으로 있을 때에도 곤궁한 이들을 구제하는 데 능력을 발
휘했다. 參禪居士 白賁華는 자신의 재물을 직접 나누어 준 것은 아니지
만, 거란의 침입을 받은 서해도가 심히 피폐하자 蘇復使로 파견되었을
때 賑貸를 형편에 따라 잘 함으로써 살린 사람이 많았으며, 뼈만 남아
있던 사람이 살이 붙게 되었다는 것이다.110)

거사들은 이처럼 환자나 가난한 이들에게 베푸는 일에 적극적이었다.
그들은 약을 조제해 치료해 주거나 가난한 이들에게 먹거리를 제공하는
일을 활발하게 전개했다. 그리고 그들은 여행자가 불편함이 없이 왕래할
수 있도록 하는 데에도 관심을 기울였으며, 주변 사람들에게도 널리 베
풂을 실천하고 있었다. 불교에서 강조하는 보시행을 속인 거사들이 적극
실천하고 있는 것이다.111) 고려시기 사회 전체에서 보시의 문화, 베풂의
문화가 크게 확산될 수 있도록 하는 데에 거사들이 기여한 바가 크다고
생각한다.

거사들의 보시행과 유사한 활동을 전개한 속인들도 다수 찾아진다.

---

109) 金富軾,「惠陰寺新創記」『東文選』권64(民族文化推進會 影印本 2冊, 398~400쪽).
110) 金龍善 編著, 2012,『高麗墓誌銘集成』, 翰林大 出版部,「白賁華墓誌銘(1224년)」, 341~
   342쪽.
111)『梵網經』에 제시된 보살계 가운데 보시행에 관련한 것은 10重大戒 중에서 2개,
   48輕戒 중에서 1개를 찾을 수 있다. 重大戒에는 ② 보살은 마땅히 중생을 도와
   복과 낙을 얻게 할 것이니 결코 남의 재물을 훔치지 말며 또 남에게도 훔치게
   하지 마라, ⑧ 보살은 빈궁한 사람이 와서 요구하는 바가 있으면 오히려 내주어
   야 할 것이니 남의 재물을 아껴 탐내어 욕하지 말며 또 남에게도 그렇게 하게
   하지 마라 등이 있으며, 輕戒에는 ⑨ 병든 사람을 잘 간호하라는 것이 있다(대한
   불교조계종 교육원 불학연구소, 2011, 앞의 책, 167~170쪽).

속인들은 불교 교설을 실천하는 일환으로, 또 거사의 보시행을 본받고자
해서 보시 활동에 적극 참여한 것으로 보인다. 우선 의술을 익히고 약을
조제해 병든 이를 치료한 이들을 다수 확인할 수 있다. 재주가 많았던
廣陵公 王沔은 의술에 정통했으며 약을 축적해 사람을 살리는 것을 일
로 삼았는데, 무릇 병든 이가 있으면 모두 그 집의 문에 왔지만 조금도
꺼리는 내색이 없었으므로 사람들이 모두 탄복했다.112) 왕면이 의술에
정통해 약을 준비한 뒤 찾아오는 모든 환자들을 즐거운 마음으로 치료하
고 있는 것이다.

尹彦旼도 의술을 공부해서 사람들의 질병을 치료하는 것을 일로 삼았
다.113) 王源 역시 의술을 공부해서 약으로 사람들을 널리 구제했다.114) 任
懿는 늙어 벼슬에서 물러난 뒤 '點檢方藥'했다.115) 방약을 점검했다는 것
인데, 아마도 그 약을 매개로 병든 이를 치료하기도 했을 것으로 보인다.

元善之 역시 의술로 사람들의 치료에 힘썼다. 그는 의술은 사람에게
이로움을 줄 수 있다고 생각해서 좋은 자재를 널리 구입해 법에 맞게
조제했는데, 약을 청하는 이가 날마다 문에 이르렀지만 그들을 대하는
데 게으른 기색이 없었으며 이 때문에 많은 사람들이 도움을 받아 살
아났다.116) 許錦이라는 이는 어려서부터 병이 있어 벼슬하는 것을 즐
기지 않았으며, 재산을 기울여 藥을 조제하고서 병든 이가 있으면 존비
를 가리지 않고 치료를 베풀어서 살린 이가 심히 많았다고 한다.117) 이

112)『高麗史』권90, 列傳3 文宗王子 朝鮮公壽附 沔, 下冊, 46쪽 ;『高麗史節要』권15,
高宗 5년 5월, 395쪽.
113) 金龍善 編著, 2012,『高麗墓誌銘集成』, 翰林大 出版部,「尹彦旼墓誌銘(1154년)」,
141~142쪽.
114) 金龍善 編著, 2012,『高麗墓誌銘集成』, 翰林大 出版部,「王源墓誌銘(1171년)」,
213쪽.
115) 金龍善 編著, 2012,『高麗墓誌銘集成』, 翰林大 出版部,「任懿墓誌銘(1117년)」, 45쪽.
116) 金龍善 編著, 2012,『高麗墓誌銘集成』, 翰林大 出版部,「元善之墓誌銘(1330년)」,
470쪽.
117)『高麗史節要』권33, 辛禑 14년 3월, 820쪽.

처럼 왕면·윤언민·왕원·임의·원선지·허금 등은 병든 이를 치료하는 데 힘썼다.

　재물을 베푸는 일에 적극적인 이들도 보인다. 鄭穆은 매번 녹봉을 받는 날에 내외의 친척이나 천하고 지위가 낮은 거리의 사람에게도 은혜가 미치게 했다. 그가 관직을 떠날 때까지 나누어 준 곡식이 35석이나 되었는데 마을 사람들이 소홀히 쓰지 못하고 추렴해 불사를 일으켜 길가에 燈을 달아 그의 복과 장수를 빌었다.118) 정목이 녹봉을 받는 날에 주변 사람들에게 그것을 베풀어 주었다는 것이다. 張忠義는 '常以賑救貧窮爲 心'했다.119) 장충의가 항상 빈궁한 이를 진휼하고 구제하는 데 마음 썼음을 전하는 것이다.

　高瑩中은 鄕黨의 자제로서 가난해 능히 業을 도모하지 못하는 자가 있으면 친소를 불문하고 집에 모아서 기르기도 하고 가르치기도 했는데, 이 때문에 그의 도움을 받아 성공한 이가 심히 많았다.120) 먹여주고 재워주며 기르는 일, 가르치는 일을 고영중이 적극 실천했음을 뜻하는 것이다. 金永夫는 종족들과 화목해서 녹봉을 모두 그들에게 주었으며, 가난해 스스로 살아가기 힘든 자를 보면 遠近과 親疎를 가리지 않고 진휼했으며, 이 때문에 재상으로 10여 년이나 있었지만 집에는 남거나 저축한 것이 없었다.121) 정목·장충의·고영중·김영부는 주변의 빈궁한 이들에게 도움을 제공한 것이다.

　이 밖에도 다른 방법으로 주변 사람들에게 보시를 실천한 이가 보인

---

118) 金龍善 編著, 2012,『高麗墓誌銘集成』, 翰林大 出版部, 「鄭穆墓誌銘(1105년)」, 36쪽.

119) 金龍善 編著, 2012,『高麗墓誌銘集成』, 翰林大 出版部, 「張忠義墓誌銘(1180년)」, 233쪽.

120) 金龍善 編著, 2012,『高麗墓誌銘集成』, 翰林大 出版部, 「高瑩中墓誌銘(1209년)」, 296쪽.

121) 金龍善 編著, 2012,『高麗墓誌銘集成』, 翰林大 出版部, 「金永夫墓誌銘(1172년)」, 219쪽.

다. 趙云仡은 물러나기를 청해 廣州 古垣江村에 살면서 板橋院과 沙平院
을 重營했는데, 자칭 院主라 했다.[122) 조운흘이 판교원과 사평원의 원주
로서 여행자에게 상당한 편의를 제공한 것이다. 조운흘은 원을 통해 여행
자에게 먹을 것과 잠자리를 제공하고, 우마에게는 꼴을 공급했을 것이다.

재가 속인들이 이처럼 각종 보시행을 적극 실천하고 있는 것이다. 병
든 이를 치료하거나 가난한 이들에게 먹거리를 제공함으로써 구제했고,
또 여행자에게 편의를 제공하기도 했던 것이다. 속인 가운데 거사가 가
장 적극적으로 보시 활동을 전개했다. 속인들의 활발한 보시 활동은 고
려사회에서 보시 문화가 널리 확산되는 데 일조했다.

6. 結語

고려시기 불교 교설에 따른 생활방식의 보편화에는 승려들이 기여한
바가 적지 않겠지만, 세속인으로서 모범을 보인 거사들의 영향도 크다고
할 수 있다. 거사들은 속인들의 불교적 생활방식을 선도해 가는 역할을
하고 있었다.

거사들은 무엇보다도 불교 신행 생활에 몰입하는 모습을 보여주었다.
『금강경』등 불교 경전을 읽고 깊이 이해하거나, 참선 수행을 함으로써
선지를 깨닫기도 했다. 佛學 수준에서 승려를 능가하는 이도 없지 않았
다. 그러나 거사들이 집단을 이루어 공동 수행하는 일은 거의 보이지 않
아 개인적 차원에서의 신불로 일관한 것으로 이해된다. 거사라고 일컫지
않는 일반 속인들 가운데에도 독실한 신불의 태도를 보이는 이들이 적지
않았다. 불교적 가치를 철저히 추구하는 이들의 경우 자녀가 출가해 승

---

122) 『高麗史』 권112, 列傳25 趙云仡, 下冊, 466쪽.

려가 되는 비율이 높았다.

거사들은 의식주의 생활에서도 화려함을 추구하지 않고 매우 검소한 모습을 보였다. 짐승 가죽이나 털로 만든 것을 입지 않았고, 주로 베옷을 입었으며 짚신을 신었다. 고급의 재질로 만든 옷이나 장식과 무늬·색깔이 화려한 옷을 입지 않았다. 육식을 피하여 곡식이나 채소·나물 등 거친 음식을 먹었으며, 그릇도 허름한 것을 사용했다. 음주에 대해서는 관대한 것으로 보인다. 주거지는 개경 인근에 자리하는 수도 있었지만, 개경에서 멀리 떨어진 곳에 위치한 경우도 많았는데, 대체로 비바람을 막을 수 있을 정도의 것이었다고 표현되었다. 주거는 고급의 자재를 사용하거나 외부를 화려하게 장식하지 않았고, 규모가 크지 않았으며 화려한 부대 시설도 갖추지 않았다. 거사라고 칭하지 않는 속인 가운데에도 거사와 비슷한 의식주 생활을 영위하는 이들이 적지 않았다. 거사들의 이러한 철저한 생활은 승려의 그것을 뛰어넘는 수도 있었다.

거사들은 생산에 소홀하고 재화를 늘려 가는 데 무관심한 모습을 보였다. 간혹 치부에 관심을 둔 거사가 없지 않았지만, 그들은 대체로 지대를 가혹하게 징수하거나 고리대와 상업에 참여하는 일이 드물었으며, 비리나 불법을 저질러 치부하는 일을 삼가했다. 거사들이 경제 활동에서 보이는 생활태도는 다른 속인들에서도 다수 확인할 수 있었다. 이러한 생활태도는 유교에서 권장하는 것과는 매우 상이한 것이라고 할 수 있다.

거사들은 불교의 자비심을 바탕으로 한 보시 활동을 적극 전개했다. 의술을 익히고 약을 조제해 병든 환자를 치료하는 일에 힘썼으며, 곡식을 베풀어 굶주린 이를 구제하는 일에도 활발하게 참여했다. 또 남은 옷을 가난한 이들에게 주는 이도 있었다. 이들은 가까운 사람이나 손님에게 베푸는 일에도 열심이었다. 거사들은 여행자의 불편에 대해서도 관심을 기울였다. 거사가 보이는 베풂의 자세는 다른 속인들에게서도 확인할 수 있다. 거사 이외의 속인 가운데에도 병든 이를 치료하고 가난한 이를

구제하는 활동에 참여한 이들이 매우 많았다. 고려사회에서 보시 문화가
널리 보급되는 데에 거사가 기여한 바가 크다고 할 수 있다.

불교의 교설에 따른 삶과 생활의 자세가 고려사회에서 널리 확산되도
록 하는 데에 거사들의 역할이 매우 컸다고 생각한다. 당시 불교가 지배
적인 사회였지만, 거사가 보여준 삶의 방식이나 생활태도가 당시 사람들
의 일반적인 것은 물론 아니었다. 오히려 소수의 일부 사람에게서 확인
할 수 있는 생활방식일 것이다. 당시 사람들은 고급의 의식주를 추구하
고, 농업생산에 힘쓰거나 재부의 축적에 몰두하며, 반면 베푸는 일에 소
홀한 경우가 다반사였다. 그럼에도 거사가 보여준 삶의 자세는 사회를
정화하는 의미를 가지며, 사회의 긴장 관계를 완화하는 의미를 지녔다.
또한 아울러 불교를 신봉하는 다수의 사람이 살아가는 데 指南의 구실
을 하기도 했다. 이러한 거사층이 있기 때문에 고려사회에서 불교 기반
이 견고하고 튼튼할 수 있었다.

성리학이 수용된 이후 불교적 가치를 적극 실천하는 거사는 출현하기
힘들어졌다. 지배층 출신으로서 드러내놓고 불교적 생활태도를 견지하고
그 가치를 몸소 실천하는 이는 나타나기 어려워졌다. 조선전기 일부 확인
되는 거사는 성격이 크게 변질된 모습을 보일 뿐 고려적인 거사는 더 이
상 아니었다. 그리하여 거사로 표현되는 삶의 자세와 생활태도는 성리학
이 지배 이념으로 기능하는 조선시기에는 찾아보기 어렵게 되었다.[123]

---

123) 조선시기 특히 16세기에는 處士가 사회적으로 존숭받았다. 처사는 세속에서 벗
    어나 초야에 살면서 학문에 몰두했으며, 자신이 처사로 불리는 것을 영예로 생각
    했다(申炳周, 1997, 「16세기 處士型 學者의 學風과 現實觀－金大有와 朴河談을
    중심으로－」『南冥學硏究論叢』5 ; 申炳周, 1998, 「16세기 處士型 士林의 擡頭
    와 學風－南冥 曺植과 花潭 徐敬德을 중심으로－」『奎章閣』21). 그러나 처사가
    성리학을 주로 공부하고, 세속 사회에 깊은 관심을 갖고서 향촌사회의 일에 적극
    참여하고 있는 점에서 거사와는 구별된다. 또 그들이 농업을 비롯한 생산활동을
    중시하는 점에서도, 보시 활동에 적극적으로 참여하지 않는 점에서도 거사와 다
    르다.

〈부록 1〉 고려시기 거사의 명단(冠稱이 붙은 거사를 중심으로)

순번	거사명(세속명)	전 거	거사 자칭의 여부
1	覺玎居士	『懶翁和尙歌頌』, 「示覺玎居士」	
2	居士(李少千)	金富軾, 「惠陰寺新創記」『東文選』 권64	자칭
3	居士 金某(金富軾)	金富軾, 「興天寺鍾銘 幷序」『東文選』 권49	
4	居士(盧△孝)	李智冠 譯註, 1997, 『歷代高僧碑文(高麗篇4)』, 「昇州月南寺眞覺國師圓炤塔碑文」	
5	居士(李穎)	『眞靜國師湖山錄』 권3, 「次韻李居士穎詩幷序」	
6	金剛居士(尹彦頤)	『高麗史節要』 권11, 毅宗 3년 9월 ; 『補閑集』上	자칭
7	金剛居士(李頵)	『高麗史』 권95, 列傳8 李資淵附 頵 ; 『高麗史節要』 권7, 睿宗 5년 7월	자칭
8	金剛居士(△△△)	李智冠 譯註, 1997, 『歷代高僧碑文(高麗篇4)』, 「昇州月南寺眞覺國師圓炤塔碑文」	
9	金居士	權近, 「金居士雪中騎牛遊鱉岩」『陽村集』 권9	
10	金居士(金克己)	兪升旦, 「金居士集序」『東文選』 권83	
11	金沙居士	廉興邦, 「枕流亭」『東文選』 권22	
12	弃庵居士	李奎報, 「安處士墨竹贊 常自號弃庵居士」『東國李相國集全集』 권19 ; 崔滋, 『補閑集』上・中	자칭
13	樂庵居士	『太古和尙語錄』 권상, 「示樂庵居士念佛略要」	
14	樂軒居士(李藏用)	『眞靜國師湖山錄』 권3, 「次韻奉答李侍中藏用入社詩」	자칭
15	南軒居士(李奎報)	李奎報, 「南軒戲作」『東國李相國集後集』 권2	자칭
16	老居士(申敏恕)	『眞靜國師湖山錄』 권4, 「遊四佛山記」	
17	能弌居士	李智冠 譯註, 1994, 『歷代高僧碑文(高麗篇1)』, 「榮豊境淸禪院慈寂禪師凌雲塔碑文」	
18	湛菴居士(柳墩)	金龍善 編著, 2012, 『高麗墓誌銘集成』, 「柳墩墓誌銘」	자칭
19	動安居士(李承休)	『高麗史』 권106, 列傳19 李承休 ; 李穡, 「動安居士李公文集序」『牧隱文藁』 권8	자칭
20	東坡老居士	許富, 「寄金問民龍劒」『東文選』 권20	
21	鈍村居士(金晅)	金龍善 編著, 2012, 『高麗墓誌銘集成』, 「崔誠之墓誌銘」	자칭
22	得通居士(林萬理)	李智冠 譯註, 1997, 『歷代高僧碑文(高麗篇4)』, 「驪州神勒寺普濟禪師舍利石鐘碑」 ; 『懶翁和尙語錄』, 「示得通居士」	
23	夢庵(菴)居士(權旵)	『高麗史』 권107, 列傳20 權旵 ; 『高麗史節要』 권23, 忠宣王 3년 12월	자칭
24	無能居士(朴成亮)	李穡, 「無能居士讚 幷序」『牧隱文藁』 권12 ; 『太古和尙語錄』 권상, 「示無能居士」	승려 普愚가 지어줌
25	無際居士(張海院使)	『太古和尙語錄』 권상, 「示無際居士張海院使」	
26	方山居士(吳偉)	『太古和尙語錄』 권상, 「答方山居士吳提學偉」	

27	白雲居士(李奎報)	『高麗史節要』권16, 高宗 28년 9월 ; 李奎報, 「白雲居士語錄」『東國李相國集全集』권20 ; 李奎報, 「白雲居士傳」『東國李相國集全集』권20 ; 李奎報, 「送崔先輩下第西遊序」『東國李相國集全集』권21 ; 李奎報, 「止止軒記」『東國李相國集全集』권23 ; 李奎報, 「次韻李學士再和籠字韻詩見寄」『東國李相國集後集』권5 ; 李奎報, 「白雲小說」『東國李相國集』부록	자칭
28	白忠居士	『太古和尙語錄』권상, 「示白忠居士」	
29	碧松居士(尹威)	李奎報, 「國子司業尹公哀詞」『東國李相國集全集』권37	자칭
30	不動居士(盧珇)	『眞覺國師語錄』, 「示不動居士盧珇」	
31	思齊居士	『太古和尙語錄』권상, 「示思齊居士」	
32	三敬居士(裵德表)	李詹, 「弘仁院記」『東文選』권77	
33	西京居士(緣可)	『高麗史』권2, 世家2 光宗 25년 ; 『高麗史節要』권2, 光宗 25년	
34	雪堂居士(金君綏)	『破閑集』권上	
35	小性居士(元曉)	李奎報, 「小性居士贊 幷序」『東國李相國集全集』권19	
36	邵城居士(李保光)	金龍善 編著, 2012, 『高麗墓誌銘集成』, 「崔褒抗墓誌銘」	자칭
37	笑軒無著居士(崔瑞)	金龍善 編著, 2012, 『高麗墓誌銘集成』, 「崔瑞墓誌銘」	자칭
38	松軒居士(李成桂)	『太祖實錄』권13, 太祖 7年 2月 辛巳(4일)	자칭
39	睡居士(安置民)	『破閑集』上	
40	睡齋居士(洪奎)	金龍善 編著, 2012, 『高麗墓誌銘集成』, 「趙仁規墓誌銘」	
41	安信居士	『補閑集』下	
42	陽坡居士	曹係芳, 「獻洪侍中彦博」『東文選』권21	
43	芸齋居士(閔頔)	金龍善 編著, 2012, 『高麗墓誌銘集成』, 「閔頔墓誌銘」	자칭
44	魏居士(魏挺珪)	『眞覺國師語錄』, 「示魏居士廷圭」	
45	伊嵓居士	『懶翁和尙歌頌』, 「和伊嵓居士韻」	
46	益齋居士(李齊賢)	李齊賢, 「孝行錄序」『益齋集』拾遺	자칭
47	逸庵居士(鄭奮)	李奎報, 「謝逸庵居士鄭君奮寄茶」『東國李相國集全集』권18 ; 李奎報, 「曹溪山第二世故斷俗寺住持修禪社主贈諡眞覺國師碑銘 幷序」『東國李相國集全集』권35 ; 『眞覺國師語錄』, 「逸庵居士刱江月庵請上堂」	
48	資玄居士(李資玄)	李奎報, 「次板上資玄居士韻」『東國李相國集全集』권9 ; 李奎報, 「南行月日記」『東國李相國集全集』권23	
49	足軒居士(金㫜)	金龍善 編著, 2012, 『高麗墓誌銘集成』, 「金㫜墓誌銘」	자칭
50	中菴居士(蔡洪哲)	『高麗史』권108, 列傳21 蔡洪哲 ; 李齊賢, 「中菴居士贈詩八首 務引之入道 次韻呈似」『益齋亂藁』권3 ; 李穀, 「有元奉議大夫 太常禮儀院判官 驍騎尉大興縣子 高麗純誠輔翊贊化功臣 三重大匡 右文館大提學 領藝文館事 順天君蔡公墓誌銘」『稼亭集』권11 ; 權近, 「東賢事略」『陽村集』권35 ; 金龍善 編著, 2012, 『高麗墓誌銘集成』, 「蔡洪哲墓誌銘」	자칭

51	參禪居士(白賁華)	李奎報, 「京山府副使禮部員外郎白公墓誌銘」 『東國李相國集全集』 권36 ; 金龍善 編著, 2012, 『高麗墓誌銘集成』, 「白賁華墓誌銘」	자칭
52	淸平居士(李資玄)	『高麗史節要』 권8, 睿宗 12년 9월 ; 『高麗史節要』 권9, 仁宗 3년 4월 ; 郭輿, 「贈淸平李居士」 『東文選』 권12 ; 金龍善 編著, 2012, 『高麗墓誌銘集成』, 「權適墓誌銘」	
53	淸閑居士(辛旽)	『高麗史』 권132, 列傳45 叛逆6 辛旽 ; 『高麗史節要』 권28, 恭愍王 14년 5월	賜號
54	通菴居士(李玖)	『白雲和尙語錄』, 序	
55	寒林居士(李軔)	『高麗史』 권132, 列傳45 叛逆6 辛旽 ; 『高麗史節要』 권29, 恭愍王 20년 7월	자칭
56	閑閑居士(李邦直)	李智冠 譯註, 1997, 『歷代高僧碑文(高麗篇4)』, 「寧邊安心寺指空懶翁舍利石鐘碑文」	
57	杏山蒙泉無垢居士(朴全之)	金龍善 編著, 2012, 『高麗墓誌銘集成』, 「朴全之墓誌銘」	자칭
58	頁庵居士(崔△)	李智冠 譯註, 1997, 『歷代高僧碑文(高麗篇4)』, 「昇州月南寺眞覺國師圓炤塔碑文」	
59	檜谷居士(朴仁碩)	李奎報, 「故戶部尙書檜谷居士朴公仁碩眞贊 幷序」 『東國李相國集全集』 권19	자칭
60	△△居士(李△德)	李智冠 譯註, 1997, 『歷代高僧碑文(高麗篇4)』, 「昇州月南寺眞覺國師圓炤塔碑文」	

〈부록 2〉 고려시기 墓誌銘에 보이는 독실한 信佛者

(金龍善 編著, 2012, 『高麗墓誌銘集成』, 翰林大 出版部 참조)

순번	관료의 이름 (연도)	신불 행위 모습	자녀출가 여부
1	李頲(1077)	불혹의 나이 때부터 因果說을 깊이 믿어 공무 이외의 시간에 대장경을 읽었는데 전체를 다 읽고 다시 읽어 거의 반에 이름	五男出家
2	任懿(1117)	늙어 관직에서 물러나 오직 方藥을 점검하고 佛書를 보는 것을 낙으로 삼음	아들2명
3	徐鈞(1132)	만년에 물러나 쉬는 것을 즐거워했고 더욱 불교를 믿음	次男出家
4	李公壽(1138)	사직한 뒤 날마다 佛書를 읽고 佛事를 하는 것을 낙으로 삼음	四男出家
5	李公著(1138)	평소 저녁에 항상 『금강반야경』을 읽었으므로 질병이 없이 세상을 떠남	자녀기록 없음
6	崔思全(1140)	63세에 앞당겨 퇴직하기를 청하고 佛法을 공경하고 믿으며 産業을 일삼지 않음	자녀기록 없음

7	權適(1148)	청평산 문수사에서 놀면서 거사 이자현을 뵙고서 평생도우가 되는 것을 허락받았으며 이자현이 밀실에서 禪訣을 주었음. 스무 살에 북원의 개선사 別舍에서 『起信論』을 읽었는데 다 읽지도 않고서 감동하고 깨달아 눈물을 흘림	二男·四男出家
8	元沆(1149)	만년에 불씨서를 읽었으며 청정하고자 힘썼음	아들1명
9	李坦之(1152)	성주의 관원으로 있을 때 병으로 탄핵을 받아 벼슬에서 물러나 은해사에 갈 수 있었음. 향을 피워 부처에게 예를 바친 다음 승려들에게도 음식을 공양함. 마친 다음 賓像에 편안히 앉아 千手眞言을 밤새 염송하다가 단정하게 앉은 채로 세상을 떠남	아들1명(?)
10	尹彦旼(1154)	어려서부터 사람됨이 담백하고 조용했는데 불교에 귀심하여 『금강반야경』을 읽는 것을 즐겼으며 見性觀空을 낙으로 삼았음. 부처를 받드는 외에 또 의술을 공부해 다른 사람들의 질병을 구제하는 것을 일로 삼았음. 산업을 일삼지 않고 날마다 푸른 소를 타고 관청에 나아감. 낮에는 일을 보고 밤에는 경전을 외움	長男·四男·七男出家
11	尹誧(1154)	만년에 내전을 읽음	次男出家
12	朴景山(1158)	늙어서 書畵를 즐기고 감상했으며 간혹 佛書를 외우는 것을 일로 삼으면서 즐거워함	아들2명
13	王侾(1161)	4朝를 섬겼는데 시종일관 절개가 한결같았으며 더욱 內敎를 믿음	자녀기록없음
14	崔精(1163)	사람됨이 총명정직하고 염치를 지켰으며 마음을 맑게 가졌으며 외부세계와 나를 모두 잊고 불교 공부에 정진했으니 진실로 방외의 사람임	자녀기록없음
15	王源(1171)	유교와 불교에 모두 통달했고, 더욱 의술에 깊었으며 약을 가지고 널리 사람들을 구제했음. 중년부터 內傳을 독실히 좋아했는데, 항상 『법화경』을 읽어서 거의 만권에 달함	아들1명
16	崔惟淸(1175)	평소에 불법을 받들었으며 『금강반야보현품』을 외움	四男·七男出家
17	王瑛(1187)	만년에 이르러 불교를 좋아하고 항상 불서를 보는 것을 낙으로 삼음	아들1명
18	申甫純(1187)	만년에 불사에 마음을 귀의했으며 일찍이 香徒를 모아 念佛作法함	아들3명
19	崔証(1200)	마음으로 경전을 읽고 예불하는 것을 일삼음	아들1명
20	李奎報(1241) (白雲居士)	벼슬을 그만둔 뒤 시와 술로 즐겼으며 『능엄경』을 읽음	長男(?)出家
21	梁宅椿(1254)	술을 잘 마셨지만 흐트러지지 않았고 바둑에 능했지만 내기를 하지 않았음. 손님이 오면 술을 마시고 바둑을 두었으며 손님이 가면 경전을 읽었으며 세상의 일을 마음에 두지 않음	長男·次男出家, 後妻長男出家

22	廉守藏(1265)	만년에 온간 인연을 버리고 酒肉을 끊었으며 오로지 내전을 깊이 공부했고 죽음에 임해서도 차분하고 침착함	아들없고 딸만2명
23	金晅(1305) (足軒居士, 鈍村居士)	삼보를 敬信하고 많은 것을 염송했고, 때로는 禪味를 맛보았음	아들2명
24	崔瑞(1305) (笑軒無著居士)	벼슬을 그만둔 뒤 스스로 笑軒無著居士라 부르고서 항상 『금강경』을 외우면서 날마다 淨業을 닦았음	次男·四男 出家
25	趙仁規(1308)	불사에 마음을 오로지 했으며, 대장경을 인출하고, 집에 승려를 불러 모아 그것을 책으로 만들었는데 그 일을 3월에 시작해 4월 19일에 완료함	四男出家
26	權旵(1312) (夢庵居士)	여러 해 동안 선업을 닦고 술과 고기를 끊었음. 鐵山和尙이 배를 타고 오자 그가 見性했음을 알고 머리깎고 스승으로 섬겼으며 道號를 野雲이라 했으며 명산을 유람하고 禪味를 맛보기를 7년 동안 함	아들1명
27	元瓘(1316)	재산을 거의 기울여 은으로『華嚴經三譯』1부를 베꼈음	아들3명
28	洪奎(1316)	마음을 오로지 해서 부처를 섬김	아들1명
29	崔雲(1325)	평생 부처를 섬겼으며 부지런히 불경과 불·보살의 이름을 염송하는 것을 일과로 삼고서 다른 일로 이를 중단하지 않음	자녀없음
30	朴全之(1325) (杏山蒙泉無垢居士)	스스로 杏山蒙泉無垢居士라고 부르면서 항상『금강반야경』을 염송했으며 無字 화두에 더욱 절실하여서 즐거운 소식을 듣거나 술을 마실 때에도 무자 화두를 놓은 적이 없음	아들1명
31	蔡洪哲(1340) (中菴居士)	벼슬을 버리고 집에 한가하게 14년 동안 있을 때 스스로 중암거사라 부르고서 항상 불교의 禪旨, 琴書와 약 조제를 일삼았음 … 문장 기예에 모두 극히 정교했는데 불교에 더욱 깊어서 도를 논함에 이르면 승려도 간단한 말로 굴복시켰음. 집의 북쪽에 旃檀園을 창건하고서 항상 선승을 봉양했는데 자못 득도하는 이도 있었음. 원 안에서 약을 베풀어 나라 사람들이 도움을 받았는데 活人堂이라 부름	三男出家
32	權準(1352)	매일 아침 10명의 승려에게 식사를 제공하는 것이 30여 년이었음	아들2명
33	李嵒(1364)	禪源社 息影老人과 方外友가 되어 사원에 海雲堂을 짓고 배를 타고 왕래하면서 돌아가기를 잊음	아들5명

〈부록 3〉 생산과 치부를 소홀히 하는 속인들

내 용	인 물 (전 거)
不顧産業	尹紹宗(『高麗史』 권120, 列傳33 尹紹宗)
不事産業	柳邦憲(『高麗史』 권93, 列傳6 柳邦憲) 金先錫(『高麗史』 권12, 世家12 肅宗 9년 11월) 尹彦旼(金龍善 編著, 2012, 『高麗墓誌銘集成』, 「尹彦旼墓誌銘」) 李軾(金龍善 編著, 2012, 『高麗墓誌銘集成』, 「李軾墓誌銘」) 文冠(『高麗史』 권97, 列傳10 文冠) 梁元俊(『高麗史節要』 권11, 毅宗 12년 11월) 柳韶(『高麗史』 권101, 列傳14 柳光植附 韶) 許珙(『高麗史』 권105, 列傳18 許珙) 李行儉(『高麗史』 권106, 列傳19 李湊附 行儉) 崔瑩(『高麗史節要』 권33, 辛昌 즉위년 12월)
不營産業	王璿(『高麗史』 권90, 列傳3 肅宗王子 帶方公俌附 璿) 姜邯贊(『高麗史』 권94, 列傳7 姜邯贊) 林光(金龍善 編著, 2012, 『高麗墓誌銘集成』, 「林光墓誌銘」) 李顗(『高麗史』 권95, 列傳8 李子淵附 顗) 李文鐸(金龍善 編著, 2012, 『高麗墓誌銘集成』, 「李文鐸墓誌銘」) 李侃(金龍善 編著, 2012, 『高麗墓誌銘集成』, 「李侃墓誌銘」)
不治産業	金光載(『高麗史』 권110, 列傳23 金台鉉附 光載) 薛景成(『高麗史』 권122, 列傳35 方技 薛景成 ; 『高麗史節要』 권23, 忠宣王 5년 2월)
不理生産	李湊(『高麗史』 권106, 列傳19 李湊) 金光載(金龍善 編著, 2012, 『高麗墓誌銘集成』, 「金光載墓誌銘」)
不事生産	鄭文(『高麗史』 권95, 列傳8 鄭文) 劉載(『高麗史』 권97, 列傳10 劉載) 金富佾(『高麗史』 권97, 列傳10 金富佾) 郭尙(『高麗史』 권97, 列傳10 郭尙) 李顗(『高麗史節要』 권7, 睿宗 5년 7월) 李公升(『高麗史』 권99, 列傳12 李公升 ; 『高麗史節要』 권12, 明宗 13년 윤11월) 咸有一(『高麗史』 권99, 列傳12 咸有一 ; 『高麗史節要』 권13, 明宗 15년 11월 ; 金龍善 編著, 2012, 『高麗墓誌銘集成』, 「咸有一墓誌銘」) 柳韶(『高麗史節要』 권17, 高宗 45년 6월) 許珙(『高麗史節要』 권21, 忠烈王 17년 8월) 鄭瑎(『高麗史』 권106, 列傳19 鄭瑎附 瑎) 安輔(『高麗史節要』 권26, 恭愍王 6년 9월)
不治生産	金光載(『高麗史』 권110, 列傳23 金台鉉附 光載) 李穡(『高麗史』 권115, 列傳28 李穡)
不理家産	尹宣佐(金龍善 編著, 2012, 『高麗墓誌銘集成』, 「尹宣佐墓誌銘」)

不事家産	金富儀(『高麗史』 권97, 列傳10 金富佾附 富儀) 慶大升(『高麗史』 권100, 列傳13 慶大升 ;『高麗史節要』 권12, 明宗 13년 7월) 朱悅(『高麗史』 권106, 列傳19 朱悅)
不治家産	尹宣佐(『高麗史節要』 권25, 忠惠王 후4년 10월)

제5부

佛敎界의 連結網과 世俗 社會

제1장 高麗時期 佛敎界의 連結網

1. 序言

고려시기 승려와 사원은 소지한 고급 정보를 바탕으로 사회에 영향력을 크게 발휘할 수 있었다. 불교계는 개경을 비롯한 각 지방의 문물 정보를 전파시킴으로써 문화적 동질감의 형성에 크게 기여했다. 또한 승려는 불교 교설을 확산시킴으로써 당시인의 의식 형성이나 신앙심 고취에서도 중요한 몫을 담당했다.

불교계가 이러한 영향력을 행사했던 배경에 연결망(network)이 있었다. 사원은 전국적으로 분포했으며, 승려들은 경향 각지를 이동했다. 전국적으로 분포한 사원은 서로 긴밀히 연결되어 있었으며, 이동이 많은 승려는 곳곳의 여러 승려와 교류했다. 당시 민인의 이동이 활발하지 않은 실정에서 전국적으로 연결되어 있는 불교계의 연결망은 불교계 및 세속 사회의 활발한 교류를 가능케 했다. 고려사회에서 정보와 문물이 전국적으로 소통하는 데에 불교계의 연결망이 매우 중요한 역할을 담당했다.

불교계의 연결망이 갖는 중요성에도 불구하고 이것에 관해서 전면적으로 천착하는 작업은 이루어지지 못했다. 불교계가 맺고 있는 연결망은 불교계 자체에 한정되는 것이 아니라 세속 사회에도 미치고 있으며 국가 권력이나 국왕과도 연결되었다. 따라서 불교계의 연결망은 여러 측면에서 다각도로 연구될 필요가 있다고 하겠다. 그리고 이러한 전면적인 검토는 짧은 글로 마무리될 수 있는 것이 아니기에, 이 글에서는 불교계 자체의 연결망에 한정해 다루어보고자 한다. 이 분야에 대한 기초적인 연구가 없기 때문에 이 글은 다분히 試論의 성격을 띠지 않을 수 없겠다.

2. 連結網의 형성 계기와 특징

승려는 세속 사회와 분리되는 시점부터 본격적으로 불교계 속에서 연결망을 형성하기 시작했다. 승려들은 속인들과 다른 방식의 삶을 살아가기 때문에 속인이 맺는 연결망과 다른 연결망을 형성하는 것은 당연한 일이었다. 승려는 출가해서 수행하고, 승과에 합격하고 주지직을 맡고, 제자를 가르치고 이어 열반할 때까지 다양한 계기에 의해 여러 부류의 승려와 연결망을 형성해 갔다.

승려로서 처음 맺는 연결망은 머리를 깎아준 스승 승려와 관련되었다. 승려로서 출가하여 머리를 깎고 沙彌戒와 具足戒를 받는 과정에서 다른 승려와 연결되었다. 사미계를 받은 후 1,2년 뒤에 구족계를 받는 것이 통상적이었지만 사미계와 거의 동시에 구족계를 받는 경우도 없지 않았다. 사미계를 받을 때 승려의 소속 종파가 결정되었기 때문에 사미계를 어느 승려에게 받는가의 여부는 이후 승려로서 맺는 연결망의 범위에 큰 영향을 주었다. 속인은 인접한 사원에서 출가하는 수도 있고, 고승을 찾아 혹은 인연있는 승려를 찾아 먼 곳 사원의 승려 아래에서 출가하는 수도 있었다. 출가 후 교종 계통의 승려는 경전 공부에 힘썼으며, 선종 승려는 경전 공부보다는 선 수행에 힘썼다. 어린 나이에 출가해 만난 스승과의 관계는 매우 중요했다.[1]

출가하는 사례를 몇 가지 보면, 원융국사 결응은 12살 때 개경의 용흥사에 나아가 廣宏을 스승으로 하여 佛殿 앞에서 머리를 깎고 승려가 되었으며, 홍복사 관단에서 구족계를 받았다. 한 가지를 들으면 천 가지를 알아서 푸른 지혜가 마치 두터운 얼음처럼 투철했다.[2] 혜소국사 정현은

---

1) 고려시기 출가에 관한 전반적인 내용은 한기문, 2010, 「고려시대 승려 출가 양상과 사상적 배경」『한국사학보』40, 고려사학회 참조.
2) 李智冠 譯註, 1995, 『歷代高僧碑文(高麗篇2)』, 伽山佛敎文化硏究院, 「順興浮石寺

광교사에 가서 忠會大師를 스승으로 하여 머리를 깎고, 승려가 되었다. 칠장사에 가서 融哲을 예방했으며, 남쪽으로 선지식을 찾았다. 그 후 영통사 戒壇에 가서 구족계를 받았으며, 一乘의 교리를 착실히 연마했다.3) 대각국사 의천은 문종 19년(1065) 5월 景德國師를 內殿으로 초청하여 恩師로 삼고 삭발 受戒했으며, 경덕국사를 따라 영통사에 거처했다. 그 해 10월 불일사 계단에 가서 구족계를 받았는데 당시 나이 11살이었다.4)

스승 승려의 휘하에는 다수의 제자가 수행하고 있어 출가한 승려는 그들과 함께 수학함으로써 상호 간에 연결망을 형성할 수 있었다. 이렇게 출가하는 과정을 통해 승려는 다른 승려들과 폭넓은 연결망을 형성할 수 있었다.

승려가 집단적으로 출가하는 예가 많지 않지만, 간혹 그런 경우도 있었다. 예컨대 현종 9년(1018)에 開國寺 塔을 수리하고 사리를 안치한 후 계단을 설치하고서 3,200여 명을 度僧한 것이 그것이다.5) 이때 함께 출가한 승려들은 상당한 동질감을 형성하고 향후 중요한 연결망을 형성했을 가능성이 크다.

수학의 과정에서도 여러 승려와 연결되었다. 구족계를 받고나서 승려들은 가르침을 받을 승려를 찾아 다녔다. 득도사나 嗣法師에게서 경전을 공부하기도 하고, 선 수행을 지도받기도 했지만, 고승대덕을 찾아 계속된 배움을 추구했다.

대각국사 의천은 일정한 스승을 두지 않고 도덕이 높은 이가 있으면 지체 없이 찾아가서 묻고 배웠으며,6) 보조국사 지눌도 구족계를 받은 다

圓融國師碑文(1054년)」, 265~266쪽.

3) 李智冠 譯註, 1995, 『歷代高僧碑文(高麗篇2)』, 伽山佛教文化研究院, 「竹山七長寺 慧炤國師碑文(1060년)」, 301쪽 ; 남동신, 2011, 「安城 七長寺慧炤國師碑銘」 『한국 중세사연구』 30.

4) 李智冠 譯註, 1996, 『歷代高僧碑文(高麗篇3)』, 伽山佛教文化研究院, 「開城靈通寺 大覺國師碑文(1125년)」, 118쪽.

5) 『高麗史』 권4, 世家4 顯宗 9년 윤4월, 亞細亞文化社 影印本 上冊, 98쪽(이하 같음).

음, 일정한 스승을 두지 않고, 오직 도덕이 높은 승려면 곧 찾아가서 배
웠다.7)

이러한 과정에서 학덕을 겸비한 승려와 학문상의 중요한 연결망을 형
성했다. 배움을 위해 찾아간 승려는 인접한 곳에 있는 수도 있었지만 먼
곳의 사원에 주석하는 수도 허다했다. 이러한 과정에서 먼 곳 승려를 알
게 되었으며, 수학의 과정에서 비슷한 처지·수준의 다수 승려와 연결되
었다.

승려는 수학한 후 승과에 응시했는데, 이 과정에서도 다수의 승려를 만
날 수 있었다. 함께 승과에 합격한 승려는 상호 간에 연결망을 형성했다.
그리고 승과의 합격 여부는 이후 승려가 연결망을 확대하는 데 결정적인
중요함을 갖고 있었다. 승과에 합격한 후 승계를 받으면 전국 사원에 주지
로 부임할 수 있기 때문이었다. 승과에서 명성을 날리고, 지명도를 높이기
도 했다. 승과에 합격한 후 고승을 찾아 수행을 계속하는 이도 있었다.

지광국사 해린은 21세 때 왕륜사 大選場에 나아가서 談經 시험을 보
았는데, 그의 말은 평범하나 그 뜻은 매우 심오했다. 시험의 문제는 같았
으나 국사의 답안은 다른 사람들보다 특이했다. 토의하는 廣場에서는 주
위로부터 집중적인 공세를 받았으나 모두 논리에 항복하고 따르게 되었
다.8) 혜소국사 정현은 성종 15년(996)에 미륵사의 五敎大選에 나아가서
선 수행의 높은 경지를 과시하고 민첩하게 변설을 함으로써 명성이 講
場에 떨쳤으며 칭송이 談會에 쟁쟁했다. 정현은 승과에 합격한 후 제방
으로 다니면서 스승을 찾고 도를 구하다가, 뒤에 칠장사로 돌아갔다.9)

---

6) 李智冠 譯註, 1996, 『歷代高僧碑文(高麗篇3)』, 伽山佛敎文化硏究院, 「開城靈通寺
   大覺國師碑文(1125년)」, 118쪽.
7) 李智冠 譯註, 1997, 『歷代高僧碑文(高麗篇4)』, 伽山佛敎文化硏究院, 「順天松廣寺
   佛日普照國師碑銘(1210년)」, 58~59쪽.
8) 李智冠 譯註, 1995, 『歷代高僧碑文(高麗篇2)』, 伽山佛敎文化硏究院, 「原州法泉寺
   智光國師玄妙塔碑文(1085년)」, 350쪽.
9) 李智冠 譯註, 1995, 『歷代高僧碑文(高麗篇2)』, 伽山佛敎文化硏究院, 「竹山七長寺

주지를 역임하는 것은 다수의 승려와 긴밀한 연결망을 맺는 중요한 계기였다. 승려들은 소속 종파가 동일한 사원에 주지로 파견되었는데,[10] 이때 동일 종파의 사원·승려와 제도적으로 밀착된 관계를 형성했다. 부임한 사원에서 교학과 참선을 지도함으로써 많은 문도를 양성할 수 있었다. 예컨대 寂然禪師 英俊이 복림사에 주지로 있을 때 1년을 넘기지 않아 참선하는 무리가 연이어 찾아왔다.[11] 대지국사 찬영은 여러 차례 특명을 받아 석남·월남·신광·운문 등 여러 사원의 주지를 역임했는데 취임하는 곳마다 선의 이치를 강연하여 제자가 더욱 많아졌다.[12]

유능한 승려가 주지로 와서 교학에 힘쓰고 참선을 제대로 지도할 경우 외부의 승려들까지도 몰려들었다. 주지를 역임함으로써 많은 승려와 밀접한 師弟의 관계를 맺었으며, 이들과 폭넓은 연결망을 형성할 수 있었다. 주지를 역임하는 사원이 여러 곳에 소재하기 때문에 연결을 맺는 승려나 사원도 곳곳에 분포했다. 아마 주지직을 역임함으로써 맺는 연결망이 승려 개인으로서는 가장 중요했을 것이다.

주지가 아니더라도 유명한 승려로서 명성을 떨치면 많은 승려가 그 휘하에 몰려들어 가르침을 받았다. 법인국사 탄문이 구룡산사로 옮겨『화엄경』을 강설했을 때, 法門을 청하는 자가 수를 헤아릴 수 없이 많았고, 문도 또한 번창했다.[13] 대감국사 탄연은 그 천성이 선행을 좋아하여 學

慧炤國師碑文(1060년)」, 301쪽 ; 남동신, 2011, 앞의 논문.
10) 韓基汶, 1998,『高麗寺院의 構造와 機能』民族社, 135~189쪽 ; 李炳熙, 2008,「高麗時期 住持制 運營과 寺院經濟」『史學研究』90(同, 2009,『高麗時期寺院經濟研究』, 景仁文化社 재수록).
11) 李智冠 譯註, 1995,『歷代高僧碑文(高麗篇2)』, 伽山佛敎文化研究院,「陝川靈巖寺寂然國師慈光塔碑文(1023년)」, 189쪽.
12) 李智冠 譯註, 1999,『歷代高僧碑文(朝鮮篇1)』, 伽山佛敎文化研究院,「忠州億政寺大智國師智鑑圓明塔碑文(1393년)」, 3쪽.
13) 李智冠 譯註, 1995,『歷代高僧碑文(高麗篇2)』, 伽山佛敎文化研究院,「海美普願寺法印國師寶乘塔碑文(978년)」, 77쪽 ; 정병삼, 2018,「고려초 탄문의 불교계 활동과 보원사」『사학연구』132.

人 가르치기를 게을리하지 아니하므로, 공부하는 무리들이 구름처럼 모
여들고 물과 같이 찾아와서 항상 會下의 대중이 수백 명이나 되었다.[14]
원감국사 충지가 주석하던 감로사에는 많은 승려가 찾아와 법을 배워 깨
달은 자가 많았다. 高僧·大德이 바람처럼 찾아오며 후진이 구름같이 모
였다.[15] 자정국존 미수는 비록 배우지 못한 童蒙들이 찾아와서 某書를
강하고 某書를 논해주기를 청하면 기꺼이 그 요청을 받아들여 강설해
주자 사방으로부터 학인들이 구름과 안개처럼 몰려들었다.[16]

  학덕으로 명성을 떨친 승려의 문하에 다수의 승려가 모여들어 수학하
고, 이들은 門人·門徒로 일컬어졌다.[17] 고승은 이들과 긴밀한 연결망을
형성할 수 있었다. 고승일수록 다수의 승려를 포함하는 연결망을 구축하
는 것이 가능했다. 몰려든 승려 상호 간에도 친밀한 유대가 형성되었다
고 할 수 있겠다.

  스승의 임종과 관련해서도 다수의 승려가 연결되었다. 고승이 열반하
는 경우 문인 제자가 그것을 지켜보는 수가 흔했다. 혜소국사 정현의 경
우 열반에 들 때 제자 중에 首座인 靈念과 毗雲, 三重大師인 仁祚와 甚
泉, 重大師인 僧幢과 繼先, 大師인 義奇와 仁傑·蘭守, 大德인 融冊과 德
先 등을 불러 놓고 遺囑했다.[18] 임종을 지켜본 승려와, 스승의 열반을
계기로 멀리서 달려온 승려들은 상호 결속을 강화하고 연결망을 확대할
수 있었다.

---

14) 李智冠 譯註, 1996, 『歷代高僧碑文(高篇篇3)』, 伽山佛敎文化硏究院, 「山淸斷俗寺
大鑑國師塔碑文(1172년)」, 401쪽.
15) 李智冠 譯註, 1997, 『歷代高僧碑文(高麗篇4)』, 伽山佛敎文化硏究院, 「順天松廣寺
圓鑑國師寶明塔碑文(1314년)」, 305~306쪽.
16) 李智冠 譯註, 1997, 『歷代高僧碑文(高麗篇4)』, 伽山佛敎文化硏究院, 「報恩法住寺
慈淨國尊普明塔碑文(1342년)」, 327쪽.
17) 정병삼, 2006, 「일연선사비의 복원과 고려 승려 비문의 문도 구성」 『한국사연구』
133 ; 최연식, 2013, 「高麗時代 高僧의 僧碑와 門徒」 『한국중세사연구』 35.
18) 李智冠 譯註, 1995, 『歷代高僧碑文(高麗篇2)』, 伽山佛敎文化硏究院, 「竹山七長寺
慧炤國師碑文(1060년)」, 304쪽 ; 남동신, 2011, 앞의 논문.

이렇게 한 명의 승려가 일생을 통해 다수의 승려를 만남으로써 폭넓은 연결망을 형성했다. 만남, 배움과 가르침을 통한 연결망은 승려들이 활동하는 데 매우 중요한 기제로 작동했다.

그리고 승려들은 소속 사원이나 다른 사원에서 설행되는 각종 행사에 참석함으로써 많은 승려들과 연결되었다. 개경에서의 행사에 참석함으로써 형성되는 연결망은 특히 중요했다. 그리고 전국의 여러 사원에서 각종 행사가 무수히 열리고 있었는데, 여기에도 통상 다수의 승려가 참여했다.

殿閣을 조성하거나 불탑·불상을 조영했을 때 낙성 행사가 설행되었는데, 여기에 통상 다수의 승려가 참석했다. 문종 21년(1067) 정월 흥왕사의 낙성에 즈음하여 계행이 있는 승려 1천 명이 참석했다.[19] 醴泉 용문사의 조성 공사가 끝난 뒤 설행된 낙성 행사에서는 담선회를 50일간 계속했고, 여기에 九山의 문도 500인이 참석했다.[20] 법회의 성격을 띤 불교 행사에도 다수의 승려가 참여한 것이 보인다. 고종 33년(1246) 晉陽公이 선원사를 창건해 禪會를 크게 열었는데, 眞明을 맞이하여 法主로 삼았으며, 아울러 국내의 고명한 승려 3천 명을 초치했다.[21] 담선대회가 열린 3대 선우인 보제사·광명사·서보통사에 소집된 승려는 각각 천 명을 헤아릴 정도였다.[22]

국가 차원에서 설행되는 연등회와 팔관회 행사에는 다수의 승려들이 참석했다. 가뭄이 이어지거나 재앙이 있을 때 이를 해소하기 위한 기우 행사와 消災道場이 설행되었을 때에도 다수가 참석했다. 그리고 고려시

---

19) 『高麗史』 권8, 世家8 文宗 21년 정월 庚申, 上冊, 176쪽.
20) 許興植 編著, 1984, 『韓國金石全文(中世下)』 亞細亞文化社, 「醴泉龍門寺重修碑 (1185년)」, 873쪽.
21) 李智冠 譯註, 1997, 『歷代高僧碑文(高麗篇4)』, 伽山佛敎文化硏究院, 「昇州佛臺寺 慈眞圓悟國師靜照塔碑文(1286년)」, 165쪽.
22) 李奎報, 「西普通寺行同前牓」 『東國李相國集全集』 권25(『韓國文集叢刊』 1冊, 551~552쪽).

기에는 승려에게 식사 공양하는 飯僧이 있을 때, 수만 명을 대상으로 하
는 수가 많았다.23) 이러한 행사에 참석함을 계기로 승려 사이에 폭넓은
연결망이 형성되었다.

불교계의 연결망은 승려끼리 연결되는 것이었지만 한편으로 사원이
중요한 장소를 제공했다. 특정 사원을 중심으로 많은 승려가 모여들어
함께 생활하고 수행함으로써 상호 간에 중요한 연결망이 형성되었던 것
이다. 수행하기에 좋은 여건을 갖춘 사원, 고승이 주석하고 있는 사원,
경제 사정이 좋은 사원, 교통로에 위치한 사원이 특히 그러했다.

보현사는 북쪽 지방의 유명한 사원으로서 高人·釋子나 세속을 떠나
서 진리를 탐구하는 자들의 집결 장소였으며,24) 선원사에서는 늙고 젊
은 승려들이 수백 명 이상 수행했다.25) 원 간섭기 금강산 일대의 사원도
다수의 승려가 모이는 중요한 곳이었다.26)

사원은 교통로에 세워진 경우가 많아 연결망이 유지되는 데 중요한
몫을 했다. 승려들은 이동하면서 교통로에 위치한 사원을 이용하는 일이
흔했다. 특히 '院'이라 불리는 사원은 숙박의 제공을 주된 기능으로 했
다.27) 원의 이용자는 행려로 표현되고 있지만, 승려들도 많았다. 이러한
원이 곳곳에 세워짐으로써 연결망이 유지·확대되는 데 일조했다.

신앙결사를 중심으로 한 연결망도 중요했다. 함께 신앙결사 활동을
한 사원에도 역시 다수가 모여서 수행함으로써 깊은 유대를 형성했다.

---

23) 李載昌, 1963, 「麗代 飯僧攷」 『불교학보』 1, 동국대 불교문화연구소(同, 1993, 『韓
    國佛教寺院經濟研究』, 불교시대사 재수록) ; 李相瑄, 1988, 「高麗時代의 飯僧에 대
    한 考察-飯僧의 史的 性格을 중심으로-」 『誠信史學』 6, 성신여대 사학회(同,
    1998, 『高麗時代 寺院의 社會經濟研究』, 성신여대 출판부 재수록).
24) 李奎報, 「妙香山普賢寺堂主毗盧遮那如來丈六塑像記」 『東國李相國集全集』 권24(『韓
    國文集叢刊』 1冊, 543~544쪽).
25) 釋息影菴, 「復禪源寺疏」 『東文選』 권111(民族文化推進會 影印本 3冊, 381쪽).
26) 李炳熙, 2008, 『高麗後期寺院經濟研究』, 景仁文化社, 295~301쪽.
27) 李炳熙, 1998, 「高麗時期 院의 造成과 機能」 『青藍史學』 2(同, 2009, 앞의 책 재
    수록).

수암사 화엄결사의 경우, 뜻을 같이해서 도를 닦을 벗들과 함께 山庵에 기거하여 매일 화엄을 강론하고 普賢行을 닦는 지 얼마 안 되어 이 소식 을 듣고 모인 자가 무려 50여 명이나 되었다.[28] 수선사와 백련사 역시 다수가 모여 함께 신앙 활동을 전개했다.[29] 승려들이 생활하며 수행하 는 사원에서 만남이 이루어지는 것이었기 때문에 사원이 허브의 구실을 하는 연결망이었다고 할 수 있겠다.

승려들이 구축하는 연결망은 속인의 그것과는 달리 전국적이었다. 수 학의 과정에서 여러 곳을 돌아다녔으며, 주지직을 수행함으로써 전국적 으로 이동했다. 또 여러 사원의 각종 법회에 참여함으로써 곳곳을 왕래 했다.

제자의 분포에서 광범위한 지역에 연결망을 구축한 것을 알 수 있다. 眞觀禪師의 제자로서, 澄鏡大師 彦忠은 原州 문정원의 주지, 彦欽은 山 淸 지곡사 주지, 彦緣은 廣州 혹석원 주지, 彦國은 태백산 각돈원 주지, 玄光은 복암원의 주지로 각각 있었다.[30] 眞覺國師 천희의 제자로서, 김 생사 주지, 등명사(강원도 강릉) 주지, 前월남사(전남 강진) 주지, 법왕사 주지, 개운사(강원도 양양) 주지가 찾아진다.[31] 이처럼 제자가 전국에 분 포하고 있기에 주지·고승을 중심으로 한 연결망은 전국에 걸쳐 있다고 할 수 있다.

동일 승려가 주지를 역임한 사원도 인접하지 않고 여러 지역에 흩어 져 있다. 證智首座 觀奧는 월악사(충북 청풍), 천홍사(충남 직산), 법천사

---

28) 李奎報, 「水嵓寺華嚴結社文」『東國李相國集後集』 권12(『韓國文集叢刊』 2冊, 252쪽).
29) 李智冠 譯註, 1997, 『歷代高僧碑文(高麗篇4)』, 伽山佛敎文化硏究院, 「順天松廣寺 佛日普照國師碑銘(1210년)」, 65~66쪽 ; 崔滋, 「萬德山白蓮社圓妙國師碑銘 幷序」, 『東 文選』 권117(民族文化推進會 影印本 3冊, 459~461쪽).
30) 李智冠 譯註, 1995, 『歷代高僧碑文(高麗篇2)』, 伽山佛敎文化硏究院, 「山淸智谷寺 眞觀禪師悟空塔碑文(981년)」, 129쪽.
31) 李智冠 譯註, 1997, 『歷代高僧碑文(高麗篇4)』, 伽山佛敎文化硏究院, 「水原彰聖寺眞 覺國師大覺圓照塔碑文(1386년)」, 492쪽.

(강원도 원성군), 수리사(?)의 주지를 맡았다.[32] 법주사 慈淨國尊이 주지
한 사원은 국녕사(양주), 웅신사(경남 창원), 장의사(서울 세검정), 속리
산 법주사, 중흥사(경기도 고양), 유가사(경북 달성)였다.[33] 한 승려가 주
지를 역임한 사원도 이처럼 여러 지역에 걸쳐 있었다. 주지를 역임한 사
원의 소속 승려와 유대가 형성되었기에 주지를 맡음으로써 형성된 연결
망은 전국적이었다고 하겠다.

불교계 연결망에 포함된 승려의 수도 상당했을 것이다. 속인이 맺는
연결망에 참여하는 사람은 소수였지만, 승려의 경우 만남의 계기가 많기
때문에 승려 개인이 맺은 연결망에는 다수의 사람들이 포함되었다고 할
수 있겠다. 고승일수록 다수를 포함하는 연결망이었다. 그리고 유명 사
원일수록 맺는 연결망의 범위는 넓었다. 대규모의 법회를 통해 형성된
연결망은 더욱 다수를 포괄하고 있었다. 특히 개경에서의 대규모 불교
행사에 참여함으로써 형성된 연결망은 그 규모가 상당했다.

진관선사가 성남에 있는 광통보제선사로 옮겨가자 한 해가 되지 않
아서 운집한 대중이 천 명에 이르렀으며,[34] 원융국사 결응의 문인 중에
승계를 받은 승려는 1,400명을 상회했다.[35] 각진국사 복구의 문인으로
서 뛰어난 자는 禪源·白華·迦智·麻谷 이하 천여 명이 되었다.[36] 고승
을 중심으로 수백 명에서 천 명을 상회하는 연결망이 형성되었음을 볼
수 있다.

---

32) 李智冠 譯註, 1996, 『歷代高僧碑文(高麗篇3)』, 伽山佛敎文化硏究院, 「證智首座觀
奧墓誌銘(1158년)」, 337쪽.

33) 李智冠 譯註, 1997, 『歷代高僧碑文(高麗篇4)』, 伽山佛敎文化硏究院, 「報恩法住寺
慈淨國尊普明塔碑文(1342년)」, 325쪽.

34) 李智冠 譯註, 1995, 『歷代高僧碑文(高麗篇2)』, 伽山佛敎文化硏究院, 「山淸智谷寺
眞觀禪師悟空塔碑文(981년)」, 128쪽.

35) 李智冠 譯註, 1995, 『歷代高僧碑文(高麗篇2)』, 伽山佛敎文化硏究院, 「順興浮石寺
圓融國師碑文(1054년)」, 270쪽.

36) 李達衷, 「王師大曹溪宗師一邧正令雷音辯海弘眞廣濟都大禪師覺儼尊者贈諡覺眞國
師碑銘」『東文選』 권118(民族文化推進會 影印本 3冊, 482~483쪽).

요즈음과 달리 통신 수단이 발달하지 않았기 때문에 당시의 연결망은 직접 만남으로써 형성되고 유지할 수 있었다. 그리고 중간에 다른 승려가 매개됨으로써 연결망이 작동하는 수도 적지 않았다. 연결하는 인력과 수단을 소지하고 있어야 하는 것이다. 전달자가 존재하는 것, 말을 소지하는 것이 중요했다.

전달자가 존재한 것은 연결망 유지에 매우 중요했다. 고승의 경우 侍者를 거느리고 있었는데, 이 시자는 고승의 지시를 받아 연락하는 일을 했다. 松廣社主인 대선사 夢如가 시자 두 명을 보내어 丁而安의 묵죽 두 그루를 얻고 李奎報에게 찬을 짓게 한 일이 있다.[37] 五冠山 興聖寺 전장 법회의 기문을 주지인 대선사 乃明이 시자 佛惠를 보내 이색에게 부탁하고 있다.[38] 고승의 경우 대체로 이러한 시자를 거느리고 있으면서 연락할 사항을 지시하고 있는 것이다. 이 시자 이외에도 오고가는 승려가 연락함으로써 매개의 역할을 했다.

고려시기 승려들이 말을 타고 이동하는 수가 많았기 때문에,[39] 승려들의 연결망은 신속하게 작동할 수 있었다. 승려나 사원에 말을 사여하는 사례가 많음도 이와 관련해 주목할 사실이다. 승려나 불교계에서 역마를 사용하는 것도 이동의 신속함과 관련해 중요했다.

고려시기 본말사로 이어지는 연결망은 발달하지 않았다. 그러나 동일 종파의 사원은 깊은 유대를 보였다. 특정인이 주지를 지낸 사원은 소속 종파가 일치했으며, 제자의 경우도 대부분 스승과 종파가 동일했다. 따라서 고려시기 불교계 연결망은 종파별 연결이 긴밀했다. 종파를 벗어난 승려나 사원과의 연결은 상대적으로 소원했다고 보겠다.

---

37) 李奎報,「松廣社主大禪師夢如遣侍者二人求得丁而安墨竹二幹仍邀予爲贊云」『東國李相國集後集』권11(『韓國文集叢刊』2冊, 239쪽).

38) 李穡,「五冠山興聖寺轉藏法會記」『牧隱文藁』권2(『韓國文集叢刊』5冊, 17쪽).

39) 李炳熙, 1999,「高麗時期 僧侶와 말[馬]」『韓國史論』41·42합집, 서울대 국사학과 (同, 2009, 앞의 책 재수록).

고려시기 불교계의 연결망을 볼 때, 허브의 구실을 하는 것은 고승, 중요 사원, 불교 행사, 그리고 개경이라고 할 수 있겠다. 연결망의 형성에서 또 연결망의 작동에서 중심적인 역할을 하는 승려는 대체로 학덕을 겸비한 고승이었다. 또한 연결망을 형성하는 데 국가권력이 중요한 계기를 제공했다. 승과의 시행, 주지의 임명, 그리고 각종 국가 주도의 불교 행사의 설행이 그것이었다.

3. 連結網의 기능

고려시기 불교계가 구축한 연결망을 통해 정보가 이동했고, 중요한 일이 있을 때 인력 동원이 가능했으며, 재정 문제가 있을 때 지원을 받을 수 있었다. 일차적으로 불교계의 연결망은 불교 교학이 확산되는 데 중요하게 기능했다.[40) 가르치고 배운 내용이 연결망을 통해 빠른 속도로 전국적으로 확산될 수 있었다. 새로운 불교 사조가 도입되거나 소개되는 경우도 그것이 신속하게 전국으로 확산될 수 있었다. 사원이 전국 곳곳에 산재해 있고 승려가 흩어져 있었지만, 이러한 연결망으로 인해 전국의 불학이 상호 연결되면서 발전할 수 있었다.

승려들이 교학을 이어감은 여러 예에서 볼 수 있다. 대각국사 의천의 제자들이 스승의 遺志를 중흥하기로 하고서, 홍왕사 홍교원에서 화엄법회를 열었다. 홍왕사는 문종이 발원 창건하고 佛事를 장엄하게 베풀던 곳이며, 대각국사가 이 사원에서 불교의 이치를 드러내 밝히었다. 그러나 그 뒤 30년 동안 敎義는 점점 쇠퇴했으며 능히 계승하는 이가 없었다. 이에 제자들이 유지를 이어 중흥하고자 대각국사의 수제자 戒膺과

---

40) 李炳熙, 2011,「高麗時期 寺院에서의 敎學活動」『韓國史硏究』155(본서 제5부 수록).

학도 160인을 초청하여, 홍교원에서 약 21일 동안 화엄법회를 열었다.[41] 스승의 가르침을 부흥시키고 이어가는 데에 제자의 연결망이 작동하는 것이다. 이 화엄법회에 모인 승려들에 의해 대각국사의 교학은 부흥되고, 확산될 수 있었다.

나옹이 입적하자 그 제자들이 전국 여러 곳에 부도를 세우거나 영정을 모시고 받들었다. 제자 勝智는 나옹의 사리를 받들고 묘향산에 들어왔으며,[42] 志林·粲如·志玉·信元·覺峰은 금강산 윤필암에서 나옹의 초상을 모시고 조석으로 향화했고,[43] 나옹의 제자 覺持와 覺悟는 석종을 만들어 나옹의 두골 및 사리를 묘향산 안심사에 모셨다.[44] 부도를 조성하거나 영정을 모셔 받드는 제자들에 의해 나옹의 교설은 전국적으로 확산될 수 있었다.

수 백에서 천 명이 넘는 제자를 양성한 고승의 경우, 그 제자들에 의해 교학이 전국적으로 광범위하게 확산되는 것은 당연한 일이었다. 제자들이 전국 사원의 주지를 역임하고, 또 그들에 의해 스승의 교학이 가르쳐짐으로써 불교 교설이 널리 확산될 수 있었다.

주지 자리가 스승과 제자로 이어지는 데에도 연결망이 중요했다. 국가가 임명하는 경우는 곤란했지만, 사사로이 주지가 이어지는 사원의 경우, 사제 사이의 연결망이 작용함으로써 주지직을 이어갔다. 장성현 백암사의 경우 청수가 무너진 樓를 복원하면서, 제자들에게 잘 지켜갈 것을 부탁했다.[45] 수원의 만의사는 三藏의 문인이 相傳했다.[46] 법손들의

---

41) 金富軾,「興王寺弘敎院華嚴會疏」『東文選』권110(民族文化推進會 影印本 3冊, 363~364쪽).

42) 李穡,「香山潤筆菴記」『牧隱文藁』권2(『韓國文集叢刊』5冊, 13쪽).

43) 李穡,「金剛山潤筆菴記」『牧隱文藁』권2(『韓國文集叢刊』5冊, 13~14쪽).

44) 李穡,「香山安心寺舍利石鍾記」『牧隱文藁』권3(『韓國文集叢刊』5冊, 26~27쪽).

45) 李穡,「長城縣白巖寺雙溪樓記」『牧隱文藁』권3(『韓國文集叢刊』5冊, 25쪽).

46) 權近,「水原萬義寺祝上華嚴法華會衆目記」『陽村集』권12(『韓國文集叢刊』7冊, 132~133쪽).

연결망이 작동해서 주지직을 이어가고 있는 것이다. 연결망으로 이어진
제자끼리 서로 상의하는 절차를 밟았을 것은 물론이겠다.

남원의 금강사에 홍혜국사가 늙어 물러나 있었는데, 중수하지 못하고
열반하자 그의 제자들이 대선사 졸암을 추대하여 중수를 주관하도록 했
다.47) 스승 하산소의 중수를 졸암에게 부탁하는 데에 제자들이 모여 논
의하는 절차를 밟았다. 제자들끼리 상호 깊이 연결되어 있으면서 스승
하산소 주지로 유능한 승려를 초빙한 것이다.

불교계는 전국적인 연결망을 가지고 있기 때문에 특정 사원에서 행사
가 있을 경우 다수의 승려들이 참여하는 것이 가능했다. 개경에서 각종
불교 행사와 반승 행사가 있을 경우에 전국에서 많은 승려가 참여할 수
있었던 것도 이러한 연결망이 작동했기 때문이다.

승려는 연결망을 통해 소식을 듣거나, 권유를 받고서, 또 축하를 위해
참석함으로써 행사를 성황리에 설행할 수 있게 했다. 백양사에서 전장법
회가 열렸을 경우 여러 사원 소속의 다수 승려가 참여하고 있는데,48) 이
것은 평소부터 연결망이 있었기에 이 행사에 즈음하여 작동한 결과 모여
드는 것이라 하겠다. 또한 이러한 행사에서의 만남을 통해 연결망에 참여
하는 승려의 수가 늘어나서, 연결망의 규모가 확대될 수 있었다.

사원에서 각종 役事가 있을 때 또한 연결망이 작동했다. 특히 스승과
제자의 연결망이 기능해서 스승이 주관하는 불사가 있을 때 제자가 적극
나서서 도와주는 예가 많았다.

어느 승려가 풍세현의 개천사를 중창하자 그 제자인 현규가 탑을 조
영했으며,49) 무외국통이 영봉산 용암사의 중창에 힘쓰자 그의 문인들이

---

47) 李穡, 「勝蓮寺記」『牧隱文藁』 권1(『韓國文集叢刊』 5冊, 7쪽).
48) 李炳熙, 1997, 「高麗末 朝鮮初 白羊寺의 重創과 經濟問題」『韓國史硏究』 99·100
   합집(同, 2008, 『高麗後期寺院經濟硏究』, 景仁文化社 재수록).
49) 李奎報, 「開天寺靑石塔記銘」『東國李相國集全集』 권24(『韓國文集叢刊』 1冊, 542~
   543쪽).

강화판당에 가서 누락된 대장경을 인출해 왔다.[50] 두타산 간장암은 이 승휴가 창건했는데, 승려인 그의 아들이 와서 보니 퇴락했다. 이에 그 승려는 자신의 제자들을 거느리고 몸소 중수를 했다.[51] 각종 불사가 있을 때 사제가 함께 거처하고 있다가 동참하는 수도 있었지만, 멀리서 불사를 듣고 참여하는 수가 많았을 것이다.

사원에서 필요로 한 노동력이나 재력을, 사제 관계가 아닌 동일 종문의 연결망을 통해 확보하는 일도 있었다. 동일 종문 사원이나 승려는 비교적 교류가 잦아서 상호 긴밀한 연결을 보였다. 개국사의 중수가 있을 때 남산종에 속한 다른 사원으로부터 노동력과 재력을 제공받았다.[52] 홍왕사 홍교원의 중수가 있을 때에도 화엄종에 속한 종문 사원에 첩을 보내 지원을 받았다.[53] 법왕사 조사당을 조성하는 데에도 종문과 의논하고 있다.[54] 중수나 중창 시에 동일 종문의 사원에서 상호 지원하는 일은 혼했을 것이다. 이것은 동일 종문끼리 형성된 연결망이 있기에 가능한 것이다.

스승의 임종과 관련해서도 연결망이 작동하여 喪事를 마무리했다. 원진국사 승형은 13살 적에 문경 봉암사 洞純을 은사로 하여 승려가 되었으며, 다음해 김제 금산사 戒壇에서 比丘戒를 받았다. 그 후 年例的으로 개최하는 보제사 담선법회에 참석하고 있던 중, 동순이 입적했다는 부고를 받고, 거기에 참석하고자 떠났다.[55] 제자가 먼 곳에서 연결망을 통해 소식을 듣고 참석하는 것이다. 혜덕왕사 소현이 입적했을 때 상수제자인

50) 朴全之,「靈鳳山龍巖寺重創記」『東文選』권68(民族文化推進會 影印本 2冊, 443~445쪽).
51) 崔瀣,「頭陁山看藏庵重營記」『拙藁千百』권1(『韓國文集叢刊』3冊, 5~6쪽).
52) 李齊賢,「重修開國律寺記」『益齋亂藁』권6(『韓國文集叢刊』2冊, 552~553쪽).
53) 李穀,「興王寺重修興敎院落成會記」『稼亭集』권2(『韓國文集叢刊』3冊, 112~113쪽).
54) 權近,「法王寺祖師堂記」『陽村集』권14(『韓國文集叢刊』7冊, 156쪽).
55) 李智冠 譯註, 1997,『歷代高僧碑文(高麗篇4)』, 伽山佛敎文化硏究院,「淸河寶鏡寺圓眞國師碑文(1224년)」, 93쪽.

道生僧統과 그 이하 무릇 천여 명이 함께 뜻을 모아 先師의 행장을 갖
추어 국왕에게 아뢰었다.56) 보각국존 일연이 입적하자, 遠近으로부터
參觀하러 찾아온 사람이 운집하여 마치 담장처럼 주변을 가득 채웠다.
다비 후 靈骨을 수습하여 안치하고, 문인이 遺狀과 印寶를 가지고 국왕
에게 아뢰었다. 부음을 접한 국왕은 크게 震悼하고, 시호를 普覺, 塔號를
靜照라 했다.57) 그리고 나옹의 제자 문인 覺宏이 나옹의 행장을 지었으
며,58) 나옹의 게송은 시자 覺雷가 모으고 광통보제선사의 환암이 교정
했다.59)

　고승이 열반했을 경우 전국에 흩어져 있는 문인들이 참여하여 상사를
봉행하고 행장을 정리하며, 비를 세워 줄 것을 요청하는 일에 연결망이
작동하는 것이다. 스승의 임종을 맞아 모여듦으로써 연결망을 더욱 결속
시키는 효과도 있었다.

　승려들이 자율적으로 집단 행동을 하는 경우에도 당연히 그들 사이의
연결망이 중요했다. 불교계가 각종 정치적 변란이 있을 경우 참여하는
일이 적지 않았는데, 이때에 연결망이 작동했다. 예컨대 이자겸의 난이
일어났을 때 그의 아들 義莊이 다수의 승려를 동원했는데,60) 의장이 영
향력을 발휘하는 연결망이 작동했다고 할 수 있다. 무인정권 초 승려들
이 무인정권에 정면으로 도전했는데,61) 이때에도 이들 승려 사이의 연

56) 李智冠 譯註, 1996, 『歷代高僧碑文(高麗篇3)』, 伽山佛敎文化硏究院, 「金溝金山寺
　　慧德王師眞應塔碑文(1111년)」, 31쪽.
57) 李智冠 譯註, 1997, 『歷代高僧碑文(高麗篇4)』, 伽山佛敎文化硏究院, 「軍威麟角寺
　　普覺國尊靜照塔碑文(1295년)」, 194쪽.
58) 覺宏, 「高麗國王師大曹溪宗師禪敎都摠攝勤修本智重興祖風福國祐世普濟尊者謚禪
　　覺懶翁和尙行狀」『懶翁和尙語錄』(『韓國佛敎全書』 6冊, 703~709쪽).
59) 惠勤, 「懶翁和尙歌頌」(『韓國佛敎全書』 6冊, 730쪽).
60) 『高麗史』 권127, 列傳40 叛逆1 李資謙, 下冊, 763쪽 ; 『高麗史節要』 권9, 仁宗 4년
　　2월, 亞細亞文化社 影印本, 229쪽(이하 같음).
61) 『高麗史』 권128, 列傳41 叛逆2 李義方, 下冊, 781~782쪽 ; 『高麗史節要』 권12, 明
　　宗 4년 정월, 314쪽.

결망이 작동했다.

외침이 있을 경우에도 승려들이 적극 참여하는 수가 많았는데, 이때에도 연결망이 작동했다. 거란의 침입 시에 승려들이 참여한 것이나, 그리고 원의 침입에 맞서 항전한 경우 불교계의 연결망이 기능했을 것으로 사료된다.

국가에서 위급한 사정에 처해 있을 경우 승려들을 동원하는 수가 허다했다. 이 경우 승려 상호 간의 연결망이 일정한 기능을 했을 것이다. 명종 5년(1175) 민란이 일어났을 경우 승려를 모집하는 것이 거론되고 있고,[62] 고종 3년(1216) 丹賊의 침입이 있을 때 승려를 뽑아 병사로 삼은 일도 있다.[63] 그리고 우왕 3년(1377) 戰艦을 만들기 위해 승려를 모집하는 수도 있었고,[64] 우왕 14년 왜구에 대비하기 위해 승려를 징발하는 수도 있었다.[65] 그리고 공양왕 3년(1391) 京都의 內城을 축조하기 위해 승려를 징발하는 경우도 보인다.[66] 일차적으로 국가의 공적인 제도를 통해서 승려들이 동원되었겠지만, 불교계 연결망도 중요한 몫을 했을 것이다.

사원이나 승려의 경제 활동에서도 연결망이 기능했다. 나옹의 제자들이 서로 연결되어 함께 전국으로 흩어져 연화 활동을 전개한 예가 있다.[67] 이 경우에 나옹 제자 사이의 연결망이 전제되었다. 고리대의 운영에서도 승려 상호 간의 연결망이 작동했다. 萬全과 萬宗이 전개하는 대규모의 고리대에서 이를 확인할 수 있다. 최우의 얼자가 출가하여 만종·만전이라 이름했는데, 만종은 단속사에 거처했으며, 만전은 쌍봉사에 거처했다.

---

62) 『高麗史』 권81, 志35 兵1 五軍 明宗 5년, 中冊, 781쪽.
63) 『高麗史』 권81, 志35 兵1 五軍 高宗 3년 10월, 中冊, 782쪽.
64) 『高麗史』 권133, 列傳46 辛禑1 辛禑 3년 3월, 下冊, 876쪽.
65) 『高麗史』 권137, 列傳50 辛禑5 辛禑 14년 4월 丁未, 下冊, 951쪽.
66) 『高麗史』 권46, 世家46 恭讓王 3년 8월 庚辰, 上冊, 899쪽.
67) 李崇仁, 「驪興郡神勒寺大藏閣記」 『陶隱集』 권4(『韓國文集叢刊』 6冊, 587~588쪽).

이들은 모두 無賴惡僧을 모아 문도로 삼고 오직 殖貨을 업으로 삼았다.
문도들은 유명 사원을 나누어 점거하고서 세력과 위세를 떨치며 횡행했
다. 이들은 경상도의 축적한 미곡 50여만 碩을 백성에게 대여하고 이식
을 거두었는데, 벼가 겨우 익자마자 문도를 나누어 보내 심히 재촉하여
징수하니 백성이 가진 바를 모두 보내므로 조세가 자주 궐하게 되었
다.68) 전라도와 경상도 일대의 넓은 지역에서 고리대 활동이 가능할 수
있었던 것은 두 승려의 문도로 맺어진 연결망의 존재 때문이었다.

　동문수학한 승려는 상호 연결되어 위급한 사정이 발생했을 때 도움을
주었다. 文禪師가 보제사에 우거하고 있었는데, 오랑캐의 침입을 피해 강
화도로 도읍을 옮기자 보제사는 오랑캐의 소굴이 되었다. 이러한 황급한
사정이 있을 때 찾은 곳은 그의 門弟가 거주하는 운문사였다.69) 함께 수
행한 이들끼리 연결되어 활동하는 수도 있다. 寶幢庵의 경우 遺址만이 있
었는데 여러 道侶가 함께 수고를 아끼지 않고서 힘써 공사를 완료했다.70)

　고려사회가 당면하는 각종 어려움의 극복에도 이러한 불교계의 연결
망이 중요하게 기능했을 것은 물론이겠다. 흉년이나 재난이 있을 경우
불교계의 연결망을 통해 극복할 수 있었다. 위기의 순간에 통합을 위한
행사를 설행하는 것도 연결망을 활용함으로써였다. 긴급한 외침이 있을
경우, 엄청난 전염병이 발발했을 때, 불교계의 연결망이 작동함으로써
백성을 위무하고 민심을 수습할 수 있었다. 민란이 있을 경우 이것을 수
습하는 과정에 연결망이 작동했고, 민란이 일어나지 않도록 미연에 방지
하는 일에도 불교계의 연결망이 기여했다.

　고려시기 불교계의 연결망이 활발하게 기능함으로써 불교에 관한 소
식과 정보가 신속하게 전국으로 확산될 수 있었다. 전국 어디에 있든지

68)『高麗史』권129, 列傳42 叛逆3 崔忠獻附 怡, 下冊, 809쪽 ;『高麗史節要』권16, 高
　　宗 34년 6월, 429쪽.
69) 李奎報,「文禪師哀詞」『東國李相國集全集』권37(『韓國文集叢刊』2冊, 85쪽).
70) 李詹,「寶幢庵重創法華三昧懺疏」『雙梅堂篋藏集』권25(『韓國文集叢刊』6冊, 390쪽).

승려·사원이 높은 문화 수준을 유지할 수 있었던 것은 이러한 연결망 덕분이라고 하겠다. 연결망이 제대로 작동하지 않고, 그 연결망의 범위가 제한적이라면 불교 문화의 수준 유지에는 상당한 문제가 있을 수 있는 것이다.

불교계의 연결망은 세속 사회에 관한 각종 정보의 전국적인 흐름에도 크게 기여했다. 외침이 있을 경우 그 상황을 신속하게 전국적으로 알릴 수 있었다. 또한 승려들은 대부분 개경에서의 경험이 있는데, 그 내용을 전국적으로 확산시키는 데 불교계의 연결망이 중요하게 작동했다. 외방에서의 각종 정보도 이러한 연결망을 통해 개경에 전달될 수 있었고, 정책에 반영될 수 있었다.[71] 멀리 떨어진 지방에 살면서도 개경을 비롯한 곳곳의 소식을 접할 수 있는 것 역시 불교계 연결망 덕분이었다. 정보의 이동, 소식의 전파가 신속하고 광범위할 수 있었던 것은 바로 이러한 연결망이 기능하기 때문이었다.

4. 連結網의 동요와 축소

고려후기가 되면 불교계의 연결망도 여러 측면에서 변화를 겪었다. 연결망의 형성 계기와 참여한 승려의 규모에도 변화가 있었고, 연결망의 역할에도 문제가 있었다. 그리하여 고려적인 불교계 연결망이 전반적으로 동요했다.

일차적으로 연결망의 형성 계기에 문제가 커져 갔다. 승정 운영이 파행화하면서 자격이 없는 승려가 높은 지위에 오르는 일이 많았고, 특정

---

71) 한준수씨도 사원과 승려는 지리적 한계를 뛰어넘어 여러 분야에서 다양한 형태로 지방사회를 수렴하는 창구로서 중요한 역할을 했다고 보았다(한준수, 2016, 「나말려초 금석문에 나타난 불교사원과 승려의 교류와 소통」『한국중세사연구』 47).

승려 중심으로 승려가 지나치게 몰려듦으로써 연결망 구성이 변화했다. 연결망의 중요 결절점인 승려에 문제가 생기는 것이었다.

주지 제도는 고려후기가 되면서 매우 파행적으로 운영되었다.[72] 뇌물에 의해, 사사로운 관계에 의해 주지가 임용되는 일이 빈번해졌다. 충렬왕 7년(1281) 승려 200여 명에게 승계를 내리는 조치가 있었다.[73] 주로 승계와 관련된 조치로 보이지만 주지 임명과 무관할 수는 없을 것이다. 같은 해 6월에 국왕이 경주에 행차했을 때, 자격이 없는 하급 승려들이 뇌물을 써서 승계를 받아 羅禪師·綾首座로 불렸다.[74] 승계를 받으면 주지로 임명될 수 있기에, 주지직의 혼란으로 이어질 소지가 컸다. 충렬왕 24년 충선왕이 즉위하여 내린 교서에서 사원의 주지가 뇌물에 의해 임명되고 있다는 지적이 있다.[75] 창왕 즉위년(1388) 12월 趙仁沃이 상소한 내용 중에, "근래에 승도들이 권세가에 뇌물을 써서 巨利을 希求한다." 고 함도[76] 비슷한 지적이었다.

주지 임용제의 원칙이 동요하고 있음은 '府'의 설치를 통해서도 확인된다. 주지 임명은 국가가 관장하는 것이어서 특정 승려가 자의적으로 처리할 수 있는 것이 아니었다. 그런데 특정 승려에게 부를 설치해 승정을 일임함이 보이는데, 그것은 특정 승려에 대한 예우일지 몰라도 국가에서 직접 운영하던 승정을 포기하는 의미를 갖는다. 이러한 조치로 인해 특정 승려 중심으로 승려들이 과도하게 모여드는 것이다. 특정 승려 중심으로 연결망이 비대화되는 것이며, 이는 곧 결절점의 비대화라고 하겠다. 종단 중심으로, 고승 중심으로, 주지 중심으로 여러 차원의 연결망

---

72) 주지제의 운영 및 주지직 사양에 관한 기술은 李炳熙, 2008,「高麗時期 住持制 運營과 寺院經濟」『史學研究』90(同, 2009, 앞의 책 재수록)을 참고했다.
73)『高麗史』권29, 世家29 忠烈王 7년 2월 癸未, 上冊, 603쪽.
74)『高麗史』권29, 世家29 忠烈王 7년 6월 癸未, 上冊, 604쪽.
75)『高麗史』권84, 志38 刑法1 職制 忠烈王 24년 정월, 中冊, 843쪽.
76)『高麗史節要』권33, 辛昌 즉위년 12월, 842쪽.

이 공존하던 것이 무너져감을 뜻한다.

승려에게 부를 설치한 것은 자정국존과 普愚, 千熙에서 확인된다. 법상종 승려인 자정국존을 위해, 충숙왕 2년(1315) 懺悔府를 설치해 별도로 銀印을 주조해 승정을 관장하게 했다.[77] 승계의 제수는 물론 주지 임명을 그가 주관한 것으로 보인다.

공민왕 5년(1356) 왕이 보우를 왕사로 임명하고서 광명사에 圓融府를 설치했는데,[78] 이 원융부에서도 승정을 전담한 것으로 보인다. 이 무렵 국왕이 말하기를, "지금부터 禪敎 宗門의 寺社 주지는 보우의 注擬를 듣되 과인은 다만 除目을 내릴 뿐이다."고 하니, 승려들이 다투어 보우의 문도가 되어 그 수를 헤아릴 수 없었다.[79] 선교 종문 사원의 주지 임명권을 보우에게 일임하고 있는 것이다. 보우는 원융부를 통해 주지를 임명했을 것이다. 보우가 주지 임명권을 관장하자 승려들이 다투어 문도가되는 것이다. 이들과의 사이에 형성된 연결망은 이전의 연결망과는 상당한 차이가 있었다.

眞覺國師 천희에게도 부를 설치해 주고 있음이 보인다. 공민왕 16년 왕이 천희를 맞이해 국사로 봉하고서 부를 설치하고 요속을 두었으며 印章과 法服을 사여했다.[80] 역시 주지 임명을 비롯한 승정 운영을 일임한 것으로 보인다. 無畏國統 丁午가 共議事를 주관하는 것도[81] 국가에서 주지제 운영을 제대로 하지 못함을 의미하는 것이다.

---

77) 李智冠 譯註, 1997, 『歷代高僧碑文(高麗篇4)』, 伽山佛敎文化硏究院, 「報恩法住寺 慈淨國尊普明塔碑文(1342년)」, 326쪽.

78) 『高麗史』 권39, 世家39 恭愍王 5년 4월 癸酉, 上冊, 770쪽.

79) 『高麗史』 권39, 世家39 恭愍王 5년 5월 乙酉, 上冊, 770쪽.

80) 李智冠 譯註, 1997, 『歷代高僧碑文(高麗篇4)』, 伽山佛敎文化硏究院, 「水原彰聖寺 眞覺國師大覺圓照塔碑文(1386년)」, 490쪽 ; 최연식, 2013, 「眞覺國師 千熙의 生涯 와 思想」『文化史學』 39 ; 김상현, 2013, 「眞覺國師 千熙의 佛敎史的 位相」『文化 史學』 39.

81) 許興植, 2004, 『고려의 문화전통과 사회사상』, 집문당, 192쪽 ; 姜好鮮, 2014, 「無 畏國統 丁午와 원간섭기 백련결사의 전개」『震檀學報』 120.

특정 승려가 승정을 독단하게 되면서[82] 그의 문하에 많은 승려들이 몰려들어 이들 사이에 연결망이 형성되었는데, 이것은 승려의 학식이 전제된 연결망과 차이가 있었다. 연결망에 참여한 승려에 문제가 큰 것이며, 이렇게 형성된 연결망도 이해관계에 따라 작동할 소지가 매우 커졌다. 반면에 학덕을 겸비한 승려가 이러한 연결망에서 이탈하는 일이 발생했다. 주지가 되는 것을 극구 사양하는 승려가 다수 출현하는 것은 연결망에서 중심축을 형성하는 승려가 변하는 것을 뜻한다.

주지직을 사양하는 일은 13세기 이후 자주 보인다. 眞覺國師 慧諶이 단속사를 주지하도록 명이 있자 여러 번 사양했으나 윤허받지 못하다가 다음해 부임한 일이 있었다.[83] 眞明國師 混元도 주지를 원치 않았지만 선원사의 主盟으로 불려갔으며 여러 번 환산하기를 청했지만, 국왕이 불허했다.[84]

無畏國統의 경우 본래 주지가 되지 않기로 맹세했는데 마지못해 주지를 맡는다고 했다.[85] 幻菴은 공민왕이 재차 큰 사원의 주지가 되기를 청했으나, 모두 사양했으며, 비록 강제로 핍박하여 주지를 맡도록 했지만 오래지 않아 버리고 떠나갔다.[86] 華嚴宗師 友雲은 강제로 부인사 주지를 시켰지만 1년만에 심히 물러나기를 청했다.[87] 大智國師 粲英은 주지가 되는 것은 자신의 뜻이 아니라면서 小雪山에 들어가 버렸다.[88]

---

82) 원 간섭기 僧政이 불공정하게 운영되고 있음은 朴胤珍씨도 지적하고 있다(朴胤珍, 2015, 「고려시대 불교 정책의 성격」, 『東國史學』 59, 동국역사문화연구소).

83) 李智冠 譯註, 1997, 『歷代高僧碑文(高麗篇4)』, 伽山佛敎文化硏究院, 「昇州月南寺 眞覺國師圓炤塔碑文(1250년)」, 122쪽.

84) 金坵, 「臥龍山慈雲寺王師贈諡眞明國師碑銘幷序」 『止浦集』 권3(『韓國文集叢刊』 2冊, 363~365쪽).

85) 朴全之, 「靈鳳山龍嚴寺重創記」 『東文選』 권68(民族文化推進會 影印本 2冊, 444쪽).

86) 李穡, 「幻菴記」 『牧隱文藁』 권4(『韓國文集叢刊』 5冊, 33쪽).

87) 鄭道傳, 「送華嚴宗師友雲詩序」 『三峯集』 권3(『韓國文集叢刊』 5冊, 342쪽).

88) 李智冠 譯註, 1999, 『歷代高僧碑文(朝鮮篇1)』, 伽山佛敎文化硏究院, 「忠州億政寺 大智國師智鑑圓明塔碑文(1393년)」, 3쪽.

전체적으로 볼 때 연결망에서 벗어나는 뛰어난 승려가 많아짐으로써 연결망 중심에 자리한 승려는 일정한 편협성을 갖게 되었다. 포함된 부류의 승려 가운데는 자질에 문제가 있는 수가 적지 않았으며, 특정 승려 중심으로 과도하게 비대한 연결망이 형성되기도 했다. 연결망의 형성에서 학문이나 교학의 수준이 중요하게 작용하던 것에서 권력을 전제로 한 연결망으로 변화했다. 권력을 좇아 문도가 새로 늘어가는 일도 많아지면서 권력의 향배가 연결망의 형성에 중요한 기제로 작동했다. 이러한 연결망을 통해 이동하는 정보의 질과 내용, 그리고 그 연결망을 통해 동원되는 인력과 재력이 상당히 편협해지고 불합리하게 됨은 필지의 추세라 하겠다.

이러한 사정 하에 있으면, 연결망의 기능에서 교학 전수가 축소되는 것은 당연한 일이겠다. 그리고 불교 교학이 균형있게 확산되고, 다양하게 발전하는 것이 저해되는 것이다. 교학과 참선의 지도를 매개로 형성된 연결망이 아니기에, 그러한 연결망을 통해 교학의 전수나 확산이 이루어지는 것은 어려운 일이었을 것이다. 대신에 인맥을 형성하고 권력에의 접근을 용이하게 해 줌으로써 출세에서 중요한 역할을 담당했을 것이다.

국가가 제공하는 연결망 형성의 기회 축소도 불교계 연결망의 위축에 일조했다. 불교계 연결망 형성에 국가는 승과를 실시하고 주지를 임명하며, 각종 불교 행사를 설행함으로써 기여했다. 고려후기에 오면 국가의 기여·관여가 크게 감소하는데, 이것은 불교계 연결망을 축소시키는 중요한 요인이었다. 반승 규모의 축소가 이를 잘 나타낸다.[89] 승려 스스로 연결망을 형성하는 것이 그만큼 중요해졌다고 할 수 있다.

사원 특히 원이 갖는 허브 기능의 축소도 불교계 연결망 변동에 큰 영향을 미쳤다. 원은 고려후기에 가면서 건물의 수명으로 인해, 또 민란이나 외침으로 말미암아 퇴락·소실되는 수가 속출했다. 이 원의 중수에

---

89) 李載昌, 1963, 앞의 논문 ; 李相瑄, 1988, 앞의 논문.

는 국가·불교계가 참여했지만, 속인의 참여가 두드러진 점에 그 특징이
있었다. 이것은 원과 불교계의 긴밀한 유대가 느슨해지는 것을 의미하는
것으로 사료된다.

조선은 개창하자마자 원에 깊은 관심을 가졌다. 국가는 원을 관장함
으로써 이곳을 통해 민의 이동을 파악하고, 상인 세력과 유통망을 장악
하며, 나아가 정보를 확보하고자 했다. 기존의 퇴락한 원들을 국가 주도
하에 새로이 중수·중창했으며, 지방관으로 하여금 필요한 지점에 새로
이 원을 조성하도록 했다. 院主도 승려를 점차 배제시키고 속인으로 임
명했으며, 이에 따라 원과 불교계의 깊은 유대는 약화 내지 소멸하여 갔
다.『신증동국여지승람』에 1,300여 개의 원이 '驛院'조에 驛과 함께 기
재되어 있는데, 이는 원이 국가가 관장하는 것으로 변했음을 알려준
다.90) 원을 매개로 한 불교계의 연결망이 의미를 잃게 되었음을 뜻한다.

연결망의 신속성, 기민함을 담보해주는 것이 말이었다. 그런데 고려후
기에 가면 승려·사원과 말의 밀접한 유대는 점차 약화되어 갔다. 또한
역제의 동요를 배경으로 역에 대한 통제가 강화되었기에, 승려의 역마
이용은 그만큼 어려워 갔다. 대내외 관계에서 많은 수의 말이 필요하자
국가가 승려·사원에게서 말을 대대적으로 징발했다. 공민왕 3년·8년·10
년 그리고 우왕 원년에 걸쳐 징발하고 있는데,91) 이 조치의 결과 상당한
수의 말을 상실하여, 승려가 이용할 수 있는 말은 격감했다. 조선초에도
승려가 말 타고 다니는 것이 거론되고 있으나 주로 주지 승려에 한정되
고 있어 일반 승려의 승마는 드물어 갔다.92) 승려와 말의 밀접한 유대는
이처럼 고려후기 이래 약화되어 가는 모습을 보였다. 그만큼 불교계 연

90) 李炳熙, 1998, 앞의 논문.
91)『高麗史』권38, 世家38 恭愍王 3년 6월 辛亥, 上冊, 765쪽 ;『高麗史』권82, 志36
    兵2 馬政 恭愍王 8년 12월, 中冊, 807쪽 ;『高麗史節要』권27, 恭愍王 10년 10월,
    694쪽 ;『高麗史』권82, 志36 兵2 馬政 辛禑 원년 9월, 中冊, 809쪽.
92) 李炳熙, 1999, 앞의 논문.

결망의 신속함과 기동성이 떨어져 감을 뜻하는 것이다.

　조선초 여러 측면에서 억불책이 추진되면서 불교계가 크게 위축되었다. 출가에 대한 통제의 강화, 사원전의 몰수와 사원전 지급 대상 사원의 축소, 사원노비의 전면적 몰수 등과 같은 일련의 조치는 불교계의 위축을 가져오는 것이다. 나아가 이는 불교계 연결망의 축소를 의미하는 것이며, 나아가 불교계 연결망이 포괄하는 영역의 감소를 뜻하는 것이다.

　조선초 行狀 발급의 논의와 그의 시행도 승려의 이동성에 상당한 타격을 줄 수 있는 것이었다. 기본적으로 승려들은 곳곳을 이동하는 경향이 있는데, 통행 허가증인 행장을 소지하도록 하는 것은, 승려의 자유로운 이동을 제한하는 것이었다. 행장은 본래 상인의 통행에 제한을 가하고 상세를 징수하기 위해 발급하는 것인데, 이것을 승려에게 소지하도록 하는 것은 승려의 이동을 크게 억제하는 것이다. 승려의 활동, 승려 상호간의 연결에 심대한 타격을 줄 수 있는 것이다.

　세종 3년(1421) 7월에 승려들의 이동을 제한하라는 상소가 있었다. 억불책의 일환으로 승려의 이동을 제한하기 위해 행장을 발급하고 소지하지 않은 승려는 처벌토록 하자는 것이었다.[93] 국왕은 윤허하지 않았지만, 승려의 이동에 대해 적극적인 제한을 가하려는 당시 정부의 분위기를 읽을 수 있다.

　세종 13년 7월에 병조에서 충청도 감사의 관문에 의거하여 아뢴 내용에서도 그것을 볼 수 있다. 곧 승려들이 본래 한 곳에서 자리 잡고 살지 않으며, 다소의 부역이 있으면 곧 도피하고, 또 매년 7월 보름 후에는 移山한다 일컫고 지고 메고 옮겨 다니는 것이 길에 이어졌다고 했다. 그리고 세 別窯의 부역이 있은 뒤로부터는 승려들이 다 흩어져 떠나갔으므로, 부역이 장차 백성에게 미칠 것으로 걱정했다. 행장을 발급해 이동

---

93) 『世宗實錄』 권12, 世宗 3년 7월 壬戌(2일), 國史編纂委員會 影印本 2冊, 441쪽.

을 제한하고 승려를 부역에 동원하자고 했다. 이것은 수용되어 실시되었
다.94) 승려가 행장을 소지하도록 한 것은 승려의 이동성을 약화시키고,
승려 상호 간의 연결망을 크게 위축시키는 결과를 가져오는 것이었다.
특정한 사유가 있어 행장을 발급하고 지참토록 하는 것이었지만 승려의
활발한 이동을 문제로 삼는 데서 나오는 조치였다.

불교계 연결망 변동과 동요는 승려의 비문 음기 기재 내용에 상징적
으로 표현되어 있다. 고려후기에 가면 승려의 비 음기에 승려만이 아니
라 속인이 다수 기재되는 방식으로 변하고 있다.

고려전기 고승의 비 음기에는 대체로 門弟子의 이름만이 나열되고 있
다. 그것은 스승과 제자의 결합이 강하고 승려 내부, 불교계 내부의 결속
이 공고했음을 의미하는 것으로 보인다. 예컨대 인종 3년(1125)·인종 10
년에 각각 세워진 대각국사의 두 비 음기에 승려들의 명단만이 보이
며,95) 의종 원년(1147)에 세워진 원응국사 학일의 비 음기에도 승려들의
명단만이 보인다.96) 명종 10년(1180)에 세워진 원각국사 덕소의 비 음기
에도 역시 승려들의 이름만 전한다.97) 물론 일부의 비에는 약간의 세속
인의 이름이 보이는 수도 있지만, 그러한 예는 흔치 않다. 그러나 후기
내지 말기에 가면 속인이 강조되고 있음을 볼 수 있다. 고종 37년(1250)
에 세워진 혜심 비의 음기에는 승려와 아울러 다수의 속인이 기록되어
있다.98) 이러한 기재 방식은 이후 승려의 비문에 일관되어 나타나고 있

---

94) 『世宗實錄』 권53, 世宗 13년 7월 癸未(21일), 3冊, 332쪽.
95) 李智冠 譯註, 1996, 『歷代高僧碑文(高麗3)』, 伽山佛敎文化硏究院, 「開城靈通寺
大覺國師碑文(1125년)」, 131~134쪽 ; 李智冠 譯註, 1996, 『歷代高僧碑文(高麗篇3)』,
伽山佛敎文化硏究院, 「仁同儷鳳寺大覺國師碑文(1132년)」, 186~188쪽.
96) 李智冠 譯註, 1996, 『歷代高僧碑文(高麗篇3)』, 伽山佛敎文化硏究院, 「淸道雲門寺
圓應國師碑文(1147년)」, 268~271쪽.
97) 李智冠 譯註, 1996, 『歷代高僧碑文(高麗篇3)』, 伽山佛敎文化硏究院, 「永同寧國寺
圓覺國師碑文(1180년)」, 457쪽.
98) 李智冠 譯註, 1997, 『歷代高僧碑文(高麗篇4)』, 伽山佛敎文化硏究院, 「昇州月南寺
眞覺國師圓炤塔碑文(1250년)」, 124~133쪽.

다. 충렬왕 21년(1295)에 세워진 보각국존 일연의 비에도,99) 우왕 5년
(1379)에 세워진 普濟尊者 舍利石鐘碑에도,100) 그 무렵에 세워진 안심사
의 指空 懶翁 舍利石鐘碑에도,101) 태고사 圓證國師碑에도,102) 사나사 원
증국사 사리석종비에도,103) 창성사 진각국사 천희의 비에도104) 모두 다수
의 속인이 기재되어 있다. 고려말 신륵사의 사리석종과 대장각 조영에도 다
수의 속인이 단월로 참여하고 있다.105) 이것은 세속인의 관여가 확대되어
감을 뜻하는 것이어서 불교계 내부의 연결망에 문제가 있음을 의미한다.

5. 結語

고려시기 불교계의 연결망은 다각도에서 심층적으로 검토할 필요가
있는 주제이나 본고에서는 그것의 형성과 운영, 변동을 소략하게 시론적
으로 검토해 보았다. 당시 속인들은 이동이 많지 않고, 활동의 공간도
매우 제한된 것이어서 연결망도 극히 한정되었다고 할 수 있다. 이에 반

---

99) 李智冠 譯註, 1997, 『歷代高僧碑文(高麗篇4)』, 伽山佛敎文化硏究院, 「軍威麟角寺
    普覺國尊靜照塔碑文(1295년)」, 199~201쪽.
100) 李智冠 譯註, 1997, 『歷代高僧碑文(高麗篇4)』, 伽山佛敎文化硏究院, 「驪州神勒寺
    普濟禪師舍利石鐘碑文(1379년)」, 375~381쪽.
101) 李智冠 譯註, 1997, 『歷代高僧碑文(高麗篇4)』, 伽山佛敎文化硏究院, 「寧邊安心寺
    指空懶翁舍利石鐘碑文(1384년)」, 408~416쪽.
102) 李智冠 譯註, 1997, 『歷代高僧碑文(高麗篇4)』, 伽山佛敎文化硏究院, 「楊州太古寺
    圓證國師塔碑文(1385년)」, 453~456쪽.
103) 李智冠 譯註, 1997, 『歷代高僧碑文(高麗篇4)』, 伽山佛敎文化硏究院, 「楊根舍那寺
    圓證國師舍利石鐘碑文(1386년)」, 476~478쪽.
104) 李智冠 譯註, 1997, 『歷代高僧碑文(高麗篇4)』, 伽山佛敎文化硏究院, 「水原彰聖寺
    眞覺國師大覺圓照塔碑文(1386년)」, 491~493쪽.
105) 김인호, 2019, 「고려말 불교계의 단월과 사회적 연결망 연구」 『學林』 44, 연세사
    학연구회.

해 불교계의 연결망은 다수를 포함하며 전국을 포괄하면서, 고려 전체 사회가 활발하게 소통하는 데 크게 기여했다.

불교계의 연결망은 승려로 편입되는 데서 형성되기 시작한다. 머리를 깎고, 구족계를 받고, 가르침을 받으며, 승과에 합격하는 과정을 통해서 많은 승려와 연결되었고, 주지직을 역임함으로써 다수의 승려를 만날 수 있었으며, 고승으로 저명해질 경우에도 다수의 승려를 연결할 수 있었다. 승려의 입적을 계기로 해서도 연결망이 형성되고, 기존의 연결망이 확대할 수 있었다. 경향 각지에서 활발하게 설행되는 각종 불교 행사에 참여함으로써 다수의 승려를 만나고 이를 통해서도 연결망이 형성되고 확대될 수 있었다. 사원이라는 공간을 매개로 해서도, 결사를 함께 함으로써도 연결망을 형성했다. 특히 원으로 표현되는 사원은 연결망의 형성과 작동에서 매우 중요한 위치를 차지했다. 불교계가 연결하는 연결망은 전국적이었다. 주지를 역임한 사원이 여러 곳에 걸쳐 있었고, 門弟子들이 전국 곳곳의 사원의 주지를 역임하기 때문이다. 연결망을 형성하는 승려의 규모는 엄청나서 수 백에서 천을 상회하는 수가 허다했다. 불교계가 말을 확보하고 있어 연결망의 신속함과 기동성이 탁월했다. 본말사로 연결되는 연결망은 발달하지 않았고, 대신 종파로 연결되는 연결망은 매우 중요했다. 국가가 제공하는 여러 기회가 연결망을 형성하는 데 매우 중요했다. 연결망에서 허브의 구실을 하는 것은 고승·주지, 사원, 행사, 개경이었다고 할 수 있겠다.

불교계가 관장하는 연결망을 통해 각종 정보가 이동했으며, 각종 동원이 가능했다. 무엇보다도 불교 교학의 확산에 기여했다. 스승과 제자로 연결되는 연결망에 의해 스승의 가르침이 전국으로 확산될 수 있었다. 주지직을 사사로이 전하는 사원의 경우 제자 상호 간의 연결망이 작동하면서 이어갔다. 불교 행사의 소식을 듣고 다수가 일시에 참여할 수 있었던 것도 연결망의 덕분이었다. 스승의 불사를 돕는 제자가 많았는데, 이것도 스승과 제자의 연결망이 작용한 것으로 보인다. 동일 종문 사이에 인력을 제공하고 재력을 지원함으로써 불사를 성취하는 것도, 고승의 임종 시에 먼 곳에서 다수의 승려가 몰려올 수 있었던 것도 연결망의 덕분이었다. 무인정권에 저항하거나 외침에 맞서 항쟁하는 등 불교계가 집단을 이루어 행동하는 경우에도, 또 사원이 경제 활동을 전개하는 데에도 연결망이 활용되었다. 민란이나 흉년 등 각종 재난이 있을 경우, 그것을 미연에 방지하거나 그것을 수습하는 데에도 불교계의 연결망이 중요했다. 불교계의 연결망은 불교계 차원에서만 중요한 것이 아니라, 세속 사회의 정보 이동에도 크게 기여했다. 개경의 소식을 전국에 알리고, 외방의 사정을 개경에 전하는 데에도 중요한 몫을 했다. 말하자면 정보의 전국적 이동에 크게 기여했다고 하겠다.

고려후기가 되면 불교계의 연결망은 여러 측면에서 변동이 있었으며, 조선초가 되면 크게 축소당했다. 주지제가 파행으로 운영되고, 특정 승려가 승정을 전담하는 일이 빈번해지면서 다수의 승려가 몇몇 승려 중심으로 몰려들어 특정 승려 중심의 연결망이 비대화하는 양상을 띠었다. 주지직을 사양하는 승려가 많아지면서 연결망의 형성과 작동에서 고승이 탈락하는 일이 많아졌는데, 이는 교학의 수준을 유지하고 확산하는 데에 큰 문제를 야기하는 것이었다. 불교계 연결망 형성에 대한 국가의 기여가 축소되는 것도 불교계 연결망 약화의 한 계기였다. 불교계 연결망을 형성하고 유지하는 데 중요한 몫을 하던 원이 약화되며, 조선초 불교계와 단절됨으로써 불교계 연결망은 크게 위축되었다. 고려말 이래 사원·승려가 보유하던 말이 대거 징발됨으로써 불교계 연결망의 기동성이 크게 약화되었다. 조선초 전면적인 억불정책은 불교계의 엄청난 위축을 초래했으며, 그것은 바로 불교계 연결망의 현저한 축소를 가져오는 것이었다. 조선초 행장의 발급이 논의되고, 부분적으로 실시되었는데, 이것은 승려의 이동성을 크게 약화시키는 것이며, 불교계 연결망의 기능을 현저하게 축소시키는 것이었다. 승려 비문의 음기에서 종전에 승려만을 기재하던 데에서 다수의 속인을 함께 기록함을 볼 수 있는데, 이것은 곧 불교계에 대한 세속인의 관여가 높아감을 뜻하며, 불교계 자체의 연결망이 변질됨을 상징하는 것이다.

불교계의 연결망은 고려사회에서 전국의 불교 문화 수준을 유지하고, 전체 사회에서 정보가 활발하게 이동하는 데 중요한 몫을 했다. 촌락이 격절성을 띠고 발달하던 당시에, 불교계의 연결망은 상호 소통·교류하는 데에 매우 중요한 기여를 했다. 고려사회에서 전국의 소식과 문물을 중앙으로 집결시키고 또 중앙의 그것을 전국으로 확산시키는 역할을 불교계가 상당 부분 수행했다. 불교계는 이러한 연결망을 관장함으로써 고려사회 전체에 대한 영향력을 크게 행사할 수 있었고, 사회에 세력을 떨칠 수 있었으며, 지배층의 지위를 누릴 수 있었다. 조선시기에는 불교계의 연결망을 약화시키고 국가권력과 세속 사회가 연결망을 장악하는 방향으로 진행되었다.

제2장 高麗時期 寺院에서의 敎學 活動

1. 序言

고려시기 사원은 여러 가지 중요한 기능을 담당했다.[1] 종교 활동의 장소로서 역할하는 것이 일차적이었으며, 이동하는 이들을 위한 편의시설을 제공하는 교통상의 기능도 중요했다.[2] 예능이나 문화 활동의 공간으로서 갖는 의미도 상당했다. 이와 아울러 학문 활동의 중요한 장소였음도 간과할 수 없는 사항이었다.

사원에서 이루어지는 학문 활동에는 불교 교리에 대한 정리와 해석, 연구를 비롯하여 그 성과를 저술하고 판각하는 일도 포함된다. 그리고 소속 승려에 대한 교학의 전수, 참선의 지도 등 교학 활동도 학문 활동에 포함된다. 활발한 교학 활동의 결과 승려들의 전체 학문 수준이 높았으며, 속인에 대해 큰 영향력을 행사할 수 있었다. 사원에서의 전개된 교학 활동은 전체 사회의 談論 형성에서 매우 중요한 위치를 차지했다.

불교의 학문은 세속의 학문처럼 가르침만을 통해 성취되는 것이 아니라 自得의 과정이 매우 중요하고, 깨달음·득도·成佛을 공부의 목표로 했다.[3] 이것은 논리의 영역을 벗어난 측면이 있어, 세속의 학문과 크게

---

1) 韓基汶, 1998, 『高麗寺院의 構造와 機能』, 民族社 참조.
2) 이병희, 1998, 「高麗時期 院의 造成과 機能」 『靑藍史學』 2, 한국교원대 청람사학회(同, 2009, 『高麗時期寺院經濟研究』, 景仁文化社 재수록) ; 김병인, 1999, 「高麗時代 寺院의 交通機能」 『全南史學』 13 ; 김병인, 2010, 「고려시대 行旅와 遊覽의 소통 공간으로서 사원」 『역사와 경계』 74.
3) 김광민, 1998, 『지눌의 교육이론』, 교육과학사 ; 오국진, 2011, 「高麗時期 僧侶의 깨달음 방법」 『靑藍史學』 19.

구분되었다.

세속인은 사원에서 축적된 학문 성과를 승려와의 만남을 통해 접할 수 있었다. 승려는 각종 법회나 행사를 통해 세속인과 부단히 접촉했다. 이것을 계기로 해서 불교의 학문이 속인에게 전달될 수 있었으며, 사회에 큰 영향을 끼칠 수 있었다. 이 때문에 세속 사회 운영에서 불교 이념이 중요한 자리를 차지할 수 있었다. 또한 사원은 세속인의 修學 과정에서도 중요했다. 세속인이 사원에 와서 공부하는 일은 흔했고, 과거시험 준비를 하는 경우가 적지 않았으며, 私學의 학생들이 일시적으로 여름철에 공부를 한 예도 있었다.4) 이 글에서는 사원에서 전개된 교학 활동을 승려의 수학 과정, 승려에 대한 교학 전수와 참선 지도를 중심으로 살피고자 한다.5)

2. 受學과 修行

세속 세계에서 벗어난 출가자는 여러 방법으로 배움을 모색한다. 고승에게서 지도를 받기도 하고, 홀로 떠돌면서 진리를 갈구하기도 하고, 독방에서 참선에 몰입하기도 한다. 이러한 과정을 거쳐 학문적 성취를 이룩한다. 승려의 학문적 성취는 당연히 사원이란 공간을 중심으로 이루어진다.

불교의 학문은 유학의 학문과 여러 가지 점에서 구분된다. 유학을 공

---

4) 황인규, 2011, 「독서당과 사찰의 독서문화」『고려시대 불교계와 불교문화』, 국학자료원.
5) 고려시기 사원에서 전개된 교학 활동에 대해서는 지금까지 거의 연구가 이루어지지 않았다. 이 글은 교학 활동의 기초적인 사실을 확인하는 데 중점을 두며, 종파별 교학 활동의 차이, 시기별 교학 활동의 변화 양상 등은 향후의 과제로 미룬다.

부하는 것은 기본 경전을 이해하고 그 바탕 위에서 현실의 여러 문제를 진단하고 처리해 가는 능력을 함양하는 것을 뜻한다. 이에 비해 불교 학문은 기본적으로 경전에 의거하지만 경전을 벗어난 깨달음을 중시하며, 공부의 목표 또한 경세적인 주장을 펼치는 데 있지 않고 종교적 가르침을 내면화하는 것, 곧 득도에 두어져 있다. 득도는 세속의 언어를 벗어난 영역이기에 세속의 잣대로 논의하는 것이 용이한 일은 아니다.6)

승려로 출가하는 경우, 속인으로서의 삶을 버리는 것이기에 그만큼 절실한 이유가 있었다. 승려의 삶이나 학문이 세속인의 그것과 크게 구분되는 것은 이 때문이다. 중생을 교화하려는 포부를 펼치고자 출가하는 경우가 보인다.7) 법인국사 탄문은 마음을 닦고 불법을 배우고자 결심하여 출가했다.8) 출가하는 사람은 해탈하는 것을 목표로 할 뿐이며, 높은 명예나 후한 이익을 바라는 것이 아니라고 했다.9) 출가는 결국 성불, 해탈과 중생교화를 목적으로 한 것임을 알게 해 준다.

나옹혜근은 20살 때 이웃에 사는 친한 벗이 사망하므로, 슬픔에 잠겨 어른들에게 묻기를 "사람이 죽으면 어디로 갑니까."하니, 모두 "어느 곳으로 가는지 알 수 없다."라고 했다. 이 말을 듣고 가슴이 답답하고 슬픔이 더하여서, 그 길로 대승사의 요연선사에게 몸을 던져 삭발했다. 그는 출가의 목적을 삼계(欲界·色界·無色界)를 초월하여 생사를 해탈하고, 중생을 이익되게 하고자 함이라고 했다.10) 죽음을 목도하고 출가하는 것은

---

6) 우룡, 2004,『불교의 수행법과 나의 체험』, 효림 ; 김현, 2005,『불교수행요론』, 바나리 ; 김방룡, 2009,『불교수행법』, 민족사.

7) 李智冠 譯註, 1995,『歷代高僧碑文(高麗篇2)』, 伽山佛教文化研究院,「驪州高達院元宗大師惠眞塔碑文(975년)」, 19쪽.

8) 李智冠 譯註, 1995,『歷代高僧碑文(高麗篇2)』, 伽山佛教文化研究院,「海美普願寺法印國師寶乘塔碑文(978년)」, 75쪽.

9) 權適,「智異山水精社記」『東文選』 권64(民族文化推進會 影印本 2冊, 403~405쪽).

10) 李智冠 譯註, 1997,『歷代高僧碑文(高麗篇4)』, 伽山佛教文化研究院,「楊州檜巖寺禪覺王師碑文(1377년)」, 350쪽 ; 廉仲燮, 2015,「懶翁 出家의 문제의식과 그 해법」『震檀學報』123. 비슷하게 보각국사 혼수는 건강했던 이웃 사람이 갑자기 죽었다

그 후 승려로서 공부하는 자세와 태도가 속인과 다른 것임을 암시한다.

출가의 동기는 이처럼 각별했다. 그렇기 때문에 불교 학문의 성격도 세속의 학문과 크게 다를 수밖에 없었다. 불교의 가르침은 지식으로 아는 것이 아니요, 오직 마음에 있을 뿐이라는 인식은11) 불교 학문의 특징을 집약해 보이는 것이다. 그렇기에 세속의 유학 공부와는 다른 내용을 공부하고, 다른 방식으로 학문을 하는 것이다. 공부하는 중요 공간은 당연히 사원이었다.

승려들은 출가한 직후 불교 교리에 대한 기본 소양을 쌓았다.12) 교종 승려의 경우, 출가한 직후에는 경전을 공부하는 것이 보통이었다. 경전을 통해 일정한 수준의 학문 소양을 쌓았다. 적연국사 영준은 定安縣 天關寺에서『화엄경』을 공부했고,13) 혜소국사 정현은 출가한 뒤 법상종의 宗旨를 구해 부지런히 정진했으며,14) 혜덕왕사 소현은 출가한 처음부터『금광명경』과 유식론을 배웠다.15) 그리고 대각국사 의천은 경덕국사 난

는 소식을 듣고 悲感에 잠겨 입산할 뜻을 굳혔다(李智冠 譯註, 1999,『歷代高僧碑文(朝鮮篇1)』, 伽山佛敎文化硏究院, 「忠州靑龍寺普覺國師幻庵定慧圓融塔碑文(1394년)」, 31쪽). 특이하게도 대지국사 찬영은 14살 때 서울로 유람차 왔다가 삼각산의 세 봉우리가 우뚝 서서 超然함을 바라보고, 出家하기로 결심했다(李智冠 譯註, 1999,『歷代高僧碑文(朝鮮篇1)』, 伽山佛敎文化硏究院, 「忠州億政寺大智國師智鑑圓明塔碑文(1393년)」, 2쪽).

11) 李智冠 譯註, 1995,『歷代高僧碑文(高麗篇2)』, 伽山佛敎文化硏究院, 「驪州高達院元宗大師惠眞塔碑文(975년)」, 19쪽.

12) 고려시기 비문을 남긴 고승의 경우 출가한 나이는 평균 11.8세였으며, 대부분 10대 초반이었다. 출가한 뒤 사미계를 받고, 일정한 수행 과정을 거친 다음에 구족계를 받음으로써 정식 승려가 되었다. 구족계를 받기 전후한 때에 불교 교리에 대해 집중적으로 수학했다(오국진, 2011, 앞의 논문).

13) 李智冠 譯註, 1995,『歷代高僧碑文(高麗篇2)』, 伽山佛敎文化硏究院, 「陜川靈巖寺寂然國師慈光塔碑文(1023년)」, 187~188쪽.

14) 李智冠 譯註, 1995,『歷代高僧碑文(高麗篇2)』, 伽山佛敎文化硏究院, 「竹山七長寺慧炤國師碑文(1060년)」, 301쪽 ; 남동신, 2011, 「安城 七長寺慧炤國師碑銘」『한국중세사연구』30.

15) 李智冠 譯註, 1996,『歷代高僧碑文(高麗篇3)』, 伽山佛敎文化硏究院, 「金溝金山寺

원을 恩師로 하여 출가한 뒤 그에게서 『화엄경』을 수학했다.[16] 원각국
사 덕소는 손에 항상 책을 놓지 않고 불도를 구했다.[17] 교종 승려들은
출가한 직후에 이처럼 사원에서 경전을 공부했다.

원명국사 징엄은 공부하는 것을 잠시도 멈추지 않아 화엄의 큰 뜻에
통달했다.[18] 법상종 승려 자정국존 미수는 경론을 수학했고,[19] 화엄종
사 우운은 어려서 화엄종에 투신하여 머리를 깎고서 현수대사의 敎觀을
배웠으며,[20] 승려 경원은 출가하고서 『화엄경』을 수업받았다.[21] 법상종
이나 화엄종 계통 승려들은 출가한 직후 사원에서 소속 종파의 기본 경
전을 수학했다.

선종 승려도 출가한 직후에는 선종에 대한 기본 소양을 익혔다. 대감
국사 탄연은 광명사로 나아가 혜소국사에 의지하여 부지런히 불법을 배
워서 마침내 心要를 전해 받았다.[22] 스승으로부터 선종에 대한 가르침
을 받았음을 뜻하는 것이다. 묘응대선사 교웅은 구족계를 받은 뒤 스승
의 禪法을 배웠다.[23] 각진국사 복구는 원오국사와 대선사 도영을 따르
면서 쉬지 않고 부지런히 선을 배웠다.[24]

慧德王師眞應塔碑文(1111년)」, 23쪽.

16) 李智冠 譯註, 1996, 『歷代高僧碑文(高麗篇3)』, 伽山佛敎文化硏究院, 「開城靈通寺
大覺國師碑文(1125년)」, 118쪽.

17) 李智冠 譯註, 1996, 『歷代高僧碑文(高麗篇3)』, 伽山佛敎文化硏究院, 「永同寧國寺
圓覺國師碑文(1180년)」, 451쪽.

18) 金龍善 編著, 2012, 『高麗墓誌銘集成』, 翰林大 出版部, 「王澄儼墓誌銘(1141년)」,
73~74쪽.

19) 李智冠 譯註, 1997, 『歷代高僧碑文(高麗篇4)』, 伽山佛敎文化硏究院, 「報恩法住寺
慈淨國尊普明塔碑文(1342년)」, 325쪽.

20) 鄭道傳, 「送華嚴宗師友雲詩序」, 『三峰集』 권3(『韓國文集叢刊』 6冊, 342쪽).

21) 李穡, 「贈元上人序」, 『牧隱文藁』 권8(『韓國文集叢刊』 5冊, 65쪽).

22) 李智冠 譯註, 1996, 『歷代高僧碑文(高麗篇3)』, 伽山佛敎文化硏究院, 「山淸斷俗寺
大鑑國師塔碑文(1172년)」, 399쪽.

23) 李智冠 譯註, 1996, 『歷代高僧碑文(高麗篇3)』, 伽山佛敎文化硏究院, 「國淸寺妙應
大禪師敎雄墓誌銘(1142년)」, 242~243쪽.

24) 李達衷, 「王師大曹溪崇師一邛正令雷音辯海弘眞廣濟都大禪師覺儼尊者贈諡覺眞國

보각국사 혼수는 계송대선사로부터 典籍을 배웠는데 총명함이 남달
리 뛰어나 日益月長하여 명성을 떨쳤다. 전적을 배웠다는 것은 선종 관
련 서적을 공부했음을 말하는 것으로 보인다. 이후 선원사 식영감을 찾
아가 『능엄경』을 수학하여 그 핵심을 얻었다.[25]

선종 승려의 경우, 출가한 직후에는 사원에서 師僧으로부터 선적을
통해 선법을 배웠다. 고려말에 가면 처음부터 화두를 가지고 공부하는
수도 있었지만, 대체로 선종에 관한 서적을 통해 입문했다.

승려들이 출가한 초기에는 스승을 찾아 사원에서 수학을 했다. 스승
밑에서 혼자 배우는 수도 있었지만, 대개는 동학 승려와 함께 여럿이 수
학한 것으로 보인다. 예컨대 초오승통 교웅이 승통 理琦의 문하에 나아
가 경의를 표하고 배우기를 청했을 때 모든 학인들이 감히 겨룰 수가
없었다는 데서[26] 여러 동학과 함께 수행했음을 알 수 있다.

출가자로서의 일정한 소양을 쌓은 뒤에는 雲水衲子로서 전국을 떠돌
아다니면서 가르침을 얻고자 했다. 승과에 합격한 뒤에 이러한 운수납자
의 길을 걷는 경우도 있었다. 고승을 찾기도 하고, 불교 관련 유적지를
순례하기도 하고, 자연에 몰입하기도 했다(<부록 1> 참조). 이 과정에서
고승에게서 가르침을 받기도 하고, 각고의 고행을 체험하기도 하며, 득
도의 기쁨을 맛보기도 했다. 그러한 수행의 태도는 '尋師訪道'라 표현했
다.[27] 기본 소양을 쌓은 뒤 공부한 내용을 내면화하고, 다른 승려로부터
인증받고, 공부 내용을 확대하는 과정이었다.[28]

師碑銘幷序」,『東文選』권118(民族文化推進會 影印本 3冊, 482~483쪽).

25) 李智冠 譯註, 1999,『歷代高僧碑文(朝鮮篇1)』, 伽山佛敎文化硏究院,「忠州靑龍寺
普覺國師幻庵定慧圓融塔碑文(1394년)」, 32쪽.

26) 李智冠 譯註, 1996,『歷代高僧碑文(高麗篇3)』, 伽山佛敎文化硏究院,「洪圓寺超悟
僧統敎雄墓誌銘(1153년)」, 318~319쪽.

27) 李穡,「送訥上人序」,『牧隱文藁』권8(『韓國文集叢刊』5冊, 65쪽) ; 李崇仁,「送雨千
峯上人游方序」,『陶隱集』권4(『韓國文集叢刊』6冊, 604쪽).

28) 현재 조계종단에서는 승려의 수행법으로 參禪, 念佛, 看經, 呪力을 제시하고 있다.

진철대사 이엄은 출가한 후 덕천법사에게서 반년 이내에 경·율·논 삼
장을 두루 통달한 뒤 도를 묻기 위해 사방으로 스승 찾기를 결심하고는
행장을 꾸려 산을 내려와 돌아다녔다.29) 원종대사 찬유는 출가한 뒤 얼
마되지 않아 불법의 이치를 연구하고 심오한 깨달음을 얻었다. 그 뒤 그
는 사방으로 부지런히 스승을 찾아다녔다.30)

법인국사 탄문은 승려 중에 참된 선지식과 오래된 事跡을 빼놓지 않고
반드시 찾아 방문했다. 탄문은 장의사의 신엄대덕이 『雜華經』을 설하고
있다는 소식을 듣고는 찾아가서 『화엄경』을 수학하며 독송했다. 그 후
그는 서백산의 신랑이 각현의 번역 80卷本 『화엄경』에 정통하다는 소식
을 듣고 그에게 가서 『화엄경』의 강설을 듣고는 크게 감동받았다.31)

보조국사 지눌의 수행 과정은 구체적으로 확인할 수 있다. 그는 불교
를 배우되 일정한 스승을 두지 않고, 오직 도덕이 높은 스님이면 곧 찾
아가서 배웠다. 지눌은 창평 청원사에서, 우연히 『육조단경』을 보다가
어느 구절을 보고서 미증유의 경지를 얻었다. 이때부터 명리를 싫어하고
항상 깊은 산중에 숨어 각고 정진하면서 도를 닦았다. 그 뒤 하가산 보
문사에서 대장경을 열람하다가 李長者가 지은 『華嚴論』을 보고 거듭 信
心을 일으켜 『화엄경』의 오묘한 이치를 찾아내었다. 이후 지리산 상무
주암에 隱居하고서 모든 外緣을 물리치고 오로지 內觀에만 전념했다. 이
곳에서 정진하는 여가에 大慧普覺禪師의 語錄을 보다가 마음에 깨달음
이 있었다.32) 보조국사는 여러 곳을 찾아 수행하던 중 이처럼 몇 번의

---

29) 李智冠 譯註, 1994, 『歷代高僧碑文(高麗篇1)』, 伽山佛教文化硏究院, 「海州廣照寺
   眞澈大師寶月乘空塔碑文(937년)」, 19~20쪽.
30) 李智冠 譯註, 1995, 『歷代高僧碑文(高麗篇2)』, 伽山佛教文化硏究院, 「驪州高達院
   元宗大師惠眞塔碑文(975년)」, 19쪽.
31) 李智冠 譯註, 1995, 『歷代高僧碑文(高麗篇2)』, 伽山佛教文化硏究院, 「海美普願寺
   法印國師寶乘塔碑文(978년)」, 76~78쪽.
32) 李智冠 譯註, 1997, 『歷代高僧碑文(高麗篇4)』, 伽山佛教文化硏究院, 「順天松廣寺
   佛日普照國師碑銘(1210년)」, 59쪽.

깨달음을 체험했다.

원진국사 승형은 승과에 합격했지만, 名利를 전혀 마음에 두지 않고, 다만 두루 名山勝地를 돌아다니고자 했다. 조계산으로 가서 보조국사를 찾아 法要를 물은 다음, 강원도 강릉 오대산으로 가서 문수보살 앞에서 예배 기도를 하고 은밀한 감응을 받았다. 이어 춘천 청평산으로 진락공의 유적을 답사하면서 김부철이 지은 「문수사기」에서 진락공이 門人들에게 "『首楞嚴經』은 선종을 증명해 나타내는 것이므로 불교의 진리를 發明함에 있어 중요한 내용이다." 라고 설했음을 보고 크게 감동을 받았다. 또한 승형은 문성암에 住錫하면서 『능엄경』을 모두 열람하고, 諸相이 헛된 환영임을 통달하고, 반면 자신의 마음이 넓고 큼을 알고서야 비로소 능엄의 오묘한 뜻을 믿게 되었다.[33]

무학왕사 자초는 용문산에 이르러 혜명국사와 법장국사에게 법을 묻고 부도암에 거처했다. 『능엄경』을 보다가 깨달은 것이 있어서 스승에게 알리자 칭찬을 들었다. 이로부터 잠자지 않고 밥 먹는 것도 잊은 채 참선에만 전심했다. 鎭州의 길상사와 묘향산 금강굴에도 머물렀는데, 공부가 더욱 진보했다. 법천사의 나옹에게 참례하니 나옹이 한 번 보고 깊고 큰 그릇이라고 생각했다. 자초가 禪定하고 있을 때에는 밥 먹을 때가 되어도 알지 못하는 수가 있었다.[34]

승려들은 경전에 대한 약간의 소양을 쌓은 뒤 심사방도하면서 여러 곳을 떠돌아 다녔다. 고승을 만나 배움을 얻기도 했고, 경전을 배우기도 했으며, 지도를 받기도 했다. 참선 수행에 몰입하기도 했으며 극도의 고행을 체험하기도 했다. 이 과정에서 중요한 깨달음을 얻었다. 수학의 과정에서 여러 지역을 경유했고, 여러 사원에서 생활했으며, 다양한 부류

---

33) 李智冠 譯註, 1997, 『歷代高僧碑文(高麗篇4)』, 伽山佛敎文化硏究院, 「淸河寶鏡寺圓眞國師碑文(1224년)」, 94쪽.
34) 李智冠 譯註, 1999, 『歷代高僧碑文(朝鮮篇1)』, 伽山佛敎文化硏究院, 「楊州檜巖寺無學王師妙嚴尊者塔碑文(1410년)」, 81쪽.

의 승려를 만날 수 있었다. 같은 종파의 승려만을 찾거나, 동일 종파 소
속의 사원에만 머무는 것이 아니었다. 이것은 고려시기 승려가 불교계
전체의 토양 속에서 수학했음을 의미한다. 승려가 한 방면에 매몰되지
않고 열린 생각, 다양한 사고를 할 수 있는 것은 이러한 수학 과정 덕분
이었다.

수행하기 좋은 사원에서는 많은 승려가 몰려와서 함께 학문을 연마하
고 정진했다. 묘향산의 보현사는 북쪽 지방의 유명한 사원이며, 高人과
승려, 그리고 세속을 떠나서 진리를 탐구하는 자들의 집결 장소였다.[35]
오대산 서대 수정암도 수행하기에 좋은 사원으로서 성불의 도를 닦고자
하는 승려들이 모두 거처하기를 즐겁게 여겼다.[36]

고려시기 승려들은 통상 여러 명이 함께 수행했다. 운수납자로 떠돌
면서도 고립되지 않고 집단 생활을 하는 수가 많았다. 結社는 공동으로
수행하는 대표적인 방식이었다. 화엄결사의 경우, 무릇 들어오고 싶은
자들은 모두 와서 모이되 오래 머무는 것에 답답함을 느끼고 돌아다니고
싶어하는 자는 가는 것을 허락하도록 했다. 기한을 3년으로 약정하되 가
감을 하여 반드시 기한에 구속되지 않게 했다. 스승과 벗을 기다려서 서
로 연마하고, 여러 사람이 모여서 강습한 뒤에 도를 말할 수 있도록 했
다.[37] 결사는 홀로 배우는 것이 아니라 여럿이 함께 생활하면서 경전을
공부하고 수행하는 것이다.

수암사의 화엄결사는 50명이 해마다 동안거와 하안거를 하되, 평상시
에는 초저녁에 경전을 강론하고 밤중에는 좌선하고 낮에는 章疏를 강론
하여 깊은 뜻을 열심히 연구하는 것으로 규식을 삼고서 시작했다.[38]

---

35) 李奎報, 「妙香山普賢寺堂主毗盧遮那如來丈六塑像記」『東國李相國集全集』권24(『韓
     國文集叢刊』1冊, 543~544쪽).
36) 權近, 「五臺山西臺水精菴重創記」『陽村集』권14(『韓國文集叢刊』7冊, 155~156쪽).
37) 李奎報, 「華嚴律章疏講習結社文」『東國李相國集全集』권25(『韓國文集叢刊』1冊,
     553~554쪽).

지리산의 수정결사는 잘못이 있으면 충고하고 잘한 일은 칭찬하여, 서로 자극을 받아 밤낮으로 노력하며 함께 서방정토에 이르기를 목표로 했다. 우수한 사람이나 덕망이 높은 이로서 결사에 동참하는 이에게는, 일정한 법규에 구애되지 않고 경을 읽든가, 염불을 하든가, 공부를 하든 가 간에 마음대로 자유롭게 지내도록 했다. 결사에 참가한 모든 사람에 게는 그가 생존했거나 사망했거나를 불문하고 나무쪽에다 이름을 새겨 두었다. 15일마다 『占察業報經』에서 말한 바에 의하여 나무쪽을 꺼내 어 바퀴에 던져서 선악의 결과를 점쳤다.39) 물론 모든 승려가 결사를 구성해 학문을 연마하고 수행한 것은 아니었을 것이다. 승려가 결사를 구성해 수행하는 것은 승려들의 학문 연마가 공동으로 이루어졌음을 의 미한다.40)

교종 승려와 선종 승려를 불문하고 불교 경전을 폭넓게 공부했으며, 때로는 유학 관련 서적을 깊이 공부하기도 했다. 이것은 승려 학문의 폭 과 다양성을 더해주는 것이었다. 학일은 經·律·論 삼장을 깊이 연구하 여 정통하지 않은 것이 없으며, 더욱 『반야경』에 널리 통달해 般若三昧 를 얻었다.41) 지인이란 승려는 禪學 이외에 敎觀에도 해박했다.42) 보각 국사 혼수는 선종과 교종의 모든 경전들을 연구해서 정통했다.43)

지광국사 해린은 불교 경전만이 아니라 外典도 두루 통달했다.44) 의

---

38) 李奎報, 「水嵓寺華嚴結社文」『東國李相國集後集』 권12(『韓國文集叢刊』 2冊, 252쪽).
39) 權適, 「智異山水精社記」『東文選』 권64(民族文化推進會 影印本 2冊, 403~405쪽).
40) 무인집권기 대표적인 신앙결사인 修禪社와 白蓮社도 이러한 공동 수행을 지향하 고 있었다.
41) 李智冠 譯註, 1996, 『歷代高僧碑文(高麗篇3)』, 伽山佛教文化硏究院, 「淸道雲門寺 圓應國師碑文(1147년)」, 262쪽.
42) 李智冠 譯註, 1996, 『歷代高僧碑文(高麗篇3)』, 伽山佛教文化硏究院, 「廣智大禪師 之印墓誌銘(1158년)」, 348~349쪽.
43) 李智冠 譯註, 1999, 『歷代高僧碑文(朝鮮篇1)』, 伽山佛教文化硏究院, 「忠州靑龍寺 普覺國師幻庵定慧圓融塔碑文(1394년)」, 37쪽.
44) 李智冠 譯註, 1995, 『歷代高僧碑文(高麗篇2)』, 伽山佛教文化硏究院, 「原州法泉寺

천의 공부는 화엄학으로부터 頓漸과 大小乘의 經律論 및 章疏에 미쳤다. 그밖에 의천은 공자와 노자의 서적과 제자백가의 集錄, 史記까지도 공부했다.[45]

보각국존 일연은 참선 수행만 한 것이 아니었다. 참선하는 여가에 다시 대장경을 열람하여 章疏를 연구하고, 더불어 유학 서적을 섭렵하는 한편, 百家諸書를 겸해 공부했다.[46] 정각국사 지겸은 법상종의 승려로서 널리 外典에 능통했다.[47]

묘응대선사 교웅은 선종에서 출발했는데, 의천이 천태종을 개창하자 천태종으로 바꾸었다. 뒷날 洪州의 백암사에 밀려나 있을 때 태연하게 7년 남짓 머무르면서 수행을 닦으니 덕이 더욱 쌓였다. 천태종의 宗旨를 발휘했을 뿐 아니라, 화엄과 瑜伽의 이치와 도리를 탐구했고, 유가와 묵가, 노장, 醫卜, 陰陽說에 이르기까지 그 근원을 연구했다. 하루는 가야사에 들렀다가 『유가론』100권이 휴지더미 중에 있는 것을 보고, 짊어지고 돌아와 읽기를 더욱 부지런히 했다.[48] 덕겸과 관오는 경·율·논을 읽어서 훤하게 깨달았으며, 유학 서적에 이르러서도 꿰뚫은 바가 많았다.[49]

진각국사 혜심은 유학을 공부하다가 승려가 되었으므로 내외의 모든

智光國師玄妙塔碑文(1085년)」, 352쪽.

45) 李智冠 譯註, 1996, 『歷代高僧碑文(高麗篇3)』, 伽山佛敎文化硏究院, 「開城靈通寺大覺國師碑文(1125년)」, 118~119쪽 ; 李智冠 譯註, 1996, 『歷代高僧碑文(高麗篇3)』, 伽山佛敎文化硏究院, 「仁同僊鳳寺大覺國師碑文(1132년)」, 181~184쪽.

46) 李智冠 譯註, 1997, 『歷代高僧碑文(高麗篇4)』, 伽山佛敎文化硏究院, 「軍威麟角寺普覺國尊靜照塔碑文(1295년)」, 194~195쪽.

47) 李奎報, 「故華藏寺住持王師定印大禪師追封靜覺國師碑銘」『東國李相國集全集』 권35(『韓國文集叢刊』 2冊, 62~64쪽).

48) 李智冠 譯註, 1996, 『歷代高僧碑文(高麗篇3)』, 伽山佛敎文化硏究院, 「國淸寺妙應大禪師敎雄墓誌銘(1142년)」, 242~243쪽.

49) 李智冠 譯註, 1996, 『歷代高僧碑文(高麗篇3)』, 伽山佛敎文化硏究院, 「圓證僧統德謙墓誌銘(1150년)」, 301쪽 ; 李智冠 譯註, 1996, 『歷代高僧碑文(高麗篇3)』, 伽山佛敎文化硏究院, 「證智首座觀奧墓誌銘(1158년)」, 337쪽.

경서를 널리 통달했다.[50] 승려는 교종 선종을 두루 학습하여서 종지를 파악하고 있었고, 유학에 대해서도 깊은 이해를 보이는 수가 많았다. 이것은 승려의 학문이 폭넓으며, 특정 분야만 고집하지 않았음을 의미한다.

3. 學問 傳授와 弟子 養成

승려는 수행 과정을 거친 뒤 주지나 고승이 되어서 후학에게 교설을 전수하는 일을 맡았다.[51] 선학이 후학들에게 가르침을 베풂으로써 불교 학문이 전수되는 것이다. 학문의 경지가 높거나 깨달음의 경지를 인정받는 승려가 있다면, 그 승려 아래로 다수의 승려와 속인들이 몰려들어서 가르침을 받았다. 師僧은 講說과 講經, 참선 지도, 토론과 문답 등의 방법을 활용해서 후학을 지도했다.[52] 다수의 사람이 몰려들기 때문에 불교의 교설이 널리 전파될 수 있었다. 고승이 거처하는 사원은 다수의 승려들이 몰려드는 장소였다.

원종대사 찬유가 廣州 천왕사의 주지로 있었을 때, 大衆을 크게 교화했으며, 廣州 혜목산으로 이주했을 때에도 사방 먼 곳에서 법문을 들으려는 사람들이 천 리를 가깝게 여겨 구름처럼 모여와 바다와 같은 海會를 이루었다.[53] 법인국사 탄문이 구룡산사에서 『화엄경』을 강설했을 때,

---

50) 李智冠 譯註, 1997, 『歷代高僧碑文(高麗篇4)』, 伽山佛敎文化硏究院, 「昇州月南寺 眞覺國師圓炤塔碑文(1250년)」, 123쪽.
51) 고려시기 주지제에 관해서는 다음의 성과가 참조된다. 金映遂, 1944, 「寺刹住持의 職務와 任免의 變遷」 『新佛敎』 67 ; 張東翼, 1981, 「慧諶의 大禪師 告身에 대한 檢討－高麗僧政體系의 理解를 중심으로－」 『韓國史硏究』 34 ; 許興植, 1986, 「佛 敎界의 組織과 行政制度」 『高麗佛敎史硏究』, 一潮閣 ; 韓基汶, 1998, 『高麗寺院의 構造와 機能』 民族社, 135~189쪽 ; 李炳熙, 2008, 「高麗時期 住持制 運營과 寺院經 濟」 『史學硏究』 90(同, 2009, 앞의 책 재수록).
52) 오국진, 2011, 앞의 논문.

法門을 청하는 자가 수를 헤아릴 수 없이 많았고, 門徒 또한 번창했다.[54]
현종대 현화사 창건 후 도승통 법경이 주지로서 후학을 가르칠 때, 사방
의 학도들이 태양처럼 받들며 구름처럼 모여들여 1년이 되기 전에 천여
명의 무리가 모였다.[55]

진각국사 혜심이 보조국사가 입적한 뒤 수선사에서 법당을 여니, 사
방의 학자, 道俗의 高人 및 逸老들이 마치 구름이 달리듯, 그림자가 따르
듯 마구 모여들었다. 公卿·貴戚과 사방의 方伯들이 소문을 듣고 도를 사
모하여 혹은 멀리서 예를 갖추어 스승으로 섬기고, 혹은 친히 그 문하에
나아간 자도 있었다.[56]

보각국존 일연이 인홍사 주지를 맡았을 때, 배우려는 승려가 구름처
럼 모여들었다.[57] 원감국사 충지가 감로사에 있을 때, 道伴들이 운집하
여 叢林을 이루어 법석이 울창했다. 高僧·大德은 바람처럼 찾아오며 후
진은 구름같이 모였다.[58]

자정국존 미수에게도 사방으로부터 學人들이 구름과 안개처럼 모여
들어 그의 餘潤을 얻고자 했다. 公卿과 사대부의 자제들 중 배움에 뜻을
둔 사람으로 그의 문하에서 배출된 자가 매우 많았다.[59] 다수의 승려가 고

53) 李智冠 譯註, 1995, 『歷代高僧碑文(高麗篇2)』, 伽山佛敎文化硏究院, 「驪州高達院
元宗大師惠眞塔碑文(975년)」, 20쪽.
54) 李智冠 譯註, 1995, 『歷代高僧碑文(高麗篇2)』, 伽山佛敎文化硏究院, 「海美普願寺
法印國師寶乘塔碑文(978년)」, 77쪽.
55) 許興植 編著, 1984, 『韓國金石全文(中世上)』, 亞細亞文化社, 「開城玄化寺碑(1021년)」,
445쪽 ; 金昌賢, 2012, 「고려 현화사비 분석」 『목간과 문자』 9, 한국목간학회.
56) 李智冠 譯註, 1997, 『歷代高僧碑文(高麗篇4)』, 伽山佛敎文化硏究院, 「昇州月南寺
眞覺國師圓炤塔碑文(1250년)」, 122쪽.
57) 李智冠 譯註, 1997, 『歷代高僧碑文(高麗篇4)』, 伽山佛敎文化硏究院, 「軍威麟角寺
普覺國尊靜照塔碑文(1295년)」, 192쪽.
58) 李智冠 譯註, 1997, 『歷代高僧碑文(高麗篇4)』, 伽山佛敎文化硏究院, 「順天松廣寺
圓鑑國師寶明塔碑文(1314년)」, 305~306쪽.
59) 李智冠 譯註, 1997, 『歷代高僧碑文(高麗篇4)』, 伽山佛敎文化硏究院, 「報恩法住寺
慈淨國尊普明塔碑文(1342년)」, 327쪽.

승에게 몰려들어 수학하는 모습은 많은 사례를 확인할 수 있다(<부록 2>
참조). 고승이 머무는 사원에는 다수의 승려가 몰려들어 가르침을 받았
다. 이렇게 몰려든 학인들에 의해 고승의 가르침은 널리 확산될 수 있었
다. 고승을 모시고 있는 사원이 교학 활동에서 우위를 점할 수 있었다.
사원으로서는 고승을 보유하고 있어야 승려를 불러들이고 사세를 넓힐
수 있었을 것이다.

대체로 고승들은 열정을 다해 몰려온 이들을 가르쳤다(<부록 3> 참
조). 이렇게 함으로써 불교 학문이 후속 세대에 전수될 수 있었다. 진철
대사 이엄과 대감국사 탄연은 사람을 가르침에 있어 게을리하지 아니했
다.60) 혜소국사 정현은 예리한 질문을 받으면 마치 鐘을 치듯 응해 주었
다. 그에게 물으면 얼음장같이 풀기 어려운 疑問이 모두 풀렸다.61)

혜덕왕사 소현은 항상 講會마다 질서가 정연하여 條理를 잃지 아니했
으며, 후학을 가르치되 피곤함을 잊었다.62) 자진원오국사 천영은 제자들
을 잘 지도하여 그들로 하여금 성취하도록 했다.63) 보감국사 혼구가 불
경을 강의함은 하나로 그어 놓은 것 같이 했다.64) 홍진국존 혜영은 엄격
하고 강직하며 과묵했고, 피차에 대하여 전혀 교만한 마음이 없었으며,
어디에 있던지 후진에게 강의해 주는 것으로 업을 삼았다.65)

---

60) 李智冠 譯註, 1994, 『歷代高僧碑文(高麗篇1)』, 伽山佛敎文化硏究院, 「海州廣照寺眞
澈大師寶月乘空塔碑文(937년)」, 22쪽 ; 李智冠 譯註, 1996, 『歷代高僧碑文(高篇3)』,
伽山佛敎文化硏究院, 「山淸斷俗寺大鑑國師塔碑文(1172년)」, 401쪽.

61) 李智冠 譯註, 1995, 『歷代高僧碑文(高麗篇2)』, 伽山佛敎文化硏究院, 「竹山七長寺
慧炤國師碑文(1060년)」, 304쪽 ; 남동신, 2011, 앞의 논문.

62) 李智冠 譯註, 1996, 『歷代高僧碑文(高麗篇3)』, 伽山佛敎文化硏究院, 「金溝金山寺
慧德王師眞應塔碑文(1111년)」, 25쪽.

63) 李智冠 譯註, 1997, 『歷代高僧碑文(高麗篇4)』, 伽山佛敎文化硏究院, 「昇州佛臺寺
慈眞圓悟國師靜照塔碑文(1286년)」, 167쪽.

64) 李齊賢, 「有元高麗國曹溪宗慈氏山瑩源寺寶鑑國師碑銘 幷序」, 『益齋亂藁』 권7(『韓
國文集叢刊』 2冊, 561~563쪽).

65) 李智冠 譯註, 1997, 『歷代高僧碑文(高麗篇4)』, 伽山佛敎文化硏究院, 「大邱桐華寺

자정국존 미수는 항상 후진을 이끌어 지도하는 마음을 간직해서 비록
배우지 못한 童蒙들이 찾아와서 某書를 강하고 某書를 논해 주기를 청
하면 기꺼이 그 요청을 받아들여 강설해 주었다.66) 혜감국사 만항은 모
든 經文 가르치기를 마치 귀머거리가 트이듯 하고 취한 사람이 깨듯 하
니, 제자가 7백 명에 이르게 되고 사대부로서 제자가 되어 입사한 사람
은 이루 헤아릴 수 없었다. 개경에서 선종·교종의 이름난 승려들을 모아
서 날마다 차례로 불법을 강론할 때, 만항이 찬양하고 잘못을 꾸짖는 것
이 마치 바람이 이는 듯하며, 변론함이 물을 내려 쏟는 것 같았다.67) 고
승으로 표현되는 사승들은 후학이 찾으면 정성껏 가르침을 베풀어서 공
부를 안내했다. 이렇게 해서 사원이라는 공간을 통해 불교 교설이 후학
들에게 전수될 수 있었다.

고승이 가르치는 내용은 그들의 전문 분야에 따라 달랐다. 화엄종 승
려는 화엄학 계통을 가르쳤으며, 법상종(유가종) 승려는 유식학 계통의
학문을 가르쳤고, 선종 승려는 禪籍을 주로 읽도록 했으며, 천태종 승려
는 『법화경』을 주로 강설했다.

법인국사 탄문은 구룡산사에서 『화엄경』을 강설했으며,68) 영소는 32
년 동안 홍왕사 홍교원에서 『華嚴章疏』를 강의했다.69) 자정국존 미수는
주로 『유식론』 宗旨를 강설했는데, 나이든 승려와 碩德들이 모두 그 앞
에서 經을 펴고 배웠으므로 稀代의 뛰어난 학자라고 칭찬하고 탄미하지

弘眞國尊碑文(1298년)」, 286쪽.
66) 李智冠 譯註, 1997, 『歷代高僧碑文(高麗篇4)』, 伽山佛敎文化硏究院, 「報恩法住寺
慈淨國尊普明塔碑文(1342년)」, 327쪽.
67) 李齊賢, 「海東曹溪山脩禪社第十世別傳宗主重續祖燈妙明尊者贈諡慧鑑國師碑銘幷序」
『益齋亂藁』 권7(『韓國文集叢刊』 2冊, 560~561쪽).
68) 李智冠 譯註, 1995, 『歷代高僧碑文(高麗篇2)』, 伽山佛敎文化硏究院, 「海美普願寺
法印國師寶乘塔碑文(978년)」, 77쪽.
69) 金龍善 編著, 2012, 『高麗墓誌銘集成』, 伽山佛敎文化硏究院, 「金靈昭墓誌銘(1188년)」,
264쪽.

않는 사람이 없었다.[70]

보조국사 지눌은 大衆에서 誦持하기를 권함에는 항상 『금강경』으로 써 법을 삼도록 하고, 敎義를 연설할 때는 『육조단경』을 강설하며, 通玄 長者의 『화엄론』과 『大慧語錄』을 참고했다.[71] 원진국사 승형은 운문산 복안사에서 『육조단경』을 강설했으며, 門下의 제자를 모아 놓고, 열심히 『능엄경』을 가르쳤다.[72]

대지국사 찬영은 여러 차례 特命을 받아 석남사·월남사·신광사·운문 사 등의 주지를 역임했는데 가는 곳마다 禪을 講演하여 제자가 더욱 많 아졌다. 찬영은 日常에는 언제나 禪書로써 후학을 가르쳤다.[73] 보각국사 혼수는 휴휴암에서 『능엄경』에 대한 요지를 강연했는데, 말솜씨가 뛰어 나서 법문 듣는 사람들을 울리고 웃게 했다.[74]

대각국사 의천은 국청사의 주지에 취임하여 최초로 天台敎學을 강설 했다. 이때 천태종으로 찾아오는 승려가 1,000명이 넘었다.[75] 원묘국사 요세는, 『묘법연화경』을 설법하기 좋아하여 언변과 지혜가 막힘이 없었 다.[76] 각 종파마다 또 승려마다 가르치는 방법이나 내용에 차이가 있었지

---

70) 李智冠 譯註, 1997, 『歷代高僧碑文(高麗篇4)』, 伽山佛教文化研究院, 「報恩法住寺 慈淨國尊普明塔碑文(1342년)」, 325쪽.

71) 李智冠 譯註, 1997, 『歷代高僧碑文(高麗篇4)』, 伽山佛教文化研究院, 「順天松廣寺 佛日普照國師碑銘(1210년)」, 60쪽.

72) 李智冠 譯註, 1997, 『歷代高僧碑文(高麗篇4)』, 伽山佛教文化研究院, 「清河寶鏡寺 圓眞國師碑文(1224년)」, 95~96쪽.

73) 李智冠 譯註, 1999, 『歷代高僧碑文(朝鮮篇1)』, 伽山佛教文化研究院, 「忠州億政寺 大智國師智鑑圓明塔碑文(1393년)」, 3쪽.

74) 李智冠 譯註, 1999, 『歷代高僧碑文(朝鮮篇1)』, 伽山佛教文化研究院, 「忠州青龍寺 普覺國師幻庵定慧圓融塔碑文(1394년)」, 32쪽. 고려후기 『능엄경』에 대해 관심이 높아진 사실은 趙明濟, 1996, 「14세기 고려 思想界의 楞嚴經 성행과 그 思想的 性 格」『伽山學報』 5가 참고된다.

75) 李智冠 譯註, 1996, 『歷代高僧碑文(高麗篇3)』, 伽山佛教文化研究院, 「仁同僊鳳寺 大覺國師碑文(1132년)」, 184~187쪽.

76) 崔滋, 「萬德山白蓮社圓妙國師碑銘幷序」『東文選』 권117(民族文化推進會 影印本 3

만, 사원에서 사승의 가르침은 후학에게 전해짐으로써 불교 교설이 지속적
으로 유지되고 확산될 수 있었다.

승려들이 최후의 가르침을 베푸는 곳은 하산소였다.[77] 열반처로 택한
사원에서 그 승려는 마지막 가르침을 설했다. 노승은 삭발하고, 목욕하
고, 양치질하고, 옷을 갈아입고, 제자들을 불러 모은 뒤, 마지막 교설을
베풀고서 결가부좌한 채로 입적했다. 입적할 때의 모습 자체도 후학들에
게는 중요한 가르침이었다. 대체로 하산소는 외방에 소재했기 때문에 최
종의 가르침은 외방의 사원에서 이루어졌다.

열반 사원인 하산소에는 다수의 문도들이 집결해 있었다. 법인국사
탄문이 하산소인 가야산사에 당도하니, 禪教僧 1,000여 명이 영접하여
모시고 들어갔다.[78] 다수의 승려들이 고승의 최후 순간에 함께 하면서
마지막 설법을 청취했다.

유언·유촉의 내용은 불법을 수호하라는 것이 중심이었다. 불교 교설
에 대해 언급한 예도 보이며, 구체적인 가르침을 설하고 입적하는 경우
도 있다. 진철대사 이엄은 힘써 노력하라는 유언을 남기고 입적했다.[79]
불법을 잘 지켜 단절됨이 없도록 하라는 것이 보이며,[80] 인생이 바람과
같이 지나가니 몹시 빠르다는 것을 언급했으며,[81] 죽음은 피할 수 없는

冊, 459~461쪽).

77) 韓基汶, 1991, 「高麗 歷代 國師·王師의 下山所의 存在樣相과 그 機能」『歷史教育
論集』16(同, 1998, 『高麗寺院의 構造와 機能』, 民族社 재수록).

78) 李智冠 譯註, 1995, 『歷代高僧碑文(高麗篇2)』, 伽山佛教文化研究院, 「海美普願寺
法印國師寶乘塔碑文(978년)」, 82쪽 ; 정병삼, 2018, 「고려초 탄문의 불교계 활동과
보원사」『사학연구』132.

79) 李智冠 譯註, 1994, 『歷代高僧碑文(高麗篇1)』, 伽山佛教文化研究院, 「海州廣照寺
眞澈大師寶月乘空塔碑文(937년)」, 23쪽.

80) 李智冠 譯註, 1995, 『歷代高僧碑文(高麗篇2)』, 伽山佛教文化研究院, 「原州居頓寺
圓空國師勝妙塔碑文(1025년)」, 219쪽.

81) 李智冠 譯註, 1995, 『歷代高僧碑文(高麗篇2)』, 伽山佛教文化研究院, 「竹山七長寺
慧炤國師碑文(1060년)」, 304쪽.

일이라는 것도 지적했다.82) 입적에 앞서 제자들과 불법에 관해 응답하
는 수도 많았다.83)

진관선사 석초는 "생겨남이 없는 자가 참다운 근본이요, 떠나감이 없
는 것이 바로 法身이다. ··· 섶이 다 타면 불이 꺼지고 거울이 鏡匣 속에
감추어지면 따라서 影像도 사라지니 ··· "라 하시고 단정히 앉아 입적했
다.84) 고승들이 입적 시에 유촉하거나 유언으로 남기는 말에는 힘써 정
진하라는 내용이 많았다.85)

사원으로서는 국사·왕사 등의 고승을 맞이하여 임종을 맞게 하는 일
은 바라는 바였다. 후학 승려에게 가르침을 제공하고 사원의 위상을 내
외에 알리는 의미를 가졌기 때문이다. 국사·왕사가 입적한 뒤에는 국가
차원에서 비를 세워 그들을 추앙해 주었으므로 사원을 알리고 위상을 높
이는 데 도움이 되었다.86)

---

82) 李智冠 譯註, 1997, 『歷代高僧碑文(高麗篇4)』, 伽山佛敎文化硏究院, 「順天松廣寺
圓鑑國師寶明塔碑文(1314년)」, 307쪽.
83) 李智冠 譯註, 1997, 『歷代高僧碑文(高麗篇4)』, 伽山佛敎文化硏究院, 「順天松廣寺佛
日普照國師碑銘(1210년)」, 60~61쪽 ; 李智冠 譯註, 1997, 『歷代高僧碑文(高麗篇4)』,
伽山佛敎文化硏究院, 「昇州月南寺眞覺國師圓炤塔碑文(1250년)」, 123쪽 ; 崔滋,
「萬德山白蓮社圓妙國師碑銘幷序」 『東文選』 권117(民族文化推進會 影印本 3冊,
459~461쪽).
84) 李智冠 譯註, 1995, 『歷代高僧碑文(高麗篇2)』, 伽山佛敎文化硏究院, 「山淸智谷寺
眞觀禪師悟空塔碑文(981년)」, 128쪽.
85) 李智冠 譯註, 1995, 『歷代高僧碑文(高麗篇2)』, 伽山佛敎文化硏究院, 「驪州高達院
元宗大師惠眞塔碑文(975년)」, 23쪽 ; 李智冠 譯註, 1995, 『歷代高僧碑文(高麗篇2)』,
伽山佛敎文化硏究院, 「海美普願寺法印國師寶乘塔碑文(978년)」, 82쪽 ; 李智冠 譯
註, 1996, 『歷代高僧碑文(高麗篇3)』, 伽山佛敎文化硏究院, 「淸道雲門寺圓應國師碑
文(1147년)」, 264쪽 ; 李智冠 譯註, 1997, 『歷代高僧碑文(高麗篇4)』, 伽山佛敎文化
硏究院, 「順天松廣寺佛日普照國師碑銘(1210년)」, 60쪽 ; 李智冠 譯註, 1997, 『歷代高
僧碑文(高麗篇4)』, 伽山佛敎文化硏究院, 「淸河寶鏡寺圓眞國師碑文(1224년)」, 96쪽.
86) 僧碑가 하산소에 조영되는 수가 많았지만 반드시 그곳에만 건립되는 것은 물론
아니었다. 거기에는 문도들의 요청도 중요하였으며, 국가의 불교 및 사원 정책도
일정하게 반영되었다. 승비의 건립에 관해서는 최연식, 2013, 「高麗時代 高僧의

고승이나 주지는 많은 승려에게 가르침을 베풀어서 다수의 제자를 만들었다. 이들에 의해 불교 학문은 계승되어 갔다. 한 명의 승려에게서 다수의 제자가 배출되므로 불교 학문은 빠른 속도로 넓은 지역에 확산될 수 있었다.

진관선사 석초가 광통보제선사에 있을 때 한 해가 되지 않아 운집한 대중이 일천 명이 이르렀다.[87] 교웅은 제자가 3백여 명이라고 언급되었다.[88] 각관은 문인이 50여 명이라고 했다.[89] 법인국사 탄문의 경우 門下僧 중에 명망이 있어 대사와 대덕이 될 만한 이가 20명이나 되었다.[90]

원융국사 결응의 문인 중에 수좌에 있는 승려는 광증이며, 삼중대사로는 구관·중해·수란·작현·원창 등이 있으며, 대사는 관옥·간성·해원·연윤 등 1,438명이 있다고 기록했다.[91] 등관승통 창운의 경우 곁을 떠나지 않고 임종 때까지 모신 학도는 300명이고, 이 가운데 경전의 뜻에 통달하고 불법의 이치를 실행할 수 있는 이가 백여 명이었다.[92] 혜덕왕사 소현의 상수제자는 도생승통이었으며, 1천여 명이 함께 뜻을 모아 그의 행장을 갖추어 비문을 요청했다.[93]

대각국사 의천의 경우, 천태종을 제창하자, 거돈사 원공국사 신칙과 영암사 적연국사 등이 왕의 명령에 따라 함께 참석했고, 그밖에도 1,300

僧碑와 門徒」『한국중세사연구』 35 참조.
87) 李智冠 譯註, 1995,『歷代高僧碑文(高麗篇2)』, 伽山佛敎文化硏究院,「山淸智谷寺眞觀禪師悟空塔碑文(981년)」, 128쪽.
88) 金龍善 編著, 2012,『高麗墓誌銘集成』,「康敎雄墓誌銘(1153년)」, 136~137쪽.
89) 金龍善 編著, 2012,『高麗墓誌銘集成』,「王覺觀墓誌銘(1175년)」, 220~221쪽.
90) 李智冠 譯註, 1995,『歷代高僧碑文(高麗篇2)』, 伽山佛敎文化硏究院,「海美普願寺法印國師寶乘塔碑文(978년)」, 81쪽.
91) 李智冠 譯註, 1995,『歷代高僧碑文(高麗篇2)』, 伽山佛敎文化硏究院,「順興浮石寺圓融國師碑文(1054년)」, 270쪽.
92) 李智冠 譯註, 1995,『歷代高僧碑文(高麗篇2)』, 伽山佛敎文化硏究院,「開城弘護寺等觀僧統䆓雲墓誌銘(1104년)」, 402~403쪽.
93) 李智冠 譯註, 1996,『歷代高僧碑文(高麗篇3)』, 伽山佛敎文化硏究院,「金溝金山寺慧德王師眞應塔碑文(1111년)」, 31쪽.

명을 상회하는 승려들이 모였다.94) 정각수좌 의광의 경우 문하의 제자 백여 명이 유골을 안장했다.95) 정각승통 영소의 경우 뛰어난 제자와 문도가 모두 364명이며, 그 가운데 수좌가 3명이고, 삼중대사가 6명이었다.96) 통소승통 지칭의 門弟로 백여 명이 보인다.97)

원묘국사 요세는 오랫동안 法華懺을 수행하고 전후에 권하여 마음을 일으켜 『法華經』을 외우도록 한 자가 천여 명이 되었다. 四衆의 청을 받아 교화시켜 인연을 지어준 지 30년에 제자를 만든 것이 38명이 되었다. 王公大人·牧伯縣宰와 높고 낮은 사중들이 이름을 써서 社에 들어온 자들이 3백여 명이 되었다.98) 그의 교화의 범위를 읽을 수 있다.

자정국존 미수의 입적 후 행적비를 세우도록 간청한 승려 314명은 모두 제자로 볼 수 있을 것이다. 구체적으로 거명한 門人으로는 원흥사주지 도승통 대사 거현, 기림사주지 원지대사 행영, 천신사주지 통현, 대사 충서, 현화사주지 자진원묘가 보인다.99) 미수의 경우 문인이 승계를 받고서 큰 사원의 주지를 맡고 있었으니 이들에 의해 미수의 교설은 각 사원에서 널리 전파될 수 있었다.

각진국사 복구의 문인으로서 뛰어난 자는 선원·백화·가지·마곡 이하 1천여 명이 된다고 했다.100) 태고보우의 경우, 그의 제자가 매우 많아서

---

94) 李智冠 譯註, 1996, 『歷代高僧碑文(高麗篇3)』, 伽山佛教文化硏究院, 「仁同僊鳳寺 大覺國師碑文(1132년)」, 186~187쪽.

95) 李智冠 譯註, 1996, 『歷代高僧碑文(高麗篇3)』, 伽山佛教文化硏究院, 「正覺首座義 光墓誌銘(1158년)」, 326~327쪽.

96) 李智冠 譯註, 1996, 『歷代高僧碑文(高麗篇3)』, 伽山佛教文化硏究院, 「正覺僧統靈 炤墓誌銘(1188년)」, 376~377쪽.

97) 李智冠 譯註, 1996, 『歷代高僧碑文(高麗篇3)』, 伽山佛教文化硏究院, 「開城靈通寺 住持智稱墓誌銘(1193년)」, 386~387쪽.

98) 崔滋, 「萬德山白蓮社圓妙國師碑銘幷序」『東文選』권117(民族文化推進會 影印本 3 冊, 459~461쪽).

99) 李智冠 譯註, 1997, 『歷代高僧碑文(高麗篇4)』, 伽山佛教文化硏究院, 「報恩法住寺 慈淨國尊普明塔碑文(1342년)」, 327~328쪽.

그 수를 헤아릴 수 없을 정도였다. 그 제자로서 재주가 뛰어나고 탁월한 이가 참으로 많았으나, 그 중에 대지국사 찬영이 더욱 걸출했다.101)

다수의 문인·제자에 의해서 스승의 교설은 전국의 여러 사원에 확산될 수 있었다. 대감국사 탄연은 宗風을 크게 떨치며 스승의 도를 드날려서 선종을 중흥했는데, 그의 업적이 사람들의 입을 통하여 사방으로 流傳했다고 함이 그 표현이었다.102) 가르침을 받은 제자에 의해 교설이 널리 전파되는 것이다.103) 국사나 왕사의 반열에 들었던 고승은 통상 수백에서 천여 명에 달하는 제자·문인을 남기고 있었다. 이들에 의해 사승의 교학이 확산될 수 있었다. 고승을 확보한 사원은 교설의 재생산에서 중요한 위치를 차지했다.

4. 佛敎 行事와 敎說 擴散

불교의 교설은 사원에서 설행되는 불교 행사를 계기로 해서도 弘布되었다. 통상 불교 행사에는 다수의 승려와 속인이 참석했으며, 이때 고승을 초빙해 불교 학문에 대한 강설이 이루어졌다. 사원의 각종 불교 의례나 행사는 불교 교설이 전수되고 확산되는 중요한 계기였다. 사원의 불교 행사 가운데 落成 行事가 교설의 확산에서 중요했다.104) 사원에서 건

---

100) 李達衷, 「王師大曹溪崇師一邛正令雷音辯海弘眞廣濟都大禪師覺儀尊者贈諡覺眞國師碑銘幷序」『東文選』권118(民族文化推進會 影印本 3冊, 482~483쪽).

101) 李智冠 譯註, 1999, 『歷代高僧碑文(朝鮮1)』, 伽山佛敎文化硏究院, 「忠州億政寺大智國師智鑑圓明塔碑文(1393년)」, 2쪽.

102) 李智冠 譯註, 1996, 『歷代高僧碑文(高麗篇3)』, 伽山佛敎文化硏究院, 「山淸斷俗寺大鑑國師塔碑文(1172년)」, 401쪽.

103) 이병희, 2009, 「고려시대 불교계의 네트워크」『사회적 네트워크와 공간』(이태진 교수 정년기념논총1), 태학사(본서 제5부 수록).

104) 韓基汶, 2003, 「高麗時代 定期佛敎儀禮의 成立과 性格」『民族文化論叢』27, 영남

축 공사나 營繕의 일이 종료된 뒤에는 으레 낙성 행사가 열리고 있었쪽.
이 행사는 경축의 의미를 담고 있기에 高僧이 초대되고 다수의 민인이
참여했으며, 불교 교설이 강론되었다.

대각국사 의천이 국청사의 낙성법회에서 설법했을 때, 천태종의 학자
와 여러 종파의 碩德 수천 명이 국사의 道風을 듣고자 모였다.105) 지리
산 수정사가 준공되자 낙성법회를 3일간 베풀었을 때, 엄천사의 수좌인
성선을 청하여 경문을 강설하게 했는데, 먼 곳과 가까운 곳에서 승려와
속인이 몰려와서 교화가 성대히 베풀어졌다.106) 용보원을 창건하는 일
이 끝나고 낙성을 고했을 때 맞이한 이름난 승려가 1백 명이나 되었
다.107) 국청사·수정사·용보원이 개창되고 낙성법회가 열렸을 때 다수의
승려와 속인이 몰려들었다. 낙성을 경축하기 위한 행사였지만, 강설이
이루어짐으로써 불교 교설이 전수되고 확산되는 데 크게 기여했다.

최우가 강화도에 선원사를 창건하고 낙성할 때 크게 禪法會를 베풀었
는데, 이때 진명국사를 법주로 해서 국내의 고명한 승려 3천 명이 초청
받았다.108) 이름이 높은 禪師와 講師 등 1백 명을 초청하여 대장경 彫造
낙성법회를 운해사에 개설했을 때 보각국존 일연을 청하여 主盟으로 모
시고, 낮에는 金文을 독송하고 밤에는 宗趣를 담론했는데, 여러 대가들
이 의심하던 바를 일연이 모두 해박하게 분석하고 풀이했으니, 마치 흐
르는 물과 같이 유연하여 핵심적인 뜻이 귀에 쏙 들어와서 敬服하지 않

대 ; 李炳熙, 2004, 「高麗時期 落成行事의 設行」『文化史學』 21(同, 2009, 앞의
책 재수록) ; 李炳熙, 2004, 「高麗時期 佛敎行事 設行時 參席者와 施納行爲」『靑
藍史學』 10(同, 2009, 앞의 책 재수록).

105) 李智冠 譯註, 1996, 『歷代高僧碑文(高麗篇3)』, 伽山佛敎文化硏究院, 「仁同僊鳳寺
大覺國師碑文(1132년)」, 184~185쪽.

106) 權適, 「智異山水精社記」『東文選』 권64(民族文化推進會 影印本 2冊, 403~405쪽).

107) 李奎報, 「龍寶院新創慶讚疏」『東國李相國集全集』 권41(『韓國文集叢刊』 2冊, 128쪽).

108) 李智冠 譯註, 1997, 『歷代高僧碑文(高麗篇4)』, 伽山佛敎文化硏究院, 「昇州佛臺寺
慈眞圓悟國師靜照塔碑文(1286년)」, 165쪽.

는 이가 없었다.[109]

국청사 금당주불이 이루어진 것을 기념하여, 3일 동안 六山의 名德 3천여 명을 불러모아 크게 낙성 의식을 거행했다. 이때 법호사 주지가 설법했는데, 3일 동안에 성 안의 높고 낮은 四衆이 다투어 서로 왕래하여 설법을 듣고 인연을 맺은 자가 담장처럼 이어졌다.[110]

홍왕사의 홍교원이 낙성되어 廣學會를 개최했을 때 15일간 200명의 승려가 참여했으며, 왕성 내외의 士女들로서 분주하게 공양하는 자들을 이루 다 헤아릴 수 없었다. 외우고 읽고 강론하는 것이 마치 석가여래의 설법을 직접 듣는 것 같이 성대했다.[111]

보광사가 준공되자, 화엄법회를 크게 열어 낙성식을 했는데, 모인 대중이 3천 명이고, 날 수로는 50일이었다. 분주히 다니는 남녀들과 공양하고 찬탄하는 이가 골짜기를 메우고 산등성이에 넘쳐서 셀 수가 없었다.[112]

丹本 대장경을 갖추는 일을 마치게 됨에 낙성 의식을 베풀어서 1천 명의 승려들을 모아 석 달 간의 큰 법회를 열어 경전을 연설하는데 손과 눈이 서로 웅하며, 말을 통하여 진리를 찾으니 입과 마음이 서로 통했다. 어떤 이는 禪定과 지혜를 힘써서 자기의 마음을 비추어 보게 되며, 어떤 이는 禮經과 염불을 부지런히 행하여 묵은 업장을 참회하여 없애니 法輪이 크게 퍼지고 지혜의 거울이 두루 비추었다.[113]

공민왕 15년(1366)에 侍中 柳濯이 경영하던 진종사의 공사가 완료되었을 때, 운치 있는 승려 33인을 초청하여 화엄법회를 열고 낙성을 축하

109) 李智冠 譯註, 1997, 『歷代高僧碑文(高麗篇4)』, 伽山佛敎文化硏究院, 「軍威麟角寺普覺國尊靜照塔碑文(1295년)」, 192쪽.
110) 閔漬, 「國淸寺金堂主佛釋迦如來舍利靈異記」『東文選』 권68(民族文化推進會 影印本 2冊, 441~443쪽).
111) 李穀, 「興王寺重修興敎院落成會記」『稼亭集』 권2(『韓國文集叢刊』 3冊, 112~113쪽).
112) 李穀, 「重興大華嚴普光寺記」『稼亭集』 권3(『韓國文集叢刊』 3冊, 116~117쪽).
113) 釋宓菴, 「丹本大藏慶讚疏」『東文選』 권112(民族文化推進會 影印本 3冊, 387쪽).

했다.114) 보각국사 혼수가 서운사 주지로 취임하여 僧堂을 창건하고 廊
廡를 보수하고 낙성에 즈음해 크게 禪會를 개최하니 사부대중이 소문을
듣고 찾아와 친견하는 자가 많았다.115) 진종사·서운사의 낙성 행사는 화
엄법회나 선회의 이름으로 베풀어졌으며, 불교 교설을 강론함으로써 다
수의 사람이 이를 들을 수 있었다.

사원을 창건하거나 중수와 중창을 완료하는 경우, 또 사원 내 특정
시설을 갖추는 경우에 이처럼 성대하게 낙성식을 거행했는데, 이때 불법
을 설하는 자리를 만들었다. 수 백에서 수 천에 이르는 다수의 승려와
속인이 낙성 행사가 열리는 사원에 몰려와 불법을 들었다. 법회는 하루
에 그치는 것이 아니라 수십 일 동안 지속하는 수가 많았다. 사원의 낙
성 행사를 계기로 불교의 교설이 승려와 속인에게 크게 확산되어 영향을
끼칠 수 있었다.

낙성식만이 아니라 사원의 다양한 행사에 다수의 승려와 속인이 모여
서 불법을 들을 수 있었다. 華嚴法會도 하나의 예였다. 홍왕사는 문종이
창건했으나, 그 뒤 30년 동안 교의가 점점 쇠퇴했는데, 제자들이 공손히
遺志를 이어 重興하기를 생각하고, 대각국사의 수제자 戒膺과 학도 160
명을 초청하여, 弘敎院에서 약 21일 동안 화엄법회를 열었다. 장로들로
하여금 모여서 바다같이 무진장한 교리를 연설하게 했다. 이러한 화엄법
회를 계기로 교설이 부흥하기를 기원했던 것이다.116)

수원 만의사의 화엄법화법회는 21일간 진행했다. 대천태종사 국일도
대선사 현견 등 승려 330명을 초청했는데 모두 천태종의 덕이 높은 승려
들이었다. 外護는 전 홍제사 주지 대선사 명일 등 190명이었으며, 執事

---

114) 李穡, 「眞宗寺記」『牧隱文藁』권1(『韓國文集叢刊』5冊, 6~7쪽).
115) 李智冠 譯註, 1999, 『歷代高僧碑文(朝鮮篇1)』, 伽山佛敎文化硏究院, 「忠州靑龍寺
普覺國師幻庵定慧圓融塔碑文(1394년)」, 33쪽.
116) 金富軾, 「興王寺弘敎院華嚴會疏」『東文選』권110(民族文化推進會 影印本 3冊,
363~364쪽).

는 감원선사 각항 등 190명이었다. 처음에는 華嚴三昧懺儀를 열고, 계속
『妙法蓮經環師疏解』를 강설했다.117) 홍왕사 홍교원과 만의사의 법회는
승려를 중심으로 진행된 것으로 보인다.

선회에도 많은 승려와 학인이 몰려들었다. 정각국사 지겸의 이름이
알려지자, 무릇 중앙과 지방에서 선회를 열 때에는 곧 국사를 청해다가
주관하게 했고, 국사도 또한 선종의 법을 전하여 사람을 제도하는 일을
자기의 임무로 삼았다. 신종 2년(1199) 進禮郡에서 선회를 베풀고 주관
할 사람을 청하니, 국왕이 국사에게 명하여 가게 했다.118)

사원에서 베풀어지는 다양한 행사에서는 불교 교설에 대한 강론과 토
론이 있었다. 사원의 행사에 참석한 승려에 의해 전국으로 교설이 확대
될 수 있었다. 그리고 이러한 행사에는 속인도 다수 참석하고 있었기 때
문에 속인에게 불교의 가르침이 널리 알려지는 계기가 되었다. 사원에서
특정 사안을 계기로 설행되는 행사 이외에도 크고 작은 각종 법회가 열
렸으며, 이것을 계기로 해서 불교 교설이 널리 전파될 수 있었다. 다양한
행사는 대부분 사원에서 베풀어지는 것이기에 사원은 불교 교설의 전수
와 확산에서 가장 중요한 공간이었다.

개경의 사원이나 궁궐에서 불교 교설을 강의할 경우 그 파급력이 매
우 컸다. 개경 내외의 대사원에서 설행한 다수의 불교 행사도 본래의 종
교적 기능 이외에 불교 교설이 전수되고 확산되는 데 중요한 계기였다.
공민왕때 원중국사 보우를 청하여 개경의 봉은사에서 법회를 열었는 바,
선종 승려와 교종 승려가 다수 모였다. 공민왕도 친히 법회에 임석했는

---

117) 權近,「水原萬義寺祝上華嚴法華會衆目記」『陽村集』권12(『韓國文集叢刊』7冊,
132~133쪽).
118) 李奎報,「故華藏寺住持王師定印大禪師追封靜覺國師碑銘」『東國李相國集全集』
권35(『韓國文集叢刊』2冊, 62~64쪽). 고려후기 자주 설행되는 禪會에 관해서는
안지원, 2011,「고려후기 금석문을 통해 본 불교의례의 새로운 동향」『역사와 현
실』80 참조.

데, 보우는 법상에 올라서 宗旨를 천양했다.119)

우왕대에 보각국사 혼수로 하여금 개경의 광암사에 白傘蓋道場인『능엄경』법회를 50일간 열어 천재지변이 없도록 기원하게 했는데 이때 저명한 많은 유학자와 고승이 참여하여 이를 청취했다.120) 국가의 주최로 연복사에서 轉藏法會를 열었을 때 무학왕사 자초를 청하여 主席으로 삼았다.121) 화엄종사 우운을 松京 법왕사로 맞아들여 그로 하여금 宗風을 부식하고 후학을 깨우치도록 했다.122) 봉은사·광암사·연복사·법왕사에서 고승이 행사와 설법을 주관했을 때 승려가 모였을 뿐 아니라 속인도 참가했고, 때로는 국왕도 참석했다. 저명한 승려가 베푸는 가르침은 동석한 다른 승려에 의해 전국적으로 확산될 수 있었으며, 또한 참석한 속인에 의해 세속 사회에 크게 파급될 수 있었다. 개경의 사원에서 교설을 강론하는 것은 외방 소재 사원의 경우보다 그 파급력이 클 수 있었다.

승과 시험을 계기로 해서도 불교의 교설이 공유되고 전파되었다. 초학 승려들이 공부한 결과는 승과에서 발휘되는 수가 많았다.123) 승과에서는 다수 승려 상호 간에 문답과 토론이 이루어짐으로써 자신의 깨달음과 공부의 경지를 파악하고 알릴 수 있었다.

정현은 미륵사의 五敎大選에서 번갯불과 같이 민첩한 변설을 날림으로써 명성을 講場에 떨쳤으며 이로 인해 칭송이 談會에 쟁쟁했다.124) 지광

119) 李智冠 譯註, 1997,『歷代高僧碑文(高麗篇4)』, 伽山佛敎文化硏究院,「楊州太古寺 圓證國師塔碑文(1385년)」, 451쪽.
120) 李智冠 譯註, 1999,『歷代高僧碑文(朝鮮篇1)』, 伽山佛敎文化硏究院,「忠州靑龍寺 普覺國師幻庵定慧圓融塔碑文(1394년)」, 35쪽.
121) 李智冠 譯註, 1999,『歷代高僧碑文(朝鮮篇1)』, 伽山佛敎文化硏究院,「楊州檜巖寺 無學王師妙嚴尊者塔碑文(1410년)」, 83쪽.
122) 鄭道傳,「送華嚴宗師友雲詩序」『三峰集』 권3(『韓國文集叢刊』 5冊, 342쪽).
123) 許興植, 2005,「고려의 승과제도와 그 기능」『고려의 과거제도』, 일조각. 이 글에 따르면, 승과 시험에서는 주제에 대해 공개 토론의 방법을 택해 승려를 선발했다고 한다.
124) 李智冠 譯註, 1995,『歷代高僧碑文(高麗篇2)』, 伽山佛敎文化硏究院,「竹山七長寺

국사 해린은 왕륜사 大選場에 나아가서 談經 시험을 보았는데, 그의 말은
평범하나 그 뜻은 매우 심오했다. 시험의 문제는 같았으나 국사의 답안은
다른 사람들보다 특이했다. 토의하는 廣場에서는 주위로부터 집중적인 공
세를 받았으나 모두 논리에 항복하고 부처께로 귀화한 것과 같았다.[125]

원진국사 승형은 宗門의 원로와 大德들이 모두 강하게 권하므로, 광
명사 選佛場에 나아갔다. 여기에서 어려운 질문에 대답하니, 마치 空虛
에 전하는 소리와 같으며, 유창하여 날아가는 듯한 변론이 암벽에서 떨
어지는 물과 같아 듣는 사람들이 감동하여 눈물을 흘리지 않는 이가 없
었다. 그리하여 선불장에 참석한 中使와 證官과 碩德들이 모두 床에서
내려와 공손히 서서 경청했으므로, 上上品 승과에 발탁되었다.[126]

공민왕이 광명사에서 功夫選場을 베풀었을 때 禪教 兩宗의 山門衲子
들이 대거 몰려들었다. 나옹에게 명하여 시험을 주관하게 하고, 왕도 친
히 臨席했다. 나옹이 한 마디의 질문을 던지자, 모두 차례로 들어가 대답
하되 긴장된 모습으로 몸을 구부려 떨면서 진땀을 흘렸다. 그러나 모든
응시자의 대답은 맞지 아니했다. 혹자는 理에는 통했으나 事에는 걸리고,
어떤 이는 중언부언 횡설수설하다가 一句의 질문에 문득 물러가기도 했
다. 혼수선사 환암이 최후에 와서 깨달음의 3단계와 3가지 觀法에 대하
여 낱낱이 문답했다.[127] 미륵사·왕륜사·광명사에서 시행된 승과 시험에
서는 각 승려가 깨우친 내용을 토론과 답을 통해 제시하도록 되어 있었
다. 여기에서 불교 학문이 공개적으로 논의되고 소통될 수 있었다.

慧炤國師碑文(1060년)」, 301쪽 ; 남동신, 2011, 앞의 논문.

125) 李智冠 譯註, 1995, 『歷代高僧碑文(高麗篇2)』, 伽山佛教文化研究院, 「原州法泉寺
智光國師玄妙塔碑文(1085년)」, 350쪽.

126) 李智冠 譯註, 1997, 『歷代高僧碑文(高麗篇4)』, 伽山佛教文化研究院, 「清河寶鏡寺
圓眞國師碑文(1224년)」, 94쪽.

127) 李智冠 譯註, 1997, 『歷代高僧碑文(高麗篇4)』, 伽山佛教文化研究院, 「楊州檜巖寺
禪覺王師碑文(1377년)」, 349쪽 ; 李智冠 譯註, 1999, 『歷代高僧碑文(朝鮮篇1)』, 伽
山佛教文化研究院, 「忠州青龍寺普覺國師幻庵定慧圓融塔碑文(1394년)」, 33쪽.

국왕 앞에서 설법하는 경우 그 승려의 위치가 높아져서 영향력을 발
휘할 수 있는 여지가 커지게 되었다. 궁궐 안에서 불법을 베푸는 경우
장소가 사원은 아니었지만, 그 파급력은 상당했을 것이다. 원종대사 찬
유가 宮內의 重光殿에서 法會를 열자, 광종이 禪悅에 잠겼으며 정성을
다했다.[128] 지광국사 해린은, 궁중의 높은 섬돌을 밟고 법상에 올라 앉
아 法雨를 내려주어 眞理를 표하고 正法을 나타내었다. 만나기 어려운
미묘한 법문을 들은 국왕이 마음에 크게 감동했다. 문종이 즉위하자 다
시 국사를 궁궐로 초빙하여 唯心에 대한 妙義를 강설케 했다.[129] 문종과
선종은 등관승통 창운을 궁궐로 모셔다 스승으로 삼고, 항상 경전의 뜻
을 물었다.[130] 숙종이 왕위를 계승하자, 혜덕왕사 소현을 청해 法主로
모시고, 『仁王經』을 강설하게 했다.[131] 숙종이 잠저에 있었을 때 도량을
개설하고 원경왕사를 칭하여 講主로 모셨는데, 道俗의 청중이 무려 수백
명에 달했다. 그리고 원경왕사는 국가의 수해와 한해 등 천재지변이 있
을 때 국리민복을 비는 법요행사에 초빙받아 항상 『화엄경』을 독송했
다.[132] 국가에서 百座會를 개설했을 때 통소승통 지칭이 법회를 주관한
일이 있었다.[133] 壽昌宮 和平殿에서 金光明法會를 베풀고, 원각국사 덕
소를 청하여 會主로 추대했다.[134] 현오국사 종린이 宮內의 도량에서 강

---

128) 李智冠 譯註, 1995, 『歷代高僧碑文(高麗篇2)』, 伽山佛敎文化硏究院, 「驪州高達院
    元宗大師惠眞塔碑文(975년)」, 21쪽.
129) 李智冠 譯註, 1995, 『歷代高僧碑文(高麗篇2)』, 伽山佛敎文化硏究院, 「原州法泉寺
    智光國師玄妙塔碑文(1085년)」, 351~352쪽.
130) 李智冠 譯註, 1995, 『歷代高僧碑文(高麗篇2)』, 伽山佛敎文化硏究院, 「開城弘護寺
    等觀僧統窷雲墓誌銘(1104년)」, 402~403쪽.
131) 李智冠 譯註, 1996, 『歷代高僧碑文(高麗篇3)』, 伽山佛敎文化硏究院, 「金溝金山寺
    慧德王師眞應塔碑文(1111년)」, 29쪽.
132) 李智冠 譯註, 1996, 『歷代高僧碑文(高麗篇3)』, 伽山佛敎文化硏究院, 「陜川般若寺
    元景王師碑文(1125년)」, 76쪽.
133) 李智冠 譯註, 1996, 『歷代高僧碑文(高麗篇3)』, 伽山佛敎文化硏究院, 「開城靈通寺
    住持智稱墓誌銘(1193년)」, 386~387쪽.

론했는데 청중이 날마다 경청하고 조금도 게을리하는 이가 없었다.[135]

궁궐에서 국왕을 상대로 승려가 설법하는 일이 종종 있었다. 국왕 이외에도 신료들이 참석하고 기타 다수의 속인이 경청하기도 했다. 이를 계기로 불교 교설이 전수되고 확대됨은 당연한 일이었다.

5. 高麗末 教學 活動의 不振

고려말이 되면 僧政은 국가가 주도하던 것에서 벗어나 특정 개인 승려 독단으로 처리하는 일이 잦아졌다. 그리고 승과 시험이 시행되는 빈도가 크게 줄어들었다.[136] 승려를 선발해 승계를 수여하던 승과가 자주 시행되지 않았다는 것은 불교 교설의 활발한 소통과 전수가 그만큼 부진해졌음을 의미한다.

승려들은 사원에서 다수의 사람과 접촉하면서 문답하고, 경전을 공부하고, 참선 수행을 했다. 결사를 구성해 집단 수행하는 것이나 승과에서 집단 토론을 하는 것은 그러한 예였다. 그러나 고려말기에 가면서, 여럿이 단체를 구성해 생활하는 것이 아니라 홀로 고립해서 수행하는 예가 많아졌다. 이것은 교설의 발달에 적지 않은 지장을 주었다. 불교 교설이 소통과 설득의 면에서 상대적으로 약화될 수 있었다.

혜근은 회암사로 가서 주야로 홀로 앉아 정진하다가 홀연히 깨달음을 얻었다.[137] 스스로 정진하던 중에 깨달음을 얻은 것이다. 스승으로부터

---

134) 李智冠 譯註, 1996, 『歷代高僧碑文(高麗篇3)』, 伽山佛教文化研究院, 「永同寧國寺 圓覺國師碑文(1180년)」, 454쪽.

135) 李智冠 譯註, 1996, 『歷代高僧碑文(高麗篇3)』, 伽山佛教文化研究院, 「龍仁瑞峯寺 玄悟國師碑文(1185년)」, 473쪽.

136) 許興植, 1986, 「僧政의 紊亂과 宗派間의 葛藤」 『高麗佛教史研究』, 一潮閣 ; 허흥식, 2005, 「고려의 승과제도와 그 기능」 『고려의 과거제도』, 일조각.

지도를 받아 득도한 것이 아니라 홀로 정진하다가 깨달음을 얻었다는 것
이다.

정지국사 지천은 중국에서 귀국하여 香山으로 들어갔다가 오대산·소
백산·지리산·미지산 등을 편력했는데, 이르는 곳마다 반드시 외진 방에
홀로 물러앉아 있을 뿐 여러 사람들의 모임에 어울리지 않았다. 항상 말
과 웃음이 적고 근엄하기만 했다. 간혹 道의 요지를 질문하는 자가 있으
면, 그 물음에 따라 대답하되 드물게 말하여 자신이 탐구하게 하고, 묻지
않으면 말하지 않았다.138) 지천의 가르치는 방식은 개성의 표현일 수도
있지만, 가르치는 데 열의를 보였던 전통과는 거리가 있는 것이다. 가르
침에 대한 열정이 상대적으로 약했음을 의미하는 것으로 이해된다.

달공이라는 승려는 처음에 지공을 섬겼고, 뒤에는 여러 곳을 參榜했
다. 매양 홀로 깊은 산중의 인적이 드문 곳에서 지내며, 빛을 감추고 종
적을 숨기어 외물이 그 뜻을 어지럽히지 않도록 했다. 언제나 동굴 속에
서 살았는데, 사냥꾼 두어 사람이 그 곁에 막사를 치므로, 그들이 보고서
사람들에게 말할까 하여, 곧 나갔다가 와서 그들과 함께 자며, 마치 지나
가다가 길을 잃은 사람처럼 하다가 다음 날은 또 다른 곳으로 옮겼다.
그가 뜻을 가다듬고 고행하며, 자신의 행적을 감추려고 힘씀이 대개 이
러했다.139) 승려들이 공동 수행하는 일이 적었으며, 높은 경지에 오르더
라도 많은 제자를 적극 양성하지 않았다. 가르침에 대한 고승의 열정이
부족함을 엿볼 수 있다. 다른 한편으로 고승으로부터 배우고자 하는 젊
은 승려의 열정도 크게 식어 갔음을 읽을 수 있다.

글자를 알지 못하는 승려가 보이는 것도 교학 활동의 부진을 보여주는

---

137) 李智冠 譯註, 1997, 『歷代高僧碑文(高麗篇4)』, 伽山佛敎文化硏究院, 「楊州檜巖寺
    禪覺王師碑文(1377년)」, 350쪽.
138) 李智冠 譯註, 1999, 『歷代高僧碑文(朝鮮篇1)』, 伽山佛敎文化硏究院, 「砥平龍門寺
    正智國師碑文(1398년)」, 67쪽.
139) 權近, 「達空首座問答法語序」『陽村集』 권17(『韓國文集叢刊』 7冊, 183쪽).

것이다. 太學生 吳仝이 삼각산 승방에서 독서할 때의 일이었다. 어떤 사람이 亡人의 천도재를 올리러 와서 香卓 위에다 기도문을 올려놓았는데, 그때 마침 승려 중에는 문자를 아는 자가 없었다.[140) 위에서 언급한 바 있는 달공이라는 승려는 글을 알지 못하여, 參究하기를 언제나 마음으로 하고 문자로는 하지 않았다. 그러므로 그의 말은 간단하고 절실했다.[141)

수선이라는 승려가 나이 20이 되어 불교의 책을 배웠으나 과거에 공부할 적과 다름이 없었다. 사원에서 머무를 때마다 제대로 맡은 일에 성의가 없다는 것으로 책망을 들었다. 그는 다시 사불산 대승사에 이르러 13명의 승려와 結夏의 의식을 행하여 석달 동안 벽을 바라보고 있으면서 탐구하여 보았는데, 효과가 없었다.[142) 공부의 진척을 보이지 않는 승려의 모습을 수선이라는 승려에서 확인할 수 있는 것이다. 권근이 陽村에 있었을 때 승려 혜진이 와서 글 배우기를 청했다.[143) 종전에는 승려가 속인을 가르치는 일이 많았는데, 오히려 승려가 속인에게서 배움을 청하는 것이다. 이러한 예는 승려들의 교학 활동이 부진함을 상징하는 예라 하겠다. 승려의 지적 수준이 크게 떨어지고 있음을 뜻하는 것이다. 이러한 조건 하에서 불교 학문이 깊이 연구되고 후학에게 활발하게 전수되는 일은 어려워져 갔을 것으로 보인다.

인가해 줄 고승이 없다는 것도 이 시기의 문제였다. 묘엄존자가 鎭州의 길상사에 살았으며, 묘향산 금강굴에 머물렀는데, 공부가 더욱 진보했다. 간혹 잠을 자게 되면 마치 종이나 경쇠를 쳐서 깨우는 자가 있는 것 같았는데, 이때에 환하게 깨닫는 바 있어 스승을 찾아 질의하고 싶은 마음이 급급했다. 묘엄존자는 몸을 빼쳐 燕京으로 달려갔다.[144) 인가

---

140) 李穡, 「吳仝傳」『牧隱文藁』권20(『韓國文集叢刊』5冊, 170~171쪽).
141) 權近, 「達空首座問答法語序」『陽村集』권17(『韓國文集叢刊』7冊, 183쪽).
142) 李詹, 「守禪傳」『雙梅堂篋藏集』권23(『韓國文集叢刊』6冊, 362~363쪽).
143) 權近, 「拙齋記」『陽村集』권11(『韓國文集叢刊』7冊, 129~130쪽).
144) 李智冠 譯註, 1999, 『歷代高僧碑文(朝鮮篇1)』, 伽山佛敎文化硏究院, 「楊州檜巖寺

를 해줄 승려가 없어 중국에 건너가는 것을 볼 수 있다.[145] 승려가 성취한 바를 인증해 주고 다음 단계를 안내할 고승을 찾는 것이 어려웠음을 의미하는 것이다.

이 시기 兼學의 전통이 약화되었다는 점도 간과할 수 없다. 종전의 승려들은 교종 승려인 경우에도 선종에 대한 이해가 있었고, 선종 승려도 교종에 대해 깊은 이해를 하고 있었다. 승려들은 불교 전반에 대해 해박한 지식을 갖고 있었을 뿐만 아니라 유학 공부에서도 상당한 경지를 보이고 있었다. 이렇듯이 여러 학문 분야를 겸통하고 있었지만 말기에 오면 이러한 겸학의 모습은 크게 약화되었다. 종전 사원에서 보였던 활발한 학문 전수 활동은 몇몇 소수의 승려를 보유한 사원 이외에는 크게 부진한 모습을 나타냈다. 이는 교학의 전수와 확산이 부진해졌음을 의미하는데, 전반적인 불교계의 동요 속에서 오는 자연스런 귀결이었다.

6. 結語

고려시기 승려의 교학 활동은 사원에서 집중적으로 이루어졌다. 불교의 교설이 유학과는 다르고, 출가의 동기나 목적이 세속인의 공부와 큰 차이가 있으므로 학문의 내용이나 수학의 방법도 상당한 차이가 있었다.

無學王師妙嚴尊者塔碑文(1410년)」, 81쪽.

145) 강호선, 2001, 「충렬, 충선왕대 임제종 수용과 고려불교의 변화」『한국사론』46, 서울대 국사학과 ; 황인규, 2006, 「고려후기 선종산문과 원나라 선풍」『중앙사론』 23, 한국중앙사학회 ; 황인규, 2007, 「고려후기 사굴산문 수선사 고승과 중국 불교계」『불교학보』47 ; 강호선, 2012, 「고려말 선승(禪僧)의 입원유력(入元遊歷)과 원(元) 청규(淸規)의 수용」『한국사상사학』40 ; 최연식, 2013, 「眞覺國師 千熙의 生涯와 思想」『文化史學』39 ; 김상현, 2013, 「眞覺國師 千熙의 佛敎史的 位相」『文化史學』39.

승려는 출가한 직후에 경전에 대한 기본 소양을 익힌 후 운수납자로
서 여러 곳을 떠돌았다. '尋師訪道'로 표현되었는데, 이 과정에서 고승을
만나서 배움을 얻었으며, 동료를 만나 함께 정진하기도 했다. 결사를 구
성해 집단으로 수행하는 일도 적지 않았다. 이러한 수학과 수행의 과정
에서 깨달음의 경지를 맛보기도 했다. 승려들은 대체로 소속 종파의 교
설에 정통했지만 타 분야 불교 교리에 대해서도 상당한 이해를 했고, 또
한 유교에 대해 깊은 소양을 보이는 수도 많았다.

고승으로 알려진 승려가 거처하는 사원에는 다수의 승려들이 몰려들
었다. 師僧은 제자를 가르치는 데에 상당한 열의를 보였는데, 가르치는
내용이나 방법에는 승려마다 꽤 차이를 보였다. 하산소에서 최후의 가르
침을 베풀어 깊은 인상을 주는 수도 있었다. 師僧의 학문은 가르치고 지
도하는 과정을 거쳐 후학들에게 전해졌다. 제자의 수는 많게는 1천 명을
상회하는 수도 있었다. 이들 후학에 의해 스승의 학문은 전국적으로 확
산될 수 있었다. 활발한 학문 전수 활동이 가능한 사원은 고승을 확보한
경우였다.

불교 교설은 사원에서 설행되는 각종 행사를 계기로 해서 확산되는
특징을 보였다. 특히 낙성 행사를 계기로 해서 다수의 승려와 속인이 사
원에 모였을 때 고승이 불교 교리를 설파하는 것은 매우 흔한 일이었다.
여러 날 계속되는 이러한 행사에서 불교의 가르침을 들은 이들에 의해
불교 교설이 널리 전파될 수 있었다. 개성 내외의 사원에서 성대하게 거
행되는 행사도 종교적 기능 이외에 불교 교설이 확산되는 데 중요한 계
기로 작용했다. 국왕의 초청으로 고승이 궁궐에서 불법을 강설하는 일도
허다했는데, 이것도 불교 교설이 전국으로 전파되는 데 매우 중요했다.
승과 시험에서도 집단 토론과 문답이 이루어졌는데 이것도 불교 교설의
확산에 기여했다.

고려말에 이르면 승려들이 집단을 이루어 수학하거나 수행하는 것에

서 홀로 고립해서 수행하는 일이 많아지며, 문자 학습을 소홀히 하는 예도 보인다. 師僧의 가르치는 열정이 떨어지고, 학인의 공부에 대한 지적 갈증이 크게 감소했음이 확인된다. 그리고 다양한 학문을 겸해서 공부하는 일이 드물어져 가는 것도 하나의 추세였다. 승정 운영이나 승과제 실시가 동요한 것은 사원에서의 학문 활동이 부진해짐을 초래하는 배경이 되었다.

   이 글에서는 사원에서의 교학 활동을 교설이 전수되고 전파되는 데에 초점을 두고 살피었다. 사원을 중심 무대로 이루어진 이러한 활동의 결과, 불교 교설이 승려에게 널리 전수되고, 세속 사회에도 큰 영향을 끼칠 수 있었다. 불교 교설을 중심으로 한 사회적 담론은 이러한 방식으로 형성 확산될 수 있었다. 불교 학문에 대해서 내면적인 경험에 전제되어야 풍부하고 또 제대로 된 기술을 할 수 있겠지만, 여기서는 유학자가 남긴 자료를 기초로 외부 관찰자의 시각에서 언급하는 데 그쳤다.

〈부록 1〉 승려들이 운수납자로서 살아가는 모습

승려명	운수납자로서 살아가는 모습	전 거
진철대사 이엄	출가한 후 德良法師에게서 반년 이내에 경·율·논 삼장을 두루 통달한 뒤 도를 묻기 위해 四方으로 스승 찾기를 결심하고는 행장을 꾸려 산을 내려와 돌아다녔다.	「海州廣照寺眞澈大師寶月乘空塔碑文」
원종대사 찬유	출가한 뒤 얼마되지 않아 妙理를 연구하고 깊이 玄機를 깨달았다. 그 뒤 그는 사방으로 부지런히 스승을 찾아 다녔다.	「驪州高達院元宗大師惠眞塔碑文」
법인국사 탄문	승려 중에 참된 선지식이나 오래된 事跡을 빼놓지 않고 반드시 찾아 방문했다. 탄문은 莊義寺의 信嚴大德이 『雜華經』을 설하고 있다는 소식을 듣고는 찾아가서 『華嚴經』을 수학하며 독송했다. 그 후 그는 西伯山의 神朗이 각현이 번역한 80卷本『華嚴經』에 정통하다는 소식을 듣고 그에게 가서 화엄경의 강설을 들었다.	「海美普願寺法印國師寶乘塔碑文」
대감국사 탄연	慧炤國師에게서 佛法을 배워서 마침내 心厚를 전해 받은 후 각 지방을 다니면서 여러 禪院에서 정진했다.	「山淸斷俗寺大鑑國師塔碑文」
원각국사 덕소	승과에 합격하고서도 여러 지방으로 遊歷했다.	「永同寧國寺圓覺國師碑文」
보조국사 지눌	불교를 배우되 일정한 스승을 두지 않고, 오직 도덕이 높은 스님이면 곧 찾아가서 배웠다. 창평 청원사에서, 우연히『육조단경』을 보다가 어느 구절을 보고서 미증유의 경지를 얻었다. 이때부터 명리를 싫어하고 항상 깊은 산중에 숨어 각고 정진하면서 도를 닦았다. 그 뒤 下柯山 普門寺에서 대장경을 열람하다가 李長者가 지은『華嚴論』을 보고 거듭 信心을 일으켜 화엄경의 오묘한 이치를 찾아내었다. 이후 지리산 上無住庵에 隱居하고서 모든 外緣을 물리치고 오로지 內觀에만 전념했다. 이곳에서 정진하는 여가에 大慧普覺禪師의 語錄을 보다가 마음에 깨달음이 있었다.	「順天松廣寺佛日普照國師碑銘」
원진국사 승형	승과에 합격했지만, 名利에 대하여 전혀 마음에 芥滯함이 없고, 다만 두루 名山勝地를 巡遊코자 했다. 조계산으로 가서 普照國師를 參訪하고 法要를 물은 다음, 강원도 강릉 오대산으로 가서 문수보살 앞에서 禮拜 祈禱를 하고 冥感을 받았다. 이어 춘천 淸平山으로 眞樂公의 유적을 답사하면서 金富轍이 지은 「文殊寺記」에서 진락공이 門人들에게 "『首楞嚴經』은 心宗을 證印한 것이므로 불교의 진리를 發明하고 있다." 라고 설했음을 보고 크게 감동을 받았다. 또한 聞性庵에 住錫하면서『능엄경』을 모두 열람하고, 諸相이 幻妄임을 통달하고, 반면 自心이 廣大함을 알고서야 비로소 능엄의 妙旨를 믿게 되었다.	「淸河寶鏡寺圓眞國師碑文」
진각국사 혜심	지리산 金臺庵의 宴坐臺 위에 눈이 쌓여 머리까지 묻혔으나, 오히려 우뚝하게 앉아 말라죽은 나무같이 움직이지 아니하니, 여러 사람들이 그가 죽은 것으로 짐작하고 흔들었으나 반응이 없었다.	「昇州月南寺眞覺國師圓炤塔碑文」

원묘국사 요세	출가한 뒤 禪門을 고루 순방하고 강론하는 자리를 두루 돌았다.	崔滋, 「萬德山白蓮社圓妙國師碑銘幷序」, 『東文選』 권117
진명국사 혼원	禪科에서 급제했으나, 세속을 다시 밟지 않기로 맹세하고 막대를 집고 두루 다녔다. 처음 雙峯의 辯 靑牛를 찾아 뵙고 수 년을 섬기어 그의 깊은 공부를 다 배우고, 다음 조계 혜심의 문하에 나아가 크게 칭찬을 받았다. 또 淸眞國師를 스승으로 삼았고, 이르는 곳마다 의심나는 것을 질문하여 그 깊은 뜻을 얻었다.	金坵, 「臥龍山慈雲寺王師贈諡眞明國師碑銘幷序」, 『東文選』 권117
보각국존 일연	구족계를 받은 뒤, 禪房으로 다니면서 참선하여 명성이 점점 높아졌다. 승과에 합격한 뒤에도 寶幢庵에 주석하면서 마음에 간절히 禪觀을 닦았다. 이후 無住庵에 주석하면서 항상 生界가 不滅하고, 佛界가 不增이라는 부처 말씀을 參究하다가 어느 날 홀연히 豁然大悟했다.	「軍威麟角寺普覺國尊靜照塔碑文」
원감국사 충지	講肆에서 경을 배웠고, 다시 叢林으로 가서 정진했다. 거주함에는 일정한 곳이 없고 가는 곳마다 自適했다.	「順天松廣寺圓鑑國師寶明塔碑文」
각진국사 복구	禪選에서 장원으로 급제한 뒤, 구름처럼 노닐면서 도를 찾고 흙덩이처럼 움직이지 않고 앉아서 마음을 관조했다. 산과 물의 경치 좋은 곳에 노닐고, 구름과 수풀 사이를 유유자적했다.	李達衷, 「王師大曹溪崇師一邱正令雷音辯海弘眞廣濟都大禪師覺儼尊者贈諡覺眞國師碑銘幷序」, 『東文選』 권118
원증국사 보우	城西의 甘露寺에서 지내던 어느 날 萬法歸一에 대한 화두를 참구하던 중 깨우침을 얻었다. 그 후 다시 栴檀園에서 안거하는 동안 趙州의 無字 話頭를 참구하다가 豁然大悟했다.	「楊州太古寺圓證國師塔碑文」
보각국사 혼수	금강산에서 수행할 때 마음을 다잡고 잠도 자지 않으며 잠시도 몸을 눕히지 않았다. 이와 같이 2년 동안 정진했다. 이후 禪源寺에 가서 息影鑑 和尙을 배알하고, 그에게 『능엄경』을 배워 깊이 그 진리를 터득했다.	「忠州靑龍寺普覺國師幻庵定慧圓融塔碑文」
무학왕사 자초	용문산에 이르러 慧明國師와 法藏國師에게 법을 묻고 부도암에 거처했다. 『능엄경』을 보다가 깨달은 것이 있어서 스승에게 알리자 칭찬을 들었다. 이로부터 잠자지 않고 밥 먹는 것도 잊은 채 참선에만 전심했다. 鎭州의 吉祥寺와 묘향산 금강굴에도 머물렀는데, 공부가 더욱 진보했다. 法泉寺의 懶翁에게 참례하니 나옹이 한 번 보고 깊고 큰 그릇이라고 생각했다. 禪定하고 있을 때에는 밥 먹을 때를 당하여도 알지 못하는 수가 있었다.	「楊州檜巖寺無學王師妙嚴尊者塔碑文」

* 전거가 李智冠 譯註, 『歷代高僧碑文』인 경우에는 간단히 제시했고, 그렇지 않은 경우는 자세히 표시했다(<부록 2>와 <부록 3>도 같음).

〈부록 2〉 배움을 청해 몰려드는 승려의 모습

師僧 이름	승려가 배움을 청해 몰려드는 모습	전 거
진철대사 이엄	김해부의 사원에 있을 때 벼와 삼밭처럼 대중이 열을 지어 모여들었다. 永同郡 남쪽에 토굴을 짓고 잠깐 머물렀을 때도 승려와 신도들이 소문을 듣고 찾아와 歸心하는 이가 많았다. 이후 해주의 남쪽 廣照寺에 있을 때, 약간의 문도를 거느리고 이 사원에 주석했는데, 이때에도 배우려는 학도가 방을 채우고, 참선하는 무리들이 당에 가득했다.	「海州廣照寺眞澈大師寶月乘空塔碑文」
원종대사 찬유	廣州 天王寺에 住持했을 때, 교화했다. 廣州 慧目山으로 이주했을 때에도, 사방 먼 곳에서 법문을 들으려는 사람들이 千里를 가깝게 여겨 구름처럼 모여와 바다와 같은 海會를 이루었다.	「驪州高達院元宗大師惠眞塔碑文」
법인국사 탄문	九龍山寺에서 화엄경을 강설했을 때, 法門을 청하는 자가 수를 헤아릴 수 없이 많았고, 門徒 또한 번창했다.	「海美普願寺法印國師寶乘塔碑文」
진관선사 석초	廣通普濟禪寺에 있을 때 대중들은 마치 어린아이가 어머니를 만남과 같이 여기며, 목마른 사람이 물을 얻음과 같이 여겼다. 한 해가 되지 않아 운집한 대중이 천 명에 이르렀다.	「山淸智谷寺眞觀禪師悟空塔碑文」
도승통 법경	현종대 玄化寺 창건 후 주지로서 후학을 가르칠 때, 사방의 학도들이 태양처럼 받들며 구름처럼 모여들어 1년이 되기 전에 천여 명의 무리가 모였다.	許興植 編著, 1984, 『韓國金石全文(中世上)』「開城玄化寺碑」
적연국사 영준	福林寺 주지로 있을 때 참선하는 무리가 몰려들어 문이 저자거리와 같았으며, 그 수가 천여 명에 이르렀다.	「陜川靈巖寺寂然國師慈光塔碑文」
원공국사 지종	그의 법문을 듣고 공부하기 위해 군은 신심을 가진 무리들이 벼와 삼처럼 列을 이루었다.	「原州居頓寺圓空國師勝妙塔碑文」
원융국사 결응	그의 법문을 듣기 위해 모여든 대중은 마치 아름다운 구슬이 즐비하게 늘어서듯, 또한 보배 구슬이 주렁주렁 매달린 숲과 같은 珍風景이었다.	「順興浮石寺圓融國師碑文」
대감국사 탄연	玄學하는 무리들이 몰려와서 항상 會下의 대중이 수백 명이나 되었다.	「山淸斷俗寺大鑑國師塔碑文」
덕겸	배우기를 요청하는 무리들이 구름과 안개처럼 그에게 모여들었다.	「圓證僧統德謙墓誌銘」
관오	주지로 머물던 곳이 모두 유명한 가람이었는데, 배우려는 사람들이 흠모하며 귀의했다.	「證智首座觀奧墓誌銘」
원각국사 덕소	蔚州 靈鷲山에 住錫했을 때, 지혜로운 이들이 여러 곳에서 모여들었으며, 四方의 學者들이 법을 청함이 날로 많아졌다.	「永同寧國寺圓覺國師碑文」
보조국사 지눌	사방으로부터 승려와 신도들이 그의 고매한 명성을 듣고 찾아와 수많은 대중이 운집했다. 심지어 명예와 벼슬과 妻子를 버리고 머리를 깎고 승려가 되어 함께 오기도 했으며 入社 修道하겠다는 王公·士庶들도 수백 명에 이르렀다.	「順天松廣寺佛日普照國師碑銘」
진각국사 혜심	보조국사가 입적한 뒤 들어가 수선사에서 법당을 여니, 사방의 학자 및 道俗의 高人 및 逸老들이 마치 구름이 달리듯, 그림자가 따르듯 마구 모여들었다. 公卿·貴戚과 사방의 方伯들이 소문을 듣고 그 道를 사모하여 혹은 멀리서 예를 갖추어 스승으로 섬기고, 혹은 친히 그 문하에 나아간 자도 있었다.	「昇州月南寺眞覺國師圓炤塔碑文」

진명국사 혼원	사방에서 학자들이 구름같이 모여들었다.	金圻,「臥龍山慈雲寺 王師贈諡眞明國師碑 銘幷序」『東文選』권 117
보각국존 일연	仁弘社 주지를 맡았을 때, 배우려는 승려가 구름처럼 모여들 었다.	「軍威麟角寺普覺國 尊靜照塔碑文」
원감국사 충지	甘露社에 있을 때, 道伴들이 운집하여 叢林을 이루어 法席이 울창 했다. 高僧·大德은 바람처럼 찾아오며 후진은 구름같이 모였다.	「順天松廣寺圓鑑國 師寶明塔碑文」
자정국존 미수	사방으로부터 學人들이 구름과 안개처럼 모여들어 그의 餘潤을 얻고자 했다. 公卿과 士大夫의 자제들 중 배움에 뜻을 둔 사람으 로 그의 문하에서 배출된 자가 매우 많았다.	「報恩法住寺慈淨國 尊普明塔碑文」

〈부록 3〉 고승이 후학을 가르치는 모습

師僧 이름	師僧이 후학을 가르치는 모습	전 거
진철대사 이엄	사람을 가르침에 있어 게을리하지 아니했다.	「海州廣照寺眞澈大 師寶月乘空塔碑文」
원종대사 찬유	隨機說法함은 깊은 골짜기에서 부는 회오리 바람 소리와 같았 고, 隨緣赴感하는 것은 연못에 비치는 달 그림자와 같았다.	「驪州高達院元宗大 師惠眞塔碑文」
혜소국사 정현	예리한 질문을 받으면 마치 鐘을 치듯 응해 주었다. 그에게 물으 면 얼음장같이 풀기 어려운 疑問이 모두 풀렸다.	「竹山七長寺慧炤國 師碑文」
혜덕왕사 소현	항상 講會마다 질서가 정연하여 條理를 잃지 아니했으며, 후학 을 가르치되 피곤함을 잊었다.	「金溝金山寺慧德王 師眞應塔碑文」
덕겸	온화한 표정과 말로 사람들을 대하면서 조리 있게 잘 이끌어 주 었다.	「圓證僧統德謙墓誌 銘」
지인	평생 사람들을 대접하면서 비록 지극히 미천한 사람이라도 꼭 같은 예로 대하여 주었으므로 사람들이 모두 제자가 되기를 원했다.	「廣智大禪師之印墓 誌銘」
대감국사 탄연	사람을 가르침에 있어 게을리하지 아니했다.	「山淸斷俗寺大鑑國 師塔碑文」
원진국사 승형	도를 전하고 가르침을 배우는 것을 의무로 여겨 無窮한 중생들 의 근기에 응했다. 法燈을 끊임없이 전하고, 혹은 經을 일러주되 마치 이 병의 물을 저 병으로 옮기는 것과 같이 하나도 漏落함 이 없었다. 그의 敎訓을 받은 이는 마치 適時에 내려 주는 甘雨 를 만남과 같은 희열을 느꼈다.	「淸河寶鏡寺圓眞國 師碑文」
자진원오 국사 천영	제자들을 循循히 잘 지도하여 그들로 하여금 성취하도록 했다.	「昇州佛臺寺慈眞圓 悟國師靜照塔碑文」

홍진국존 혜영	엄격하고 강직하며 말이 적고 피차에 대하여 전혀 교만한 마음이 없었으며, 어디에 있던지 후진에게 講授하는 것으로 업을 삼았다.	「大邱桐華寺弘眞國尊碑文」
자정국존 미수	항상 후진을 이끌어 지도하는 마음을 간직해서 비록 배우지 못한 童蒙들이 찾아와서 某書를 강하고 某書를 논해 주기를 청하면 기꺼이 그 요청을 받아들여 강설해 주었다.	「報恩法住寺慈淨國尊普明塔碑文」
보감국사 혼구	불경을 강의함은 하나로 그어 놓은 것 같이 했다.	李齊賢,「有元高麗國曹溪宗慈氏山瑩源寺寶鑑國師碑銘幷序」『益齋亂藁』권7
혜감국사 만항	모든 經文 가르치기를 마치 귀머거리가 트이듯 하고 취한 사람이 깨듯 하니, 제자가 7백 명에 이르게 되고 사대부로서 제자가 되어 입사한 사람을 이루 헤아릴 수 없었다. 개경에서 선종·교종의 이름난 승려들을 모아서 날마다 차례로 불법을 강론할 때, 만항이 찬양하고 잘못을 꾸짖는 것이 마치 바람이 이는 듯하며, 변론함이 물을 내려 쏟는 것 같았다.	李齊賢,「海東曹溪山脩禪社第十世別傳宗主重續祖燈妙明尊者贈諡慧鑑國師碑銘幷序」『益齋亂藁』권7
선각왕사 혜근	청중의 根機에 맞추어 설법해 주었다.	「楊州檜巖寺禪覺王師碑文」
보각국사 혼수	후배를 지도함에 있어서는 조금도 倦怠를 느끼지 아니했을 뿐 아니라 講解함이 명석하고 해박하여 찾아오는 제자가 한량없이 많았다.	「忠州青龍寺普覺國師幻庵定慧圓融塔碑文」

제3장 高麗時期 官僚의 佛敎界 連結網

1. 序言

고려시기 관료들은 여러 부류의 사람들과 관계를 맺으면서 활동했다. 그들은 친가는 물론 외가나 처가와도 깊이 연결되었으며, 수학하는 과정에서 스승이나 동학을 만났다. 그리고 과거에 급제하는 경우 동년 및 좌주문생 관계를 형성했으며,[1] 관료로 생활함으로써 선후배 관료들을 사귈 수 있었다. 같은 지역 출신의 사람과도 깊은 同鄕의식을 소유했다. 관료들은 이렇듯 다른 사람들과 다양한 관계를 가짐으로써 관료로서의 자세와 위치에 대한 자각을 높일 수 있었다. 물론 그들은 신분이나 계급이 다른 사람과도 관계를 맺으며 생활했다. 다양한 부류의 사람과 맺은 연결망을 통해 관료들은 폭넓게 소통할 수 있었다.[2]

관료들은 속인만이 아니라 당시 중심 종교인 불교와도 깊이 연결되었

---

1) 고려시기 과거를 통한 연결망 형성에 관해서는 채웅석, 2009, 「고려시대 과거를 통한 인간 관계망 형성과 확장」『사회적 연결망과 공간-이태진교수 정년기념논총1-』, 태학사 참조.

2) 최근에는 관료와 문인의 교류 및 소통, 연결망에 대한 관심이 증가하고 있다. 채웅석, 2011, 「고려 중·후기 耆老會와 開京 사대부 사회」『역사와 현실』79, 한국역사연구회 ; 문철영, 2014, 「이규보의 교유관계망을 통해 본 북송(北宋) 신유학 수용 양상」『역사와 담론』69, 호서사학회 ; 李貞薰, 2014, 「고려시대 관료들의 교유 목적과 수단-李奎報를 중심으로-」『한국중세사연구』39 ; 오치훈, 2014, 「고려시대 海東耆老會의 성립과 '耆老'의 의미 변화」『사총』83, 고려대 역사연구소 ; 김난옥, 2015, 「고려말 詩文 교류와 인적관계-辛裔를 중심으로-」『韓國史學報』61, 高麗史學會 ; 김효섭, 2019, 「고려 무신집권기 지배층의 관료생활과 인간관계-李奎報를 중심으로-」『한국중세사연구』57 ; 최봉준, 2019, 「죽림고회를 통해 본 무신정권기 문인들의 네트워크와 古文論」『學林』44, 연세사학연구회.

다. 사원·승려와 활발하게 교류함으로써 그들은 불교계에도 중요한 연결망을 형성했다. 당시의 사원은 종교 기능뿐만 아니라 문화적인 면에서 중요한 위치에 있었고, 또한 숙박의 기능도 담당했으며 유람의 장소로서도 중요했다. 사원은 정치세력의 중요한 일부를 구성했으며, 외침이 있을 때 막아내는 역할도 담당했다. 경제적인 면에서 사원은 재화의 생산과 분배, 소비에서 중요한 몫을 담당했고, 수공업 분야에서는 사원의 기술이 당시 수준을 좌우할 정도였다.

사원과 불교의 역할이 종교만으로 한정되지 않았기 때문에 관료들이 불교계와 맺는 관계도 종교적인 측면에 머물지 않았다. 관료는 승려들과 문학 작품을 주고받았으며, 유사시에는 사원으로부터 물리력을 이끌어 내기도 했다. 그들은 승려가 위세 떨치는 것을 돕는 후견인의 구실을 하기도 했다. 관료들은 또한 관직을 봉행함으로써 불교와 관련된 일에 다양하게 참여했다. 그럼에도 불구하고 관료가 신앙인으로서 승려로부터 法施를 받고 사원에 財施를 제공하는 것이 불교계와의 관계에서 일차적이었다고 생각한다.

관료가 불교계와 맺는 연결망은 다면적이어서 그것을 짧은 글로 전체상을 파악하는 것은 어려운 일이다. 이 글에서는 형성 계기를 중심으로 가장 기본적인 몇 측면에 한정해 살피고자 한다. 우선 가족생활과 관련해 관료가 불교계와 연결되는 양상을 검토하고자 한다. 관료는 가족이나 가문과 관련해서 불교계와 여러 차원에서 연결될 수밖에 없는 것이 당시의 현실이었다. 그리고 현직 관료로서 직무를 수행하고 또 奉命함으로써 불교계에 개입하며 이 과정에서 풍부한 연결망을 구축하기도 했다. 또한 관료가 개인 차원에서 사사로이 교유하는 경우도 매우 흔했다.

관료와 불교계의 연결 양상은 다양하고 복잡한 것이어서 세 측면의 접근만으로는 충분하지 못하다. 다수가 참여하는 불교 행사를 계기로 맺어지는 넓은 범위의 연결망도 검토할 필요가 있지만 다음 기회로 미루고

자 한다. 또한 관료의 불교계 연결망이 변동하는 양상에 대해서도 제대
로 살피지 못했다.

2. 家族 生活에서 형성되는 連結網

관료가 일차적으로 불교계와 관련을 맺는 것은 가족 관계에 기인한
다. 고려사회에서 관료를 비롯한 지배층에서 다수의 출가자가 배출되었
으며, 이들 가운데 승과에 합격해 승계를 제수받고 중요 사원의 주지를
역임하는 자가 많았다. 일부는 왕사·국사의 지위까지 올랐다. 자제나 族
人에서 승려가 배출되는 경우, 그 승려와 俗家는 매우 밀착된 관계를 맺
었다. 관료가 불교계와 필연적으로 연결되는 것은 이러한 승려 때문이었
다. 그리고 가족의 喪事와 제례의 봉행과도 관련해서 관료는 불교계와
긴밀한 관계를 맺었다.

관료 집안의 자제가 출가한 사례는 허다하다.3) 守大師 門下侍中 李子
淵의 다섯째 아들은 智光國師 海麟 밑에서 승려가 되었는데 뒷날 金山
寺의 주지를 역임한 慧德王師 韶顯이 바로 그였다.4) 韓安仁의 동생이
승려 永倫이었고, 文公美의 동생이 승려 可觀이었다.5) 崔惟淸의 경우 두
아들이 출가했으며,6) 최충헌은 아들 한 명을 靜覺國師 志謙에게 보내 머

---

3) 묘지명을 중심으로 검토한 연구에 따르면 출가한 자녀의 비율은 약 10% 정도였다
   (김용선, 2004, 『고려금석문연구』, 일조각, 127~130쪽). 묘지명을 남긴 이들은 관
   료 출신인 경우가 많았으므로 관료 가문에서 다수의 승려가 배출되었다고 할 수
   있다.
4) 李智冠 譯註, 1996, 『歷代高僧碑文(高麗篇3)』, 伽山佛敎文化硏究院, 「金溝金山寺
   慧德王師眞應塔碑文(1111년)」, 20~33쪽.
5) 『高麗史』 권97, 列傳10 韓安仁, 亞細亞文化社 影印本 下冊, 164~165쪽(이하 같음).
6) 『高麗史』 권99, 列傳12 崔惟淸, 下冊, 193~194쪽.

리를 깎음으로써 門徒가 되게 했다.7) 蔡洪哲의 경우 셋째 아들 先智가 출가하여 대선사의 위치에 있었으며,8) 判密直 右常侍 文翰學士 承旨 李 尊庇의 아들은 覺眞國師 復丘였다.9) 승련사 중창을 주도한 拙菴이란 승 려는 柳璥의 曾孫이자 이존비의 외손이었다.10) 그리고 이제현의 형은 화엄종 승려인 覺海 如公이었다.11) 몇 사례에서 볼 수 있듯이 고위 관료 의 자제가 출가해서 승려가 되는 것은 당시에 통상적인 일이었다.

세속을 벗어난 승려일지라도 속가와 긴밀한 관계를 맺고 있었다. 효 심이 지극한 승려의 경우 속가의 부모 봉양에 상당한 정성을 기울인 사 례가 전한다. 大鑑國師 坦然은 노모와 멀리 떨어져 있어 봉양하지 못하 는 것을 견디지 못하여 가까운 산 밖 동구에 자그마한 사원을 짓고 자주 왕래하면서 봉양했다.12) 정각국사 지겸의 경우에도 효심이 지극하여 시 주를 얻을 때 기이한 음식이 있으면 먼저 홀어머니에게 보내고 나서 자 신이 먹었다.13) 普覺國師 混修는 금강산에 들어가 정진 수행하던 중 어 머니가 애태우며 기다린다는 말을 듣고 즉시 돌아와 어머니를 뵙고 가까 이 우거했다.14) 탄연·지겸·혼수는 효심 때문에 특별히 언급되었지만 보

---

7) 李奎報, 「故華藏寺住持王師定印大禪師追封靜覺國師碑銘」, 『東國李相國集全集』 권35(『韓國文集叢刊』 2冊, 62~64쪽).

8) 李穀, 「有元奉議大夫 太常禮儀院判官 驍騎尉大興縣子 高麗純誠輔翊贊化功臣 三 重大匡 右文館大提學 領藝文館事 順天君蔡公墓誌銘」, 『稼亭集』 권11(『韓國文集 叢刊』 3冊, 162~163쪽).

9) 李達衷, 「王師大曹溪宗師一邛正令雷音辯海弘眞廣濟都大禪師覺儼尊者贈諡覺眞國 師碑銘幷序」, 『東文選』 권118(民族文化推進會 影印本 3冊, 482~483쪽).

10) 李穡, 「勝蓮寺記」, 『牧隱文藁』 권1(『韓國文集叢刊』 5冊, 7쪽).

11) 崔瀣, 「送盤龍如大師序」, 『拙藁千百』 권1(『韓國文集叢刊』 3冊, 6~7쪽).

12) 李智冠 譯註, 1996, 『歷代高僧碑文(高麗篇3)』, 伽山佛敎文化硏究院, 「山淸斷俗寺 大鑑國師塔碑文(1172년)」, 399쪽.

13) 李奎報, 「故華藏寺住持王師定印大禪師追封靜覺國師碑銘」, 『東國李相國集全集』 권 35(『韓國文集叢刊』 2冊, 62~64쪽).

14) 李智冠 譯註, 1999, 『歷代高僧碑文(朝鮮篇)』, 伽山佛敎文化硏究院, 「忠州靑龍寺普 覺國師幻庵定慧圓融塔碑文(1394년)」, 31~32쪽.

통의 승려도 출신 속가와 깊이 연결되어 있었다.[15] 승려의 경우 속가와
끊임없이 교류함으로써 속가의 사정에 밝았다.

관료들은 집안 승려와 깊이 연결되어서 불교계에 대한 정보를 소지할
수 있었으며, 그 승려가 불교계에서 활동하는 것을 뒷받침했다. 혈연으
로 연결되는 이러한 연결망은 매우 끈끈한 것이었다. 관료는 이런 연결
망을 활용함으로써 필요할 때에 직접적인 도움을 끌어낼 수 있었다. 또
한 고위 관료 집안 출신의 승려가 막강한 세력을 떨치는 수가 적지 않았
는데, 이것은 관료와 승려의 결속이 뒷받침했기에 가능했다.

이자겸의 아들 승려 義莊은 首座가 되었으며, 이자겸의 난이 발발했
을 때 玄化寺로부터 승려 300여 명을 이끌고 宮城 밖에 이르렀고 이어서
그 무리들이 도끼로 神鳳門의 기둥을 찍어 이자겸 세력의 궁궐 안 진입
을 도왔다.[16] 이자겸과 아들인 승려의 결합을 읽을 수 있다. 관료와 연
결된 승려가 위기를 맞은 속가를 직접 도와주기 위해 참여한 것이다. 관
료가에서 승려를 배출하는 경우 그 승려와 집안의 결속은 이처럼 매우
견고한 것이었다. 관료와 그 가문 출신 승려의 연결망은 위기 시에만 작
동하는 것은 물론 아니었다. 평상시에도 늘상 관계가 지속하는 것으로
보아야 한다.[17]

최우의 두 아들 萬全과 萬宗이 출가해 심각한 폐단을 일으켜 문제된
일이 있다. 두 승려가 무려 50여만 석의 쌀을 빌려주면서 가혹하게 이자

---

15) 李奎報의 경우 아들이 출가한 뒤 얼마 안 되어 병에 걸리자 집에 데리고 와서 죽
   음을 맞게 한 일이 있는데(李奎報, 「殤子法源壙銘」 『東國李相國集全集』 권35(『韓
   國文集叢刊』 2冊, 71~72쪽)), 이것도 출가 승려와 속가가 긴밀히 연결되고 있음을
   알려주는 예이다.
16) 『高麗史節要』 권9, 仁宗 4년 2월, 亞細亞文化社 影印本 229쪽(이하 같음) ; 『高麗
   史』 권127, 列傳40 叛逆1 李資謙, 下冊, 763쪽.
17) 출가할 때 같은 가문의 승려 아래에서 剃髮하는 일이 적지 않았는데(박윤진, 2008,
   「高麗時代 승려의 血族間 師承과 그 意味」 『韓國史硏究』 142), 이 역시 승려와 속
   가의 밀접한 연결을 의미한다.

를 받았기 때문에 백성들은 소유한 것을 다 바쳤으며 그 결과 국가에
조세를 납부할 수 없는 지경에 이르렀다.[18] 50여만 석이라는 엄청난 쌀
을 가지고 민에게 고리대 활동을 한 것은 최우의 아들이었기에 가능한
것이다. 최우라는 실력자를 배후에 둔 승려의 경우 엄청나게 무리한 일
을 자행할 수 있었던 것이다. 관료의 위상이 높을수록 그 가문 출신 승
려의 위세도 대단할 수 있었다.

세속 가문을 배경으로 승려들이 크게 문제를 일으키는 것은 全英甫의
동생인 승려 山岡을 통해서도 볼 수 있다. 산경은 형의 권세를 믿고 교
만하고 방자했으며 큰 사원의 주지를 맡았고 여러 명의 처를 두고 있었
는데, 趙延壽가 그 중 한 명의 처를 가두고 국문한 일이 있었다. 그 처는
본래 黃州牧使 李緝의 처 潘氏로서 尙書 潘永源의 딸이며, 일찍이 衛身
金南俊과 通情하고 남편을 살해한 일이 있어 극형을 당할 뻔 했으나, 충
선왕의 총애를 받는 潘氏族僧 宏敏이 이를 막은 일이 있었다.[19] 산경이
라는 승려가 전영보의 위세에 의지해 대사원의 주지를 역임하고 여러 명
의 처를 거느리고 있었음을 알 수 있고, 또 이집의 처는 족승의 도움을
받아 처벌을 면제받을 수 있었다.

趙延壽의 경우, 조인규의 아들로서 그 가문이 貴盛해져 세력을 떨치
고 있었다. 그의 동생인 승려 義琁이 사원을 탈점했는데, 贊成事 朴虛中
이 都堂에서 그 죄를 지적했으나 조연수가 의선을 두둔했다.[20] 의선이
사원을 탈점하는 물의를 일으킬 수 있었던 것은 그와 연결되는 세속의
관료가 존재하고 있었기 때문이다. 관료가 집안 승려와 긴밀한 연결망을
구축하고 있었음을 보이는 것이다.

공민왕 16년(1367) 禪顯을 왕사에 봉한 일이 있었는데, 이때 尹紹宗

---

18) 『高麗史節要』 권16, 高宗 27년 12월, 425~426쪽.
19) 『高麗史』 권105, 列傳18 趙仁規附 延壽, 下冊, 329~330쪽.
20) 『高麗史』 권105, 列傳18 趙仁規附 延壽, 下冊, 330쪽.

이 史官으로서 국왕의 곁에 있었다. 윤소종의 族僧인 夫目이 윤소종에게 辛旽의 貪暴함을 지적하고 선현이 신돈에 부회하고 있는데, 자신은 차마 볼 수 없어 산으로 도망해 들어간다고 말한 일이 있다.[21) 관료인 윤소종과 족승의 은밀한 소통을 읽을 수 있다. 족승이 윤소종과 혈연적으로 어떻게 연결되는지는 명확하지 않지만, 꽤 긴밀한 관계에 있음은 분명하다.

관료 가문에서 배출한 승려는 속가와 깊은 유대를 형성하여 세력을 떨치기도 했고, 정보를 주고받기도 했다. 관료는 가문 출신의 승려를 매개로 다른 승려와 연결되어 불교계에 다수의 인맥을 형성할 수 있었다. 관료가 현실 사회에서 영향력을 행사하는 데에는 이러한 승려와의 연결망이 매우 중요했다.

관료가 가족의 성원으로 살아가면서 불교와 깊은 관계를 맺는 계기는 다양했지만 그 가운데 喪禮와 祭禮도 매우 중요했다. 고려시기 관료가 사망하는 경우 빈소를 사원에 마련하고 화장한 뒤 유골을 수습해 사원에 보관하고 일정한 시간이 경과한 뒤 매장하는 것은 드문 일이 아니었다. 그리고 그 사람의 기일에 재를 올리는 일 또한 통상적이었다. 이렇게 집안의 상례와 제례를 통해 관료는 불교에 깊이 연결되었다. 일반 민인으로서는 사원에 빈소를 마련하고 화장을 하는 일은 불가능한 일로 보이며, 기일에 제례를 올리는 일 또한 여의치 않은 것으로 보인다. 이렇게 볼 때 관료와 불교계는 민인보다 더욱 밀착될 수 있었다고 생각된다.

불교식의 장례법을 택하는 사례는 적지 않다. 李頲이란 이가 사망하자 불교법에 따라 산기슭에서 화장하고 유해를 받들어 사원에 임시로 안치했다가 선영 근처에 장례지냈다.[22) 불교식 장례법에 따라 화장한 것이며 유골을 임시로 사원에 안치한 것이다. 崔婁伯의 처 廉瓊愛가 집에

---

21) 『高麗史』 권132, 列傳45 叛逆6 辛旽, 下冊, 859쪽.
22) 金龍善 編著, 2012, 『高麗墓誌銘集成』, 翰林大 出版部, 「李頲 墓誌銘(1077년)」, 27~30쪽.

서 사망했을 때 順天院에 빈소를 마련하고 이어 화장한 뒤 개경 동쪽의
淸凉寺에 유골을 안치했으며, 3년 뒤에 인효원 동북의 친정 아버지 묘
옆에 장사지냈다.[23] 빈소를 마련하는 곳, 화장한 뒤 유골을 안치한 곳이
모두 사원이었다. 관료들은 장례를 진행하는 과정에서 사원 및 그 사원
의 소속 승려와 자연스럽게 관계를 맺었다.

이색 가문의 경우도 상례와 관련해서 승려와 연결되었음이 보인다.
이색의 조모가 충정왕 2년(1350) 병으로 돌아가자, 이색의 부친 이곡이
예를 다해 장사지내고 승려를 청해 시골의 집에서 불경을 읽도록 했다.
또 이곡이 돌아가자 이색이 승려를 청해 독경하도록 했다.[24] 상례에 즈
음해서 승려를 불러 불경을 읽도록 한 것인데 이때 이색과 승려의 밀착
을 확인할 수 있다. 이색은 또 평소에 알지 못하던 峯上人이 만나기를
청해 한 번 보고 오래 사귄 사람처럼 대하게 되었는데, 얼마 뒤 이색의
처가 세상을 떠나자 봉상인이 2주일 동안 이색의 집에 머물면서 영가를
위해 불경을 독송하며 복을 빌어 주었다.[25] 상례를 계기로 이색이 봉상
인이라는 승려와 매우 밀접한 관계를 맺는 것을 알 수 있다. 불교식 상
례의 진행 과정에서 관료는 사원·승려와 깊은 유대를 갖게 되었다. 승려
를 초빙해 망자의 명복을 빌 수 있는 것은 관료가 아니면 쉬운 일이 아
니었을 것이다.

기일을 맞이해서도 불교식의 재를 올리는 경우가 많았다. 기일에 재
를 올리는 모습은 염경애에서 확인할 수 있다. 그녀는 시아버지가 돌아
가신 날에 사원의 재에 가서 승려들에게 자신이 만든 버선을 시주했
다.[26] 여성이 한 일을 전하는 것이지만 남성 관료도 동석했을 것이기 때

---

23) 金龍善 編著, 2012, 『高麗墓誌銘集成』, 翰林大 出版部, 「崔婁伯 妻 廉瓊愛 墓誌銘
    (1148년)」, 93~95쪽.
24) 李崇仁, 「驪興郡神勒寺大藏閣記」『陶隱集』 권4(『韓國文集叢刊』 6冊, 587~588쪽).
25) 李穡, 「送峯上人遊方序」, 『牧隱文藁』 권9(『韓國文集叢刊』 5冊, 75~76쪽).
26) 金龍善 編著, 2012, 『高麗墓誌銘集成』, 翰林大 出版部, 「崔婁伯 妻 廉瓊愛 墓誌銘

문에 함께 진행한 것으로 보아도 무방할 것이다.

이색의 처 외조모이자, 尹言孫 처의 忌日을 맞아 이색이 걸식승을 초치해서 간략하게 薦福齋를 설행했다.[27] 기일을 맞아 천복재를 설행하는 데 승려를 초치한 것이다. 이색은 또 聖居山 사원에서 先妣를 薦度했다.[28] 廉悌臣은 자신의 장모이자 醴泉府院君 權漢功의 부인 蔡氏의 忌齋를 水精寺에서 거행했고,[29] 또 권한공의 기일에도 수정사에 재를 올렸다.[30] 권한공 부부에 대해 사위가 재를 올리고 있는 것이다. 기일을 맞아 재를 올리는 예는 더 확인할 수 있다. 崔瀣의 기일에 그의 사위인 權季容이 승려들을 시켜 재를 올렸고,[31] 權仲和가 처를 위해 華藏寺에서 재를 올렸으며,[32] 李齊賢의 기일에 자손이 法幢寺에서 재를 지내며 명복을 빌었다.[33] 기일을 맞아 재를 설행하는 과정에서 관료와 승려의

(1148년)」, 93~95쪽.

27) 李穡,「十二月初八日 外姑之母判書尹公諱言孫之室 金學士諱周鼎之女之忌旦也 … 」『牧隱詩藁』권21(『韓國文集叢刊』4冊, 271쪽).

28) 李穡,「廿五日 入聖居山 明日設齋薦先妣 回至山臺巖 韓柳巷設食以迓 … 」『牧隱詩藁』권26(『韓國文集叢刊』4冊, 361쪽).

29) 李穡,「醴泉府院君夫人蔡氏忌齋 廉侍中設行於水精寺 僕與廉相兄弟諸甥 … 」『牧隱詩藁』권19(『韓國文集叢刊』4冊, 242쪽) ; 여운필 외, 2004,『역주목은시고』7, 月印, 307쪽.

30) 李穡,「醴泉府院君忌旦 壻廉侍中設齋水精寺 穡長子 花原君女壻 侍坐堂上 公指觀音像曰 此吾外姑蔡夫人 因季子死 捨財而成者也 所謂季子 卽吾外舅之弟也 死於燕都無子」『牧隱詩藁』권26(『韓國文集叢刊』4冊, 359쪽). 이색의 처는 권중달의 딸이며, 권한공의 손녀이다. 권중달은 당연히 권한공의 아들이다(이익주, 2013,『이색의 삶과 생각』, 일조각, 49쪽). 권한공 가문에 대한 상세한 내용은 朴龍雲, 2005,「安東權氏의 사례를 통해 본 高麗社會의 一斷面-'成和譜'를 참고하여-」『歷史教育』94 참조.

31) 李穡,「六月十日 拙翁忌旦 其壻權判書齋僧 鄕俗也 僕略以助儀與席 歸而志之」『牧隱詩藁』권24(『韓國文集叢刊』4冊, 330쪽).

32) 李穡,「權庸夫政堂公 爲其夫人設齋華藏寺 僕欲因遊九龍山 以病不果 題此以志」『牧隱詩藁』권9(『韓國文集叢刊』4冊, 68쪽).

33) 李穡,「七月十九日 益齋侍中忌旦也 子孫設齋于靑郊東法幢寺 穡力疾助禮而歸 有感一首」『牧隱詩藁』권34(『韓國文集叢刊』4冊, 491~492쪽).

밀착을 읽을 수 있다. 가족의 상례·제례를 계기로 관료는 승려 및 사원과 깊은 유대를 구축할 수 있었을 것이다.[34]

상례와 제례를 설행할 때, 이처럼 특정 사원과 밀착하는 수가 많았다. 관료들은 나아가 독실한 불교 신앙을 전제로 해서 개인의 사원을 운영하기도 했다. 특정 개인이 조영해서 승려를 초빙하고 재정 지원을 하며, 자신의 가문을 위해 복을 빌도록 한 사원은 願堂으로 불리었다.[35] 이 원당은 통상 특정 가문의 묘역 근처에 건립되는 수가 많았다. 원당은 일반 민인이 설치 운영할 수 있는 것이 아니었다. 신앙심과 경제력이 함께 뒷받침되는 관료라야 그것을 운영할 수 있었다.

원당의 조영 문제는 여러 사람들이 문제점을 지적한 바 있다. 崔忠獻은 그의 봉사 10조 가운데 원당 문제를 언급했다. 그는 將相과 群臣, 그리고 無賴僧尼들이 산천의 길흉을 살피지 않고 사원을 조영하면서 원당이라 칭하는데 이것이 지맥을 손상시켜 재변을 자주 일으킨다고 비판했다.[36] 장상·군신 즉 관료들이 승려와 연결되어 원당을 다수 조영하고 있는 문제점을 지적한 것이다.

관료의 원당은 많은 사례를 찾을 수 있지만 여기에서는 몇 경우만을 지적해 둔다.[37] 金仲龜는 집 서쪽에 오래된 鳳顧寺를 새로이 조영하고 고종 29년(1242) 승려들과 함께 목욕하고 승려들을 공양하고서 며칠 뒤 졸했다.[38] 김중구 가문에서는 집 근처에 있는 봉고사를 원당으로 운영

---

34) 기일재의 비용을 조달하기 위한 忌日寶가 여러 사원에 설치된 것은 기일의 행사가 매우 중요했음을 의미한다. 사원에 설치한 각종 보에 관해서는 韓基汶, 1990, 「高麗時代 寺院寶의 設置와 運營」『歷史敎育論集』 13·14합집 참조.
35) 고려시기 官人의 願堂에 대한 자세한 내용은 韓基汶, 1998,『高麗寺院의 構造와 機能』, 民族社, 262~351쪽 참조.
36)『高麗史』 권129, 列傳42 叛逆3 崔忠獻, 下冊, 791쪽.
37) 아래에서도 비슷한 사례가 많을 경우, 이처럼 구체적이고 특정적인 것을 중심으로 기술하겠다.
38) 金龍善 編著, 2012,『高麗墓誌銘集成』, 翰林大 出版部, 「金仲龜 墓誌銘(1242년)」, 378~380쪽.

했을 것으로 보인다. 김중구가 조영한 것이기에 그의 명복을 비는 역할을 담당한 것은 당연한 일이겠다. 김중구 가에서 지속적으로 재정 후원을 했을 것이고, 그 소속 승려와 밀착 관계를 유지했을 것이다.

禪興寺는 方臣祐와 연결된 원당이었다. 방신우는 선흥사를 극히 화려하게 조성했으며 후손은 그의 사후 무덤을 선흥사 뒤의 언덕에 마련하고 또 선흥사 안에 사당을 조영했다.[39] 선흥사는 방신우가 조영하고 그의 무덤이 인근에 있으며 사원 내에 사당까지 갖춘 전형적인 원당이었다. 선흥사 유지의 재정 지원은 당연히 방신우 가에서 담당했을 것이며, 그 소속 승려도 방신우 가와 밀착되었을 것이다.

선흥사와 비슷한 모습을 전하는 예로 眞宗寺가 있다. 진종사는 侍中 柳濯이 경영하여 공사를 완료했다. 유탁의 조부인 柳淸臣이 일찍이 이 사원을 중건하고 그가 죽은 뒤 서쪽 언덕에 묘소를 잡았다. 자손들은 이곳을 찾아와 성묘를 하곤 했다. 그 사원이 오래되어 장차 무너지려 하자 유탁이 경영하여 공민왕 15년(1366)에 완료했는데, 影堂을 지어 유청신의 초상화를 드리워놓고 제사를 지내 은혜에 보답했으며, 승려로 하여금 祝願을 드리고 여가에 아미타불을 염하면서 명복을 빌게 했다.[40] 진종사는 유청신·유탁으로 이어진 관료가에서 경영하는 전형적인 원당이었다.

四佛山에 있는 彌勒庵은 前判事 白瑨의 원당이었다. 백진이 사불산 밑으로 피난왔는데, 이곳에서 어머니가 죽자 장사를 치르고 명복을 빌기 위해 승려의 추천으로 산내의 미륵암을 중창했다. 백진이 주도했지만 勸善을 통해 재정을 보탰다. 그리고 중창의 과정을 맡아 본 비구는 惠眼, 勝孚였으며, 經文의 인출을 담당한 승려는 志雲이었다.[41] 백진이 모친의 명복을 빌기 위해 조영한 것이지만 백진 단독의 힘으로 이룩한 것이 아

39) 李齊賢, 「光祿大夫平章政事上洛府院君方公祠堂碑」『益齋亂藁』 권7(『韓國文集叢刊』 2冊, 558~560쪽).
40) 李穡, 「眞宗寺記」『牧隱文藁』 권1(『韓國文集叢刊』 5冊, 6~7쪽).
41) 權近, 「四佛山彌勒庵重創記」『陽村集』 권11(『韓國文集叢刊』 7冊, 125쪽).

니었다. 여러 사람으로부터 재정 도움을 받은 것이며, 또 직접 일을 담당
한 것은 승려들이었다. 백진은 미륵암 소속의 혜안·승부·지운이란 승려
와 긴밀한 관계를 형성했을 것은 당연하다. 廣州 신복선사는 원에서 환
관으로 활약하던 朴瑣魯兀大 가문과 연결된 원당이었다.42)

　관료가 재력을 기울여 사원을 조영하고 주지의 임명이나 사원 운영
전반을 관리하며, 자기 가문의 인물을 위해 재를 올리도록 하는 일은 흔
했다. 독실한 신심이 전제되고 또 상당한 재력이 뒷받침되어야 이러한
원당을 운영할 수 있었다. 원당에서는 상례·제례를 주관하고 관료는 재
정 지원을 책임지고 있었다. 관료가 불교계와의 연결망을 형성할 때 원
당은 어떤 다른 사원보다 밀접한 관계를 가졌다고 생각한다.

　묘지와 공간적으로 거리가 있는 사원의 경우에도 지속적으로 특정 가
문에서 주지를 역임하면서 그 가문과 긴밀한 관계를 맺기도 했다. 고려
말 固城李氏家와 연결된 白羊寺가 그러하다. 고성이씨 출신 승려가 지속
적으로 백양사의 주지를 역임하고 백양사에 분규가 있을 때 고성이씨
가에서 정치적 지원을 함으로써 해결토록 했다.43) 다수의 고위 관료를
배출한 고성이씨가와 백양사의 유착을 읽을 수 있다. 이처럼 관료가의
경우 깊이 연결되는 사원을 두는 수가 적지 않았다.

3. 現職 官僚로서 맺는 連結網

　관료가 현직의 소임을 맡아 보는 가운데 불교계와 연결되는 경우는
많았다. 고려시기 불교를 제도 속에서 운영하고 있었기 때문에 관료가

---

42) 李穀, 「大元高麗國廣州神福禪寺重興記」 『稼亭集』 권3(『韓國文集叢刊』 3冊, 120~
　　121쪽).
43) 李炳熙, 1997, 「高麗末 朝鮮初 白羊寺의 重創과 經濟問題」 『韓國史硏究』 99·100
　　합집(同, 2008, 『高麗後期寺院經濟硏究』, 景仁文化社 재수록).

僧政 자체에 개입하는 수가 많았으며, 특정한 사안이 있을 때 奉命 사신
으로 파견됨으로써 불교계와 밀착될 수 있었다.

관료들은 관직생활 중에 직책의 수행 과정에서 승려 및 사원과 깊은
관계를 맺었다. 예컨대 兵部尙書 金陽은 문종 21년(1067) 홍왕사가 완성
되자, 右街僧錄 道元 등과 함께 승려 가운데 戒行있는 1천 명을 택해 홍
왕사에 상주시키는 일을 맡았다.44) 김양의 경우 관직을 수행하는 과정
에서 승려 선정의 중책을 맡은 것이다.

승과와 관련해서도 관리가 개입했다. 靜覺國師 志謙이 명종 원년(1171)
禪選에 응시했을 때 內侍 鄭仲壺가 이를 관장했다.45) 정중호는 불교에 대
한 소양이 있어 그것을 주관했을 것이며, 이 과정을 통해 불교계에 연결
망을 구축할 수 있었을 것이다. 세속 관료가 승려의 선정이나 승과 시험
에 개입했을 뿐만 아니라 승계 제수 등의 승정에도 관계했다.46)

관료는 또한 궁궐이나 개경 내에서 설행하는 불교 행사에 국왕과 함
께 참여하는 수가 흔했다. 국왕이 참석할 때 대체로 여러 관료가 동석했
다. 연등회나 팔관회에 다수의 관료들이 참여하는 것은 당연한 일이며,
인왕도량이나 소재도량, 또 經行에도 여러 관료가 참석했다.47)

예컨대 현종대 국왕이 玄化寺에 행차해 새로 만든 범종을 친히 치고
나서 群僚로 하여금 타종토록 했으며,48) 문종대 興王寺에서 연등대회를

---

44) 『高麗史』 권8, 世家8 文宗 21년 정월 庚申, 上冊, 176쪽.
45) 李奎報, 「故華藏寺住持王師定印大禪師追封靜覺國師碑銘」 『東國李相國集全集』 권
　　35(『韓國文集叢刊』 2冊, 62~64쪽).
46) 고려시기 僧政에 대해서는 張東翼, 1981, 「惠謀의 大禪師 告身에 대한 檢討 －高
　　麗 僧政體系의 理解를 중심으로－」 『韓國史硏究』 34 및 허흥식, 2013, 『한국의 중
　　세문명과 사회사상』, 한국학술정보, 298~309쪽 참조.
47) 고려시기 불교 의례에 대해서는 많은 연구가 있다. 대표적인 최근 연구 저서를 들
　　면 다음과 같다. 김종명, 2001, 『한국 중세의 불교의례－사상적 배경과 역사적 의
　　미－』, 문학과 지성사 ; 김창현, 2011, 『고려의 불교와 상도 개경』, 신서원 ; 안지원,
　　2011, 『(개정판) 고려의 국가불교 의례와 문화－연등·팔관회와 제석도량을 중심으
　　로－』, 서울대 출판문화원.

열었을 때 국왕은 百官을 거느리고 가서 향을 피우고 재물을 시납했
다.[49] 그리고 공민왕 15년(1366) 辛旽이 宰樞와 더불어 廣州 天王寺의
사리를 王輪寺에 맞이했을 때 국왕이 百官을 거느리고 가서 이를 관람
했다.[50] 관료들은 국왕이 참석하는 불교 행사에 동석함으로써 불교를
이해하고 승려에 대한 정보를 획득할 수 있었을 것이다. 관료들은 행사
의 진행을 주관한 승려를 만나고, 행사에 참여한 다수의 사람들과 접했
을 것이다. 이러한 참석을 매개로 일정한 연결망 구축도 가능했다.

관료들은 또한 직접 왕명을 받들어 사원을 조영하거나 불교 관련 시
설물을 제작하는 일을 담당했다. 이렇게 속인 관료가 불사에 관여하는
일이 허다했는데, 이 과정에서도 불교계와 깊은 유대를 형성할 수 있었
다. 이때 속인 관료는 승려와 장기간에 걸쳐 함께 생활함으로써 매우 긴
밀한 관계를 구축했다.

진각국사 혜심이 보조국사 지눌의 뒤를 이어 社主가 되었을 때 수선사
의 강당이 좁게 되자 康宗이 듣고 주무 관원에게 명해 증축하게 하고,
여러 번 사신을 보내 공사를 독려했다.[51] 圓眞국사 承迥의 경우, 국왕이
內侍 大官署令 邵敬興를 보내 승형이 주지하는 사원을 중수하게 한 일이
있다.[52] 관료는 奉命해 사원을 증축하거나 중수하는 일을 수행하고 있는
데 이 과정에서 사원 및 소속 승려와 깊은 유대 관계를 맺을 수 있었다.

靈鳳山 龍巖寺를 중창할 때에도 관료들이 왕명을 받들어 관여했음을
볼 수 있다. 충숙왕 2년(1315) 提察使 韓仲熙와 鹽場別監 李白經에게 중
창을 담당하도록 했다. 다음해에는 제찰사 朴孝修가 다시 명령을 받고

---

48) 『高麗史』 권4, 世家4 顯宗 11년 9월, 上冊, 102쪽.
49) 『高麗史』 권8, 世家8 文宗 21년 정월, 上冊, 176쪽.
50) 『高麗史』 권132, 列傳45 叛逆6 辛旽, 下冊, 857쪽.
51) 李奎報, 「曹溪山第二世故斷俗寺住持修禪社主贈諡眞覺國師碑銘幷序」『東國李相國
集全集』 권35(『韓國文集叢刊』 2冊, 64~66쪽).
52) 李智冠 譯註, 1997, 『歷代高僧碑文(高麗篇4)』, 伽山佛教文化研究院, 「淸河寶鏡寺
圓眞國師碑文(1224년)」, 95쪽.

와서 크게 역사를 일으켰으며, 그 다음해에는 제찰사 鄭安校가 감독의 일을 담당했다. 또 다음해에는 제찰사 李眖과 염장별감 方于楨이 명을 받아 감독함으로써 준공했다. 대장경을 보충하는 일은 염장별감 이백경 과 방우정이 별도로 국왕의 명을 받아 도왔다.[53] 제찰사·염장별감의 직 함을 가진 관료가 용암사 중창의 불사를 주도적으로 진행한 것이다. 관 료들은 이 일을 담당함으로써 사원 조영의 과정이나 대장경 인출에 대한 상세한 정보를 얻을 수 있었으며, 나아가 승려들과 긴밀한 관계를 구축 할 수 있었다.

이밖에도 불교계에 사안이 있을 때마다 수시로 관료들은 왕명을 받들 어 경외의 사원에 왕래하면서 다양한 승려를 만났다. 국가의 운영이 불 교계와 긴밀하게 연결되는 당시에 관료가 봉명하여 승려와 사원을 찾는 일은 허다했다. 고승과 관련된 경우가 대부분이었다. 왕사나 국사에게 물건을 하사할 때, 개경으로 고승을 초빙하고자 할 때, 조서를 내리고 법호를 수여할 때, 문안을 드리고자 할 때, 또 외방으로의 하산을 배웅할 때 관료는 봉명하여 이를 담당했다. 때로는 지방관으로서 그러한 소임을 맡는 수도 없지 않았다. 중요 사원의 조영이 종료되는 경우에도 봉명하 는 관료가 파견되었다. 관료들이 불교계에 대한 풍부한 정보를 가질 수 있는 것은 이러한 봉명 사행과 관계가 깊었다.

고승을 초빙하기 위해 관료가 파견된 것은 고려초부터였다. 眞澈大師 利嚴의 경우, 태조 왕건이 특사로 前侍中 權說과 太相 朴守文을 보내 舍 那內院으로 맞이해 주지하기를 청했다.[54] 국초부터 외방의 고승을 수도 로 맞이하는 경우 관료를 파견했던 것이다. 권설과 박수문은 높은 위치 에 있는 관원인데 봉명사신으로 파견된 것이다. 이들은 외방 사원의 동

53) 朴全之,「靈鳳山龍巖寺重創記」『東文選』권68(民族文化推進會 影印本 2冊, 443~445쪽).
54) 李智冠 譯註, 1994,『歷代高僧碑文(高麗篇1)』, 伽山佛敎文化硏究院,「海州廣照寺 眞澈大師寶月乘空塔碑文(937년)」, 21쪽.

향에 대해서 중요한 정보를 확보할 수 있었으며, 이엄과 밀접한 연결을
가지게 되었을 것이다.

　決凝의 경우, 왕사로 책봉하고자 中樞知奏事 兵部侍郎인 王寵之를 세
번이나 보냈으며, 뒷날 결응이 개경에서 浮石寺로 돌아갈 때 內史舍人
任從一과 左街僧錄 得生에게 호송토록 명함으로써 무사히 돌아갈 수 있
도록 했다.55) 호송을 맡은 임종일은 승려들과 여러 날 동행함으로써 불
교 교설이나 불교계 동향을 들었으며, 또 득생·결응과 깊은 유대감을 형
성했을 것이다.

　智光國師 海麟이 玄化寺에 주석하고 있을 때, 왕사로 추대하고자 工
部侍郎 張仲英, 尙書左丞 柳紳, 禮部侍郎 金良贄 등을 보냈으나 거절하
자 다시 中樞院事 異惟忠을 보냈다. 해린이 법천사로 떠날 때 문종은 兩
班의 官率을 거느리고 하직 인사를 했으며 左承宣 中書舍人 鄭惟産을
파견하여 茶·藥·재화 등을 바쳤다. 그리고 道俗의 관원을 보내어 법천
사까지 호송토록 했다.56) 가까운 개경의 사원에 거처하고 있을 경우에
는 높은 지위의 여러 관료를 보내 맞이하는 것이 예의였던 것이다. 외방
의 사원으로 가는 경우 호송을 위해 관료를 보내고 있는 것이다. 大鑑國
師 坦然을 맞이할 때도 右副承宣 李舗予, 知奏事 金永寬을 차례로 보냈
으며, 또 탄연이 진주 斷俗寺로 돌아갈 때, 中貴人 金存中과 右街僧錄
翰周를 보내 陪行토록 하여 단속사에 이르게 했다.57)

　국사·왕사로 추대하려고 모실 때, 또 개경에서 지방 사원으로 하산할
때 봉명사신을 보내는 것이 일반적이었다. 이것은 고려후기에도 이어지

---

55) 李智冠 譯註, 1995, 『歷代高僧碑文(高麗篇2)』, 伽山佛敎文化硏究院, 「順興浮石寺
　　圓融國師碑文(1054년)」, 269쪽.
56) 李智冠 譯註, 1995, 『歷代高僧碑文(高麗篇2)』, 伽山佛敎文化硏究院, 「原州法泉寺
　　智光國師玄妙塔碑文(1085년)」, 353~354쪽.
57) 李智冠 譯註, 1996, 『歷代高僧碑文(高麗篇3)』, 伽山佛敎文化硏究院, 「山淸斷俗寺
　　大鑑國師塔碑文(1172년)」, 400~401쪽.

고 있다. 보각국존 일연의 경우, 충렬왕 8년(1282) 가을 近侍 將作尹 金
頵을 보내 맞이해서 禪 法門을 청해 들었으며, 右承宣 廉承益을 보내 국
사로 모시는 예를 청했으나 일연이 사양하자 사신을 여러 차례 보내 마
침내 허락을 받아냈다. 上將軍 羅裕 등을 보내 國尊으로 책봉했으며 이
어 大內로 맞아 왕이 몸소 百僚를 거느리고 예를 행했다. 국가에서 인각
사를 下安之地로 삼고 近侍 金龍釖에게 명해 사원을 수즙하게 하고 또
토지 백여 경을 헌납했다.58) 장작윤·우승선·상장군 등 여러 관료들이
일연과 밀접한 관계를 맺었다. 이들은 일차적으로 일연과 친밀해졌으며
그의 문도와도 깊은 유대를 형성했을 것이다.

선각왕사 혜근의 경우, 공민왕 10년(1361) 강원도 오대산에 있을 때
공민왕이 內詹事 方節을 보내 개경으로 영입하여 法門을 청해 듣고 滿
繡袈裟와 水精拂子를 하사했으며, 뒷날 九月山에 있을 때 內侍인 金仲孫
을 파견해 개경으로 돌아오도록 청했다. 공민왕 20년 工部尙書 張子溫을
파견해 친서와 직인과 법복·발우 등을 보내 회암사에 있는 혜근을 王師
로 책봉했다.59) 내첨사·내시·공부상서가 왕의 명을 받들어 혜근에게 왕
래하고 있는 것이다.

관료는 여러 임무를 띠고 봉명사신으로 파견됨으로써 사원, 고승 및
고승의 문도와 연결되는 망을 형성할 수 있었다. 그것은 朴宜中이란 인
물을 통해 구체적으로 확인할 수 있다. 박의중은 조선 개국초 大智國師
粲英이 입적하자 그의 비문을 짓게 되었는데, 그 승려를 알게 된 것은
공민왕대였다. 박의중이 공민왕대 보우를 위해 설치한 圓融府의 錄事로
있을 때 찬영이 入侍한 일이 있는데 그때 서로 알게 되었다는 것이다.
그것이 인연이 되어 몇 십년 뒤 찬영의 비문을 짓는 것을 의리상 사양할

---

58) 李智冠 譯註, 1997, 『歷代高僧碑文(高麗篇4)』, 伽山佛敎文化硏究院, 「軍威麟角寺
    普覺國尊靜照塔碑文(1295년)」, 192~193쪽.
59) 李智冠 譯註, 1997, 『歷代高僧碑文(高麗篇4)』, 伽山佛敎文化硏究院, 「楊州檜巖寺
    禪覺王師碑文(1377년)」, 349쪽.

수 없었다고 했다.[60] 박의중이 젊은 시절 낮은 벼슬에 있을 때 보우를
모신 찬영을 알게 되었으며, 그것이 인연이 되어 찬영이 입적하자 그의
비문를 짓지 않을 수 없었다는 것이다. 봉명사신의 직접 사례는 아니지
만, 관료가 접촉을 통해 형성된 승려와의 연결망이 실제로 작동하고 있
음을 보이는 것이다. 관료로서 고승의 문도나 제자, 기타 여러 승려들과
접하고 교류함으로써 연결망을 형성했음을 알려 주는 사례이다.

사원의 낙성에 즈음해서 관료가 파견되는 일도 있었다. 중요 사원이
거나, 국사와 왕사가 직접 관련되는 경우에 한정되었다. 지리산 水精社
의 중창이 끝나 낙성식을 거행할 때 東南海 按察副使 起居舍人 知制誥
인 尹彦頤에게 명해 분향토록 하고 또 은 200냥을 하사했다. 뒤에 다시
中使를 보내 佛牙를 봉안하게 했다.[61] 윤언이가 직접 수정사에 가서 분
향한 것이다. 수정사를 직접 방문한 윤언이는 그곳의 다수 승려들과 자
리를 함께 했을 것이다. 파견된 중사 역시 수정사의 여러 승려와 어울렸
을 것이다. 중앙에서 봉명사신으로 파견된 윤언이와 中使는 이 일을 계
기로 조영의 비용과 절차 등에 대해 알게 되었으며, 소속 승려들과 상당
한 친분을 구축할 수 있었다. 또한 영봉산 용암사 중창 공사가 종료해
낙성 행사를 할 때, 염장별감 方于楨이 국왕의 명을 받고 무외국통을 맞
아 7일간 성대하게 낙성법회를 열게 했다.[62] 방우정은 이 일을 계기로
무외국통과 가까워지고, 다른 승려들과 친교도 했을 것이다.

승려나 사원에 관련된 각종 글을 작성할 때에도 관료가 참여했다. 국
왕의 명을 받아 작성하는 글은 文翰 분야에서 높은 소양을 갖춘 관료가
맡지 않으면 안 되었다. 관료들은 국왕의 명을 받아 각종 불교 관련 글

---

60) 李智冠 譯註, 1999, 『歷代高僧碑文(朝鮮篇)』, 伽山佛敎文化硏究院, 「忠州億政寺大
    智國師智鑑圓明塔碑文(1393년)」, 4쪽.
61) 權適, 「智異山水精社記」『東文選』 권64(民族文化推進會 影印本 2冊, 403~405쪽).
62) 朴全之, 「靈鳳山龍巖寺重創記」『東文選』 권68(民族文化推進會 影印本 2冊, 443~
    445쪽).

을 작성하는 과정을 통해 사원에서 이루어지는 여러 불사에 대한 정보를 얻을 수 있었고, 불교에 관한 소양을 높일 수 있었다. 그리고 승려나 사원에 대해 파악할 수 있었다.

碑文은 고승의 경우에 한정해 국가 차원에서 작성했다. 왕사·국사 급의 높은 수준에 있는 승려가 열반하면 그 문인이 行狀을 갖추어 국왕에게 비문 작성을 요청했으며 국왕이 이를 윤허하고서 儒臣에게 명해 작성토록 했다. 명을 받은 관료는 자신의 능력을 발휘해 이를 작성했다. 비문의 글씨는 당대의 명필이 담당했다.

고려초부터 고승의 비문 작성을 관료가 담당했다. 元宗大師 璨幽가 입적하자 문인들이 대사의 행장을 모아 국왕에게 올리자 국왕이 翰林學士인 金廷彦에게 짓도록 명했다.[63] 圓空國師 智宗의 비문은 崔冲이 왕명을 받들어 지었으며, 金巨雄이 왕명에 의해 비문과 篆額을 썼다.[64] 慧炤國師 鼎賢의 비문은 金顯이 작성했고, 비문과 전액의 글씨는 閔賞濟가 담당했다.[65] 靈通寺 소재의 대각국사 비문은 金富軾이 왕명을 받들어 지었고 글씨는 吳彦修가 담당했다.[66]

왕사·국사의 경우 문도·제자의 요청을 받아 국왕이 문신관료에게 명하여 비문을 짓도록 하는 방식은 이후 고려후기까지 지속되었다. 大鑑國師 坦然의 비문은 문인들이 비를 세울 수 있도록 요청하자, 의종이 李之茂에게 짓도록 명했다.[67] 지눌이 입적한 다음해 嗣法제자인 惠諶 등이

63) 李智冠 譯註, 1995, 『歷代高僧碑文(高麗篇2)』, 伽山佛教文化研究院, 「驪州高達院 元宗大師慧眞塔碑文(975년)」, 23~24쪽.
64) 李智冠 譯註, 1995, 『歷代高僧碑文(高麗篇2)』, 伽山佛教文化研究院, 「原州居頓寺 圓空國師勝妙塔碑文(1025년)」, 219~220쪽.
65) 李智冠 譯註, 1995, 『歷代高僧碑文(高麗篇2)』, 伽山佛教文化研究院, 「竹山七長寺 慧炤國師碑文(1060년)」, 300쪽.
66) 李智冠 譯註, 1996, 『歷代高僧碑文(高麗篇3)』, 伽山佛教文化研究院, 「開城靈通寺 大覺國師碑文(1125년)」, 116쪽.
67) 李智冠 譯註, 1996, 『歷代高僧碑文(高麗篇3)』, 伽山佛教文化研究院, 「山淸斷俗寺 大鑑國師塔碑文(1172년)」, 402쪽.

행장을 갖추어 立碑를 간청하자 국왕이 이 청을 받아들여 윤허하고 金君綏에게 비문을 짓도록 하고, 또 柳伸에게 글씨를 쓰게 했다.[68]

이규보는 政堂文學 監修國史로서 勅命을 받고 眞覺國師 慧諶의 비문을 작성했다.[69] 진각국사 혜심이 열반한 뒤 夢如라는 승려가 鄭奮에게 행록을 갖추어 최우에게 청하도록 했으며 최우가 고종에게 아뢰니 고종이 이규보에게 명해 짓도록 했다.[70] 이규보처럼 불교에 대한 소양이 풍부하고 빼어난 작문 능력을 갖추고 있는 관료에 한해서 이러한 비문 작성의 명이 내려졌을 것이다. 이 비문을 작성하는 과정에서 이규보는 진각국사에 대해 자세한 정보를 얻을 수 있었고, 진각국사가 주법으로 있던 수선사의 사정을 파악할 수 있었을 것이며, 또 진각국사 문인과 접촉함으로써 승려에 대한 인맥을 넓힐 수 있었을 것이다.

圓眞國師 承逈의 비문은 문도들이 기록한 행장 자료에 기초해 李公老가 고종의 명을 받들어 작성했으며, 金孝印이 글씨를 썼다.[71] 崔滋 역시 왕명을 받아 圓妙國師 了世의 비문을 작성했다.[72] 金坵는 왕의 명을 받아 眞明國師 混元의 비문을 작성했으며,[73] 普覺國尊 一然의 경우 문인 淸玢이 행장을 엮어 국왕에 주문하자 국왕이 閔漬에게 비문을 짓도록 명했다.[74] 圓鑑國師 冲止의 비문은 문인들이 탑비를 세울 수 있도록 요

68) 李智冠 譯註, 1997, 『歷代高僧碑文(高麗篇4)』, 伽山佛敎文化硏究院, 「順天松廣寺佛日普照國師碑銘(1213년)」, 58쪽.

69) 李奎報, 「年譜」『東國李相國集』(『韓國文集叢刊』1冊, 291쪽).

70) 李奎報, 「曹溪山第二世故斷俗寺住持修禪社主贈諡眞覺國師碑銘幷序」『東國李相國集全集』권35(『韓國文集叢刊』2冊, 64~66쪽).

71) 李智冠 譯註, 1997, 『歷代高僧碑文(高麗篇4)』, 伽山佛敎文化硏究院, 「淸河寶鏡寺圓眞國師碑文(1224년)」, 92~97쪽.

72) 崔滋, 「萬德山白蓮社圓妙國師碑銘幷序」『東文選』권117(民族文化推進會 影印本 3冊, 459~461쪽).

73) 金坵, 「臥龍山慈雲寺王師贈諡眞明國師碑銘幷序」『東文選』권117(民族文化推進會 影印本 3冊, 457~459쪽).

74) 李智冠 譯註, 1997, 『歷代高僧碑文(高麗篇4)』, 伽山佛敎文化硏究院, 「軍威麟角寺

청하면서 行狀을 엮어 올리자 국왕이 金賆에게 명해 작성토록 했다.75)
寶鑑國師 混丘의 비문은 그가 입적한 뒤 李齊賢에게 작성토록 명했다.76)
太古國師 圓證의 비문은 이색이 교지를 받들어 지었으며, 權鑄가 왕명에
의해 비문과 전액의 글씨를 담당했다.77)

비문은 儒臣이 작성했으며 당시의 명필이 동원되어 비문과 전액을 썼
던 것이다. 대상이 되는 고승의 생애 전반에 정통해야 했으며, 그의 사상
의 핵심을 파악하고 있어야 했고, 또 그가 거처했던 사원에 대해서도 충
분한 지식이 있어야 비문을 지을 수 있었다. 당연히 문도·제자에 대해서
도 상당한 정보가 있어야 했으며, 불교 교리 자체에 대해서도 상당한 수
준의 이해가 뒷받침되지 않으면 안 되었다.

사원 조영이 있거나 불교 행사가 있을 때에도 그 내용의 기술을 왕명
을 받아 관료가 담당하는 수가 많았다. 사원에서 불사를 종료한 뒤 보고
하면 국왕의 명에 의해 그 사실을 기록한 것이다. 지리산 수정사의 조영
공사가 종료해 낙성 행사를 할 무렵 權適에게 명해 기문을 짓도록 했
다.78) 중요한 사원의 조영 공사가 있을 경우 국왕이 문신에게 명을 내려
기문을 작성토록 하는 일은 드물지 않았다. 모든 사원에서 그런 것은 아
니지만 국가에서 중시하는 사원이나 왕사·국사와 같은 고승이 주도하는
불사가 종료했을 경우 이러한 기문을 작성하는 수가 많았다.

불교 관련 서문도 관료가 국왕의 명을 받아 작성했다. 判曹溪宗事 覺
雲이 요청하자 국왕이 윤허함으로써 『傳燈錄』을 간행했는데, 廣明寺 주

普覺國尊靜照塔碑文(1295년)」, 190~195쪽.
75) 李智冠 譯註, 1997, 『歷代高僧碑文(高麗篇4)』, 伽山佛敎文化硏究院, 「順天松廣寺
圓鑑國師寶明塔碑文(1314년)」, 308쪽.
76) 李齊賢, 「有元高麗國曹溪宗慈氏山瑩源寺寶鑑國師碑銘幷序」 『益齋亂藁』 권7(『韓
國文集叢刊』 2冊, 561~563쪽).
77) 李智冠 譯註, 1997, 『歷代高僧碑文(高麗篇4)』, 伽山佛敎文化硏究院, 「楊州太古寺
圓證國師塔碑文(1385년)」, 450~453쪽.
78) 權適, 「智異山水精社記」 『東文選』 권64(民族文化推進會 影印本 2冊, 403~405쪽).

지 景猊, 開天寺 주지 克文, 嵋山寺 주지 惠湜, 伏巖寺 주지 坦宜가 일을
주관했다. 각운이 그 전말을 기록해 줄 것을 요청하자 국왕이 이색에게
명해 간행의 서문을 짓도록 했다.79) 불교에 조예가 깊은 이색이 간행의
서문을 작성한 것이다. 이 서문의 작성 과정에서 이색은 주관한 승려들
에 대한 정보를 획득할 수 있었음은 물론 『傳燈錄』에 대해서도 이해를
심화시킬 수 있었을 것이다. 관료들은 이렇게 불교와 관련한 각종 글을
작성하는 과정에서 불교에 대한 이해를 더욱 심화시킬 수 있었고,80) 승
려·사원·불교계에 대한 많은 정보를 획득할 수 있었으며, 관계된 승려와
깊이 교유할 수 있었다.

고승의 喪事도 봉명사신이 주관하는 경우가 많았다. 왕사·국사 등 고
승이 입적하는 경우, 그 소식이 알려지면 국왕이 크게 震悼하고 관료를
파견해 상사를 주관하도록 했다. 이때 시호와 탑호를 내리고 상당한 賻
儀를 제공해 경비에 보태도록 했다. 이러한 상사에는 해당 지역의 지방
관이 동참하기도 했다. 이러한 상사를 지원하는 과정에서 관료들은 다수
의 승려와 연결되었으며, 사원에 대한 정보를 획득할 수 있었다.

혜소국사 정현의 경우, 국왕이 부고를 듣고 크게 震悼했으며 右街僧
錄인 惠英과 太史司辰인 盧廷△ 등을 보내 칠장사 남쪽 산 중턱에 장사
를 지내게 했고 이어 左諫議大夫 禮賓卿 趙△ 등을 파견해 賻儀를 보냈
다.81) 太史司辰, 左諫議大夫를 혜소국사의 장례를 수행토록 하기 위해
파견한 것이다. 장사를 지내는 데 파견한 노정△은 우가승록 혜영과 더
불어 장사의 일을 주도했으므로 그는 혜영은 물론 정현의 문도와도 긴밀

---

79) 李穡, 「傳燈錄序」 『牧隱文藁』 권7(『韓國文集叢刊』 5冊, 58~59쪽).

80) 이색이 호법론 발문을 요청받았을 때 그 내용을 살펴보고서 그것을 작성하고 있다
   (李穡, 「跋護法論」 『牧隱文藁』 권13(『韓國文集叢刊』 5冊, 112쪽)). 대체로 서문이
   나 발문을 작성하는 경우 당연히 그 글에 대해 검토하고 공부했을 것이다.

81) 李智冠 譯註, 1995, 『歷代高僧碑文(高麗篇2)』, 伽山佛敎文化硏究院, 「竹山七長寺慧
   炤國師碑文(1060년)」, 304~305쪽 ; 남동신, 2011, 「安城 七長寺慧炤國師 碑銘」 『한
   국중세사연구』 30.

한 관계를 맺었을 것이다.

지광국사 해린이 입적한 소식을 들은 문종이 좌가승록 崇演과 保章正 金參藺 등을 파견해 喪事를 감호토록 했다. 이어 특사를 보내 殯堂에 가 서 조문토록 했다.[82] 그리고 혜덕왕사 韶顯의 부음을 들은 국왕은 入內 奉御를 파견하여 弔問과 위로를 표했으며, 다음날 右街僧錄 繼通과 司天 監 知太史局事인 文象 등을 보내서 喪事를 監護토록 했다. 또 尙書右僕 射 陳謂와 使副 尙書左丞 左諫議大夫 金統 등을 보내어 璽書를 지참하 고 가서 왕사로 進封했다.[83] 문상이란 관료는 우가승록과 함께 상사를 감호하는 일을 맡은 것이다.

원응국사 학일이 입적했을 때는 인종이 內臣 金景元과 日官을 보내 葬事를 監護토록 했다.[84] 대감국사 탄연의 경우도, 입적 뒤 소식을 들은 국왕이 內臣 韓就와 日官 陰中寅 등을 보내 葬事를 監護케 하고 대감이 란 시호를 추증했다.[85] 보각국존 일연의 경우에도, 그의 부음을 접한 국 왕이 判觀候署事를 보내 飾終의 예식을 거행하도록 하고, 또 按廉使에게 명해 장례를 監護케 했다.[86] 判觀候署事와 按廉使가 일연의 장례를 주 관한 것이다. 이러한 직무의 수행 과정에서 고승을 이해하고 문도·제자 를 알게 되며 또 승려의 영향력도 확인할 수 있었다.

자정국존 미수의 부음을 들은 국왕이 관원을 보내 사후의 일을 돕게 하고 시호와 탑호를 내렸다.[87] 각진국사 복구는 입적에 앞서 국왕과 宰

82) 李智冠 譯註, 1995, 『歷代高僧碑文(高麗篇2)』, 伽山佛教文化研究院, 「原州法泉寺 智光國師玄妙塔碑文(1085년)」, 354쪽.

83) 李智冠 譯註, 1996, 『歷代高僧碑文(高麗篇3)』, 伽山佛教文化研究院, 「金溝金山寺 慧德王師眞應塔碑文(1111년)」, 29쪽.

84) 李智冠 譯註, 1996, 『歷代高僧碑文(高麗篇3)』, 伽山佛教文化研究院, 「清道雲門寺 圓應國師碑文(1147년)」, 265쪽.

85) 李智冠 譯註, 1996, 『歷代高僧碑文(高麗篇3)』, 伽山佛教文化研究院, 「山清斷俗寺 大鑑國師塔碑文(1172년)」, 402쪽.

86) 李智冠 譯註, 1997, 『歷代高僧碑文(高麗篇4)』, 伽山佛教文化研究院, 「軍威麟角寺 普覺國尊靜照塔碑文(1295년)」, 194쪽.

府에 하직하는 봉함의 편지를 써서 邑官에게 청탁하여 印信을 찍어 봉하게 했다. 그가 입적하자 문인들이 다비한 뒤 국왕에게 알렸으며 이때 국왕이 使者를 보내 조위하고 각진국사라는 시호를 내리고 탑호를 慈雲이라고 했다.88)

관료들은 이처럼 국왕의 명을 받아 고승의 상사를 주도하는 수가 많았다. 이 과정에서 사원에 장기간 머무르면서 고승의 문도나 제자와 접촉했다. 불교와 관련된 일의 처리를 맡은 봉명사신들은 불교계 내에 연결망을 구축할 수 있었다. 그들은 일반 민인보다 훨씬 넓은 범위의 승려·사원과 관계를 맺을 수 있었다. 그렇지만 이렇게 관직 수행 과정에서 형성된 연결망이 지속적으로 기능을 발휘하는 것은 일반적이지 않았을 것이다.

4. 사사로운 親交로 맺어지는 連結網

관료들은 가족 관계나 관료생활을 매개로, 또 奉命사신으로 파견됨으로써 불교계와 긴밀한 관련을 맺고 있었다. 관료들은 그밖에도 사사로이 승려와 교유 관계를 창출해 나가기도 했다. 관료가 승려와 사사로이 맺은 관계는 매우 친밀해서 때로는 다른 세속인과 맺는 우정보다 깊기도 했다. 관료들은 그처럼 가까운 승려를 空門友, 道友, 外方友로 표현했다.

윤언이는 만년에 불법을 더욱 좋아해 파평에 퇴거하고서 스스로 금강거사라고 칭했다. 그는 일찍이 승려 貫乘과 空門友를 맺었다. 관승이 만

87) 李智冠 譯註, 1997, 『歷代高僧碑文(高麗篇4)』, 伽山佛敎文化硏究院, 「報恩法住寺慈淨國尊普明塔碑文(1342년)」, 327쪽.
88) 李達衷, 「王師大曹溪崇師一邱正令雷音辯海弘眞 廣濟都大禪師覺儼尊者贈謚覺眞國師碑銘幷序」 『東文選』 권118(民族文化推進會 影印本 3冊, 482~483쪽).

든 蒲菴이 겨우 한 사람을 수용할 만한 공간이었는데, 먼저 죽는 자가
여기에 와서 죽자고 약속했다.[89] 관료 윤언이와 승려 관승이 매우 가까
운 관계였음을 알 수 있다. 이규보는 약관 시절부터 교분을 쌓은 대선사
惠文을 道友라고 표현했는데, 그의 부음을 듣고 哀詞를 짓기도 했다.[90]
李嵒은 禪源의 息影老人과 方外友였으며,[91] 권근은 신인종의 傳法師인
圓公 性圓의 기품이 맑고 성정이 조용하며 과묵하고 행실을 닦은 사람
이라 하여 중히 여기고 方外之友로 삼았다.[92] 권근은 또한 懶庵上人의
모습과 행실이 청결해 장차 그를 方外之友로 삼고자 했다.[93] 그리고 趙
云仡은 慈恩宗 승려 宗林과 方外友였다.[94] 관료는 세속인보다도 더 가
까운 벗으로 승려를 두는 수가 적지 않았다.

관료가 승려와 가까워지는 계기는 다양했지만 수학하는 과정도 그 하
나였다. 관료가 되기 위해서는 일정한 수학 과정을 거쳐야 했다. 예비
관료가 수학 과정에서 사원을 찾아 공부에 몰입하는 일은 매우 흔했
다.[95] 그가 공부하는 것은 물론 유학 관련 글이었지만 사원에서 수학하
는 과정에서 불교 문화를 이해하고 승려나 사원과 가까워질 수 있었다.
평생 불교에 친숙할 수 있는 중요한 계기가 이때 제공되기도 했다.

예비 관료가 어린 시절 사원에서 수학한 예는 다수 확인할 수 있다.
이규보가 홍왕사에서 內翰 李眉叟의 아들을 보니 열두 살에 詩書를 통
하고 屬文에 능했다고 한다.[96] 이미수의 아들이 홍왕사에서 공부하고

---

89) 『高麗史』 권96, 列傳9 尹瓘附 彦頤, 下冊, 151쪽 ; 『高麗史節要』 권11, 毅宗 3년
    9월, 281쪽.
90) 李奎報, 「文禪師哀詞」 『東國李相國集全集』 권37(『韓國文集叢刊』 2冊, 85쪽).
91) 金龍善 編著, 2012, 『高麗墓誌銘集成』, 翰林大 出版部, 「李嵒墓誌銘(1364년)」, 566~
    568쪽.
92) 權近, 「送岬山住持圓公詩 幷序」 『陽村集』 권8(『韓國文集叢刊』 7冊, 98쪽).
93) 權近, 「送懶庵上人遊金剛山詩序」 『陽村集』 권17(『韓國文集叢刊』 7冊, 180쪽).
94) 『高麗史』 권112, 列傳25 趙云仡, 下冊, 465쪽.
95) 황인규, 2011, 『고려시대 불교계와 불교문화』, 국학자료원, 422~445쪽.
96) 李奎報, 「興王寺 見李內翰眉叟子年可十二 通詩書 又能屬文 使之賦詩 嘆賞不已 以

있던 것으로 보인다. 이색도 젊은 시절 공부할 때 산속의 사원을 몹시
좋아했다고 회상했다.[97] 私學에 속한 학생들이 무더운 여름철 사원에서
집단으로 공부하는 일은 자주 언급되었다. 歸法寺는 학생들이 여름철 자
주 와서 공부하는 대표적인 장소였다. 매년 冠童들이 夏課하던 곳이라고
표현했으며, 이규보도 소년 시절에 자주 이곳에 와서 공부했다고 회상했
다.[98] 安心寺와 龜山寺도 사학의 학생들이 여름철 공부를 하던 공간이
었다.[99] 사학의 학생들이 무더운 여름철 귀법사·안심사·구산사에 모여
여름 공부를 한 것이다.

사원에서 수학하는 도중에 그곳에서 진행되는 의례에 적극 개입하는
일도 있었다.[100] 독서하는 과정에서 사원에서 진행되는 여러 불사를 참
관하는 일은 흔했을 것이다. 이러한 과정에서 불교 문화에 친숙해지는
것은 당연한 일이겠다. 불교의 교설을 배우고, 또 승려를 사귈 수 있었
다. 강석덕이라는 인물은 사원에서 학업을 익힐 때 여가에 불교도와 자
주 담론하여 불경의 개념을 조금 얻어들을 수 있었다고 했다.[101] 또 그

贈之」, 『東國李相國集全集』 권2(『韓國文集叢刊』 1冊, 313쪽).

97) 李穡, 「病中偶念奮游 老矣安可復追 聊著三篇 蓋傷之之甚也」, 『牧隱詩藁』 권10(『韓
國文集叢刊』 4冊, 88쪽).

98) 李奎報, 「歸法寺川上有感 冠童趁歲夏課處也 予少年時 亦慣遊」, 『東國李相國集全
集』 권14(『韓國文集叢刊』 1冊, 436쪽) ; 李奎報, 「憶舊京三詠」, 『東國李相國集後
集』 권1(『韓國文集叢刊』 2冊, 141쪽).

99) 李穡, 「昨至九齋坐松下 松陰薄 日將午 熱尤甚 於是 告諸生曰 … 」, 『牧隱詩藁』
권18(『韓國文集叢刊』 4冊, 221~222쪽) ; 李穡, 「初六日 穡與韓淸城 廉東亭 同遊
九齋 … 」, 『牧隱詩藁』 권24(『韓國文集叢刊』 4冊, 337쪽) ; 李穡, 「同柳巷觀燈西
峯 豚犬輩亦來 又至副樞新居山上益佳 歸途有微雨 困而就寐 晨興 尙有點滴 然不
濕土 乃有所感 因題一首」, 『牧隱詩藁』 권32(『韓國文集叢刊』 4冊, 459~460쪽).

100) 吳仝이 삼각산 승방에서 독서할 때, 어떤 사람이 亡人의 薦度齋를 지내러 와서
향탁 위에 기도문을 올려놓았는데 마침 승려 중에는 문자를 아는 자가 없었으므
로 승려들 모두 식은 땀만 흘릴 뿐 어찌 할 줄 몰랐다. 오동이 기지를 발휘해서
승려로 가장하고 기도문을 대신 읽어 줌으로써 그 위기를 모면한 일이 있다(李
穡, 「吳仝傳」, 『牧隱文藁』 권20(『韓國文集叢刊』 5冊, 170~171쪽)).

101) 姜石德, 「寄澄和尙書」, 『東文選』 권63(民族文化推進會 影印本 2冊, 386~387쪽).

는 승려가 500명에 달하는 유명한 사원인 支天寺에서 학업을 닦고 있었
는데, 다른 승려들은 이 사원에 기숙하던 妓女들에 관심을 가졌지만 無悟
라는 승려가 이들과 달리 세속에 얽매이지 않고 남의 위급한 일을 구해
준 것을 목격했다.102) 강석덕이 사원에서 수학하던 시절 불교의 개념을
들을 수 있었고, 무오라는 승려에 대한 정보를 가질 수 있었던 것이다.

어린 시절 사원에서 독서하는 경험을 통해 관료들은 사원이나 승려에
대해 매우 친숙했으며, 또 승려와 접촉하면서 연결망을 구축할 수도 있
었다. 관료들은 현직을 제수받은 뒤에도 일반 민인보다 사사로운 일로
사원을 찾는 수가 많았다. 외방에 갈 때 숙박하기도 하고, 일정 기간 휴
식을 위해 머물기도 하며, 유람을 위해 들르기도 했다. 이 과정에서 사원
과 인연을 맺고 또 소속 승려와 연결되었다.

김부식이 평양의 구제궁에 조회하고 물러나와 영명사에 쉰 일이 있었
다.103) 영명사에서 승려도 만나 교분을 쌓았을 것이다. 김돈중은 낙안군
의 선원에 투숙한 일이 있었다.104) 관료가 사원에 투숙하는 경우 거처하
는 승려와 대화가 이어지는 것은 일반적이었다.

이규보가 찾은 사원은 꽤 여러 곳이었다. 그는 德淵院에서 잔 일이 있
고,105) 天龍寺에 우거한 일도 있으며,106) 大安寺에서 유람한 일도 있었
다.107) 그밖에도 長安寺에 묵은 일,108) 氷靖寺에서 노닌 일도 확인된다.109)

---

102) 姜石德, 「送玄無悟南歸序」 『東文選』 권94(民族文化推進會 影印本 3冊, 134쪽).
103) 金富軾, 「西都九梯宮朝退休于永明寺」 『東文選』 권12(民族文化推進會 影印本 1
    冊, 260쪽).
104) 金敦中, 「宿樂安郡禪院」 『東文選』 권9(民族文化推進會 影印本 1冊, 218쪽).
105) 李奎報, 「和宿德淵院 二首」 『東國李相國集全集』 권7(『韓國文集叢刊』 1冊, 370쪽).
106) 李奎報, 「寓居天龍寺有作」 『東國李相國集全集』 권9(『韓國文集叢刊』 1冊, 389쪽).
107) 李奎報, 「七月十日 遊大安寺留題」 『東國李相國集全集』 권13(『韓國文集叢刊』 1
    冊, 429~430쪽).
108) 李奎報, 「十九日 寓長安寺有作」 『東國李相國集全集』 권6(『韓國文集叢刊』 1冊,
    354쪽).
109) 李奎報, 「遊氷靖寺 示住老」 『東國李相國集全集』 권6(『韓國文集叢刊』 1冊, 358쪽).

이색 역시 여러 사원과 인연을 맺고 있었다. 그는 여강의 神勒寺에서
더위를 피한 일이 있고,[110] 天水寺에서 노닌 일이 있으며,[111] 法華寺 연
못에서 연꽃을 감상하기도 했다.[112] 또 그는 長湍의 새로운 居所로 가던
도중 날이 저물자 感應寺에 들어가 하룻밤 신세를 진 일도 있다.[113] 권
근의 경우에도 仲秋節에 法王寺에서 달을 구경한 일이 있다.[114] 관료들
은 이처럼 풍광이 좋은 사원을 찾아 유람하는 수가 흔했으며, 먼 곳을
가다가 투숙하는 일이 많았다. 이때 당연히 거처하던 승려와 교유하게
되었다.

관료가 승려와 교유하는 생생하고 구체적인 모습은 다수 확인할 수
있다. 이규보와 鍾義禪老는 道를 묻고 空을 이야기했으며, 바둑을 두면
서 날 새는 것을 깨닫지 못할 정도였다. 시를 지어 서로 다듬고 갈았으
며, 종의는 이규보에게 술을 권하여 취하게 만들기도 했다. 두 사람은
松亭에 올라 매우 즐겁게 술을 마셨으며, 밝은 등불 아래에서 차를 달여
마시며 도를 이야기하기도 했다. 또 이들은 國淸寺에서 단풍을 즐겼고,
산에 올라 술잔을 주고받다가 만취하기도 했으며, 시도 읊고 노래도 불
렀다.[115] 세속의 벗 이상으로 격의 없이 매우 친근하게 어울리고 있음을
보여준다.

이색도 스무살이 되기 이전에 산속을 돌아다니며 노닐기를 좋아했기
때문에 승려들과 허물없이 지내곤 했다. 조금 더 성장했을 때 儒者 18인

---

110) 李穡, 「送月牕序」『牧隱文藁』 권8(『韓國文集叢刊』 5冊, 66~67쪽).
111) 李穡, 「重游天水寺 上黨韓公携酒見尋」『牧隱詩藁』 권18(『韓國文集叢刊』 4冊, 217쪽).
112) 李穡, 「韓淸城邀安雙淸及僕 賞蓮于法華寺池 設幕松樹間 取荷人一柄置于前 以爲蓋 … 」『牧隱詩藁』 권34(『韓國文集叢刊』 4冊, 489쪽).
113) 李穡, 「己巳十二月初六日 巡衛府提控朴爲生 來傳內敎 命臣出居長湍新居 臣向闕肅拜 且致詞」『牧隱詩藁』 권35(『韓國文集叢刊』 4冊, 499쪽).
114) 權近, 「中秋法王寺翫月 二首」『陽村集』 권3(『韓國文集叢刊』 7冊, 31쪽).
115) 李奎報, 「祭鍾義禪老文」『東國李相國集全集』 권37(『韓國文集叢刊』 2冊, 88~89쪽).

이 契를 만들어 우호관계를 맺었는데, 天台 圓公, 曹溪 修公도 함께 참여
했다.116) 관료 예비군이 승려와 더불어 어울리고 있는 것이다. 이들과의
만남은 관료가 된 뒤에도 이어졌을 것으로 보인다.

관료와 승려의 교분은 이들이 선물을 제공하는 데에서도 확인된다.
大王寺의 文師가 이규보에게 숯을 보내 준 일이 있고,117) 守其僧統도 그
에게 술을 준 일이 있으며,118) 그밖에도 이규보는 惠文禪老로부터 쌀과
솜, 숯을 받았다.119) 安養의 道生僧統이 이색에게 종이를 보내준 일도
있었다.120) 이색은 또한 여러 승려로부터 차, 부채, 참외, 홍시, 나물반
찬, 모시, 버섯 등을 선물 받고 있음이 확인된다.121)

관료와 승려의 교유는 음주와 시문을 매개로 하는 수가 많았다. 같이
술을 마시는 수도 있었으며, 나아가 시문을 주고받는 수도 있었다. 이러
한 관계를 맺은 승려는 관료와 매우 밀착된 관계를 가졌다고 할 수 있다.

---

116) 李穡, 「幻菴記」 『牧隱文藁』 권4(『韓國文集叢刊』 5冊, 33쪽). 이색을 비롯한 18인
    의 契에 관해서는 許興植, 1998, 「李穡의 18人 結契로 본 高麗 靑少年의 集團行
    態」 『정신문화연구』 21-1 참조.
117) 李奎報, 「走筆謝大王寺文師送炭」 『東國李相國集後集』 권1(『韓國文集叢刊』 2冊,
    139쪽).
118) 李奎報, 「復用前所寄詩韻 寄其僧統 幷序」 『東國李相國集後集』 권5(『韓國文集叢
    刊』 2冊, 187~188쪽).
119) 李奎報, 「謝文禪老惠米與綿」 『東國李相國集全集』 권10(『韓國文集叢刊』 1冊, 400
    쪽) ; 李奎報, 「走筆謝文禪老惠炭」 『東國李相國集全集』 권13(『韓國文集叢刊』 1
    冊, 430쪽).
120) 李穡, 「昨日安養道生僧統 扶携酒食來勞 今早送紙 以詩謝之」 『牧隱詩藁』 권35
    (『韓國文集叢刊』 4冊, 514쪽).
121) 李穡, 「奉答松廣和尚惠茶及扇」 『牧隱詩藁』 권11(『韓國文集叢刊』 4冊, 106~107
    쪽) ; 李穡, 「得同甲開天曇禪師書茶」 『牧隱詩藁』 권14(『韓國文集叢刊』 4冊, 147
    쪽) ; 李穡, 「天場房慈恩首座送甛瓜」 『牧隱詩藁』 권17(『韓國文集叢刊』 4冊, 210
    쪽) ; 李穡, 「普光社主文兄送靑苧」 『牧隱詩藁』 권19(『韓國文集叢刊』 4冊, 242쪽) ;
    李穡, 「開天曇師送紅柿」 『牧隱詩藁』 권26(『韓國文集叢刊』 4冊, 372쪽) ; 李穡, 「謝
    陽山大禪師送松芝」 『牧隱詩藁』 권35(『韓國文集叢刊』 4冊, 510쪽) ; 李穡, 「冠嶽山
    禪覺菴澈首座 惠草佐飯石茸」 『牧隱詩藁』 권35(『韓國文集叢刊』 4冊, 512~513쪽).

속인 관료가 승려와 함께 음주하는 일은 매우 흔했다. 평소의 친분이 전
제되어 이러한 술자리를 갖는 것이었지만, 이러한 일을 계기로 해서 관
료는 승려와 끈끈한 관계를 구축할 수 있었다.

관료가 사원을 찾아 동석한 승려와 함께 술을 마시는 모습은 이규보
의 글에서 다수 볼 수 있다. 이규보는 天壽寺 大禪師 知覺의 知遇가 되
어 매양 丈室에 갔는데 술만 마시고 주정을 부렸다.122) 또 그는 僧統 守
其, 大禪師 志素, 湛其, 雙巖寺의 住老, 金員外를 초청하여 술자리를 베
푼 일이 있었다.123) 이규보는 여러 고위 승려들과 함께 음주함으로써 그
관계를 매우 돈독히 만들 수 있었다.

이색의 경우에도 여러 승려와 함께 음주했음을 확인할 수 있다. 慈恩
宗의 祐世君(宗林)이 이색의 아들이 密直에 임명된 것을 축하하려 왔을
때 이색이 함께 술을 흠뻑 마셨다.124) 柳巷(韓脩)의 門生이 유항이 簽書
에 거듭 除拜된 것을 하례하기 위해 酒席을 마련했을 때 이색과 廉東亭
(廉興邦)이 부름을 받고 자리에 나갔는데, 天台判事 懶殘子(了圓) 또한
초청을 받고 와서 함께 앉아 음주를 했다.125)

이처럼 관료들이 승려와 술자리를 함께 하는 경우가 흔했다.126) 특히
개경 인근의 사원에서는 그러한 일이 비일비재 했다. 평소에 친분이 있

---

122) 李奎報, 「法華經頌 止觀贊 幷序」『東國李相國集全集』권19(『韓國文集叢刊』1冊,
   491쪽).
123) 李奎報, 「二十九日 又邀僧統守其 大禪師志素 禪師湛其 及雙品住老 金員外設酒
   卽席得詩一首 贈之」『東國李相國集後集』권6(『韓國文集叢刊』2冊, 200쪽).
124) 李穡, 「昨蒙慈恩都僧統祐世君 來賀種德新拜密直 且設盛饌 … 」『牧隱詩藁』권
   28(『韓國文集叢刊』4冊, 398쪽). 祐世君에 대한 설명은 남동신, 2006, 「목은 이색
   과 불교 승려의 시문(詩文) 교유」『역사와 현실』62 참조.
125) 李穡, 「柳巷門生開酒席 賀公重拜簽書也 僕與廉東亭承招赴席 … 」『牧隱詩藁』
   권20(『韓國文集叢刊』4冊, 268쪽) ; 남동신, 2006, 앞의 논문 ; 채웅석, 2006, 「『목
   은시고(牧隱詩藁)』를 통해서 본 이색의 인간관계망」『역사와 현실』62.
126) 李炳熙, 2013, 「高麗時期 寺院의 술 生産과 消費」『역사와 세계』44(본서 제3부
   수록).

는 경우 그런 자리를 갖게 되겠지만, 술자리를 함께 함으로써 상호 간에 아주 친밀한 관계를 형성할 수 있었다.

관료들과 승려의 긴밀한 교유를 보이는 또 다른 경우는 시문을 주고 받을 때이다. 관료와 승려가 시문을 교유하는 일은 드문 일이 아니었다. 이것은 양자의 깊은 관계를 상징하는 것이며, 또 그 관계를 더욱 밀착시키는 계기로 작동했다.

王輪寺 서쪽 足庵의 闡大師는 명산을 찾아 다니며 모든 지역을 두루 살펴보려 했는데, 평소에 그와 교유하던 관료들이 모두 그의 도를 즐기면서 곁에서 떠나려 하지 않아서 천대사는 뜻대로 할 수 없었다. 임춘이 천대사를 방문했더니 임춘에게 암자의 이름을 지어주고 기문도 요청했다. 임춘이 이에 족암이라고 암자의 이름을 짓고 기문을 작성했다.[127] 임춘이 개경의 관료와 깊이 교유하던 천대사를 위해 기문을 작성한 것이다.

이규보가 승려와 시문을 주고받은 예는 매우 풍부하다(<부록> 참조). 이규보가 文長老와 함께 學錄 尹世儒의 집을 방문했는데 주인과 혜문장로가 옛사람의 운을 빌려 시를 짓기에 이규보도 따라 차운했다.[128] 懷璨首座는 이규보의 무리와 함께 詩社에 드나들고 酒席에 참석하여 자유자재로 노니는데 가함도 불가함도 없으니 참으로 達者라 할 만하다고 이규보가 평가했다.[129] 이규보가 수좌의 위치에 있는 회찬이라는 승려와 시사를 통해 교유했음을 볼 수 있다.

이규보가 시문을 통해 교유한 승려 가운데 높은 위치에 있는 이들이 다수 확인된다. 종령수좌, 정통수좌, 장대선사, 회찬수좌, 각월수좌, 확운

127) 林椿,「足庵記」『東文選』권65(民族文化推進會 影印本 2冊, 410~411쪽).

128) 李奎報,「同文長老訪尹學錄世儒家 主人與文公次古人韻作詩 予亦次韻」『東國李相國集全集』권2(『韓國文集叢刊』1冊, 309쪽) ; 김용선, 2013,『이규보 연보』, 일조각, 45쪽.

129) 李奎報,「送璨首座還本寺序」『東國李相國集全集』권21(『韓國文集叢刊』1冊, 510쪽).

대선사, 수기승통, 지소대선사, 담기선사, 현원선사 등이 그들이다. 그 승려가 속한 종파도 승계에서 알 수 있듯이 교종과 선종을 아우르고 있다. 이규보는 시문의 교유를 통해 이처럼 다양한 종파의 고급 승려와 깊은 관계를 맺었다.130)

이색도 승려와 시문을 활발하게 주고받았다.131) 권근도 기문을 매개로 승려와 연결됨이 보인다. 華嚴大師 眞公이 견탄원을 조영한 뒤, 권근의 형 盤龍大師가 서울에 오는 편에 권근에게 기문을 요청했다. 진공이 반룡대사와 同選이어서 권근이 사양하지 않고 기문을 작성했다.132) 권근이 견탄원의 기문을 작성한 것이다.

관료들은 시문을 매개로 다수의 승려와 깊은 관계를 맺었다.133) 일방적으로 글을 작성해 주는 수도 있었지만 상호 시문을 주고받는 경우도 많았다. 이렇듯이 관료가 접하는 승려들은 시문을 지을 수 있는 고급 승려가 대부분이었다고 생각된다.

관료들은 술이나 시문을 매개로 승려와 교유함으로써 위로를 받는 경우가 많았다. 승려는 친한 벗으로서 속인 친구와는 다른 차원에서 종교

---

130) 박윤진, 2001, 「이규보의 불교관에 관한 一考察」, 『史叢』 531 ; 김용선, 2013, 『생활인 이규보』, 일조각, 166~171쪽.
131) 이색과 승려의 시문 교유에 관해서는 남동신, 2006, 앞의 논문에 자세한 내용이 밝혀져 있다.
132) 權近, 「犬灘院樓記」, 『陽村集』 권12(『韓國文集叢刊』 7冊, 140~141쪽).
133) 고려시기 불교 관련 글은 문인관료가 승려의 부탁을 받아 작성한 것이 다수이다. 그 일부를 들면 다음과 같다. 李奎報, 「妙香山普賢寺堂主毗盧遮那如來丈六塑像記」 『東國李相國集全集』 권24(『韓國文集叢刊』 1冊, 543~544쪽) ; 閔漬, 「國淸寺金堂主佛釋迦如來舍利靈異記」 『東文選』 권68(民族文化推進會 影印本 2冊, 441~443쪽) ; 李齊賢, 「白華禪院政堂樓記」 『益齋亂藁』 권6(『韓國文集叢刊』 2冊, 554~555쪽) ; 李穀, 「重興大華嚴普光寺記」 『稼亭集』 권3(『韓國文集叢刊』 3冊, 116~117쪽) ; 李穡, 「麟角寺無無堂記」 『牧隱文藁』 권1(『韓國文集叢刊』 5冊, 4~5쪽). 불교에 비판적이었던 崔瀣도 「頭陀山看藏庵重營記」, 「送盤龍如大師序」, 「禪源寺齋僧記」, 「送僧禪智遊金剛山序」 등의 글을 작성했다(채상식 편, 2013, 『최해와 역주 『拙藁千百』』, 혜안, 92~99쪽).

적 평온을 얻을 수 있도록 도움을 주었다. 李奎報의 경우 守其僧統이 술을 가지고 와서 위로해 주었는데 이에 이규보의 답답한 마음이 얼음 풀리듯 없어졌다고 한다.134) 이색의 경우도 安養의 道生僧統이 술과 음식을 가지고 찾아와 위로한 일이 있었다.135) 관료들은 이처럼 승려와 교유함으로써 마음의 답답함이나 우울함을 달랠 수 있었던 것이다.136) 멀리 귀양간 관료를 승려가 찾아가 위로하는 경우도 있었다. 權近이 바닷가에 귀양갔을 때 神印宗 玉明上人이 두 번이나 찾아와 답답한 마음을 위로한 일이 있었다.137) 속인 친구보다 더 밀착된 관계를 읽을 수 있다. 관료가 승려와 교유하는 경우 단순한 교유에 그치는 수도 있지만 마음의 평온을 가져다 주는 경우가 많았다. 이것은 승려이기에 제공해 줄 수 있는 정신적 위로였던 것이다.

관료가 승려와 교유하면서 불교 교설을 배우는 일도 드물지 않았을 것이다. 관료가 되기 이전의 어린 시절에도 그러한 기회가 있었으며 관료로서 생활하고 있던 때에도 그러한 기회가 찾아왔다. 이규보는 天壽寺 대선사 知覺으로부터 『法華經』을 읽도록 권유받았으며, 그가 『법화경』을 읽고 외우자, 지각은 止觀의 大義를 들어 지도하기도 했다.138) 일대일의 관계 속에서 배우는 기회를 갖기도 했지만, 승려가 주관하는 법회에 그 일원으로 참석함으로써 배움의 계기를 갖기도 했다.139)

승려들과의 깊고 활발한 교유는 관료들의 불교 소양을 심화시키는 데

---

134) 李奎報,「復用前所寄詩韻 寄其僧統 幷序」『東國李相國集後集』 권5(『韓國文集叢刊』 2冊, 187~188쪽).
135) 李穡,「昨日安養道生僧統 扶携酒食來勞 今早送紙 以詩謝之」『牧隱詩藁』 권35(『韓國文集叢刊』 4冊, 514쪽).
136) 주호찬, 2006,『이규보의 불교인식과 시』, 보고사, 91~118쪽.
137) 權近,「送神印宗玉明上人」『陽村集』 권7(『韓國文集叢刊』 7冊, 85쪽).
138) 李奎報,「法華經頌 止觀贊 幷序」『東國李相國集全集』 권19(『韓國文集叢刊』 1冊, 491쪽).
139) 승려가 주도하는 법회에 속인들이 참석해 불교 교설을 듣는 일은 매우 흔한데 이 부분에 대한 적극적인 관심이 필요하다.

일조했다. 그 결과 관료의 불교에 대한 이해 수준이 높아 승려를 앞지른 일도 있었다. 당시 사회 전체가 불교적 분위기 속에서 운영되고 있고, 유교와 불교가 적대적이지 않고 상호 인정하는 분위기 속에서 당연한 결과였다.

관료들의 높은 불교 소양은 그들이 경전을 읽은 데서 엿볼 수 있다. 이규보는 『楞嚴經』을 좋아해서 등지고 앉아 외우기까지 할 정도였다.140) 李公著는 항상 『金剛般若經』을 읽었으며,141) 尹彦旼은 불교에 마음을 귀일해서 역시 『금강반야경』을 읽었다.142) 王源은 중년부터 불교를 매우 좋아해 항상 『法華經』을 읽었으며,143) 崔惟淸 역시 불법을 받들어 『금강반야경』을 頌했다.144) 崔瑞는 벼슬에서 물러나 笑軒無著居士라고 일컫고서 항상 『金剛經』을 읽었으며,145) 朴全之는 스스로 杏山蒙泉無垢居士라고 칭하고서 항상 『금강반야경』을 頌했다.146) 관료들 가운데 이처럼 『금강반야경』 · 『법화경』 등의 경전을 읽고 이해할 수 있는 수준을 보이는 이들이 많았다. 관료들의 높은 수준의 불교 이해는 기층민이 갖추기 어려운 것이었다. 승려와의 교유는 이러한 소양 함양에 일조했다고 하겠다.

---

140) 李奎報, 「年譜」『東國李相國集』(『韓國文集叢刊』 1冊, 292쪽).
141) 金龍善 編著, 2012, 『高麗墓誌銘集成』, 翰林大 出版部, 「李公著墓誌銘(1138년)」, 67~68쪽.
142) 金龍善 編著, 2012, 『高麗墓誌銘集成』, 翰林大 出版部, 「尹彦旼墓誌銘(1154년)」, 140~142쪽.
143) 金龍善 編著, 2012, 『高麗墓誌銘集成』, 翰林大 出版部, 「王源墓誌銘(1171년)」, 213쪽.
144) 金龍善 編著, 2012, 『高麗墓誌銘集成』, 翰林大 出版部, 「崔惟淸墓誌銘(1175년)」, 225쪽.
145) 金龍善 編著, 2012, 『高麗墓誌銘集成』, 翰林大 出版部, 「崔瑞墓誌銘(1305년)」, 421~423쪽.
146) 金龍善 編著, 2012, 『高麗墓誌銘集成』, 翰林大 出版部, 「朴全之墓誌銘(1325년)」, 456쪽.

　관료와 승려의 교유는 친분 관계에 그치지 않고 관료의 재정 후원으로 발전할 수 있었다. 불사가 있을 경우 풍부한 재정 지원을 할 수 있는 층은 민인층도 있을 수 있지만 아무래도 관료가 중심일 수밖에 없었다. 관료들은 檀越로 참여함으로써 불교계와 깊은 관련을 맺었다. 시주를 함으로써 양자의 결속은 더욱 굳건해졌다.147)

　다양한 계기로 형성되는 관료와 승려의 유대는 매우 끈끈한 경우가 많았다. 관료들은 이러한 결합을 전제로 정치적 목적을 위해 승려를 활용하기도 했다. 관료와 승려가 결합해 정치 분쟁에 개입하는 사례가 여럿 보이는데, 이는 관료와 승려의 결속이 극단적으로 진행된 경우라고 할 수 있겠다.

　예종 7년(1112) 8월 尙書右丞 金仁碩, 全州牧使 李汝霖, 殿中少監 河彦碩, 刑部尙書 任申幸, 大卿 李仲平 등이 유배갈 때, 崇敎寺 승려 資尙도 함께 먼 곳으로 유배당했다. 자상은 유배가던 중에 죽임을 당했다. 이때 道生僧統 竀도 관련되어 유배되었다가 곧 卒했다.148) 관료들과 자상·도생승통의 연결을 읽을 수 있다. 관료와 승려의 결합은 위험한 사항으로 보일 수도 있었다.

　의종 9년(1155) 12월 司空 璋의 爵을 삭제하고, 直長同正 李龜壽를 仁州에 유배보냈다. 璋은 濟安公 偦의 아들로서 평소에 무뢰했으며 궁마를 좋아했다. 이구수와 더불어 飮博擊毬를 했다. 국왕의 동생인 승려 冲曦가 興王寺에 있었는데 이들이 자주 오가면서 놀았다. 이에 흥왕사 관구인 내시 朴懷俊이 두 사람의 뜻을 예측할 수 없다고 아뢰자, 이러한 처벌 조치가 있었다.149) 사공의 위치에 있던 장, 직장동정인 이구수가 흥

---

147) 관료의 재물 시납은 원당에서 두드러지게 나타나지만, 원당 이외의 사원이나 승려를 대상으로 이루어지는 수도 많았다(李炳熙, 2008, 『高麗後期寺院經濟硏究』, 景仁文化社, 11~26쪽, 231~248쪽 참조).

148) 『高麗史』 권90, 列傳3 宗室1 道生僧統 竀, 下冊, 44쪽 ; 『高麗史節要』 권7, 睿宗 7년 8월, 202~203쪽.

왕사에 있던 승려 충회와 어울리고 있는 것이다. 관인과 승려가 연결되고
이것이 정치적으로 의심받아 유배당하는 조치가 취해진 것이다. 관료가
승려와 연결될 때 정치적 힘을 행사할 소지가 있었음을 보이는 것이다.

무인정권 초 집정들 사이에 주도권을 둘러싼 대립이 격심했다. 무신
란을 일으킨 핵심세력의 한 명인 李高는 惡少와 결합하고 또 法雲寺 승
려 修惠, 開國寺 승려 玄素 등과 더불어 밤낮으로 연회하고 술을 마셨으
며, 元子가 관례를 올리던 날을 기해 거사하고자 했다. 이고의 모의 사실
을 들은 이의방이 선제 공격을 가함으로써 이고의 무리들은 격퇴되었
다.150) 이고라는 인물이 정치적 야심을 품고 승려와 더불어 술마시며 결
집하고 있음을 볼 수 있다. 관료와 승려가 결합해 난을 도모한 것이다.
명종 4년(1174)에는 정중부의 아들 鄭筠이 승려 宗旵 등을 유인해서 이
의방을 斬하고 그의 일당을 제거했는데,151) 정균과 결합된 승려를 볼 수
있다.

관료가 승려와 어울리면서 국정을 담론하고 나아가 비방하는 일도 있
었다. 예컨대 고종대에 河東監務 盧成이 鄕人 李珪·李昌과 더불어 兄弟
를 맺고 招集陜州副使 薛仁儉, 南海縣令 鄭皐 및 及第 兪汝諧, 僧 明就
등을 불러 모아 항상 술자리를 가지며 즐거워하고서 국정을 비방한 일이
그것이다.152) 관료와 승려가 술 마시며 상호 밀착하고서 정치적 의견을
표출하고 있는 것이다.

관료와 승려의 교유는 이처럼 여러 차원에서 다양한 방식으로 이루어
지고 있었다. 이들의 교유는 일회적이거나 우연한 경우도 있었고, 술자
리를 함께 하는 돈독한 예도 있었으며, 시문을 주고받는 고급스러운 경

---

149) 『高麗史』 권90, 列傳3 宗室1 齊安公偦, 下冊, 49쪽 ; 『高麗史節要』 권11, 毅宗 9
　　년 12월, 287쪽.
150) 『高麗史節要』 권12, 明宗 원년 10월, 311쪽.
151) 『高麗史』 권128, 列傳41 叛逆2 李義方, 下冊, 781~782쪽.
152) 『高麗史』 권129, 列傳42 叛逆3 崔忠獻, 下冊, 813~814쪽.

우도 있었다. 정치적 야심을 가지고 승려와 결합하는 수도 없지 않았다. 관료가 불교계에 구축한 연결망 내에서의 교류는 일반 민인들의 그것보 다 훨씬 활발했다.

5. 結語

고려사회 운영에는 여러 사회계층 사이의 연결망이 작동하기 마련이 었다. 이 글에서는 관료가 불교계에 구축하는 연결망에 주목해 고찰했 다. 고려시기에는 정치와 종교가 밀착되어 있었기 때문에 관료와 불교계 의 연결망은 종교적인 데에 국한되지 않았다. 형성의 계기나 기능하는 모습에서 종교를 벗어난 경우가 많았다. 양자 사이의 연결망은 문학이나 음주를 매개로 활발하게 작동했고, 경제적인 면이나 정치적인 면에서도 중요하게 기능했다.

관료의 경우 가문 출신의 승려가 많이 배출되었기 때문에 그들과 밀 접한 관계를 형성하는 것은 당연했다. 그 승려는 유사시에 물리력을 제 공하기도 했다. 반면 승려로서는 자신의 세속 가문의 힘을 바탕으로 세 력을 떨치거나 침탈을 자행하기도 했다. 관료는 상례·제례와 관련해서 도 불교계와 깊이 연결되었다. 그 일을 주관하는 승려, 그것이 베풀어지 는 사원과 관료는 깊이 연결되었다. 원당으로 칭해지는 사원의 경우에는 관료가와 더욱 밀착되었다. 일반 민으로서는 불교계에 관료와 원당 사이 의 연결망처럼 밀착된 연결을 갖기 힘들었다.

관료는 관직 수행 과정과 관련해서도 연결망을 구축했다. 승려를 선 정하거나 승정에 참여함으로써, 또 불교 행사에 국왕과 함께 참석함으로 써 불교계와 밀접한 관련을 맺었다. 관료는 봉명사신으로 파견되어 전국 의 사원이나 승려와 유대를 형성하기도 했다. 중요 사원을 조영하는 경우, 고승을 개경으로 초빙하거나 고승이 하산하는 경우, 물건이나 교서 등을 내리는 경우 그 일을 담당하는 관료는 불교계와 긴밀한 접촉을 하게 마련이었다. 관료들은 고승의 비문을 작성하거나 사원의 기문을 작성할 때에도, 또 왕사·국사의 입적 시 그것을 감호하는 과정에서도 불교계와 밀접하게 연결되었다. 이런 일을 맡았을 때 대체로 사원에 장기간 머무르면서 승려와 접촉하기 때문에, 불교계의 사정을 깊이 이해할 수 있었다. 전국에 걸친 연결망, 그리고 유명한 승려와의 연결은 이런 과정을 통해 구축될 수 있었다. 그러나 관직 수행 과정에서의 교유는 일회성을 갖는 수가 많고 지속적인 것으로 이어지는 일은 흔치 않은 것으로 보인다.

관료는 개인 차원에서도 불교계에 사사로운 관계를 만들어갔다. 사사로이 만들어진 연결은 매우 긴밀한 경우도 있고, 일회성을 띠거나 느슨한 경우도 있다. 친교가 아주 두터운 승려를 공문우, 도우, 외방우라고 불렀으며 세속의 친구보다 더 가까운 관계를 형성하면서 이들로부터 마음의 위로를 얻기도 했다. 관료들은 어린 시절 사원에서 공부하는 일이 많았는데 이때 승려들을 사귈 수 있었으며 불교의 교설을 접할 수 있었다. 그들이 여행이나 유람의 과정에서 사원을 찾는 일이 흔했는데 이때 승려와 사귈 수 있는 기회를 가질 수 있었다. 또한 관료들이 우정이 두터운 승려와 함께 술을 마시고 시문을 교환하는 것은 당시 매우 일상적인 일이었다. 승려로부터 불교 교설을 배우고, 사원에 재물을 시주하는 것도 이러한 교유가 전제된 경우가 많았다. 이러한 친밀에서 발전해 세력을 결집해 정치적 변란을 도모하는 경우도 없지 않았다. 관료들이 정치적 야심을 달성하고자 불교계의 연결망을 활용한 것이다.

관료가 교류하는 승려는 상층의 승려가 중심이었다. 승계를 받은 주지, 왕사·국사 등이 주로 접촉하는 대상이었다. 하급 승려와 연결되는 수도 없지는 않았지만 미미하다고 생각된다. 그리고 교유한 승려는 소속 종파가 단일하지 않으며, 내왕하는 사원도 한두 개로 한정되지 않고 다수였다. 관료들은 불교계와의 긴밀한 교류를 통해 사원이나 승려에 대한 이해를 높일 수 있었으며 굳건한 연결망을 구축할 수 있었다.153)

관료들은 이처럼 불교계에 연결망을 형성하면서 활동하고 있었기 때문에 그들의 영향력은 세속 사회뿐만 아니라 불교계에도 행사할 수 있었다. 불교계는 이런 연결망을 전제로 세속 사회로부터 다방면의 지원을 받을 수 있었다. 세속 사회와 불교계의 깊은 유대를 확인시키는 것이다. 관료가 불교계에 구축한 연결망은 고려후기 이래 심한 변동을 겪지 않을 수 없었다. 고려말 성리학이 수용되고 적극적인 배불론이 전개되면서 관료의 종교와 신앙 생활도 크게 변화했으며, 승려들의 활동 범위도 축소되어 갔다. 관료가 불교계에 구축한 연결망 또한 이런 사정을 바탕으로 동요하면서 기능이 약화되지 않을 수 없었다.

---

153) 관료가 불교계에 형성한 연결망의 다양한 기능은 개별 관료나 승려를 대상으로 천착할 때 분명해질 수 있겠다. 이 글에서는 전체 모습을 제시하는 데 초점을 두었고 또 형성 계기에 관심을 집중한 결과 연결망 작동의 구체적인 면모에 대해서는 설명이 충실하지 못하다.

〈부록〉 이규보와 승려의 시문 교유(시의 제목을 중심으로)

순번	교유한 내용	전거
1	이규보가 '覺禪老에게 주다.'라는 시를 짓다.	전집권1
2	龜山寺에서 方丈 璨師가 보름날 밤에 달을 구경하면서 '그대에게 韻字 백 개를 주니 아무 자나 뽑아서 詩律로 지으라.' 하므로 이규보가 그 중에서 律자를 골라 시를 짓다.	전집권1
3	이규보가 璨師의 운에 차하다.	전집권1
4	文長老와 함께 學錄 尹世儒의 집을 방문했는데 주인과 문 장로가 옛사람 의 운을 차하여 시를 짓기에 이규보도 따라 차운하다.	전집권2
5	이규보가 취중에 시를 써서 문장로에게 보이다.	전집권2
6	이규보가 足庵의 聆首座에게 편지를 올리다.	전집권2
7	이규보가 영수좌의 화답을 받고 다시 차운하여 화답하다.	전집권2
8	이규보가 郞中 吳世文의 집에서 廣明寺의 文長老를 찾아가 文公의 시에 次韻하다.	전집권3
9	全履之와 文長老가 찾아와서 이규보의 江南集 중의 시운을 차하다.	전집권6
10	尙州에 들어와 東方寺에 묵는데, 朴文老와 崔秀才와 金秀才가 기생과 술 을 준비해 찾아왔기에 이규보가 한 수를 口占하다.	전집권6
11	燦首座가 方丈에 간직한 老松이 그려진 屛風에다 이규보에게 글을 써 달 라고 하다.	전집권7
12	이규보가 寒溪寺 住持 老覺師의 旅寓를 방문하여 參廖子의 詩韻을 따라 지어 주다.	전집권8
13	이규보가 嚴禪老를 찾아가서 벽에 걸린 簇子의 詩韻을 따라 시를 짓다.	전집권8
14	이규보가 安和寺의 敦軾禪老 方丈에서 밤에 술을 마시며 東坡의 韻을 따 라 시를 짓다.	전집권8
15	天台玄師가 이규보가 覺公을 찾아가 묵으면서 술을 마신다는 소식을 듣고 술을 가지고 와 위로하기에, 前韻을 따라 지어 주다.	전집권8
16	이규보가 通師가 붙어 사는 崇教寺 方丈에서 술을 마시는데, 모인 이가 십여 인이었다. 술이 취하자 거문고와 비파를 번갈아 울리며 광대놀이까 지 겹치게 되었다. 이때 大闕에서 나온 큰 광대 두 사람이 승려와 더불어 사원 구경을 하며 큰 놀이를 개최했기에 달려 왔다. 이규보는 옛날 버릇이 용솟음쳐 앉아 있는 사람에게 韻字를 부르게 하고 붓을 드니, 한 사람이 例에 따라 四韻을 부르기에 겸하여 스스로 傍韻까지 붙여 지었다.	전집권8
17	이규보가 文長老方, 崔秀才 升圭와 같이 古人의 운을 따라 각기 賦하다.	전집권8
18	이규보가 시를 재빠르게 써서 威知識(천태종 소속)에게 주다.	전집권8
19	이규보가 璨首座의 方丈에 題하다.	전집권8
20	이규보가 天台山의 두 대사와 함께 杜牧의 시를 읽고서 시를 지어 주다.	전집권10
21	이규보가 慧陰院에서 學士 林義叟의 시에 차운하다.	전집권10

22	源禪師가 화답해 온 전일의 시 세 수에 이규보가 차운하다.	전집권10
23	이규보가 覺月禪師를 방문하여 蘇東坡의 詩韻을 사용해 각각 짓다.	전집권11
24	문장로의 화답이 아홉 수에 이르렀는데 편마다 모두 지둔한 이규보를 일깨우고 책려했기에 힘써 수대로 갖추어 받들어 올리다.	전집권11
25	이규보가 通首座를 찾아가 취하도록 마시고 붓 가는 대로 쓰다.	전집권11
26	이규보가 通首座가 方丈에서 술이 거나하여 智潛上人에게 杜牧의 시를 부르라고 하기에 즉시 붓을 들어 차운하다.	전집권12
27	月首座가 侍郎 趙冲에게 증여한 운에 이규보가 차하다.	전집권13
28	文長老와 朴還古가 무궁화를 논평하면서 지은 시운에 이규보가 차하다.	전집권14
29	이규보가 취한 뒤에 큰 소리를 어지러이 지껄이고 시를 지어 문장로에게 보이다.	전집권14
30	이규보가 현상인과 萬日寺에 놀면서 壁上韻에 차하다.	전집권15
31	황보 서기가 壽量寺의 留題에 화운했으므로 이규보가 다시 前韻으로 짓다.	전집권15
32	善法寺 堂頭가 전별연을 열어 이규보를 맞이하고 시를 청하다.	전집권15
33	이규보가 守安縣 西華寺에 도착하여 上方 南榮에서 간단히 술을 한잔 마시고 강산을 멀리 바라보니 이곳보다 나은 곳이 없었으나 지대가 깊숙하고 길이 외져서 유람하러 오는 자가 드물었다. 이에 시를 남긴 사람이 없었으므로 주지 노장이 시를 청하기에 한 편을 남긴다.	전집권15
34	칠월 이십 오일 善法寺 堂頭가 전별연을 열어 이규보를 맞이하고 시를 청하다.	전집권15
35	이규보가 겨울에 승려와 술을 마시고 회롱삼아 시를 지어 주다.	전집권16
36	이규보가 康先輩의 丈大禪師에 대한 弔詩에 차운하다.	전집권18
37	之上人이 산으로 돌아가며 이규보에게 시를 청하기에 지어 주다.	후집권1
38	이규보가 希禪師에게 시를 지어 주다.	후집권1
39	이규보가 친구와 술을 마시는데 승려가 와서 시를 청하다.	후집권1
40	崔學士 宗粹가 먼저 시에 화답하고 찾아옴을 차운하다. 이 시는 內願堂의 廓雲大禪師가 맨 처음 唱했으며 공이 두 수를 화답했다. 이규보는 선사의 方丈에서 이 시를 보고는 한 수를 화답하여 공에게 주었다. 이 때문에 공은 세 수를 화답하여 이규보를 찾아왔기에 이규보는 다시 세 수를 차운했다.	후집권1
41	이규보가 다시 지난번에 부쳤던 시의 운을 사용하여 守其僧統에게 부치다.	후집권5
42	重九日에 무료하던 차 空空上人·盧同年이 찾아왔으므로 이규보가 간소한 주연을 베풀고 국화를 띄우면서 느낌이 있어 詞 한 수를 짓다.	후집권5
43	이규보가 僧統 守其, 大禪師 志素, 湛其, 雙巖寺의 住老, 金員外를 초청하여 술자리를 베풀고 즉석에서 시 한 수를 지어 주다.	후집권6
44	다음날 승통이 화답하여 부쳐왔으므로 이규보가 다시 차운하여 받들어 올리다.	후집권6
45	英上人의 화답한 시에 이규보가 차운하다.	후집권6

46	空空上人이 朴少年에게 준 오십 韻에 이규보가 차하다.	후집권9
47	오월 어느 날 祭酒 文廷軾이 술과 안주를 가지고 내방했는데, 조금 뒤에 玄源禪師가 또 酒果를 가지고 내방했으므로 이규보가 각각 시를 지어 사례하다.	후집권10
48	源禪師가 화답해 온 전일의 시 세 수에 이규보가 차운하다.	후집권10

참고문헌

(사료 및 자료)

『高麗史』.
『高麗史節要』.
『高麗圖經』.
『三國遺事』.
『東文選』.
『新增東國輿地勝覽』.
『朝鮮王朝實錄』(太祖~成宗).

『懶翁和尙語錄』.
『大覺國師文集』.
『大覺國師外集』.
『白雲和尙語錄』.
『楡岾寺本末寺誌』(1977, 亞細亞文化社 影印本).
『直指寺誌』(1980, 亞細亞文化社 影印本).
『眞覺國師語錄』.
『眞靜國師湖山錄』.
『太古集』.
『太古和尙語錄』.
『韓國佛敎全書』(4~6冊).

『稼亭集』(李穀).
『陶隱集』(李崇仁).
『東國李相國集』(李奎報).
『動安居士集』(李承休).
『牧隱文藁』(李穡).
『牧隱詩稿』(李穡).

『補閑集』(崔滋).

『四佳詩集』(徐居正).

『三峯集』(鄭道傳).

『拭疣集』(金守溫).

『雙梅堂篋藏集』(李詹).

『陽村集』(權近).

『櫟翁稗說』(李齊賢).

『益齋亂藁』(李齊賢).

『拙藁千百』(崔瀣).

『止浦集』(金坵).

『破閑集』(李仁老).

『韓國文集叢刊』(1-10).

『經國大典』.

『經濟六典輯錄』.

『唐六典』.

『唐律疏議』.

『宋刑統』.

『元史』.

金龍善 編著, 2012, 『高麗墓誌銘集成』, 翰林大 出版部.

李智冠 譯註, 1994,1995,1996,1997, 『歷代高僧碑文(高麗篇1,2,3,4)』, 伽山佛敎文
        化研究院.

李智冠 譯註, 1999, 『歷代高僧碑文(朝鮮篇1)』, 伽山佛敎文化研究院.

許興植 編著, 1984, 『韓國金石全文(中世上·下)』, 亞細亞文化社.

〈저서〉

가와카쓰 요시오(임대희 역), 2002, 『중국의 역사(위진남북조)』, 혜안.

갈브레이드(崔光烈 역), 1977, 『돈-그 歷史와 展開-』, 玄岩社.

강우방·곽동석·민병찬, 2003, 『불교조각』II, 솔.

곽동석, 2000, 『Korean Art Book 금동불』, 예경.

곽동해, 2006,『범종-생명의 소리를 담은 장엄-』, 한길아트.

國立文化財硏究所, 1996,『한국의 梵鍾』, 국립문화재연구소.

국립중앙박물관, 2006,『북녘의 문화유산』, 국립중앙박물관.

국립중원문화재연구소, 2012,『중원의 제철유적』.

國防軍史硏究所, 1994,『韓國武器發達史』.

국사편찬위원회 편, 2006,『화폐와 경제 활동의 이중주』, 두산동아.

국사편찬위원회 편, 2007,『나라를 지켜낸 우리 무기와 무예』, 두산동아.

權熹耕, 1986,『高麗寫經의 연구』, 미진사.

권희경, 2006,『고려의 사경』, 글고운.

권희자, 2012,『술 만들기』, 미진사.

김갑주, 2007,『조선시대 사원경제사 연구』, 景仁文化社.

김광민, 1998,『지눌의 교육이론』, 교육과학사.

김대길, 2006,『조선후기 牛禁·酒禁·松禁 연구』, 경인문화사.

김도훈, 2005,『인류문화사에 비친 금속이야기』Ⅰ, 과학과 문화.

김두진, 2007,『신라하대 선종사상사 연구』, 일조각.

김리나 외, 2011,『한국불교미술사』, 미진사.

김명진, 2014,『고려 태조 왕건의 통일전쟁 연구』, 혜안.

김방룡, 2009,『불교수행법』, 민족사.

金柄夏, 1977,『韓國經濟思想史』, 一潮閣.

金庠基, 1974,『東方史論叢』, 서울대 출판부.

김순자, 2007,『韓國 中世 韓中關係史』, 혜안.

김영재, 2004,『고려불화-실크로드를 품다-』, 운주사.

金玉根, 1996,『高麗財政史硏究』, 一潮閣.

김용선, 2004,『고려금석문연구』, 일조각.

김용선, 2013,『이규보 연보』, 일조각.

김용선, 2013,『생활인 이규보』, 일조각.

김용학, 2007,『개정판 사회 연결망 이론』, 博英社.

김종명, 2001,『한국 중세의 불교의례-사상적 배경과 역사적 의미-』, 문학과
　　　지성사.

김준권, 2008,『송대의 술과 문화』, 한국학술정보(주).

김창현, 2006,『고려의 남경, 한양』, 신서원.

김창현, 2011, 『고려의 불교와 상도 개경』, 신서원.

김학은 편저, 1994, 『돈의 역사』, 학민사.

김현, 2005, 『불교수행요론』, 바나리.

남인국, 1997, 『고려 중기 정치세력 연구』, 신서원.

누노메 조후 외(임대희 역), 2001, 『중국의 역사(수당오대)』, 혜안.

대한불교조계종 교육원 불학연구소, 2011, 『계율과 불교윤리』, 조계종출판사.

마뉴엘 카스텔(김묵한·박행웅·오은주 옮김), 2003, 『네트워크 사회의 도래』,
    한울 아카데미.

목정배, 2001, 『계율학 개론』, 장경각.

문명대, 1994, 『고려불화』, 열화당.

문명대, 2003, 『한국의 불상 조각』 I~IV, 예경.

문화재청, 2012, 『2012년 중요동산문화재 목불·철불·건칠불 기록화사업 결과
    보고서(강원·경기)』, ㈜엔가드.

미야자키 이치사다(임대희 역), 2002, 『구품관인법의 연구』, 소나무.

민승기, 2004, 『조선의 무기와 갑옷』, 가람기획.

박경준, 2010, 『불교사회경제사상』, 동국대 출판부.

朴奎祥, 1999, 『불교사회경제학』, 경서원.

박남수·심대섭·최응천, 1999, 『갑사와 동학사』(빛깔있는 책들230), 대원사.

박상국, 1990, 『사경』(빛깔있는 책들54), 대원사.

朴龍雲, 1990, 『高麗時代 蔭敍制와 科擧制 硏究』, 一志社.

박용운, 2019, 『고려시대 사람들의 식음 생활』, 경인문화사.

박용진, 2011, 『의천, 그의 생애와 사상』, 혜안.

박종진, 2000, 『고려시기 재정운영과 조세제도』, 서울대 출판부.

裵象鉉, 1998, 『高麗後期寺院田硏究』, 國學資料院.

邊太燮, 1982, 『『高麗史』의 硏究』, 三英社.

사카구치 긴이치로(정유경·송완범 역), 2011, 『일본의 술』, 인문사.

손동원, 2002, 『사회 네트워크 분석』, 經文社.

孫洪烈, 1988, 『韓國中世의 醫療制度 硏究』, 修書院.

宋洙煥, 2002, 『朝鮮前期 王室財政 硏究』, 集文堂.

宋春永, 1993, 『高麗時代 雜學敎育 硏究』, 螢雪出版社.

신경환, 2000, 『역사에 나타난 鐵 이야기』, 한국철강신문.

辛虎雄, 1995, 『高麗法制史硏究』, 國學資料院.

安秉佑, 2002, 『高麗前期의 財政構造』, 서울대 출판부.

안지원, 2005, 『고려의 국가불교 의례와 문화－연등·팔관회와 제석도량을 중심으로－』, 서울대 출판부.

안지원, 2011, 『(개정판) 고려의 국가불교 의례와 문화－연등·팔관회와 제석도량을 중심으로－』, 서울대 출판문화원.

梁勳永, 2005, 『(訂正版) 新金屬材料學』, 文運社.

엄기표, 2004, 『한국의 당간과 당간지주』, 학연문화사.

여운필 외, 2004, 『역주목은시고』, 月印.

영남대 민족문화연구소, 2009, 『고려시대 율령의 복원과 정리』, 景仁文化社.

靈巖郡 編, 1988, 『先覺國師道詵의 新硏究』, 靈巖郡.

廉永夏, 1991, 『韓國의 鐘』, 서울대 출판부.

우룡, 2004, 『불교의 수행법과 나의 체험』, 효림.

劉淑芬(임대희 역), 2007, 『육조 시대의 남경』, 경인문화사.

柳承宙, 1993, 『朝鮮時代 鑛業史硏究』, 고려대 출판부.

원유한, 2005, 『한국의 전통 사회 화폐』, 이화여대 출판부.

이강한, 2013, 『고려와 원제국의 교역의 역사』, 창비.

이경록, 2010, 『고려시대 의료의 형성과 발전』, 혜안.

李景植, 2011, 『韓國 中世 土地制度史－高麗－』, 서울대 출판문화원.

李景植, 2012, 『高麗時期土地制度硏究』, 지식산업사.

李丙燾, 1980, 『高麗時代의 硏究』, 亞細亞文化社.

李炳熙, 2008, 『高麗後期寺院經濟硏究』, 景仁文化社.

李炳熙, 2009, 『高麗時期寺院經濟硏究』, 景仁文化社.

李相瑄, 1998, 『高麗時代 寺院의 社會經濟硏究』, 성신여대 출판부.

이상희, 2009, 『한국의 술문화』 I, 도서출판 선.

李成茂, 1994, 『韓國의 科擧制度』, 集文堂.

이익주, 2013, 『이색의 삶과 생각』, 일조각.

이재율, 2013, 『종교와 경제』, 탑북스.

李載昌, 1993, 『韓國佛敎寺院經濟硏究』, 불교시대사.

이정신, 2013, 『고려시대의 특수행정구역 所 연구』, 혜안.

이정호, 2009, 『고려시대의 농업생산과 권농정책』, 경인문화사.

이정희, 2000, 『고려시대 세제의 연구』, 國學資料院.

이종기, 2009, 『이종기 교수의 술이야기』, 다할미디어.

李宗峯, 2001, 『韓國中世度量衡制研究』, 혜안.

李浩官, 1997, 『韓國의 金屬工藝』, 文藝出版社.

자현, 2017, 『불화의 비밀, 삼국시대 벽화에서 조선시대 괘불까지』, 조계종출판사.

장국종·리태영, 2010, 『조선광업사』, 사회과학출판사.

장을병, 2008, 『이승휴의 삶과 정치활동』, 경인문화사.

장지연, 2015, 『고려·조선 국도풍수론과 정치이념』, 신구문화사.

정동효, 2004, 『우리나라 술의 발달사』, 신광출판사.

정영호, 1998, 『한국의 석조미술』, 서울대 출판부.

曺凡煥, 2001, 『新羅禪宗研究』, 一潮閣.

조호철, 2004, 『우리 술 빚기』, 넥서스북스.

주호찬, 2006, 『이규보의 불교인식과 시』, 보고사.

秦弘燮, 1980, 『韓國金屬工藝』, 一志社.

진홍섭, 1989, 『불상』(빛깔있는 책들40), 대원사.

蔡尙植, 1991, 『高麗後期佛敎史研究』, 一潮閣.

채상식 편, 2013, 『최해와 역주 『拙藁千百』』, 혜안.

蔡雄錫, 2009, 『『高麗史』 刑法志 譯註』, 신서원.

청주시, 청주대도시·지역개발연구소, 1999, 『용두사지 철당간 안전진단 및 보
     존처리 학술연구용역 보고서』.

村上智順(金禧慶 譯), 1990, 『朝鮮의 占卜과 豫言』, 東文選.

최성은, 1995, 『철불』(빛깔있는 책들 178), 대원사.

최성은, 2013, 『고려시대 불교조각 연구』, 일조각.

崔永俊, 1990, 『嶺南大路』, 高麗大 民族文化研究所.

최응천·김연수, 2003, 『금속공예』, 솔.

최응천·이귀영·박경은, 2007, 『금속공예』(국립중앙박물관 명품선집9), 국립중
     앙박물관.

최철, 1996, 『고려국어가요의 해석』, 연세대 출판부.

최혜숙, 2004, 『高麗時代 南京 研究』, 景仁文化社.

추만호, 1992, 『나말려초 선종사상사 연구』, 이론과 실천.

하워드 웨슬러(임대희 역), 2005, 『비단같고 주옥같은 정치 – 의례와 상징으로

        본 당대정치사ー』, 고즈윈.
한국역사연구회, 2007, 『개경의 생활사』, 휴머니스트.
韓基汶, 1998, 『高麗寺院의 構造와 機能』, 民族社.
韓容根, 1999, 『高麗律』, 書景文化社.
韓㳓劤, 1993, 『儒敎政治과 佛敎』, 一潮閣.
許興植, 1986, 『高麗佛敎史硏究』, 一潮閣.
許興植, 1995, 『眞靜國師와 湖山錄』, 民族社.
許興植, 2004, 『고려의 문화전통과 사회사상』, 집문당.
許興植, 2005, 『고려의 과거제도』, 일조각.
허흥식, 2013, 『한국의 중세문명과 사회사상』, 한국학술정보.
洪性益, 2009, 『淸平寺와 韓國佛敎』, 景仁文化社.
홍윤식, 1986, 『한국의 불교미술』, 대원정사.
홍희유, 1989, 『조선 중세 수공업사 연구』, 지양사.
홍희유, 1991, 『조선수공업사』 2, 백산자료원.
黃敏枝(임대희 역), 2002, 『중국 역사상의 불교와 경제(당대편)』, 서경.
黃壽永, 1989, 『韓國의 佛像』, 문예출판사.
황인규, 2003, 『고려후기 조선초 불교사 연구』, 혜안.
황인규, 2011, 『고려시대 불교계와 불교문화』, 국학자료원.

姜伯勤, 1992, 『敦煌社會文書導論』, 新文豊出版公司.
姜伯勤, 1996, 『敦煌藝術宗敎與禮樂文明 : 敦煌心史散論』, 中國社會科學出
        版社.
姜伯勤, 2011, 『唐五代敦煌寺戶制度』, 中國人民大學 出版社.
謝重光, 1990, 『漢唐佛敎社會史論』, 國際文化.
謝重光, 2009, 『中古佛敎僧官制度和社會生活』, 商務印書館.
張弓, 1997, 『漢唐佛寺文化史』 上·下, 中國社會科學出版社.
全漢昇, 2007, 『中國行會制度史』, 百花文藝.
全漢昇, 2012, 『中國經濟史論叢』 1·2, 中華書局.

淺見倫太郎, 1922, 『朝鮮法制史稿』, 岩松堂.

(논문)

강건우, 2013, 「실상사 철불 연구」『불교미술사학』 15.

강건우, 2017, 「남원 실상사 철조여래좌상 재고」『한국고대사탐구』 27.

강윤경, 2013, 「朝鮮初期 寺刹 造營의 規制와 實際」『청람사학』 21, 한국교원대 청람사학회.

강은경, 2000, 「고려후기 신돈의 정치개혁과 이상국가」『韓國史學報』 9, 高麗史學會.

강현자, 2005, 「高麗 顯宗代의 奉先弘慶寺 創建背景 – 奉先弘慶寺碣記를 中心으로 –」『中央史論』 21.

강호선, 2001, 「충렬, 충선왕대 임제종 수용과 고려불교의 변화」『한국사론』 46, 서울대 국사학과.

강호선, 2011, 「고려말 懶翁慧勤 연구」, 서울대 박사학위논문.

강호선, 2012, 「고려말 선승(禪僧)의 입원유력(入元遊歷)과 원(元) 청규(清規)의 수용」『한국사상사학』 40.

姜好鮮, 2014, 「無畏國統 丁午와 원간섭기 백련결사의 전개」『震檀學報』 120.

강호선, 2016, 「고려말 幻庵混修의 활동과 그 의미」『禪學』 43.

高惠玲, 2006, 「『牧隱集』을 통해 본 李穡의 불교와의 관계」『震檀學報』 102.

구산우, 2015, 「고려시기 제도와 정책의 수용과 배제 – 成宗代 華風과 土風의 공존과 갈등을 중심으로 –」『한국중세사연구』 42.

김갑동, 1985, 「고려건국기의 청주세력과 왕건」『한국사연구』 48.

金甲童, 1999, 「百濟遺民의 動向과 羅末麗初의 公州」『역사와 역사교육』 3·4 합집.

金光植, 1989, 「高麗 肅宗代의 왕권과 사원세력 – 鑄錢政策의 배경을 중심으로 –」『白山學報』 36.

김기섭, 2003, 「고려 무신집권기 鐵의 수취와 명학소민의 봉기」『한국중세사연구』 15.

김낙진, 2016, 「高麗 光宗의 개혁정치와 淸州 龍頭寺 鐵幢竿의 건립」『사학연구』 121.

김난옥, 2011, 「『高麗史』 형법지 금령 편목의 내용과 성격」『한국사학보』 44.

김난옥, 2015, 「고려말 詩文 교류와 인적관계 – 辛裔를 중심으로 –」『韓國史學報』 61, 高麗史學會.

김도연, 2018, 「고려시대 화폐유통 연구」, 고려대 박사학위논문.

김병인, 1999, 「高麗時代 寺院의 交通機能」 『全南史學』 13.

김병인, 2010, 「고려시대 行旅와 遊覽의 소통 공간으로서 사원」 『역사와 경계』 74.

김병인·김도영, 2010, 「고려 전기 금속화폐와 店鋪」 『한국사학보』 39, 고려사학회.

金柄夏, 1972, 「高麗時代의 貨幣流通」 『慶熙史學』 3.

金庠基, 1959, 「大覺國師 義天에 대하여」 『국사상의 제문제』 3.

金三守, 1965, 「寶의 前期的 資本 機能에 관한 宗敎社會學的 硏究」 『亞細亞學報』 1.

金三守, 1973, 「高麗時代의 經濟思想－貨幣·信用·資本 및 利子·利潤思想－」 『淑明女大 論文集』 13.

김상영, 1988, 「고려 예종대 선종의 부흥과 불교계의 변화」 『淸溪史學』 5.

김상현, 2013, 「眞覺國師 千熙의 佛敎史的 位相」 『文化史學』 39.

김선희, 2013, 「고려시기 국가 차원의 점복」 『靑藍史學』 21, 한국교원대 청람사학회.

김성환, 1993, 「죽주의 호족과 봉업사」 『문화사학』 11·12·13합집.

김수태, 1997, 「신라말·고려전기 청주김씨와 법상종」 『중원문화논총』 1.

김영미, 1999, 「高麗時代 여성의 出家」 『梨花史學硏究』 25·26합집.

김영미, 2002, 「高麗時代 佛敎界 통제와 律令－승려행동 규제를 중심으로－」 『史學硏究』 67.

김영미, 2009, 「고려 여성들의 불교 신앙과 수행」 『고려 시대의 일상 문화』(김영미 외), 이화여대 출판부.

金映遂, 1944, 「寺刹住持의 職務와 任免의 變遷」 『新佛敎』 67.

金榮濟, 2018, 「元朝 中國의 銀 貿易과 이 시대 高麗銀의 動向」 『中國史硏究』 114.

金容祚, 1982, 「懶翁慧勤에 關한 硏究」 『慶尙大 論文集』 21-2.

김유진, 2010, 「고려시기 高僧 靈驗譚의 생성과 유포」 『靑藍史學』 18, 한국교원대 청람사학회.

김윤곤·송성안, 1997, 「고려시대 사원수공업에 관한 일검토」 『경대사론』 10.

金仁昊, 2002, 「고려의 元律 수용과 高麗律의 변화」 『한국사론』 33, 국사편찬위원회.

김인호, 2014, 「고려시대 무당·술사(術士)의 사회적 기능과 배척」 『歷史와 實

學』 55, 歷史實學會.

김인호, 2019, 「고려말 불교계의 단월과 사회적 연결망 연구」 『學林』 44, 연세 사학연구회.

金載名, 1987, 「高麗時代의 京倉」 『淸溪史學』 4.

김정훈, 2016, 「충숙왕대 寫經 發願文 연구」 『한국중세사연구』 44.

김주성, 1988, 「고려초 청주지방의 호족」 『한국사연구』 61·62합집.

김창현, 1992, 「고려시대 일관에 관한 일고찰」 『史學硏究』 45.

김창현, 2004, 「고려말 불교의 경향과 문수신앙의 대두」 『한국사상사학』 23.

金昌賢, 2012, 「고려 현화사비 분석」 『목간과 문자』 9, 한국목간학회.

김창현, 2018, 「신돈의 삶과 역사적 위상」 『한국중세사연구』 53.

김현라, 2015, 「高麗와 唐·宋의 奸非法 비교」 『역사와 경계』 97.

김혜완, 2000, 「普願寺鐵佛의 조상-고려초 原州鐵佛과 관련하여-」 『史林』 14.

김혜완, 2002, 「고려顯宗代 崔士威의 건축활동」 『博物館誌』 9, 江原大 中央博 物館.

김효섭, 2019, 「고려 무신집권기 지배층의 관료생활과 인간관계-李奎報를 중 심으로-」 『한국중세사연구』 57.

羅亨用, 1999, 「梵鍾」 『大韓金屬學會會報』 12-1.

남동신, 2006, 「목은 이색과 불교 승려의 시문(詩文) 교유」 『역사와 현실』 62.

남동신, 2011, 「安城 七長寺慧炤國師碑銘」 『한국중세사연구』 30.

文明大, 2000, 「新羅鐵佛 造成問題와 實相寺 鐵阿彌陀佛坐像의 硏究」 『佛敎學 報』 37.

문철영, 2014, 「이규보의 교유관계망을 통해 본 북송(北宋) 신유학 수용 양상」 『역사와 담론』 69, 호서사학회.

朴京安, 2000, 「高麗中期 庶民들의 經濟生活 小考-徐兢의 『高麗圖經』을 중심 으로-」 『韓國史의 構造와 展開-河炫綱敎授 定年紀念論叢-』, 혜안.

박소영, 2013, 「조선시대 금주령의 법제화 과정과 시행양상」 『全北史學』 42.

朴龍雲, 2005, 「安東權氏의 사례를 통해 본 高麗社會의 一斷面-‘成和譜’를 참 고하여-」 『歷史敎育』 94.

박용진, 2010, 「의천의 宋 天台敎學 交流와 天台敎觀」 『한국학논총』 34, 국민 대 한국학연구소.

박윤진, 2001, 「이규보의 불교관에 관한 一考察」 『史叢』 53.

박윤진, 2008, 「高麗時代 승려의 血族間 師承과 그 意味」『韓國史硏究』 142.

박윤진, 2015, 「고려시대 불교 정책의 성격」『東國史學』 59, 동국역사문화연구소.

박진훈, 2007, 「사치, 허영 그리고 검약」『고려시대 사람들의 삶과 생각』(하일식 편), 혜안.

朴平植, 2011, 「朝鮮前期의 貨幣論」『歷史敎育』 118.

박현진, 2019, 「義天의 入宋求法과 宋 僧侶들과의 교류」『전북사학』 55.

朴洪培, 1984, 「弘慶寺創建의 思想的 意義」『慶州史學』 3.

방정미, 2000, 「朝鮮前期 婦女子의 上寺問題」, 한국교원대 석사학위논문.

배재훈, 2017, 「신라 하대 철불의 수용과 후원 세력」『한국고대사탐구』 27.

변동명, 2000, 「이승휴」『한국사시민강좌』 27.

변동명, 2001, 「李承休와 佛敎」『韓國中世社會의 諸問題－金潤坤敎授 定年紀念論叢－』.

변양근, 2007, 「朝鮮 初期 僧侶의 緣化 活動」, 한국교원대 석사학위논문.

徐景洙, 1975, 「高麗의 居士佛敎」『韓國佛敎思想史－崇山朴吉眞博士 華甲紀念論叢－』.

徐吉洙, 1977, 「高麗時代 常平倉에 관한 연구」『論文集』 6, 淑明女大 韓國政治經濟硏究所.

徐明禧, 1990, 「고려시대 鐵所에 대한 연구」『韓國史硏究』 69.

서명희, 1993, 「수공업」『한국사』 14, 국사편찬위원회.

서성호, 1993, 「숙종대 정국의 추이와 정치세력」『역사와 현실』 9.

徐閏吉, 1975, 「道詵 裨補思想의 淵源」『佛敎學報』 13, 동국대 불교문화연구소.

宋聖安, 2001, 「高麗後期 寺院手工業의 工匠과 手工業場」『韓國中世社會의 諸問題－金潤坤敎授 停年紀念論叢－』.

宋聖安, 2002, 「고려후기 사원 수공업의 성격」『경대사론』 12·13합집.

송성안, 2016, 「고려시대 사원 제지수공업과 그 운영」『석당논총』 65, 동아대 석당학술원.

송윤정, 2013, 「중세 철 및 철기 생산의 고고학적 연구현황과 과제」『한국중세사연구』 36.

宋昌漢, 2000, 「牧隱 李穡의 斥佛論에 대하여－恭愍王 元年 四月의 上疏文을 중심으로－」『大丘史學』 59.

신규탁, 2004, 「고려 중기 거사 불교와 이자현의 선 사상」『江原文化硏究』 23.

辛奎卓, 2008, 「나옹혜근에 대한 기존의 평가와 재고찰」 『韓國思想과 文化』 43.

申炳周, 1997, 「16세기 處士型 學者의 學風과 現實觀-金大有와 朴河談을 중심으로-」 『南冥學硏究論叢』 5.

申炳周, 1998, 「16세기 處士型 士林의 擡頭와 學風-南冥 曺植과 花潭 徐敬德을 중심으로-」 『奎章閣』 21.

신성재, 2011, 「일리천전투와 고려태조 왕건의 전략전술」 『한국고대사연구』 61.

申榮勳, 2003, 「주생활」 『한국사』 21, 국사편찬위원회.

신은제, 2014, 「공민왕의 신돈 등용의 배경」 『역사와 경계』 91, 부산경남사학회.

신은제, 2015, 「신돈 집권기 전민추정도감의 설치와 그 성격」 『역사와 경계』 95, 부산경남사학회.

신은제, 2018, 「고려의 철제 솥」 『문물연구』 34, 동아시아문물연구 학술재단.

신종국, 2016, 「고려시대 쇠솥의 형태적 특징과 변화 양상」 『역사와 역사교육』 32, 웅진사학회.

신호철, 1993, 「후삼국 건국세력과 청주 지방세력」 『호서문화연구』 11.

安啓賢, 1965, 「李穡의 佛敎觀」 『曉城趙明基博士華甲記念 佛敎史學論叢』.

안귀숙, 2006, 「고려 佛具의 의미와 제작기법」 『단호문화연구』 10.

안지원, 2011, 「고려후기 금석문을 통해 본 불교의례의 새로운 동향」 『역사와 현실』 80.

楊渭生, 1997, 「天台宗과 高麗」 『中國의 江南社會와 韓中交涉』, 集文堂.

양혜원, 2013, 「고려후기~조선전기 면역승의 증가와 도첩제 시행의 성격」 『한국사상사학』 44.

양혜원, 2018, 「조선 초 도승제(度僧制) 강화의 역사적 의의」 『역사비평』 123, 역사문제연구소.

양혜원, 2019, 「15세기 승과(僧科) 연구」 『한국사상사학』 62.

양희정, 2017, 「한국 불교조각사상 철불의 등장과 의미」 『쇠·철·강-철의 문화사-』, 국립중앙박물관.

延正悅, 1997, 「高麗 元宗 忠烈王時代 法令에 관한 硏究」 『竹堂李炫熙敎授華甲紀念 韓國史學論叢』.

염정섭, 2014, 「고려의 중국 農書·曆書·擇日書 도입과 '吉凶逐月橫看 木板'의 성격」 『한국중세사연구』 38.

염중섭, 2015, 「고려 말 功夫選의 시행과 의미 고찰-恭愍王과 懶翁의 상호관

계를 중심으로-」『원불교사상과 종교문화』64, 원광대 원불교사상
연구원.

오국진, 2011, 「高麗時期 僧侶의 깨달음 방법」『靑藍史學』19, 韓國敎員大 靑
藍史學會.

오치훈, 2014, 「고려시대 海東耆老會의 성립과 '耆老'의 의미 변화」『사총』83,
고려대 역사연구소.

柳基貞, 2002, 「朝鮮前期 僧政의 整備와 運營」『靑藍史學』5, 韓國敎員大 靑藍
史學會.

兪瑩淑, 1990, 「圓證國師 普愚와 恭愍王의 改革政治」『한국사론』20, 국사편찬
위원회.

兪瑩淑, 1992, 「眞覺國師 千熙의 生涯와 信仰」『韓國佛敎文化思想史-伽山李
智冠스님 華甲紀念論叢-』上.

柳永哲, 2001, 「一利川戰鬪와 後百濟의 敗亡」『大丘史學』63.

尹瑞石, 2003, 「식생활」『한국사』21, 국사편찬위원회.

윤성재, 2018, 「고려시대의 차[茶]와 다방(茶房)」『사림』65, 수선사학회.

尹薰杓, 2002, 「고려시대 官人犯罪의 行刑 운영과 그 변화」『한국사론』33, 국
사편찬위원회.

尹熙勉, 1985, 「高麗史 刑法志 小考」『東亞硏究』6.

원유한, 2006, 「고려시대의 화폐사-화폐유통시도기의 전반-」『實學思想硏
究』30.

이경록, 2000, 「高麗前期 銀幣制度의 成立과 그 性格」『韓國史의 構造와 展開
-河炫綱敎授 定年紀念論叢-』, 혜안.

李景植, 1987, 「16世紀 場市의 成立과 그 基盤」『韓國史硏究』57.

李京子, 2003, 「의생활」『한국사』21, 국사편찬위원회.

李啓杓, 1987, 「辛旽의 華嚴信仰과 恭愍王」『全南史學』1, 전남사학회.

이광배, 2012, 「高麗時代 梵鍾의 發願階層과 鑄鍾匠人」『東岳美術史學』13.

李基白, 1969, 「고려 別武班考」『金載元博士 回甲紀念論叢』.

이미숙, 2001, 「고려 의관 임무와 사회적 지위」『湖西史學』31.

이미숙, 2003, 「고려시대 율서산관」『상명사학』8·9합집, 상명사학회.

이미숙, 2009, 「고려시대의 역관 연구」『韓國思想과 文化』46, 한국사상문화
학회.

李美淑, 2010, 「高麗時代 技術官의 사회적 지위」『韓國思想과 文化』51, 한국
　　사상문화학회.

李美淑, 2010, 「高麗時代 技術官의 역할」『韓國思想과 文化』52, 한국사상문화
　　학회.

李範學, 1989, 「宋代의 社會와 經濟」『講座中國史』Ⅲ.

이병희, 1993, 「朝鮮初期 寺社田의 整理와 運營」『全南史學』7.

李炳熙, 1997, 「朝鮮時期 寺刹의 數的 推移」『歷史敎育』61.

이병희, 2010, 「고려 현종대 사상과 문화정책」『한국중세사연구』29.

李炳熙, 2011, 「朝鮮前期 寺刹의 亡廢와 遺物의 消失」『佛敎學報』59.

이병희, 2012, 「조선전기 승려의 자선활동」『사회과학연구』13, 한국교원대 사
　　회과학연구소.

이병희, 2013, 「사원경제」『한국불교사연구입문』하(최병헌 외), 지식산업사.

李相瑄, 1988, 「高麗時代의 飯僧에 대한 考察－飯僧의 史的 性格을 중심으로
　　－」『誠信史學』6, 성신여대 사학회.

李相瑄, 1990, 「공민왕과 보우」『李載龒博士還曆紀念 韓國史學論叢』.

李相瑄, 1991, 「高麗 寺院의 商行爲 考」『誠信史學』9.

李承峻, 2000, 「朝鮮初期 度牒制의 運營과 그 推移」『湖西史學』29.

李昇漢, 1993, 「高麗 肅宗代 降魔軍 組織의 政治的 背景」『歷史學報』137.

이인영, 1989, 「高麗時代 鐵佛像의 考察」『미술사학보』2.

李仁在, 2005, 「高麗前期 弘慶寺의 創建과 三敎共存論」『韓國史學報』23.

이재범, 2011, 「신라말·고려초 안성지역의 호족과 칠장사」『안성 칠장사와 혜
　　소국사 정현』(남동신 책임 편집), 사회평론.

李載昌, 1963, 「麗代 飯僧攷」『불교학보』1, 동국대 불교문화연구소.

李載昌, 1975, 「佛敎의 社會經濟觀」『佛敎學報』10.

이정신, 2006, 「고려시대 銅의 사용현황과 銅所」『韓國史學報』25.

이정신, 2010, 「고려시대 금·은 채굴과 금소·은소」『역사와 담론』57.

이정신, 2013, 「철광업과 철소」『고려시대의 특수행정구역 所 연구』, 혜안.

이정신, 2019, 「고려시대 금속수공업과 匠人」『韓國中世考古學』5, 한국중세고
　　고학회.

李貞薰, 2002, 「고려시대 支配體制의 변화와 中國律의 수용」『한국사론』33,
　　국사편찬위원회.

李貞薰, 2014, 「고려시대 관료들의 교유목적과 수단 – 李奎報를 중심으로 – 」『한국중세사연구』 39.

이진삼·박상만, 2010, 「도선의 비보사상 연구」『한국사상과 문화』 55, 한국사상문화학회.

이혜옥, 2007, 「여성의 경제관념, 富의 추구, 가정 관리」『고려시대 사람들의 삶과 생각』(하일식 편), 혜안.

이홍두, 2005, 「고려전기의 화폐 주조와 유통정책」『역사와 실학』 28, 毋岳實學會.

이홍두, 2005, 「高麗時代의 軍制와 僧軍 – 隨院僧徒의 정규군 편성을 중심으로 – 」『白山學報』 72.

이홍두, 2014, 「한국기병의 무기와 기병전술」『역사와 실학』 53.

李熙德, 1997, 「高麗의 天文官制」『東方學志』 96, 연세대 국학연구원.

林承禹, 2003, 「조선전기 사원노비의 혁거와 처지 변화」『靑藍史學』 7.

林英正, 1992, 「高麗時代의 使役·工匠僧에 대하여」『韓國佛敎文化思想史 – 伽山李智冠스님 華甲紀念論叢 – 』 상.

張東翼, 1981, 「惠諶의 大禪師 告身에 대한 檢討 – 高麗 僧政體系의 理解를 중심으로 – 」『韓國史研究』 34.

張東翼·權寧培, 1991, 「危素의 神光·普光寺 비문에 대한 검토」『慶北大 論文集(人文·社會科學篇)』 51.

장총, 2017, 「고려 대각국사 의천과 항주 혜인사(慧因寺) 정황」『충청문화연구』 18, 충남대 충청문화연구소.

전경숙, 2018, 「고려시대 국왕의 개경 절 行幸과 도성의 공간 활동」『역사와 담론』 85, 호서사학회.

田炳武, 1992, 「高麗時代 銀流通과 銀所」『韓國史研究』 78.

田炳武, 1999, 「高麗 恭愍王代 銀錢鑄造論의 擡頭와 그 性格」『北岳史論』 6, 北岳史學會.

全暎俊, 2004, 「高麗 睿宗代의 사찰창건과 승도동원 – 惠陰寺 新創記를 중심으로 – 」『震檀學報』 97.

전해종, 1978, 「여·원무역의 성격」『동양사학연구』 12·13합집.

鄭景鉉, 1990, 「高麗 太祖의 一利川 戰役」『韓國史研究』 68.

정대용, 1999, 「조선초기 금주령 연구」, 청주대 석사학위논문.

정동락, 2017, 「신라 하대 선종 사원과 철불」『한국고대사탐구』 27.

정병삼, 2006, 「일연선사비의 복원과 고려 승려 비문의 문도 구성」『한국사연구』 133.

정병삼, 2018, 「고려초 탄문의 불교계 활동과 보원사」『사학연구』 132.

鄭修芽, 1999, 「高麗中期 改革政治와 北宋新法의 受容」, 서강대 박사학위논문.

정순모, 2013, 「唐代 寺院의 課稅와 免稅」『역사와 담론』 67.

정용범, 1997, 「高麗時代 中國錢 流通과 鑄錢策」『지역과 역사』 4.

정용범, 2006, 「고려시대 사원의 상업활동」『부대사학』 30.

정용범, 2014, 「고려시대 酒店과 茶店의 운영」『역사와 경계』 92, 부산경남사학회.

정용범, 2014, 「고려 전·중기 유통경제 연구」, 부산대 박사학위논문.

鄭壹敎, 2017, 「宋錢이 高麗貨幣에 끼친 影響」『中國史硏究』 109.

鄭濟奎, 1999, 「高麗 後期의 居士觀과 그 特性」『文化史學』 11·12·13합집.

鄭濟奎, 2002, 「高麗後期 在家佛敎信者의 役割과 社會的 意味」『文化史學』 17.

조경시, 2000, 「高麗 成宗代의 對佛敎施策」『한국중세사연구』 9.

조경시, 2007, 「高麗 顯宗의 佛敎信仰과 정책」『韓國思想史學』 29.

조록주, 2012, 「중원지역 철 생산 유적에 대한 성격」『중원문화연구』 18·19합집, 충북대 중원문화연구소.

趙明濟, 1993, 「牧隱 李穡의 佛敎認識-性理學의 理解와 관련하여-」『韓國文化硏究』 6, 부산대.

趙明濟, 1996, 「14세기 고려 思想界의 楞嚴經 성행과 그 思想的 性格」『伽山學報』 5.

趙明濟, 2002, 「高麗中期 居士禪의 사상적 경향과 看話禪 수용의 기반」『역사와 경계』 44.

조명제, 2018, 「신돈의 불교 정책과 불교계의 동향」『한국중세사연구』 53.

曹凡煥, 2006, 「신라하대 洪陟선사의 實相山門 개창과 鐵佛 조성」『新羅史學報』 6.

조용헌, 1996, 「이자현의 능엄선 연구」『종교연구』 12.

陳景富, 1999, 「의천 스님의 송나라에서의 구법활동과 그 홍법업적」『제2회 韓·中·日 三國 天台國際學術會議 大覺國師 의천스님의 재조명』.

陳旻敬, 1998, 「高麗 武人執權期 消災道場의 設置와 그 性格」『釜大史學』 22,

부산대 사학회.

蔡尙植, 1982, 「淨土寺址 法鏡大師碑 陰記의 分析－高麗初 地方社會와 禪門의 構造와 관련하여－」『韓國史研究』 36.

蔡守煥, 1998, 「羅末麗初 禪宗과 豪族의 結合」『東西史學』 4.

蔡雄錫, 1983, 「高麗時代의 歸鄕刑과 充常戶刑」『韓國史論』 9, 서울대 국사학과.

蔡雄錫, 1988, 「高麗前期 貨幣流通의 기반」『韓國文化』 9, 서울대.

채웅석, 2006, 「『목은시고(牧隱詩藁)』를 통해서 본 이색의 인간관계망」『역사와 현실』 62.

채웅석, 2009, 「고려시대 과거를 통한 인간 관계망 형성과 확장」『사회적 네트워크와 공간－이태진교수 정년기념논총1－』, 태학사.

채웅석, 2011, 「고려 중·후기 耆老會와 開京 사대부 사회」『역사와 현실』 79, 한국역사연구회.

崔柄憲, 1972, 「新羅下代 禪宗九山派의 成立」『韓國史研究』 7.

崔柄憲, 1975, 「羅末麗初 禪宗의 社會經濟的 性格」『史學研究』 25.

崔柄憲, 1975, 「道詵의 生涯와 羅末麗初의 風水地理說」『韓國史研究』 11.

崔柄憲, 1983, 「高麗中期 李資玄의 禪과 居士佛敎의 性格」『金哲埈博士華甲紀念 史學論叢』.

崔柄憲, 1986, 「太古普愚의 佛教史的 位置」『韓國文化』 76, 서울대.

崔柄憲, 1991, 「大覺國師 義天의 渡宋活動과 高麗·宋의 佛教交涉」『震檀學報』 71·72합집.

최봉준, 2019, 「죽림고회를 통해 본 무신정권기 문인들의 네트워크와 古文論」『學林』 44, 연세사학연구회.

최성은, 1996, 「신라말 고려초 중부지역 철불의 양식계보」『강좌미술사』 8.

崔聖銀, 2014, 「신라하대 實相寺 철조여래좌상에 대한 고찰」『한국사학보』 54.

崔淑, 2002, 「고려 혼인법의 개정과 그 의미－近親婚 禁制를 중심으로－」『한국사론』 33, 국사편찬위원회.

최연식, 2013, 「眞覺國師 千熙의 生涯와 思想」『文化史學』 39.

최연식, 2013, 「高麗時代 高僧의 僧碑와 門徒」『한국중세사연구』 35.

최연식, 2014, 「신돈(辛旽)의 불교 신앙과 불교 정책」『불교학보』 68.

최연식, 2016, 「고려시대 院館 사찰의 출현과 변천과정」『梨花史學研究』 52.

崔永好, 2001, 「고려시대 사원수공업의 발전기반과 그 운영」『國史館論叢』 95.

崔應天, 1988, 「高麗時代 靑銅金鼓의 硏究」『불교미술』 9, 동국대 박물관.

崔應天, 1999, 「韓國 梵鐘의 特性과 變遷」『聖德大王神鍾 綜合論考集』, 국립 경주박물관.

崔應天, 2004, 「고려시대 金屬工藝의 匠人」『美術史學硏究』 241.

崔應天, 2004, 「高麗後期의 金屬工藝」『講座美術史』 22.

최인선, 1997, 「한국 철불연구」, 한국교원대 박사학위논문.

崔在京, 1975, 「朝鮮時代 院에 대하여」『嶺南史學』 4.

최형국, 2007, 「기병, 그들은 전장의 검은 폭풍이었다」『인물과 사상』 113.

최형국, 2009, 「조선시대 騎兵의 전술적 운영과 馬上武藝의 변화」『역사와 실학』 38.

崔孝軾, 1997, 「朝鮮初期의 院 經營에 관한 考察」『竹堂李炫熙敎授華甲紀念 韓國史學論叢』.

鮑志成, 1997, 「蘇東坡와 고려」『한중문화교류와 남방해로』(조영록 편), 국학 자료원.

韓基汶, 1990, 「高麗時代 寺院寶의 設置와 運營」『歷史敎育論集』 13·14합집.

韓基汶, 1990, 「高麗時代 官人의 願堂(上,下)」『大丘史學』 39,40.

韓基汶, 1991, 「高麗 歷代 國師·王師의 下山所의 存在樣相과 그 機能」『歷史敎育論集』 16.

韓基汶, 1996, 「高麗時代 王室願堂과 그 機能」『國史館論叢』 71.

韓基汶, 1997, 「高麗時代 寺院 住持制度」『佛敎史硏究』 1.

韓基汶, 2003, 「高麗時代 定期佛敎儀禮의 成立과 性格」『民族文化論叢』 27, 영남대.

韓基汶, 2006, 「高麗時代 裨補寺社의 成立과 運用」『한국중세사연구』 21.

한기문, 2007, 「高麗前期 佛敎關聯 律令의 內容과 性格」『민족문화논총』 37, 영남대 민족문화연구소.

한기문, 2010, 「고려시대 사원의 정기 행사와 교역장」『대구사학』 100.

한기문, 2010, 「고려시대 승려 출가 양상과 사상적 배경」『한국사학보』 40, 고려사학회.

한준수, 2016, 「나말려초 금석문에 나타난 불교사원과 승려의 교류와 소통」『한국중세사연구』 47.

韓嬉淑, 1992, 「朝鮮初期의 院主」『西巖趙恒來敎授華甲紀念 韓國史學論叢』.

허은철, 2013, 「고려 초기 법정화폐 정책」 『靑藍史學』 22, 한국교원대 청람사 학회.

許興植, 1984, 「佛敎와 融合된 高麗王室의 祖上崇拜」 『東方學志』 45.

許興植, 1986, 「禪의 復興과 看話禪의 展開」 『高麗佛敎史硏究』, 一潮閣.

許興植, 1998, 「李穡의 18人 結契로 본 高麗 靑少年의 集團行態」 『정신문화연 구』 21-1.

홍영의, 1995, 「신돈 - 요승인가 개혁정치가인가 - 」 『역사비평』 31, 역사문제 연구소.

黃壽永, 1982, 「統一新羅時代의 鐵佛」 『考古美術』 154·155합집.

黃壽永, 1985, 「高麗時代의 鐵佛」 『美術史學硏究』 166·167합집.

黃仁奎, 1997, 「懶翁惠勤과 그 대표적 계승자 無學自超 - 나옹혜근과 무학자초 의 遭遇事實을 중심으로 - 」 『東國歷史敎育』 5, 東國大 歷史敎育科.

황인규, 2003, 「편조신돈의 불교계 행적과 활동」 『만해학보』 6.

황인규, 2003, 「조계종의 중흥조 태고 보우와 14세기 불교계」 『고려후기·조선 초 불교사 연구』, 혜안.

황인규, 2006, 「水原의 고승 眞覺國師 千熙와 고려말 불교계」 『水原學硏究』 3, 水原學硏究所.

황인규, 2006, 「고려후기 선종산문과 원나라 선풍」 『중앙사론』 23, 한국중앙사 학회.

황인규, 2007, 「고려후기 사굴산문 수선사 고승과 중국 불교계」 『불교학보』 47.

황인규, 2008, 「懶翁慧勤의 불교계 行蹟과 遺物·遺蹟」 『大覺思想』 11.

北村秀人, 1976, 「高麗時代의 歸鄕刑·充常戶刑에 관해」 『朝鮮學報』 81.

浜中昇, 1980, 「高麗에서 唐律의 繼受와 歸鄕刑·充常戶刑」 『歷史學硏究』 483.

仁井田陞, 1965, 「唐宋의 法과 高麗律」 『東方學』 30.

秋浦秀雄, 1932, 「高麗 肅宗朝에서의 鑄錢動機에 관해(上·中·下)」 『靑丘學叢』 7·8·9.

花村美樹, 1937, 「高麗律」 『朝鮮社會法制史硏究』, 岩波書店.

찾아보기

바 ...

사...

이병희李炳熙

서울 신정동 출생
서울대학교 사범대학 역사과 졸업
서울대학교 대학원 국사학과 석사·박사과정 졸업(문학박사)
목포대학교 사학과 교수 역임
현재 한국교원대학교 역사교육과 교수

〈저서 및 논문〉

『뿌리깊은 한국사 샘이 깊은 이야기3(고려편)』, 『高麗後期 寺院經濟 研究』, 『高麗時期 寺院經濟 研究』, 『농사직설 역해』
「高麗後期 農地開墾과 新生村」, 「고려 현종대 사상과 문화정책」, 「朝鮮前期 寺刹의 亡廢와 遺物의 消失」, 「고려시기 벽란도의 '해양도시'적 성격」, 「조선전기 승려의 자선활동」, 「조선전기 별와요의 기와생산과 승려」, 「高麗時期 食水의 調達」, 「朝鮮初期 佛教界의 寶 運營과 그 意味」, 「고려시기 松木政策과 그 한계」, 「조선전기 琉球國 농업의 이해」, 「고려시기 천도론의 제기와 생태환경」, 「고려 현종대 진휼정책과 권농정책」 외 다수

高麗時期 寺院經濟 研究 II

초판 1쇄 발행   2020년 8월 25일
초판 2쇄 발행   2021년 12월 15일

지 은 이   이병희
발 행 인   한정희
발 행 처   경인문화사
편   집   김지선 유지혜 박지현 한주연 이다빈
마 케 팅   전병관 유인순 하재일
출 판 번 호   406-1973-000003호
주   소   파주시 회동길 445-1 경인빌딩 B동 4층
전   화   031-955-9300 팩   스   031-955-9310
홈 페 이 지   www.kyunginp.co.kr
이 메 일   kyungin@kyunginp.co.kr

ISBN 978-89-499-4899-7 93910
값 50,000원